Nomos Universitätsschriften

Recht

Band 884

Dr. Moritz Leutner

Das Recht der Abwasserbeseitigung und die nachhaltige und an den Klimawandel angepasste Entsorgung von häuslichem Abwasser

Nomos

Die Arbeit wurde von der Universität Kassel, Fakultät Wirtschaftswissenschaftschaften, Institut für Wirtschaftsrecht als Dissertation angenommen.

Erstgutachter: Herr Prof. Dr. Alexander Roßnagel
Zweitgutachter: Herr Prof. Dr. Andreas Mengel

Tag der mündlichen Prüfung: 1. Juli 2015

Die Deutsche Nationalbibliothek verzeichnet diese Publikation in der Deutschen Nationalbibliografie; detaillierte bibliografische Daten sind im Internet über http://dnb.d-nb.de abrufbar.

Zugl.: Kassel, Univ., Diss., 2016

ISBN 978-3-8487-2773-5 (Print)
ISBN 978-3-8452-7240-5 (ePDF)

D 34

1. Auflage 2016
© Nomos Verlagsgesellschaft, Baden-Baden 2016. Gedruckt in Deutschland. Alle Rechte, auch die des Nachdrucks von Auszügen, der fotomechanischen Wiedergabe und der Übersetzung, vorbehalten. Gedruckt auf alterungsbeständigem Papier.

Vorwort

Diese Dissertation ist u.a. aus der wissenschaftlichen Mitarbeit aus einem Drittmittelprojekt unter Leitung von Prof. Dr. Laskowski an der Universität Kassel entstanden und dann extern fortgeführt. Sie wurde von der wirtschaftswissenschaftlichen Fakultät der Universität Kassel und dort dem Institut für Wirtschaftsrecht im Juli 2015 als Dissertation angenommen.

Die Anfertigung dieser Dissertation wurde von zahlreichen Personen unterstützt, denen ich an dieser Stelle danken möchte.

Mein besonderer Dank gilt meinem Doktorvater Herrn Professor Dr. Alexander Roßnagel für die Betreuung dieser Arbeit. Seine Aufnahme, seine Unterstützung, seine kritischen Anmerkungen und seine Diskussionsbereitschaft haben entscheidend zum Gelingen der Arbeit beigetragen. Mir wird er nicht nur in fachlicher Hinsicht, sondern auch in menschlicher immer ein Vorbild sein. Ebenfalls bedanken möchte ich mich bei Herrn Prof. Dr. Andreas Mengel für die zügige Erstellung des Zweitgutachtens.

Bedanken möchte ich mich auch, bei den Teilnehmern des Doktorandenkolloquiums, deren Beiträge und kritische Anmerkungen und Diskussionen die Arbeit maßgeblich vorangebracht haben. Besonders bedanken möchte ich mich bei Prof. Dr. Anja Hentschel, Dr. Karsten Keller und Steffen Benz. Darüber hinaus haben sich aus der Zusammenarbeit mit Herrn Prof. Dr. Ulf Hahne und Herrn Felix Kühnel wertvolle Erkenntnisse für die Bearbeitung des Themas in der Dissertation ergeben.

Auch danke ich herzlich meinen Eltern Dr. Bernd Leutner und Sibylla Leutner-Ramme, die mir die Ausbildung ermöglicht haben und mich jederzeit vorbehaltlos unterstützt haben. Schließlich gilt mein Dank meiner Familie, die so einige Entbehrungen hinnehmen musste.

Inhaltsverzeichnis

Verzeichnis der Abkürzungen 23

Einleitung 27
  I. Problemstellung 27
  II. Gegenstand und Ziel der Untersuchung 31
  III. Gang der Darstellung 33

1. Kapitel: Grundlagen der Siedlungswasserwirtschaft 34
  I. Anerkannte Techniken der Abwasserbeseitigung in Deutschland 34
    1. Abwasserarten 35
    2. Zentrale Abwasserbeseitigungssysteme 36
      a. Leitungsnetze 36
      b. Abwasserreinigung mit Abwasserkläranlagen 38
        (1) Inhaltsstoffe des kommunalen Abwassers 38
        (2) Behandlungsverfahren 40
    3. Dezentrale Abwasserbeseitigungssysteme 42
    4. Einleitung geklärter Abwässer in Gewässer 44
    5. Klärschlammverwertung und -beseitigung 46
    6. Abwasserentsorgung und Siedlungsstruktur 47
  II. Betriebswirtschaftliche Probleme der Abwasserbeseitigung 48
    1. Kostenstruktur zentraler und semi-zentraler Abwasserbeseitigung 49
    2. Kostenstruktur der Abwasserbeseitigung mit Kleinkläranlagen 51
    3. Räumliche Dispersion und Kosten der Abwasserbeseitigung 52
  III. Marktwirtschaftliche Probleme der Abwasserbeseitigung 53
    1. Struktur der Siedlungsabwasserwirtschaft 53
      a. Betriebe der Abwasserbeseitigung 53
      b. Dienstleistung Abwasserbeseitigung 54
      c. Natürliches Monopol bei der Abwasserbeseitigung 55

Inhaltsverzeichnis

2. Gesamtwirtschaftliche Wohlfahrtsverluste	57
a. Effizienz der Abwasserbeseitigung	57
b. Nutzendiffusion und Quersubventionierung	58
c. Externe Effekte	59
d. Investitionsstau	60
3. Gesamtwirtschaftlicher Nutzen der Abwasserbeseitigung	61
IV. Veränderungsdruck auf Systeme der Abwasserbeseitigung	62
1. Klimawandel und Klimawandelfolgen	62
a. Klimawandel global und in Deutschland	62
b. Klimawandelfolgen für Wasserhaushalt und Boden	64
(1) Auswirkungen auf die Quantität	64
(2) Auswirkungen auf die Qualität	65
c. Verlässlichkeit der Vorhersage	67
d. Auswirkungen auf Infrastruktur und Betrieb	68
2. Demografischer Wandel	70
a. Kennzeichen des demografischen Wandels	70
b. Auswirkungen auf Infrastruktur und Betrieb	71
c. Ökonomische und sozioökonomische Auswirkungen	74
3. Weitere Faktoren des Veränderungsdrucks	75
V. Nachhaltige Anpassungsstrategien an Klimawandel und Demografie	76
1. Politik der Anpassung: Anpassung unter Unsicherheit	77
2. Klimawandelfolgenanpassung und Nachhaltigkeit	78
a. Konzepte der nachhaltigen Entwicklung	79
b. Operationalisierung im Bereich der Abwasserbeseitigung	80
3. Anpassung der Infrastruktur und des Bewirtschaftungsmanagements	82
a. Dezentrale Niederschlagswasserbeseitigung	83
(1) Technische und organisatorische Voraussetzungen	83
(2) Klimawandelfolgenanpassung	84
(3) Nachhaltigkeitsaspekte	86
b. Dezentrale Schmutzwasserbeseitigung	86
(1) Technische und organisatorische Anforderungen	87
(2) Anpassung an Klimawandel und Demografie	87
(3) Nachhaltigkeitsaspekte	88

c. Dezentrales Recycling von Grau- und Niederschlagswasser	90
(1) Technische Anforderungen	90
(2) Anpassung an den Klimawandel	92
(3) Nachhaltigkeitsaspekte	92
d. Recycling von Gelb-, Braun- und Schwarzwasser	94
(1) Technische Anforderungen	94
(2) Anpassung an Klimawandel	96
(3) Nachhaltigkeitsaspekte	97
2. Kapitel: Rechtsrahmen nachhaltiger Abwasserentsorgung	100
I. Abwasserbeseitigung und Abwasserentsorgung	100
II. Unionsrechtliche Vorgaben	101
1. Nachhaltige Wassernutzung nach der Wasserrahmenrichtlinie	102
2. Schutz vor kommunalem Abwasser nach der Kommunalabwasserrichtlinie	103
III. Verfassungsrechtliche Vorgaben	105
1. Abwasserbeseitigung als (kommunale) staatliche Aufgabe	106
2. Sozialstaatsprinzip und Abwasserbeseitigung	107
3. Demokratieprinzip und kommunale Selbstverwaltungsgarantie	109
4. Staatszielbestimmung Umweltschutz und Abwasserbeseitigung	110
5. Schutzpflicht des Staates und Abwasserbeseitigung	112
IV. Bundes- und landesrechtliche Vorgaben	113
1. Nachhaltige Gewässerbewirtschaftung als Zweck des WHG	114
2. Allgemeine Grundsätze der Gewässerbewirtschaftung	115
3. Grundsätze der Abwasserbeseitigung	118
a. Keine Beeinträchtigung des Wohls der Allgemeinheit	119
b. Dezentrale Abwasserbeseitigung	120
c. Dezentrale Niederschlagswasserbeseitigung	121
d. Landesrechtliche Grundsätze zur Abwasserverwertung	122
4. Grundsätze der Wasserversorgung	124

Inhaltsverzeichnis

3. Kapitel: Abwasserentsorgung unter dem Regime des Abwasserrechts	126
I. Anwendbares Rechtsregime und Zeitpunkt des Abwasseranfalls	126
1. Normative Steuerung durch Stoffbegriffe	127
a. Abwasserbegriff prinzipiell vom Abfallbegriff umfasst	127
b. Grenzen des Schmutzwasserbegriffs und Abwasserteilströme	130
(1) Komponenten des Schmutzwasserbegriffs	131
i. Wasser als Ausgangsstoff	131
ii. Eigenschaftsverändernder Gebrauch	132
iii. Endstoff	133
(2) Erfassung potenziell verwertbarer Stoffströme	134
i. Grauwasser	134
ii. Gelb-, Braun- und Schwarzwasser	134
iii. Fäzes und Urin	135
(3) Zeitpunkt des Schmutzwasseranfalls	137
i. Industrielle Wasserverwertung	139
ii. Verwertung von häuslichem Abwasser	139
iii. Vorschlag eines neuen Begriffsverständnisses	143
iv. Abwasseranfall bei der Schmutz- insbesondere Grauwassernutzung	146
c. Reichweite des Begriffs des Niederschlagswassers	147
(1) Komponenten des Begriffs des Niederschlagswassers	148
(2) Erfassung von Niederschlagswasserrecycling	149
2. Anwendungsbereichserweiterung	150
3. Kollisionsregelung	152
II. Organisation der Abwasserbeseitigung – Beseitigungsverpflichtete	153
1. Objektive Pflichtenzuweisung: Abwasserbeseitigungspflicht	155
a. Juristische Personen des öffentlichen Rechts	157
b. „Andere als juristische Personen des öffentlichen Rechts"	158
c. Dritte als Verwaltungshelfer	159

2. Organisation der Abwasserbeseitigungseinrichtung 160
   a. Pflicht zur Schaffung einer öffentlichen Einrichtung 160
   b. Organisationsermessen 161
      (1) Organisationsformen der öffentlichen Einrichtung 162
      (2) Private Einrichtungen der Abwasserbeseitigung 165
   c. Öffentliche Einrichtung und Organisationswirkungen 166
3. Einschränkungen des Organisationsermessens 167
   a. Kommunale Abwasserbeseitigung als „Dienst von wirtschaftlichem Interesse" 167
   b. Abwasserbeseitigung und kommunale Selbstverwaltung 169
   c. Demokratieprinzip und kommunale Selbstverwaltungsgarantie 171
4. Öffentliche Organisation und dezentrale Abwasserentsorgung 173
   a. Eigenvornahme durch zentralen Betrieb dezentraler Abwasserbeseitigungsanlagen 174
      (1) Errichtung dezentraler und semi-dezentraler Abwasseranlagen 174
      (2) Betrieb dezentraler und semi-dezentraler Abwasseranlagen 175
      (3) Funktionale Privatisierung der Betriebsleistungen 176
   b. Funktionale Privatisierung auf Abwasserproduzenten 176
      (1) Abwasserproduzenten als Verwaltungshelfer 177
      (2) Gegenstand funktionaler Privatisierung auf den Abwassererzeuger 178
         i. Errichtung und Betrieb durch Abwassererzeuger 179
         ii. Betriebsführung durch Abwassererzeuger 180
         iii. Contracting für Abwasseranlagen 180
      (3) Rechtsbegründender Akt der funktionalen Privatisierung 181
      (4) Einwirkungsregelungen auf den Abwassererzeuger 182
5. Private Organisationsformen der Abwasserbeseitigung und -verwertung 184
   a. Sinn und Zweck der Übertragungstatbestände 185
   b. Rechtsnatur der Übertragungstatbestände 186
   c. Privatisierungsart der Übertragungstatbestände 188

11

      d. Private dezentrale Abwasserbeseitigung ... 192
         (1) Unverhältnismäßiger Aufwand der zentralen
            Erschließung ... 192
         (2) Abwasserbeseitigung und
            Einleitungsgenehmigung ... 195
         (3) Niederschlagswasserbeseitigung auf privaten
            Grundstücken ... 195
            i. Beseitigung auf dem eigenen Grundstück ... 196
            ii. Beseitigung auf fremden Grundstücken ... 199
      e. Private dezentrale Abwasserverwertung ... 200
         (1) Weiterverwendung von Ab- und Grauwasser ... 200
         (2) Verwertung von Niederschlagswasser auf
            privaten Grundstücken ... 202
            i. Verwertung auf dem eigenen Grundstück ... 203
            ii. Verwertung auf fremden Grundstücken ... 205
         (3) Festsetzung der Abwasserverwertung per Satzung ... 205
III. Aufgabendurchführung - Erfüllung der
Abwasserbeseitigungspflicht ... 207
   1. Aufgabenprogramm der Abwasserbeseitigung ... 208
   2. Konzeptionierung der Abwasserbeseitigung ... 208
      a. Organisationsermessen und Ausgestaltung der
         öffentlichen Einrichtung ... 209
      b. Abwasserbeseitigungskonzepte der
         Beseitigungspflichtigen ... 210
         (1) Rechtsqualität, Bindungswirkungen und SUP-
            Pflicht ... 211
         (2) Inhalt des Abwasserbeseitigungskonzepts ... 212
         (3) Grenzen der Konzeptionierung ... 213
            i. Haushaltsführung und Grundsatz der
               Wirtschaftlichkeit ... 214
            ii. Beachtung der verbindlichen Planungen und
               Anlagenzulassungen ... 215
            iii. Ausstattungspflicht nach den
               Kommunalabwasserverordnungen der Länder ... 216
               iii.i. Ausstattungspflicht und
                     „gemeindliche oder
                     Verdichtungsgebiete" ... 217
               iii.ii. Ausnahmen von der
                     Ausstattungspflicht ... 221

Inhaltsverzeichnis

    c. Implementierung (nachhaltiger)
       Abwasserentsorgungsanlagen   225
      (1) Öffentliche Organisationsformen und öffentliche
          Trägerschaft   225
         i. Zentrale Abwasserbeseitigung   225
         ii. Dezentrale Schmutzwasserbeseitigung   227
         iii. Dezentrale Niederschlagswasserbeseitigung   230
         iv. Grau- und Niederschlagswasserverwertung   231
      (2) Private Organisationsformen und private
          Trägerschaft   232
         i. Dezentrale Schmutzwasserbeseitigung   232
         ii. Dezentrale Niederschlagswasserbeseitigung   233
         iii. Dezentrale Schmutz-, insbesondere
            Grauwasserverwertung   233
         iv. Dezentrale Niederschlagswasserverwertung   234
3. Abwasserbeseitigungs- oder Entwässerungssatzung   236
   a. Satzungsermächtigung und Satzungsermessen   236
   b. Verhältnis Entwässerungssatzung -
      Abwasserbeseitigungskonzept   237
   c. Ausgestaltung der öffentlichen Einrichtung   238
      (1) Reichweite der öffentlichen Einrichtung   238
      (2) Einheitliche öffentliche Einrichtung   239
      (3) Rechtsnatur des Benutzungsverhältnisses   239
   d. Satzungsmäßiges Anschluss- und Benutzungsrecht   240
      (1) Gegenstand und Ausgestaltung des
          Anschlussrechts   240
      (2) Gegenstand und Ausgestaltung des
          Benutzungsrechts   241
         i. Herstellung und Genehmigungs- oder
            Anzeigeerfordernis   242
         ii. Spezifische Art der Benutzung   243
         iii. Regelung gegenüber privaten Einrichtungen   244
      (3) Anschluss und Benutzung (nachhaltiger)
          Abwasserentsorgungsanlagen   244
         i. Zentrale Abwasserbeseitigungsanlagen   245
         ii. Dezentrale Abwasserbeseitigungsanlagen   245
         iii. Dezentrale Grau- und
            Niederschlagswasserverwertungsanlagen   246

Inhaltsverzeichnis

    e. Satzungsmäßige Anordnung des Anschluss- und
       Benutzungszwangs   247
       (1) Sinn und Zweck des Anschluss- und
           Benutzungszwangs   248
       (2) Vereinbarkeit mit höherrangigem Recht   249
       (3) Verhältnis zur Abwasserbeseitigungs- und
           Überlassungspflicht   249
          i. Verortung der Beseitigungs- und
             Überlassungspflicht per Satzung   250
          ii. Verortung der Beseitigungs- und
             Überlassungspflicht per Gesetz   250
       (4) Voraussetzungen des satzungsmäßigen Erlasses   254
          i. Zentrale Schmutzwasserbeseitigung   256
          ii. Zentrale Anlagen der
             Niederschlagswasserbeseitigung   257
          iii. Dezentrale Anlagen der
             Schmutzwasserbeseitigung   259
          iv. Dezentrale Anlagen der
             Niederschlagswasserbeseitigung   262
          v. Anlagen der Grau- und
             Niederschlagswasserverwertung   263
       (5) Konkretisierung des Zwangs durch
           Verwaltungsakt   265
    f. Befreiung vom Anschluss- und Benutzungszwang
       öffentlicher Einrichtung   266
       (1) Ausgestaltung der satzungsmäßigen
           Befreiungsregelung   266
       (2) Verhältnis der Befreiungsentscheidung zur
           Abwasserbeseitigungspflicht   267
          i. LWG mit satzungsmäßiger Übertragung der
             Abwasserbeseitigungpflicht   268
          ii. LWG mit gesetzlicher Übertragung der
             Abwasserbeseitigungspflicht   268
       (3) Befreiung privater Abwasserentsorgungsanlagen   269
          i. Dezentrale Anlagen der
             Schmutzwasserbeseitigung   270
          ii. Dezentrale Anlagen der
             Niederschlagswasserbeseitigung   271

Inhaltsverzeichnis

iii. Dezentrale Anlagen der Niederschlagswasserverwertung	272
iv. Dezentrale Anlagen der Schmutz- oder Grauwasserverwertung	273
4. Abwasserverwertung und Versorgung mit Trinkwasser	274
a. Vollbefreiung vom Anschluss- und Benutzungszwang	276
b. Anspruch auf Teilbefreiung vom Anschluss- und Benutzungszwang	277
(1) Anpassung der Wasserversorgungssatzungen	277
(2) Wirtschaftliche Zumutbarkeit	278
i. Berechnungsgrundlage: Folgeanträge und Gleichheitsgrundsatz	278
ii. Grenze wirtschaftlicher Zumutbarkeit	280
IV. Finanzierung der Abwasserbeseitigung: Entgelte und Abgaben	282
1. Finanzierung von Abwasserbeseitigungseinrichtungen	282
a. Pflicht zur Finanzierung der öffentlichen Einrichtung der Abwasserbeseitigung	283
b. Öffentliche Einrichtung der Abwasserbeseitigung	284
c. Finanzierungsermessen	285
(1) Grundsätze der Finanzmittelbeschaffung	285
(2) Entgelt- oder Gebühren- und Beitragsfinanzierung	286
d. Grenzen des Finanzierungsermessens	287
(1) Allgemeine Grundsätze des Abgabenrechts	287
(2) Kostendeckung der Wasserdienstleistungen	289
e. Abgabensatzung	290
2. Finanzierung öffentlicher Abwasserbeseitigungseinrichtungen durch Beiträge	291
a. Erhebungsvoraussetzungen	291
(1) Keine Erforderlichkeit der Leitungsgebundenheit der Anlagen	291
(2) Einheitliche öffentliche Einrichtung	293
(3) Vorteil durch Inanspruchnahmemöglichkeit und -bedürfnis	297
i. Vorteil durch Inanspruchnahmemöglichkeit	299
ii. Vorteil durch Inanspruchnahmebedarf	300
b. Ermessen bei der Beitragsfinanzierung	303

c. Beitragsfähige Maßnahmen an der öffentlichen
   Einrichtung 305
   (1) Herstellung der öffentlichen Einrichtung der
       Abwasserbeseitigung 306
       i. Herstellungsvorgang abhängig vom
          Herstellungsprogramm 306
       ii. Erstmalige Schaffung in Neubaugebieten 308
       iii. Erstmalige Schaffung im Bestand 308
   (2) Erweiterung der öffentlichen Einrichtung 312
   (3) Erneuerung der leitungsgebundenen öffentlichen
       Einrichtung 314
       i. Erneuerung leitungsgebundener Anlagen 315
       ii. Erneuerung leitungsgebundener Anlagen
           durch nichtleitungsgebundene 316
   (4) Verbesserung der öffentlichen Einrichtung 317
d. Aufwandskalkulation beitragsfähiger Maßnahmen 320
e. Verteilung des beitragsfähigen Aufwands 323
   (1) Beitragsmaßstäbe für Schmutz- und
       Niederschlagswasser 323
       i. Beitragsmaßstäbe der
          Schmutzwasserbeseitigung 325
       ii. Beitragsmaßstab der
           Niederschlagswasserbeseitigung 327
   (2) Beitragsabstufung für die unterschiedliche
       Bereitstellung 328
       i. Vollständige und teilweise
          Abwasserbeseitigung 329
       ii. Art und Weise der Abwasserbeseitigung 329
       iii. Häusliche oder gewerbliche oder industrielle
            Nutzung 330
       iv. Abstufung für öffentliche
           nichtleitungsgebundene Anlagen 331
3. Finanzierung laufender Kosten durch Verbrauchsentgelte 333
   a. Erhebungsvoraussetzung: tatsächliche
      Inanspruchnahme 333
   b. Ermessen bei der Gebührenerhebung 334
   c. Laufende Kosten der Abwasserbeseitigung 336

d. Gebührenbemessung 337
   (1) Gesplittete Abwassergebühr für Schmutz- und
       Niederschlagswasser 337
   (2) Abstufungen und Maßstäbe der
       Schmutzwasserbeseitigung 338
       i. Leitungsgebundene öffentliche
          Schmutzwasserbeseitigung 339
       ii. Nichtleitungsgebundene
           Schmutzwasserbeseitigung 340
       iii. Abstufung bei privater Abwasserverwertung
            und -weiterverwendung 342
   (3) Maßstäbe der Niederschlagswasserbeseitigung 343
4. Indirekte Verhaltenssteuerung durch Abwasserabgaben 344
   a. Anwendungsbereich des Abwasserabgabengesetzes 346
   b. Abgabepflicht und Abgabenpflichtiger 348
      (1) Abgabepflicht der direkten Einleiter 348
      (2) Besonderheiten für Niederschlagswasser 349
      (3) Besonderheiten bei Kleineinleitungen aus
          Kleinkläranlagen 350
   c. Abgabentatbestand: Schädlichkeit des Abwassers 352
      (1) Ermittlung für Schmutzwasser 352
      (2) Ermittlung und Pauschalisierung für
          Niederschlagswasser 353
      (3) Ermittlung und Pauschalierung für
          Kleineinleitungen 354
   d. Verrechnung mit Investitionen 354
      (1) Aufwendungen für Abwasserbehandlungsanlagen 355
          i. Errichtung oder Erweiterung der
             Abwasserbehandlungsanlage 355
          ii. Minderung der Fracht 356
          iii. Verrechnung der entstandenen
               Aufwendungen 358
      (2) Aufwendungen für Kanalbauten 358
V. Planung und Abwasserentsorgung 360
   1. Fach- oder wasserrechtliche Planung 360
      a. Bewirtschaftungsplanung nach der WRRL 360
         (1) Bewirtschaftungsrahmen 361
         (2) Aufstellung der Bewirtschaftungspläne und
             Maßnahmenprogramme 362

Inhaltsverzeichnis

  (3) Bindungswirkungen der Bewirtschaftungspläne
    und Maßnahmenprogramme   363
   i. Beachtung durch Wasserbehörden   364
   ii. Berücksichtigung in Fachplanungen   365
   iii. Berücksichtigung im
    Abwasserbeseitigungskonzept   365
   iv. Berücksichtigung in der Raumordnung   366
   v. Berücksichtigung in der Bauleitplanung   367
 b. Abwasserbeseitigungspläne der Bundesländer   368
2. Allgemeine Raumordnung   369
3. Bauleitplanung   370
 a. Planende Gemeinde und beseitigungspflichtige
  Körperschaft   371
 b. Verhältnis Bauleitplanung und
  Abwasserbeseitigungskonzept   371
 c. Flächennutzungsplanung   372
  (1) Instrument des Flächennutzungsplans   372
  (2) Kennzeichnung nicht zentral entsorgter
   Bauflächen   374
  (3) Darstellungen zugunsten der
   Abwasserbeseitigung   375
   i. Darstellung der Flächen zur
    Abwasserbeseitigung   375
   ii. Darstellung der Maßnahme dezentrale
    Niederschlagswasserbeseitigung   377
  (4) Darstellung zugunsten der Abwasserverwertung   378
 d. Bebauungsplanung   378
  (1) Instrument des Bebauungsplans   379
  (2) Festsetzungen zugunsten der
   Abwasserbeseitigung   379
   i. Zentrale Schmutz- und
    Niederschlagswasserbeseitigung   380
   ii. Dezentrale Schmutz- und
    Niederschlagswasserbeseitigung   381
  (3) Festsetzungen zur Abwasserverwertung und
   -weiterverwendung   386
   i. Flächen und Maßnahmen zur
    Abwasserverwertung und -weiterverwendung   386

	ii. Anlagen zur Abwasserverwertung und -weiterverwendung	388
VI.	Präventivkontrolle der Anlagen zur Abwasserbeseitigung und -entsorgung	389
	1. Anforderungen an Abwasserbeseitigungsanlagen	389
	a. Zentrale Abwasserbeseitigungsanlagen	390
	(1) Wasserrechtliche Anlagengenehmigung	390
	i. UVP-pflichtige Anlagen	390
	ii. Nicht-UVP-pflichtige Anlagen	392
	(2) Wasserrechtliches Benutzungsregime und Abwassereinleitung	392
	i. Erlaubnispflichtigkeit	393
	ii. Erlaubnisfähigkeit	393
	(3) Keine baurechtliche Anlagengenehmigung	395
	(4) Immissionsschutzrechtliche Anforderungen	397
	b. Dezentrale Schmutzwasserbeseitigungsanlagen	397
	(1) Wasserrechtliche Anlagenanforderungen	397
	(2) Einleitungen aus Kleinkläranlagen	398
	(3) Baurechtliche Anforderungen	399
	c. Anforderungen an Gruppenlösungen dezentraler Schmutzwasserbeseitigungsanlagen	400
	d. Dezentrale Niederschlagswasserbeseitigungsanlagen	401
	(1) Kein wasserrechtliches Anlagengenehmigungserfordernis	401
	(2) Direkteinleitung von Niederschlagswasser	402
	(3) Baurechtliche Anforderungen	404
	2. Anforderungen an Abwasserverwertungsanlagen	405
	a. Anforderung nach der Trinkwasserverordnung	405
	(1) Anforderungen an dezentrale Abwasserrecyclinganlagen	406
	(2) Anforderungen an semi-dezentrale Abwasserrecyclinganlagen	407
	b. Anzeigeerfordernis	408
	c. Wasserrechtliche Anlagenanforderungen	408
	d. Baurechtliche Anlagenanforderungen	409
	3. Anforderungen an Wieder- und Weiterverwendungsanlagen	410

Inhaltsverzeichnis

VII. Überwachung von Abwasserentsorgungsanlagen 411
  1. Überwachung der Abwasserentsorgung durch die
     Gewässeraufsicht 411
    a. Technische Gewässeraufsicht: Gewässer und
       Anlagenüberwachung 412
      (1) Behördliche Überwachung 412
      (2) Selbstüberwachung von Einleitungen und
         Anlagen 414
        i. Selbstüberwachung zentraler
          Abwasserbeseitigungsanlagen 416
        ii. Selbstüberwachung dezentraler Anlagen zur
          Schmutzwasserbeseitigung 417
        iii. Selbstüberwachung dezentraler Anlagen zur
          Niederschlagswasserbeseitigung 418
        iv. Eigenkontrollpflichtiger und
          Übertragungsmöglichkeit 419
    b. Regulatorische Gewässeraufsicht 420
    c. Überwachung der Entrichtung der Abwasserabgabe 421
  2. Überwachung der Abwasserverwertung durch das
     Gesundheitsamt 422
  3. Überwachung von Abwasseranlagen durch die
     Bauaufsicht 423
  4. Überwachung durch die Träger der Abwasserbeseitigung 425
  5. Überwachung durch die Träger der Wasserversorgung 427

4. Kapitel: Reformperspektiven für eine nachhaltige und
     klimaangepasste Abwasserentsorgung 429
  I. Flexibilisierung des Abwasserbeseitigungsrechts 430
    1. Organisation dezentraler Abwasserbeseitigungsanlagen 430
    2. Aufgabendurchführung und dezentrale
       Abwasserbeseitigung 433
      a. Änderung der Kommunal-Abwasserverordnungen der
         Bundesländer 433
      b. Anschluss und Benutzung dezentraler
         Abwasserbeseitigungsanlagen 434
    3. Finanzierung dezentraler Abwasserbeseitigungsanlagen 435
      a. Schaffung der Erhebungsvoraussetzungen für
         Beiträge 435

		b. Veränderung der Beitragstatbestände und Beitragsverteilung	436
		c. Anreizwirkungen der Abwasserabgaben	437
	4.	Planung dezentraler Abwasserbeseitigungsanlagen	438
	5.	Präventive Kontrolle dezentraler Abwasserbeseitigungsanlagen	438
	6.	Repressive Überwachung	440
II.	Abwasserverwertung und Recht der Abwasserbeseitigung		441
	1.	Langfristige Reformperspektiven	442
	2.	Kurz- bis mittelfristige Reformperspektiven	444
		a. Rechtliche Weiterentwicklung des Abwasserbegriffs	444
		b. Organisation von Abwasserverwertungsanlagen	445
		(1) Private Organisation durch Übertragungstatbestände	445
		(2) Anordnung der Grau- und Niederschlagswasserverwertung per Satzung	446
		c. Aufgabendurchführung und dezentrale Abwasserverwertung	447
		(1) Grundsätze der Abwasserbeseitigung und -verwertung	447
		(2) Gestaltung des Anschluss- und Benutzungszwangs	449
		d. Finanzierung dezentraler Abwasserverwertungsanlagen	450
		e. Planung	451
		f. Präventive Kontrolle und repressive Überwachung	452
		(1) Abwasserverwendungsanlagen	452
		(2) Abwasserverwertungsanlagen	453

5. Kapitel: Zusammenfassung in Thesen   454

Literaturverzeichnis   465

Verzeichnis der Abkürzungen

§	Paragraf
€	Euro
a.A.	am Anfang
a.A.	anderer Ansicht
a.E.	am Ende
aa.F.	alte Fassung
ABK	Abwasserbeseitigungskonzept
ABl.	Amtsblatt
Abs.	Absatz
Abschn.	Abschnitt
Akt.	Aktualisierung
Aktz.	Aktenzeichen
Alt.	Alternative
Anm.	Anmerkung
ARL	Akademie für Raumforschung und Landesplanung
Art.	Artikel
ATV	Abwassertechnische Vereinigung e.V.
Aufl.	Auflage
Aug.	August
BayVBl.	Bayerische Verwaltungsblätter - Zeitschrift für öffentliches Recht und öffentliche Verwaltung
BBG	Brandenburg
Bd.	Band
BGBl.	Bundesgesetzblatt
BSB: klein n	biochemischer Sauerstoffbedarf in n Tagen
BT-Drucks.	Bundestagsdrucksache
BVerfG	Bundesverfassungsgericht
BVerwG	Bundesverwaltungsgericht
BVerwGE	Entscheidungssammlung des Bundesverwaltungsgericht
BW	Baden-Württemberg
BY	Bayern
CLM	Climate Local Model
CSB	Summenparameter Chemischer Sauerstoffbedarf
d.h.	das heißt
Destatis	Statistisches Bundesamt
Dez.	Dezember
DIBt	Deutsches Institut für Bautechnik
DIN	Deutsches Institut für Normung
DIN-EN	Übernahme europäischer Normen durch das DIN
DN	Engl. Diameter nominal, Innendurchmesser
DÖV	Die öffentliche Verwaltung (Zeitschrift)

Verzeichnis der Abkürzungen

dt.	deutsch
DVBl.	Deutsches Verwaltungsblatt (Zeitschrift)
DWA	Deutsche Vereinigung für Wasserwirtschaft
E-Paper	Engl. Electronic paper, digitale Version eines Printmediums
e.V.	eingetragener Verein
EGW	Einwohnergleichwert
EL	Ergänzungslieferung
Erg. Lfg.	Ergänzungslieferung
etc.	et cetera
EU	Europäische Union
EuGH	Europäischer Gerichtshof
EuGHE	Entscheidungssammlung des Europäischen Gerichtshofs
EW	Einwohnerwert
f.	folgende
ff.	fort folgende
FS	Festschrift
Gbl.	Gesetzblatt
gem.	gemäß
GF	Geschosszahl
GFZ	Geschossflächenzahl
ggf.	gegebenenfalls
GVBl.	Gesetz- und Verordnungsblatt
GWF	Gas- und Wasserfach (Zeitschrift)
H_2O	Wasser (chemisches Symbol)
HE	Hessen
h.M.	herrschende Meinung
i.d.R.	in der Regel
i.V.m.	in Verbindung mit
iÖR	Leibniz-Institut für ökologische Raumentwicklung
ISO	International Organization for Standardization
KA	Korrespondenz Abwasser – Abfall (Zeitschrift)
Kap.	Kapitel
kg	Kilogramm
KStZ	Kommunale Steuerzeitschrift
Kz.	Kennzeichen
LAWA	Länderarbeitsgemeinschaft Wasser
Lfg.	Lieferung
lit.	Littera
LSA	Land Sachsen-Anhalt
LT-Drucks.	Landtagsdrucksache
LWG	Landeswassergesetz(e)
m.a.W.	mit anderen Worten
m.w.N.	mit weiteren Nachweisen
m3	Kubikmeter
Mio.	Millionen
Mrd.	Milliarden
MSR	Mess-, Steuerungs- und Regelungstechnik

Verzeichnis der Abkürzungen

M-V	Mecklenburg-Vorpommern
n.F.	neue Fassung
NI	Niedersachsen
NordÖR	Zeitschrift für öffentliches Recht in Norddeutschland
Nr.	Nummer
Nrn.	Nummern
NuR	Natur und Recht (Zeitschrift)
NVwZ	Neue Zeitschrift für Verwaltungsrecht
NVwZ-RR	Neue Zeitschrift für Verwaltungsrecht – Rechtsprechungsreport
NW	Nordrhein-Westfalen
NWVBl.	Nordrhein-Westfälische Verwaltungsblätter – Zeitschrift für öffentliches Recht und öffentliche Verwaltung
o.ä.	oder ähnlich
OVG	Oberverwaltungsgericht
OVG BB	Oberverwaltungsgericht Berlin-Brandenburg
Pges	Gesamt Phosphor
REMO	Regionales Klimamodell
RL	Richtlinie
Rn.	Randnummer
RP	Rheinland-Pfalz
Rs.	Rechtssache
S.	Seite
SächsGVBl.	Sächsisches Gesetz- und Verordnungsblatt
SächsVBl.	Sächsische Verwaltungsblätter
SBR3	Sequentielle biologische Reinigung in drei Phasen.
Sept.	September
SH	Schleswig-Holstein
Slg.	Sammlung der Rechtsprechung des Gerichtshofes und des Gerichts Erster Instanz
SN	Sachsen
sog.	sogenannt
SRES	Special Report on Emission Scenarios
StT	Der Städtetag (Zeitschrift)
SUP	Strategisches Umweltprüfung
Tab.	Tabelle
Abb.	Abbildung
Tb.	Taschenbuch
Teilbd.	Teilband
TH	Thüringen
TOC	Total organic carbon
u.a.	unter anderem
u.a.	und andere
u.U.	unter Umständen
UBA	Umweltbundesamt
Überbl. v.	Überblick vor
UPR	Umwelt und Planungsrecht (Zeitschrift)
UV	Ultraviolettstrahlung

Verzeichnis der Abkürzungen

Var.	Variante
Verf.	Verfasser
VerfGH	Verfassungsgerichtshof
VerwARch	Verwaltungsarchiv – Zeitschrift für Verwaltungslehre, Verwaltungsrecht und Verwaltungspolitik
VG	Verwaltungsgericht
VGH	Verwaltungsgerichtshof
vgl.	vergleiche
VVDStRl	Veröffentlichungen der Vereinigung der Deutschen Staatsrechtslehrer
VwV	Verwaltungsvorschrift
WEG	Wohnungseigentümergemeinschaft
WETTREG	Wetterlagen-basierte Regionalisierungsmethode
WWt	Wasserwirtschaft Wassertechnik (Zeitschrift)
z.B.	zum Beispiel
z.T.	zum Teil
ZfBR	Zeitschrift für deutsches und internationales Bau- und Vergaberecht
ZfW	Zeitschrift für Wasserrecht
ZögU	Zeitschrift für öffentliche und gemeinwirtschaftliche Unternehmen
ZUR	Zeitschrift für Umweltrecht

Einleitung

I. Problemstellung

Der anthropogen verursachte Klimawandel wird mit hoher Wahrscheinlichkeit bis 2050 zu höheren Jahresdurchschnittstemperaturen, mehr Winter- und weniger Sommerniederschlägen sowie häufigeren Extremereignissen wie Stürmen, Trockenperioden oder Starkregen führen. Das Ausmaß der Veränderungen wird regional stark variieren, sodass die mittel- bis langfristigen Auswirkungen in jedem Fall lokal ermittelt und regionale Lösungsansätze erarbeitet werden müssen.

Auch die Siedlungswasserwirtschaft in Deutschland ist von diesen Klimawandelfolgen betroffen, gleichzeitig kann sie erheblich zu einer nachhaltigen Anpassung an diese Folgen beitragen. Verstärkte Trockenzeiten im Sommer führen generell zu niedrigeren Abflussmengen und bewirken eine höhere Verdunstung der seltenen, aber kräftigen Niederschläge. Dies hat Niedrigwasser in (Fließ)Gewässern, stärkere Bodenerosion und geringere Grundwasserneubildung zur Folge. Für die Siedlungswasserwirtschaft folgt aus dem zu erwartenden Niedrigwasser, dass bei Abwassereinleitungen in Gewässer mit höheren Schadstoffkonzentrationen zu rechnen ist, die die Naturräume der Vorfluter stärker belasten. In den Trockenzeiten ist bei Niedrigwasser auch mit einer erheblichen Ressourcenverknappung für Trinkwasser aus Uferfiltrat zu rechnen, da hierzu in Trockenzeiten ein erhöhter landwirtschaftlicher Wasserbedarf hinzutritt. Zudem führen extreme Wetterereignisse in Form von Starkregen im Winter, aber auch im Sommer, sowie längere Trockenzeiten im Sommer zu hydraulischen Überlastungen und Unterauslastungen der Abwasseranlagen. Die Kanalisationen sind zum großen Teil nicht auf diese extremen Unter- und Spitzenlasten ausgelegt. Die hydraulischen Überlastungen führen zu unkontrollierten Mischwasserüberläufen in Gewässer und dort zu erheblichen Verschmutzungen. Die Unterauslastungen der Kanalisation führen zu Ablagerungen und Korrosionsprozessen in der Kanalisation, die Geruch entwickeln und Schäden an den Leitungen hervorrufen. Darüber hinaus weisen die bestehenden zentralen Abwasserbeseitigungssysteme regelmäßig eine geringe Ressourceneffizienz auf. Die Verwendung von Schwemmwasser, die Mitbehandlung erheblicher Mengen von in die Ka-

Einleitung

nalisation eindringendem, meist nicht belastetem Fremdwasser und die unwiederbringliche Ableitung aller im Abwasser enthaltenen, auch nützlichen organischen Stoffe ins Meer oder in nicht weiter verwendbaren Klärschlamm sind hier zu nennen. Neben der Anpassung an den Klimawandel üben allerdings auch noch weitere Faktoren, insbesondere der demografische Wandel, einen Veränderungsdruck auf die Abwasserwirtschaft aus und verstärken diesen.

Die Politik hat die Notwendigkeit erkannt, ökologische, ökonomische und sozioökonomische sowie rechtliche Maßnahmen zur Anpassung an die nicht mehr vermeidbaren Folgen des Klimawandels zu ergreifen. Die Klimaanpassungsmaßnahmen sind eingebettet in die Nachhaltigkeitspolitik der Bundesregierung. Klimaanpassungs- und Nachhaltigkeitsstrategie der Bundesregierung sollen sich inhaltlich ergänzen. Die Anpassung gestaltet sich aufgrund der Unsicherheit hinsichtlich der Intensität, Art und Ort der Klimawandelfolgen schwierig. Aufgrund der Unsicherheit ist grundsätzlich solchen konkreten Maßnahmen der Vorzug zu geben, die Flexibilität gewährleisten, Nachsteuerung möglich machen und gleichzeitig positive Synergieeffekte auf andere Sektoren, Bereiche und Umweltgüter haben. Die Anpassung in der Siedlungswasserwirtschaft wird als eine der vordringlichen Aufgaben gesehen.

Die in der Fachwissenschaft diskutierten Anpassungslösungen für die Siedlungswasserwirtschaft umfassen die Anpassung der Abwasserinfrastruktur (sog. Flexibilisierung), die Anpassung des Bewirtschaftungsmanagements und die verstärkte Implementierung der Abwasserverwertung (Wasserrecycling). Diese Lösungen stellen einen Paradigmenwechsel in der Siedlungswasserwirtschaft dar: weg von der zentralen Abwasserbeseitigung hin zu einer zum Teil dezentral ausgestalteten Abwasserverwertung nach dem Gedanken der Kreislaufwirtschaft, also der Ressourcenschonung durch Wiederverwendung und Stoffrückgewinnung. Die Fachwissenschaft ist sich einig, dass neben die zentrale Abwasserbeseitigung in konzentriert-verdichtet besiedelten Räumen – vor allem in dispers besiedelten Räumen – dezentrale Abwassersysteme treten müssen. Solche dispers besiedelten Räume finden sich besonders zahlreich in Brandenburg und Mecklenburg-Vorpommern, in Mitteldeutschland und im Alpenvorland. Insbesondere in diesen Räumen verstärken der demografische Wandel und der Klimawandel gemeinsam die Probleme für die Abwasserbehandlung.

Zur Anpassung und Flexibilisierung der Infrastruktur und des Bewirtschaftungsmanagements werden in dispers besiedelten ruralen und sogar schon in bestimmten urbanen Räumen insbesondere die Dezentralisierung bestehender Netze sowie die dezentrale Abwasserentsorgung neu zu erschließender Gebiete als zielführend angesehen. Dezentralisierung bedeutet, die Anlagen an den geringeren örtlichen Abwasseranfall anzupassen. So sollen bestimmte Siedlungen und Siedlungsteile zweckmäßigerweise je nach ihrem Abwasseranfall durch dezentrale bis hin zu semi-dezentralen Anlagen versorgt werden. Die Bandbreite reicht von Kleinstkläranlagen nach DIN 4261 über Gruppenlösungen bis hin zur Ortsteilkläranlagen. Die Vorteile der Dezentralisierung der Abwasserbeseitigung liegen insbesondere bei der Schmutzwasserbeseitigung in der Ressourcenschonung. Denn durch weniger weitverzweigte Leitungsnetze und die Behandlung von Fremdwasser sinkt der Ressourceneinsatz. Die Dezentralisierung der Niederschlagswasserbeseitigung trägt zudem zur verstärkten Ressourcenneubildung bei, da insbesondere durch Verrieselung von unbelastetem Niederschlagswasser die Grundwasserneubildung erhöht wird. Die dezentralen Anlagen haben auch positive Synergieeffekte für den Hochwasserschutz, da durch die dezentrale Schmutz- und Niederschlagswasserbeseitigung mehr Wasserrückhalt in der Fläche erzielt werden kann.

Als weitere Maßnahme wird in der Fachwissenschaft die verstärkte Einführung von Verwertungslösungen gefordert, insbesondere durch die Schließung von Stoffkreisläufen (Wasserrecycling). Gerade in vielen dispers besiedelten Räumen wird der Klimawandel verstärkt zu Wassermangel insbesondere in den Sommermonaten führen, sodass hier ein Bedarf für Wasserrückgewinnung besteht. Zur vielfältigen Ressourcenschonung kommen insbesondere die Wiederverwendung von Niederschlagswasser und die Aufbereitung und Wiederverwendung von Grauwasser im Haushalt bei der Toilettenspülung, der Wäsche und der Körperpflege in Betracht. Aber auch durch die Aufbereitung von Gelbwasser (Urin mit Spülwasser), Braunwasser (sog. Fäzes/Kot mit Spülwasser) oder Schwarzwasser (Urin, Fäzes und Spülwasser) können hochwertige Rohstoffe, wie z.B. Phosphor oder Biomasse, gewonnen werden.

Die Transformation der Siedlungsabwasserwirtschaft durch die vermehrte Einführung von dezentralen *Beseitigungslösungen* und damit einer größeren Zahl von kleinen Kläranlagen und Einleitungen löst im Blick auf Umweltschutz, Hygiene und Technik vielfältige Regelungsbedarfe bei der Organisation (Aufgabenträgerschaft und -durchführung), Konzeptionierung und Überwachung aus. Denn eine ordnungsgemäße Abwasserbeseitigung in den Anlagen ist nur gewährleistet, wenn diese kriteriengerecht ausgelegt, betrieben und regelmäßig gewartet werden. Die Transformation

Einleitung

der bislang überwiegend öffentlich-rechtlich und zentral organisierten Abwasserbeseitigungseinrichtungen bedeutet aber auch Umwälzungen in der Finanzierung des Solidarsystems der öffentlichen Abwasserbeseitigung. Fallen die an zentrale Einrichtungen angeschlossenen Nutzer als Gebührenzahler weg, kann in vielen Fällen die Finanzierung der bestehenden zentralen Anlagen gefährdet sein. Um dies zu vermeiden, wird nicht selten ein Anschluss- und Benutzungszwang an die zentralen Anlagen angeordnet. Jedoch ist die Organisation der Abwasserbeseitigung nach dem geltenden Recht weit überwiegend entweder auf eine öffentliche zentrale oder eine private dezentrale Beseitigung ausgerichtet. Dies hat zur Folge, dass öffentliche Träger nur zentrale Anlagen betreiben und Privaten die dezentrale Beseitigung häufig verwehrt wird. Künftig sollten dezentrale Lösungen allgemein als zweites gleichberechtigtes System anerkannt werden. So könnten die Implementierungsbedingungen der Abwasserbeseitigungssysteme flexibilisiert werden, um sie je nach regionalen Besonderheiten einsetzen zu können. Mit der Organisation dezentraler Beseitigungslösungen sind aber auch die Anforderungen der Regulierung der dezentralen Abwasserbeseitigung zu untersuchen, insbesondere die Genehmigungserfordernisse der Anlagen und Einleitungen sowie die Regelungen einer (technischen) Überwachung einer Vielzahl von Anlagen. Die Organisation steht zudem auch in Wechselwirkung mit der Finanzierung der für die Transformationsmaßnahmen zur Dezentralisierung der Abwasserwasserbeseitigung erforderlichen öffentlichen oder privaten Investitionen. Bei der Erneuerung und Verbesserung der Infrastruktur ist bisher noch nicht geklärt, wie dezentrale Beseitigungslösungen öffentlich-rechtlich über Beiträge oder Gebühren oder über private Investitionen unter Berücksichtigung der Restabschreibungslaufzeiten der bestehenden Infrastruktur finanziert werden können. Für die private Organisation dezentraler Beseitigungslösungen ist schließlich zu untersuchen, wie mithilfe von Abgaben oder Entgelten Lenkungswirkungen in Richtung einer dezentralen Beseitigung geschaffen werden können.

Die rechtlichen Implementationsbedingungen für die dezentrale *Abwasserverwertung* sind gleichsam bislang wenig erforscht. Insbesondere die Implementation von Lösungen für die Verwertung von Grau- und Niederschlagswasser fällt zugleich in die bisher völlig getrennten Regelungsbereiche der Abwasserbeseitigung und der Wasserversorgung. Diese Trennung erschwert die Implementierung von Abwasserrecyclinglösungen im Haushalt. Denn sowohl die Sammlung und ggf. Aufbereitung des Abwassers in den Haushalten selbst im Recht der Abwasserbeseitigung als auch die Verwendung des (geklärten) Abwassers im Recht der Wasserversorgung ist regelmäßig nicht ausdrücklich vorgesehen. Inwieweit für die Verwertungslösungen im Abwasserrecht ähnliche Regelungsbedarfe wie für die Beseitigungslösungen bestehen, bedarf ebenfalls der Klärung. Auch dies hängt maßgeblich von den rechtlich zulässigen Organisationsformen und der Ausgestaltung der Anlagen ab. Grundsätzlich ist hier ebenfalls die ordnungsgemäße Errichtung und der ordnungsgemäße Betrieb der Anlagen zu kontrollieren. Nur so kann sichergestellt werden, dass keine ungeklärten Abwasser freigesetzt oder die menschliche Gesundheit beeinträchtigt wird. Daher ist zu untersuchen, welche Gestaltungsmöglichkeiten der Organisation und Konzeptionierung der dezentralen Wiederverwendung von *Niederschlags- und Grauwasser* im Haushalt überhaupt sinnvoll sind. Ungeklärt ist, wie die Verwertungslösungen in das System der Abwasserbeseitigung und der Wasserversorgung passen. Neben der kritischen Evaluierung der Organisation der dezentralen Verwertungslösungen ist auch deren Regulierung zu überprüfen, wie insbesondere die Anforderungen an die Genehmigung von Anlagen, die Erlaubnis von Einleitungen sowie die Planung und Überwachung.

Weitgehend unerforscht sind schließlich auch die rechtlichen Grundlagen für eine Implementierung der Aufbereitung und Verwertung von Gelb-, Braun- oder Schwarzwasser. Aus diesen Abwasserteilströmen kann einerseits gezielt und mit geringerem Aufwand der wertvolle Nährstoff Phosphor gewonnen werden. Andererseits ist auch eine Verwertung zur Energieerzeugung in Biogasanlagen möglich. Zudem ist die Aufbereitung des restlichen Abwassers ohne die Mikroschadstoffe (z.B. Medikamentenrückstände) insbesondere aus dem Urin einfacher. Diese Verwertung setzt jedoch bereits die Stoffstromtrennung im Haushalt und einen gewissen Anfall an Gelb- und Schwarzwasser voraus. Bei dieser Form der Verwertung ist zunächst grundlegend zu klären, ob Abwasserbeseitigungsrecht überhaupt einschlägig ist oder der Gegenstand nicht eher unter das Kreislaufwirtschaftsrecht fällt.

II. Gegenstand und Ziel der Untersuchung

Mit der vorliegenden Arbeit: „Das Recht der Abwasserbeseitigung und die nachhaltige und an den Klimawandel angepasste Entsorgung von häuslichem Abwasser" soll das Recht der Abwasserbeseitigung auf seine Kapazität untersucht werden, nachhaltige dezentrale Abwasserbeseitigungs-

und -verwertungslösungen für häusliches Abwasser in die Siedlungswasserwirtschaft zu implementieren. Das Recht der Abwasserbeseitigung in diesem Sinne ist weit zu verstehen und erfasst alle Vorschriften der Organisation, Aufgabendurchführung, Finanzierung, Planung, präventiven Kontrolle und Überwachung, die mit der Abwasserbeseitigung in Bezug stehen. Auf die Vorschriften des allgemeinen Kommunalrechts kann dabei nicht verzichtet werden, denn ansonsten würde die Erörterung auf Regelungen verzichten, die ganz maßgeblich die Implementierung von Abwasseranlagen und die Erfüllung der Aufgabe der Abwasserbeseitigung steuern. Insbesondere für die Organisation, Aufgabendurchführung und Finanzierung der Abwasserbeseitigung und ggf. Entsorgung sind sie bedeutsam. Da dezentrale Abwasserbeseitigung und -verwertung hauptsächlich in dispers besiedelten Räumen als nachhaltige Anpassungsmaßnahme gilt, wurde die Untersuchung daher weitgehend auf die deutschen Flächenländer beschränkt. Wie bereits der Wortlaut „Abwasserbeseitigungsrecht" nahelegt, ist darüber hinaus kein Gegenstand dieser Arbeit die sich ergebenden kreislaufwirtschaftsrechtlichen Fragen, soweit sie nicht in unmittelbarem Bezug zum Abwasserbeseitigungsrecht stehen. Die unmittelbaren wasserversorgungsrechtlichen Fragestellungen werden mitbehandelt. Die Arbeit beschränkt sich auf die rechtliche Behandlung der Verwertung von häuslichem Abwasser, da in der Siedlungswasserwirtschaft noch erhebliche Recyclingpotenziale bestehen. Häusliches Abwasser ist gem. lit. A Nr. 1 des Anhangs 1 der AbwV Abwasser, das „im Wesentlichen aus Haushaltungen oder ähnlichen Einrichtungen (wie z.B. Hotels oder Krankenhäuser) oder aus Anlagen stammt, die anderen (...) Zwecken dienen, sofern es häuslichem Abwasser entspricht". In der industriellen Wassernutzung hingegen ist die Verwertung von benutztem Wasser bereits aus Kostenerwägungen des einzelnen Industriebetriebes weit fortgeschritten.

Das Ziel der Arbeit besteht darin, die bestehenden Regelungsansätze in den Bundesländern zu erfassen und zu systematisieren. Auf dieser Grundlage sollen die bestehenden Implementationsbedingungen des Abwasserbeseitigungsrechts für die vorstehend genannten innovativen Abwasserentsorgungsanlagen aufgezeigt werden. Schließlich sollen die geltenden Implementationsbedingungen zum Anlass genommen werden, zu erörtern, ob Anpassungen der Regelungen erforderlich sind, um die Implementierung gar erst zu ermöglichen oder zu optimieren.

III. Gang der Darstellung

Die Arbeit gliedert sich in 5 Teile. Das *1. Kapitel* widmet sich den bestehenden anerkannten Techniken der Abwasserbeseitigung, ihren betriebswirtschaftlichen und marktwirtschaftlichen Implikationen, den Grundlagen des Klimawandels und des demografischen Wandels sowie den in der Fachwissenschaft vorgeschlagenen nachhaltigen und eine Anpassung an den Klimawandel fördernden neuen dezentralen Beseitigungs- und Verwertungstechniken. Das *2. Kapitel* befasst sich mit dem sich aus dem Mehrebenensystem zusammensetzenden Rechtsrahmen, der für die grundsätzlich mit der Abwasserbeseitigung befassten Kommunen übergreifend gilt. Ausgehend von diesem übergreifenden Rechtsrahmen erfolgt im *3. Kapitel* eine eingehende Analyse der Implementationsbedingungen für dezentrale Abwasserbeseitigungs-, -verwertungs- und -wiederverwendungsanlagen in Hinblick auf die bestehenden bundes- und landesrechtlichen Regelungen hinsichtlich der Organisation, Aufgabenerfüllung, Finanzierung, Planung, präventiven Kontrolle und repressiven Überwachung unter Berücksichtigung der Vorgaben des Europa- und Verfassungsrechts. Ausgehend von dieser Analyse sollen im *4. Kapitel* für die bestehenden Regelungsstrukturen sensible Reformperspektiven für Rechtsänderungen vorgeschlagen werden, die gleichwohl den komplexen Regelungsbedarfen gerecht werden. Schließlich sollen im *5. Kapitel* der Arbeit die Ergebnisse in Thesen zusammengefasst werden.

1. Kapitel: Grundlagen der Siedlungswasserwirtschaft

Die Abwasserbeseitigung in Deutschland hat sich heute zu einer weitgehend zentralen Abwasserbeseitigung entwickelt.

I. Anerkannte Techniken der Abwasserbeseitigung in Deutschland

Die herkömmliche und in Deutschland weithin anerkannte Technik der Entsorgung von kommunalem Abwasser in Siedlungsgebieten beruht auf dem System der zentralen Abwasserbeseitigung. Bei der zentralen Abwasserbeseitigung werden mithilfe der Kanalisation die in den Haushalten und teilweise Gewerben anfallenden Abwässer gesammelt abtransportiert und einer großen Kläranlage zugeführt, wo das Abwasser behandelt und anschließend in ein Gewässer abgeleitet wird. Ausnahmsweise wird dieses System in Gegenden, in denen sich eine zentrale Sammlung des Abwassers nicht lohnt, durch dezentrale Systeme ergänzt. Dezentrale Abwasserbeseitigungssysteme behandeln das Abwasser direkt am Anfallort und leiten es dort auch ein.[1] Die Verbreitung der beiden Systeme spiegelt sich im sog. Anschlussgrad an die öffentliche Kanalisation wider. Dieser ist in Deutschland im europäischen Vergleich sehr hoch und beträgt 96%. Dabei hat der Anschlussgrad an die Kanalisation durch den zunehmenden Anschluss weiterer Grundstücke auch in ruralen Gegenden ständig zugenommen. In den Bundesländern variiert der Anschlussgrad an die Kanalisation z.T. erheblich zwischen 85 und 86% in Brandenburg, Mecklenburg-Vorpommern und Sachsen sowie 96 bis 99% in den westdeutschen Stadtstaaten und den meisten Flächenländern.[2] Die in Deutschland anerkannten Techniken der Abwasserbeseitigung ergeben sich aus den Rah-

---

1 Vgl. allgemein zur Unterscheidung nach Art und Ort der Abwasserbeseitigung: *Schiller*, Kostenbewertung der Anpassung zentraler Abwasserentsorgungssysteme bei Bevölkerungsrückgang, IÖR- Schriften, Bd. 51 (2010), S. 57.
2 Siehe *Bundesverband der Energie- und Wasserwirtschaft e.V.*, Branchenbild der deutschen Wasserwirtschaft 2011, Teil B, 2.1, S. 52; *Destatis* (Statistisches Bundesamt), Umwelt - öffentliche Wasserversorgung und Abwasserbeseitigung, Fachserie 19, Reihe 2.1., 2007, S. 12.

mennormungen der DIN-EN, der deutschen DIN-Normen und DWA (ehem. ATV)-Arbeits- und Merkblättern.[3]

1. Abwasserarten

Das anfallende Abwasser wird in den Ingenieurswissenschaften gemäß der DIN 4045 [1] und den DWA Arbeitsblättern grundsätzlich in drei Wasserarten unterschieden: Schmutzwasser, Niederschlagswasser und Fremdwasser. Schmutzwasser ist das Wasser, das nach häuslichem oder gewerblichem Gebrauch in verändertem Zustand abgeleitet wird. Niederschlagswasser ist das von Niederschlägen stammende Wasser, sobald es in die Kanalisation gelangt. Fremdwasser ist das unverschmutzte Bach- oder Grundwasser, welches z.B. durch undichte Stellen in die Kanalisation eindringt.[4] Zusätzlich zu dieser Grobeinteilung wird das Schmutzwasser seiner Herkunft nach unterteilt in landwirtschaftliches, gewerbliches, industrielles und kommunales Abwasser. Als kommunales Abwasser werden häusliches Abwasser, Fremdwasser und geringe Mengen an Indirekteinleitungen von Industrie und Gewerbe verstanden.[5] Das häusliche Abwasser ist weitgehend die Kehrseite des von den Menschen verbrauchten (Trink-)Wassers, zum Trinken und Kochen, Wäschewaschen, Geschirrspülen, zur Toilettenspülung, Körperpflege, Raumreinigung sowie die Ausscheidungen Urin und Fäzes. Der tägliche Trinkwasserverbrauch pro Person liegt zurzeit bei 122 Litern.[6] Gewerbliches und industrielles Abwasser sowie das Abwasser landwirtschaftlicher Betriebe ist das als Rohstoff, Produktionsmittel oder Kühlwasser gebrauchte Reinwasser, das aus dem Netz oder betriebseigenen Wassergewinnungsanlagen stammt. Der industrielle Abwasseranfall variiert stark mit der Art des Betriebes und die Abwasserbehandlung ist in der Regel Sache des einzelnen Betriebes.[7]

---

3 Vgl. *Imhoff/Jardin*, Tb. der Stadtentwässerung 2009, S. 501 ff. sowie S. 506 ff.
4 Vgl. DIN 4045 sowie *Imhoff/Jardin*, Tb. der Stadtentwässerung 2009, S. 123; *Gujer*, Siedlungswasserwirtschaft 2007, S. 83 f.
5 Siehe *Imhoff/Jardin*, Tb. der Stadtentwässerung 2009, Teil 5.1, S. 123; *Pöpel*, Lehrbuch für Abwassertechnik und Gewässerschutz, 1995, S. 2.
6 Vgl. *Destatis*, Umwelt - öffentliche Wasserversorgung und Abwasserbeseitigung, Fachserie 19, Reihe 2.1., 2007, S. 9; *Bundesverband der Energie und Wasserwirtschaft e.V.*, Branchenbild der Wasserwirtschaft 2011, Teil A, 5.1., S. 40.
7 Siehe *Imhoff/Jardin*, Tb. der Stadtentwässerung 2009, S. 382, 384 ff. *Hosang/Bischoff*, Abwassertechnik, 1998, S. 2.

1. Kapitel: Grundlagen der Siedlungswasserwirtschaft

2. Zentrale Abwasserbeseitigungssysteme

Bei dem vorherrschenden zentralen System wird das häusliche und zum Teil auch gewerbliche Abwasser über ein Kanalnetz abgeleitet und der Behandlung in einer zentralen Kläranlage zugeführt. Industrieabwässer werden oft direkt in Gewässer oder erst nach einer Vorbehandlung in das Kanalnetz eingeleitet. Die zentrale Beseitigung kann dabei je nach Randbedingungen in einem umfangreichen Leitungsnetz und großen Kläranlagen (rein zentral) oder auch in kleinen lokalen Leitungsnetzen und kleinen Ortskläranlagen, u.U. ergänzt durch dezentrale Niederschlagswasserbeseitigungsanlagen (semi-zentral), erfolgen.

a. Leitungsnetze

Bei den zentralen Entwässerungssystemen werden hinsichtlich der Ableitung von Schmutz- und Niederschlagswasser Misch-, Trenn- sowie ggf. modifizierte Systeme unterschieden.[8] Im Mischsystem wird das Schmutzwasser zusammen mit Regenwasser in einem Kanal (Mischwasserkanal) abgeleitet. Konsequenterweise sind im Mischsystem die Kanalisationen und Behandlungsanlagen auf Schmutzwasser und auf die z.T. großen Niederschlagswassermengen auszulegen. Im Trennsystem werden Schmutz- und Regenwasser in getrennten Kanälen (Schmutzwasserkanal oder Regenwasserkanal) abgeleitet, wobei das Schmutzwasser in einer Kläranlage gereinigt und das Regenwasser in der Regel direkt in ein Gewässer eingeleitet wird.[9] Das Mischsystem wird insbesondere dann angewandt, wenn die Regenabflüsse stark verschmutzt sind und eine dichte Bebauung vorherrscht. Das Trennsystem ist sinnvoll in Gebieten mit hohem Anteil an nicht behandlungsbedürftigem Niederschlagswasser und weitläufiger Bebauung, bei dichtem Gewässernetz, geringem Gefälle und bei einem stufenweisen Ausbau von Kanalnetzen.[10] Tatsächlich ist das Kanalnetz in Deutschland mittlerweile 540.000 km lang. Der größte Anteil, mit 44 %,

---

8 Siehe *Imhoff/Jardin*, Tb. der Stadtentwässerung 2009, S. 2; *Schmitt/Hansen/Valerius*, Handlungsempfehlungen für eine moderne Wasserwirtschaft, 2010, S. 14.
9 Siehe *Imhoff/Jardin*, Tb. der Stadtentwässerung 2009, S. 2; *Schmitt/Hansen/Valerius*, Handlungsempfehlungen für eine moderne Wasserwirtschaft, 2010, S. 14; ATV-Arbeitsblatt A 105, 1997.
10 Siehe *Imhoff/Jardin*, Tb. der Stadtentwässerung 2009, S. 2.

entfällt auf Mischwasserkanäle, gefolgt von Schmutzwasserkanälen mit etwa 35 % und Regenwasserkanälen mit 21 %.[11]

Werden das Misch- und Trennsystem nicht durch dezentrale Elemente der Niederschlagswasserbeseitigung, wie z.B. dezentrale Versickerung von unbelastetem Regenwasser, ergänzt,[12] benötigen die Leitungsnetze zentraler Systeme Regenwasserentlastungsanlagen, wie Regenüberläufe, Regenbecken oder Retentionsbodenfilter.[13] Denn die Kanalisationen im Misch- und Trennwassersystem und die Kläranlagen weisen bei anhaltendem Regen eine begrenzte hydraulische Kapazität auf.[14] Die Regenentlastungsanlagen zielen im Überlastungsfall regelmäßig auf die Ableitung von ungeklärtem Niederschlagswasser in Vorfluter ab. Sie ziehen damit eine erhebliche Belastung der Gewässer nach sich.[15]

Im Misch- oder Trennsystem wird das Abwasser entweder über Freispiegel- oder eine Druck- oder Vakuumentwässerung abgeleitet. Bei der weit verbreiteten Freispiegelentwässerung wird das Abwasser in freiem Gefälle transportiert.[16] Die Sonderentwässerungsverfahren der Druck- oder Vakuumentwässerung kommen u.a. zur Anwendung, wenn die topografischen Bedingungen kein Gefälle aufweisen oder in Wasserschutzgebieten ein Austritt von Abwasser durch Leckagen ausgeschlossen werden soll.[17]

---

11 Vgl. *Destatis*, Umwelt - öffentliche Wasserversorgung und Abwasserbeseitigung, Fachserie 19, Reihe 2.1., 2007, S. 20, 21; *Bundesverband der Energie und Wasserwirtschaft e.V.*, Branchenbild der deutschen Wasserwirtschaft 2011, Teil B, 2.1., S. 54.
12 Siehe DWA-Arbeitsblatt A 138, 2005; DWA-Merkblatt M 153, 2006.
13 Siehe zum Regenüberlauf (RÜ) *Imhoff/Jardin*, Tb. der Stadtentwässerung 2009, S. 14 und S. 23 ff.; zu Regenbecken, insbesondere Regenüberlaufbecken (RÜB) vgl. *Imhoff/Jardin*, ebenda, S. 14 und S. 28 ff.; zum Regenrückhaltebecken (RRB) *Imhoff/Jardin*, ebenda, S. 14 und S. 41 ff.; zu Regenklärbecken (RKB) *Imhoff/Jardin*, ebenda, S. 48; und Retentionsbodenfilter (RBF) *Imhoff/Jardin*, ebenda, S. 14 und S. 45.
14 Vgl. *Imhoff/Jardin*, Tb. der Stadtentwässerung 2009, S. 12 ff.
15 Im Ruhreinzugsgebiet stammen z.B. 30 % der organischen Belastung aus der Niederschlagswasserbehandlung, vgl. *Jardin*, Bilanzierung der Emissionen aus der Niederschlagswasserbehandlung, KA 2005, 987/987 ff.
16 Über längere Strecken wird das Abwasser ggf. in Streckenabschnitten über Pumpen erneut hochbefördert, vgl. *Pöpel*, Lehrbuch für Abwassertechnik und Gewässerschutz, 1995, S. 1; *Imhoff/Jardin*, Tb. der Stadtentwässerung 2009, S. 5.
17 Siehe zur Druckentwässerung näher *Pöpel*, Lehrbuch für Abwassertechnik und Gewässerschutz, 1995, S. 10; *Imhoff/Jardin*, Tb. der Stadtentwässerung 2009, S. 5; DWA-Arbeitsblatt A 116 Teil 2, Druckentwässerung 2007; vgl. zur Vakuument-

b. Abwasserreinigung mit Abwasserkläranlagen

Das in die Kanalisationen im Misch- und Trennwasserverfahren gelangende kommunale Abwasser und ggf. Niederschlagswasser wird zusammen mit etwaigem gewerblichem und vorgereinigtem industriellem Abwasser zu den Kläranlagen geleitet. In den Kläranlagen wird ein großer Anteil der Schmutz- und Schadstoffe des Abwassers in mehreren Behandlungsstufen entfernt.

(1) Inhaltsstoffe des kommunalen Abwassers

Das kommunale Abwasser ist ein Vielstoffgemisch mit einer großen Zahl biologisch und nichtbiologisch abbaubarer organischer und anorganischer Verbindungen in gelöster und ungelöster Form.[18] Dabei setzen sich die Inhaltsstoffe aus den Teilströmen von häuslichem sowie ggf. gewerblichem und industriellem Abwasser sowie dem Regenwasser zusammen. Das häusliche Abwasser besteht im Wesentlichen aus Toilettenabwasser (sog. Schwarzwasser) und dem Abwasser aus Spüle, Dusche, Bad und Waschmaschine (sog. Grauwasser). Das Toilettenabwasser bestehend aus Urin, Fäzes und Spülwasser weist insbesondere eine hohe Konzentration an Nährstoffen auf. Es enthält Stickstoff und Phosphorverbindungen, Eiweiße, Kohlenhydrate sowie Fette.[19] Zudem enthält es regelmäßig auch Schadstoffe, insbesondere in Form von Fäkalkeimen und Pharmaka.[20] Das Abwasser aus Spüle, Dusche, Bad und Waschmaschine weist zahlreiche chemische Verbindungen (z.B. synthetische Detergentien) sowie Tenside und Phosphor auf.[21] Die Inhaltsstoffe von gewerblichem und industriellem Abwasser hängen stark von dem Produkt und der Produktionsweise der jeweiligen Zweige ab; oft finden sich allerdings Zehr- und Nährstoffe in Form von Stickstoff, Phosphor und Salzen. Regenwasser schließlich weist neben diversen Luftschadstoffen (Stäube, Schwefeldioxyd und Kohlen-

---

wässerung genauer *Pöpel*, ebenda, S. 10; *Imhoff/Jardin*, ebenda, S. 5; DWA-Arbeitsblatt A 116 Teil 1 2005.
18 Siehe *Imhoff/Jardin*, Tb. der Stadtentwässerung 2009, S. 95 sowie S. 123.
19 Siehe *Imhoff/Jardin*, Tb. der Stadtentwässerung 2009, S. 95, 97.
20 Vgl. hierzu genauer *Imhoff/Jardin*, Tb. der Stadtentwässerung 2009, S. 143.
21 Vgl. *Imhoff/Jardin*, Tb. der Stadtentwässerung 2009, S. 132.

stoffdioxyd) vor allem weitere Schad- und Feststoffe, z.B. Schwermetalle, abhängig von der Ablauffläche auf.[22]

Da eine Vollanalyse der im Abwasser enthaltenen Stoffe bislang praktisch nicht möglich ist, wird die Schmutzfracht des Abwassers durch bestimmte physikalische, chemische und biologische Summen- und Gruppenparameter sowie durch ausgewählte Einzelsubstanzen charakterisiert. Die physikalischen Eigenschaften des Wassers, wie Temperatur, absetzbare Stoffe, elektrische Leitfähigkeit, werden mit dem Gesamttrockenrückstand, Gesamtglührückstand, den abfiltrierbaren und absetzbaren Stoffen gemessen.[23] Die chemischen Eigenschaften, also insbesondere die organischen und anorganischen Schmutzfrachten des Abwassers, werden durch die Parameter BSB klein n, CSB klein n und TOC sowie ausgewählten Einzelparametern gemessen. Mit dem Summenparameter BSB klein n (biochemischer Sauerstoffbedarf in n Tagen) wird die Schmutzfracht der gesamten organischen Stoffe, die biologisch abbaubar sind, gemessen.[24] Der gesamte Anteil an organischen Stoffen (biologisch und nicht biologisch abbaubar) wird regelmäßig durch den CSB n (chemischer Sauerstoffbedarf in n Tagen) gemessen.[25] Daneben wird das Abwasser regelmäßig chemisch auf seine anorganische Belastung untersucht. Sie wird gemessen durch die Erhebung der Einzelparameter Ammoniumstickstoff (NH_4-N) als Summe von Ammonium-, Nitrit- und Nitratstickstoff sowie Phosphorgehalt (P ges).[26]

Die Schmutzfrachten des anfallenden kommunalen Abwassers können jedoch auch durch die Anzahl der anzuschließenden Einwohner und deren typischen Abwasseranfall geschätzt werden, insbesondere durch den sog. Einwohnerwert (EW). Gewerbe- und Industriebetriebe erhalten einen sog. Einwohnergleichwert (EGW), bei dem Abwasserbelastung und -anfall der

---

22 Siehe *Imhoff/Jardin*, Tb. der Stadtentwässerung 2009, S. 154 f.
23 Nach DIN 38409 Teil 1, Teil 2 und Teil 9; siehe auch *Imhoff/Jardin*, Tb. der Stadtentwässerung 2009, S. 124 ff.
24 Er bezeichnet den erforderlichen Sauerstoffbedarf innerhalb einer definierten Zeitspanne (i.d.R. n=5), den Mikroorganismen brauchen, um die biologisch abbaubaren organischen Stoffe oxidativ abzubauen, vgl. hierzu genauer: *Imhoff/Jardin*, Tb. der Stadtentwässerung 2009, S. 135; DIN 38409 Teil 51.
25 Bei diesem Parameter wird anhand des Sauerstoffbedarfs für eine chemische Oxidation unter Einsatz eines Oxidationsmittels auf die Konzentration organischer Stoffe rückgeschlossen, vgl. hierzu im Einzelnen: *Imhoff/Jardin*, Tb. der Stadtentwässerung 2009, S. 129; DIN 38409 Teil 41.
26 Siehe *Imhoff/Jardin*, Tb. der Stadtentwässerung 2009, S. 142; DIN EN ISO 11885.

1. Kapitel: Grundlagen der Siedlungswasserwirtschaft

Produktion auf die typischen Frachten eines Einwohners umgerechnet werden.[27]

(2) Behandlungsverfahren

Die Behandlung des Abwassers zielt auf die Eliminierung der oben genannten Stoffe ab. Ziel ist es u.a., die geklärten Abwässer so umweltschonend wie möglich in die Vorfluter einleiten zu können. Bei zentralen Kläranlagen handelt es sich regelmäßig um große und sehr große Kläranlagen mit mindestens 5000 EW.[28] Als kleine Kläranlagen werden solche mit Einwohnerwerten von 50–5000 EW bezeichnet.[29] Die Behandlungstechniken bei kleinen Kläranlagen ähneln denen von großen Anlagen. Allerdings wird bei kleinen Anlagen durch Block-, Schachtel- oder Kompaktbauweise versucht, die Klärelemente zu vereinen.[30]

Zentrale Kläranlagen arbeiten heutzutage hauptsächlich mit drei Reinigungsstufen: der mechanischen Vorklärung, der biologischen Reinigungsstufe und der Nachklärung sowie u.U. der weitergehenden Reinigung. In der ersten Stufe der Abwasserreinigung werden mechanische Verfahren dazu genutzt, die im Abwasser befindlichen ungelösten absetzbaren Stoffe abzusondern. Diese Sink-, Schweb- und Schwimmstoffe werden in Sieben und Rechen sowie Sandfängen, Fettfängen, Flotations-, Absetz- und chemischen Fällungsbecken abgesondert. Es fällt sog. Primärschlamm an.[31] In der zweiten Stufe werden biologische Verfahren zur aeroben und anae-

---

27 Vgl. *Imhoff/Jardin*, Tb. der Stadtentwässerung 2009, S. 153 f. und S. 378.
28 Vgl. hierzu DIN EN 12255 Teil 1-15; DIN 19551; DIN 19552; DIN 19553; DIN 19554; DIN 19557; DIN 19558 und ATV-DVWK Arbeitsblatt A 131, 2000.
29 Vgl. *Hosang/Bischoff*, Abwassertechnik, 1998, S. 632 ff. zu kleinen Kläranlagen, vgl. Zusammenschau von DWA A-222 (Grundsätze für Bemessung, Bau und Betrieb von kleinen Kläranlagen mit aerober biologischer Reinigungsstufe bis 1000 EW) und DWA A-226 (Grundsätze für die Abwasserbehandlung in Belebungsanlagen mit gemeinsamer aerober Schlammstabilisierung ab 1.000 Einwohnerwerte).
30 Siehe *Imhoff/Jardin*, Tb. der Stadtentwässerung 2009, S. 411 ff.; *Hosang/Bischoff*, Abwassertechnik, 1998, S. 632. Insbesondere die Belebungsverfahren in Schachtelbauweise, Oxidationsgraben, die sog. Schreiber-Tropfkörper-Kläranlage, das Gegenstrom-Rundbecken vgl. *Imhoff/Jardin*, ebenda, S. 412, *Hosang/Bischoff*, ebenda, S. 634 ff. sowie Tab. 4.80, S. 661.
31 Vgl. *Imhoff/Jardin*, Tb. der Stadtentwässerung 2009, S. 95 und 96 sowie 158 ff.

roben Abwasserreinigung eingesetzt.[32] Zur Behandlung des Abwassers in der biologischen Reinigung kommen in Deutschland im Wesentlichen das Belebungsverfahren, die Biofilmverfahren und die naturnahen Verfahren vor.[33] Während die Belebungs-, Biofilm- oder Biofilterverfahren die höchsten Reinigungsleistungen in Bezug auf organische Stoffe sowie Nähr- und Stickstoffe aufweisen,[34] weisen die naturnahen Verfahren zur biologischen Abwasserreinigung, insbesondere Abwasserteiche und Pflanzenkläranlagen, keine hohe Reinigungsleistung auf. Sie sind jedoch einfach zu bedienen und zu warten und daher betriebssicher.[35] In einer 3. und 4. Stufe, der sog. weitergehenden Reinigung, werden in den Kläranlagen abiotisch-chemische Verfahren, insbesondere die Oxidation und Fällung sowie die Nitrifikation und Denitrifikation zur Eliminierung von Zehr-, Nähr- und Schadstoffen, wie Phosphor, Keimen und Mikroverunreinigungen, eingesetzt. In Deutschland und Europa wird das Abwasser in zentralen Kläranlagen regelmäßig weitergehend von den Nährstoffen Stickstoff und Phosphor gereinigt.[36] In besonderen Fällen, z.B. bei hochbelasteten Vorflutern oder in sensiblen Ökosystemen, wird das Abwasser auch noch durch weitere Verfahren, wie das Membranverfahren oder die UV-Bestrahlung, gereinigt.[37]

Im Jahre 2007 wurde eine Jahresschmutzwassermenge von 5.093 Mio. m³ in die Kanalisation eingeleitet und zum größten Teil (99,0 %) in öffent-

---

32 Vgl. *Imhoff/Jardin*, Tb. der Stadtentwässerung 2009, S. 95, bei der aeroben Abwasserreinigung werden die biologisch abbaubaren organischen Abwasserbestandteile (Eiweiße, Fette, Kohlenhydrate) durch Mikroorganismen unter Zufügung von Sauerstoff, bis zu ihren anorganischen Endprodukten (Wasser, Kohlenstoffdioxid, Nitrat, Phosphat und Sulfat) abgebaut, also so gut wie vollständig mineralisiert. In der anaeroben Abwasserreinigung werden diese Endprodukte unter Ausschluss von Sauerstoff zu organischen Säuren, Methan und Kohlenstoffdioxid umgesetzt.
33 Siehe zu den Biofilmverfahren *Imhoff/Jardin*, Tb. der Stadtentwässerung 2009, S. 200 ff. (Tropfkörper) und S. 216 ff. (Tauchkörper) sowie ATV-DVWK Arbeitsblatt A-281, 2002; zu den Belebungsverfahren S. 219 ff. (Durchlaufbetrieb) und S. 242 (SBR-Verfahren) und zur Bemessung, Konstruktion und zum Betrieb, vgl. DWA-Arbeitsbericht „Absetzvorgänge und Klarwasserabzug im SBR" 2005 und DWA-Merkblatt M 210, 2009.
34 Siehe *Imhoff/Jardin*, Tb. der Stadtentwässerung 2009, S. 222 sowie 219.
35 Siehe *Imhoff/Jardin*, Tb. der Stadtentwässerung 2009, S. 270 ff. für Teiche auch DWA-Arbeitsblatt A 201 DWA 2005 c, für Pflanzenkläranlagen DWA-Arbeitsblatt A 262, 2006 b.
36 Vgl. *Imhoff/Jardin*, Tb. der Stadtentwässerung 2009, S. 279, 285 und 287 f.
37 Vgl. *Imhoff/Jardin*, Tb. der Stadtentwässerung 2009, S. 291 und 293.

1. Kapitel: Grundlagen der Siedlungswasserwirtschaft

lichen Abwasserbehandlungsanlagen behandelt. Zusätzlich fielen in diesen Anlagen 2.299 Mio. m³ Fremd- und 2.676 Mio. m³ Niederschlagswasser an. Die sich daraus ergebende Jahresabwassermenge von 9.988 Mio. m³ wurde in Deutschland zu 99 % dreistufig gereinigt (inklusive weitergehender Reinigung).[38]

3. Dezentrale Abwasserbeseitigungssysteme

Dezentrale Systeme der Abwasserbeseitigung reinigen das häusliche Abwasser in der Nähe des Anfallortes in Einzelanlagen, also naturnahen und technischen Kleinkläranlagen, ohne dass Abwässer gemischt werden. Das Regenwasser wird dezentral separat gespeichert und genutzt oder versickert. Als semi-dezentrale Abwasserbeseitigungssysteme werden Systeme bezeichnet, in denen das Abwasser durch gruppenweise Kleinkläranlagen oder Pflanzenkläranlagen als Gemeinschaftseinrichtung entsorgt wird.[39]

Kleinkläranlagen sind Anlagen zur Reinigung von häuslichem Abwasser mit einem maximalen Abwasseranfall von 8 m³/d. Das entspricht, bei Annahme eines einwohnerspezifischen Abwasseranfalls von 150 l/(E·d), einem Anschlusswert von etwa 50 Einwohnerwerten (EW).[40] Auch bei den Kleinkläranlagen ergibt sich die Technik an sich aus verschieden Systemkomponenten, die funktional den Verfahren der großen Kläranlagen entsprechen. Kleinkläranlagen werden jedoch anders als große Kläranlagen nicht jedes Mal neu konzipiert und auf die tatsächlich bestehenden topografischen Verhältnisse ausgelegt. Sowohl für naturnahe Pflanzen- als auch technische Kleinkläranlagen bestehen sog. allgemeine bauaufsichtliche Zulassungen, Bauartzulassungen und die europäische technische Zulassung mit verschiedenen Qualitätsklassen. Hierdurch wird eine hohe Wasserreinigungsqualität von gesamten Anlagen oder ihren einzelnen Systemkomponenten (Modulbauweise) gesichert.[41]

---

38 Vgl. *Destatis*, Umwelt - Öffentliche Wasserversorgung und öffentliche Abwasserentsorgung, Fachserie 19, Reihe 2.1.2., 2010, S. 23 f. und 38 ff.
39 Vgl. *Frechen/Exler*, Technische Entscheidungskriterien für dezentrale und zentrale Abwasserreinigungsanlagen in Abwasserbeseitigung im ländlichen Raum, DWA 2008, S. 24.
40 Siehe *Imhoff/Jardin*, Tb. der Stadtentwässerung 2009, S. 402, DIN 4261, 1984 und 2002 und DIN EN 12566, 2004.
41 Vgl. hierzu *Imhoff/Jardin,* Tb. der Stadtentwässerung 2009, S. 503; *Goldberg*, Kleinkläranlagen heute, 2006, Kap. 6 und 7, S. 68 ff.

Genauso wie in zentralen Kläranlagen wird das Abwasser in Kleinkläranlagen zumindest mechanisch und biologisch in zwei Stufen gereinigt. Die Kleinkläranlagen sind entsprechend ihrer Bauartzulassung nach ihren Reinigungsstufen und damit nach ihrer Reinigungsleistung gemessen in Ablaufwerten kategorisiert. So unterscheidet man Anlagen mit folgenden Ablaufklassen: „C": mit Kohlenstoffelimination, „N": mit Nitrifikation, „D": mit Nitrifikation und Denitrifikation, „+P": zusätzliche Phosphorelimination und „+H": zusätzliche Hygienisierung. Die Gruppen „P" und „H" entsprechen der weitergehenden Reinigung bei großen Kläranlagen.[42] In der mechanischen Behandlungsstufe erfolgt eine Vorbehandlung durch Mehrkammer-Absetzgruben oder Mehrkammer-Ausfaulgruben, in denen absetzbare Stoffe und Schwimmstoffe abgetrennt und Schlämme gespeichert werden. Bei der biologischen Reinigungsstufe wird zwischen technischen und naturnahen Verfahren unterschieden, also der Behandlung des Abwassers im Wesentlichen durch Biofilm-, Belebungs- und Membranfilteranlagen oder durch Abwasserteiche und Pflanzenkläranlagen oder sog. bewachsene Bodenfilter.[43] Der mechanischen und biologischen Reinigung kann eine Stufe der weitergehenden Reinigung, insbesondere eine gezielte Nährstoffreduzierung, zugeschaltet werden (weitergehende Stickstoff- und Phosphor-Elimination).[44] Zudem kann das Abwasser mittels der (Membran-)Filtration oder UV-Bestrahlung auch von Keimen befreit, also hygienisiert oder desinfiziert werden.[45]

Allerdings liefern die technischen sowie die natürlichen Verfahren (Festbett, SBR3, Tropfkörper, Tauchkörper, Pflanzenkläranlage – horizontal/vertikal) je nach Ablaufklasse der Kleinkläranlagen nur bei richtiger Auslegung, Betrieb und Wartung mit den großen Kläranlagen vergleichbare Ergebnisse.[46] Die Wartung ist Gegenstand der allgemeinen bauaufsichtlichen Zulassung. Sie ist an den Reinigungsklassen orientiert. So brauchen

---

42 Vgl. *Goldberg*, Kleinkläranlagen heute, 2006, S. 77.
43 Vgl. *Imhoff/Jardin*, Tb. der Stadtentwässerung 2009, Teil 5.10, S. 406; für Pflanzenkläranlagen auch DWA-Arbeitsblatt A 262.
44 Vgl. *Goldberg*, Kleinkläranlagen heute, 2006, S. 97 ff.
45 Vgl. *Goldberg*, Kleinkläranlagen heute, 2006, S. 102 ff.
46 Siehe hierzu *Barjenburch/Al Jiroudi*, GWF 2005, S. 400 ff., einzig bei der Reduzierung der fäkalcoliformen Bakterien schneiden die Kleinkläranlagen schlechter ab, vgl. *Barjenbruch/Cauchi* u.a., WWt 2010, S. 34 ff.; für Anlagen mit getauchten Festbetten vgl. *Schulz-Menningmann*, WWt 2008, S. 17 ff.; *Boller*, WWt 2006, Heft 6, S. 25 ff.; für Biofilmverfahren, *Bergmann/ Fichtner/Illian*, WWt 2006, Heft 6, S. 15 ff.

1. Kapitel: Grundlagen der Siedlungswasserwirtschaft

Anlagen der Ablaufklassen C, N und D jeweils zwei Wartungen jährlich und C/N/D plus P, H oder P und H jeweils drei Wartungen jährlich.[47] Ansonsten ergeben sich die Wartungsintervalle aus der einzelnen bauaufsichtlichen Zulassung.

Deutschlandweit gibt es schätzungsweise rund 2,4 Mio. Kleinkläranlagen und abflusslose Gruben. Dabei existieren vornehmlich in den neuen Bundesländern teilweise noch Gebiete, in denen die Kleinkläranlagen noch nicht dem Stand der Technik entsprechen. Die Gewässerbelastung aus diesen rückständigen Kleinkläranlagen ist nicht unerheblich.[48]

4. Einleitung geklärter Abwässer in Gewässer

Abwasseranlagen leiten das gereinigte Abwasser in Gewässer ein und führen es so dem Wasserkreislauf wieder zu. Aus zentralen Systemen wird das gereinigte Abwasser regelmäßig in Flüsse (sog. Vorfluter) eingeleitet. Neben diesen kontrollierten Einleitungen gelangen aus den zentralen Systemen der Trennwasser- und Mischwasserkanalisationen bei Starkregenereignissen aus den Entlastungseinrichtungen auch erhebliche Mengen ungeklärter Regen- und Mischwasserentlastungen in die Gewässer.[49] Aus dezentralen Systemen wird gereinigtes Abwasser entweder in Fließgewässer eingeleitet oder in den Boden versickert und verrieselt. Sowohl die gesammelten Einleitungen aus zentralen Systemen als auch die Einleitungen aus veralteten und schlecht gewarteten dezentralen Anlagen stellen mengen- und stoffmäßig eine chemisch-physikalische und biologische Belastung

---

47 Vgl. *Goldberg*, Kleinkläranlagen heute, 2006, S. 77.
48 Vgl. *Barjenbruch/Cauchi*, WWt 2010, Heft 11-12, S. 34; *Barjenburch/Al Jiroudi*, GWF 2005, S. 400/400 ff.
49 Vgl. *Imhoff/Jardin*, Tb. der Stadtentwässerung 2009, Teil 6.1, S. 433; *Borchard*, in: Guderian/Gunkel, Hndb. der Umweltveränderungen und Ökotoxikologie Bd. 3 B (Aquatische Systeme - Biogene Belastungsfaktoren, Organische Stoffeinträge, Verhalten von Xenobiotika), Kap. 2.1.3.2, S. 100. z.B. 30 % der Gesamt-CSB-Fracht, die in Gewässer des Ruhr-Einzugsgebiets eingeleitet werden, vgl. *Jardin*, Bilanzierung der Emissionen aus der Niederschlagswasserbehandlung, KA 2005, S. 987/987 oder nach *Felmeden/Kluge/Koziol*, Ökoeffizenz kommunaler Abwasserinfrastrukturen, netWORKS-Papers Nr. 26, Teil 4.2., S. 42, stellen ein Fünftel der Gesamtemissionen unbehandelte Mischwasserentlastungen dar.

I. Anerkannte Techniken der Abwasserbeseitigung in Deutschland

insbesondere der Fließgewässer, aber auch der Übergangs- und Küstengewässer sowie des Grundwassers und der Böden dar.[50]
Oberflächengewässer weisen abhängig vom Sauerstoffgehalt eine gewisse Selbstreinigungskraft auf. Die Zehrstoffe des Schmutzwassers werden durch die im Wasser befindlichen Kleinlebewesen (Bakterien, Algen, Pilze) und die Nährstoffe durch Algen unter Verbrauch des verfügbaren Sauerstoffs abgebaut.[51] Die Schadstoffe, wie z.B. Schwermetalle oder endokrin wirksame Substanzen, sedimentieren oder werden zumindest verdünnt.[52] Abhängig von der Beschaffenheit der Gewässer (Steh-, Fließ- oder Meereswasser) und der eingeleiteten Schmutzfracht tritt jedoch schnell eine Überlastung des Gewässers auf. Die ablaufenden Zersetzungsprozesse im Gewässer belasten den Sauerstoffhaushalt bis hin zu einer Sauerstoffabsenz (sog. Eutrophierung) des Gewässers oder Abschnitten des Gewässers.[53] Hinzukommend haben die Schadstoffe, wie z.B. Schwermetalle, halogenorganische Verbindungen aus Kosmetika, Pharmaka, Bakterizide und Tenside aus Waschmitteln, häufig bereits in

---

50 Siehe *Imhoff/Jardin*, Tb. der Stadtentwässerung 2009, 457 ff. Siehe auch im einzelnen *Borchardt*, in: Guderian/Gunkel, Hndb. der Umweltveränderungen und Ökotoxikologie Bd. 3 B (Aquatische Systeme - Biogene Belastungsfaktoren, Organische Stoffeinträge, Verhalten von Xenobiotika), Kap. 2.1.2, S. 96; zum Ablauf zentraler Systeme: *Borchardt*, in: Guderian/ Gunkel, ebenda, Kap. 2.1.3.1, S. 97 f., siehe insbesondere Tab. 2.4.über mittlere Ablaufwerte, S. 99; zu dezentralen Systemen: *Barjenbruch/Al Jiroudi*, GWF 2005, 400/406 f.
51 Vgl. hierzu genauer. *Borchardt*, in: Guderian/Gunkel, Hndb. der Umweltveränderungen und Ökotoxikologie Bd. 3 B (Aquatische Systeme - Biogene Belastungsfaktoren, Organische Stoffeinträge, Verhalten von Xenobiotika, Kap. 2.1.4.1., S. 102 und Kap. 2.1.5.2., S. 108 ff., *Hegemann*, in: Brauer Hndb. des Umweltschutzes und der Umwelttechnik Bd. 4, additiver Umweltschutz: Behandlung von Abwasser, 1996, Kap. 3.4., S. 102.
52 Vgl. hierzu genauer *Imhoff/Jardin*, Tb. der Stadtentwässerung 2009, S. 460 f. und Teil 7, S. 467 ff., *Schön*, in: Brauer aaO, Kap. 5.1, S. 172 ff.; *Borchardt*, in: Guderian/Gunkel, Hndb. der Umweltveränderungen und Ökotoxikologie Bd. 3 B (Aquatische Systeme - Biogene Belastungsfaktoren, Organische Stoffeinträge, Verhalten von Xenobiotika), Kap.2.1.4.1, S. 102; *Görner/Hübner*, Gewässerschutz und Abwasserbehandlung, G.1.4.5., S. G-24.
53 Vgl. hierzu genauer. *Borchardt*, in: Guderian/Gunkel, Hndb. der Umweltveränderungen und Ökotoxikologie Bd. 3 B (Aquatische Systeme - Biogene Belastungsfaktoren, Organische Stoffeinträge, Verhalten von Xenobiotika), Kap. 2.1.4.1, S. 102 und Kap. 2.1.5.2. S. 108 ff., *Hegemann*, in: Brauer, Hndb. des Umweltschutzes und der Umwelttechnik Bd. 4, additiver Umweltschutz: Behandlung von Abwasser, Kap. 3.4., S. 102.

1. Kapitel: Grundlagen der Siedlungswasserwirtschaft

kleinsten Mengen öko- und fischtoxische Wirkungen und akkumulieren sich aufgrund ihrer Persistenz in Flora und Fauna.[54] Die Belastung der Gewässer wird chemisch mit den oben genannten Summenparametern (z.B. CSB, BSB) und biologisch mit dem sog. Saprobienindex und dem Sauerstoffgehalt gemessen.[55]

5. Klärschlammverwertung und -beseitigung

In den zentralen und dezentralen Systemen fällt wasserreicher Klärschlamm (Primär-, Sekundär- und Tertiärschlamm) an, in dem zahlreiche Nährstoffe (u.a. Phosphat), aber auch regelmäßig gewerbliche und industrielle Schadstoffe (Schwermetalle wie z.B. Blei) zurückbleiben. Zur Entsorgung des Klärschlamms stehen im Wesentlichen drei Entsorgungswege zur Verfügung: die Verwertung des Schlamms in der Landwirtschaft als Dünger oder für landschaftsbauliche Maßnahmen, die (Mit-)Verbrennung des Schlamms in Kraft- oder Zementwerken oder Hausmüllverbrennungsanlagen und die Deponierung. Zur Vorbereitung des Rohschlamms für alle diese Verwertungs- und Beseitigungswege ist eine aufwändige Aufbereitung und Behandlung des Schlamms erforderlich, u.a. die Eindickung, die Hygienisierung, die Stabilisierung, die Schlammfaulung, die Stapelung, die Entwässerung und die Trocknung.[56] Schlamm aus Kleinkläranlagen und abflusslosen Gruben (Sammelbehältern) wird regelmäßig in den zentralen Anlagen mitbehandelt.[57] Der Einsatz des Schlamms in der Land-

---

54 Vgl. genauer zu waschaktiven Substanzen: *Borchardt*, in: Guderian/Gunkel, Hndb. der Umweltveränderungen und Ökotoxikologie Bd. 3 B (Aquatische Systeme - Biogene Belastungsfaktoren, Organische Stoffeinträge, Verhalten von Xenobiotika), Kap. 2.3., S. 129 ff., zu Kosmetikinhaltsstoffen (synthetische Moschusverbindungen) Kap. 2.4., S. 145 ff., Konservierungs-, Desinfektions-, und Reinigungsmittel (organische Halogenverbindungen) Kap. 2.6., S. 173 ff., für Arzneimittel (Pharmaka, Antiseptika) Kap. 2.11., S. 258 ff.
55 Siehe *Görner/Hübner*, Gewässerschutz und Abwasserbehandlung, Kap. G 1.3.2.3, G-12 f. sowie Kap. G 1.3.2.1 und 2, S. G-9 und 10.
56 Vgl. Übersicht bei *Imhoff/Jardin*, Tb. der Stadtentwässerung 2009, S. 300, zur Eindickung: S. 307, zur Stabilisierung: S. 309, zur Schlammfaulung: S. 312 ff., zur Stapelung: S. 352 ff., zur Entwässerung: S. 340 f., zur Trocknung: S. 362 ff.; *Gujer*, Siedlungswasserwirtschaft 2007, Kap. D 25, S. 395 ff.; *Hosang/Bischoff*, Abwassertechnik, 1998, S. 576 f.
57 Vgl. *Imhoff/Jardin*, Tb. der Stadtentwässerung 2009, S. 403, 404; *Hosang/Bischoff*, Abwassertechnik, 1998, S. 625.

wirtschaft als Dünger oder für Rekultivierungsmaßnahmen, z.B. Kompostierung, erfordert insbesondere eine umfangreiche Aufbereitung zur Minimierung der Schadstoffe. Trotzdem droht eine Schadstoffanreicherung in Boden und Grundwasser. Für die Mono- oder Mitverbrennung ist, da ein hoher Trockensubstanzgehalt notwendig ist, die kostenintensive Entwässerung und Trocknung des Schlamms erforderlich. Eine Deponierung der Schlämme kommt schließlich nur in Betracht, wenn sie so gut wie keine Nährstoffe aufweisen. In Deutschland fallen in den öffentlichen Abwasserbehandlungsanlagen jährlich etwa 2 Mio. Tonnen Klärschlamm in Form von Trockenmasse an. Davon wurden 2009 in der Landwirtschaft 30,0 % und beim Landschaftsbau 13,7 % stofflich verwertet. Thermisch behandelt, also verbrannt, wurden 53,2 % und 3,1 % des Klärschlamms wurden auf sonstigem Wege verwertet. In den vergangenen Jahren wurden in Deutschland immer weniger Schlämme in der Landwirtschaft verwendet. Stattdessen ist der Anteil der Verbrennung gestiegen.[58]

6. Abwasserentsorgung und Siedlungsstruktur

Die Raum- und Siedlungsstruktur, insbesondere die Distanzen zwischen Siedlungen und Siedlungsteilen (Dispersion), wirkt sich maßgeblich auf die Technik der Abwasserbeseitigung aus.[59] In verstädterten und diesen nahegelegenen Agglomerationen und damit dicht besiedelten Räumen fällt über den Tag gesehen im Abwasserbeseitigungssystem gleichmäßig Abwasser an und zur Einleitung stehen regelmäßig leistungsfähige Fließgewässer zur Verfügung. In Agglomerationen ist daher die Abwasserbeseitigung in zentralen Systemen grundsätzlich am effektivsten. Demgegenüber weisen geringer verstädterte oder ländliche Räume mit zunehmend disperser Besiedlung regelmäßig besondere Wasserkonsummuster und damit schwankenden Abwasseranfall, nur wenig bestehende Versorgungsinfrastruktur und nur kleine, wenig aufnahmefähige Fließgewässer auf.[60] Zen-

---

58 Vgl. *Destatis*, Statistisches Jahrbuch, Kap.18 Umwelt, 2007, Nr. 18.2.8, S. 443.
59 Vgl. insbesondere das Begriffsverständnis von Raum- und Siedlungsstruktur sowie sog. dispers besiedelten Räumen: *ARL*, Handwörterbuch der Raumordnung, 2005, S. 863; *Boustedt*, Grundriß der empirischen Regionalforschung Teil II: Bevölkerungsstrukturen, Bd. 5, S. 73 ff.; *Spitzer*, Raumnutzungslehre, 1991, S. 44 sowie 236.
60 Vgl. ATV Arbeitsblatt A-200, 1997, S. 4 f.; *Seiler*, Planung der Abwasserentsorgung in ländlichen Räumen anhand von räumlichen Einflussfaktoren, 2004,

1. Kapitel: Grundlagen der Siedlungswasserwirtschaft

tralen Systemen bereitet zum einen der schwankende Abwasseranfall bei kleinen Einzugsgebieten Schwierigkeiten, da mit einer ungleichen Beschickung der Kläranlage eine schlechtere Reinigungsleistung verbunden ist.[61] Bei größeren Einzugsgebieten sind kostspielige Überleitungen erforderlich, die mit einem höheren Fremdwasseranfall verbunden sind. Zum anderen stellen die gesammelten Einleitungen zentraler Systeme in kleine Fließgewässer regelmäßig eine die Selbstreinigungskraft des Gewässers weit übersteigende Belastung dar. Daher kommen in diesen Räumen dezentrale Systeme der Schmutz- und Niederschlagswasserbeseitigung zum Einsatz. Allerdings weisen dezentrale Systeme, wie Kleinkläranlagen, regelmäßig keine integrierte Schlammbehandlung auf. Daher benötigen sie eine zentrale Anlage, in der ihr Schlamm mitbehandelt wird.[62] Auch die Einleitungen von dezentralen Systemen führen zu Gewässerbelastungen in kleinen Fließgewässern oder zu geringen punktuellen Belastungen der Böden.[63]

Trotz der Probleme der zentralen Abwasserentsorgungssysteme bei Transport, Behandlung und Ableitung der Abwässer sind weit über 70 % der Kleinstgemeinden (weniger als 500 Einwohner) und über 80 % der Kleingemeinden (500 bis 1000 Einwohner) mit insgesamt 2,358 Mio. Einwohnern an zentrale Abwasserentsorgungssysteme angeschlossen.[64]

II. Betriebswirtschaftliche Probleme der Abwasserbeseitigung

Die einzelnen Betriebe der Abwasserbeseitigung in Deutschland haben für die verschiedenen eingesetzten Systemkomponenten zentraler und dezen-

---

S. 19 f.; *DWA*, Siedlungswasserwirtschaft im ländlichen Raum (Teil Abwasserentsorgung), 2007, S. 40.
61 Vgl. ATV-Arbeitsblatt A-200, 1997, S. 11 und Teil 4.3., S. 15; vgl. hierzu ATV-Arbeitsblatt A-200, Teil 4.4., S. 16 ff.; Tab 3. S. 18, 19; *DWA*, Siedlungswasserwirtschaft im ländlichen Raum, 2007, S. 24; auch *Seiler*, Planung der Abwasserentsorgung in ländlichen Räumen anhand von räumlichen Einflussfaktoren, 2004, S. 111.
62 Vgl. ATV-Arbeitsblatt A-200, 1997, S. 13; *DWA*, Abwasserbehandlung, 2006, S. 235 ff. *DWA*, Siedlungswasserwirtschaft im ländlichen Raum (Teil Abwasserentsorgung), 2007, S. 85. *Seiler*, Planung der Abwasserentsorgung in ländlichen Räumen anhand von räumlichen Einflussfaktoren, 2004, S. 119 f.
63 Siehe *DWA*, Siedlungswasserwirtschaft im ländlichen Raum, 2007, S. 5.
64 Vgl. *Destatis*, Umwelt - öffentliche Wasserversorgung und Abwasserbeseitigung, Fachserie 19, Reihe 2.1., 2007, S. 19.

traler Abwasserentsorgung auch verschiedene Kostenschwerpunkte. Die Finanzierung der Abwasserentsorgung über Beiträge und Gebühren ist gesetzlich geregelt und hängt maßgeblich von Aufwand und Kosten der Abwasserentsorgungsanlagen ab. Ebenfalls gesetzlich geregelt sind die zulässigen Träger und Betriebsformen. Als Betreiber von u.U. mehreren Anlagen sind die Betriebe zum Teil für einzelne Gemeinden, aber auch für ganze Stadtgebiete zuständig, in Trägerschaft eines großen Verbandes auch für zahlreiche Gemeinden und kreisfreie Städte. Insgesamt bestehen in Deutschland um die 6900 Betriebe.[65] Auf Grundlage der Kennzahlen des betrieblichen Rechnungswesens können u.a. die Kosten pro behandeltem m^3 Abwasser, die Kostenanteile von Leitungsnetz, Abwasserbehandlung und Reststoffentsorgung (Abwassersammlung, -transport, -reinigung und Reststoffentsorgung) sowie die Bau- und Investitionskosten, die Betriebs- und Instandhaltungskosten (u.U. einschließlich sog. kalkulatorischer Kosten) ermittelt werden.[66]

1. Kostenstruktur zentraler und semi-zentraler Abwasserbeseitigung

Die Bau- und Investitionskosten eines zentralen Abwassersystems bestehen aus den Kosten für das Leitungsnetz (einschließlich Regenentlastungsanlagen) und für die Behandlungsanlage. Sie hängen im Einzelfall insbesondere von der Größe der Anlage, bezogen auf die Zahl der angeschlossenen Einwohner oder die zufließende Abwassermenge, der Art des Kanalisationssystems (Misch- oder Trennkanalisation), dem Reinigungsgrad, den örtlichen Verhältnissen und ggf. weiteren Faktoren ab.[67] Abhängig von der absoluten Höhe der Baukosten stehen die Kosten für Kläranlagen und Leitungsnetz in einem Verhältnis von 25 bis 40 zu 75 bis 60 %. Der Kostenanteil für die Kläranlagen sinkt mit der Ausbaugröße.[68] Die Bau- und Investitionskosten für die Neuverlegung eines Leitungsnetzes hängen im Wesentlichen von dem Entwässerungssystem (Freispiegel-,

---

65 Vgl. *Destatis*, Umwelt - öffentliche Wasserversorgung und Abwasserbeseitigung, Fachserie 19, Reihe 2.1., 2007, S. 19 ff.
66 Vgl. *Sander*, Ökonomie der Abwasserbeseitigung, 2003, S. 76 ff. sowie S. 137 ff.; *Hosang/Bischoff*, Abwassertechnik, 1998, S. 364; DWA-Merkblatt M-803, 2006, S. 12 f.
67 Vgl. *Sander*, Ökonomie der Abwasserbeseitigung, 2003, S. 76, *Hosang/Bischoff*, Abwassertechnik, 1998, S. 359.
68 Siehe *Hosang/Bischoff*, Abwassertechnik, 1998, S. 359.

1. Kapitel: Grundlagen der Siedlungswasserwirtschaft

Druck- oder Vakuumentwässerung),[69] der Rohrart (Rohrdurchmesser), den erforderlichen Erdarbeiten (Verlegetiefe), der Topografie und den erforderlichen Regenentlastungsanlagen ab.[70] Generell zeichnet sich die Freispiegelentwässerung im Vergleich zur Druck- oder Vakuumentwässerung durch höhere Anfangsinvestitionen aus, allerdings sind die Betriebskosten geringer.[71] Die spezifischen Kanalbaukosten betragen in etwa 2400 bis 2800 Euro pro Einwohner (EW). Die Kosten einer Erneuerung liegen regelmäßig nur geringfügig unter den Kosten für eine Neuverlegung.[72] Die Investitionskosten für die Behandlungsanlagen setzen sich zusammen aus den Kosten für das Hebewerk, die Rechen- und Siebanlagen, dem Sandfang, den Belebungsbecken, Vor- und Nachklärbecken, Betriebsgebäude, Außenanlagen und Straßen, Mess-, Steuerungs- und Regelungstechnik (MSR), Phosphatfällungsanlagen, Filteranlagen, Schlammbehandlungsanlagen und sonstigen Investitionskosten. Sie lassen sich nur im Einzelfall berechnen.[73] Generell sinken die spezifischen Investitionskosten pro Einwohnerwert oder -gleichwert aufgrund von sog. Skaleneffekten mit steigender Größe in zunehmend geringerem Maße (degressiv) ab.[74]

---

69 Im Allgemeinen zeichnet sich die standardmäßige Freispiegelentwässerung im Vergleich zu den anderen Entwässerungsverfahren (Druck- und Vakuumentwässerung) durch hohe (Anfangs-)Investitionskosten aus (regelhaft: desto teurer, je mehr Rohrdurchmesser und Verlegetiefe [Freispiegel: mindestens 200 DN, Druck- und Vakuumentwässerung, DN 50 bis 80] und je zunehmender Fließlänge, da tiefere Rohrgräben erforderlich)
70 Vgl. genauer *Sander*, Ökonomie der Abwasserbeseitigung, 2003, S. 90 ff.; *Herbst*, Bewertung zentraler und dezentraler Abwasserinfrastruktursysteme, 2008, S. 20 f. *Imhoff/Jardin*, Tb. der Stadtentwässerung 2009, S. 14.
71 Siehe *Pöpel*, Lehrbuch für Abwassertechnik und Gewässerschutz, 1995, S. 1 und 10; *Imhoff/Jardin*, Tb. der Stadtentwässerung 2009, S. 5 und S. 10 ff. DWA-Arbeitsblatt A-116 Teil 2, Druckentwässerung 2007; DWA-Arbeitsblatt A-116 Teil 1 2005.
72 Vgl. *Sander*, Ökonomie der Abwasserbeseitigung, 2003, S. 93 und 98 ff.
73 Vgl. *Sander*, Ökonomie der Abwasserbeseitigung, 2003, S. 108 ff.; *Hosang/Bischoff*, Abwassertechnik, S. 360, 361; vgl. für eine Grobkostenübersicht: *Imhoff/Jardin*, Tb. der Stadtentwässerung, 2009, S. 107.
74 Siehe *Hosang/Bischoff*, Abwassertechnik, 1998, S. 360; *Imhoff/Jardin*, Tb. der Stadtentwässerung 2009, S. 107.; vgl. *Sander*, Ökonomie der Abwasserbeseitigung, 2003, S. 108 mit Verweis auf *Reicherter*, in: Günthert, Kommunale Kläranlagen – Bemessung, Erweiterung, Optimierung, Betrieb und Kosten, 2009, S. 151 ff.

II. Betriebswirtschaftliche Probleme der Abwasserbeseitigung

Die Betriebskosten bei zentralen Systemen setzen sich aus den Betriebskosten für Leitungsnetz und Kläranlagen zusammen.[75] Allgemein fallen Personal-, Stoff- und Werkzeugkosten, Kosten für die Abwasserabgabe, die Reststoffentsorgung und für Abschreibungen an.[76] Den größten Anteil an den Gesamtbetriebskosten haben die Abschreibungen auf die Anlagen (Leitungsnetz, Kläranlagen, Kleinkläranlagen). Abwasserkanäle haben eine abschreibungsrelevante Nutzungsdauer von 50 bis 80 Jahren, Kläranlagen von 20 bis 40 Jahren.[77] Der Hauptteil der Jahreskosten (regelmäßig über 70 %) entfällt auf die Abschreibung, Instandhaltung und Sanierung der Leitungsnetze.[78] Von den Gesamtbetriebs- und Instandhaltungskosten der Abwasserbeseitigung bestehen 75 bis 85 % aus fixen Kosten (kalkulatorische Kosten, Personalkosten, bezogene Leistungen), die übrigen Kosten (Abwasserabgabe, Betriebsmittel, Reststoffentsorgung) sind mit der behandelten Abwassermenge variabel.[79] Generell nehmen die spezifischen Betriebskosten mit steigender Anlagengröße degressiv ab.

2. Kostenstruktur der Abwasserbeseitigung mit Kleinkläranlagen

Die Bau- und Investitionskosten für technische und naturnahe Kleinkläranlagen hängen von der Maschinentechnik, den erforderlichen Schachtbauwerken, den Naturbauwerken und Bodenfiltern sowie den Verbindungsrohrleitungen ab.[80] Für den Bau einer Kleinkläranlage mit Vorklärung, biologischer Stufe und Verrieselung fallen an Baukosten insgesamt etwa 4.500 bis 10.000 Euro an.[81] Werden die Bau- und Investitionskosten einer Kleinkläranlage auf die behandelten Einwohnerwerte oder Einwohnergleichwerte umgelegt, liegen die Kosten etwa bei 1.000 €/EW bei einer

---

75 Vgl. *Sander*, Ökonomie der Abwasserbeseitigung, 2003, S. 74 und S. 137 ff.; *Hosang/Bischoff,* Abwassertechnik, 1998, S. 361 ff.; DWA Merkblatt M-803, 2006, S. 25 f.
76 Vgl. *Sander*, Ökonomie der Abwasserbeseitigung, 2003, S. 138 ff. für Leitungsnetze und S. 139 ff. und 153 ff. für Kläranlagen.
77 Vgl. Tabelle 3.13 bei *Sander*, Ökonomie der Abwasserbeseitigung, 2003, S. 33 f. und S. 49 ff.; Tab. 3.3 bei *Maniak*, Wasserwirtschaft, 2001, S. 92 ff.
78 Siehe *Herbst*, Bewertung zentraler und dezentraler Abwasserinfrastruktursysteme, 2008, S. 20 f.
79 Vgl. *DWA*, Wirtschaftsdaten der Abwasserbeseitigung 2009, S. 3.
80 Vgl. *Siegl/Löffler*, WWt 2008, 35/38; *Schmager*, WWt 2011, 8/10.
81 Siehe *Müller/Straub/Heine*, WWt 2007, Heft 6, S. 12.

1. Kapitel: Grundlagen der Siedlungswasserwirtschaft

Kleinkläranlagengröße von 10 EW und bei 700 €/EW bei einer Anlagengröße von 50 EW. Für die Betriebs- und Instandhaltungskosten schlagen die Energiekosten, Kosten für Wartung und Kontrolle der Anlage, die Sach- und Stoffkosten sowie die Schlammentsorgung zu Buche.[82] Den Hauptanteil der gesamten Betriebskosten (60 bis 80 %) verursachen die Wartungs- und Instandhaltungskosten.[83] Demnach zeichnen sich die naturnahen Kleinkläranlagen gegenüber den technischen Kleinkläranlagen durch geringere Betriebskosten aus, da sie weniger Energie verbrauchen und weniger Wartung benötigen.[84] Für die Abschreibungen ist regelmäßig die Nutzungsdauer der Anlagen ein entscheidender Faktor, sie liegt zwischen 15 und 25 Jahren.[85]

3. Räumliche Dispersion und Kosten der Abwasserbeseitigung

Der Grad der Dispersion in der Raum- und Siedlungsstruktur, also die Distanzen zwischen Siedlungen und Siedlungsteilen im Entsorgungsgebiet, ist der Hauptfaktor für die Kosten der zentralen Abwasserentsorgungssysteme, während es für die dezentralen Systeme eine geringere Rolle spielt.[86]

Die zentralen Systeme weisen in dicht besiedelten Gebieten durch hohe Anschlussgrade und relativ kurze Rohrleitungslängen in den Siedlungsstrukturen aufgrund von Skaleneffekten eine hohe Wirtschaftlichkeit auf. In dispers besiedelten ländlichen und verstädterten Räumen steigt die Leitungslänge jedoch mit den größeren regionalen und lokalen Distanzen zwischen den Siedlungen und Siedlungsteilen sowie lockeren und offenen Bebauungsstrukturen stark an.[87] Während in Agglomerationen eine Leitungslänge je Einwohner von 3 Metern erforderlich ist, sind in dispersen Siedlungsräumen Leitungsnetze von 10 und mehr Metern pro Einwohner

---

82 Vgl. *Siegl/Löffler*, WWt 2008, S. 35/38, *Müller/Straub/Heine*, WWt 2007, S. 10/15; *Boller*, WWt 2004, S. 23/23.
83 Vgl. *Straub*, WWt 2007, S. 10/17, 18.
84 Vgl. *Schmager*, WWt, 2011, S. 8/10 und 11; *Müller/Straub/Heine*, WWt, 2007, Heft 6, S. 10/17.
85 Vgl. *Siegl/Löffler*, WWt 2008. S. 35/ 38; *Schmager*, WWt 2011, 8/10; *Boller*, WWt 2006, S. 23/27 f.
86 Siehe *Schiller/Siedentop*, Infrastrukturfolgekosten, disP 160, 2005, S. 83/84.
87 Siehe *Schiller/Siedentop*, Infrastrukturfolgekosten disP 160, 2005, S. 84; *Buchert*, Nachhaltiges Bauen und Wohnen in Deutschland, 2004, S. 25 f.

erforderlich. Die Leitungslänge ist jedoch für einen Anteil von etwa 70 bis 90 % sowohl der Investitions- als auch der späteren Betriebs- und Instandhaltungskosten an den jeweiligen Gesamtkosten verantwortlich. Daraus ergibt sich für die netzförmige Infrastruktur generell und bei der zentralen Abwasserbeseitigung im Besonderen ein über die Bevölkerungsdichtegrade verteilter, U-förmiger Kostenverlauf.[88]

Die Alternative zur öffentlichen Kanalisation sind dezentrale Systeme. Für dezentrale Systeme spielt die Dispersion eine geringere Rolle. Jedoch können auch hier Kosten eingespart werden, sofern Siedlungen und Siedlungsteile eine dichte Bebauungsstruktur, z.B. mit Mehrfamilienhäusern, aufweisen und so die Abwasserbeseitigung gebündelt werden kann.

III. Marktwirtschaftliche Probleme der Abwasserbeseitigung

Das Gut der öffentlichen Abwasserbeseitigung wird in Deutschland in relativ klein-monopolistischem Marktumfeld durch öffentliche Unternehmen erbracht.

1. Struktur der Siedlungsabwasserwirtschaft

Die Struktur der Siedlungsabwasserwirtschaft wird durch die Betriebe, die Guteigenschaften der zentralen und dezentralen Abwasserbeseitigung sowie das Marktumfeld charakterisiert.

a. Betriebe der Abwasserbeseitigung

Die staatliche Aufgabe der Abwasserbeseitigung wird von Betrieben erbracht, deren Rechtsträger regelmäßig Kommunen, Anstalten des öffentlichen Rechts und Verbände sind. Geführt werden die Betriebe durch öffentliche Unternehmen und z.T. von den Rechtsträgern eingesetzte private Unternehmen. Verglichen mit der Institutionalisierung in anderen europä-

---

88 Vgl. *Zimmermann/Henke/Broer*, Finanzwissenschaft, Kap. 2 III c), S. 42; *Kluth*, Chancen und Risiken einer wettbewerblichen Öffnung der Abwasserentsorgung, 2008, S. 126; *Herbst*, Bewertung zentraler und dezentraler Abwasserinfrastruktursysteme, 2008, S. 20 f.

1. Kapitel: Grundlagen der Siedlungswasserwirtschaft

ischen Staaten ist die deutsche Siedlungswasserwirtschaft mit ihren 6900 Betrieben eher kleinteilig organisiert.[89] Hinsichtlich der Größe der Betriebe sind in der Siedlungswasserwirtschaft erhebliche Variationen festzustellen. Die Abwasserbeseitigung orientiert sich räumlich häufig an den Gemeindegrenzen. So sind viele Eigenbetriebe nur für das einzelne Gemeindegebiet zuständig, während Betriebe in Trägerschaft eines großen Verbandes für zahlreiche Gemeinden und kreisfreie Städte zuständig sind.[90] Die Privatisierungstendenzen sind in der Abwasserbeseitigung eher schwach ausgeprägt. Zudem sind die Unternehmen der Wasserversorgung und Abwasserbeseitigung regelmäßig getrennt und nur in Ausnahmefällen in einem öffentlichen Unternehmen zusammengefasst.[91]

b. Dienstleistung Abwasserbeseitigung

Das Gut der Abwasserbeseitigung, also der Bereitstellung von Infrastruktur und Beseitigungsdienstleistungen, stellt ein Gemeingut und eine Gemeindienstleistung mit meritorischem Charakter dar.[92] Die Nutzerhaushalte werden regelmäßig zum Konsum der meritorischen Abwasserbeseitigung der öffentlichen Unternehmen bei einer gesetzlich festgelegten Qualität verpflichtet und bezahlen den Preis über die Gebühren und Entgelte. Gleichzeitig wird die Abwasserbeseitigung als Gemeingut angeboten, jeder soll daran teilhaben können. Eine solche Bereitstellung über öffentliche Unternehmen ist aus wohlfahrtsökonomischer Sicht erforderlich. Denn meritorische Güter werden in der Regel nicht entsprechend ihres gesamtwirtschaftlichen Nutzens für die Allgemeinheit individuell nachge-

---

89 In England und Wales beispielsweise übernehmen lediglich 24 Unternehmen die Abwasserbeseitigung, vgl. *Oelmann*, Zur Neuausrichtung der Preis- und Qualitätsregulierung in der deutschen Wasserwirtschaft, 2004, S. 23; *Kluth*, Chancen und Risiken einer wettbewerblichen Öffnung der Abwasserentsorgung, 2008, S. 202 und S. 206.
90 Siehe *Kluth*, Chancen und Risiken einer wettbewerblichen Öffnung der Abwasserentsorgung, 2008, S. 206.
91 Vgl. *Oelmann*, Zur Neuausrichtung der Preis- und Qualitätsregulierung in der deutschen Wasserwirtschaft, 2004, S. 24; *Briscoe*, GWF 1995,S. 422/425.
92 Vgl. *Kluth*, Chancen und Risiken einer wettbewerblichen Öffnung der Abwasserentsorgung, 2008, S. 96, 103 ff.

III. Marktwirtschaftliche Probleme der Abwasserbeseitigung

fragt und damit von Privaten nicht flächendeckend angeboten.[93] Durch die öffentliche Bereitstellung wird sichergestellt, dass neben den unmittelbaren individuellen Bedürfnissen der Menschen nach Hygiene und (schneller) fachgerechter Entsorgung auch das Gemeininteresse nach umweltgerechter Entsorgung und damit qualitativ hochwertiger Reinigung zur Schonung des Allgemeinguts der Umwelt befriedigt wird. Sowohl die dezentrale als auch die zentrale Abwasserbeseitigung sind indes nach wirtschaftswissenschaftlicher Theorie (Theorie der öffentlichen Güter) nicht als rein öffentliches Gut, sondern als sog. Mischgut anzusehen. Die zentrale Abwasserbeseitigung, also die Bereitstellung des Leitungsnetzes und der Dienstleitung, wird regelmäßig als Club-Gut erbracht, welches sich durch Nichttrivialität im Konsum und Ausschlussmöglichkeiten auszeichnet.[94] Gleiches gilt für die dezentrale Abwasserbeseitigung. Auswahlentscheidungen der Nachfrager über den Grad des Ausbaus der zentralen und dezentralen Abwasserbeseitigung sowie über die Gebühren und Beiträge sind nur über den demokratischen Prozess in den Kommunen möglich.[95]

c. Natürliches Monopol bei der Abwasserbeseitigung

Im Rahmen der für die Abwasserbeseitigung geltenden Gesetze können auf dem Markt der Abwasserbeseitigung nur regionale und lokale Monopole entstehen, denn aufgrund seiner weitgehenden Leitungsgebundenheit liegt im Sinne der volkswirtschaftlichen Theorie ein durch Marktbarrieren geschütztes natürliches Monopol mit geringer Substitutionskonkurrenz vor.[96] Die Abwasserbeseitigung in dicht bis mitteldicht besiedelten Gebie-

---

93 Vgl. *Brümmerhoff*, Finanzwissenschaft, 2011, S. 96; *Scherf*, Öffentliche Finanzen, 2011, S. 73.
94 Vgl. *Gawel*, Ökologisch orientierte Benutzungsgebühren, 1995, S. 121 ff.; vgl. grundlegend *Brümmerhoff*, Finanzwissenschaft, 2011, S. 94 ff. und *Scherf*, Öffentliche Finanzen, 2011, S. 78 f. *Kluth*, Chancen und Risiken einer wettbewerblichen Öffnung der Abwasserentsorgung, 2008, S. 13 ff.; *Oelmann*, Zur Neuausrichtung der Preis- und Qualitätsregulierung in der deutschen Wasserwirtschaft, 2004, 19.
95 Siehe *Scherf*, Öffentliche Finanzen, 2011, S. 88 ff. *Brümmerhoff*, Finanzwissenschaft, 2011, S. 109 ff.
96 Vgl. hierzu *Scherf*, Öffentliche Finanzen, 2011, Kap.1.1. S, 69 f. *Brümmerhoff*, Finanzwissenschaft, Kap. 4.2.c), S. 60 f.; *Zimmermann*, Finanzwissenschaft, 2009, S. 50 ff.; *Kluth*, Chancen und Risiken einer wettbewerblichen Öffnung der Abwasserentsorgung, 2008, S. 84 ff.; *Oelmann*, Zur Neuausrichtung der Preis- und Qualitätsregulierung in der deutschen Wasserwirtschaft, 2004, S. 33 ff.

ten stellt ein natürliches Monopol dar, da ein Anbieter die nachgefragte Menge an Abwasserbeseitigung aufgrund von Größenvorteilen (sog. Economies of Scale) und Bündelungs- oder Dichteeffekten (Economies of Density) und Verbundvorteilen (Economies of Scope) bei Transport und Behandlung immer zu geringeren Gesamtkosten produziert als eine größere Anzahl kleinerer Anbieter mit unterschiedlichen Leitungsnetzen.[97] Dies liegt insbesondere an den extremen Fixkosten, die für den Aufbau und die Unterhaltung des Leitungsnetzes erforderlich sind.[98] Allerdings wandeln sich die Economies of Scale für die Bereitstellung eines Leitungsnetzes zumindest in gering besiedelten Gebieten und damit hohen Überleitungsdistanzen pro Einwohner in Größennachteile (sog. Diseconomies of Scale) um.[99] Das Monopol der zentralen Abwasserbeseitigung ist jedoch allgemein durch Marktbarrieren geschützt. Als sog. institutionelle Marktbarriere wirkt die mit wenigen Ausnahmen erforderliche öffentliche Bereitstellung. Für private Anbieter ist der Markt ohne staatlichen Auftrag nicht zugänglich.[100] Als Marktbarriere wirkt zudem auch die Abschreckung potenzieller Konkurrenten. Ihnen drohen bei einem erfolglosen Markteintritt erhebliche verlorene Kosten (sog. Sunk Costs). Denn etwaige Investitionen in Kanäle und Kläranlagen sind aufgrund ihrer Ortsgebundenheit und fehlenden Umnutzbarkeit verloren (sog. Irreversibilität).[101] Die Substitutionskonkurrenz ist im Markt der häuslichen Abwasserbeseitigung demgegenüber gering ausgeprägt. Neben der zentralen Abwasserbeseitigung über Leitungsnetze ist die dezentrale Abwasserbeseitigung in Kleinkläranlagen

---

97 Siehe allgemein hierzu vgl. *Kluth*, Chancen und Risiken einer wettbewerblichen Öffnung der Abwasserentsorgung, 2008, S. 45. ff. im besonderen *Kluth*, ebenda, S. 85, 86.
98 Vgl. *Kluth*, Chancen und Risiken einer wettbewerblichen Öffnung der Abwasserentsorgung, 2008, S. 84 ff.
99 Vgl. *Kluth*, Chancen und Risiken einer wettbewerblichen Öffnung der Abwasserentsorgung, 2008, S. 81.
100 Vgl. *Kluth*, Chancen und Risiken einer wettbewerblichen Öffnung der Abwasserentsorgung, 2008, S. 63; *Oelmann*, Zur Neuausrichtung der Preis- und Qualitätsregulierung in der deutschen Wasserwirtschaft, 2004, S. 39.
101 Vgl. *Kluth*, Chancen und Risiken einer wettbewerblichen Öffnung der Abwasserentsorgung, 2008, S. 88 und 89; *Oelmann*, Zur Neuausrichtung der Preis- und Qualitätsregulierung in der deutschen Wasserwirtschaft, 2004, S. 39.

die einzige, ohnehin nur eingeschränkt zulässige Konsumenten-Wahlentscheidung.[102]

2. Gesamtwirtschaftliche Wohlfahrtsverluste

In natürlichen Monopolen, also netzgebundenen Märkten wie der Abwasserbeseitigung, drohen gesamtwirtschaftliche Wohlfahrtsverluste, sog. Staats- und Marktversagen.

a. Effizienz der Abwasserbeseitigung

Nach volkswirtschaftlicher Theorie drohen in natürlichen staatlichen Monopolen Wohlfahrtsverluste bei der Dienstleistungserbringung durch verschiedene Formen der Ineffizienz. Die Paretoeffizienz bezeichnet die gesamtwirtschaftlich optimale Allokation der Produktionsfaktoren und Güter. Von diesem Paretooptimum weicht nach der Theorie der monopolistische Anbieter ab, indem er zur Gewinnmaximierung eine geringere Menge zu einem höheren Preis zur Verfügung stellt.[103] Eine derartige Mengenreduktion ist in der deutschen Siedlungswasserwirtschaft jedoch nicht zu erkennen.[104] Im Vergleich zu anderen europäischen und nichteuropäischen Ländern sind allerdings die Preise für die Abwasserbeseitigung in Form von Gebühren und Entgelten hoch.[105] Dies lässt sich indes auf die hohe Qualität der deutschen Abwasserbeseitigung zurückführen. Die qualitative Effizienz bezeichnet nach volkswirtschaftlicher Theorie die Tendenz in natürlichen Monopolen, dass nachgefragte und angebotene Qualität aus-

---

102 Vgl. *Kluth*, Chancen und Risiken einer wettbewerblichen Öffnung der Abwasserentsorgung, 2008, S. 89, 90; *Oelmann*, Zur Neuausrichtung der Preis- und Qualitätsregulierung in der deutschen Wasserwirtschaft, 2004, S. 111.
103 Vgl. *Kluth*, Chancen und Risiken einer wettbewerblichen Öffnung der Abwasserentsorgung, 2008, S. 44, 45; *Oelmann*, Zur Neuausrichtung der Preis- und Qualitätsregulierung in der deutschen Wasserwirtschaft, 2004, S. 119 ff.
104 Tatsächlich bestehen zahlreiche Überkapazitäten, vgl. *Destatis*, Umwelt - öffentliche Wasserversorgung und Abwasserbeseitigung, Fachserie 19, Reihe 2.1., 2007, S. 28.
105 Vgl. *Oelmann*, Zur Neuausrichtung der Preis- und Qualitätsregulierung in der deutschen Wasserwirtschaft, 2004, Anhang, Abbildung 1.; *Briscoe*, GWF 1995, 422/ 423, 424.

1. Kapitel: Grundlagen der Siedlungswasserwirtschaft

einanderfallen, da der Anbieter keine Rückmeldung über die von ihm erbrachte Leistung erhält und so keine Kenntnis der Präferenzen der Nachfrager einschließlich der Zahlungsbereitschaft erhält.[106] Eine qualitative Ineffizienz ist jedoch in der deutschen Siedlungswasserwirtschaft allenfalls in den nicht gesetzlich festgelegten Angebotsbereichen festzustellen, wie dem Service, der Abrechnung oder dem Kundendienst.[107] Betriebswirtschaftliche Ineffizienz bezeichnet die Neigung der Anbieter in natürlichen Monopolen zu überhöhtem Verbrauch oder Zahlung für Einsatzfaktoren und Verschwendung im Allgemeinen, da in geschützten Monopolen aufgrund des Fehlens von Wettbewerb der Anreiz zur Gewinnerzielung oder zur kosten-minimalen Produktion geringer ist als bei Unternehmen, die im Wettbewerb stehen.[108] Diese Gefahr lässt sich für die deutsche Siedlungswasserwirtschaft nicht völlig von der Hand weisen.[109]

b. Nutzendiffusion und Quersubventionierung

Leitungsgebundene Infrastrukturen zeichnen sich regelmäßig durch sog. Nutzendiffusion aus. Dies bedeutet, dass bei der Bereitstellung des Gutes eine genaue Zuordnung des individuellen Nutzens und damit eine exakte Zuordnung der angefallenen Kosten praktisch nicht möglich ist. Dieser Befund gilt auch für das System der zentralen Abwasserbeseitigung in Deutschland. Zwar wird der individuelle Nutzen der angeschlossenen Haushalte, also die letztendlich bezogene Abwasserbehandlung, näherungsweise bestimmt, indem die Art des Abwassers, der Grad der Verschmutzung und die Menge des verbrauchten Trinkwassers berechnet wird. Aber die individuelle Nutzung der Infrastruktur zum Abwassertransport, also die Nutzung der Kanäle, die den größten Kostenfaktor der Ab-

---

106 Vgl. *Kluth*, Chancen und Risiken einer wettbewerblichen Öffnung der Abwasserentsorgung, 2008, Kap. 3.1.2.1., S. 60, S. 111 ff.; *Oelmann*, Zur Neuausrichtung der Preis- und Qualitätsregulierung in der deutschen Wasserwirtschaft, 2004, S. 125 ff.
107 Vgl. *Oelmann*, Zur Neuausrichtung der Preis- und Qualitätsregulierung in der deutschen Wasserwirtschaft, 2005, S. 109 f. sowie S. 182 ff.
108 Vgl. *Zimmermann/Henke/Broer*, Finanzwissenschaft 2009, S. 43; *Kluth*, Chancen und Risiken einer wettbewerblichen Öffnung der Abwasserentsorgung, 2008, S. 58.
109 Siehe überzeichnet, aus amerikanischer Perspektive *Briscoe*, GWF 1995, S. 422/424, 425 und 427.

wasserbeseitigung insgesamt darstellt, wird nicht individuell zugerechnet. Auch die Haushalte, die eine geringere Netzlänge zur Kläranlage in Anspruch nehmen, zahlen den gleichen Satz wie räumlich entferntere Haushalte (sog. Tarifeinheit im Raum).[110] Durch diese einheitliche Tarifstruktur bzw. Quersubventionierung wird das flächendeckende Angebot der Infrastruktur der Abwasserbeseitigung generell und damit die Erschließung und Aufrechterhaltung von an sich ineffizienten Leitungsnetzteilen (in schwer erschließbaren Räumen) gesichert.[111]

c. Externe Effekte

Die Abwasserbeseitigung führt auch zu negativen externen Effekten (sog. Spillovers). Negative externe Effekte bezeichnen Kosten und Folgekosten, die nicht in dem Marktpreis für das Gut eingerechnet sind und daher von der Allgemeinheit oder unbeteiligten Dritten (auch nachfolgenden Generationen) zu tragen sind.[112] Die Nutzung der Umwelt, insbesondere der Gewässer und Böden, wird im Falle der kontrollierten Ableitungen über die Abwasserabgabe in die Marktbetrachtung und damit in die Gebühren, also den Preis für die Abwasserbeseitigung einbezogen.[113] Im Falle der unkontrollierten Misch- und Regenwasserentlastungen sowie bei Leckagen in den Kanälen, Betriebsstörungen und Havarien hingegen werden die Belastungen des „Umweltgutes" zu einem signifikanten externen Effekt zu Lasten der Allgemeinheit und Einzelner, wie z.B. von Wasserwerken, deren Aufbereitungskosten steigen.[114]

---

110 Vgl. *Kluth*, Chancen und Risiken einer wettbewerblichen Öffnung der Abwasserentsorgung, 2008, S. 184; *Oelmann*, Zur Neuausrichtung der Preis- und Qualitätsregulierung in der deutschen Wasserwirtschaft, 2004, S. 130 f.
111 Vgl. *Kluth*, Chancen und Risiken einer wettbewerblichen Öffnung der Abwasserentsorgung, 2008, S. 184; *Oelmann*, Zur Neuausrichtung der Preis- und Qualitätsregulierung in der deutschen Wasserwirtschaft, 2004, S. 130 f.
112 Vgl. *Brümmerhoff*, Finanzwissenschaft, 2011, S. 63; *Oelmann*, Zur Neuausrichtung der Preis- und Qualitätsregulierung in der deutschen Wasserwirtschaft, 2004, S. 109 ff.
113 Sog. Pigou-Steuer, vgl. *Brümmerhoff*, Finanzwissenschaft, 2011, S. 71 ff.; *Kluth*, Chancen und Risiken einer wettbewerblichen Öffnung der Abwasserentsorgung, 2008, S. 97 f.
114 Vgl. *Kluth*, Chancen und Risiken einer wettbewerblichen Öffnung der Abwasserentsorgung, 2008, S. 96 f.

1. Kapitel: Grundlagen der Siedlungswasserwirtschaft

d. Investitionsstau

Mit Investitionsstau wird ein gesamtwirtschaftlicher Zustand metaphorisch bezeichnet, in dem die Investitionen niedriger sind als die Wertabschreibungen auf die Substanz. Dies hat zur Folge, dass die Investitionen zu einem späteren Zeitpunkt, meist aufgrund von überproportionalen Schäden, in größerem Umfang nachgeholt werden müssen. Die wirtschaftlich sinnvollsten Zeitpunkte für die Investitionen in Instandhaltung und Sanierung verstreichen häufig deswegen, da die öffentlichen Haushalte, die die Investitionen zunächst zu finanzieren haben, sie aus unterschiedlichsten Gründen zurückstellen. In Deutschland wurde in den vergangenen Jahrzehnten in eine sehr leistungsfähige Infrastruktur zur zentralen Abwasserbeseitigung investiert, die einen Wert von 540 Mrd. € aufweist.[115] Die Sanierungsbedürftigkeit der Kanalisationen zeigt sich insbesondere an dem Umfang des Anfalls von Fremdwasser und dem Austritt von Abwasser aus Leckagen. Der Aufwand für die Sanierung hängt maßgeblich vom Alter, der Auslastung, der Kanalart, den Verlegebedingungen und -zeitpunkten ab und ist damit sehr individuell. In Deutschland wird von einem kurz- bis mittelfristigen Sanierungsbedarf bei ca. 20 % öffentlichen Kanalisationen und einem langfristigen Sanierungsbedarf von weiteren 21,5 % der öffentlichen Kanalisationen ausgegangen.[116] Um die Kanalisationen nicht unbrauchbar werden zu lassen, sind weiter erhebliche Investitionen notwendig oder werden weiter notwendig sein. Der Investitionsbedarf zur Sanierung der kurz- bis mittelfristig zu behebenden Schäden wurde 2005 auf 50 bis 55 Mrd. € veranschlagt, jährlich werden 5 Mrd. € für notwendig erachtet.[117]

---

115 Die deutschen Autobahnen, Bundes- und Kreisstraßen haben dagegen einen Wert von 224 Mrd. €, vgl. *Herbst*, Bewertung zentraler und dezentraler Abwasserinfrastruktursysteme, 2008, S. 42.
116 Siehe *Bundesverband der Energie- und Wasserwirtschaft e.V.*, Branchenbild der deutschen Wasserwirtschaft 2008, S. 41.
117 Siehe *Herbst*, Bewertung zentraler und dezentraler Abwasserinfrastruktursysteme, 2008, S. 28–32.

III. Marktwirtschaftliche Probleme der Abwasserbeseitigung

3. Gesamtwirtschaftlicher Nutzen der Abwasserbeseitigung

Die staatliche Bereitstellung über regionale und lokale monopolistische Strukturen und die Regulierung des meritorischen Gutes der Abwasserbeseitigung birgt jedoch auch zahlreiche gesamtwirtschaftliche Vorteile. Der Zweck der Siedlungswasserwirtschaft liegt insbesondere darin, die Abwasser aus den Haushalten abzutransportieren, um Krankheiten zu vermeiden, und die Schmutzstoffe aus dem Wasser zu entfernen, um die Umwelt zu schützen. Dieser Zweck wird von dem bestehenden System in ausreichender Menge und im Vergleich zum europäischen Ausland in sehr guter Qualität erfüllt.[118] Die staatliche Bereitstellung der zentralen Netzstrukturen gewährleistet dabei eine flächendeckende Versorgung mit dem Gut der Abwasserbeseitigung für viele Haushalte zu bezahlbaren Preisen. Ein sich selbst überlassener Markt würde dieses Gut ansonsten nur unzureichend, d.h. nicht flächendeckend und in nicht ausreichender Menge und Qualität bereitstellen.[119] Darüber hinaus gewährleistet die staatliche Bereitstellung der zentralen Abwasserbeseitigung in monopolistischen Strukturen eine langfristig stabile Versorgung unabhängig von Marktvolatilitäten. Die institutionellen Barrieren führen dazu, dass die bei der Kostenstruktur von Leitungsnetzen bestehende Neigung zu Verdrängungs- und ruinösem Wettbewerb nicht zu Lasten der Versorgungssicherheit geht.[120] Zudem ist die Erbringung durch regionale und lokale monopolistische Strukturen aufgrund der Skaleneffekte[121] auch insofern ökonomisch, als dass eine größere Zahl an Unternehmen die zentrale Abwasserbeseitigung, insbesondere die flächendeckenden Leitungsnetze, nicht kostengünstiger anbieten kann.[122] Daneben führen die monopolistischen Strukturen für öffentliche Unternehmen über das Kostendeckungsprinzip ohne den ansonsten anzusetzenden Unternehmergewinn in der Theorie zu dem geringstmöglichen Preis. Im Vergleich zur dezentralen Abwasserbeseitigung beruht die-

---

118 Vgl. *Briscoe*, GWF 1995, 422/428.
119 Vgl. *Kluth*, Chancen und Risiken einer wettbewerblichen Öffnung der Abwasserentsorgung, 2008, S. 104 f. und S. 109.
120 Vgl. *Kluth*, Chancen und Risiken einer wettbewerblichen Öffnung der Abwasserentsorgung, 2008, S. 65 ff. und 68 ff.; krit. *Oelmann*, Zur Neuausrichtung der Preis- und Qualitätsregulierung in der deutschen Wasserwirtschaft, 2005, S. 40, 41.
121 Siehe hierzu Kap. 1 III 1 c.
122 Vgl. *Kluth*, Chancen und Risiken einer wettbewerblichen Öffnung der Abwasserentsorgung, 2008, S. 85 f.

se Wirtschaftlichkeit allerdings auf den Skaleneffekten für das Leitungsnetz, also der Anzahl der angeschlossenen Nutzer und deren Entfernung untereinander. Ab einer bestimmten räumlichen Distanz und mit weniger Nutzern entfallen die Skaleneffekte und kehren sich sogar um (sog. Diseconomies of Scale).[123]

IV. Veränderungsdruck auf Systeme der Abwasserbeseitigung

Die Systeme der zentralen Abwasserbeseitigung wurden regelmäßig unter der Annahme einer bestimmten Wirtschaftstätigkeit und Bevölkerungsentwicklung und bestimmter klimatischer Verhältnisse erbaut. Sie sind damit auf eine gewisse Bandbreite Abwasseranfall ausgelegt. Die Entwicklungen des Klimas, der demografischen Veränderungen und des Wasserverbrauchs lassen jedoch in Zukunft sowohl sinkende als auch steigende sowie stärker schwankende Abwassermengen erwarten. Mit dieser sich zunehmend von der Auslegung der Systeme entfernenden tatsächlichen Entwicklung ist eine Verschärfung der ökologischen und ökonomischen Probleme der zentralen Abwasserbeseitigung, insbesondere in dispers besiedelten Gebieten, zu erwarten.

1. Klimawandel und Klimawandelfolgen

Die Folgen des Klimawandels wirken sich auf den Anfall des Abwassers und die Beschaffenheit der Gewässer und damit auch auf den Betrieb der Abwasserbeseitigungssysteme aus.

a. Klimawandel global und in Deutschland

Nach den internationalen Klimaprojektionen ist mit hoher Wahrscheinlichkeit damit zu rechnen, dass sich das globale Klima bis 2050 und 2100 um einige Grade erwärmen wird.[124] Fachleute rechnen daher auch in

---

123 Vgl. *Zimmermann/Henke/Broer*, Finanzwissenschaft Kap. 2 III c), S. 42; *Kluth*, Chancen und Risiken einer wettbewerblichen Öffnung der Abwasserentsorgung, 2008, S. 81.
124 Vgl. *IPCC*, 5. Sachstandbericht Teil 1 und 2.

IV. Veränderungsdruck auf Systeme der Abwasserbeseitigung

Deutschland generell mit höheren Jahresdurchschnittstemperaturen. Bis 2050 wird mit einer Erhöhung um 1 bis 2 Grad, bis 2100 mit einer Erhöhung um 1,5 bis 3,5 Grad gerechnet. Zwar wird angenommen, dass die Niederschläge insgesamt über das Jahr gesehen nur wenig zunehmen. Aber es ist zu erwarten, dass die Niederschläge bis 2050 im Winter bis zu 25 % zu- und im Sommer bis zu 25 % abnehmen und bis 2100 im Winter um bis zu 70 % zu- und im Sommer um bis zu 40 bis 55 % abnehmen. Diese Verschiebung dürfte zudem mit einer Extremisierung der Wetterereignisse verbunden sein, mit längeren Trockenzeiten und Starkregenereignissen.[125] Regionale Klimaprojektionen (REMO, WETTREG) weisen dabei auf einige klimatische Unterschiede in den Regionen Deutschlands hin.[126] Temperaturanstiege werden, je nach Modell und Szenario, um 0,5 bis 1,6 und bis zum Ende des 21. Jahrhunderts um 1,4 bis 2,5 Grad erwartet.[127] Die für die Abwasserbeseitigung wichtige Niederschlagsmenge extremisiert sich nach dem Modell REMO bis 2050 deutlich und diese Extremisierung prägt sich bis 2100 zunehmend aus, wobei das Alpenvorland Bayerns und der Schleswig-Holsteinische Teil des Nordwestdeutschen Tieflands am meisten betroffen sind.[128] Nach dem Modell WETTREG ist bereits bis 2050 mit noch größeren Veränderungen zu rechnen, die bis 2100 insbesondere in Ostdeutschland (Mecklenburg-Vorpommern und Brandenburg) starke Ausprägungen annehmen.[129]

---

125 Deutscher Wetterdienst, Klimaszenarien – Rechnungen für Deutschland, Internetabruf.
126 Dynamische Modelle REMO und CLM Statistische Modelle Star und WETTREG, vgl. hierzu instruktiv: *Walkenhorst/Stock*, Regionale Klimaszenarien für Deutschland, E-Paper der ARL Nr. 6, 2009, S. 10 ff.; siehe für Nordhessen *Matovelle/Simon*, Regionalisierung von Klimaszenarien, in: Roßnagel, Regionale Klimaanpassung, S. 83 ff.
127 Vgl. *Spekat/Enke/Kreienkamp*, Neuentwicklung von regional hoch aufgelösten Wetterlagen für Deutschland und Bereitstellung regionaler Klimaszenarios auf der Basis von globalen Klimasimulationen mit dem Regionalisierungsmodell WETTREG auf der Basis von globalen Klimasimulationen mit ECHAM5/MPI-OM T63L31 2010 bis 2100 für die SRES-Szenarios B1, A1B und A2, 2007, S. 67 ff.; *Jacob/Göttel/Kottlarski u.a.*, Klimaauswirkungen und Anpassung in Deutschland: Phase 1:Erstellung regionaler Klimaszenarien für Deutschland, 2008, S. 46.
128 Vgl. *Jacob/Göttel/Kottlarski u.a.*, Klimaauswirkungen und Anpassung in Deutschland: Phase 1: Erstellung regionaler Klimaszenarien für Deutschland, 2008, S. 45.
129 Vgl. *Spekat/Enke/Kreienkamp*, Neuentwicklung von regional hochaufgelösten Wetterlagen für Deutschland, 2007, S. 67 ff.

1. Kapitel: Grundlagen der Siedlungswasserwirtschaft

b. Klimawandelfolgen für Wasserhaushalt und Boden

Die zu erwartenden Temperaturanstiege, Änderungen des Niederschlagsverhaltens und Zunahme extremer Wetterereignisse (Starkregen, Trockenzeiten) führen in Deutschland zu Änderungen in der Quantität und Qualität des Wassers in den Oberflächengewässern und Grundwasservorkommen.[130]

(1) Auswirkungen auf die Quantität

Die Wirkungen auf die Abflussmenge in Oberflächengewässern und auf das Grundwasser unterscheiden sich insbesondere in Abhängigkeit von der Jahreszeit.

In Oberflächengewässern führen die wärmeren und längeren Trockenzeiten im Sommer zu geringeren und kürzeren ober- und unterirdischen Abflüssen. Ursächlich hierfür sind insbesondere die geringeren Niederschlagshöhen und damit die geringere Bodenverweildauer in Kombination mit höheren Temperaturen, abhängig von den weiteren klimatischen Bedingungen und den geologischen Untergrundverhältnissen. Im Zuge dessen ist in Oberflächengewässern mit verschärftem Niedrigwasser zu rechnen. Regionale Klimawandelfolgenmodelle für Süddeutschland, Mitteldeutschland und Ostdeutschland haben abhängig von Klimaszenarien bis 2050 Verringerungen der Oberflächenabflüsse von 10 bis 20 %, zum Teil sogar darüber, gezeigt. Bis Ende des Jahrhunderts können die Abflüsse bis zu 30 % abnehmen.[131] Im Winter hingegen führen die stärkeren Nie-

---

130 Vgl. *LAWA*, Strategiepapier „Auswirkungen des Klimawandels auf die Wasserwirtschaft" - Bestandsaufnahme und Handlungsempfehlungen, 2010, S. 11 ff. Vgl. hierzu näher *Zebisch/Grothmann/Schröder u.a.*, Klimawandel in Deutschland – Vulnerabilität und Klimaanpassung klimasensitiver Systeme, 2005, S. 47; vgl. zur Modellierung *Scherzer/Grigoryan/Schultze u.a.*, WasKlim - Entwicklung eines übertragbaren Konzeptes zur Bestimmung der Anpassungsfähigkeit sensibler Sektoren an den Klimawandel am Beispiel der Wasserwirtschaft, S. 56 ff.; *Theobald/Siglow/Rötz u.a.*, Anpassungsstrategien in der Wasserwirtschaft, in: Roßnagel, Regionale Klimaanpassung, S. 177 f.
131 Vgl. *LAWA*, Strategiepapier „Auswirkungen des Klimawandels auf die Wasserwirtschaft" - Bestandsaufnahme und Handlungsempfehlungen, 2010, S. 13; *Ihringer/Hennegrif*, Auswirkungen des Klimawandels auf Niedrigwasserverhältnisse in Baden-Württemberg, Bayern und Rheinland-Pfalz, KliWA Berichte 2009, Heft 14, S. 35 ff.; *Theobald/Siglow/Rötz u.a.*, Anpassungsstrategien in der Wasserwirt-

derschläge und die damit einhergehende längere Bodenverweildauer in Kombination mit höheren Temperaturen zu höheren und längeren ober- und unterirdischen Abflüssen. Mit der Zunahme der oberirdischen Abflüsse im Winterhalbjahr wird bis 2050 erwartet, dass auch die Hochwasserereignisse zunehmen.[132]

Beim Grundwasser führen die tendenziell geringeren und stärker konzentrierten unterirdischen Abflüsse im Sommer sowie die erhöhte Speisung der Oberflächengewässer aus dem Grundwasser in Trockenzeiten über das Jahr gesehen zu einer Abnahme des Grundwasserdargebots und damit einer Gefahr des Trockenfalles von Landökosystemen.[133] Zwar ist im Winter mit den großräumigen, lang anhaltenden Regenereignissen mit einer Erhöhung der unterirdischen Abflüsse und damit einer Erhöhung der Grundwasserneubildung zu rechnen. Allerdings ist trotz des zunehmenden winterlichen Niederschlags nicht unbedingt mit einer die sommerliche Zehrung ausgleichenden Grundwasserneubildung zu rechnen. Denn abhängig von dem Grad der Flächenversiegelung und der nutzbaren Feldkapazität des Bodens führen Starkregenereignisse primär zu einem erhöhten oberirdischen Abfluss und nicht zu einer Infiltrationsspende in das Grundwasser.[134]

(2) Auswirkungen auf die Qualität

Der projektierte, mit dem Klimawandel einhergehende Temperaturanstieg und die Variabilität des Abflusses hat auch Auswirkungen auf die Qualität der Gewässer.

In den Oberflächengewässern ist im Sommer aufgrund der mit dem Niedrigwasser zu erwartenden geringeren Fließgeschwindigkeiten und der

---

schaft, in: Roßnagel, Regionale Klimaanpassung, S. 178 f.; *Zebisch/Grothmann/ Schröter*, Klimawandel in Deutschland, 2005, S. 50.
132 Vgl. *LAWA*, Strategiepapier „Auswirkungen des Klimawandels auf die Wasserwirtschaft", 2010, S. 14; *Theobald/Siglow/Rötz u.a.*, Anpassungsstrategien in der Wasserwirtschaft, in: Roßnagel, Regionale Klimaanpassung, S. 177 f.; *Zebisch/ Grothmann/Schröter*, Klimawandel in Deutschland, 2005, S. 52.
133 Vgl. *LAWA*, Strategiepapier „Auswirkungen des Klimawandels auf die Wasserwirtschaft", 2010, S. 15; *Zebisch/Grothmann/Schröter*, Klimawandel in Deutschland, 2005, S. 50.
134 Vgl. *LAWA*, Strategiepapier „Auswirkungen des Klimawandels auf die Wasserwirtschaft", 2010, S. 15.

1. Kapitel: Grundlagen der Siedlungswasserwirtschaft

steigenden Temperaturen mit verringerten Konzentrationen an gelöstem Sauerstoff zu rechnen. Gleichzeitig verstärken die höheren Temperaturen die mikrobiologische Aktivität und damit den Sauerstoffverbrauch. Insgesamt führen diese sich gegenseitig verstärkenden Prozesse zu einer erheblichen Verringerung der Sauerstoffkonzentrationen. Dies hat die Minderung der sog. Selbstreinigungskraft der Fließgewässer zur Folge. Denn einerseits erhöht sich die Verweilzeit biologisch abbaubarer Wasserinhaltsstoffe in den einzelnen Gewässerabschnitten und andererseits verringern sich die zur Reinigung erforderlichen Sauerstoffkonzentrationen.[135] Im Winter können Oberflächengewässer durch die Zunahme der oberirdischen Abflüsse Bodenabträge durch Wassererosion aufnehmen. Bei der Erosion landwirtschaftlicher Flächen sind diffuse Nähr- und Schadstoffeinträge zu erwarten.[136]

Aufgrund des Klimawandels besteht auch die Gefahr der Beeinträchtigung der Qualität des Grundwassers. Denn mit der Zunahme der Boden- und Lufttemperatur dürfte auch eine Zunahme der oberflächennahen Luft- und Bodentemperatur verbunden sein. Hierdurch sind Veränderungen von chemischen, physikalischen und biologischen Prozessen zu erwarten, die zu einem verstärkten Abbau von Humus, stärkerer Mineralisierung von Stickstoff und zunehmender Auswaschung von Nitrat in das Grundwasser führt. Zudem könnte die Abnahme der unterirdischen Abflüsse im Sommer zu einer weiteren Verschlechterung der Grundwasserqualität führen, indem erhöhte Konzentration von geogenen und anthropogenen Stoffen vorliegen. Bei der Zunahme der unterirdischen Abflüsse im Winter hingegen kann es zu einer Grundwasserverschlechterung durch die erhöhte Stoffverlagerung aus der Bodenzone kommen, z.B. durch Nitrat.[137]

---

135 Vgl. *LAWA*, Strategiepapier „Auswirkungen des Klimawandels auf die Wasserwirtschaft", 2010, S. 18; *Zebisch/Grothmann/Schröter,* Klimawandel in Deutschland, 2005, S. 46.
136 Vgl. *LAWA*, Strategiepapier „Auswirkungen des Klimawandels auf die Wasserwirtschaft", 2010, S. 18; *Zebisch/Grothmann/Schröter*, Klimawandel in Deutschland, 2005, S. 50.
137 Vgl. *LAWA*, Strategiepapier „Auswirkungen des Klimawandels auf die Wasserwirtschaft", 2010, S. 15 f.

IV. Veränderungsdruck auf Systeme der Abwasserbeseitigung

c. Verlässlichkeit der Vorhersage

Die vorstehend beschriebenen Projektionen über Ort, Art und Ausmaß der Klimaveränderungen und Klimawandelfolgen sind mit Unsicherheiten behaftet, da sie aus globalen und regionalen Klimawandel- und Klimawandelfolgenmodellen abgeleitet sind. Generell besteht für all diese Modelle (als Abbild der komplexen Wirklichkeit) die Gefahr, dass bestimmte Annahmen sich als falsch herausstellen, Wirkfaktoren unberücksichtigt geblieben sind, ihr Gewicht falsch eingeschätzt wurde oder sonstige Ungenauigkeiten vorliegen.[138] Im Ergebnis nimmt die Unsicherheit der Projektionen daher tendenziell zu, je weiter in die Zukunft projiziert wird und je kleiner die betrachteten Regionen sind. Die Klimaparameter weisen eine unterschiedliche Verlässlichkeit auf. Temperaturen sind mit größerer Sicherheit zu simulieren als Niederschläge; Mittelwerte können generell zuverlässiger projiziert werden als klimatische Extremwerte. Die größte Unsicherheit besteht daher bei Extremwetterereignissen.[139] Um die Unsicherheit zu minimieren, werden regelmäßig mehrere globale und regionale Klimamodelle gemeinsam verwendet (sog. Ensembles).[140] Trotz dieser Ungenauigkeiten treffen die aus globalen und regionalen Klimawandel- als auch Klimawandelmodellen abgeleiteten Projektionen klare Aussagen

---

138 Siehe genauer zu den Unsicherheiten der SRES-Szenarien: *Walkenhorst/Stock*, Regionale Klimaszenarien für Deutschland, E-Paper der ARL Nr. 6, S. 7; *Jacob/Göttel/Kottlarski u.a.*, Klimaauswirkungen und Anpassung in Deutschland: Phase 1: Erstellung regionaler Klimaszenarien für Deutschland, 2008, S. 63; vgl. zu den Unsicherheiten regionaler Klimamodelle: für statistische und dynamische Modelle: *Walkenhorst/Stock*, Regionale Klimaszenarien für Deutschland, E-Paper der ARL Nr. 6, 2009, S. 6 f.; *Jacob/Göttel/Kottlarski u.a.*, ebenda, 2008, Teil 8, S. 63; *Matovelle/Simon*, Regionalisierung von Klimaszenarien, in: Roßnagel, Regionale Klimaanpassung, S. 74 ff.; vgl. für Unsicherheiten von Klimawandelfolgenmodellen: *Zebisch/Grothmann/Schröter*, Klimawandel in Deutschland, 2005, S. 50; *LAWA*, Strategiepapier „Auswirkungen des Klimawandels auf die Wasserwirtschaft", 2010, S. 10 f.
139 Vgl. *Walkenhorst/Stock*, Regionale Klimaszenarien für Deutschland, E-Paper der ARL Nr. 6, 2009, S. 13; *Matovelle/Simon*, Regionalisierung von Klimaszenarien, in: Roßnagel, Regionale Klimaanpassung, S. 78 f.; *Zebisch/Grothmann/Schröter*, Klimawandel in Deutschland, 2005, S. 40; *LAWA*, Strategiepapier „Auswirkungen des Klimawandels auf die Wasserwirtschaft", 2010, S. 10 f.
140 Vgl. *LAWA*, Strategiepapier „Auswirkungen des Klimawandels auf die Wasserwirtschaft", 2010, S. 30; *Jacob/Göttel/Kottlarski u.a.*, Klimaauswirkungen und Anpassung in Deutschland: Phase 1: Erstellung regionaler Klimaszenarien für Deutschland, 2008, S. 64.

1. Kapitel: Grundlagen der Siedlungswasserwirtschaft

zu der Tendenz der Veränderungen. Darüber hinaus konnten die Projektionen bereits eingetretene Klimaveränderungen sehr genau nachbilden. Die Projektionen globaler Klimamodelle tendieren sogar dazu, die nach und nach eintretenden globalen Klimaereignisse zu unterschätzen.[141]

d. Auswirkungen auf Infrastruktur und Betrieb

Die Auswirkungen des Klimawandels haben auch nennenswertes Auswirkungen auf die Infrastruktur der Abwasserbeseitigung und deren Betrieb sowie die Gewässer.

Mit dem im Sommer zu erwartenden Rückgang der Niederschlagshöhe und den höheren Temperaturen drohen zum einen funktionsschädigende Unterauslastungen der Kanalisation und Behandlungsanlagen zentraler Systeme und zum anderen größere Schädigungen des Naturhaushalts durch gesammelte Einleitungen in Oberflächengewässer. Mit der Abnahme des Oberflächenabflusses bleibt die Spülwirkung des Niederschlagswassers in den Kanalisationen aus. Es kommt zu Ablagerungen, zum Vorabbau von Substanzen und zur Bildung korrosiver Gase.[142] Hierdurch werden Leitungen der Freispiegel-, Druck- und Vakuumkanalisationen erheblich geschädigt. In den Behandlungsanlagen hat der Vorabbau der Substanzen ungünstige Nährstoffverhältnisse, die Bildung von Blähschlamm sowie eine hydraulische Unterauslastung der Belebungsbecken zur Folge.[143] Auf dezentrale Systeme hingegen sind die Auswirkungen, insbesondere wegen der regelmäßigen Abkoppelung der Regenwasserbeseitigung, als gering einzustufen. Die Oberflächengewässer sind mit dem abnehmenden Abfluss und zunehmenden Temperaturen weniger aufnahmefähig für Einleitungen von geklärtem Abwasser. Dies gilt insbesondere für kleinere Gewässer in ländlichen Räumen, die aufgrund extensiver landwirtschaftli-

---

141 Vgl. *Walkenhorst/Stock*, Regionale Klimaszenarien für Deutschland, E-Paper der ARL Nr. 6, 2009, S. 10.
142 Vgl. *Bartel/Blondzik/Claussen u.a.*, Wasserwirtschaft in Deutschland - Teil 1: Grundlagen, S. 21 ff. und 89 ff.; *Hillenbrand/Niederste-Hollenberg/Menger-Krug*, Demografischer Wandel als Herausforderung für die Sicherung und Entwicklung einer kosten- und ressourceneffizienten Abwasserinfrastruktur, 2010, S. 64.
143 Siehe *Hillenbrand/Niederste-Hollenberg/Menger-Krug*, Demografischer Wandel als Herausforderung für die Sicherung und Entwicklung einer kosten- und ressourceneffizienten Abwasserinfrastruktur, 2010, S. 65.

cher Nutzung von Flächen bereits erheblich vorbelastet sind. Gesammelte Abwassereinleitungen aus zentralen Systemen führen durch die verringerte Fließgeschwindigkeit an ausgedehnten Stellen zu höheren Schadstoffkonzentrationen, die die Naturräume der Vorfluter noch weiter belasten. Zudem kann hierdurch auch die Trinkwasserversorgung flussabwärts beeinträchtigt werden.[144] Die Lage verschärft sich zudem beträchtlich, wenn in den Trockenperioden der erhöhte landwirtschaftliche Wasserbedarf hinzukommt.[145] Daher droht in Trockenzeiten bei Niedrigwasser insbesondere in ländlichen Räumen Ostdeutschlands eine nicht unerhebliche Ressourcenverknappung für Trinkwasser.

Extreme Wetterereignisse in Form von zunehmenden kleinräumigen Starkniederschlägen im Winter hingegen, können in zentralen Systemen zu hydraulischen Überlastungen der Kanalisationen und Behandlungsanlagen führen.[146] Zentrale Systeme können nur in begrenztem Maße gleichzeitig auf starke Unterlast und Überlast ausgelegt werden.[147] Die auf zunehmende, kleinräumige Starkregenereignisse nicht ausgelegten Kanalisationen im Misch- und Trennwasserverfahren müssen die hydraulischen Überlastungen, nachdem etwaige Stauräume im Kanal und Regenbecken gefüllt sind, regelmäßig durch Entlastungen abfedern.[148] Die Entlastungen stellen jedoch eine erhebliche Verschmutzung der Vorfluter dar. Den Trennwasserkanalisationen drohen die gleichen Gefahren, wenn auch der

---

144 Siehe *Imhoff/Jardin,* Tb. der Stadtentwässerung, 2009, S. 433; *Theobald/Siglow/ Rötz u.a.,* Anpassungsstrategien in der Wasserwirtschaft, in: Roßnagel, Regionale Klimaanpassung, S. 197 f.

145 Siehe *Haak,* Auswirkungen des Klimawandels auf die Trinkwasserversorgung, in: Kleeberg, Beiträge zum Symposium Klimawandel – Was kann die Wasserwirtschaft tun?, Heft 24, 2008, S. 175/175 ff. sowie *Bormann,* ebenda, 2008, S. 53/69.

146 Auch in dispers besiedelten ländlichen Räumen entstehen diese Abflussspitzen aufgrund der Bodenverdichtung durch schweres landwirtschaftliches Gerät.

147 Vgl. *Hillenbrand/Niederste-Hollenberg/Menger-Krug,* Demografischer Wandel als Herausforderung für die Sicherung und Entwicklung einer kosten- und ressourceneffizienten Abwasserinfrastruktur 2010, S. 139 f.; *Sieker,* Dezentrale Regenwasserbewirtschaftung- eine Anpassungsstrategie an zunehmende Starkregenabflüsse, in: Krebs, Dresdener Kolloquium zur Siedlungswasserwirtschaft, 2010, S. 137.

148 Vgl. *Hillenbrand/Niederste-Hollenberg/Menger-Krug,* Demografischer Wandel als Herausforderung für die Sicherung und Entwicklung einer kosten- und ressourceneffizienten Abwasserinfrastruktur, 2010, S. 102 ff.; *Sieker,* Dezentrale Regenwasserbewirtschaftung, in: Krebs, Dresdener Kolloquium zur Siedlungswasserwirtschaft, 2010, S. 137.

1. Kapitel: Grundlagen der Siedlungswasserwirtschaft

Regenwassereinfluss auf den Schmutzwasserkanal geringer ist. Die gesammelte Ableitung von Regenwasser im Trennwasserverfahren über den Regenwasserkanal führt jedoch ebenfalls zu erheblichem hydraulischem Stress in den Vorflutern.[149]

2. Demografischer Wandel

Der demografische Wandel in Deutschland führt generell und regionalspezifisch zu einer Abnahme der Bevölkerung und der Veränderung der Alters- und Haushaltsstruktur. Diese Entwicklungen führen insgesamt zu einem Rückgang des Wasserverbrauchs und damit zu einem geringeren Abwasseranfall (sog. Trockenwetterabfluss).

a. Kennzeichen des demografischen Wandels

Der demografische Wandel in Deutschland beschreibt die Tendenzen der Bevölkerungsentwicklung und wird regelmäßig mit den Parametern Bevölkerungswachstum sowie der Wanderungs- und der Altersverteilung beschrieben. Er ist in Deutschland durch die Abnahme der Bevölkerungszahl sowie die Änderung der Altersstruktur gekennzeichnet. Die Bevölkerungszahl im gesamten Raum der Bundesrepublik Deutschland ist seit dem Jahr 2002 insgesamt rückläufig. Diese Entwicklung ist kurz- bis mittelfristig nicht umkehrbar.[150] Unter Fortschreibung dieser Entwicklung wird im Vergleich zum Jahre 2005 mittelfristig bis 2020 ein Rückgang der Bevölkerung um 2 % und langfristig bis 2050 um 10 bis 17 % prognostiziert.[151] In den Bundesländern ergeben sich regional und lokal erhebliche Unterschiede in der Entwicklung der Bevölkerungszahlen. Generell konzentrieren sich die Abnahmen deutlich eher auf den Osten als auf den Westen

---

149 Vgl. *LAWA*, Strategiepapier „Auswirkungen des Klimawandels auf die Wasserwirtschaft", 2010, S. 25 ff.; *Sieker*, Dezentrale Regenwasserbewirtschaftung, in: Krebs, Dresdener Kolloquium zur Siedlungswasserwirtschaft, 2010, S. 137.
150 Vgl. *Hillenbrand/Niederste-Hollenberg/Menger-Krug*, Demografischer Wandel als Herausforderung für die Sicherung und Entwicklung einer kosten- und ressourceneffizienten Abwasserinfrastruktur, 2010, S. 8; *Bähr*, Bevölkerungsgeographie, 2010, S. 230.
151 Vgl. *Destatis*, 2006, S. 5.

und eher auf ländliche Räume als auf Agglomerationen.[152] Gerade in jenen Bundesländern, in denen anhand der Bevölkerungsdichte bereits zahlreiche disperse Raum- und Siedlungsstrukturen identifiziert sind, wie insbesondere in Schleswig-Holstein, Mecklenburg-Vorpommern, Brandenburg, Thüringen, Sachsen, Sachsen-Anhalt, Hessen und Bayern, sind bis 2020 und 2050 weitere erhebliche Abnahmen der Bevölkerungszahlen vorhergesagt. In Bayern fallen diese geringer aus, während sie in den östlichen Ländern deutlich schneller zu erwarten sind. Kleinräumig betrachtet ist diese Entwicklung nicht völlig gleichmäßig. Regionen und Gemeinden mit steigender Bevölkerungszahl auf der einen und stagnierender oder abnehmender Bevölkerungszahl auf der anderen Seite können auch in Zukunft eng nebeneinander liegen. Auch die Alterung der Bevölkerung ist ein kaum umkehrbarer Prozess, der sich mittelfristig nur verstärken oder abschwächen, nicht jedoch völlig verändern wird. Für das Jahr 2050 prognostiziert man eine Abnahme der Anteile der Bevölkerung im Jugend- und Erwerbsalter (20 bis 65 Jahre) von 15 % bzw. auf etwa 50 %, und eine Zunahme der Menschen über 65 Jahre auf über 30 %.[153] Generell betrifft die Alterung der Bevölkerung das gesamte Bundesgebiet. Ursache für diese Entwicklungen sind insbesondere die niedrigen Geburtenraten und die zunehmende Lebenserwartung.

b. Auswirkungen auf Infrastruktur und Betrieb

Der erratische, aber hauptsächlich auf ländliche Räume und den Osten konzentrierte Rückgang der Bevölkerungszahlen sowie die Veränderung der Bevölkerungsstruktur hat generell die Abnahme des Wasserverbrauchs von Haushalten und Gewerbe und damit geringeren Abwasseranfall zur Folge. Gerade in dispers besiedelten Räumen führt der Rückgang des Abwasseranfalls, in an die zentrale Abwasserbeseitigung angeschlossenen Beseitigungsgebieten, zu Unterauslastungsproblemen der Kanalisation, der Kläranlagen sowie der Reststoffentsorgung. Denn zentrale Abwasserbeseitigungssysteme sind regelmäßig auf eine gewisse Bandbreite an Ab-

---

152 Siehe *Bähr,* Bevölkerungsgeographie, 2010, S. 230; *Hillenbrand/Niederste-Hollenberg/Menger-Krug,* Demografischer Wandel als Herausforderung für die Sicherung und Entwicklung einer kosten- und ressourceneffizienten Abwasserinfrastruktur, 2010, S. 8 ff.
153 12. Bevölkerungsvorausberechnung des Statistischen Bundesamtes.

wasseranfall ausgelegt.[154] Im Rahmen der Bandbreite führen Schwankungen nicht zu Beeinträchtigungen der Funktionen des Systems. Geht die Auslastung allerdings darüber hinaus zurück, führt dies zu Funktionsbeeinträchtigungen. Um diese zu vermeiden, sind betriebliche Maßnahmen, wie z.B. die Erhöhung der Spülfrequenz, notwendig, die aber regelmäßig mit höheren Kosten verbunden sind. Ab einem gewissen Grad der Unterauslastung jedoch können auch die betrieblichen Maßnahmen die Funktionsbeeinträchtigungen nicht mehr verhindern. Es werden Kapazitätsanpassungen, also regelmäßig bautechnische Maßnahmen, erforderlich.[155]

In den Leitungsnetzen hat der Rückgang des Trockenwetterabflusses von etwa 10 bis 30 %, abhängig von der Topografie und der Bauweise, eine sinkende Fließgeschwindigkeit des Abwassers zur Folge.[156] Die sinkende Fließgeschwindigkeit führt zu Ablagerungen, Verstopfungen und zum unerwünschten Vorabbau organischer Substanzen. Die Ablagerung und der Vorabbau haben die Bildung korrosiver Gase zur Folge, die wiederum zu Geruchsbelästigungen und Beschädigung der Anlagen führen.[157]

---

154 Die häufig im Osten aufgrund von Bevölkerungsprognosen bereits überdimensioniert sind, auch ältere Systeme sind wegen schrumpfender Bevölkerungszahlen und immer geringer werdenden Wasserverbrauchs heute nicht richtig ausgelegt, *Hillenbrand/Niederste-Hollenberg/Menger-Krug*, Demografischer Wandel als Herausforderung für die Sicherung und Entwicklung einer kosten- und ressourceneffizienten Abwasserinfrastruktur, 2010, S. 37 ff.

155 Siehe *Koziol/Veit/Walther*, Stehen wir vor einem Systemwechsel in der Wasserver- und Abwasserentsorgung, netWORKS Heft 22, 2006, S. 47 ff.; *Beckmann*, Demografische Entwicklungen - Konsequenzen für Stadtentwicklung, Städtebau und Infrastruktur, in: DWA, Demografischer Wandel, Herausforderungen und Chance für die deutsche Wasserwirtschaft, 2008, S. 47; *Koziol/Walther*, Ökonomische Schwellenwerte bei der Rücknahme von technischer Infrastruktur in der Stadt, Informationen zur Raumordnung, 2006, Heft 5, S. 259/261; *Westphal*, Dichte und Schrumpfung, IöR Schriften, 2008 (Bd. 49), S. 212.

156 Siehe *Hillenbrand/Niederste-Hollenberg/Menger-Krug*, Demografischer Wandel als Herausforderung für die Sicherung und Entwicklung einer kosten- und ressourceneffizienten Abwasserinfrastruktur, 2010, S. 64 ff.; *Herz/Marschke/Schmidt*, Infrastruktur anpassen. Stadtumbau und Stadttechnik. Teil 1: Die Städte schrumpfen, Ver- und Entsorger stehen vor großen Herausforderungen - Ursachen und Folgen für die Stadttechnik, WWt 2005, Heft 10, S. 8/10; *Schiller/Siedentop*, Infrastrukturfolgekosten der Siedlungsentwicklung unter Schrumpfungsbedingungen, disP 160 (2005), S. 83/88; *Westphal*, Dichte und Schrumpfung, IöR Schriften, 2008 (Bd. 49), S. 213.

157 Siehe *Koziol/Veit/Walther*, Stehen wir vor einem Systemwechsel in der Wasserver- und Abwasserentsorgung, netWORKS Heft 22, 2006, S. 47; *Hillenbrand/Niederste-Hollenberg/Menger-Krug*, Demografischer Wandel als Herausforde-

Um diese Folgen zu verhindern, werden die Kanäle häufiger und intensiver gespült, es werden Chemikalien zur Geruchs- und Korrosionsbekämpfung eingesetzt und die Kanäle gelüftet.[158] Ab einem Grad der Unterauslastung von etwa 30 bis 70 % jedoch kann die Kanalisation trotz dieser betriebstechnischen Maßnahmen auf Dauer nicht ohne ablagerungsbedingte Schäden betrieben werden. Regelmäßig werden dann Anpassungs- bzw. Rückbaumaßnahmen, wie z.B. Querschnittverringerungen, Querschnittanpassungen, Gefällevergrößerungen, der Anschluss weiterer Einwohner oder eine Stilllegung erforderlich.[159]

Der Rückgang des Trockenwetterabflusses beeinträchtigt auch die Funktionsfähigkeit der Kläranlagen.[160] Durch die längeren Verweilzeiten des Abwassers in den Kanälen und der Vorklärstufe kommt es zu einem Abbau der organischen Stoffe, was sich negativ auf die Reinigungsleistung der Kläranlage auswirkt.[161] Die Leistungsfähigkeit der Kläranlage in

---

rung für die Sicherung und Entwicklung einer kosten- und ressourceneffizienten Abwasserinfrastruktur, 2010, S. 64; *Barjenbruch/Dohse*, Bewertung von Maßnahmen zur Verringerung von Geruchs- und Korrosionserscheinungen im Kanalnetz des ländlichen Raumes, 2004, S. 1.

158 Vgl. umfassend zu Maßnahmen, deren Einsatzmöglichkeiten und Kosten: *Hillenbrand/Niederste-Hollenberg/Menger-Krug*, Demografischer Wandel als Herausforderung für die Sicherung und Entwicklung einer kosten- und ressourceneffizienten Abwasserinfrastruktur, 2010, S. 74 ff. sowie *Barjenbruch/Dohse*, Bewertung von Maßnahmen zur Verringerung von Geruchs- und Korrosionserscheinungen im Kanalnetz des ländlichen Raumes, 2004, S. 21 ff.; *Barjenbruch/Lange/ Bohatsch*, WWt 2006, Heft 10, S. 47 ff.

159 Vgl. *Schiller/Siedentop*, Infrastrukturfolgekosten der Siedlungsentwicklung unter Schrumpfungsbedingungen, disP 160 (2005), S. 83/ 88; *Herz/Marschke/Schmidt*, WWt 2005, Heft 10, 8/10 f. ; *Westphal*, Dichte und Schrumpfung, IöR Schriften, 2008 (Bd. 49), S. 213. Zu Anpassungen vgl. *Hillenbrand/Niederste-Hollenberg/ Menger-Krug*, Demografischer Wandel als Herausforderung für die Sicherung und Entwicklung einer kosten- und ressourceneffizienten Abwasserinfrastruktur, 2010, S. 80 ff.; zu Rückbau und Stilllegungen vgl. *Hillenbrand/Niederste-Hollenberg/Menger-Krug*, ebenda, S. 174 ff.; *Herz/Marschke/Schmidt*, WWt 2005, Heft 10, S. 8/11 f., zur Kanalumnutzung: *Hillenbrand/Niederste-Hollenberg/Menger-Krug*, ebenda, S. 112 ff.

160 Siehe *Hillenbrand/Niederste-Hollenberg/Menger-Krug*, Demografischer Wandel als Herausforderung für die Sicherung und Entwicklung einer kosten- und ressourceneffizienten Abwasserinfrastruktur, 2010, S. 43.

161 Ein schlechteres Verhältnis des Stickstoffs zu Kohlenstoff(-verbindungen) hat insbesondere Auswirkungen auf die Denitrifikationsleistung der biologischen Stufe; die Bildung von sog. Blähschlamm droht, vgl. *Hillenbrand/Niederste-Hollenberg/Menger-Krug*, Demografischer Wandel als Herausforderung für die Si-

1. Kapitel: Grundlagen der Siedlungswasserwirtschaft

Form der Ablaufwerte kann durch verschiedene betriebliche Maßnahmen aufrecht erhalten werden, u.a. durch die anderweitige Nutzung freier Kapazitäten, etwa durch Mitbehandlung von leicht verschmutztem Industrieabwasser oder die Außerbetriebnahme redundanter Becken.[162] Lassen sich die Ablaufwerte der Kläranlage durch betriebliche Maßnahmen mit fortschreitender Abnahme des Abwasseranfalls nicht stabilisieren, können aber auch bauliche Anpassungen der Kläranlagen erforderlich werden, wie z.B. die Verkleinerung der Vorklärung oder des Belebungsbeckens.[163]

c. Ökonomische und sozioökonomische Auswirkungen

Die Wirtschaftlichkeit zentraler Systeme wird durch die Auswirkungen des demografischen Wandels und des Klimawandels zunehmend in Frage gestellt. Sie führen zu höheren Betriebs- und Kapitalkosten und damit zu höheren spezifischen Kosten für die Einwohner. Zentrale Systeme in dispers besiedelten Räumen haben nur eingeschränkt die Möglichkeit, sich technisch gleichzeitig auf die mit dem Klimawandel erforderlichen Spitzenlasten und den mit dem demografischen Wandel einhergehenden abnehmenden Trockenwetterabfluss einzustellen. Die Kanalisationen sind auf einen gewissen Trockenwetterabfluss, also Abwasser ohne Niederschlagswasser, eingestellt (sog. Grundlast). Kurzfristig führt der Betrieb in Unterlast zu einer Steigerung der Betriebskosten, für Spülungen, Chemikalien und Instandhaltung der Leitungsnetze. Langfristig jedoch werden mit weiterer Abnahme des Trockenwetterabflusses bei gleichzeitig zunehmenden Spitzenlasten wegen Erreichung der Funktionsgrenzen bauliche

---

cherung und Entwicklung einer kosten- und ressourceneffizienten Abwasserinfrastruktur, 2010, S. 65; *Scheer/Schlegel*, KA 2008 (55), S. 1314/1315 f.; *Barjenbruch/Dohse*, Bewertung von Maßnahmen zur Verringerung von Geruchs- und Korrosionserscheinungen im Kanalnetz des ländlichen Raumes, 2004, S. 19.

162 Vgl. *Hillenbrand/Niederste-Hollenberg/Menger-Krug*, Demografischer Wandel als Herausforderung für die Sicherung und Entwicklung einer kosten- und ressourceneffizienten Abwasserinfrastruktur, 2010, S. 120 ff. und S. 165 f. sowie S. 139 f.; *Scheer/Schlegel*, KA 2008 (55), S. 1314/1316 f.

163 Siehe *Hillenbrand/Niederste-Hollenberg/Menger-Krug*, Demografischer Wandel als Herausforderung für die Sicherung und Entwicklung einer kosten- und ressourceneffizienten Abwasserinfrastruktur, 2010, S. 122 f.

Anpassungsmaßnahmen und damit Investitionen notwendig.[164] Diese Investitionen sind umso kostspieliger, je mehr die zu ersetzenden Systemkomponenten noch nicht abgeschrieben sind, denn bei Umnutzungen, baulichen Anpassungen oder Ersetzung von Systemkomponenten vor Ablauf der Abschreibungszeiträume bleiben für die ungenutzten, angepassten und ersetzten Anlagen die kalkulatorischen Kapitalkosten als Fixkosten bestehen. Sie werden zu ökonomischen (Wert-)Verlusten in Form von ungenutzten Kapitalwerten, außerplanmäßigen Investitionen und Sonderabschreibungen, auf die regelmäßig bei Kreditfinanzierung weiter Zinsen zu bezahlen sind. Gleichzeitig müssen die kurzfristig gestiegenen betrieblichen Kosten und die langfristig steigenden oder zumindest konstant bleibenden Kapitalkosten wegen des demografischen Wandels auf immer weniger Einwohner umgelegt werden.[165] Dieser Prozess mit Kostensteigerungen einerseits und Umlage auf weniger Nutzer andererseits wird als sog. Fixkosten-Falle oder Kostenremanenz bezeichnet. Dieser Prozess kann regional-spezifisch in den zu Entleerungstendenzen neigenden ländlichen Räumen im gesamten Bundesgebiet bereits beobachtet werden.

3. Weitere Faktoren des Veränderungsdrucks

Neben dem Klimawandel und dem demografischen Wandel üben auch die nun sichtbaren Funde von anthropogenen Spurenstoffen oder sog. Mikroschadstoffen in den Gewässern und zum Teil im Trinkwasser Veränderungsdruck auf bestehende Systeme zur zentralen Abwasserbeseitigung aus. Diese Stoffe, also die Reste von Pflanzenschutzmitteln, Reinigungsmitteln, Körperpflegeprodukten, Hormonen und Medikamenten wirken bereits in kleinsten Konzentrationen toxisch auf Menschen, Pflanzen und Tiere. Die Mikroschadstoffe akkumulieren sich in den Gewässern und

---

164 Siehe *Schmitt/Hansen/Valerius*, Handlungsempfehlungen für eine moderne Wasserwirtschaft, 2010, S. 61; *Schiller/Siedentop*, Infrastrukturfolgekosten, 2005, S. 87 f.; *Theobald/Siglow/Rötz u.a.*, Anpassungsstrategien in der Wasserwirtschaft, in: Roßnagel, Regionale Klimaanpassung, S. 197 f.
165 Siehe *Hillenbrand/Niederste-Hollenberg/Menger-Krug*, Demografischer Wandel als Herausforderung für die Sicherung und Entwicklung einer kosten- und ressourceneffizienten Abwasserinfrastruktur, 2010, S. 67; *Herbst*, Bewertung zentraler und dezentraler Abwasserinfrastruktursysteme, 2008, S. 23; *Schiller/Siedentop*, Infrastrukturfolgekosten, 2005, S. 88 f.

1. Kapitel: Grundlagen der Siedlungswasserwirtschaft

bauen sich nur schwer ab.[166] Sie gelangen regelmäßig über den Urin oder andere menschliche Aktivitäten in die zentralen Abwassersysteme und von dort in die Gewässer.[167] Konventionelle zentrale Systeme mit mechanisch-biologischer und weitergehender Abwasserreinigung sind nicht in der Lage, die Stoffe zurückzuhalten oder gezielt zu eliminieren.[168] Für den Rückhalt der Stoffe in zentralen Systemen bedarf es der kostenintensiven zusätzlichen Verfahrensstufe der weitestgehenden Abwasserreinigung.[169]

Zudem weisen die zentralen Abwasserbeseitigungssysteme auch eine geringe Ressourceneffizienz auf. Denn durch zentrale Systeme werden die im Abwasser enthaltenen organischen Stoffe unwiederbringlich in die Gewässer abgeleitet oder als Klärschlamm verbrannt. Eine Verwertung des im Klärschlamm enthaltenen Stickstoffs und Phosphors in der Landwirtschaft ist wegen der ebenso im Klärschlamm enthaltenen Schadstoffe nur selten möglich. Die Rückgewinnung von Phosphor aus dem Klärschlamm oder der Klärschlammasche ist bislang völlig unökonomisch.[170]

V. Nachhaltige Anpassungsstrategien an Klimawandel und Demografie

Die Politik hat die ökologische, ökonomische und sozioökonomische Notwendigkeit der Ergreifung von Maßnahmen nicht nur zur Abschwächung des Klimawandels selbst, sondern auch zur Anpassung an dessen nun nicht mehr vermeidbaren Folgen erkannt. Die Anpassungsmaßnahmen an die Klimaveränderungen im Sektor der Siedlungswasserwirtschaft sollen dabei auch den Grundsätzen nachhaltiger Entwicklung genügen.

---

166 Vgl. *Schmitt/Hansen/Valerius*, Handlungsempfehlungen für eine moderne Wasserwirtschaft, 2010, S. 67.
167 Siehe *Herbst*, Bewertung zentraler und dezentraler Abwasserinfrastruktursysteme, 2008, S. 48.
168 Siehe *Herbst*, Bewertung zentraler und dezentraler Abwasserinfrastruktursysteme, 2008, S. 31.
169 Infrage kommende Verfahren sind hier die Membranfiltration, die Aktivkohleadsorption, die Ozonierung, vgl. *Schmitt/Hansen/Valerius*, Handlungsempfehlungen für eine moderne Wasserwirtschaft, 2010, S. 69 f.; *Herbst*, Bewertung zentraler und dezentraler Abwasserinfrastruktursysteme, 2008, S. 32, 33 f.; *Schmitt/Hansen/Valerius*, ebenda, S. 70; *Staben*, Technische Möglichkeiten der alternativen Gestaltung städtischer Wasser- und Abwasserinfrastrukturen, netWORKS-Papers 24, 2008, S. 22.
170 Vgl. *Schmitt/Hansen/Valerius*, Handlungsempfehlungen für eine moderne Wasserwirtschaft, 2010, S. 71 ff.

V. Nachhaltige Anpassungsstrategien an Klimawandel und Demografie

1. Politik der Anpassung: Anpassung unter Unsicherheit

Zur Anpassung an die projektierten Klimawandelfolgen müssen im Sinne einer Politik der Vorsorge bereits jetzt Anpassungsmaßnahmen zur Vermeidung und Verhinderung weiterer Schädigungen im Sektor der Siedlungswasserwirtschaft ergriffen werden. Die politische Auswahl von konkreten Maßnahmen zur Anpassung an die Klimawandelfolgen ist jedoch schwierig, da die genaue Zeit, der Ort und die Intensität der Beeinträchtigung unsicher ist. Bei der Ergreifung vorsorgeorientierter Maßnahmen sind die Unsicherheiten der Projektionen und die Vulnerabilität des betroffenen Sektors zu berücksichtigen. Daher ist im Einzelfall jenen konkreten Maßnahmen der Vorzug zu geben, die Flexibilität und Nachsteuerung möglich machen und gleichzeitig positive Synergieeffekte auf andere Sektoren, Klimawandelfolgen und Umweltgüter haben. In diesem Sinne werden flexible und effektive kostengünstige Maßnahmen mit positiven Anpassungs- und Synergiewirkungen als sog. No-Regret-Maßnahmen und solche, die mehr dem Klimaschutz als der Anpassung an den Klimawandel dienen, als sog. Low-Regret-Maßnahmen bezeichnet.[171] Konkret sind zur Anpassung an die regionalen Folgen des Klimawandels in der Siedlungswasserwirtschaft besonders die Anpassung der Infrastruktur sowie eine effiziente Wassernutzung vorgesehen. Die Anpassung der Infrastruktur an die Klimaauswirkungen steht im engen Zusammenhang mit den Auswirkungen des demografischen Wandels. Niederschlagswasser soll demnach dezentral versickert oder ortsnah ohne Vermischung mit Schmutzwasser in ein Gewässer eingeleitet werden.[172] Kanalsysteme sollen zur Vermeidung von Überflutung von Mischkanalisationen bei Starkregenereignissen

---

171 Siehe *Bundesregierung*, Deutsche Anpassungsstrategie an den Klimawandel (DAS), 2011, S. 14; *LAWA*, Strategiepapier „Auswirkungen des Klimawandels auf die Wasserwirtschaft", 2010, S. 29 f.; siehe auch *Bauriedl/Görg/Baasch*, Anpassung politischer Strukturen an die Herausforderungen des regionalen Klimawandels, in: Roßnagel, Regionale Klimaanpassung, S. 528 ff. sowie *Henschke/Roßnagel*, Herausforderungen der Klimaanpassung, ebenda, S. 630 f.
172 Siehe *Bundesregierung*, DAS, 2011, S. 22 f.; *Landesregierung Thüringen*, Anpassungsstrategien an den Klimawandel, 2008, S. 30 f.; *Landesregierung Brandenburg*, Maßnahmenkatalog zum Klimaschutz und zur Anpassung an die Folgen des Klimawandels, 2008, S. 19; *Landesregierung Mecklenburg-Vorpommern*, Klimaschutz und Folgen des Klimawandels in M-V, 2010, S. 19.

1. Kapitel: Grundlagen der Siedlungswasserwirtschaft

mehr Entlastungen erhalten.[173] Grauwasser und Dachablaufwasser sollen für Zwecke, deren Erfüllung keiner Trinkwasserqualität bedarf, verwendet werden. Gereinigtes und mikrobiologisch einwandfreies Abwasser soll zur Bewässerung landwirtschaftlicher Flächen genutzt werden.[174]

2. Klimawandelfolgenanpassung und Nachhaltigkeit

Die Anpassung an den Klimawandel und die Ausrichtung der Abwasserbeseitigung an Nachhaltigkeitsaspekten sind durch eine wechselseitige Ergänzung gekennzeichnet. Die Atmosphäre und das globale Klimasystem sind einerseits als Teil des zu erhaltenden Naturkapitals anzusehen, sodass der Klimaschutz und die frühzeitige Anpassung an den Klimawandel eine nachhaltige Entwicklung darstellen. Andererseits ist die Anpassung an den Klimawandel nachhaltig, insbesondere mit Blick auf die anderen Naturgüter, möglichst ökonomisch und sozial gerecht auszugestalten.[175] Dementsprechend ist auch die politische Anpassung an den Klimawandel „eingebettet" in die Nachhaltigkeitspolitik. Anpassungs- und Nachhaltigkeitsstrategien sollen sich „inhaltlich ergänzen".[176] Im Sinne der starken Nachhaltigkeit ist die Prävention vor dem Klimawandel, also der Klimaschutz zu bevorzugen. Angesichts der Unumkehrbarkeit des Klimawandels und der Klimawandelfolgen sind aber Adaptionsmaßnahmen zum weiteren Schutz des Naturkapitals vor Degradation voll auszuschöpfen.[177]

---

173 Siehe *Bundesregierung*, DAS, 2011, S. 22 f.; *Landesregierung Sachsen-Anhalt*, Strategie des Landes Sachsen-Anhalt zur Anpassung an den Klimawandel, 2010, S. 32.
174 Siehe *Bundesregierung*, DAS, 2011, S. 23; *Landesregierung Bayern*, Bayerische Klima-Anpassungsstrategie, 2009, S. 19; *Landesregierung Thüringen*, Anpassungsstrategien an den Klimawandel, 2008, S. 29.
175 Vgl. *Ott/Döring*, Theorie und Praxis starker Nachhaltigkeit, 2008, S. 296; so wohl auch *Bauriedl/Görg/Baasch*, Anpassung politischer Strukturen an die Herausforderungen des regionalen Klimawandels, in: Roßnagel, Regionale Klimaanpassung, S. 528 ff.
176 Vgl. *Bundesregierung*, DAS, 2011, S. 7.
177 Vgl. *Ott/Döring*, Theorie und Praxis starker Nachhaltigkeit, 2008, S. 308.

V. Nachhaltige Anpassungsstrategien an Klimawandel und Demografie

a. Konzepte der nachhaltigen Entwicklung

Nach dem sog. Brundtlandreport 1987 ist eine nachhaltige Entwicklung „eine Entwicklung, die die Bedürfnisse der Gegenwart befriedigt, ohne zu riskieren, dass künftige Generationen ihre eigenen Bedürfnisse nicht befriedigen können. Im Wesentlichen ist nachhaltige Entwicklung ein Wandlungsprozess, in dem die Nutzung von Ressourcen, das Ziel von Investitionen, die Richtung technologischer Entwicklung und institutioneller Wandel miteinander harmonisieren und das derzeitige und künftige Potenzial vergrößern, menschliche Bedürfnisse und Wünsche zu erfüllen." In Deutschland und Europa durchgesetzt hat sich das sog. „Drei-Säulen-Modell" oder der „Leitplankenansatz". Nachhaltige Entwicklung bedeutet demnach, dass ökonomische, soziale und ökologische Entwicklungen im Gleichschritt einher oder Hand in Hand gehen sollen.[178] Trotz der Grenzen des Drei-Säulen-Modells statuiert es doch bereits eine gleichmäßige, inter- und intragenerationelle ökologische, ökonomische und soziale Entwicklung, die also ökologische Interessen nicht hinter wirtschaftlichen und sozialen zurückstehen lässt.[179] Das Drei-Säulen-Modell der nachhaltigen Entwicklung geht damit über ein rein formales Prinzip hinaus, es kann im politischen Prozess eine Leitbildfunktion wahrnehmen und gleichsam als regulative Idee dienen.[180]

Auf dem Weg zu einer Operationalisierung des Leitbildes der nachhaltigen Entwicklung werden im Wesentlichen zwei Konzepte zugrunde gelegt. Im Kern geht es dabei um die Frage, ob bestehende und zukünftige ökologische, ökonomische und soziale Werte oder auch Güter gegen- und untereinander im Sinne der Nachhaltigkeit austauschbar sind.[181] Nach dem Konzept sog. schwacher Nachhaltigkeit bedeutet Nachhaltigkeit, dass ökologische Werte (Naturkapital) mit ökonomischen Werten (Sachkapital) jetzt und in Zukunft frei austauschbar sind, solange dadurch der Gesamtbestand an Werten oder auch Kapital zumindest gleich bleibt.[182] Das Konzept der schwachen Nachhaltigkeit wird insbesondere dafür kritisiert, dass das Verständnis in letzter Konsequenz dazu führt, dass nicht wiederherstellbare Naturwerte oder -güter völlig aufgegeben werden können. Auch

---

178 Siehe *Ott/Döring*, Theorie und Praxis starker Nachhaltigkeit, 2008, S. 37.
179 Vgl. *Ott/Döring*, Theorie und Praxis starker Nachhaltigkeit, 2008, S. 39 f.
180 Vgl. *Ott/Döring*, Theorie und Praxis starker Nachhaltigkeit, 2008, S. 42.
181 Vgl. *Ott/Döring*, Theorie und Praxis starker Nachhaltigkeit, 2008, S. 103 ff.
182 Vgl. *Ott/Döring*, Theorie und Praxis starker Nachhaltigkeit, 2008, S. 108 f.

ist nicht anzunehmen, dass multidimensionale Naturfunktionen durch Sachwerte substituiert werden können.[183] Daher ist ein Austausch von Naturkapital oder -werten durch Sachkapital oder -werten als Kompensation regelmäßig endgültig und damit die Präferenzen zukünftiger Generationen verengt.[184] Selbst wenn man eine Austauschbarkeit unterstellen würde, so wäre eine Diskontierung der Natur- und Sachwerte in die Zukunft erheblichen praktischen Schwierigkeiten ausgesetzt.[185] Im Gegensatz dazu stehen nach dem Konzept der starken Nachhaltigkeit Sach- und Naturwerte in einer Komplementaritätsbeziehung. Die Schaffung der Sachwerte ist auf die Existenz der Naturgüter angewiesen und der Gesamtnutzen kann nicht durch einseitige Steigerung des einen Guts auf Kosten des anderen Guts erhöht werden. Demnach muss sich das ökonomische System für die nachfolgenden Generationen im Rahmen der Reproduktionskapazität der Natur bewegen.[186] Allerdings hat auch dieses Prinzip, zumindest was endliche Rohstoffe betrifft, seine Grenzen. Denn streng genommen wäre eine aktuelle Bedürfnisbefriedigung aus diesen Rohstoffen demnach nicht zulässig.[187]

b. Operationalisierung im Bereich der Abwasserbeseitigung

Auf Grundlage der allgemeinen theoretischen Operationalisierung des Leitbildes der nachhaltigen Entwicklung, also des Drei-Säulen-Modells sind wasserver- und abwasserentsorgungsspezifische Kriterien und Prinzipien sowie Bewertungsmatrizen entwickelt worden.[188] Zur Operationali-

---

183 Vgl. *Ott/Döring*, Theorie und Praxis starker Nachhaltigkeit, 2008, S. 117 ff.
184 Vgl. hierzu ausführlicher *Ott/Döring*, Theorie und Praxis starker Nachhaltigkeit, 2008, S. 123 f.
185 Vgl. *Ott/Döring*, Theorie und Praxis starker Nachhaltigkeit, 2008, S. 127 f.
186 Vgl. *Ott/Döring*, Theorie und Praxis starker Nachhaltigkeit, 2008, S. 145 ff.
187 Vgl. *Ott/Döring*, Theorie und Praxis starker Nachhaltigkeit, 2008, S. 153 f.
188 Vgl. *Kahlenborn/Kraemer*, Nachhaltige Wasserwirtschaft in Deutschland, 1999; *Böhm/Hillenbrand/Walz,* Qualitätszielkonzept für Stadtstrukturtypen am Beispiel der Stadt Leipzig, Entwicklung einer Methodik zur Operationalisierung einer nachhaltigen Stadtentwicklung auf der Ebene von Stadtstrukturen, 1999; eher technisch: *Hiessl/Toussaint/Becker*, AKWA Dahler Feld, 2003; *Herbst*, Bewertung zentraler und dezentraler Abwasserentsorgungssysteme, 2008; eher ökonomisch: *Tauchmann/Hafkesbrink/Nisipeanu*, Innovationen für eine nachhaltige Wasserwirtschaft, 2006; eher raumorientiert: *Michel/Felmeden/Kluge*, Ökoeffizienz kommunaler Abwasserinfrastrukturen, in: Kluge/Libbe, Transformationsma-

sierung einer Bewertungsmatrix für nachhaltige Entwicklungen im Bereich der Abwasserentsorgung bestehen verschiedene Ansätze, die im Wesentlichen technisch, naturwissenschaftlich, ökonomisch und raumwissenschaftlich geprägt sind. Mithilfe dieser Ansätze können im Einzelfall nachhaltige Maßnahmen der Abwasserentsorgung im Vergleich zu anderen Maßnahmen und bestehenden Systemen identifiziert werden. Aus der ökologischen Säule werden bei den Ansätzen die Leitziele der weitestgehenden Ressourcenschonung und des geringstmöglichen Ressourceneinsatzes abgeleitet. Dies bedeutet für die Abwasserbeseitigung die geringstmögliche Inanspruchnahme des Wasserhaushalts durch Mehrfachnutzung von Wasser, die Schließung von Stoffkreisläufen sowie die Minimierung negativer Beeinträchtigungen von Oberflächengewässern, des Grundwassers und der Böden.[189] Aus der ökonomischen Säule der Operationalisierungsansätze lassen sich die Leitziele der Betriebswirtschaftlichkeit der Abwasserentsorgung, Systemflexibilität, eine positive Marktstruktur mit Anreizen zu Innovationen und wenigen Marktfehlern (u.a. Externalitäten, Gebührengerechtigkeit) ableiten.[190] Aus der sozialen Säule werden die Sicherstellung der Erschwinglichkeit eines gewissen Mindeststandards an Abwasserentsorgungsleistungen, die Bedienbarkeit der Technologie, der Schutz der Umwelt als Lebensqualität, adäquate Arbeitsbedingungen und die Teilhabe an den Systementscheidungen hergeleitet.[191]

Für die ganzheitliche Bewertung der nachhaltigen Entwicklung von Systementscheidungen und der Bewertung von zentralen Systemen sowie dezentralen Beseitigungs- und Verwertungslösungen werden von den Operationalisierungsansätzen unterschiedliche Bewertungsparameter her-

---

nagement für eine nachhaltige Wasserwirtschaft, 2010; siehe im Allgemeinen: *Ott/Döring*, Theorie und Praxis starker Nachhaltigkeit, 2008, S. 41. f.

189 Siehe hierzu *Hiessl/Toussaint/Becker*, AKWA Dahler Feld, 2003, S. 94; *Tauchmann/Hafkesbrink/Nisipeanu*, Innovationen für eine nachhaltige Wasserwirtschaft, 2006, S. 144 f.; formuliert in Leitprinzipien: *Kahlenborg/Kraemer*, Nachhaltige Wasserwirtschaft in Deutschland, 1999, S. 25 ff.

190 Siehe hierzu *Hiessl/Toussaint/Becker*, AKWA Dahler Feld, 2003, S. 91; *Tauchmann/Hafkesbrink/Nisipeanu*, Innovationen für eine nachhaltige Wasserwirtschaft, 2006, S. 144 f.

191 Siehe *Hiessl/Toussaint/Becker*, AKWA Dahler Feld, 2003, S. 92 f.; *Tauchmann/Hafkesbrink/Nisipeanu*, Innovationen für eine nachhaltige Wasserwirtschaft, 2006, S. 145 f.

1. Kapitel: Grundlagen der Siedlungswasserwirtschaft

angezogen.[192] Grundlegende Indikatoren für die ökologische Bewertung von Abwasserentsorgungssystemen sind: Gruppen- und Summenparameter für den Stoffeintrag in Wasser und Boden durch Ableitungen und Entlastungen, Gruppen- und Summenparameter an Schadstoffen im Klärschlamm für Stoffeinträge in den Boden, Gesamt-Stickstoff und Gesamt-Phosphor für die Rückführung von Nährstoffen aus dem Kreislauf.[193] Grundlegende Indikatoren für die ökonomische Bewertung sind betriebswirtschaftlich die Höhe der Betriebs- und Investitionskosten der Systeme sowie deren Abschreibungshöhe im Falle einer Transformation (Flexibilität). Marktwirtschaftliche Indikatoren sind die Anzahl der Betriebe insgesamt, die Gebührenhöhe als Spiegel der spezifischen Kosten, die Auslastung der bestehenden Anlagen, das Alter oder die Restnutzungsdauer und der Zustand der Kanalisationen und Behandlungsanlagen.[194] Indikatoren für die soziale Bewertung sind insbesondere Fragen der relativen Gebührenhöhe im Vergleich zum verfügbaren Einkommen für die Erschwinglichkeit der Abwasserentsorgung sowie Indikatoren, die Aussagen über die Bedienbarkeit treffen.[195]

Aus der Bewertung der für die Erreichung von Leit- und Handlungszielen verwendeten Indikatoren der nachhaltigen Entwicklung für die Abwasserentsorgung lassen sich im Einzelfall Systementscheidungen unter umfassender Berücksichtigung und Gewichtung der Faktoren treffen.

3. Anpassung der Infrastruktur und des Bewirtschaftungsmanagements

Die Effekte des demografischen Wandels und des Klimawandels treffen in der Abwasserinfrastruktur und insbesondere bei zentralen Abwasserbeseitigungssystemen ungünstig zusammen. Zum einen erfordert der mit dem

---

192 Sog. Rankingverfahren: *Hiessl/Toussaint/Becker*, AKWA Dahler Feld, 2003, S. 92 f.; *Tauchmann/Hafkesbrink/Nisipeanu*, Innovationen für eine nachhaltige Wasserwirtschaft, 2006, S. 145 f.; *Michel/Felmeden/Kluge*, Bilanzierung und Bewertung bestehender und neuartiger Abwasserinfrastrukturen, in: Kluge/Libbe, Transformationsmanagement für eine nachhaltige Wasserwirtschaft, 2010, S. 69.
193 Vgl. *Herbst*, Bewertung zentraler und dezentraler Abwasserinfrastruktursysteme, 2008, S. 137.
194 Vgl. *Herbst*, Bewertung zentraler und dezentraler Abwasserinfrastruktursysteme, 2008, S. 117.
195 Vgl. *Herbst*, Bewertung zentraler und dezentraler Abwasserinfrastruktursysteme, 2008, S. 151.

demografischen Wandel verbundene Rückgang des Abwasseranfalls und die damit verbundene Unterauslastung der Kanalisation eine geringere Auslegung des Systems. Zum anderen erfordert der mit dem Klimawandel einhergehende stärker schwankende Abwasseranfall eine Auslegung sowohl an Gering- als auch an Spitzenlasten. Zur Anpassung und Flexibilisierung der technischen Infrastruktur und des Bewirtschaftungsmanagements an diese sich überlagernden Effekte werden in dispers besiedelten ruralen und sogar schon in bestimmten urbanen Räumen, insbesondere die Dezentralisierung bestehender Netze sowie die dezentrale Schmutz- und Niederschlagswasserbeseitigung neu zu erschließender Gebiete als zielführend angesehen. Zur vielfältigen Ressourcenschonung kommen Maßnahmen des Wasserrecyclings in Betracht.

a. Dezentrale Niederschlagswasserbeseitigung

Die flächendeckende Ausweitung dezentraler Niederschlagswasserbeseitigung kann einen großen Beitrag zu einer die Nachhaltigkeit fördernden Infrastruktur leisten, die an den mit dem Klimawandel zu erwartenden Starkregenereignissen und Trockenperioden angepasst ist.

(1) Technische und organisatorische Voraussetzungen

Technische Voraussetzung für die dezentrale Niederschlagswasserbeseitigung ist die strikte Trennung von Schmutz- und Niederschlagswasser sowie die Trennung von behandlungs- und nicht-behandlungsbedürftigem Niederschlagswasser.[196] Die dezentrale Niederschlagswasserbeseitigung kann mit zentralen Systemen wie Misch- und Trennwasserkanalisationen verbunden werden. Allerdings sind die Systeme regelmäßig darauf ausgelegt, das Niederschlagswasser zentral zu behandeln. In dezentralen und semi-dezentralen Schmutzwasserbeseitigungssystemen hingegen ist die dezentrale Niederschlagswasserbeseitigung regelmäßig in Form von Flächenabkopplungen vorausgesetzt, z.B. durch wasserdurchlässige Pflasterung.

---

196 Vgl. DWA-Arbeitsblatt A-138, 2002; *Imhoff/Jardin,* Tb. der Stadtentwässerung, 2009, S. 51.

1. Kapitel: Grundlagen der Siedlungswasserwirtschaft

Eine Versickerung von unbelastetem Regenwasser lässt sich sowohl dezentral als auch (semi-)zentral durchführen. Die unmittelbare Versickerung im Boden ist nur bei gut durchlässigen Böden und ausreichendem Flurabstand möglich. Ansonsten sind gedrosselte Versickerungen durch Anlagen, namentlich in Form der Flächen-, Schacht-, Mulden-, Rigolen- sowie Beckenversickerung nötig. Wenn eine Versickerung aufgrund der Untergrundverhältnisse nicht möglich ist, ist das Niederschlagswasser zur Begrenzung der hydraulischen Belastung der Gewässer dezentral zurückzuhalten und schließlich möglichst über offene Rinnen oder Gräben zu Fließgewässern abzuleiten. Behandlungsbedürftige Niederschlagsabflüsse müssen vor der Einleitung in ein Gewässer ausreichend gereinigt werden. In Abhängigkeit von der Belastung des Niederschlagswassers sowie der Schutzbedürftigkeit des aufnehmenden Gewässers kommt als Maßnahme zur Regenwasserbehandlung neben der Versickerung über eine ausreichend mächtige Bodenschicht die Behandlung in Filteranlagen, z.B. Retentionsbodenfilter, in Frage.[197] Die Anlagen zur dezentralen Niederschlagswasserbeseitigung sind mit Ausnahme der Retentionsbodenfilter aufgrund ihrer einfachen Ausführung und Technik relativ wartungsarm, sodass sie auch von Laien durchgeführt werden können.[198]

(2) Klimawandelfolgenanpassung

Die Ausweitung dezentraler Niederschlagswasserbeseitigungslösungen stellt eine flexible, naturnahe Anpassung an die mit dem Klimawandel zu erwartenden Starkregenereignisse sowie die mit den längeren Trockenperioden einhergehende verringerte Grundwasserbildung und Bodenerosion dar. Dezentrale Niederschlagswasserbeseitigungslösungen unterstützen zum einen sowohl konventionelle zentrale Abwasserbeseitigungssysteme als auch dezentrale Systeme bei der Bewältigung der mit dem Starkregen zu erwartenden größeren Abflussspitzen. Anstatt in den Kanalisationen

---

197 Vgl. *Imhoff/Jardin*, Tb. der Stadtentwässerung, 2009, S. 51; *Hosang/Bischoff*, Abwassertechnik, 1998, S. 49 f.; siehe auch *DWA*, DWA-Merkblatt M 153, 2007b und DWA-Arbeitsblatt A 138, DWA 2005b; *DWA*, Siedlungswasserwirtschaft im ländlichen Raum, 2007, S. 25.
198 Bis auf Retentionsbodenfilter, vgl. *Staben*, Technische Möglichkeiten der alternativen Gestaltung städtischer Wasser- und Abwasserinfrastrukturen, netWORKS-Papers 24, 2008, S. 47.

weitere Niederschlagswasserkapazitäten durch kostenintensive Regentlastungsanlagen aufzubauen, werden die Flächen vom System abgekoppelt und an dezentrale Niederschlagswasserbeseitigungslösungen angeschlossen. So werden die klimatischen Auswirkungen auf die Abwasserbeseitigungssysteme kosten- und umweltgerecht abgefedert. Dadurch wird die hydraulische Überlastung der Kanalisationen und damit die schädliche Entlastung von weitgehend ungeklärtem Abwasser in Fließgewässer verhindert.[199] Die Versickerung von Niederschlagswasser in Böden hat auch positive Synergieeffekte auf den Hochwasserschutz. Sie verhindert die Kanalisierung des Wassers in die Flüsse, indem es lokal und regional von den Böden aufgenommen wird (sog. Wasserrückhalt in der Fläche). In Verbindung mit dezentralen Systemen zur Abwasserbeseitigung ist die Bewältigung der Abflussspitzen zu erwarten.[200] Zum anderen führt die dezentrale Niederschlagswasserbeseitigung in Trockenperioden und bei Niedrigwasser in den Fließgewässern zu einer größeren Wasserspeicherung im Boden und damit zu einem ausgeglicheneren Wasserhaushalt und weniger Bodenerosion. Zentrale Systeme zur Entsorgung von Schmutz- und Niederschlagswasser im Misch- oder Trennverfahren führen zu unnatürlichen, großflächigen Abflussveränderungen, nämlich einer Ableitung der zum Teil unbelasteten Niederschlagswasser über Kanäle, ggf. Behandlungsanlagen und schließlich über Flüsse zum Meer. Die Abflüsse von ohnehin in diesen Trockenperioden seltenen, aber zum Teil kräftigen Niederschlägen können wegen dieser Ableitung nicht mehr über den Boden aufgenommen werden. Im Gegensatz dazu führt insbesondere die (semi-)dezentrale flächenmäßige oder punktuelle Versickerung dieser Abflüsse zu einer Speicherung des Wassers im Boden. Diese Abflüsse stehen regelmäßig der Grundwasserneubildung zur Verfügung, der Erosion durch Trockenfallen der Böden wird vorgebeugt.[201]

---

199 Vgl. *Becker/Wessels*, KA 2007, S. 589 - 594.
200 Vgl. *LAWA*, Strategiepapier „Auswirkungen des Klimawandels auf die Wasserwirtschaft", 2010, S. 26.; *Sieker*, Dezentrale Regenwasserbewirtschaftung – eine Anpassungsstrategie an zunehmende Starkregenabflüsse, 2010, S. 142 f.; *Staben*, Technische Möglichkeiten der alternativen Gestaltung städtischer Wasser- und Abwasserinfrastrukturen, netWORKS-Papers 24, 2008, S. 43 f.
201 Vgl. *Sieker*, Dezentrale Regenwasserbewirtschaftung – eine Anpassungsstrategie an zunehmende Starkregenabflüsse, 2010, S. 138; *Staben*, Technische Möglichkeiten der alternativen Gestaltung städtischer Wasser- und Abwasserinfrastrukturen, netWORKS-Papers 24, 2008, S. 43 f.

1. Kapitel: Grundlagen der Siedlungswasserwirtschaft

(3) Nachhaltigkeitsaspekte

Die dezentrale Niederschlagswasserbeseitigung stellt auch eine die Nachhaltigkeit fördernde Lösung der Abwasserbeseitigung dar. Sie trägt im Vergleich zur Niederschlagswasserbeseitigung in zentralen Systemen im Sinne der ökologischen Säule zu einer Ressourcenschonung durch geringeren Ressourceneinsatz und höheren Ressourcenschutz sowie einer stärkeren Ressourcenneubildung bei. Sie führt dazu, dass kein Regenwasser abgeleitet, transportiert und behandelt wird, das an sich keiner Reinigung bedürfte. Der Ressourceneinsatz für diese Ableitung, den Transport und die Behandlung wird eingespart. Der naturnahe Umgang mit den Abflüssen, also die ortsnahe Ableitung und Versickerung des Niederschlagswassers, führt zudem zu einer verstärkten Grundwasserneubildung und verhindert Bodenerosion. Des Weiteren kann die dezentrale Niederschlagswasserbeseitigung auch im Sinne der ökonomischen Säule vorteilhaft sein. So ist es in Neubaugebieten bereits regelmäßig betriebswirtschaftlich sinnvoller, wenn Flächen zur dezentralen Niederschlagswasserbeseitigung abgekoppelt werden und so das gering bis gar nicht verschmutzte Niederschlagswasser nicht abgeleitet, transportiert und behandelt werden muss. In bestehenden Siedlungsstrukturen mit bestehendem zentralen Abwasserbeseitigungssystem ist eine Abkopplung von Flächen in dem auf einen bestimmten Abwasseranfall ausgelegten System u.U. nur eingeschränkt möglich. Entgegenstehen können hier die Investitionen und Restabschreibelaufzeiten auf die bestehenden Infrastrukturen. Allerdings kann sich eine Abkopplung auch ökonomisch rechnen, sofern ohnehin aufgrund des klimatischen und demografischen Wandels ein Netzumbau notwendig ist.[202]

b. Dezentrale Schmutzwasserbeseitigung

Die dezentrale Schmutzwasserbeseitigung trägt insbesondere durch Flexibilisierung des Bewirtschaftungsmanagements und der Infrastruktur zur nachhaltigen Anpassung an den Klimawandel und den demografischen

---

202 Siehe *Hillenbrand/Böhm,* KA 2004, S. 837 - 844; *Sieker/Schlottman/Zweynert,* Ökologische und ökonomische Vergleichsbetrachtung zwischen dem Konzept der konventionellen Regenwasserentsorgung und dem Konzept der dezentralen Regenwasserbewirtschaftung, 2007, UBA-Texte Nr. 19/2007, S. 7 ff.

V. Nachhaltige Anpassungsstrategien an Klimawandel und Demografie

Wandel bei. Dabei können dezentrale Schmutz- zusammen mit dezentralen Niederschlagswasserbeseitigungssystemen zentrale Systeme insbesondere in dispers besiedelten Räumen ergänzen oder auch mittlerweile ersetzen.

(1) Technische und organisatorische Anforderungen

Entscheidend für die Implementierung technischer und naturnaher Kleinkläranlagen ist die kostengünstige Sicherstellung der erforderlichen Wartungen.[203] Dezentrale Systeme in Form von Einzel- und Gruppenlösungen benötigen regelmäßig zwei bis drei Fachleutewartungen im Jahr, um die notwendigen Ablaufwerte zu erreichen. Eine Betriebs- und Funktionskontrolle ist vor Ort aber auch mittels Datenfernübertragung möglich.[204]

(2) Anpassung an Klimawandel und Demografie

Die Ergänzung zentraler Systeme durch moderne dezentrale und semi-dezentrale Schmutzwasserbeseitigungslösungen stellt in den vom Klimawandel und demografischen Wandel betroffenen Räumen eine Flexibilisierung des Bewirtschaftungsmanagements und der Infrastruktur dar. Die Anpassung an die in Ort und Ausmaß nicht genau vorhersehbaren Folgen des Klimawandels und des demografischen Wandels ist mit dezentralen Schmutzwasserbeseitigungssystemen, im Gegensatz zu zentralen Systemen, technisch mit weniger Schwierigkeiten und ökonomisch mit weniger Kosten verbunden.[205] Dies hat vordringlich seinen Grund darin, dass zentrale Systeme sich nur in begrenztem Umfang und ansonsten nur mit erheblichem technischem und ökonomischem Aufwand auf mehr oder weniger Abflussspitzen und Abwasseranfall einstellen können. Die wirtschaftliche und technische Nutzungsdauer der Systemkomponenten ist besonders lang, die der Kanalisationen beträgt oft 80 Jahre, die der zentralen Kläranlagen häufig bis zu 50 Jahre. Ein Umbau ist regelmäßig nur lang-

---

203 Siehe zur technischen Funktionsweise vorstehend unter 1. Kap. I. Abschn. Nr. 3.
204 Vgl. *Herbst*, Bewertung zentraler und dezentraler Abwasserinfrastruktursysteme, 2008, S. 38, 39.
205 Siehe *Schmitt/Hansen/Valerius*, Handlungsempfehlungen für eine moderne Wasserwirtschaft, 2010, S. 66.

fristig betriebswirtschaftlich möglich.[206] Im Gegensatz dazu können die Kapazitäten dezentraler und semi-dezentraler Systeme technisch einfach erhöht oder reduziert werden. Dezentrale und semi-dezentrale Schmutzwasserbeseitigungslösungen mit weitgehend abgekoppelten Flächen zur dezentralen (naturnahen) Niederschlagswasserbeseitigung in Form von Kleinkläranlagen und Gruppenlösungen von Kleinkläranlagen können relativ unabhängig von klimatischen Extremereignissen an den Bedarf angepasst werden. Im Falle von Zuzug oder Wegzug können die Komponenten der Kleinkläranlagen abgebaut und an anderer Stelle wiederaufgebaut werden. Ihr Abbau gefährdet regelmäßig nicht die Systemstabilität und hat geringe ökonomische Auswirkungen.[207]

(3) Nachhaltigkeitsaspekte

Die dezentrale Schmutzwasserbeseitigung stellt eine die Nachhaltigkeit fördernde Lösung der Abwasserbeseitigung dar. Im Sinne der ökologischen Säule können dezentrale Anlagen mittlerweile zunehmend zu einer Ressourcenschonung in dispers besiedelten Räumen beitragen.[208] In den dezentralisierten Systemen entfällt der Ressourceneinsatz für weitverzweigte Kanalisationsnetze. Die Infrastruktur besteht aus vielen kleinen Anlagen. Isoliert besehen ist der Ressourceneinsatz an Energie und Material, der für die dezentrale Reinigung des Abwassers erforderlich ist, zwar in vielen kleinen Systemen größer als in einem zentralen. Mit zunehmender Leitungslänge aber werden diese Ressourceneinsparungen regelmäßig aufgewogen. Zudem können die für den Transport und die Behandlung erforderlichen Ressourcen von etwa 21 % der Gesamtabwasserjahresmenge von fremd- und geringbelastetem Niederschlagswasser eingespart werden. Die Einträge von dezentralen und ggf. semi-dezentralen Anlagen in Gewässer oder Böden entsprechen mittlerweile auch in der Praxis den Reini-

---

206 Vgl. *Herbst*, Bewertung zentraler und dezentraler Abwasserinfrastruktursysteme, 2008, S. 21 f.; *Staben*, Technische Möglichkeiten der alternativen Gestaltung städtischer Wasser- und Abwasserinfrastrukturen, netWORKS-Papers 24, 2008, S. 16.
207 Vgl. *Schmitt/Hansen/Valerius*, Handlungsempfehlungen für eine moderne Wasserwirtschaft, 2010, S. 66; *Hillenbrand/Niederste-Hollenberg/Menger-Krug*, Demografischer Wandel als Herausforderung für die Sicherung und Entwicklung einer kosten- und ressourceneffizienten Abwasserinfrastruktur, 2010, S. 206.
208 Vgl. *Schmager*, WWt 2011, S. 8/8; *Hillenbrand/Hiessl*, KA 2007, S. 47/ 47 f.

V. Nachhaltige Anpassungsstrategien an Klimawandel und Demografie

gungsleistungen zentraler Behandlungsanlagen. Darüber hinaus können durch die individuelle Erfassung von Teilströmen Mikroschadstoffe, z.B. aus Krankenhäusern und anderen medizinischen Einrichtungen, gezielt eliminiert werden.

Zudem trägt die Implementierung dezentraler Schmutzwasserbeseitigungsanlagen insbesondere in dispers besiedelten Räumen im Sinne der ökonomischen Säule auch zur einer betriebs- und marktwirtschaftlichen Abwasserbeseitigung bei. Die Betriebswirtschaftlichkeit der Implementierung dieser Anlagen hängt neben den Kosten und Nutzen des dezentralen Systems auch von den ggf. bestehenden Investitionen in die zentrale Abwasserbeseitigungsinfrastruktur, deren Auslastung, der Dispersion der Siedlungsstruktur, den topografischen Verhältnissen sowie den zukünftig zu erwartenden Klima- und Bevölkerungsentwicklungen ab.[209] Sofern nur geringe Investitionen in die Infrastruktur bestehen, stehen der Implementierung einer dauerhaften dezentralen Entsorgung nur wenig ökonomische Einwände entgegen. Aber auch bestehende zentrale Entsorgungssysteme in dispers besiedelten Gebieten in ländlichen und suburbanen Räumen können gegenwärtig in einem Bereich wirtschaften, bei dem Schwellenwerte zum wirtschaftlich sinnvollen Wechsel auf dezentrale Systeme überschritten sind. Die Transformation von zentral auf dezentral ist umso betriebswirtschaftlicher, je mehr die ggf. bestehenden Anlagen abgeschrieben sind und kostentreibende Unterauslastungen herrschen und weiter zu erwarten sind. Zudem ist bei der betriebswirtschaftlichen Bewertung auch die technische und betriebswirtschaftliche Flexibilität dezentraler Anlagen, die u.a. eine Anpassung an klimatische und demografische Trends ermöglicht, besonders positiv zu berücksichtigen.[210]

Die Betriebswirtschaftlichkeit des Systems ist über das Gebühren- oder Entgeltrecht der Gemeinde auch entscheidend für die sozioökonomischen Aspekte nachhaltiger Entwicklung (soziale Säule), da sie positive Wirkungen auf die spezifischen Kosten und damit die Gebührenhöhe haben.

---

209 Vgl. *Herbst*, Bewertung zentraler und dezentraler Abwasserinfrastruktursysteme, 2008, S. 91, 92 ff.
210 Vgl. auch *Girsch*, Dezentralität des Abwassernetzes, 2008, S. 197/208.

c. Dezentrales Recycling von Grau- und Niederschlagswasser

Auch die Verwendung von Grau- und Niederschlagswasser wird in der Fachwissenschaft als Maßnahme zur zukünftigen Anpassung an Trocken- und Dürreperioden und zur Ressourcenschonung als zielführend angesehen.

(1) Technische Anforderungen

Grauwasser ist gem. DIN 4045 das häusliche Schmutzwasser ohne fäkale Feststoffe und Urin, wie z.B. Abwasser von Bade- und Duschwannen, Handwaschbecken und Küchenspülen. Durch Wiederverwendung von ggf. aufbereitetem Grau- und Niederschlagswasser ist eine vielfältige Substituierung und Einsparung von bisherigen Trinkwassernutzungen möglich, insbesondere dort, wo für eine Nutzung keine Trinkwasserqualität erforderlich ist. Die Sammlung, ggf. Aufbereitung, Verteilung und Verwendung von Niederschlagswasser ist sowohl dezentral in einzelnen Haushalten als auch semi-dezentral und in Kombination mit ansonsten zentralen und dezentralen oder semi-dezentralen Abwasserbeseitigungssystemen möglich.

Zur Verwertung in Siedlungen ist insbesondere schwach belastetes Grau- und Niederschlagswasser geeignet. Regenwasser ist regelmäßig schwach belastet, wenn es von Dachflächen ohne Anteile an unbeschichteten Metallen (wie z.B. Blei), Terrassenflächen, Wiesen und Kulturland abfließt.[211] U.U. kann auch Regenwasser von bestimmten Hofflächen, Garagenzufahrten, Gehwegen und Radwegen gering belastet sein. Grauwasser ist regelmäßig schwach belastet, wenn es aus Handwaschbecken, Bad oder Dusche mit geringen Belastungen an Fäkalbakterien und pathogenen Bakterien der Haut abfließt.[212] Es weist nur geringe Mengen an organischen Stoffen und Nährstoffen (Phosphor und Stickstoff) auf und fällt in Abhängigkeit individueller Lebensgewohnheiten in einem Umfang von 60 bis 90 l pro Einwohner am Tag an.[213] Für eine dezentrale Grau- oder Niederschlagswasserverwertung sind Anlagen zur Sammlung, wie Zisternen und

---

211 Vgl. DWA-Arbeitsblatt A 138, 2005.
212 Vgl. DIN 4045, 2003.
213 Vgl. *Herbst*, Bewertung zentraler und dezentraler Abwasserinfrastruktursysteme, 2008, 71 f.

Tanks, ein Leitungssystem für das Brauchwasser und ggf. eine Aufbereitungsanlage notwendig.[214] Neben einer dezentralen Verwendung von aufbereitetem Grau- oder Niederschlagswasser im Haushalt zur Brauchwasserversorgung bleibt für die hochwertigen Nutzungen (Essenszubereitung und Trinken) weiter eine Trinkwasserversorgung erforderlich. Allerdings kann das Grau- und Niederschlagswasser schon beim Einsatz einfacher Aufbereitungstechnik für untergeordnete Nutzungen, insbesondere zur Toilettenspülung und Gartenbewässerung eingesetzt werden. Regelmäßig übersteigt zumindest der Grauwasseranfall den Bedarf an Brauchwasser im Haushalt. Durch Nutzung des Grau- und Niederschlagswassers oder die Substitution der Toilettenspülung und ggf. Gartenbewässerung lassen sich bereits ca. 30 % Trinkwasser einsparen.[215]

Neben der Verteilung des aufbereiteten Grau- und Niederschlagswassers zur privaten Nutzung in Haushalten sind auch Verwendungen für öffentliche Zwecke denkbar, z.B. für die Bewässerungsnutzung im öffentlichen Raum, im größeren Maßstab zur Verfügungsstellung für die Landwirtschaft oder als Löschwasser. Zudem kann das abfließende Grau- und Niederschlagswasser für die Gestaltung und Aufwertung der Landschaft eingesetzt werden. In manchen ländlichen Gebieten kann hiermit eine Trinkwassereinsparung von bis zu 50 % erreicht werden.[216] Technisch allerdings ist für semi-dezentrale Grau- und Niederschlagswasserverwertungssysteme regelmäßig ein eigenes Leitungssystem erforderlich.

---

214 Vgl. *Hillenbrand/Niederste-Hollenberg/Menger-Krug*, Demografischer Wandel als Herausforderung für die Sicherung und Entwicklung einer kosten- und ressourceneffizienten Abwasserinfrastruktur, 2010, S. 110 f.; *Herbst*, Bewertung zentraler und dezentraler Abwasserinfrastruktursysteme, 2008, S. 71 ff. und S. 81 ff.

215 Vgl. *Hillenbrand/Niederste-Hollenberg/Menger-Krug*, Demografischer Wandel als Herausforderung für die Sicherung und Entwicklung einer kosten- und ressourceneffizienten Abwasserinfrastruktur, 2010, S. 111; *Herbst*, Bewertung zentraler und dezentraler Abwasserinfrastruktursysteme, 2008, S. 70.

216 Vgl. *Hillenbrand/Niederste-Hollenberg/Menger-Krug*, Demografischer Wandel als Herausforderung für die Sicherung und Entwicklung einer kosten- und ressourceneffizienten Abwasserinfrastruktur, S. 111; *Herbst*, Bewertung zentraler und dezentraler Abwasserinfrastruktursysteme, 2008, S. 40 und S. 70; vgl. auch Fallbeispiel Berlin Potsdamer Platz in *Staben*, Technische Möglichkeiten der alternativen Gestaltung städtischer Wasser- und Abwasserinfrastrukturen, net-WORKS-Papers 24, 2008, S. 50.

1. Kapitel: Grundlagen der Siedlungswasserwirtschaft

(2) Anpassung an den Klimawandel

Eine Verwertung von Grau- und Niederschlagswasser trägt zur effizienten Wassernutzung bei und kann so zur Anpassung an die Folgen des Klimawandels, insbesondere zu einer Schonung der Wasserressourcen in Trockenperioden beitragen. Gerade in den dispers besiedelten Räumen Mecklenburg-Vorpommerns und Brandenburgs ist aufgrund des Klimawandels mit längeren Trockenzeiten insbesondere in den Sommermonaten zu rechnen. Die Grau- und Niederschlagswasserverwertung kann zur Entschärfung der zwischen der Abwasserbeseitigung und Trinkwassergewinnung aus Uferfiltrat drohenden Nutzungskonflikte beitragen. Die Verwertung mindert die Abwassermenge, sodass die Einleitungen in belastete und wenig Wasser führende Vorfluter reduziert wird. In den Kläranlagen muss weniger, aber konzentrierteres Abwasser behandelt werden. Zudem kann die Grau- und Niederschlagswasserverwertung auf der Versorgungsseite zu einer ausgeglicheneren Wasserbilanz durch weniger Grundwasserentnahmen in den Trockenzeiten führen, indem bisherige Trinkwassernutzungen durch Brauchwassernutzungen ersetzt werden. Die Einsparung von Trinkwasser im Haushalt durch dezentrale Systeme in dispers besiedelten ländlichen und suburbanen Räumen können hierzu lokal erheblich beitragen. So können allein im Bereich der Toilettenspülung ca. 40 Liter am Tag pro Person und damit 30 % des Gesamtanfalls an häuslichem Abwasser eingespart werden.[217] Noch größere Wirkungen können semi-dezentrale Systeme zur Grau- und Niederschlagswasserverwertung entfalten. Regional und lokal semi-dezentral gesammeltes und aufbereitetes Grau- und Niederschlagswasser kann den in der Landwirtschaft in Trockenzeiten gesteigerten Wasserbedarf befriedigen.

(3) Nachhaltigkeitsaspekte

Grau- und Niederschlagswasserverwertungssysteme fördern zudem auch die nachhaltige Entwicklung im Bereich der Abwasserent- und Wasserversorgung.[218] Im Sinne der ökologischen Säule trägt die Grau- und Nieder-

---

217 Vgl. *Staben*, Technische Möglichkeiten der alternativen Gestaltung städtischer Wasser- und Abwasserinfrastrukturen, netWORKS-Papers 24, 2008, S. 33.
218 Siehe *Hiessl/Toussaint/Becker*, AKWA Dahler Feld, 2003, S. 98 f.; vgl. Modellvorhaben: AZV Leisnig (seit 2008), Wasserzweckverband Saale-Fuhne Ziethe

schlagswasserverwertung zur Ressourcenschonung bei. Der Ressourceneinsatz in zentralen Systemen kann durch die Entlastung von Kanalisationen und Kläranlagen sinken, indem generell der Abfluss und die Behandlung von z.T. gering verschmutztem Grau- und Niederschlagswasser je nach Art und Ort seines Anfalls vermindert wird.[219] Durch die Substituierung von Trinkwasser mit Brauchwasser können die Grundwasserressourcen sowie die Ressourcen für die Aufbereitung des Grundwassers zu Trinkwasser geschont werden.[220] Im Sinne der ökonomischen Säule ist die verstärkte und flächenhafte Verbreitung von dezentralen und semi-dezentralen Systemen der Grau- und Niederschlagswasserverwertung insbesondere in den ländlichen, wasserarmen Räumen Ostdeutschlands sinnvoll. Aber auch allgemein können sich bereits dezentrale Grau- und Niederschlagswasserverwertungssysteme allein durch die Trinkwassereinsparungen in Ein- und Mehrfamilienhäusern, Hoteleinrichtungen, Wohn- und Altenheimen sowie Schwimm- und Saunabädern betriebswirtschaftlich rechnen.[221] Für semi-dezentrale Systeme sind insbesondere im Bestand neue Ableitungseinrichtungen und ggf. Sammeltanks notwendig, wobei hierbei ggf. auf bestehende Strukturen zurückgegriffen werden kann.[222] In Neubauten kann ein separates Rohrleitungsnetz vorgesehen werden. Allerdings tritt durch die massenhafte Verwendung von Grau- und Niederschlagswasser ein erheblicher Rückgang des Abwasseranfalls ein. Ähnlich den dezentralen Systemen zur Niederschlagswasserbeseitigung können daher u.U. die Investitionen in die bestehende Abwasserbeseitigungsstruktur einer Implementierung entgegenstehen.

(seit 2004), Ökologische Wohnsiedlung Flintenbreite, Lübeck (seit 2000), Deus 21 in Knittlingen (seit 2004), AKWA Dahler Feld (2006).
219 Siehe *Sieker/Kaiser/Sieker*, Dezentrale Regenwasserbewirtschaftung, 2006, S. 39
220 Vgl. *Imhoff/Jardin*, Tb. der Stadtentwässerung, 2009, S. 50 f.; *Hosang/Bischoff*, Abwassertechnik, 1998, S. 50; *Hiessl/Touissant/Becker*, AKWA Dahler Feld, 2003, S. 103 f.
221 Vgl. Beispiele *Staben*, Technische Möglichkeiten der alternativen Gestaltung städtischer Wasser- und Abwasserinfrastrukturen, netWORKS-Papers 24, 2008, S. 33 f.
222 Vgl. *Herbst*, Bewertung zentraler und dezentraler Abwasserinfrastruktursysteme, 2008, S. 75. und S. 83.

1. Kapitel: Grundlagen der Siedlungswasserwirtschaft

d. Recycling von Gelb-, Braun- und Schwarzwasser

Die Verwertung der Stoffströme aus den Sanitäranlagen im Haushalt wird in der Fachwissenschaft als Maßnahme zur zukünftigen Anpassung an Trocken- und Dürreperioden und zur Ressourcenschonung als zielführend angesehen.

(1) Technische Anforderungen

Anpassungslösungen zur Verwertung von Gelb-, Braun- und Schwarzwasser werden auch „Neuartige Sanitärsysteme" (NASS) bezeichnet.[223] Als Gelbwasser wird Urin mit Spülwasser bezeichnet. Braunwasser ist Fäzes, also Fäkalien ohne Urin, mit allenfalls kleinen Anteilen Spülwasser und Toilettenpapier vermischt. Schwarzwasser schließlich sind Fäkalien, also Fäzes und Urin, vermischt mit Spülwasser und Toilettenpapier.[224] Es werden bei den NASS Systeme unterschieden, die vom konventionellen System der Abwasserbeseitigung, ohne Trennung jeglicher Stoffströme bis hin zur vollständigen Stofftrennung von Urin, Fäkalien, Grau- und sonstigem Abwasser reicht. Das Gelbwasser weist den größten Anteil des Stickstoffs (80 %) und des Phosphors (55 %) bei meist geringer Keimbelastung auf und hat einen Anteil von weniger als 1 % vom Gesamtvolumen des häuslichen Abwassers. Braunwasser, also Fäzes mit geringen Mengen Spülwasser besteht zu ca. 65 % aus Wasser, zu 10 bis 20 % aus organischen Substanzen und zu 5 bis 10 % aus Stickstoff und sonstigen Substanzen. Der Fäzes ist relativ stark mit Keimen, Viren und Bakterien belastet und fällt durchschnittlich pro Person mit 45 kg pro Jahr an. Schwarzwasser, die Mischung aus Gelb-, Braun- und Spülwasser enthält 70 bis 90 %

---

223 Vgl. *DWA*, Neuartige Sanitärsysteme, 2008, sowie *DWA*, Siedlungswasserwirtschaft im ländlichen Raum, 2007, S. 100 ff. Modellvorhaben: AZV Leisnig (seit 2008), Wasserzweckverband Saale-Fuhne Ziethe (seit 2004), Ökologische Wohnsiedlung Flintenbreite, Lübeck (seit 2000); Deus 21 in Knittlingen (seit 2004), AKWA Dahler Feld (2006), siehe auch Übersicht bei *Herbst*, Bewertung zentraler und dezentraler Abwasserinfrastruktursysteme, 2008, S. 85.
224 Vgl. *DWA*, Neuartige Sanitärsysteme, 2008, S. 1 ff. sowie *DWA*, Siedlungswasserwirtschaft im ländlichen Raum, 2007, S. 100 ff. sowie *Herbst*, Bewertung zentraler und dezentraler Abwasserinfrastruktursysteme, 2008, S. 42; *Staben*, Technische Möglichkeiten der alternativen Gestaltung städtischer Wasser- und Abwasserinfrastrukturen, netWORKS-Papers 24, 2008, S. 15.

der Nährstoffmenge und ca. 60 % der organischen Belastung (gemessen in CSB) des häuslichen Abwassers. Es weist einen Anteil von 30 bis 42 % an dem Gesamtaufkommen des häuslichen Abwassers auf, was durchschnittlich 45 bis 84 Litern am Tag entspricht.[225]

Bei einer Stoffstromtrennung im Haushalt kann das Schwarz- oder Braunwasser durch anaerobe Behandlung zu Biogas verstromt oder kompostiert als Pflanzennährstoff eingesetzt werden. Gelbwasser kann zu Mineralstoffdünger aufbereitet werden. Die Verwendung von Schwarz- oder Braunwasser zur Energieerzeugung in Biogasanlagen ist semi-dezentral ab ca. 200 EW möglich. In ihnen wird das Schwarz- oder Braunwasser oder der reine Fäzes unter Luftabschluss vergoren. Das dabei entstehende Gas kann zur Strom- und Wärmeerzeugung in einem Blockheizkraftwerk verwendet oder in das Gasnetz eingespeist werden. Aus den vergorenen Rückständen (Gärreste) können entweder die Rohstoffe Phosphor und Stickstoff zurückgewonnen werden oder sie werden direkt als Dünger in der Landwirtschaft verwendet.[226] Eine Verwertung des Schwarz- und Braunwassers als Kompost (Biomasse) kann durch eine anaerobe Behandlung in einem Rotte- oder Filterbehälter und umfassende Nachkompostierung ggf. unter Zufügung von biogenen Abfällen (Grünschnitt oder Biotonnenmaterial) erreicht werden. Der Prozess kann durch Zugabe von Würmern (sog. Vermikompostierung) beschleunigt werden.[227]

Eine Verwertung von Urin als Mineralstoffdünger in der Landwirtschaft setzt die zentrale Aufbereitung des Gelbwassers durch die großtechnischen Verfahren der Strippung und der Fällung voraus. So können regelmäßig 90 bis 95 % des Phosphors zurückgewonnen werden. Endprodukt der Aufbereitungsverfahren ist ein Flüssigdünger, dessen Nährstoffe ähnlich pflanzenverfügbar sind wie die von synthetisch hergestelltem Mineraldünger. Das Restabwasser der Aufbereitung muss aufgrund der Belas-

---

225 Vgl. *Herbst*, Bewertung zentraler und dezentraler Abwasserinfrastruktursysteme, 2008, S. 47, S. 49.
226 Vgl. *Staben*, Technische Möglichkeiten der alternativen Gestaltung städtischer Wasser- und Abwasserinfrastrukturen, netWORKS-Papers 24, 2008, S. 35; *Herbst*, Bewertung zentraler und dezentraler Abwasserinfrastruktursysteme, 2008, S. 50 ff.
227 Vgl. *Staben*, Technische Möglichkeiten der alternativen Gestaltung städtischer Wasser- und Abwasserinfrastrukturen, netWORKS-Papers 24, 2008, S. 35 ff.; *Herbst*, Bewertung zentraler und dezentraler Abwasserinfrastruktursysteme, 2008, S. 54 ff.

tung mit Nähr- und Medikamentenstoffen mit einem Verfahren der weitestgehenden Abwasserreinigung, z.B. Ozonierung, behandelt werden.[228]

Technische Voraussetzung für eine derartige Verwertung ist die möglichst weitgehende Stoffstromtrennung bereits im Haushalt und der weitgehende Verzicht auf Wasser als Transportstoff. Die Abtrennung von Grau- und Schwarzwasser kann durch herkömmliche Toiletten mit unterschiedlichen Ableitungen erfolgen. Jedoch sind Ableitungsverfahren mit geringem Spülwasser wie Vakuum- oder Trockentoiletten zu bevorzugen. Die Abtrennung von Grau-, Braun- und Gelbwasser ist durch sog. Separationstoiletten oder eine Fest-Flüssig-Trennung (z.B. Wirbelabscheider oder wasserdurchlässiger Filtersack) möglich. Der abgeschiedene Fäzes kann in Tanks als Rottebehälter und der abgeschiedene Urin in einem Gelbwasserspeicher oder -tank gesammelt und halbjährlich abgeholt werden.[229] Technisch können die Systeme bei den entsprechenden Hausinstallationen sowohl mit dezentralen und semi-dezentralen Systemen der Abwasserbeseitigung als auch mit bestehenden Systemen der zentralen Abwasserbeseitigung verbunden werden.

(2) Anpassung an Klimawandel

Das Recycling von Gelb-, Braun- und Schwarzwasser und deren weitgehende Verwertung gewährleisten eine effiziente Wassernutzung und stellen damit gerade in ländlich besiedelten Räumen eine Maßnahme der Anpassung an die mit dem Klimawandel zu erwartenden Trockenzeiten und dem damit drohenden Wassermangel und der Bodenerosion dar. Die Stoffstromtrennung im Haushalt und entsprechende Verwertung sowie die Installation von gering wasserverbrauchenden Sanitäreinrichtungen und Transportsystemen trägt zur effizienten Wassernutzung und damit zu einem ausgeglicheneren Wasserhaushalt bei. Zudem kann durch die um-

---

228 Vgl. *Staben*, Technische Möglichkeiten der alternativen Gestaltung städtischer Wasser- und Abwasserinfrastrukturen, netWORKS-Papers 24, 2008, S. 40 ff.; *Herbst*, Bewertung zentraler und dezentraler Abwasserinfrastruktursysteme, 2008, S. 65 ff.
229 Vgl. *DWA*, Siedlungswasserwirtschaft im ländlichen Raum, 2007, S. 100 ff.; *Staben*, Technische Möglichkeiten der alternativen Gestaltung städtischer Wasser- und Abwasserinfrastrukturen, netWORKS-Papers 24, 2008, S. 34 ff. sowie S. 41 f.; *Herbst*, Bewertung zentraler und dezentraler Abwasserinfrastruktursysteme, 2008, S. 51 f., S. 57 f., S. 61, 69.

fassende Verwertung von Schwarz-, Braun- und Gelbwasser die bei Niedrigwasser durch Einleitung drohende Belastung der Vorfluter erheblich gemindert werden. Darüber hinaus kann auch die mit den Trockenzeiten und Wasserarmut einhergehende Bodenerosion durch die verstärkte ortsnahe Produktion von Biomasse und Dünger aus zurückgewonnenem Phosphor und ggf. Stickstoff abgemildert werden. Schließlich wird bei einer anaeroben Behandlung und Verstromung des entstehenden Biogases auch ein Beitrag zu einer grundlastfähigen, klimaschonenden Energieerzeugung geleistet. Somit ist die Verwertung zumindest als Low-Regret-Maßnahme einzustufen.

(3) Nachhaltigkeitsaspekte

Gelb-, Braun- und Schwarzwassersysteme können auch insgesamt zu einer nachhaltigeren Entwicklung der Abwasserbeseitigung beitragen.[230] Unter ökologischen Gesichtspunkten kann die Verwertung von Gelb-, Braun- und Schwarzwasser gerade in ländlichen Räumen durch die teilweise Schließung von Stoffkreisläufen zu einer erheblichen Ressourcenschonung durch weniger Einträge und behandlungsbedürftige Reststoffe sowie geringeren Ressourceneinsatz durch Rückgewinnung von Biomasse, Energie und Dünger führen. Die Verwertung trägt zur Schonung des Naturhaushalts bei, denn der in den Abwässern enthaltene Stickstoff und Phosphor sowie die organischen Inhaltsstoffe können als Biomasse und Dünger oder zur Stromerzeugung verwendet werden. Auch der Ressourceneinsatz für das Gesamtsystem sinkt bei Verwertung der Teilströme, da die Teilströme zielgerichteter behandelt, entsorgt und überwiegend wiederverwendet werden können. Bei einer Gelbwassertrennung können zielgerichtet Spurenstoffe entfernt und dadurch die Mikroschadstoffproblematik entschärft werden.[231] Zudem können verschiedene weitere Ressourcen bei

---

230 Vgl. *Hiessl/Toussaint/Becker*, AKWA Dahler Feld, 2003, S. 98 ff. (insbesondere in Kombination mit der weitgehenden Verwendung von Grau- und Niederschlagswasser); *Michel/Felmeden/Kluge*, Bilanzierung und Bewertung bestehender und neuartiger Abwasserinfrastrukturen, in: Kluge/Libbe, Transformationsmanagement für eine nachhaltige Wasserwirtschaft, 2010, S. 69 ff.; *Kahlenborn/ Kraemer*, Nachhaltige Wasserwirtschaft in Deutschland, 1999, S. 172, S. 189 und S. 198.

231 Vgl. *Staben*, Technische Möglichkeiten der alternativen Gestaltung städtischer Wasser- und Abwasserinfrastrukturen, netWORKS-Papers 24, 2008, S. 37;

1. Kapitel: Grundlagen der Siedlungswasserwirtschaft

der Stromerzeugung und der Biomasse- und Düngerproduktion ersetzt werden. Die Gewinnung von Biogas kann als umwelt- und klimaschonende Strom- und Wärmequelle erschlossen werden. Die Verwendung der gewonnenen Biomasse in der Landwirtschaft mindert weitgehend den Ressourcenverbrauch für die immer aufwändiger werdende Entsorgung des Klärschlamms. Dessen Verwendung ist in der Landwirtschaft trotz der zahlreich enthaltenen Nährstoffe wegen der gleichzeitigen Ansammlung von Schadstoffen meistens nur nach aufwändiger Aufbereitung möglich.[232] Die Gewinnung von Phosphor aus dem Gelbwasser und die Aufbereitung zu Dünger ersetzt die Ressourcen, die bislang entweder für die enorm aufwändige Extraktion des Phosphors aus Klärschlamm oder für den Abbau endlicher Vorkommen in zum Teil politisch instabilen Regionen der Welt erforderlich sind.[233]

Neben der ökologischen Effizienz können die Systeme der Gelb-, Braun- und Schwarzwasserverwertung auch zu einer verstärkten ökonomischen Effizienz beitragen. Wie bei den anderen Änderungen der Infrastruktur auch, stehen die Investitionen in die bestehenden, hauptsächlich zentralen Systeme und die für den Umbau im Siedlungsbestand erforderlichen Investitionen einer Transformation der Systeme entgegen. Denn zur Implementierung der Verwertungsansätze sind zum Teil weitgehende Veränderungen bei der Abwassererfassung, also den Sanitäranlagen und Kanalisationen, und der Abwasserableitung notwendig. Dennoch treten insbesondere in dispers besiedelten ländlichen und ggf. auch in Neubaugebieten in suburbanen Räumen Rahmenbedingungen auf, unter denen eine Transformation des konventionellen Systems hin zu Systemen mit einer Kombination aus Gelb- und Braun- oder Schwarzwasserverwertung auf

---

Schmitt/Hansen/Valerius, Handlungsempfehlungen für eine moderne Wasserwirtschaft, 2010, S. 70.
232 Vgl. *Herbst*, Bewertung zentraler und dezentraler Abwasserinfrastruktursysteme, 2008, S. 20.
233 Phosphor ist eine nicht substituierbare knappe Rohstoffressource, die nur noch für wenige Jahrzehnte zur Verfügung steht. Deutschland und die EU sind vom Import mineralischer Phosphat-Düngemittel abhängig. Die in Abwasser und Klärschlamm enthaltene Phosphormenge entspricht in Deutschland etwa einem Viertel der jährlichen Phosphormineralsalzimporte, vgl. *Schmitt/Hansen/Valerius*, Handlungsempfehlungen für eine moderne Wasserwirtschaft, 2010, S. 71 ff.; *Hiessl/Toussaint/Becker*, AKWA Dahler Feld, 2003, S. 103 f.

V. Nachhaltige Anpassungsstrategien an Klimawandel und Demografie

Dauer ökonomisch ist, wie z.B. bei einem bereits stark über- oder unterausgelasteten Abwasserbeseitigungssystem.[234]

Unter sozialen Gesichtspunkten ist neben der Gesamtwirtschaftlichkeit einer etwaigen Transformation und der damit verbundenen Entgeltbelastung ggf. eine gewisse Umstellung in der Bedienung der Anlagen wichtig.[235]

---

234 Vgl. *Schmitt/Hansen/Valerius*, Handlungsempfehlungen für eine moderne Wasserwirtschaft, 2010, S. 193; *Kirschbaum*, Optionen für die Anwendung NASS, in: Tagungsband zum Dresdener Kolloquium zu Siedlungswasserwirtschaft, Anpassung der Abwassersysteme an veränderte Randbedingungen 2010, S. 147/152; *Hiessl/Toussaint/Becker*, AKWA Dahler Feld, 2003, S. 100 f.; *Michel/Felmeden/Kluge*, Bilanzierung und Bewertung bestehender und neuartiger Abwasserinfrastrukturen, in: Kluge/Libbe, Transformationsmanagement für eine nachhaltige Wasserwirtschaft, 2010, S. 71 ff.
235 Siehe *Hiessl/Toussaint/Becker*, AKWA Dahler Feld, 2003, S. 102.

2. Kapitel: Rechtsrahmen nachhaltiger Abwasserentsorgung

Der Rechtsrahmen für die Abwasserentsorgung setzt sich insbesondere aus den zwingenden und grundsätzlichen Vorgaben des Unions-, Verfassungs-, Bundes- und Landesrechts zusammen.[236] Ergebnis dieser Vorgaben ist ein sich aus den Rechtsebenen ergebendes vieldimensionales Anforderungsprofil, das die gesamte Ausgestaltung der Abwasserentsorgung steuert.[237]

I. Abwasserbeseitigung und Abwasserentsorgung

Weder der Begriff der Abwasserentsorgung noch der Abwasserbeseitigung ist europarechtlich ausdrücklich definiert. Der Begriff der Abwasserbeseitigung ist in der Wasserrahmenrichtlinie (WRRL) und der Kommunalabwasserrichtlinie (KomAbwRL) lediglich umschrieben.[238] Unter dem Begriff der „Wasserdienstleistung" fallen nach Art. 2 Nr. 38 lit. b) der WRRL „alle Dienstleistungen, die für Haushalte, öffentliche Einrichtungen oder wirtschaftliche Tätigkeiten (…) Anlagen für die Sammlung und Behandlung von Abwasser, die anschließend in Oberflächengewässer einleiten", zur Verfügung stellen. Auch unter Art. 1 der KomAbwRL ist die

---

236 Zwingende Vorgaben in Form von zwingendem Recht geben den Regelungsspielraum für nachfolgende Rechtsebenen verbindlich vor. Grundsätzliche Vorgaben in Form von Programm- und Grundsätzen, Zielbestimmungen und ähnlichen Regelungsstrukturen weisen die nachfolgenden Ebenen an, ihre Wertungen sowohl bei Ausgestaltung als auch bei der Anwendung des Rechts zu beachten und zu berücksichtigen, vgl. insbesondere zu den Zweckbestimmungen: *Nusser*, Zweckbestimmungen in Umweltgesetzen, 2007, S. 28 ff.
237 Vgl. zu Gesetzeskonzeptionen zum Schutz der Umwelt im Allgemeinen: *Reese*, ZUR 2009, S. 339/341 ff.; vgl. zur Techniksteuerung grundlegend, *Roßnagel*, 1994, S. 241 ff.
238 Richtlinie 2000/60/EG zur Schaffung eines Ordnungsrahmens für Maßnahmen der Gemeinschaft im Bereich der Wasserpolitik, Wasserrahmenrichtlinie (ABl. L 2001, 331), zuletzt geändert durch RL vom 5.6.2009 (ABl. L 140); Richtlinie 91/271/EWG über die Behandlung von kommunalem Abwasser, Kommunalabwasserrichtlinie (ABl. L 1991, 135), zuletzt geändert durch RL vom 7.3.1998 (ABl. L 67).

Beseitigung von kommunalem Abwasser beschrieben als „das Sammeln, Behandeln und Einleiten von kommunalem Abwasser und das Behandeln und Einleiten von Abwasser bestimmter Industriebranchen". Auf nationalrechtlicher Ebene hingegen ist der Begriff der Abwasserbeseitigung gem. § 54 Abs. 2 S. 1 Wasserhaushaltsgesetz (WHG) legal-definiert.[239] Er umfasst an technischen Teilhandlungen das Sammeln, Fortleiten, Behandeln, Einleiten, Versickern, Verregnen und Verrieseln von Abwasser sowie das Entwässern von Klärschlamm im Zusammenhang mit der Abwasserbeseitigung. Nach § 54 Abs. 2 S. 2 WHG gehört zur Abwasserbeseitigung auch die Beseitigung des in Kleinkläranlagen anfallenden Schlamms.[240] Grundsätzlich fallen unter den Begriff der Abwasserbeseitigung daher nicht die der Abwasserbeseitigung vorgelagerte Abwasservermeidung und die der Abwasserbeseitigung gegenüberstehende Abwasserverwertung.[241] Dem Begriff der Abwasserbeseitigung ist der Begriff der Abwasserentsorgung gegenüberzustellen. Der Begriff der Entsorgung umfasst in Anlehnung an § 3 Abs. 22 des Kreislaufwirtschaftsgesetzes (KrWG) allgemein auch Verwertungs- und Beseitigungsverfahren, einschließlich der Vorbereitung der Verwertung oder Beseitigung.[242] Die Verwertung von Abwasser ist jedoch nirgends legal definiert.

II. Unionsrechtliche Vorgaben

Die Abwasserentsorgung in Deutschland als Mitgliedsstaat der europäischen Union unterliegt den Vorgaben des europäischen Primär- und Sekundärrechts. Primärrechtlich ist bereits in den Zielen der Europäischen Union gem. Art. 2 S. 1 Spiegelstrich 1 des Vertrags von Lissabon über die europäische Union (EUV) die ausgewogene und nachhaltige Entwicklung

---

239 Gesetz zur Ordnung des Wasserhaushaltes, Wasserhaushaltsgesetz vom 31.7.2009 (BGBl. I, S. 2585), zuletzt geändert durch Gesetz vom 11.8.2010 (BGBl. I, S. 1163).
240 Nach DIN 4261-12 fallen unter den Begriff der Kleinkläranlagen Anlagen mit einem Schmutzwasserzufluss bis 8 m³/d (8 m³/d entspricht dem täglich anfallenden Schmutzwasser von etwa 50 Einwohnern).
241 Vgl. *Nisipeanu*, in: Berendes/Frenz/Müggenborg, WHG, § 54 Rn. 27 f., S. 949 f.
242 Gesetz zur Förderung der Kreislaufwirtschaft und Sicherung der umweltverträglichen Bewirtschaftung von Abfällen, Kreislaufwirtschaftsgesetz, KrWG, vom 24.2.2012 (BGBl. I, S. 212), zuletzt geändert durch Gesetz vom 22.5.2013 (BGBl. I, S. 1324).

genannt.[243] Diese Zielstellung ist auch in den Grundsätzen der Europäischen Union gem. Art. 3 EUV als verbindliches Recht vorgegeben. Nach ihnen ist ein hohes Maß an Umweltschutz und die „Verbesserung der Umweltqualität" vorgesehen.[244] Auf dieser Grundlage ermächtigt Art. 191 des Vertrages über die Arbeitsweise der europäischen Union (AEUV) die EU zum Erlass von Sekundärrecht,[245] sog. Umweltpolitiken, die u.a. der Erhaltung und dem Schutz der Umwelt sowie der Verbesserung ihrer Qualität, dem Schutz der menschlichen Gesundheit sowie der umsichtigen und rationellen Verwendung der natürlichen Ressourcen dienen.[246] Auch beim Erlass sonstiger Politiken gem. Art. 114 Abs. 1 bis 3 AEUV ist aufgrund der Querschnittklausel gem. Art. 11 AEUV die Berücksichtigung der Belange der Umwelt geboten.[247] Der Vollzug der Vorschriften einschließlich der Finanzierung und der Umsetzung ist im Sinne des Subsidiaritätsprinzips gem. Art. 192 Abs. 4 AEUV regelmäßig Sache der Mitgliedsstaaten. Von der EU erlassene europarechtliche Vorgaben für eine nachhaltige Abwasserentsorgung finden sich in der WRRL und der KomAbwRL und ihrer Umsetzungsakte.

1. Nachhaltige Wassernutzung nach der Wasserrahmenrichtlinie

Die WRRL normiert die umfassende Ordnung des Gewässermanagements der Mitgliedsstaaten in der Union. Ihr Ziel ist gem. Art. 1 lit. b WRRL die Förderung einer nachhaltigen Wassernutzung auf der Grundlage eines langfristigen Schutzes der vorhandenen Ressourcen. Konkretisiertes qualitatives Ziel der nachhaltigen Wassernutzung ist ein „guter Zustand" der Oberflächengewässer und des Grundwassers (Art. 4 WRRL; §§ 27, 44, 47

---

243 Vertrag von Lissabon zur Änderung des Vertrags über die Europäische Union und des Vertrags zur Gründung der Europäischen Gemeinschaft vom 13.12.2007 (ABl. 2007/C 306/01).
244 Vgl. *Oppermann/Classen/Nettesheim*, Europarecht, § 9 Rn. 24, S. 108 m.w.N.
245 Konsolidierte Fassung des Vertrags über die Arbeitsweise der europäischen Union vom 26.10.2012 (ABl. 2012/C 326/0001).
246 Siehe *Oppermann/Classen/Nettesheim*, Europarecht, § 33 Rn. 15, S. 526; *Calliess*, in: Calliess/Ruffert, EUV – EGV, Art. 174 EGV (= 191 AEUV), Rn. 7 ff., S. 1780 ff.
247 Siehe *Oppermann/Classen/Nettesheim*, Europarecht, § 33 Rn. 19, S. 527; *Calliess*, in: Calliess/Ruffert, EUV – EGV, Art. 94 EGV (= 114 AEUV), Rn. 25 ff., S. 1267 ff.

II. Unionsrechtliche Vorgaben

WHG). Instrument zur Erreichung dieser Ziele ist ein umfassender Bewirtschaftungsrahmen, der sowohl Emissions- als auch anspruchsvolle Immissionsziele für die Gewässer in der EU aufstellt (sog. Integriertes Gewässermanagement). Der Bewirtschaftungsrahmen erfasst alle Gewässernutzungen und somit nach Art. 2 Nr. 38 EU-WRRL auch Wasserdienstleistungen, wie die Abwasserbeseitigung. Der Bewirtschaftungsrahmen besteht aus einer Bestandsaufnahme des Zustands der Gewässer gem. Art. 5 WRRL und den Landesverordnungen zur Bestandsaufnahme,[248] der Setzung von Bewirtschaftungszielen gem. Art. 4 WRRL sowie §§ 27 ff., 44 und 47 WHG sowie der Aufstellung von Maßnahmenprogrammen in den Flussgebietseinheiten zur Erreichung der Ziele gem. Art. 11 WRRL und § 82 WHG. Die Ziele und Maßnahmenprogramme werden in den sog. Bewirtschaftungsplänen gem. Art. 13 WRRL, § 83 WHG und landesrechtlichen Vorschriften zusammengefasst.[249] Neben der Einhaltung des Bewirtschaftungsrahmens sind die Mitgliedsstaaten nach Art. 9 WRRL in der Wassergebührenpolitik grundsätzlich zu einer die Ressourcen schonenden und volkswirtschaftlichen Kosten der jeweiligen Wasserdienstleistung deckenden öffentlichen Finanzierung verpflichtet.[250]

2. Schutz vor kommunalem Abwasser nach der Kommunalabwasserrichtlinie

Die ausdrücklich neben der WRRL fortgeltende Kommunalabwasserrichtlinie hat gem. Art. 1 Abs. 1 KomAbwRL zum Ziel, die Umwelt vor schädlichen Auswirkungen von kommunalem und industriellem Abwasser bestimmter Branchen zu schützen. Zur Erreichung dieses Nachhaltigkeitsaspekts der Abwasserbeseitigung sind in der KomAbwRL Regelungen über die Ausstattung von sog. gemeindlichen Gebieten mit einer Kanalisation, Anforderungen an die Behandlung von Abwasser, Genehmigungsvorbe-

---

248 Vgl. beispielsweise §§ 3 ff. der Verordnung zur Bestandsaufnahme, Einstufung und Überwachung der Gewässer, Sächsische Wasserrahmenrichtlinienverordnung - SächsWRRLVO, vom 7.12.2004, zuletzt geändert durch VO vom 26.6.2008 (SächsGVBl. S. 456).
249 Siehe hierzu überblickartig: *Breuer*, in: Rengeling, Hndb. zum europäischen und deutschen Umweltrecht, Bd. 2, 1. Teilbd., § 66, Abschn. I, Rn. 20 ff., S. 861 ff.
250 Vgl. hierzu genauer unter 3. Kap., IV. Abschn. Nr. 1 lit. e.

halte für Einleitungen, die Überwachung und die Wiederverwendung von Wasser normiert.[251]

Nach der in Art. 3 Abs. 1 KomAbwRL normierten Ausstattungspflicht sind alle Gemeinden ab 2.000 EW mit einer Kanalisation auszustatten, Gemeinden mit mehr als 15.000 EW bis zum 31.12.2000 und Gemeinden von 2.000 bis 15.000 EW bis zum 31.12.2005. Kanalisation in diesem Sinne ist gem. Art. 2 Nr. 5 KomAbwRL ein Leitungssystem, in dem Abwasser gesammelt und transportiert wird. Sie entspricht dem System der in Deutschland überwiegend vorherrschenden zentralen Abwasserbeseitigung. Allerdings ist nach dem Wortlaut des Art. 3 Abs. 1 S. 3 KomAbwRL ein Anschluss an die Kanalisation dann nicht gerechtfertigt, wenn er entweder keinen Nutzen für die Umwelt mit sich bringt oder mit übermäßigen Kosten verbunden ist. In diesen Fällen erachtet die RL ein individuelles System oder andere geeignete Maßnahmen für erforderlich, die das gleiche Umweltschutzniveau gewährleistet. Die Richtlinie ist in den Ländern durch Verordnungen auf Landesebene umgesetzt worden.[252]

Nach den gleich formulierten Regelungen in Art. 12 Abs. 1 S. 1 und Art. 14 Abs. 1 S. 1 KomAbwRL soll gereinigtes Abwasser und Klärschlamm in den Mitgliedsstaaten nach Möglichkeit wiederverwendet und dabei die Belastungen für die Umwelt auf ein Minimum reduziert werden. Die allgemein gehaltene Regelung gebietet eine grundsätzliche Wiederverwendung von gereinigtem Abwasser und Klärschlamm, die durch die Formulierung „nach Möglichkeit" jedoch wieder eingeschränkt wird.[253] Der Begriff der Wiederverwendung von gereinigtem Abwasser ist in der Richtlinie selbst nicht definiert und ist daher umsetzungsbedürftig. In den Umsetzungen durch die Kommunalabwasserverordnungen der Länder ist er jedoch nicht weiter konkretisiert.[254] Der Begriff der Wieder- oder auch Weiterverwendung an sich erfasst nach dem KrWG die Weiterverwen-

---

251 Siehe auch überblicksartig: *Breuer*, in: Rengeling, Hndb. zum europäischen und deutschen Umweltrecht, Bd. 2, 1. Teilbd., § 65 Abschn. I, Rn. 32 f., S. 783 f.
252 Vgl. beispielsweise Verordnung des sächsischen Staatsministeriums für Umwelt und Landesentwicklung zur Umsetzung der Richtlinie 91/271/EWG (SächsKomAbwVO) vom 3.5.1996 (GVBl. 1996, 235), zuletzt geändert durch Verordnung vom 20.7.2000 (SächsGVBl. 2000 S. 348) oder die Hessische Verordnung zur Umsetzung der Richtlinie 91/271/EWG des Rates vom 21.5.1991 über die Behandlung von kommunalem Abwasser vom 25.10.1996 (GVBl. I 1996, 470) sowie genauer unter 3. Kap. III. Abschn. Nr. 2 lit. b. (3) iii.
253 Vgl. *Schulte*, EG-Richtlinie Kommunales Abwasser, 1995, S. 69.
254 Vgl. *Schulte*, EG-Richtlinie Kommunales Abwasser, 1995, S. 69.

dung eines Stoffes, der bereits genutzt wurde und nun unter unmittelbarem Hinzutritt eines weiteren (sinnvollen) Nutzungszwecks wieder oder weiter genutzt wird. Auf Wasser übertragen erfasst er z.B. eine Verwendung von Wischwasser zur Reinigung im Bad und anschließend in der Küche. Der Begriff unterscheidet sich damit von der Verwertung dadurch, dass bei der Verwertung der Nutzungszweck nicht unmittelbar hinzutritt, sondern erst durch eine Art zu wertendem Zwischenakt für den neuen Nutzungszweck vorbereitet wird.[255] Unter die Verwertung fällt nach hergebrachtem Begriffsverständnis in den Wassergesetzen und der Rechtsprechung gerade die Aufbereitung von Abwasser für eine weitere Verwendung. Insofern ist die „Wiederverwendung von gereinigtem Abwasser" nach deutschem Verständnis ein Widerspruch in sich. Es kann keine Weiterverwendung sein, da die Reinigung einen erheblichen Zwischenakt zu einem neuen Nutzungszweck darstellt.

Die Regelung über die Wiederverwendung von Abwasser ist in den Verordnungen regelmäßig wörtlich übernommen worden.[256] Eine Verwertung von häuslichem Abwasser ist in unterschiedlicher Form im deutschen Recht vorgesehen.[257] Auch die Wiederverwendung von Klärschlamm wird regelmäßig in den Verordnungen gefordert.[258] Hinsichtlich der Voraussetzungen für die Abgabe und Verwertung von Klärschlamm in der Landwirtschaft oder auf gärtnerisch genutzten Böden wird in den KomAbwVO der Länder auf die Klärschlammverordnung verwiesen.[259]

III. Verfassungsrechtliche Vorgaben

Auf Ebene des Verfassungsrechts ergeben sich aus den Staatsprinzipien, Staatszielbestimmungen, Grundrechten und grundrechtsgleichen Gewährleistungen des Grundgesetzes (GG) Anforderungen an die Art und Weise

---

255 Vgl. hierzu genauer Kap. 3 Abschn. I Nr. 1 b. (3) ff.
256 Vgl. beispielsweise §§ 4 Abs. 5 KomAbwVO HE oder 4 Abs. 4 Sächs KomAbwVO.
257 Vgl. hierzu Grundsätze der Abwasserverwertung im 2. Kap. IV. Abschn. Nr. 3 lit. d sowie Übertragungstatbestände unter 3. Kap. II. Abschn. Nr. 5 lit. e.
258 Vgl. beispielsweise §§ 10 S. 2 KomAbwVO HE oder 9 S. 2 SächsKOmAbwVO.
259 Klärschlammverordnung vom 15.4.1992 (BGBl. I S. 912), zuletzt geändert durch Verordnung vom 9.11.2010 (BGBl. I S. 1504).

2. Kapitel: Rechtsrahmen nachhaltiger Abwasserentsorgung

der gesetzlichen Ausgestaltung der nationalen Abwasserbeseitigung.[260] Die Abwasserbeseitigung stellt, unabhängig davon, ob sie durch staatliche oder private Akteure erledigt wird, eine öffentliche Aufgabe dar, da es sich um eine Angelegenheit des Gemeinwesens handelt, deren Wahrnehmung im öffentlichen Interesse liegt.[261] Nach Entscheidung des Gesetzgebers handelt es sich bei der Abwasserbeseitigung nicht nur um eine öffentliche, sondern auch um eine staatliche Aufgabe im weiteren Sinne.[262]

1. Abwasserbeseitigung als (kommunale) staatliche Aufgabe

Die öffentlich-staatliche Aufgabe der Abwasserbeseitigung ist als „eine Angelegenheit der örtlichen Gemeinschaft" grundsätzlich den Gemeinden und Gemeindeverbänden zur Selbstverwaltung zuzuweisen. Abweichungen hiervon sind an der Gewährleistung des Art. 28 GG zu messen. Nach der institutionellen Garantie des Art. 28 Abs. 2 S. 1 GG ist den Gemeinden das Recht gewährleistet, „alle Angelegenheiten der örtlichen Gemeinschaft im Rahmen der Gesetze in eigener Verantwortung zu regeln".[263] Auch Gemeindeverbänden kommt nach S. 2 „im Rahmen ihres gesetzlichen Aufgabenbereichs nach Maßgabe der Gesetze das Recht der Selbstverwaltung" zu. Aus der grundrechtsgleichen Gewährleistung folgt neben der institutionellen Rechtssubjektsgarantie auch die objektive Rechtsinstitutionsgarantie, also die Gewährleistung eines inhaltlichen Kernbestands eigenverantwortlich wahrzunehmender kommunaler Aufgaben.[264] Der

---

260 Grundgesetz für die Bundesrepublik Deutschland in der am 23.5.1949 veröffentlichen, bereinigten Fassung (BGBl. III, 100-1), zuletzt geändert durch Gesetz vom 11.7.2012 (BGBl. I, S. 1478).
261 Vgl. BVerfG, Beschluss vom 25.3.1980, Aktz. 2 BvR 208/76, E 53, 366/401; *Isensee*, in: Isensee/Kirchof, Hndb. des Staatsrechts, Bd. 3, § 57 Rn. 135; *Burgi*, Funktionale Privatisierung, 1999, S. 42.
262 Eine Staatsaufgabe im engeren Sinne, wie z.B. Rechtsprechung, Gesetzgebung, betreffen den Kernbereich staatlicher Aufgaben und sind nicht übertragbar, vgl. BVerfG, Urteil vom 28.2.1961, Aktz. 2 BvG 1/60, E 12, 205/243.
263 Vgl. BVerfG, Beschluss vom 2.12.1958, Aktz. 1 BvL 25/55, E 8, 332/359; *Pieroth*, in: Jarass/Pieroth, Art. 28 GG Rn. 11.
264 Vgl. zur grundrechtsgleichen Gewährleistung: *Pieroth*, in: Jarass/Pieroth, Art. 28 GG Rn. 11; vgl. auch eigenständige Regelung der „Kommunalverfassungsbeschwerde" gem. Art. 93 Abs. 1 Nr. 4 lit. b); zu den Ausprägung der Institutionsgarantie: BVerfG, Beschluss vom 2.12.1958, Aktz. 1 BvL 25/55, E 8, 332/359; *Pieroth*, in: Jarass/Pieroth, Art. 28 GG Rn. 11.

Schutzbereich erfasst die „Angelegenheiten der örtlichen Gemeinschaft". Hierunter wird als Aufgabe der Daseinsvorsorge auch die Abwasserbeseitigung gezählt. Sie weist ein spezifisch in den Bedürfnissen und Interessen der Gemeinde wurzelndes Element auf, betrifft das Zusammenleben und Wohnen der Menschen in der Gemeinde und gehört historisch zu der gewachsenen Erscheinung der Selbstverwaltung.[265] Den Gemeindeverbänden hingegen, worunter insbesondere die Kreise fallen,[266] ist von vornherein nur der gesetzliche Aufgabenbereich zugewiesen. Ein gefestigter Aufgabenbestand kommt ihnen nicht zu.

Die gewährleistete eigenverantwortliche Regelung der eigenen Angelegenheiten allgemein und der Abwasserbeseitigung im Besonderen berechtigt die Gemeinden daher, grundsätzlich nach ihrem autonom gebildeten Gestaltungswillen frei und ohne staatliche Einflussnahme über das Ob und die Art und Weise der Erfüllung der Aufgabe entscheiden zu können (Ermessens- und Gestaltungsfreiheit). Diese Rechte können nach dem Gesetzesvorbehalt gem. Art. 28 Abs. 2 GG durch Gesetz bis auf den Kern eingeschränkt werden.

2. Sozialstaatsprinzip und Abwasserbeseitigung

Die Erfüllung der Aufgabe der Abwasserbeseitigung hat auch den Anforderungen des Sozialstaatsprinzips zu genügen. Nach dem Sozialstaatsprinzip des Art. 20 Abs. 1 i.V.m. Art. 1 Abs. 1 GG ist der Staat verpflichtet, die Mindestvoraussetzungen für ein menschenwürdiges Dasein sicherzustellen.[267] Im Rahmen dieser allgemeinen Daseinsvorsorge ist dafür Sorge zu tragen, dass die grundrechtlich abgesicherten Lebensbedürfnisse durch

---

265 Vgl. zu in der Gemeinde wurzelnde Bedürfnisse und Interessen: BVerfG, Urteil vom 24.7.1979, Aktz. 2 BvK 1/78, E 52, 95/120; BVerfG, Beschluss vom 17.1.1979, Aktz. 2 BvL 6/76, E 50, 195/201; Betreff des Zusammenlebens und Wohnens in der Gemeinde: BVerfG, Beschluss vom 23.11.1988, Aktz. 2 BvR 1619/83, E 79, 127/151 f.; historische Erscheinungsform Selbstverwaltung: BVerfG, Beschluss vom 23.6.1987, Aktz. 2 BvR 826/83, E 76, 107/118; BVerfG, Beschluss vom 12.1.1982, Aktz. 2 BvR 113/81, E 59, 216/226.
266 ... und nicht etwa Zweckverbände und sonstigen Verbände, die lediglich zur Erfüllung einer einzelnen Aufgabe gebildet werden, vgl. *Tettinger/Schwarz*, in: Mangoldt/Klein/Starck, Bd. 2, GG, Art. 28, Rn. 236.
267 Vgl. BVerfG, Beschluss vom 29.5.1990, Aktz. 1 BvL 20/84, E 82, 60/80; BVerfG, Beschluss vom 18.6.1975, Aktz. 1 BvL 4/74, E 40, 121/133.

Bereitstellung von Infrastruktur zu erschwinglichen Preisen befriedigt werden können (Grundversorgung).[268] Zu dieser Grundversorgung wird gemeinhin in der Literatur die Sicherstellung von lebensnotwendigen Ver- und Entsorgungssystemen und damit auch die Abwasserbeseitigung gezählt.[269] Das Sozialstaatsprinzip stellt eine Staatszielbestimmung dar. Es bindet damit vordringlich den Gesetzgeber zur einfach-gesetzlichen Ausgestaltung des unbestimmten Prinzips durch einfaches Recht.[270] Aber auch die Verwaltung und die Rechtsprechung sind bei der Rechtsanwendung zur Beachtung verpflichtet. Dem Staat wird bei der Verwirklichung des Sozialstaatsprinzips ein weiter Ermessens- und Gestaltungsspielraum zugestanden.[271] Die materielle Reichweite der Gewährleistung der Grundversorgung ist nicht abschließend geklärt. Von der überwiegenden Literatur wird angenommen, dass der Staat im Rahmen der Daseinsvorsorge bei der Gewährleistung der Grundversorgung generell berechtigt, aber nicht verpflichtet ist, sie selbst vorzunehmen (Eigenvornahme).[272] Erforderlich ist eine leistungsfähige Infrastruktur, von der keine gesundheitlichen Gefahren ausgehen. Verfassungsrechtlich ist zudem eine flächendeckende (Grund-)Versorgung mit Daseinsvorsorgeleistungen geboten.[273] Allerdings wird eine unterschiedliche Qualität und Quantität der Versorgungsleistungen als verfassungsrechtlich zulässig angesehen, solange ein existenzsichernder Mindest-Qualitätsstandard prinzipiell gewährleistet ist.

---

268 Vgl. *Robbers*, in: Dolzer/Vogel, Bonner Kommentar zum GG, Bd. 5, Art. 20 Abs. 1. Rn. 1495 (139. Akt. April 2009).
269 Vgl. *Schatz*, zur Entwicklung des Begriffs Infrastruktur, in: Berger (Hrsg.) Wettbewerb und Infrastruktur in Post- und Telekommunikationsmärkten, ZögU 1996, Beiheft 19, S. 122 ff; *Brosius-Gersdorf*, VerwArch 1998, S. 317/331; *Peine*, DÖV 1997, 353/356;
270 Vgl. u.a. BVerfG, Beschluss vom 27.4.1999, Aktz. 1 BvR 2203/93, E 100, 271/284; BVerfG, Beschluss vom 29.5.1990, Aktz. 1 BvL 20/84, E 82, 60/80; BVerfG, Beschluss vom 19.10.1983, Aktz. 2 BvR 485/80, E 65, 182/193; *Schnapp*, in: v. Münch/Kunig, Art. 20 GG Rn. 51.
271 Vgl. BVerfG, Beschluss vom 29.5.1990, Aktz. 1 BvL 20/84, E 82, 60/81; *Schnapp*, in: v. Münch/Kunig, Bd. 1, Art. 20 GG Rn. 55.
272 *Rüfner*, Hndb. des Staatsrechts, Bd. 4, § 96 Rn. 30 f.und 34 ff.
273 *Rüfner*, Hndb. des Staatsrechts, Bd. 4, § 96 Rn. 30 f.; für die Wasserversorgung angenommen: *Brehme*, Privatisierung und Regulierung, 2010, S. 329; *Kahl*, Die Privatisierung der Wasserversorgung, GewArch. 2007, S. 441/442; *Ruge*, die Gewährleistungsverantwortung des Staates und der Regulatory State, 2004, S. 222 f.; a.A. wohl *Brosius-Gersdorf*, VerwArch 1998, S. 317/333 - keine Beeinträchtigung des Art. 3 GG, da geografische Lage einen hinreichenden Differenzierungsgrund darstellen kann, keine Beeinträchtigung des Art. 11 GG.

3. Demokratieprinzip und kommunale Selbstverwaltungsgarantie

Die Erfüllung der Aufgabe der Abwasserbeseitigung durch die mittelbare und funktionale Staatsverwaltung hat auch den Anforderungen des Demokratieprinzips zu genügen. Das in Art. 20 Abs. 1 Var. 2 sowie Abs. 2 S. 1 und 2 GG normierte Demokratieprinzip fordert eine innere Rechtfertigung der Ausübung von Staatsgewalt und gibt damit die organisationsrechtlichen Anforderungen an deren Ausübung vor.[274] Das Demokratiegebot ist gleichsam ein Staatsziel und ein Verfassungsprinzip.[275] Als Staatsprinzip folgen aus dem Demokratieprinzip der grundlegende organisatorische und verfahrensmäßige Handlungsrahmen für den Staatsaufbau und das Staatshandeln.[276] Durch die enthaltende Staatszielbestimmung wird das Staatshandeln auf ein zu verwirklichendes Ziel ausgerichtet.[277]

Materiell verlangt Art. 20 Abs. 1 und 2 S. 1 und 2 GG für die demokratische Legitimation staatlichen Handelns, dass die Ausübung von Staatsgewalt vom Volke ausgehen muss.[278] Staatliches Handeln in diesem Sinne ist die Erledigung öffentlicher Aufgaben durch befugnisgerechtes, verbindliches Handeln mit Entscheidungscharakter. Es kann in öffentlichen oder privatrechtlichen Rechts- und Handlungsformen ausgeübt werden.[279] Die Ausübung von Staatsgewalt, u.a. durch die unmittelbare und mittelbare Staatsverwaltung, muss effektiv auf das Volk rückführbar sein, m.a.W. muss ein Zurechnungszusammenhang zwischen der Ausübung von Staatsgewalt und dem Volkswillen bestehen.[280] Nach der Rechtsprechung

---

274 Vgl. *Burgi*, Funktionale Privatisierung und Verwaltungshilfe, 1999, S. 367.
275 Vgl. BVerfG, Beschluss vom 5.12.2002, Aktz. 2 BvL 5/98, E 107, 59/87.
276 Das BVerfG legt hiermit wohl die Prinzipienlehre zugrunde, wenn es ausführt, dass Art. 20 Abs. 2 GG „wegen seines Prinzipiencharakters" „entwicklungsoffen" sei.
277 Vgl. *Sommermann*, in: v. Mangoldt/Klein/Starck, GG, Bd. 2, Art. 20 Abs. 1, Rn. 88; ähnlich auch *Schnapp*, in: V. Münch/Kunig, GG, Bd. 1, Art. 20 Rn. 6 f.
278 Vgl. u.a. BVerfG, Beschluss vom 13.7.2004, Aktz. 1 BvR 1298/94, E 111, 191/216; BVerfG, Beschluss vom 5.12.2002, Aktz. 2 BvL 5/98, E 107, 59/87; BVerfG, Urteil vom 31.10.1990, Aktz. 2 BvF 3/89, E 83, 60/74; *Schnapp*, in: v. Münch/Kunig, GG, Bd. 1, Art. 20 Rn. 23 ff.
279 Vgl. u.a. BVerfG, Beschluss vom 5.12.2002, Aktz. 2 BvL 5/98, E 107, 59/87 sowie 94; BVerfG, Beschluss vom 24.5.1995, Aktz. 2 BvF 1/92, E 93, 37/68; BVerfG, Urteil vom 31.10.1990, Aktz. 2 BvF 3/89, E 83, 60/73.
280 Siehe u.a. BVerfG, Beschluss vom 5.12.2002, Aktz. 2 BvL 5/98, E 107, 59/87; BVerfG, Beschluss vom 24.5.1995, Aktz. 2 BvF 1/92, E 93, 37/67; BVerfG, Urteil vom 31.10.1990, Aktz. 2 BvF 3/89, E 83, 60/72.

des BVerfG ist für die demokratische Legitimation staatlichen Handelns generell ein bestimmtes Legitimationsniveau erforderlich.[281] Hierbei wird unterschieden zwischen der personellen Legitimation und der sachlich-inhaltlichen Legitimation.[282] In diesem Sinne unterliegt auch die Erfüllung der Aufgabe der Abwasserbeseitigung durch Eigen- und Regiebetriebe der Gemeinden (sog. mittelbare Staatsverwaltung), durch Zweck- oder Wasserverbände (sog. funktionale Staatsverwaltung) und durch verschiedene Modelle der funktionalen Privatisierung einem personellen und sachlich-inhaltlichen demokratischen Legitimationserfordernis. Im Falle einer materiellen Privatisierung der öffentlichen staatlichen Aufgabe der Abwasserbeseitigung, also der Übertragung der staatlichen Aufgabenträgerschaft auf Privatrechtssubjekte, muss die Privatisierungsentscheidung, insbesondere die Auswahl des Privaten und die Gestaltung der Privatisierung, demokratisch legitimiert werden.[283]

4. Staatszielbestimmung Umweltschutz und Abwasserbeseitigung

Aufgrund der Staatszielbestimmung Umweltschutz ist der Staat zudem verpflichtet, die Abwasserbeseitigung zum Schutz der natürlichen Grundlagen des Lebens sowie der Tiere am Nachhaltigkeits- und Vorsorgeprinzip auszurichten. Nach Art. 20a GG schützt der Staat auch in Verantwortung für die künftigen Generationen die natürlichen Lebensgrundlagen und die Tiere im Rahmen der verfassungsmäßigen Ordnung durch die Gesetzgebung und nach Maßgabe von Gesetz und Recht durch die vollziehende Gewalt und Rechtsprechung. Der Art. 20a GG wird, u.a. aufgrund der Adressierung an die Staatsgewalt, überwiegend als sog. Staatszielbestimmung Umweltschutz verstanden, aus der unmittelbar keine subjektiven Rechte hergeleitet werden können.[284] Es handelt sich um unmittelbar

---

281 Vgl. u.a. BVerfG, Beschluss vom 5.12.2002, Aktz. 2 BvL 5/98, E 107, 59/87; BVerfG, Beschluss vom 24.5.1995, Aktz. 2 BvF 1/92, E 93, 37/67; BVerfG, Urteil vom 31.10.1990, Aktz. 2 BvF 3/89, E 83, 60/72.
282 Sowie ggf. der institutionellen und der funktionalen Legitimierung, siehe BVerfG, Beschluss vom 5.12.2002, Aktz. 2 BvL 5/98, E 107, 59/87.
283 *Freigang*, Verträge als Instrumente der Privatisierung, Liberalisierung und Regulierung in der Wasserwirtschaft, 2008, S. 191.
284 Vgl. BT-Drucks. 12/6000, S. 67; BVerwG, Urteil vom 6.11.1997, Aktz. 4 A 16/97, NVwZ 1998, 398/399; *Schulze-Fielitz*, in: Dreier, Bd. 2, GG, Art. 20a Rn. 51 ff.; *Jarass*, in: Jarass/Pieroth, GG, Art. 20a Rn. 2; obschon sich manche zu

geltendes Recht, das verfassungstheoretisch als sog. Prinzip ausgestaltet ist.[285]

Materiell ist die Staatsgewalt, also die Gesetzgebung, Verwaltung und Rechtsprechung, im Rahmen der verfassungsmäßigen Ordnung zum fortdauernden Schutz der Schutzgüter des Art. 20a GG verpflichtet. Von der Wendung „Schutz natürlicher Lebensgrundlagen und der Tiere" ist die gesamte natürliche Umwelt, u.a. auch Luft, Wasser, Boden, Klima, erfasst. Die der materiellen Schutzrichtung vorhergehende Formulierung „in Verantwortung für die zukünftigen Generationen" ist der Wink des Verfassungsgesetzgebers, den Schutz am Nachhaltigkeits- und Vorsorgeprinzip auszurichten.[286] Die Schutzgewährleistung ist jedoch nicht absolut, Art. 20a GG ist anderen Verfassungsprinzipien und Verfassungsrechtsgütern gleichgeordnet, wie sich aus dem Vorbehalt „im Rahmen der verfassungsmäßigen Ordnung" ergibt.[287]

Ausgehend von diesen materiellen Verfassungsmaßstäben ist der Gesetzgeber durch geeignete Regelungen und die vollziehende Gewalt sowie die Rechtsprechung durch geeignete Rechtsanwendung bei der Abwasserbeseitigung verpflichtet, den Schutz der natürlichen Lebensgrundlagen einschließlich der Tiere in Abwägung mit möglicherweise entgegenstehenden Verfassungsgütern sicherzustellen. Von der für eine moderne In-

---

Recht ein Grundrecht auf Umweltschutz gewünscht hätten, vgl. hierzu bereits *Kloepfer*, Zum Grundrecht auf Umweltschutz, 1978, S. 11 ff., 31 ff.

285 Verfassungstheoretisch werden die Begriffe „Prinzip" und „Grundsatz" regelmäßig im Sinne der von R. Alexy begründeten Prinzipientheorie verstanden. Demnach ist das Prinzip eine der Abwägung zugängliche Regelung, während der Grundsatz als feststehende Regelung nicht der Abwägung zugänglich ist; vgl. hierzu grundlegend *Alexy*, Theorie der Grundrechte, 1985, 71 ff.; dem folgend auch *Jarass*, in: Jarass/Pieroth, GG, Art. 20a Rn. 1. Demgegenüber wird das Begriffspaar der Grundsätze und Ziele auf Ebene des einfachen Rechts, z.B. ROG, wie auch in der Rechtssprache teilweise allgemein, andersherum verwendet. Demnach ist das Ziel eine zwingende, keiner Ausnahme oder auch Abwägung zugängliche Regelung und der Grundsatz eine einer Ausnahme oder Abwägung zugängliche Regelungsform. In diesem Sinne sollen auch im Folgenden auf Ebene des einfachen Rechts die Begriffe „prinzipiell" eine unbedingte und der Begriff „grundsätzlich" einer der Ausnahme zugängliche Regelung bezeichnen.

286 Vgl. BT-Drucks. 12/6000, S. 67; *Schulze-Fielitz*, in: Dreier, Bd. 2, GG, Art. 20a, Rn. 20 ff, 31 f.; *Epiney*, in: v. Mangodt/Klein/Starck, GG, Bd. 2, Art. 20a, Rn. 30; *Jarass*, in: Jarass/Pieroth, GG, Art. 20a, Rn. 14.

287 Vgl. *Jarass*, in: Jarass/Pieroth, GG, Rn. 14, S. 552; *Kloepfer*, in: Dolzer/Vogel, Bonner Kommentar zum GG, Bd. 6, Art. 20a, Rn. 43 (116. Akt. April 2005); *Schulze-Fielitz*, in: Dreier, Bd. 1, GG, Art. 20a, Rn. 37.

dustrie- und Dienstleistungsgesellschaft generell unverzichtbaren Abwasserbeseitigung geht eine erhebliche Gefahr für die Umwelt aus. Sie ist damit stark regelungsbedürftig. In diesem Sinne ist die staatliche Gewalt, insbesondere der Gesetzgeber, gefordert, geeignete Rechtsvorschriften zu erlassen und diese fortlaufend den neuen gewandelten Bedingungen anzupassen.[288] Daher ist insbesondere eine fortlaufende Anpassung an die sich mit demografischem Wandel, dem Klimawandel und auch dem Wandel der Technik ändernden Bedingungen erforderlich. Allerdings kommt dem Gesetzgeber bei dieser Anpassung ein weiter Ermessens- und Einschätzungsspielraum zu. Die vollziehende Gewalt ist nach Art. 20a GG gehalten, die materiellen Gewährleistungen bei der Rechtsanwendung zu beachten und zu berücksichtigen.[289] Entsprechendes gilt für die sie kontrollierende Rechtsprechung.

5. Schutzpflicht des Staates und Abwasserbeseitigung

Der Staat ist aufgrund der Grundrechtsgewährleistung des Rechts auf Leben und körperliche Unversehrtheit angehalten, die ordnungsgemäße Abwasserbeseitigung zum Schutz der Volksgesundheit und der Existenz des Einzelnen sicherzustellen. Nach Art. 2 Abs. 2 S. 1 GG hat jeder das Recht auf Leben und körperliche Unversehrtheit. Nach S. 2 des Artikels darf in diese Rechte nur aufgrund eines Gesetzes eingegriffen werden. In der freiheitlich-demokratischen Werteordnung der Verfassung stellt die dem einen gewährleistete Freiheit regelmäßig gleichzeitig einen Eingriff oder Beschränkung eines anderen dar. Die Grundrechte gewähren individuell einklagbare Ansprüche gegen den Staat einerseits auf Unterlassen freiheitsbeschränkender Tätigkeiten (status positivus der Grundrechte) und andererseits auf ein positives Tun zur Abwehr freiheitsbeschränkender Tätigkeiten (status negativus der Grundrechte).[290]

Materiell ist der Staat daher aufgrund seiner Schutzpflicht gehalten, den Risiken des in der Moderne unvermeidlich anfallenden Abwassers so zu begegnen, dass nicht ungerechtfertigt in den Schutz der Bürger gem. Art. 2

---

288 Vgl. *Jarass*, in: Jarass/Pieroth, GG, § 20a Rn. 18.
289 Vgl. BVerwG, Beschluss vom 19.12.1997, Aktz. 8 B 234.97, NVwZ 1998, 1080/1080; *Jarass*, in: Jarass/Pieroth, GG, Art. 20a, Rn. 21.
290 BVerfG, Beschluss vom 4.4.2006, Aktz. 1 BvR 518/02, E 115, 320/346; BVerfG, Urteil vom 29.10.1987, Aktz. 2 BvR 624/83, E 77, 170/214.

Abs. 2 S. 1 GG eingegriffen wird. Das Leben und die Gesundheit der Menschen ist durch eine ungeregelte und damit nicht ordnungsgemäße Abwasserbeseitigung beeinträchtigt,[291] da von Abwasser generell Gefahren für Leben und Gesundheit durch Verseuchung von Trinkwasser und der Umwelt sowie der Anreicherung in der Nahrungskette drohen.[292] Um diesen Gefahren zu begegnen und seiner Schutzpflicht zu genügen, ist der Staat verpflichtet, die Abwasserbeseitigung durch Erlass entsprechender materieller Vorschriften, u.a. geeigneter Verwaltungs- oder Genehmigungsverfahren, zu regeln.[293] Bei der Erfüllung der Schutzpflicht kommt ihm ein erheblicher Spielraum zu, wobei die Maßnahmen nicht „gänzlich ungeeignet oder völlig unzulänglich" sein dürfen. Die Schutzpflicht verdichtet sich daher nur in seltenen Fällen zu einer einzigen noch verfassungsmäßigen Maßnahme.[294] Insbesondere ist die Regelung einer funktionierenden Sanitärinfrastruktur erforderlich. Stellen sich im Nachhinein Mängel der Regelungen ein, sind die Vorschriften nachzubessern.[295]

IV. Bundes- und landesrechtliche Vorgaben

In Umsetzung der europa- und verfassungsrechtlichen Maßgaben ergeben sich auch aus den Vorschriften des WHG und der jeweiligen Landeswassergesetze Vorgaben für die Ausrichtung der Abwasserbeseitigung im Sinne einer nachhaltigen Abwasserentsorgung.[296]

---

291 Vgl. zum Schutzbereich z.B. BVerfG, Beschluss vom 14.1.1981, Aktz. 1 BvR 612/72, E 56, 54/74.
292 Vgl. zum modernen Eingriffsverständnis: BVerfG, Beschluss vom 23.3.2011, Aktz. 2 BvR 882/09, 128, 282/300; *Jarass*, in: Jarass/Pieroth, GG, Art. 2, Rn. 91.
293 Siehe u.a. BVerfG, Beschluss vom 20.12.1979, Aktz. 1 BvR 385/77, E 53, 30/65 f.; BVerfG, Beschluss vom 8.8.1978, Aktz. 2 BvL 8/77, E 49, 89/140 ff.
294 Vgl. BVerfGE, Urteil vom 28.1.1992, Aktz. 1 BvR 1025/82, E 85, 191/212; BVerfG, Beschluss vom 30.11.1988, Aktz. 1 BvR 1301/84, E 79, 174/202; BVerfG, Beschluss vom 29.10.1987, Aktz. 2 BvR 624/83, E 77, 170/214, 215; BVerfG, Beschluss vom 14.1.1981, Aktz. 1 BvR 612/72, E 56, 54/80ff.
295 Siehe BVerfG, Urteil vom 14.1.1981, Aktz. 1 BvR 612/72, E 56, 54/ 78 f.; BVerfG, Urteil vom 8.8.1978, Aktz. 2 BvL 8/77, E 49, 89/143 f.
296 Siehe Brandenburgisches Wassergesetz in der Fassung der Bekanntmachung vom 2. 3.2012 (GVBl. I/12, 20); Wassergesetz für Baden-Württemberg vom 3.12.2013 (GBl. 2013, 389), zuletzt geändert durch Verordnung vom 27.2.2012 (GBl. S. 65); Bayerisches Wassergesetz vom 25. 2.2010 (GVBl. 2010, 66), zuletzt geändert durch Gesetz vom 12.4. April 2013 (GVBl. S. 174); Hessisches

2. Kapitel: Rechtsrahmen nachhaltiger Abwasserentsorgung

1. Nachhaltige Gewässerbewirtschaftung als Zweck des WHG

Prägendes Oberziel des WHG ist die nachhaltige Gewässerbewirtschaftung. Auch die Regelungen über die Abwasserbeseitigung nach §§ 54 ff. WHG haben sich als sog. besondere Gewässerbewirtschaftung an diesem Oberziel auszurichten. Nach § 1 WHG ist es Sinn und Zweck des WHG, durch eine „nachhaltige Gewässerbewirtschaftung die Gewässer als Bestandteil des Naturhaushalts, als Lebensgrundlage des Menschen, als Lebensraum für Tiere und Pflanzen sowie als nutzbares Gut zu schützen". Daher ist im Sinne des Europa- und Verfassungsrechts das Nachhaltigkeitsprinzip als Zweckbestimmung an die Spitze des WHG gestellt und prägt daher als umfassendes Oberziel die Auslegung der weiteren Vorschriften des WHG und damit auch die als besondere Gewässerbewirtschaftung geregelten Vorschriften über die Abwasserbeseitigung.[297] Als Zweckbestimmung wirkt das Nachhaltigkeitsprinzip sowohl handlungs- als auch ziel- oder steuerungsbezogen.[298] Die Steuerungswirkungen des

---

Wassergesetz vom 14.12.2010 (GVBl. I 2010, 548), zuletzt geändert durch Gesetz vom 13.12.2012 (GVBl. I S. 622); Wassergesetz des Landes Mecklenburg-Vorpommern vom 30.11.1992 (GVBl. 1992, 669), zuletzt geändert durch Gesetz vom 4. 7.2011 (GVOBl. S. 759); Niedersächsisches Wassergesetz vom 19.2.2010 (GVBl. 2010, 64), zuletzt geändert durch Gesetz vom 3.4.2012 (GVBl. S. 46); Wassergesetz des Landes Nordrhein-Westfalen vom 25. 6.1995 (GV. NW 1995 S. 926), zuletzt geändert durch Gesetz vom 5. 3.2013 (GV.NW. S. 133); Wassergesetz für das Land Rheinland-Pfalz vom 22.1.2004 (GVBl. 2004, 54), zuletzt geändert durch Gesetz vom 23.11.2011 (GVBl. S. 402); Sächsisches Wassergesetz vom 12.7.2013 (SächsGVBl. 2013, 503), zuletzt geändert durch Gesetz vom 6.6.6.2013 (GVBl. S. 451); Wassergesetz für das Land Sachsen-Anhalt vom 16. 3.2011 (GVBl. 2011, 492), zuletzt geändert durch Gesetz vom 21. 3.2013 (GVBl. S. 116); Wassergesetz des Landes Schleswig-Holstein vom 11.2.2008 (GVOBl. S. 91), zuletzt geändert durch Gesetz vom 4.4.2013 (GVOBl. S. 143); Thüringer Wassergesetz in der Fassung der Bekanntmachung vom 18.8.2009 (GVBl. 2009, 648).

297 Vgl. hierzu *Knopp*, in: Sieder/Zeitler/Dahme/Knopp, WHG und AbwAG, Bd. 1, § 1 WHG Rn. 12 und Rn. 14 (EL 41 Mai 2011); zu der Einordnung der Zweckbestimmung in die begriffliche Normtheorie allgemein vgl. *Nusser*, Zweckbestimmungen in Umweltgesetzen, 2006, S. 28; zur Nachhaltigkeit als Rechtsprinzip umfassend: *Gehne*, Nachhaltige Entwicklung als Rechtsprinzip, 2011, S. 11 ff.

298 Vgl. hierzu *Knopp*, in: Sieder/Zeitler/Dahme/Knopp, WHG und AbwAG, Bd. 1, § 1 WHG Rn. 20 ff. (EL 41 Mai 2011); allgemein zur Nachhaltigkeit als Rechtsprogramm, *Gehne*, Nachhaltige Entwicklung als Rechtsprinzip, 2011, S. 73 ff. und 107 ff.

IV. Bundes- und landesrechtliche Vorgaben

Nachhaltigkeitsprinzips werden durch die weiteren Zweckbestimmungen des WHG zunehmend konkretisiert.[299]

2. Allgemeine Grundsätze der Gewässerbewirtschaftung

Die Vorgabe des § 1 WHG wird näher durch die in § 6 Abs. 1 WHG geregelten „Allgemeinen Grundsätze der Gewässerbewirtschaftung" konkretisiert. Sie bestehen im Wesentlichen aus den in S. 1 geregelten allgemein gehaltenen Zielen einer nachhaltigen Bewirtschaftung und der in S. 2 geregelten Integrationsklausel im Sinne der Richtlinie über die integrierte Vermeidung und Verminderung von Umweltverschmutzungen (IVU-Richtlinie).[300] Der § 6 Abs. 1 S. 1 WHG, dem der handlungsbezogene Grundsatz der nachhaltigen Gewässerbewirtschaftung erneut vorangestellt ist, normiert zielbezogen dem § 1 WHG entsprechende und konkretisierende Ziele.[301]

Umweltzielbezogen entsprechen dem Schutz der Gewässer als Bestandteil des Naturhaushalts gem. § 1 Var. 1 WHG und dem Schutz als Lebensraum für Tiere und Pflanzen gem. § 1 Var. 3 WHG, die Ziele gem. § 6 Abs. 1 Nr. 1, 2, 5 und 7 WHG. In diesem Sinne sind gem. § 6 Abs. 1 S. 1 Nr. 1 WHG ganz allgemein die Gewässer vor „nachteiligen Veränderungen der Gewässereigenschaften" zu schützen, sodass sie ihre „Funktion und Leistungsfähigkeit als Bestandteil des Naturhaushalts und als Lebensraum für Tiere und Pflanzen" erhalten und verbessern. Nach § 6 Abs. 1 S. 1 Nr. 2 WHG sind auch Beeinträchtigungen des Wasserhaushalts und der direkt von den Gewässern abhängenden Landökosysteme und Feuchtgebiete zu vermeiden und unvermeidbare, nicht nur geringfügige Beeinträchtigungen, so weit wie möglich auszugleichen. In diesem Sinne ist gem. § 6 Abs. 1 S. 1 Nr. 7 WHG auch die Meeresumwelt zu schützen. Nach § 6 Abs. 1 S. 1 Nr. 6 WHG sind an oberirdischen Gewässern so weit wie möglich natürliche und schadlose Abflussverhältnisse zu gewährleis-

---

299 Vgl. hierzu *Knopp*, in: Sieder/Zeitler/Dahme/Knopp, WHG und AbwAG, Bd. 1, § 1 WHG Rn. 28 ff., S. 14 f. (EL 41 Mai 2011).
300 Siehe Richtlinie 2008/1/EG des Europäischen Parlamentes und des Rates vom 15. 1.2008 über die integrierte Vermeidung und Verminderung der Umweltverschmutzung (ABl. L 24, S. 008-0029).
301 Vgl. *Kotulla*, WHG, § 6 Rn. 2; *Kotulla*, NVwZ 2010, S. 79/81 ff.; BT-Drucks. 16/12275, S. 55; zu Zielen allgemein vgl. *Nusser*, Zweckbestimmungen im Umweltrecht, 2006, S. 29.

ten und insbesondere durch Rückhaltung des Wassers in der Fläche der Entstehung von nachteiligen Hochwasserfolgen vorzubeugen. Bei dieser umweltbezogenen Bewirtschaftung ist darüber hinaus nach § 6 Abs. 1 S. 1 Nr. 5 WHG auch ganz explizit den möglichen Folgen des Klimawandels vorzubeugen.

Bewirtschaftungszielbezogen entspricht dem Schutz der Gewässer als Lebensgrundlage des Menschen gem. § 1 Var. 2 WHG und als nutzbares Gut gem. § 1 Var. 4 WHG im Wesentlichen das Ziel der nachhaltigen Gewässerbewirtschaftung zum Wohl der Allgemeinheit und der Erhalt der bestehenden und künftigen Nutzungen, insbesondere der Wasserversorgung, gem. § 6 Abs. 1 S. 1 Nr. 3 und 4, 6 WHG. Die Gewässerbewirtschaftung im Sinne des Wohls der Allgemeinheit erfasst damit auch die Abwasserbeseitigung als sog. besondere Gewässerbewirtschaftung. Der in zahlreichen Vorschriften des WHG normierte, unbestimmte Begriff des Wohls der Allgemeinheit umfasst in Abgrenzung zu dem Interesse Einzelner abstrakt-generell die Interessen des Gemeinwesens.[302] Vom Wohl der Allgemeinheit sind zum einen die Belange der besonderen Gewässerbewirtschaftungen, insbesondere der Wasserwirtschaft und damit auch der Abwasserbeseitigung, erfasst. Hierfür spricht die exemplarische Nennung der Wasserversorgung sowie systematisch § 3 Nr. 10 WHG und § 37 Abs. 3 S. 1 WHG.[303] Zu diesen Belangen der Wasserversorgung und Abwasserbeseitigung zählen u.a. das Vorhandensein von Wasser in ausreichender Menge und Güte, ferner die Sicherstellung der Grundwasserneubildung und der Schutz der Gewässer vor Verunreinigungen und sonstigen nachteiligen Eigenschaftsveränderungen. Aber auch andere als wasserwirtschaftliche Belange sind von dem Begriff des Wohls der Allgemeinheit erfasst.[304] Im Sinne sowohl einer gesetzesimmanenten als auch einer verfas-

---

302 Vgl. *Kotulla*, WHG, § 3 Rn. 85.
303 Vgl. BVerfG, Beschluss vom 15.7.1981, Aktz. 1 BvL 77/78, E 58, 300/348; BVerwG, Urteil vom 16.3.2006, Aktz. 4 A 1075/04, Rn. 493 (Juris); OVG M-V, Urteil vom 29.6.1995, Aktz. 3 M 27/95, NVwZ-RR 1996, 197/197; *Kotulla*, WHG, § 3 Rn. 85; *Czychowski/Reinhardt*, WHG, § 6 Rn. 29 ff.; *Schenk*, in: Sieder/Zeitler/Dahme/Knopp, WHG und AbwAG, Bd. 1, § 6 WHG Rn. 13 (EL 41 Mai 2011) unter Verweis auf *Knopp*, in: Sieder/Zeitler/Dahme/Knopp, WHG und AbwAG, Bd. 2, § 1 a WHG a.F. Rn. 7 a (EL 25 Sept. 2002).
304 Vgl. BVerwG, Urteil vom 16.3.2006, Aktz. 4 A 1075/04, Rn. 493 (Juris); VGH BY, Beschluss vom 7.8.1998, Aktz. 22 B 96.625, NVwZ-RR 1999, 114/114 f. (Bild und Erholungseignung der Gewässerlandschaft); OVG HH, NordÖR 1999, 468/468 f. (Wirtschaftswerbung an einem Schwimmdock); *Knopp*, in: Sieder/

IV. Bundes- und landesrechtliche Vorgaben

sungs- und europarechtskonformen Auslegung sind bei der Bewertung einer Gewässerbewirtschaftung alle Belange der nachhaltigen Entwicklung und nicht nur die der Wasserwirtschaft selbst zu berücksichtigen.

In § 6 Abs. 1 S. 2 WHG ist mit dem geforderten „hohen Schutzniveau für die Umwelt insgesamt" und dem Verbot der Verlagerung nachteiliger Einwirkungen das Ziel der ganzheitlichen oder auch integrativen Betrachtung der Gewässerbewirtschaftung normiert. Es handelt sich um vollverbindliche Gebote, die aber aufgrund ihrer Fassung als Grundsatz nicht als Eingriffsgrundlage taugen und damit nicht unmittelbar vollziehbar sind.[305] Beide Sätze des § 6 WHG stellen Unterziele oder auch Ziele 2. Grades zur Konkretisierung der programmatischen Ziele des § 1 WHG dar. Normfunktional dient die Vorschrift daher als Auslegungshilfe, insbesondere zur Steuerung des Bewirtschaftungsermessens und der Auslegung unbestimmter Rechtsbegriffe für die Rechtsanwendung und als Grundsatz für die weitere Ausgestaltung neben und unter dem WHG stehender Vorschriften wie der LWG, Rechtsverordnungen, Verwaltungsvorschriften und Ortsgesetze.[306] Materiell fordert die Regelung, dass der Schutz der menschlichen Gesundheit, der Wasserressourcen und der natürlichen Ökosysteme ehrgeizig sein soll und auf ein hohes Schutzniveau anstatt auf akzeptable Minimalstandards abzielen soll.[307] Der Gesetzgeber setzt einem konservierenden und keinen Anreiz zu Emissionsminderungen stiftenden Ansatz ein Qualitätszielkonzept gegenüber, das insbesondere über die WRRL und andere Richtlinien in deutsches Recht umzusetzen ist. Die (Landes-)Gesetzgeber und die Verwaltung sind bei Entscheidungen über Gewässerbewirtschaftungen zu einer ganzheitlichen oder integrativen Betrachtungsweise verpflichtet. Dies bedeutet, sie dürfen nicht nur die Auswirkungen auf die Gewässer in den Blick nehmen, sondern sind zu einer mehr oder weniger umfassenden Gesamtfolgebetrachtung verpflichtet.[308] Sie sind grundsätzlich gehalten, die Systeme der Abwasserbeseitigung so

---

Zeitler/Dahme/Knopp, WHG und AbwAG, Bd. 2, § 6 WHG a.F. (=§ 12 WHG n.F.), Rn. 7 (EL 34 Sept. 2007); *Kotulla*, WHG, § 3 Rn. 86, S. 131; *Breuer*, Öffentliches und privates Wasserrecht, 2004, Rn. 161; a.A *Czychowski/Reinhardt*, WHG, § 6 Rn. 32.
305 Vgl. *Kotulla*, WHG, § 6 Rn. 4, S. 183.
306 Vgl. *Czychowski/Reinhardt*, WHG, § 6 Rn. 2; *Kotulla*, WHG, § 6 Rn. 4.
307 Vgl. *Czychowski/Reinhardt*, WHG, § 6 Rn. 56; *Berendes*, in: V. Lersner/Berendes, Hndb. des dt. Wasserrechts, Bd. 1, C 10, § 6 Rn. 11 (Erg. Lfg. 8/10).
308 Vgl. BT-Drucks. 14/4599, S. 144; *Kotulla*, WHG, § 6 Rn. 25; konkretisierend für Entscheidungen der Wasserbehörde: *Czychowski/Reinhardt*, WHG, § 6 Rn. 57 f.

auszugestalten, dass die im Abwasser enthaltenen Schadstoffe nicht einfach nur in andere Umweltmedien verlagert werden, wie dies im Wesentlichen bei der zentralen Abwasserbeseitigung der Fall ist. Vielmehr soll Abwasser vermieden werden, wie dies z.b. durch Kreislaufführung möglich ist.

3. Grundsätze der Abwasserbeseitigung

Ausgehend vom Zweck der nachhaltigen Gewässerbewirtschaftung gem. § 1 WHG und den allgemeinen Grundsätzen der Gewässerbewirtschaftung gem. § 6 WHG hat die Abwasserbeseitigung als besondere Art der Gewässerbewirtschaftung die in § 55 WHG normierten spezifischen „Grundsätze der Abwasserbeseitigung" zu beachten.[309] Anwendungsvoraussetzung der Vorschriften im WHG und in den Landeswassergesetzen ist, dass es sich bei der Tätigkeit um Abwasserbeseitigung gem. § 54 Abs. 2 WHG und folglich beim Gegenstand um Abwasser, Klärschlamm oder sonst gleichgestellte Flüssigkeiten gem. § 54 Abs. 1 S. 1 WHG handelt.[310] Die Vorschrift des § 55 WHG enthält im Wesentlichen drei unmittelbar geltende, aber konkretisierungsbedürftige Grundsätze, die die allgemeinen Grundsätze der Gewässerbewirtschaftung genauer ausgestalten.[311] Sie sind damit Unterziele (3. Grades) des in § 1 WHG geregelten Zwecks des WHG und der allgemeinen Grundsätze gem. § 6 WHG. Normfunktional entfalten sie Rechtswirkungen, wie die anderen Grundsätze auch, regelmäßig auf tatbestandlicher Ebene im Rahmen unbestimmter Rechtsbegriffe und auf Rechtsfolgeseite von Ermessensvorschriften.[312] Individuelle Rechtsposi-

---

309 Vgl. *Czychowski/Reinhardt*, WHG, § 50 Rn. 2.
310 Vgl. hierzu vorstehend unter 2. Kap. I. Abschn.
311 Vgl. *Zöllner*, in: Sieder/Zeitler/Dahme/Knopp, WHG und AbwAG, Bd. 1, § 55 WHG Rn. 1 (EL 39 März 2010) sowie Bd. 3, § 18 a WHG a.F. (= u.a. § 55 WHG n.F.) Rn. 13 a (EL 38 Sept. 2009); wohl auch *Kotulla*, WHG, § 55 Rn. 4 ff.; materiell-rechtliche Leitlinie nach *Czychowski/Reinhardt*, WHG, § 55 Rn. 4.
312 Z.B. als Teil des Begriffs der schädlichen Gewässerveränderung gem. § 3 Nr. 10 und der aus §§ 12 Abs. 1 Nr. 1 WHG folgenden Versagungspflicht für Erlaubnis und Bewilligung, vgl. *Zöllner*, in: Sieder/Zeitler/Dahme/Knopp, WHG und AbwAG, Bd. 3, § 18 a WHG a.F. (= u.a. § 55 WHG n.F.), Rn. 13 a (EL 38 Sept. 2009); oder als materielle Grundlage für ein auf § 100 Abs. 1 S. 2 zu stützendes wasserbehördliches Einschreiten: *Kotulla*, WHG, § 55 Rn. 5; VG Frankfurt, Beschluss vom 17.3.2004, Aktz. 3 G 132/04, Rn. 12 (Juris).

tionen (Ansprüche) lassen sich aus den Grundsätzen nicht herleiten, da schon aus dem Wortlaut keine Zuweisung eines subjektiven Rechts im Sinne der Schutznormtheorie folgt.[313]

a. Keine Beeinträchtigung des Wohls der Allgemeinheit

An der Spitze der Vorschrift des § 55 WHG steht die Verpflichtung der zur Abwasserbeseitigung Verpflichteten, Abwasser gem. § 55 Abs. 1 S. 1 WHG so zu beseitigen, dass das „Wohl der Allgemeinheit nicht beeinträchtigt" wird. Diese Anforderung wird in den Vorschriften der §§ 54 ff. WHG weiter konkretisiert und hat so letztlich durch verschiedene Konkretisierungen auch in verschiedenen rechtlichen Zusammenhängen Eingang in die Wassergesetze der Bundesländer gefunden.[314] Allerdings sind die Anforderungen an die Nichtbeeinträchtigung des Wohls der Allgemeinheit mittlerweile vielfach durch die konkretisierenden Vorschriften des Benutzungsrechts für die Abwasserbeseitigung, der Organisation, der präventiven Kontrolle und der Überwachung überlagert.[315] Demnach gelten diese Vorschriften im normierten Bereich vorrangig. § 55 Abs. 1 WHG dient insofern nur als Auslegungshilfe. Im nicht normierten Bereich kann § 55 Abs. 1 WHG Wirkungen als Rechtsgebot oder -verbot in Form eines Grundsatzes entfalten.[316] Materiell gilt das Allgemeinwohlerfordernis für die Beseitigung jeglicher Abwasserarten und Beseitigungsvorgänge und richtet sich an alle Rechtspersonen, die mit Maßnahmen der Beseitigung befasst sind.[317] Belange des Allgemeinwohls sind in erster Linie die Belange der Wasserwirtschaft und damit auch der Abwasserbeseitigung und

---

313 Vgl. auch *Czychowski/Reinhardt*, WHG, § 55 Rn. 13; *Kotulla*, WHG, § 55 Rn. 10, S. 677; vgl. für § 55 Abs. 2 WHG unter 2. Kap. IV. Abschn. Nr. 3 lit. c.
314 Vgl. beispielsweise zur Konkretisierung der Übertragung der Abwasserbeseitigungspflicht unter 3. Kap. II. Abschn. Nr. 5 d. oder hinsichtlich der dezentralen Abwasserbeseitigung unter 2. Kap. IV. Abschn. Nr. 3 b.
315 So auch *Zöllner*, in: Sieder/Zeitler/Dahme/Knopp, WHG und AbwAG, § 55 WHG Rn. 1 (EL 39 März 2010).
316 Vgl. exemplarisch zur Übertragung der Abwasserbeseitigungspflicht sowie Beeinträchtigung des Allgemeinwohls aufgrund schwieriger Überwachung von Hauskläranlagen: OVG SH, Urteil vom 24.2.1999, Aktz. 2 L 68/97, Rn. 32 und 33 (Juris).
317 Vgl. *Czychowski/Reinhardt*, WHG, § 55 Rn. 2; BT-Drucks.. 7/4546, S. 6; „Schranke für den gesamten Bereich der Abwasserbeseitigung", *Zöllner*, in: Sieder/Zeitler/Dahme/Knopp, WHG und AbwAG, Bd. 1, § 55 WHG Rn. 1 (EL 39

2. Kapitel: Rechtsrahmen nachhaltiger Abwasserentsorgung

der Wasserversorgung. Aber auch alle weiteren Belange der Allgemeinheit sind erfasst. Gerade bei der Abwasserbeseitigung als Maßnahme des Umweltschutzes, der Volksgesundheit und der Daseinsvorsorge sind die Belange des Allgemeinwohls regelmäßig nicht abstrakt-generell gleichgerichtet. So kann insbesondere eine besonders kostengünstige Abwasserbeseitigung für die Allgemeinheit einer bestmöglichen Reinigung entgegenstehen.[318] Daher ist die Bestimmung der Beeinträchtigung des Allgemeinwohls durch die Art der Beseitigung auch eine Frage des Einzelfalls.

b. Dezentrale Abwasserbeseitigung

Der Grundsatz der Abwasserbeseitigung gem. § 55 Abs. 1 S. 2 WHG normiert, dass „dem Wohl der Allgemeinheit auch die dezentrale Abwasserbeseitigung von häuslichem Abwasser in dezentralen Anlagen entsprechen kann". Häusliches Abwasser im Sinne der Vorschrift ist im Sinne des lit. a Abs. 1 Nr. 1 des Anhangs 1 zur AbwV zu verstehen und erfasst daher Abwasser aus Haushalten und aus den Haushalten ähnlichen Einrichtungen wie Gemeinschaftsunterkünften, Hotels, Gaststätten, Campingplätzen, Krankenhäusern und Bürogebäuden.[319] Der in der Vorschrift des § 55 Abs. 1 S. 1 WHG nicht weiter definierte Begriff der dezentralen Anlage ist nach einhelliger Auffassung weit zu verstehen. Im Gegensatz zu dem faktischen Begriffsverständnis werden ihm neben den Kleinkläranlagen und Gruppenlösungen von Kleinkläranlagen (dezentrale und semi-dezentrale Anlagen) auch semi-zentrale Anlagen (Ortsteilkläranlagen) zugerechnet.[320] Der Sinn und Zweck dieser Regelung ist die Förderung der Ver-

---

   März 2010) sowie Bd. 3, § 18 a WHG a.F. (= u.a. § 55 WHG n.F.) Rn. 13 a (EL 38 Sept. 2009).
318 Vgl. insoweit übereinstimmend *Zöllner*, in: Sieder/Zeitler/Dahme/Knopp, WHG und AbwAG, Bd. 3, § 18 a WHG a.F. Rn. 13 a (EL 38 Sept. 2009); *Czychowski/ Reinhardt*, WHG, § 55 Rn. 8; *Kotulla*, WHG, § 55 Rn. 3.
319 Vgl. *Kotulla*, WHG, § 55 Rn. 15; *Zöllner*, in: Sieder/Zeitler/Dahme/Knopp, WHG und AbwAG, Bd. 3, § 18 a WHG a.F. Rn. 13 a (EL 38 Sept 2009).
320 Vgl. *Czychowski/Reinhardt*, WHG, § 55 Rn. 11; *Kotulla*, WHG, § 55, Rn. 14; *Zöllner*, in: Sieder/Zeitler/Dahme/Knopp, WHG und AbwAG, Bd. 3, § 18 a WHG a.F. Rn. 13 a (EL 38 Sept. 2009).

breitung der dezentralen Abwasserbeseitigung.[321] Die Normierung erfolgte zur Klarstellung. Grundsätzlich entspricht auch eine Abwasserbeseitigung in dezentralen Anlagen dem Wohl der Allgemeinheit, solange sie in der Lage sind, die Anforderungen der §§ 57 (Einleitungen) und 60 (Betrieb der Anlagen) WHG einzuhalten. Allerdings wurde aus den in § 54 Abs. 1 WHG (= § 18a WHG a.F.) geregelten Handlungsmodalitäten der Abwasserbeseitigung (Sammeln, Fortleiten etc.), die erkennbar die zentrale Abwasserbeseitigung voraussetzen, eine eingeschränkte Zulässigkeit dezentraler Anlagen hergeleitet.[322] Die Klarstellung wurde erforderlich, da faktisch trotz der massenhaften Ausdünnung in Teilen Ostdeutschlands und im Ruhrgebiet und damit verbundenen abnehmenden Nutzerzahlen vielerorts die bestehenden zentralen Systeme unter rigider Anwendung des Anschluss- und Benutzungszwangs auch in ländlichen Räumen immer weiter ausgebaut wurden. Dies hatte und hat eine massive Kostensteigerung zu Lasten der privaten Haushalte und des die kommunale Abwasserbeseitigung in Anspruch nehmenden Gewerbes zur Folge.[323]

c. Dezentrale Niederschlagswasserbeseitigung

Nach § 55 Abs. 2 WHG soll Niederschlagswasser „ortsnah versickert, verrieselt oder direkt oder über eine Kanalisation ohne Vermischung mit Schmutzwasser in ein Gewässer eingeleitet werden, soweit dem weder wasserrechtliche noch sonstige öffentlich-rechtliche Vorschriften noch wasserwirtschaftliche Belange entgegenstehen". Sinn und Zweck der Vorschrift ist die verstärkte Implementierung dezentraler Niederschlagswasserbeseitigungsanlagen. Niederschlagswasser wurde lange Zeit durch Konzentration der Einleitungen unterschiedslos mit Schmutzwasser zentral beseitigt. Nach und nach setzte sich jedoch die Erkenntnis durch, dass von der ortsnahen Beseitigung von unbelastetem Niederschlagswasser kei-

---

321 Die Einfügung „enthält eine für die praxisgerechte Durchführung der Abwasserbeseitigung wichtige Klarstellung und eröffnet den Gemeinden einen größeren Spielraum für ihre Entsorgungskonzepte" BT-Drucks. 13/4788.
322 Vgl. *Henseler*, Das Recht der Abwasserbeseitigung, 1983, Schriftenreihe: Recht – Technik – Wirtschaft, Bd. 28, S. 226, 231 f.; *Bickel*, Kommentar zum hessischen Wassergesetz, 1987, § 45b Rn. 5 ff., 13 f.; *Gieseke/Wiedemann/Czychowski*, WHG, 1985, § 18a a.F. (u.a. § 56 WHG n.F.), Rn. 14 (EL 38 Sept. 2009); *Habel*, Wassergesetz für Baden-Württemberg, 1982, § 45 b Rn. 30.
323 Vgl. zu dieser Entwicklung genauer 1. Kap. IV. Abschn. Nr. 2 lit. c.

ne großen Gefahren für das Wohl der Allgemeinheit durch umweltschädigende Beseitigung drohte. Vielmehr gehen von der dezentralen Niederschlagswasserbeseitigung zahlreiche positive Wirkungen aus. Sie fördert das Kleinklima, den Hochwasserschutz und die Grundwasserneubildung. Darüber hinaus ist sie für sich gesehen kostengünstig, da ohne die Vermischung mit Schmutzwasser das Niederschlagswasser regelmäßig nur gering bis gar nicht behandlungsbedürftig ist und es daher keiner Ableitung über eine Kanalisation und Behandlung in einer Kläranlage bedarf.

Materiell sind demnach die Träger der Abwasserbeseitigung nach dem Grundsatz des § 55 Abs. 2 WHG angehalten, im Gebiet der Gemeinde die Beseitigung des anfallenden Niederschlagswassers grundsätzlich ortsnah, also dezentral zu organisieren und aufgrund der Sollensanordnung der Vorschrift nur in atypischen Ausnahmefällen darauf zu verzichten.[324] Die Vorschrift erschöpft sich also nicht lediglich in einem Programmsatz. Es handelt sich aufgrund der Stoffbezogenheit um eine abweichungsfeste Sollensregelung, die sich direkt an die Abwasserbeseitigungspflichtigen und die sie beaufsichtigenden Wasserbehörden richtet.[325] Daher sind von den Trägern der Abwasserbeseitigungspflicht zentrale Niederschlagswasserbeseitigungsanlagen, insbesondere Mischwasserkanalisationen, nicht mehr anzustreben. Vorrangig sollen dezentrale Niederschlagswasserbeseitigungslösungen oder Trennwasserkanalisationen implementiert werden. Nur ausnahmsweise, insbesondere im Fall der Belastung des Niederschlagswassers, ist von der ortsnahen Einleitung oder Versickerung abzusehen. Die landesrechtlichen Vorschriften für die Übertragungstatbestände entsprechen regelmäßig dieser Sollensanordnung.[326]

d. Landesrechtliche Grundsätze zur Abwasserverwertung

Im Sinne der bundesrechtlichen Grundsätze der Bewirtschaftung und der Abwasserbeseitigung gem. § 55 WHG normieren auch einige LWG

---

324 Siehe *Kotulla*, WHG, § 55 Rn. 19; *Czychowski/Reinhardt*, WHG, § 55 Rn. 22.
325 Vgl. *Kotulla*, WHG, § 55 Rn. 19; *Czychowski/Reinhardt*, WHG, § 55 Rn. 22; a.A. *Queitsch*, UPR 2010, S. 85/88; *Nisipeanu*, in: Berendes/Frenz/Müggenborg, § 55 Rn. 28 unter fragwürdigem Verweis auf BT-Drucks. 16/12275, S. 68.
326 Dies drückt sich u.a. in der Abkehr von der umfassenden Abwasserbeseitigungspflicht der juristischen Personen des öffentlichen Rechts bei Niederschlagswasser aus, vgl. hierzu unter 3. Kap. II. Abschn. Nr. 5 lit. d. (3).

Grundsätze zur Ab- und Niederschlagswasserverwertung.[327] In der Regelungsstruktur eines Grundsatzes (zwingendes Gebot, Erreichung aber nicht verbindlich) gebieten einige Länder ausdrücklich die grundsätzliche Verwertung von Abwasser, also Schmutz- und Niederschlagswasser, oder die Verwertung von Niederschlagswasser. Demnach soll in *Hessen, Rheinland-Pfalz* und *Thüringen* generell Abwasser, insbesondere Niederschlagswasser, aber auch Schmutzwasser, von demjenigen, bei dem es anfällt, verwertet werden, wenn wasserwirtschaftliche und gesundheitliche Belange nicht entgegenstehen, es in dafür zugelassene Anlagen eingeleitet wird und ggf. der Aufwand vertretbar ist.[328] Nach § 2 Abs. 2 S. 2 WG RP ist der Anfall von Abwasser „soweit wie möglich zu vermeiden". In Ausformung dieser Grundsätze zur Niederschlagswasserverwertung ist in einigen Bundesländern die Verwertung als Übertragungstatbestand anerkannt.[329] Die Verwertung oder Verwendung von häuslichem Abwasser hingegen ist in den Übertragungstatbeständen so gut wie nie geregelt.[330] Einzig die Verwertung von Abwasser zur Aufbringung auf Böden im Rahmen der „guten fachlichen Praxis" ist vorgesehen.[331] Allerdings ist in einigen Ländern in den Wassergesetzen und zum Teil auch in den Bauordnungen eine Satzungsermächtigung für den Anschluss der Bürger an gemeindliche Anlagen zur Niederschlagswasser- und zum Teil auch Grauwasserverwertung oder Grau- oder Brauchwasserverwendung normiert.[332]

---

327 Vgl. §§ 57 Abs. 3 S. 1 und 62 Nr. 3 WG TH; 37 Abs. 4 WG HE; 2 Abs. 2 S. 2 WG RP.
328 Vgl. §§ 57 Abs. 3 S. 1 WG TH; 37 Abs. 4 WG HE; 2 Abs. 2 S. 2 WG RP.
329 Vgl. §§ 37 Abs. 5 S. 1 Nr. 2 WG HE; 40 Abs. 3 Nr. 2 WG M-V; 50 Abs. 3 Nr. 2 WG SN; 58 Abs. 3 S. 1 Nr. 2 Var. 1 WG TH.
330 Siehe aber beispielsweise §§ 37 Abs. 4 WG HE; 40 Abs. 3 S. 1 Nr. 4 WG M-V; 2 WG RP; 50 Abs. 5 S. 2 Nr. 2 WG SN.
331 Vgl. Bereichsausnahme § 51 Abs. 2 Nr. 1 WG NW; Übertragungstatbestände: §§ 50 Abs. 5 Nr. 2 WG SN; 58 Abs. 3 S. 1 Nr. 4 WG TH.
332 Vgl. §§ 37 Abs. 4 WG HE, Grau- und Niederschlagswasser; 51 Abs. 4 WG RP, Niederschlagswasser; 49 a Abs. 3 WG SL; Niederschlagswasser sowie örtliche Bauvorschriften: §§ 74 Abs. 3 Nr. 2 BauO BW; 85 Abs. 2 Nr. 2 BauO SL.

2. Kapitel: Rechtsrahmen nachhaltiger Abwasserentsorgung

4. Grundsätze der Wasserversorgung

Auf Ebene des Bundes- und Landesrechts finden sich auch programmatische Regelungen für die Abwasserentsorgung in den §§ 50 ff. WHG, dem Abschnitt des WHG über die Wasserversorgung.

Grundsätzlich ist die sparsame Verwendung von Wasser gem. § 5 Abs. 1 Nr. 2 WHG durch jedermann vorgeschrieben, sodass auch die Einsparung von Wasser durch Wiederverwendung und Verwertung von Grau- und Niederschlagswasser soweit möglich im Einzelfall geboten ist. Sinn und Zweck der Vorschrift ist die Begrenzung der Wasserentnahmen. Das Sparsamkeitsgebot zielt darauf ab, die mengenmäßige Gewässerinanspruchnahme auf das Unabdingbare zu begrenzen (Ausprägung des Vorsorgegebots).[333] Die Regelung stellt eine allgemeine Sorgfaltspflicht oder auch sog. Jedermann-Pflicht dar, also ein unmittelbar geltendes Gebot, das jedoch aufgrund des unbestimmten und offenen Wortlauts keine subjektiven Rechte begründet.[334] Sie wird durch nachfolgende gesetzliche und untergesetzliche Rechtsvorschriften umgesetzt, konkretisiert die Auslegung unbestimmter Rechtsbegriffe oder leitet Ermessenstatbestände.[335] Materiell konkretisiert sich das Maß der Sorgfaltspflicht im Einzelfall. Aus dem § 5 Abs. 1 Nr. 2 WHG wird ein generelles Verbot der Wasserverschwendung, aber auch das grundsätzliche Gebot zur Anwendung wassersparender Verfahren hergeleitet.[336] Erforderlich sind demnach die im Einzelfall zumutbaren Maßnahmen der Abwasservermeidung, -wiederverwendung und Verwertung von Wasser in Haushalt, Gewerbe und Industrie. Im Bereich des häuslichen Abwassers ist an die Mehrfachverwendung von Was-

---

333 Vgl. *Czychowski/Reinhardt*, WHG, § 5 Rn. 23.
334 Vgl. *Knopp*, in: Sieder/Zeitler/Dahme/Knopp, WHG und AbwAG, Bd. 1, § 5 WHG Rn. 6 (EL 42 Aug. 2011).
335 Vgl. § 2 Abs. 2 S. 2 WG RP (Anfall von Abwasser ist soweit wie möglich zu vermeiden); § 1 Abs. 2 WG BW (haushälterischer Umgang mit Wasser, Wasserrückhaltung, Klimaschutz); §§ 131 a WG Bremen, 41 WG HE sowie 62 WG TH (sparsamer Umgang mit Wasser); § 37 Abs. 3 WG HE (Verbrauch und Verlust entnommenen Wassers so gering wie möglich halten); § 2 Abs. 2 WG SL (sparsamer Umgang mit Wasser); siehe auch *Knopp*, in: Sieder/Zeitler/Dahme/Knopp, WHG und AbwAG, Bd. 1, § 5 WHG Rn. 8 (EL 42 Aug. 2011).
336 Vgl. *Knopp*, in: Sieder/Zeitler/Dahme/Knopp, WHG und AbwAG, Bd. 1, § 5 WHG Rn. 40 (EL 42 Aug 2011); *Kotulla*, WHG, § 5 Rn. 13.

ser (Kreislaufführung) sowie die Nutzung von Niederschlagswasser als Brauchwasser zu denken, z.b. zur Toilettenspülung.[337]

Darüber hinaus wirken die Träger der öffentlichen Wasserversorgung nach § 50 Abs. 3 S. 1 WHG auf einen sorgsamen Umgang mit Wasser hin. Nach S. 2 halten sie insbesondere die Wasserverluste in ihren Einrichtungen gering und informieren die Endverbraucher über Maßnahmen zur Einsparung unter Beachtung der hygienischen Anforderungen. Sinn und Zweck der Vorschrift ist die Förderung der sparsamen Verwendung von Wasser im Sinne einer mengenmäßigen Reduzierung.[338] Zwar handelt es sich bei der Regelung um ein unmittelbar geltendes Gebot, das aber derart unbestimmt gefasst ist, dass es vollzugsunfähig ist. Die Pflicht der privaten oder öffentlichen Wasserversorger, Wasserverluste nach S. 2 Alt. 1 zu begrenzen, richtet sich primär an die eigenen Netze.[339] Die Information der Verbraucher gem. S. 2 Alt. 2 richtet sich insbesondere darauf, sie über wassersparende oder wasserfreie Technologien, z.B. Verfahren der mehrfachen Verwendung und internen Wiederaufbereitung für entsprechende Einrichtungen, Installationen und Geräte zu informieren. Die Nutzung von Niederschlagswasser ist nicht ausdrücklich genannt, dürfte aber darunterfallen. Die Regelung wird in einigen Landeswassergesetzen konkretisiert.[340]

---

337 Vgl. *Czychowski/Reinhardt*, WHG, § 5 Rn. 24; *Knopp*, in: Sieder/Zeitler/Dahme/Knopp, WHG und AbwAG, Bd. 1, § 5 WHG Rn. 5, 40 und 43 (EL 42 Aug. 2011); *Kotulla*, WHG, § 5 Rn. 14.
338 Vgl. BT-Drucks. 16/12275, S. 66.
339 Diese Art der Begrenzung wird auch in einigen Landeswassergesetzen weiter konkretisiert, Vermeidung/Begrenzung der Verluste auf das unvermeidliche Maß, z.B. § 62 Nr. 1 WG TH.
340 Vgl. §§ 62 WG Nr. 3 TH; 36 Abs. 1 Nr. 2 („Verwertung von Niederschlagswasser"), Nr. 4 („Förderung des rationellen Umgangs mit Wasser durch die Gestaltung der Benutzungsbedingungen und -entgelte"), Nr. 5 („Beratung der Wassernutzer bei Maßnahmen zur Einsparung von Wasser") WG HE.

3. Kapitel: Abwasserentsorgung unter dem Regime des Abwasserrechts

Ausgehend von dem Rechtsrahmen der nachhaltigen Abwasserentsorgung ist zu erörtern, inwieweit das nationale Recht der Abwasserbeseitigung es den Trägern der Abwasserbeseitigung ermöglicht, nachhaltige und dem Klimawandel angepasste Abwasserbeseitigungs- und -verwertungslösungen zu implementieren. Es ist im Einzelnen zu ermitteln, inwieweit das Regime der Abwasserbeseitigung auf nachhaltige und an den Klimawandel angepasste Abwasserbeseitigungs- und -verwertungslösungen überhaupt anwendbar ist und wie die Lösungen organisiert, durchgeführt, finanziert, geplant, präventiv kontrolliert und überwacht werden können.[341]

I. Anwendbares Rechtsregime und Zeitpunkt des Abwasseranfalls

Das auf die Vorgänge der Beseitigung und ggf. Verwertung von häuslichem Abwasser und dessen einzelne Bestandteile anwendbare Rechtsregime, das Recht der Abwasserbeseitigung oder das Recht der Kreislaufwirtschaft, richtet sich in erster Linie nach der Stoffqualifikation. Maßgeblich ist die begriffliche Einordnung als Abfall gem. § 3 des KrWG oder Abwasser gem. § 54 Abs. 1 des WHG. In zweiter Linie bestimmt sich das anwendbare Rechtsregime, zum Teil unabhängig von der Stoffqualifikation, gemäß der Anwendungsbereichserweiterung des § 55 Abs. 3 WHG nach den Zweckmäßigkeitserwägungen des Abwasserbeseitigungspflichtigen sowie gemäß der Kollisionsregelung des § 2 Abs. 2 Nr. 9 KrWG nach der Art der Zuführung an Abwasseranlagen. Während des Entsorgungsprozesses kann die Stoffeigenschaft als Abfall oder Abwasser auch wechseln, u.a. wenn Stoffe aus dem Abwasser und damit aus dem Abwasserrecht abgesondert und dann als Abfall dem Kreislaufwirtschaftsrecht unterstellt werden.

---

341 Vgl. zur Anwendbarkeit des Rechtsregimes Abschnitt I, zur Organisation Abschnitt II, zur Aufgabendurchführung Abschnitt III, zur Finanzierung Abschnitt IV, zur Planung Abschnitt V, zur präventiven Kontrolle Abschnitt VI und zur Überwachung Abschnitt VII.

I. Anwendbares Rechtsregime und Zeitpunkt des Abwasseranfalls

1. Normative Steuerung durch Stoffbegriffe

Ausgangspunkt für die Bestimmung des einschlägigen Entsorgungsregimes für jegliche Art von Flüssigkeiten mit Schmutzstoffen, also auch der einzelnen getrennten Stoffströme der im 1. Teil erörterten nachhaltigen Abwasserentsorgungslösungen,[342] ist der Begriff des Abwassers gem. § 54 Abs. 1 WHG einerseits und des Abfalls nach § 3 Abs. 1 bis 4 KrWG andererseits. Der Begriff des Abwassers entscheidet über die Anwendbarkeit des Regimes der Abwasserbeseitigung gem. §§ 54 ff. WHG und entsprechenden Regelungen der LWG.[343] Der Zeitpunkt der erstmaligen Erfüllung der Merkmale des Abwasserbegriffs, also des Abwasseranfalls, ist maßgeblich für den Beginn der Pflicht des Abwassererzeugers, Schmutzwasser den öffentlichen juristischen Personen des öffentlichen Rechts zur Beseitigung zu überlassen. Für die Mehrfachnutzung von Schmutzwasser jedoch ist die erstmalige Erfüllung der Begriffsmerkmale und damit der Eingriff der Überlassungspflicht in Rechtsprechung und Literatur unklar.

a. Abwasserbegriff prinzipiell vom Abfallbegriff umfasst

Der Abwasserbegriff ist in § 54 Abs. 1 WHG geregelt. Als Gegenstand der konkurrierenden Gesetzgebung gem. Art. 74 Abs. 1 Nr. 32 GG ist er gem. Art. 72 Abs. 3 Nr. 5 GG als stoffbezogene Regelung unmittelbar geltendes und abweichungsfestes Bundesrecht. Sinn und Zweck der Regelung des Schmutzwasserbegriffs ist die Erfassung von potenziell umweltschädlichem Wasser, um es den Vorschriften der §§ 54 ff. WHG und dem entsprechenden Landesrecht zu unterstellen.[344] Sie dient damit dem Schutz der Allgemeinheit vor Gefahren, die von Abwassereinleitungen jeglicher Art ausgehen und der Steuerung der besonderen Einleitungen. Der Begriff des Abwassers erfasst zum einen gem. § 54 Abs. 1 S. 1 Nr. 1 WHG das sog. Schmutzwasser, das legaldefiniert ist als das durch häuslichen, gewerblichen, landwirtschaftlichen oder sonstigen Gebrauch in seinen Ei-

---

342 Siehe hierzu genauer 1. Kap.I. Abschn. Nr. 3 und V. Abschn. Nr. 3.
343 Vgl. auch *Fluck* in: Fluck/Fischer/Franßen, Kreislaufwirtschafts-, Abfall- und Bodenschutzrecht, Bd. 1, § 2 Krw/AbfG Rn. 1 (113 Akt. Juli 2013).
344 Vgl. *Kotulla*, WHG, § 54 Rn. 3; *Czychowski/Reinhardt*, WHG, § 54 Rn. 2 f.; *Ganske,* in: Landmann/Rohmer, Umweltrecht Kommentar, Bd. 1, WHG, § 54 Rn. 7 f. (70. EL Februar 2012).

genschaften veränderte Wasser und das bei Trockenwetter damit zusammen abfließende Wasser (Schmutz- und Fremdwasser). Zum anderen ist gem. § 54 Abs. 1 S. 1 Nr. 2 WHG das sog. Niederschlagswasser erfasst. Es ist definiert als das von Niederschlägen aus dem Bereich von bebauten oder befestigten Flächen gesammelt abfließende Wasser. Der Abwasserbegriff des WHG ist wortgetreu aus dem Abwasserabgabengesetz (AbwAG) übernommen worden.[345] Nach Auffassung in Literatur und Rechtsprechung sind trotzdem die beiden Begriffe, aufgrund ihres unterschiedlichen Sinns und Zwecks, Gewässerschutz auf der einen und Abgabenregulierung auf der anderen Seite, grundsätzlich individuell auszulegen. Jedenfalls ist der Abwasserbegriff des WHG nicht von dem des AbwAG bestimmt.[346] Dies ergibt sich auch ausdrücklich aus der Wendung des § 2 Abs. 1 S. 1 a.A. AbwAG „Abwasser im Sinne dieses Gesetzes (...)".

Der Abwasserbegriff des WHG wird prinzipiell von dem sehr weit gefassten Abfallbegriff des KrWG als Oberbegriff umschlossen.[347] Auf alles Abwasser ist grundsätzlich Abwasserrecht nach dem WHG anwendbar, soweit das WHG hierfür Regelungen enthält. Das Recht der Kreislaufwirtschaft kommt aber subsidiär für gefasstes Schmutz- und Niederschlagswasser zur Anwendung (Auffangfunktion des Abfallrechts).[348] Im Gegen-

---

345 Gesetz über Abgaben für das Einleiten von Abwasser in Gewässer, Abwasserabgabengesetz, AbwAG, in der Fassung vom 18.1.2005 (BGBl. I, S. 114), zuletzt geändert durch Gesetz vom 11.8.2010 (BGBl. I S. 1163).
346 Vgl. *Nisipeanu*, in: Berendes/Frenz/Müggenborg, WHG, § 54 Rn. 6; *Czychowski/Reinhardt*, WHG, § 54 Rn. 6; *Köhler/Meyer*, AbwAG, § 2 Rn. 3, S. 136; *Ganske*, in: Landmann/Rohmer, Umweltrecht Kommentar, Bd. 1, WHG, § 54 Rn. 7 (70. EL Feb. 2012); a.A. *Berendes*, in: V. Lersner/Berendes, Hndb. des dt. Wasserrechts, Bd. 1, C 10 E, WHG, § 54 Rn. 2 (Erg.-Lfg.10/13).
347 So auch EuGH, Urteil vom 10.5.2007, Aktz. C-252/5, NVwZ 2007, 1037/1037 f., für das Abwasserabgabenrecht: *Köhler/Meyer*, AbwAG § 2 Rn. 27, S. 145 f.; *Feustel*, LKV 1995, 282/ 284; teilweise Überschneidung: *Zöllner*, in: Sieder/Zeitler/Dahme/Knopp, WHG und AbwAG, Bd. 2, § 7 a WHG (a.F.) Rn. 5a (EL 36 August 2008); a.A. wohl *Ganske,* in: Landmann/Rohmer, Umweltrecht Kommentar, Bd. 1, WHG, § 54 Rn. 28 (64. EL Feb. 2012).
348 So auch EuGH, Urteil vom 10.5.2007, Aktz. C-252/5, NVwZ 2007, 1037/1037 f.; für die Abfallrahmenrichtlinie und Vorschriften der Mitgliedsstaaten über die Abwasserbeseitigung: *Kotulla*, WHG, § 55 Rn. 20, S. 681; *Kotulla,* BimSchG, Bd. 1, § 5 Rn. 94 (4. Lfg. Nov. 2004); *Breuer*, in: Jarass/Petersen/Weidemann, Krw/AbfG, Bd. 2, B 100, § 3 Rn. 24 ff. (EL 8 August 2000); *Fluck*, in: Fluck/Fischer/Franßen, Kreislaufwirtschafts-, Abfall- und Bodenschutzrecht, Bd. 1, § 2 Rn. 165 (113. Akt. Juli 2013); *Frenz*, Abwasserverwertung zwischen Abfall- und Wasserrecht, UPR 2006, 382/383.

satz zum Abwasserbegriff ist der Abfallbegriff von jeglichem Gebrauchserfordernis oder jeglicher Stoffeinschränkung (Ausnahme: nicht in Behälter gefasste Gase gem. § 2 Abs. 2 Nr. 5 KrWG) befreit und umfasst alle Stoffe oder Gegenstände, die exemplarisch im Anhang des KrWG aufgeführt sind und deren sich der Besitzer entledigt, entledigen will oder muss.[349] Gegenstand im Sinne des Abfallbegriffs und des insoweit herangezogenen Sachenbegriffs des § 90 des Bürgerlichen Gesetzbuchs (BGB) sind körperliche Gegenstände,[350] die im Raum abgrenzbar sind, unabhängig von ihrem Aggregatzustand.[351] Bei flüssigen und gasförmigen Stoffen ist deren Fassung notwendig. Allerdings ist Wasser bereits dann gefasst, wenn es aus dem Naturhaushalt (Meere, Seen, Flüsse, Oberflächenabfluss) nicht mehr wild abfließt, sondern in irgendeiner Form, nicht notwendig voll umschlossen, abgesondert wurde, also z.B. sich in Regenrinnen, Rohren, Eimern, Tanks, Becken, Tankwagen und sonstigen Fassungen befindet.[352] Daher fällt auch „durch Gebrauch in seinen Eigenschaften verändertes Wasser" und von Niederschlägen gesammelt abfließendes Wasser, sobald es irgendwie in den menschlichen Einwirkungsbereich kommt, unter den Begriff des Gegenstands und ist damit ab einer Entledigung als Abfall einzustufen. Für dieses Verständnis von Oberbegriff und Spezialregime spricht auch systematisch die Einheit der Rechtsordnung und das herrschende Verständnis des § 5 Abs. 1 Nr. 3 Bundesimmissionsschutzgesetz (BImSchG) für den Bereich industrieller Abwässer.[353] Ehemals, vor der Änderung des BImSchG durch Gesetz vom 8.7.2004, bezog sich die Grundpflicht der Betreiber auf „Reststoffe", um Abfall und Abwasser zu erfassen. Mit der Änderung wurde der Begriff „Reststoffe" durch den Begriff „Abfall" ersetzt. Trotz dieser Änderung werden, einstimmig in der

---

349 Siehe *Breuer*, in: Jarass/Petersen/Weidemann, Krw/AbfG, Bd. 2, § 3 Rn. 24 ff. (EL 8 Aug. 2000).
350 Bürgerliches Gesetzbuch in der Fassung der Bekanntmachung vom 2.1. 2002, (BGBl. I S. 42, 2909; 2003 I S. 738), zuletzt geändert durch Gesetz vom 22.7.2014 (BGBl. I, S. 1218).
351 Vgl. *Kotulla*, BImSchG, Bd. 1, § 5 Rn. 94 (4. Lfg. Nov. 2004); *Fluck*, in: Fluck/Fischer/Franßen, Kreislaufwirtschafts-, Abfall- und Bodenschutzrecht, Bd. 1, § 3 Abs. 1 Rn. 25 f. (107. Akt. Juli 2012); *Breuer*, in: Jarass/Petersen/Weidemann, Krw-/AbfG, Bd. 2, 100 B, § 3 Rn. 30 (EL 8 August 2000).
352 Siehe *Ellenberger*, in: Palandt, BGB, Überbl. v. § 90 Rn. 8.
353 Bundes-Immissionsschutzgesetz in der Fassung der Bekanntmachung vom 17. Mai 2013 (BGBl. I S. 1274), zuletzt geändert durch Gesetz vom 20.11.2014 (BGBl. I S. 1740).

3. Kapitel: Abwasserentsorgung unter dem Regime des Abwasserrechts

Kommentarliteratur, weiterhin auch Abwässer von der Vorschrift erfasst.[354]

Für die Erfassung irgendwie gefasster Stoffe, u.a. auch Abwasser, unter den Gegenstandsbegriff und damit ein weites Verständnis des Abfallbegriffs spricht systematisch zudem auch die Regelung des § 2 Abs. 2 Nr. 8 KrWG. Nach dieser Vorschrift werden auch gasförmige Stoffe, die nicht in Behältern gefasst sind, vom Anwendungsbereich des KrWG ausgeschlossen. Mithin sind auch in Rohrleitungen und sonstigen Fassungen außer Behältnissen gefasste gasförmige Stoffe vom Anwendungsbereich des KrWG ausdrücklich ausgeschlossen. Eine solche Regelung wäre jedoch außer zur Klarstellung überflüssig, wenn gasförmige Stoffe in Rohrleitungen und sonstigen Fassungen nicht vom Abfallbegriff erfasst wären.[355]

b. Grenzen des Schmutzwasserbegriffs und Abwasserteilströme

Der Schmutzwasserbegriff nach § 54 Abs. 1 S. 1 Nr. 1 WHG definiert Schmutzwasser als durch häuslichen, gewerblichen, landwirtschaftlichen oder sonstigen Gebrauch in seinen Eigenschaften verändertes Wasser. Für die einzelnen Stoffteilströme, Grau-, Gelb-, Braun- und Schwarzwasser ist daher im Einzelnen zu klären, ob sie als Abwasser in Form von Schmutzwasser, also im Sinne des Begriffs, als „durch Gebrauch in seinen Eigenschaften verändertes Abwasser", einzustufen sind (vgl. hierzu unter (1) und (2)). Hiervon hängt in der Rechtsfolge ab, ob der Stoff dem Entsorgungsprozess des Abwasserregimes der §§ 54 ff. WHG und entsprechender landesrechtlicher Vorschriften unterstellt werden kann oder ein anderer Entsorgungsprozess, insbesondere das Stoffrecht des KrWG, einschlägig ist. Handelt es sich um Abwasser und ist damit für den jeweiligen Stoffstrom grundsätzlich der Entsorgungsprozess des Abwasserregimes einschlägig, ist von Bedeutung, ab welchem Zeitpunkt das Abwasser anfällt. Ab diesem Zeitpunkt greift auch bei denjenigen Rechtssubjekten, bei

---

354 Vgl. *Jarass*, BImSchG, § 5 Rn. 77; *Kotulla,* BImSchG, Bd. 1, § 5 Rn. 79 (4. Lfg. Nov. 2004); noch zum Begriff der Reststoffe: *Roßnagel, u.a.*, in: GK-BImSchG, Bd. I, § 5 Rn. 646 (33. Lfg. 9/13).

355 Vgl. *Fluck,* in: Fluck/Fischer/Franßen, Kreislaufwirtschafts-, Abfall- und Bodenschutzrecht, Bd. 1, § 2 Rn. 127 (113. Akt. Juli 2013); *Breuer,* in: Jarass/Petersen/Weidemann, Krw/AbfG, Bd. 2, 100 B, § 2 Rn. 76 (EL 20 März 2007); a.A. *Kropp*, in: V. Lersner/Wendenburg, Recht der Abfallbeseitigung, Bd. 1, § 2 Rn. 69 (Erg. Lfg. 1/12 – V.12).

denen Abwasser anfällt, grundsätzlich eine Überlassungspflicht des Abwassers an die öffentlichen Träger der Beseitigungspflicht ein.[356]

(1) Komponenten des Schmutzwasserbegriffs

Schmutzwasser gem. § 54 Abs. 1 S. 1 Nr. 1 WHG liegt vor, sofern Wasser durch Gebrauch in seinen Eigenschaften verändert wurde. Daher ist kumulativ erforderlich, dass ein tauglicher Ausgangsstoff vorliegt, dieser eigenschaftsverändernd gebraucht wurde und im Ergebnis ein tauglicher Endstoff vorliegt. Im Einzelnen ist für die Erfassung eines Stoffes als Abwasser die Beschaffenheit des Ausgangs- und Endstoffs umstritten. Daher ist insbesondere die Einordnung von Wassergemischen, worunter auch Gelb-, Braun- und Schwarzwasser fallen, und wasserhaltigen Stoffen, also auch Urin und Fäzes, problematisch.

i. Wasser als Ausgangsstoff

Der taugliche Ausgangsstoff für das begriffliche Vorliegen von Schmutzwasser ist folgendermaßen definiert. Zunächst ist umstritten, ob als Ausgangsstoff Wasser in seiner chemischen Verbindung H_2O vorliegen muss. Nach mehreren Ansichten in der Literatur ist der Schmutzwasserbegriff hinsichtlich des tauglichen Ausgangsstoffs eng auszulegen. Das Vorliegen von wasserhaltigen Flüssigkeiten, wie Säuren, Laugen oder Emulsionen (Mischung von Wasser und Öl) reiche nicht aus. Daher sei im Produktionsprozess, also beim Gebrauch selbst entstehendes Wasser nicht erfasst. Hierfür spreche insbesondere der eindeutige Wortlaut des § 54 WHG.[357] Nach einer weiteren Auslegung des Abwasserbegriffs wird nicht verlangt, dass reines Wasser als Ausgangsstoff vorliegt. Es reiche das Vorliegen von Wasser in nicht ganz unerheblichen Anteilen.[358] Begründet wird diese

---

356 Vgl. hierzu genauer unter Kap. 3 I 1 b (3).
357 Siehe *Kotulla*, WHG, § 54 Rn. 5, 6; wohl auch *Nisipeanu*, in: Berendes/Frenz/Müggenborg, WHG, § 54 Rn. 8; *Berendes,* in V. Lersner/Berendes, Hndb. des dt. Wasserrechts, Bd. 1, C 10 E, § 54 Rn. 3 (Erg. Lfg. 10/13).
358 Vgl. *Zöllner, in:* Sieder/Zeitler/Dahme/Knopp, WHG und AbwAG, Bd. 1 § 54 WHG Rn. 3 (EL 47 Mai 2014) unter Verweis auf *Zöllner*, in: Sieder/Zeitler/Dahme/Knopp, WHG und AbwAG, Bd. 2, § 7 a WHG a.F. Rn. 5 f. (EL 36 Aug.

Auffassung mit der Systematik und der gesetzlichen Entstehungsgeschichte.³⁵⁹ Angesichts des Sinns und Zwecks des Abwasserrechts u.a. auch als besonderes Gefahrenabwehrrecht ist auch unter Berücksichtigung des ansonsten möglicherweise einschlägigen anderen Stoffrechts, von einem weiten Abwasserbegriff auszugehen. Maßgeblich ist also, ob die Beseitigungs- und Verwertungsmaßnahmen des Abwasserrechts in einem abstrakten Sinne sinnvoll zur Anwendung kommen können (sog. funktionales Verständnis des Abwasserbegriffs).³⁶⁰ Unerheblich ist es zudem, woher das Wasser stammt. Es kann aus Gewässern entnommen, durch Wasserversorgungsunternehmen geliefert oder gesammeltes Regenwasser sein. Darüber hinaus ist auch der Aggregatzustand (flüssig, fest oder gasförmig) wie auch die Vorbelastung und chemische Qualität des Wassers unerheblich.³⁶¹

ii. Eigenschaftsverändernder Gebrauch

Der vom Schmutzwasserbegriff geforderte Gebrauch des Wassers ist in Rechtsprechung und Literatur einstimmig weit zu verstehen und umfasst insbesondere mit Blick auf die Formulierung „sonstigen Gebrauchs" als Auffangtatbestand alle denkbaren anthropogenen Gebrauchsformen für alle Zwecke.³⁶² Für die Eigenschaftsveränderung des Schmutzwassers ist es demnach unerheblich, ob das Wasser physikalisch, biologisch oder chemisch verändert wurde. Allerdings hat der Gebrauch menschlicher Natur zu sein. Dies folgt u.a. aus der Erstreckung des Schmutzwasserbegriffs auf das in § 54 Abs. 1 S. 2 WHG geregelte Deponiesickerwasser. Das regelmäßig als Regenwasser auf Deponieböden auftreffende Wasser wäre ansonsten nicht vom Schmutzwasserbegriff und mithin vom Abwasserregime erfasst. Denn das Versickern stellt für sich gesehen keinen menschlichen Gebrauch dar. Aufgrund der starken Belastung des Deponiesickerwassers sah sich der Gesetzgeber jedoch veranlasst, die Regelung des § 54

2004); *Berendes,* in: V. Lersner/Berendes, Hndb. des dt. Wasserrechts, Bd. 1, C 10 E, § 54 Rn. 3 (Erg. Lfg. 10/13).
359 Vgl. *Nisipeanu,* in: Berendes/Frenz/Müggenborg, WHG, § 54 Rn. 8.
360 Zum Begriff bei AbwAG: *Köhler/Meyer,* AbwAG § 2 Rn. 2 ff.
361 Siehe *Berendes,* V. Lersner/Berendes, Hndb. des dt. Wasserrechts, Bd. 1, C 10 E § 54 Rn. 3 (Erg. Lfg. 10/13).
362 Siehe *Kotulla,* WHG, § 54 Rn. 8; *Czychowski/Reinhardt,* WHG, § 54 Rn. 8.

Abs. 1 S. 2 WHG, eine Fingierung des Gebrauchs (Gesetzesfiktion), zu schaffen.[363]

iii. Endstoff

Schließlich hat auch das durch menschlichen Gebrauch in seinen Eigenschaften veränderte Wasser im Ergebnis wasserhaltig zu sein. Umstritten ist jedoch, zu welchem Grade. Nach einer Auffassung in Literatur und Rechtsprechung sind Wasseranteile in nicht ganz untergeordneter Menge ausreichend.[364] Nach anderer Ansicht ist ein Hauptanteil Wasser notwendig.[365] Dies ergibt sich insbesondere aus dem Wortlaut „Abwasser" und „Schmutzwasser". Vermittelnd ist mit einer anderen Ansicht für die Beurteilung eine Gesamtwertung im Einzelfall zu fordern.[366]

Darüber hinaus ist umstritten, ob die Veränderung der Eigenschaft nachteilig zu sein hat. Nach einer mehrfach in Rechtsprechung und Literatur vertretenen Ansicht sei es unerheblich, ob die Veränderung nachteilig oder schädlich ist. Konsequenz dieser Ansicht ist, dass auch chemisch zu Trinkwasser aufbereitetes Grundwasser, Kaffee, Tee und andere Getränke zunächst als Abwasser zu qualifizieren sind.[367] Diese lebensfremden Ergebnisse werden diesen Auffassungen zufolge dadurch vermieden, dass in das in § 54 Abs. 1 WHG vorfindliche Merkmal des „Abfließens" oder des „Gebrauchs" ein Entledigungserfordernis hineingelesen wird. Mit dessen Hilfe können Schmutzwasser und noch weiter zu verwendendes Wasser voneinander abgrenzt werden.[368] Dies ist jedoch abzulehnen.[369] Aus dem Klammerzusatz, also der Bezeichnung als Schmutzwasser, ist dem Wort-

---

363 Siehe *Nisipeanu*, Abwasser, ZfW 2010, S. 85.
364 Siehe *Czychowski/Reinhardt*, WHG, § 54 Rn. 8; *Ganske*, in: Landmann/Rohmer, Umweltrecht Kommentar, Bd. 1 WHG, § 54 Rn. 12 (64. EL Februar 2012); *Zöllner*, in: Sieder/Zeitler/Dahme/Knopp, WHG und AbwAG, Bd. 2, § 7 a WHG (a.F.) Rn. 5 (EL 36 August 2008).
365 Siehe *Kotulla*, WHG, § 54 Rn. 13.
366 Siehe *Kotulla*, WHG, § 54 Rn. 14; a.A. *Berendes*, AbwAG, 1995, S. 38.
367 Siehe *Nisipeanu*, in: Berendes/Frenz/Müggenborg, WHG, § 54 Rn. 10; *Nispeanu*, Abwasser, ZfW 2010, 69, 69 ff.; *Czychowski/Reinhardt*, WHG, § 54 Rn. 8; wohl auch *Breuer*, Öffentliches und privates Wasserrecht, 2004, Rn. 494; *Berendes*, in :V. Lersner/Berendes, Hndb. des dt. Wasserrechts, Bd. 1, C 10 E § 54 Rn. 3 (Erg. Lfg. 10/13).
368 Vgl. *Nisipeanu*, in: Berendes/Frenz/Müggenborg, WHG, § 54 Rn. 10.
369 Siehe *Kotulla*, WHG, § 54 Rn. 13.

3. Kapitel: Abwasserentsorgung unter dem Regime des Abwasserrechts

laut nach zu entnehmen, dass die Veränderung des Wassers nachteiliger oder schädlicher Natur zu sein hat. Vermieden wird mit dieser Auslegung von vornherein die absurd und realitätsfern anmutende Erfassung von Tee, Kaffee und generell Wasser unabhängig von seiner Beschaffenheit. Die nachteilige Veränderung hingegen ist weit zu verstehen und besteht so beispielsweise bereits für die Einleitung von Flusswasser mit einer höheren Temperatur, die im Rahmen eines Kühlwasserkreislaufs angehoben wurde. Zugleich wird damit dem Sinn und Zweck der Vorschriften genügt, denn nur das spezifische Gefährdungspotenzial von Abwasser rechtfertigt die besonderen Einleitungs- und Beseitigungsregelungen des Abwasserregimes. Dem entspricht eine Berücksichtigung dieses gesteigerten Gefährdungspotenzials bei der Begriffsbildung des Schmutzwassers.

(2) Erfassung potenziell verwertbarer Stoffströme

Das im Haushalt durch menschlichen Gebrauch in seinen Eigenschaften veränderte Wasser, z.B. Duschwasser, Kochwasser, Toilettenspülwasser, fällt regelmäßig unter den Schmutzwasserbegriff. Die in Wasserrecyclingsystemen im Haushalt separierten Stoffströme Grau-, Gelb-, Braun- und Schwarzwasser sowie der separierte Urin und Fäzes werden von den Komponenten des Schmutzwasserbegriffs folgendermaßen erfasst.

i. Grauwasser

Bei dem in Küche und Bad anfallenden sog. Grauwasser handelt es sich um Schmutzwasser im Sinne § 54 Abs. 1 S. 1 Nr. 1 WHG, denn es stellt durch den Gebrauch in seinen Eigenschaften hinsichtlich Zusammensetzung sowie chemischer und physikalischer Qualität durch den Menschen verändertes Wasser dar.

ii. Gelb-, Braun- und Schwarzwasser

In den Wasserrecyclingsystemen anfallendes Gelb-, Braun- und Schwarzwasser, also die Vermischung von Urin und Fäzes mit einem erheblichen Anteil Spülwasser, fällt grundsätzlich unter den Schmutzwasserbegriff. Entscheidend für die Einordnung als Abwasser im Sinne des WHG ist die

Vermischung des Urins und des Fäzes mit Spülwasser. Schwarzwasser wird durch die in herkömmlichen Spülwassertoiletten stattfindende Vermischung von Urin und Fäzes mit einer nicht unerheblichen Menge Spülwasser und dem damit stattfindenden eigenschaftsverändernden Gebrauch zu Schmutzwasser. Gleiches gilt im Falle einer Stoffstromtrennung in einem herkömmlichen Spülklosett für Gelb- und Braunwasser. Jedoch ist der Anfall von Gelb-, Schwarz- und Braunwasser tatsächlich für die Verwertung nicht hilfreich. Die Verwertung der im Gelb-, Schwarz- und Braunwasser enthaltenden Stoffe ist umso aussichtsreicher, je weniger Spülwasser beigemischt ist.

iii. Fäzes und Urin

Für das Recyceln von Fäzes und Urin ist die völlige Trennung von Spülwasser, am besten am Ort der Entstehung, durch sog. Wirbelabscheider, Trennsäcke sowie Trenn- oder Vakuumtoiletten sinnvoll. Allerdings ist nicht oder nur mit völlig untergeordneten Teilen Spülwasser vermischter Urin und Fäzes, ausgehend von dem Verständnis der Komponenten des Schmutzwasserbegriffs, nicht als Schmutzwasser gem. § 54 Abs. 1 S. 1 Nr. 1 WHG einzustufen.[370] Trotz seines hohen Wasseranteils (Urin 99 %, Fäzes 75 bis 80 %) sind Fäzes und Urin nicht als „durch menschlichen Gebrauch in seinen Eigenschaften verändertes Wasser" anzusehen. Das Trinken und Abscheiden von Wasser könnte noch als menschlicher Gebrauch angesehen werden. Jedoch sprechen gegen eine Einordnung als Schmutzwasser gewichtige Gründe des Wortlauts und des Sinns und Zwecks der Vorschrift. Bereits der allgemeine Sprachgebrauch erfasst Urin und Fäzes nicht als Wasser.[371] Aufgrund des Feststoffgehalts ist zumindest bei Fäzes ein „Abfließen" im Sinne des § 54 Abs. 1 S. 1 Nr. 1 WHG nicht möglich.[372] Ohnehin entspricht eine strenge Zuordnung anhand des Wassergehalts des Ausgangsstoffes als Kriterium nicht prinzipiell dem Sinn und

---

370 Siehe *Kropp*, in: V. Lersner/Wendenburg, Recht der Abfallbeseitigung, Bd. 1, Kz. 0050, § 3 Krw-/AbfG, Rn. 25 (Erg. Lfg. 2/12 – V.12); *Fluck*, in: Fluck/Fischer/Franßen, Kreislaufwirtschafts-, Abfall- und Bodenschutzrecht, § 2 Rn. 165 (113. Akt. Juli 2013).
371 Dagegen: *Fluck*, in: Fluck/Fischer/Franßen, Kreislaufwirtschafts-, Abfall- und Bodenschutzrecht, Bd. 1, § 2 Rn. 165 (113. Akt. Juli 2013).
372 Vgl. für das Abwasserabgabenrecht: *Köhler/Meyer*, AbwAG, § 2 Rn. 24.

3. Kapitel: Abwasserentsorgung unter dem Regime des Abwasserrechts

Zweck des Schmutzwasserbegriffs. Er ist maßgeblich im Sinne der Gefahrenabwehr und einer sinnvollen Stoffzuordnung zu einem Entsorgungsregime auszulegen.[373] Obwohl Urin und Fäzes nicht direkt einem Abfallschlüssel nach der Verordnung über das Europäische Abfallverzeichnis entspricht,[374] ist die Zuordnung zur Kreislaufwirtschaft nach KrWG sachnäher. Es ist nicht Intention der Vorschrift des § 54 Abs. 1 S. 1 Nr. 1 WHG, Fäzes und Urin dem Regime des speziellen Abwasserrechts zu unterstellen. Denn das Abwasserrecht ist für eine Verwertung dieser Stoffe regelmäßig nicht ohne Weiteres ausgelegt. Abwasser- und insbesondere Abwasserbehandlungsanlagen zielen regelmäßig darauf ab, die Schädlichkeit von Abwasser zu reduzieren, um Wasser letztlich für eine Direkt- oder Indirekteinleitung vorzubereiten. Das Entwässern von schlammigen Stoffen und deren Verwertung ist, abgesehen von der Klärschlammentwässerung nach § 54 Abs. 2 S. 1 Var. 9 WHG, nicht Aufgabe der Abwasserbeseitigung gem. § 54 Abs. 2 WHG. In Trenn- und Vakuumtoiletten bereits ohne Wasser gesammelter Urin und Fäzes hingegen werden tatsächlich zur Verwertung regelmäßig Biogas-, Kompost- oder auch sog. Substratanlagen zugeführt. Deren Ziel ist nicht die Vorbereitung einer Einleitung, sondern die Verstromung durch Gasbildung und die Gewinnung von Sekundärrohstoffen. Dies sind nach der Rechtsprechung anerkannte Gegenstände des abfallrechtlichen Verwertungsprozesses.[375] Biogas- und Kompostieranlagen werden regelmäßig auch nicht nach dem WHG den Abwasseranlagen zugerechnet. Es handelt sich per Verweis nach § 34 KrWG auf das BImSchG regelmäßig um allgemeine BImSchG-Anlagen.[376]

---

373 So auch zum AbwAG, sog. funktionale Auslegung, *Köhler/Meyer*, AbwAG, § 2 Rn. 12.
374 Siehe Abfallverzeichnis-Verordnung (AVV) vom 10.12.2001, zuletzt geändert durch Gesetz vom 24.2.2012 (BGBl. I S. 212).
375 Vgl. beispielsweise BVerwG, Urteil vom 14.12.2006, Aktz. 7 C 4/06, Rn. 4 und 6 (Juris); OVG LSA, Urteil vom 20.6.2005, Aktz. 4/2 L 494/04, Leitsatz und Rn. 36 ff. (Juris); *Kropp*, in: V. Lersner/Wendenburg, Recht der Abfallbeseitigung, Bd. 1, Kz. 0050, § 2 Rn. 79 (Erg. Lfg. 2/12 – V.12).
376 Vgl. exemplarisch: Substratwerke: Nr. 8.5 Spalte 2 Anhang zur 4. BImSchV: Anlagen zur Kompostierung mit einer Durchsatzleistung von 0,75 t bis weniger als 10 t je Stunde; sowie für Kompostanlagen: OVG NW, Urteil vom 3.9.2007, Aktz. 8 A 2264/5, DVBl. 2007, 1319/1319; OVG NI, Urteil vom 26.4.2007, Aktz. 12 LB 62/07, Rn. 29 ff. (Juris).

I. Anwendbares Rechtsregime und Zeitpunkt des Abwasseranfalls

(3) Zeitpunkt des Schmutzwasseranfalls

Von dem Zeitpunkt des Anfalls des Schmutzwassers hängt das Eingreifen des Abwasserregimes und damit auch der Überlassungspflicht für Abwasser an die öffentlichen Träger der Beseitigungspflicht ab.[377] Daher ist für das private Wasserrecycling insbesondere von Grauwasser zur Nutzung in der Toilette, Dusche oder zur Gartenbewässerung, also zur Nutzung von „durch Gebrauch in seinen Eigenschaften verändertem Wasser" durch den privaten Abwasserproduzenten von entscheidender Bedeutung, ab welchem genauen Zeitpunkt überlassungspflichtiges Abwasser anfällt.

Der Abwasseranfall bezeichnet den Zeitpunkt, in dem die Komponenten des Schmutzwasserbegriffs erstmalig erfüllt sind. Abzugrenzen ist daher das Abwasser, das nach dem Gesetzeszweck des WHG sofort dem Abwasserbeseitigungsregime unterstellt werden sollte, wie beispielsweise stark schadstoffhaltiges Abwasser, von dem „durch Gebrauch in seinen Eigenschaften verändertem Wasser", das nach dem Gesetzeszweck und dem Leitbild nachhaltiger Abwasserentsorgung sinnvollerweise noch einem Recycling oder weiteren Nutzungen zugeführt werden sollte, wie z.B. Kaffee, Tee oder noch weiter zu verwendendes Wischwasser. Denn ab dem Zeitpunkt, ab dem der Anfall des Abwassers bei dem Erzeuger angenommen wird, besteht grundsätzlich eine Überlassungspflicht an die juristischen Personen des öffentlichen Rechts zur Entsorgung in öffentlichen Einrichtungen. Nur in wenigen Fällen sehen die Wassergesetze der Länder Ausnahmen von der Überlassungspflicht vor, z.B. für die private Niederschlagswasserverwertung. Für die Verwertung von Schmutzwasser, z.B. durch Aufbereitung von Grauwasser zur weiteren Verwendung im Haushalt, bestehen, wie noch weiter unten zu erörtern ist, jedoch keine Ausnahmen.[378] Dies bedeutet, dass der Zeitpunkt des Anfalls des Abwassers auch regelmäßig den Zeitpunkt des Eingriffs der Überlassungspflicht kennzeichnet und privates Wasserrecycling ab diesem Zeitpunkt nur nach Maßgabe etwaiger Vorschriften des Abwasserregimes zulässig ist. Eine Verwertung des von den Erzeugern überlassenen Schmutzwassers in der von dem öffentlichen Träger der Beseitigungspflicht betriebenen Einrichtung der Abwasserbeseitigung bleibt indes grundsätzlich möglich.

---

377 Vgl. hierzu genauer unter 3. Kap. II. Abschn. Nr. 1
378 Vgl. hierzu genauer unter 3. Kap. II. Abschn. Nr. 5.

3. Kapitel: Abwasserentsorgung unter dem Regime des Abwasserrechts

In Rechtsprechung und Literatur wird zur Bestimmung des Zeitpunkts des Abwasseranfalls in Anlehnung an den Abfallbegriff regelmäßig die objektive Entledigung oder der subjektive Entledigungswille herangezogen. Das Erfordernis der Entledigung, damit aus „durch Gebrauch in seinen Eigenschaften verändertem Wasser" Abwasser wird, wird dabei regelmäßig aus dem Erfordernis des „Abfließens" aus der Wendung: „damit zusammen abfließende Wasser" aus § 54 Abs. 1 S. 1 Nr. 1 WHG hergeleitet.[379] Die Entledigungshandlung kennzeichnet dabei den Beginn des Anfalls von Abwasser. Einigkeit herrscht dabei in Rechtsprechung und Literatur weitgehend darin, dass allein ein Abstellen auf den subjektiven Entledigungswillen nicht über den Beginn der Eigenschaft als häusliches Abwasser entscheiden kann. Ansonsten stände der Eingriff des Abwasserbeseitigungsregimes zur völligen Disposition des Abwassererzeugers.[380] Nicht abschließend geklärt ist allerdings, wie eine objektive oder auch manifestierte Entledigung ausgestaltet zu sein hat, die im Sinne von Begriff und Gegenstand „abfließt" und im Ergebnis zu einem „Abfließen" führt. Folge hiervon ist, dass die vorstehend genannten Fallkonstellationen bislang nicht rechtssicher als Abwasser einerseits oder „noch nicht Abwasser", also in seinen Eigenschaften verändertes Wasser, das noch weiterverwendet werden soll, andererseits zugeordnet werden können.[381]

---

379 Uneindeutig, aber wohl a.A. *Berendes*, in: V. Lersner/Berendes, Hndb. des dt. Wasserrechts, Bd. 1, C 10 E, § 54 Rn. 4 (Erg. Lfg. 10/13).
380 Siehe OVG SN, Beschluss vom 14.4.2011, Aktz. 4 A 779/10, Rn. 21 (Juris); VGH BY, Beschluss vom 13.8.2004, Aktz. 22 ZB 03.2823, Rn. 2 (Juris); VG Potsdam, Urteil vom 30.1.2002, Aktz. 8 K 2477/1, LKV 2003, 575/576 f.; VG Dresden, Urteil vom 29.11.2004, Aktz. 4 K 2191/02, Rn. 25 (Juris); OVG NI, Beschluss vom 17.9.2001, Aktz. 9 L 829/00, NVwZ-RR 2002, 347/347 f.; OVG BBG, Urteil vom 31.7.2003, Aktz. 2 A 316/02, NuR 2004, 602/603 f.; OVG NW, Beschluss vom 14.7.2010, Aktz. 15 A 358/10, Rn. 11 (Juris); OVG SN, Beschluss vom 29.6.2009, Aktz. 4 A 501/08, Rn. 7 (Juris); VG Köln ZfW 1994, S. 315/316; *Nisipeanu*, in: Berendes/Frenz/Müggenborg, WHG, § 54, Rn. 12 f. a.A. wohl: *Kotulla,* WHG, § 54 Rn. 16; *Fluck,* ZfW 1996, Heft 4, S. 489/497; *Berendes*, in: V. Lersner/Berendes, Hndb. des dt. Wasserrechts, Bd. 1, C 10 E, WHG, § 54 Rn. 4 (Erg.-Lfg. 10/13); *Kriener*, Wasserversorgung Ballungsräume, 2004, S. 287.
381 So auch *Berendes*, in: V. Lersner/Berendes, Hndb. des dt. Wasserrechts, Bd. 1, C 10 E, WHG, § 54 Rn. 4 (Erg.-Lfg. 10/13).

i. Industrielle Wasserverwertung

Ausgehend hiervon ist für die industrielle Wasserwiederverwendung, z.B. in Brauch- und Kühlwasserkreisläufen, für den Zeitpunkt des Abwasseranfalls entschieden, dass nach dem ersten Kreisdurchlauf noch kein Abwasser vorliegt. Hierfür wurde der Begriff der anlagen-internen Kreislaufführung oder auch der sog. geschlossene Kreislauf von „durch Gebrauch in seinen Eigenschaften verändertem Wasser" geschaffen. Er beschreibt den eigenschaftsverändernden Gebrauch von Wasser, das aber trotz etwaiger Behandlung und Wiederaufbereitung nicht als Abwasser einzustufen ist, da es in einem Kreislauf, also für wiederkehrende gleichartige Nutzungen oder Zwecke, genutzt wird. Dabei muss die Wiederverwendung des Wassers bei der Kreislaufführung „ganz im Vordergrund" stehen. Letztlich darf maximal 10 % Wasser monatlich ausgetauscht werden.[382] Das im Produktionsgang befindliche und noch nicht zur Beseitigung bestimmte veränderte Wasser ist kein Abwasser.[383] Demnach wurden anlageninterne oder auch geschlossene Kreisläufe von Abwasser regelmäßig zu Spül-, Kühl- und Brauchwasserzwecken anerkannt, was wasserwirtschaftlich auch in jedem Fall sinnvoll ist.

ii. Verwertung von häuslichem Abwasser

Der Zeitpunkt des Abwasseranfalls und damit die Abgrenzung von Abwasser und „noch nicht Abwasser" wurde von der Rechtsprechung und Literatur im häuslichen Bereich ebenfalls anhand der Begriffe der „Entledigung" und des „geschlossenen Kreislaufs" vorgenommen. Der Zeitpunkt des Abwasseranfalls wurde demnach bei jeder häuslichen Wasserverwertung, insbesondere der Wiedernutzbarmachung von Grauwasser, aber auch sonstigen Abwässern auf die erste Nutzung gelegt. Im Ergebnis fällt demnach Abwasser an, sobald das einmal genutzte Abwasser durch Abgabe in das haus- oder grundstücksinterne Rohrleitungssystem gelangt, auch wenn

---

382 Vgl. VG Köln, Urteil vom 9.2.1993, Aktz. 14 K 3595/91, ZfW 1994, S. 315/316; Anm. *Schulz* ZfW 1994, 317/318; *Krieger,* UPR 1994, 52/52; zustimmend *Czychowski/Reinhardt*, WHG, § 54 Rn. 12.
383 Vgl. *Czychowski/Reinhardt*, WHG, § 54 Rn. 12; *Zöllner*, in: Sieder/Zeitler/Dahme/Knopp, WHG und AbwAG, Bd. 2, § 7 a WHG (a.F.) Rn. 5 a (EL 36 August 2008).

3. Kapitel: Abwasserentsorgung unter dem Regime des Abwasserrechts

es von dort aus zu einer hausinternen Wasserverwertungs- oder Aufbereitungsanlage fließen soll.[384] Folge dieses Verständnisses ist, dass bereits vor dem eigentlichen Recycling das Abwasser grundsätzlich den beseitigungspflichtigen öffentlichen Träger zu überlassen ist. Ausnahmen hiervon sind selten.[385] Sofern die Entscheidungen der Rechtsprechung begründet wurden, wurde regelmäßig die Notwendigkeit einer Entledigung oder einer Art manifestierter Entledigungswillen aufgrund eines objektiven Entledigungsbedürfnisses des schädlichen Abwassers angenommen.[386] Teilweise wurde zusätzlich auch auf die Abwasserwiederverwendungssysteme der Begriff des „geschlossenen Kreislaufs" zur Bestimmung des Zeitpunkts des Abwasseranfalls zur Abgrenzung von „in seinen Eigenschaften verändertem Wasser zur Weiterverwendung" einerseits und Abwasser andererseits herangezogen. Bei der häuslichen Wasserverwertung handele es sich nicht um einen geschlossenen Kreislauf.[387] Des Weiteren fehle es an der Unmittelbarkeit der weiteren Zweckverwendung.[388]

Den Entscheidungen der Rechtsprechung ist im Ergebnis einschränkungslos zuzustimmen. Denn die Entscheidungen betrafen regelmäßig Fallkonstellationen, in denen tatsächlich Wasser gebraucht, in eine Abwasseranlage geleitet, aufbereitet und dann erneut verwendet wurde. Eine

---

384 Siehe OVG SN, Beschluss vom 14.4.2011, Aktz. 4 A 779/10, Rn. 21 (Juris); OVG M-V, Beschluss vom 4.4.2011, Aktz. 2 L 190/06, Rn. 26 (Juris); OVG SN, Beschluss vom 8.8.2007, Aktz. 4 B 321/5, Rn. 4 (Juris); VGH BY, Beschluss vom 13.8.2004, Aktz. 22 ZB 03.2823, Rn. 2 (Juris); OVG NI, Beschluss vom 17.9.2001, Aktz. 9 L 829/00, NVWZ-RR 2002, 347/348; *Nisipeanu*, Abwasser, ZfW 2010, 69/69 ff. ; *Czychowski/Reinhardt*, WHG, § 54 Rn. 8; *Kotulla*, WHG, § 54 Rn. 16; *Ganske*, in: Landmann/Rohmer, Umweltrecht Kommentar, Bd. 1 WHG, § 54 Rn. 14 (64. EL Februar 2012).
385 Vgl. hierzu genauer unter 3. Kap. II. Abschn. Nr. 5.
386 Siehe OVG NW, Beschluss vom 14.7.2010, Aktz. 15 A 358/10, Rn. 11 (Juris); OVG BBG, Urteil vom 31.7.2003, Aktz. 2 A 316/02, Rn. 64 (Juris); VG Dresden, Urteil vom 29.11.2004, Aktz. 4 K 2191/02, Rn. 25 (Juris); VG Potsdam, Urteil vom 30.1.2002, Aktz. 8 K 2477/1, Rn. 99 (Juris); VG Köln ZfW 1994, S. 315/316; a.A. OVG NI, Beschluss vom 17.9.2001, Aktz. 9 L 829/00, NVwZ-RR 2002, 347/347 f.; wohl auch *Czychowski/Reinhardt*, WHG, § 54 Rn. 8; begründungslos OVG M-V, Beschluss vom 4.4.2011, Aktz. 2 L 190/06, Rn. 26 (Juris); OVG SN, Beschluss vom 14.4.2011, Aktz. 4 A 779/10, Rn. 21 (Juris); OVG SN, Beschluss vom 8.8.2007, Aktz. 4 B 321/5, Rn. 4 (Juris); VGH BY, Beschluss vom 13.8.2004, Aktz. 22 ZB 03.2823, Rn. 2 (Juris).
387 Siehe OVG BBG, Urteil vom 31.7.2003, Aktz. 2 A 316/02, Rn. 64 (Juris); VG Potsdam, Urteil vom 30.1.2002, Aktz. 8 K 2477/01, Rn. 101 f. (Juris).
388 Siehe OVG BBG, Urteil vom 31.7.2003, Aktz. 2 A 316/02, Rn. 64 (Juris).

I. Anwendbares Rechtsregime und Zeitpunkt des Abwasseranfalls

Herausnahme derartiger von dem Abwassererzeuger betriebenen Ab- und Grauwassernutzungssysteme aus dem Abwasserbegriff ist aus systematischen und teleologischen Gründen abzulehnen. Die Herausnahme des Abwassers zur Verwertung aus dem Abwasserbegriff würde zum einen den später noch zu erörternden Grundsatz der Abwasserbeseitigung durch öffentliche Träger (Konzentrationsgrundsatz) weitgehend außer Kraft setzen. Zum anderen ist das begriffliche Vorliegen von Abwasser auch maßgeblich für den Eingriff des Abwasserbeseitigungsregimes des WHG und der LWG. Der grundsätzliche Eingriff des Abwasserbeseitigungsregimes und insbesondere der Überlassungspflicht ist erforderlich, um dem mit einer privaten Grau- und Niederschlagswasserverwertung verbundenen menschlichen und ökologischen Gefährdungspotenzial (Abwassermissstände, Hygiene, Gewässerverschmutzung) zu begegnen. Denn im Rahmen einer Verwertungslösung schlecht aufbereitetes oder schadstoffkumuliertes Ab- und Grauwasser ist eine Gefahr für die menschliche Gesundheit und die Umwelt. Mit Blick auf die Systematik der Regelungen des Abwasserbeseitigungsregimes ist festzustellen, dass für die Verwertung von Schmutzwasser nicht einmal ein Entfall der Überlassungspflicht vorgesehen ist. Dieser setzt aber schon eine Einbeziehung des privat zu verwertenden, „in seinen Eigenschaften verändertem Wasser" unter den Schmutzwasserbegriff voraus.[389] Daher wäre es systematisch völlig widersprüchlich, Abwasser zur Verwertung bereits aus dem Abwasserbegriff auszunehmen und damit die Anwendung des Abwasserbeseitigungsregimes vor vornherein auszuschließen. Darüber hinaus kann es auch teleologisch nicht im Sinne einer vom Gesetzgeber gewollten geordneten Abwasserbeseitigung sein, verwertbares Abwasser per se nicht als Abwasser einzustufen. Dies hätte zur Konsequenz, dass hierauf das differenzierte Abwasserregime gar nicht einschlägig ist. Bei einigen Entsorgungswegen, wie z.B. der Gartenbewässerung (unmittelbar gewässerbezogene Beseitigung des Abwassers), würde dies bedeuten, dass die Entsorgung des Schmutzwassers gänzlich unkontrolliert dem Abwassererzeuger, also meist Privaten übertragen wäre. Bei anderen Entsorgungswegen, z.B. bei Abwasser, das zur Toilettenspülung oder ggf. zum Waschen in der Waschmaschine genutzt wurde, droht ebenfalls eine völlig unkontrollierte Entsorgung durch die Abwassererzeuger, sofern die Restabwässer nicht wie-

---

389 Vgl. hierzu im 3. Kap. II. Abschn. Nr. 5 d.

der an die öffentliche Einrichtung der Abwasserbeseitigung überlassen werden.

Bei der Begründung der Entscheidungen und Annahmen in Rechtsprechung und Literatur ist jedoch zu konstatieren, dass durch die Anlegung des Merkmals des geschlossenen Kreislaufs und des erstmaligen Einleitens in Abwasseranlagen die Schmutzwassereigenschaft sowohl bei Schmutzwasser zur Verwertung als auch „durch Gebrauch in seinen Eigenschaften verändertes Wasser", welches noch (weiter-)verwendet werden könnte, zu dem gleichen Zeitpunkt beginnt. Die von der Rechtsprechung aus dem „(...) abfließen (...)" gem. § 54 Abs. 1 S. 1 Nr. 1 WHG herausgelesenen Erfordernisse der Entledigung und des geschlossenen Kreislaufs stellen nur in Ansätzen ein Kriterium bereit, um einerseits von „in seinen Eigenschaften verändertes, aber noch weiter zu verwendendes Wasser" und andererseits grundsätzlich überlassungspflichtiges häusliches Abwasser voneinander abzugrenzen.[390] Nach Wortlaut, Systematik und Sinn und Zweck der Vorschriften des WHG über die Abwasserbeseitigung ist jedoch gerade für die Unterscheidung von Abwasser und „durch seinen Gebrauch in seinen Eigenschaften verändertem Wasser" eine möglichst klare begriffliche Grenzziehung zum Eingriff des Beseitigungsregimes des WHG erforderlich. Es handelt sich nur vordergründig um ein rein dogmatisches Problem. Denn für die neuen verfügbaren, kleinen Verwertungstechnologien, die ggf. in naher Zukunft eine sog. geschlossene (Teil-)Kreislaufführung von Haushaltsabwasser im Sinne der oben genannten Judikate ermöglichen, ist ein praktisches Abgrenzungskriterium erforderlich. Dieses Kriterium muss gewährleisten, dass normative Begriffskategorien ähnlich wie im KrWG, bestehen, die gewährleisten, dass einerseits „durch Gebrauch in seinen Eigenschaften verändertes Wasser", das prinzipiell noch ohne menschliches und ökologisches Gefährdungspotenzial weitergenutzt werden kann (z.B. Tee, Kaffee oder Wischwasser), nicht als Abwasser erfasst wird. Gleichzeitig muss andererseits „durch Gebrauch in seinen Eigenschaftes verändertem Wasser", das bereits auch nur ein relativ geringes menschliches und ökologisches Gefährdungspotenzial aufweist, zunächst vom Abwasserbegriff erfasst werden. Erst anschließend ist zu fragen, ob nach geltendem Recht in bestimmten Fällen (z.B. bei geringem Gefährdungspotenzial) Abwassererzeuger, insbesondere Private, in

---

390 In diesem Sinne für das Abwasserabgabenrecht: *Köhler/Meyer*, AbwAG, § 2 Rn. 27.

Ausnahme von der sonst geltenden Überlassungspflicht, das Abwasser beseitigen oder verwerten dürfen oder ob die Beseitigung durch öffentliche Träger erforderlich ist.

Die Uneinigkeit über die Ausgestaltung des Merkmals der Entledigung, insbesondere das Erfordernis eines Entledigungswillens in Rechtsprechung und Literatur zeigt auf, dass weitgehend zum Ergebnis hin argumentiert wird, dass häusliche Schmutz- und insbesondere Grauwasserverwertung gerade bei Privaten nach der ersten Nutzung nicht aus dem Abwasserbegriff auszunehmen ist.[391] Die eigentliche Wertung, anhand des ungeschriebenen Tatbestandsmerkmals der Entledigung, aufgrund derer die Abgrenzung stattfindet, bleibt im Dunkeln. Auch der von der Rechtsprechung hierzu verwendete Begriff des geschlossenen Kreislaufs ist zu eng und liefert kein konsistentes Begriffsgerüst, um wasserwirtschaftlich auch die sinnvolle gefährdungsarme Weiternutzung von Abwasser zu ermöglichen. So sollte auch ein geschlossener *Teil*kreislauf, z.B. ein Abfluss der Dusche mit Filter direkt an die Toilettenspülung, nicht vom Schmutzwasserbegriff erfasst sein. Der Begriff des geschlossenen Kreislaufs ist hier für die weitere juristische Begriffsbildung ein Hemmnis, da er eine Fallgruppe zum Oberbegriff erklärt.

iii. Vorschlag eines neuen Begriffsverständnisses

Nach Ansicht des Verfassers ist der Zeitpunkt des Beginns der Eigenschaft als Schmutzwasser mit den Anregungen von *Nisipeanu* nicht in den Begriffen des „Abfließen", der „Entledigung" und des „geschlossenen Kreislaufs", sondern auch und eher in den Begriffen des „Gebrauch" und der „Weiterverwendung" des Wassers zu suchen.[392] Es erschließt sich nicht, wieso von der Rechtsprechung die Entledigung in den Begriff des

---

391 Vgl. OVG BBG, Urteil vom 31.7.2003, Aktz. 2 A 316/02, Rn. 64 (Juris); OVG NW, Beschluss vom 14.7.2010, Aktz. 15 A 358/10, Rn. 11 f. (Juris); *Nisipeanu*, in: Berendes/Frenz/Müggenborg, WHG, § 54, Rn. 12 f.; *Czychowski/Reinhardt*, WHG, § 54 Rn. 12; a.A. unter Verneinung der Erforderlichkeit des Entledigungswillens, OVG NI, Beschluss vom 17.9.2001, Aktz. 9 L 829/00, NVwZ-RR, 2002, 347/347 f. sowie begründungslos OVG SN, Beschluss vom 29.6.2009, Aktz. 4 A 501/08, Rn. 7 (Juris); differenzierend *Fluck*, ZfW 1996, S. 489/497.
392 So auch *Berendes*, in: V. Lersner/Berendes, Hndb. des dt. Wasserrechts, Bd. 1, C 10 E, WHG, § 54 Rn. 4 (Erg. Lfg. 10/13); siehe auch, allerdings zum Abwasserabgabengesetz: *Köhler/Meyer*, AbwAG, § 2 Rn. 21 f.

3. Kapitel: Abwasserentsorgung unter dem Regime des Abwasserrechts

„Abfließen" mit viel Mühe hineingelesen wird, anstatt ihn aus dem Begriff des geforderten eigenschaftsverändernden „Gebrauch" gem. § 54 Abs. 1 S. 1 Nr. 1 WHG, dem Gegenbegriff der „Weiterverwendung", abzuleiten. Der Begriff der Entledigung würde so in den semantisch und begrifflich passenden Zusammenhang gebracht. Darüber hinaus verstellt die Verortung beim „Abfließen" aber auch den Blick auf die maßgebenden begrifflichen Abgrenzungen.

Für die Abgrenzung von Abwasser und „durch Gebrauch in seinen Eigenschaften verändertem Wasser", das nach Sinn und Zweck der Vorschriften über die Abwasserbeseitigung noch nicht vom Beseitigungsregime des WHG erfasst werden soll, ist zwischen dem beendeten Gebrauch (Entledigung) und dem noch nicht beendeten Gebrauch (Weiterverwendung) zu unterscheiden.[393] Der Begriff der Weiterverwendung findet sich im Wassergesetz Mecklenburg-Vorpommerns, aber vielfach auch im KrWG und den Entscheidungen zur Entledigung von häuslichem Abwasser. Er kennzeichnet den weiteren Gebrauch des veränderten Wassers unter Beibehaltung des ursprünglichen oder eines weiteren Verwendungszwecks. Der Gebrauch erfasst dabei sowohl den einmaligen eigenschaftsverändernden Gebrauch, aber grundsätzlich auch den mehrmaligen eigenschaftsverändernden Gebrauch.[394] Ein mehrmaliger eigenschaftsverändernder Gebrauch liegt z.B. beim Aufbrühen eines Kaffees und der anschließenden Verarbeitung zu Tiramisu oder bei der Verwendung von Wischwasser erst in der Küche und dann im Bad vor. Die Weiterverwendung ist strikt von der Verwertung von Abwasser zu unterscheiden. In Anlehnung an das Kreislaufwirtschaftsrecht gemäß § 3 Abs. 3 und 4 KrWG ist auf die Zweckbestimmung abzustellen. Eine Verwertung liegt vor, wenn ein Zweck endgültig aufgegeben wird (Entwidmung) und dann erst ein neuer begründet wird. Eine (Weiter-)verwendung liegt hingegen vor, wenn ein Zweck unmittelbar weiter verfolgt wird oder unmittelbar geändert (Umwidmung) wird. Maßgeblich zur Abgrenzung zwischen Entwidmung und unmittelbarer Umwidmung ist die Unmittelbarkeit. Eine unmittelbare Umwidmung und damit Weiterverwendung von Schmutzwasser ist anzunehmen, wenn der neue Verwendungszweck zeitlich und sachlich un-

---

393 Siehe auch *Berendes*, in: V. Lersner/Berendes, Hndb. des dt. Wasserrechts, Bd. 1, C 10 E, WHG, § 54 Rn. 4 (Erg.-Lfg. 10/13); vgl. für das Abwasserabgabenrecht: *Köhler/Meyer*, AbwAG, § 2 Rn. 28.
394 So wohl auch *Berendes*, in: V. Lersner/Berendes, Hndb. des dt. Wasserrechts, Bd. 1, C 10 E, WHG, § 54 Rn. 4 (Erg.Lfg. 10/13).

mittelbar an die Stelle der ursprünglichen Zweckbestimmung tritt. Zudem ist notwendig, dass die betreffende Sache mit dem neuen Verwendungszweck genutzt werden kann, ohne zuvor einem Verwertungsverfahren, insbesondere einem gesonderten Aufbereitungsverfahren, unterworfen werden zu müssen.[395] Anhaltspunkte für ein Entfallen der Zweckbestimmung und damit eine Verwertung demgegenüber können sich daraus ergeben, dass die weitere Verwendung der Sache nicht nachvollziehbar ist, weil der Besitzer hierzu selbst nicht oder nur durch Abgabe an Dritte in der Lage ist. Durch diese konsistente Begriffsbildung lässt sich die Abgrenzung von Abwasser und „durch Gebrauch in seinen Eigenschaften verändertem Wasser", das noch weiterverwendet (und nicht entledigt) werden soll, in den meisten Fallkonstellationen lösen. Dabei können die von der Rechtsprechung und Literatur bislang getroffenen Unterscheidungen für die Entledigung und den geschlossenen Kreislauf grundsätzlich Bestand haben. Wie bei den Abgrenzungsproblemen beim Abfallbegriff im Kreislaufwirtschaftsrecht bleibt die Entscheidung über die Unmittelbarkeit der Weiterverwendung oder Verwertung ein im Einzelfall schwierig zu wertendes Merkmal. In Anlehnung an das Krw-/AbfG und das KrwG muss letztlich das Korrektiv der Verkehrsauffassung zum Tragen kommen.[396] Demnach ist entsprechend § 3 Abs. 3 S. 2 und Abs. 4 KrwG zu ermitteln, inwieweit die vorgesehene neue Zweckbestimmung für häusliches Abwasser zur Praxis oder Gepflogenheit werden kann. Es ist dabei zu gewährleisten, dass die Verwertung des Abwassers dem Wohl der Allgemeinheit entspricht, also insbesondere umweltgerecht abläuft und unschädlich für die menschliche Gesundheit ist. Die folgende Tabelle bildet die begrifflichen Abgrenzungskategorien mit Beispielen ab.

---

395 A.A. für das Abwasserabgabenrecht: *Köhler/Meyer*, AbwAG, § 2 Rn. 28.
396 So auch *Czychowski/Reinhardt*, WHG, § 54 Rn. 10 a.E.; zum Verständnis im KrwG vgl. *Versteyl*, in: Versteyl/Mann/Schomerus, KrwG, § 3 Rn. 20 ff.

3. Kapitel: Abwasserentsorgung unter dem Regime des Abwasserrechts

Gebrauch gem. § 54 WHG – Zeitpunkt des Schmutzwasseranfalls bei Wasserrecycling				
Weiterverwendung bislang kein Schmutzwasser noch <u>keine</u> Überlassungspflicht an die beseitigungspflichtigen öffentlichen Träger			beendeter Gebrauch Beginn Schmutzwassereigenschaft Beginn der Überlassungspflicht an die beseitigungspflichtigen öffentlichen Träger	
ein- oder mehrmalige Nutzung für gleichartigen Zweck	unmittelbare Umwidmung	mittelbare Umwidmung	Entwidmung	
geschlossener Vollkreislauf	geschlossener Teilkreislauf	offener Teilkreislauf	Aufgabe des Kreislaufs	
z.B. Heizung, Industriekreislauf.	z.B. gekochter Kaffee, mehrmalige Verwendung von Wischwasser.	Aufbereitung von Abwasser	keine weitere Verwendung von Wischwasser oder Kaffee	

Abbildung 1: Beginn der Schmutzwassereigenschaft beim Wasserrecycling

iv. Abwasseranfall bei der Schmutz- insbesondere Grauwassernutzung

Ausgehend von diesem Begriffsverständnis ist jegliches im Haushalt u.a. zum Duschen und sonstigen Nutzungen verwendetes Wasser erst nach Abschluss des Gebrauchs als Schmutzwasser einzustufen. Der Abschluss des Gebrauchs im Haushalt liegt nach den vorstehenden dogmatischen Ausführungen dann vor, wenn das Grauwasser nicht weiterverwendet oder entledigt wird. Im Sinne der Rechtsprechung ist eine restriktive Handhabung des Begriffs des andauernden Gebrauchs oder der Weiterverwendung geboten, um Wasser mit Gefährdungspotenzial nicht vom Abwasserregime auszuschließen. Ein andauernder Gebrauch ist anzunehmen, wenn das „durch noch nicht abgeschlossenen Gebrauch in seinen Eigenschaften veränderte Wasser" unmittelbar für den gleichen Zweck weiterverwendet oder unmittelbar zu einem neuen Zweck (Umwidmung) verwendet wird.

Die unmittelbare Weiterverwendung für den gleichen Zweck weist in der Gegenwart für die private Abwassernutzung regelmäßig einen kleinen Anwendungsbereich auf. Hierzu erforderliche Vollkreisläufe, die unter Berücksichtigung der Verkehrsauffassung eine „unmittelbare" Verwendung von häuslichem Grau- und Niederschlagswasser für die gleichen Zwecke bieten, bestehen bislang regelmäßig nicht. Abgesehen von Heizungswasser ist erst in Zukunft ein geschlossener Vollkreislauf für häusliches Abwasser denkbar, insbesondere wenn die Aufbereitungs- oder Filtertechnik weiter fortgeschritten ist.

I. Anwendbares Rechtsregime und Zeitpunkt des Abwasseranfalls

Die unmittelbare Weiterverwendung für einen anderen Zweck (Umwidmung) ist hingegen heutzutage denkbar und weist einen nicht kleinen Anwendungsbereich auf. Zu denken ist insbesondere an die Weiterleitung von Grau- oder Niederschlagswasser direkt aus dem Abfluss der Dusche unmittelbar zum Toilettenspülkasten. Demnach fiele an die Beseitigungspflichtigen überlassungspflichtiges Schmutzwasser erst nach der unmittelbaren zweiten Verwendung an. Allerdings ist die konkrete Ausgestaltung bedeutsam, um eine „unmittelbare" Umwidmung und keine Entwidmung anzunehmen. Notwendig wäre ein geschlossener Teilkreislauf einer Grau- und Niederschlagswasserverwertungsanlage. Es wäre mithin unter Berücksichtigung der Verkehrsauffassung nicht von einem geschlossenen Kreislauf auszugehen, wenn das von der Dusche gesammelte Grauwasser aus einem Tank mit einem Eimer zum anderen Tank für die Toilettenspülung getragen wird und dann dort erneut Verwendung findet. Vielmehr ist eine geschlossene Leitungsführung erforderlich, die das Gefährdungspotenzial des Grauwassers auf dem Weg zur Toilettenspülung weitgehend ausschließt. Denn nur dann ist eine Abwasserbeseitigung im Sinne des Wohls der Allgemeinheit jedenfalls gewährleistet und nur dann könnte auch auf die Unterstellung unter das Abwasserbeseitigungsregime zu einem früheren Zeitpunkt als <u>nach</u> der Verwendung zur Toilettenspülung verzichtet werden.

c. Reichweite des Begriffs des Niederschlagswassers

Neben dem Schmutzwasser unterfällt auch Niederschlagswasser gem. § 54 Abs. 1 S. 2 WHG dem Abwasserbegriff. Maßgebend ist hier jedoch nicht die anthropogene Veränderung der Eigenschaft des Wassers durch Gebrauch, sondern kumulativ das Fallen des Wassers als Niederschlag sowie sein gesammeltes Abfließen aus dem Bereich von bebauten oder befestigten Flächen.[397] Sinn und Zweck der Einbeziehung des Niederschlagswassers in den Abwasserbegriff und damit des Abwasserbeseitigungsregimes ist die Beseitigung des vom Niederschlagswasser ausgehenden Gefährdungspotenzials. Qualitativ gefährdet das von verdichteten, also bebauten

---

397 Vgl. *Czychowski/Reinhardt*, WHG, § 54 Rn. 15; *Kotulla*, WHG, § 54 Rn. 23; *Berendes*, in: V. Lersner/Berendes, Hndb. des dt. Wasserrechts, Bd. 1, C 10 E, § 54 Rn. 7 (Erg. Lfg. 10/13); *Nisipeanu*, in: Berendes/Frenz/Müggenborg, WHG, § 54 Rn. 16.

3. Kapitel: Abwasserentsorgung unter dem Regime des Abwasserrechts

und befestigten Flächen durch Staub, Abrieb oder sonstige Stoffe verschmutzt abfließende Niederschlagswasser die Gewässer. Quantitativ gefährdet das auf größeren versiegelten Flächen in erheblichen Mengen anfallende entsorgungsbedürftige Niederschlagswasser die Bausubstanz von Häusern, Anlagen und Einrichtungen.[398]

(1) Komponenten des Begriffs des Niederschlagswassers

In Sinne der Legaldefinition des § 54 Abs. 1 S. 1 Nr. 2 WHG ist der Ausgangsstoff der Definition des Niederschlagswassers das Wasser aus Niederschlägen, gleichgültig, in welcher Form, wie z.B. Regenwasser oder Schnee, es auftrifft.[399] Das Wasser muss als weitere Voraussetzung von den sich begrifflich überschneidenden „bebauten" oder „befestigten" Flächen *gesammelt* abfließen. Als bebaute Flächen sind sämtliche mit baulichen Anlagen und mit Einrichtungen besetzte Grundstücke anzusehen. Hierunter fallen Gebäude, Verkehrswege und sonstige Anlagen und Einrichtungen. Als befestigte Flächen gelten alle Flächen, die durch jedwede anthropogen herbeigeführte Weise versiegelt oder verdichtet wurden und deren Versickerungsfähigkeit für Wasser gegenüber dem natürlichen Zustand aufgrund dieser Oberflächenveränderung eingeschränkt ist. Hierunter fallen generell bebaute Flächen, wie z.B. Dach-, Hof- und Verkehrsflächen. Nicht erfasst sind hingegen unbefestigte Flächen, wie u.a Rasen, Felder, Beete, Grünanlagen und von Natur aus feste Oberflächen, z.B. Gesteinsoberflächen oder Felsen, auf denen flächenhaft auftreffendes Niederschlagswasser unmittelbar versickert.[400] Niederschlagswasser fällt auch nicht an, wenn eine Fläche zwar befestigt, aber regendurchlässig ist, wie z.B. bei regendurchlässiger Pflasterung, Gründächern und sonstigen Entsiegelungsmaßnahmen. „Abfließen" im Sinne der Vorschrift bedeutet, dass das auf der bebauten oder befestigten Fläche niedergehende Wasser das betreffende Areal verlässt und unmittelbar in Richtung unbebautem

---

398 Vgl. BT-Drucks. 7/2272, S. 27; *Roth,* SächVBl. 1998, 73/74; *Nisipeanu, in:* Berendes/Frenz/Müggenborg, WHG, § 54 Rn. 16; *Ganske, in:* Landmann/Rohmer, Umweltrecht Kommentar, Bd. 1, WHG, § 54 Rn. 16 ff. (64. EL Februar 2012).
399 Vgl. *Nisipeanu,* in: Berendes/Frenz/Müggenborg, WHG, § 54 Rn. 16.
400 Vgl. *Kotulla,* WHG, § 54 Rn. 23; *Nisipeanu,* in: Berendes/Frenz/Müggenborg, WHG, § 54 Rn. 17; *Roth,* SächsVBl. 1998, 73/73; *Czychowski/Reinhardt* WHG § 54 Rn. 15; *Ganske,* in: Landmann/Rohmer, Umweltrecht Kommentar, Bd. 1, WHG, § 54 Rn. 17 f. (64. EL Februar 2012).

I. Anwendbares Rechtsregime und Zeitpunkt des Abwasseranfalls

und unbefestigtem Boden, dem Grundwasser oder direkt einem oberirdischen Gewässer zuströmt. Ein gesammeltes Abfließen ist, im Gegensatz zu einem wilden Abfließen, anzunehmen, wenn das auf den Flächen auftreffende Niederschlagswasser in der Folge quantitativ nicht nur unerheblich zusammengefasst abläuft und dadurch nicht an Ort und Stelle unmittelbar versickert. Dies ist bereits dann anzunehmen, wenn sich ein Rinnsal bildet.[401] Dabei ist ein gesammeltes Abfließen gem. § 54 Abs. 1 Nr. 2 WHG systematisch nicht mit der Sammlung von Niederschlagswasser gem. § 54 Abs. 2 WHG als Form der Abwasserbeseitigung zu verwechseln. Die Sammlung von Niederschlagswasser gem. § 54 Abs. 2 WHG bezeichnet die dem Anfall des Niederschlagswassers erst anschließende Schaffung technischer Vorkehrungen, z.B. einer Regenrinne oder sonstiger Sammeleinrichtungen zum Zwecke der späteren Beseitigung des Niederschlagswassers.[402] Auch die Versickerung über Versickerungssysteme, wie beispielsweise Mulden, Rigolen, Schächte oder sonstige Versickerungssysteme, fällt bereits unter die Abwasserbeseitigungshandlungen. Denn die Systeme setzen grundsätzlich den Anfall, die Sammlung und ggf. Fortleitung des Niederschlagswassers voraus.[403]

(2) Erfassung von Niederschlagswasserrecycling

Trotz des niedrigeren allgemeinen Gefährdungspotenzials als Schmutzwasser ist auch das zunächst aufgefangene, in Tanks gesammelte und ggf. aufbereitete Niederschlagswasser Abwasser gem. § 54 Abs. 1 Nr. 2 WHG. Es unterliegt damit dem Abwasserbeseitigungsregime. Auch für zu verwertendes Niederschlagswasser besteht, genau so wenig wie für Schmutzwasser, ein Grund, es bereits auf Ebene des Begriffs des Niederschlagswassers pauschal von der Anwendung des Abwasserbeseitigungsregimes auszunehmen. Die (private) Verwertung von Niederschlagswasser für

---

401 Vgl. *Ganske*, in: Landmann/Rohmer, Umweltrecht Kommentar, Bd. 1, WHG, § 54 Rn. 18 (64. EL Februar 2012); *Czychowski/Reinhardt*, WHG, § 54 Rn. 15.
402 Vgl. VG Trier, Urteil vom 25.3.2010, Aktz. 2 K 306/09.TR, Rn. 42 ff. (Juris); *Czychowski/Reinhardt*, WHG, § 54 Rn. 15, *Kotulla*, WHG, § 54 Rn. 24; *Nisipeanu*, in: Berendes/Frenz/Müggenborg, WHG, § 54 Rn. 18; *Roth*, SächsVBl. 1998, 73/73 f.
403 Wobei allerdings bei bestimmten Niederschlagswasser in allen Ländern mit Ausnahme von NW weder eine Überlassungspflicht besteht noch eine Einleitungserlaubnis erforderlich ist, vgl. hierzu im 3. Kap. VI. Abschn. Nr. 1 lit. d.

3. Kapitel: Abwasserentsorgung unter dem Regime des Abwasserrechts

Brauchwasserzwecke, wie z.B. zur Toilettenspülung, in der Waschmaschine oder als Badewasser ist wie die Verwertung von Schmutzwasser grundsätzlich auf Ebene der Überlassungspflicht zu lösen. Im Gegensatz zu Schmutzwasser entfällt für *unbelastetes* Niederschlagswasser in einigen Bundesländern die noch weiter unten genauer zu erörternde Überlassungspflicht.[404] Soweit eine Überlassungspflicht besteht, wird das zu verwertende Niederschlagswasser in einigen Satzungen von der Überlassung ausgenommen. Sobald das Niederschlagswasser jedoch für Brauchwasserzwecke Verwendung gefunden hat, wird es durch diesen eigenschaftsverändernden Gebrauch auch zu Abwasser in Form von Schmutzwasser, das überlassungspflichtig ist. Im Falle der Gartenbewässerung wird das Niederschlagswasser unwiederbringlich entsorgt.

2. Anwendungsbereichserweiterung

Nach § 55 Abs. 3 WHG können flüssige Stoffe, die kein Abwasser sind, mit Abwasser beseitigt werden, wenn eine solche Entsorgung der Stoffe umweltverträglicher ist als eine Entsorgung als Abfall und wasserwirtschaftliche Belange nicht entgegenstehen. Es besteht demnach in von der Wasserbehörde nach dieser Vorschrift genehmigten Ausnahmefällen für den Entsorgungspflichtigen die Möglichkeit, im Einzelfall auch flüssige Abfälle, die nicht gleichzeitig Abwasser sind, in Abwasseranlagen einzuleiten und sie nach Abwasserrecht zu behandeln. Es handelt sich um eine unmittelbar geltende, abweichungsfeste Vollregelung. Allerdings ist sie nicht abschließend. Den Ländern ist Spielraum bei der näheren Konkretisierung, insbesondere der Abwägung der Umweltverträglichkeit, eingeräumt.[405] Sinn und Zweck der Regelung ist die Erweiterung des Anwendungsbereichs des Abwasserbeseitigungsrechts für flüssige Abfälle, um ggf. eine umweltverträglichere und wasserwirtschaftlich sinnvollere Entsorgung zu ermöglichen.[406]

---

404 Vgl. hierzu unter Teil 3 II. Abschn. Nr. 5 lit. d (3).
405 Vgl. *Nisipeanu*, in: Berendes/Frenz/Müggenborg, WHG, § 55 Rn. 48.
406 Vgl. BT-Drucks. 16/12275, S. 68; *Czychowski/Reinhardt*, WHG, § 55 Rn. 26 f.; *Kotulla*, WHG, § 55 Rn. 20 f., S. 681 f.; *Nisipeanu*, in: Berendes/Frenz/Müggenborg, WHG, § 55 Rn. 40; *Zöllner*, in: Sieder/Zeitler/Dahme/Knopp, WHG und AbwAG, Bd. 1, § 55 WHG Rn. 3 (EL 39, März 2010).

I. Anwendbares Rechtsregime und Zeitpunkt des Abwasseranfalls

Der Anwendungsbereich erstreckt sich auf flüssige Stoffe, also auf Stoffe die weder fest noch gasförmig sind.[407] Damit erfasst die Vorschrift im Einzelfall sowohl Schlämme und flüssige Produktionsrückstände aus der Lebensmittelproduktion als auch Urin und Fäzes, wobei die Letzteren beiden regelmäßig durch die Vermischung mit Wasser ohnehin als Schmutzwasser im Abwasserbeseitigungssystem behandelt werden. Im Sinne des § 55 Abs. 3 WHG ist die Entsorgung umweltverträglicher, wenn sich im Wege einer Abwägung der Alternativen ergibt, dass die Entsorgung des flüssigen Stoffes nach dem Regime der Abwasserbeseitigung insgesamt umweltverträglicher ist als eine Entsorgung nach dem Kreislaufwirtschafts- und Abfallrecht.[408] Für diese Beurteilung der Umweltverträglichkeit dürfte ein Beurteilungs- oder Ermessensspielraum der Behörde bestehen.[409] Das Entgegenstehen wasserwirtschaftlicher Belange bezieht die Vorschrift u.a. auf die Bewirtschaftungsentscheidung der Behörde.[410]

Sofern das Vorliegen der Voraussetzungen von der Behörde festgestellt ist, kann in der Rechtsfolge der Beseitigungspflichtige entscheiden, ob er von der Beseitigung durch das Regime des Abwasserrechts Gebrauch machen will.[411] Nach der Einleitung in Abwasseranlagen ist nach § 2 Abs. 2 Nr. 9 KrWG das KrWG nicht mehr anwendbar, bis ggf. wieder eine Absonderung von Abfällen, z.B. als Schlamm stattfindet.

---

407 Vgl. *Czychowski/Reinhardt*, WHG, § 55 Rn. 27.
408 Vgl. hierzu eingehend *Czychowski/Reinhardt*, WHG, § 55 Rn. 28; *Kotulla*, WHG, § 55 Rn. 21; Genauer auch *Nisipeanu*, in: Berendes/Frenz/Müggenborg, § 55 Rn. 44; *Zöllner*, in: Sieder/Zeitler/Dahme/Knopp, WHG und AbwAG, Bd. 1, § 55 WHG Rn. 3 (39. EL, März 2010).
409 Vgl. Beurteilungsspielraum: *Zöllner*, in: Sieder/Zeitler/Dahme/Knopp, WHG und AbwAG, Bd. 1, § 55 WHG Rn. 3 (39. EL, März 2010); Ermessensspielraum: *Czychowski/Reinhardt*, WHG, § 55 Rn. 28.
410 Vgl. hierzu genauer *Czychowski/Reinhardt*, WHG, § 55 Rn. 28; *Kotulla*, WHG, § 55 Rn. 22; *Zöllner*, in: Sieder/Zeitler/Dahme/Knopp, WHG und AbwAG, Bd. 1, § 55 WHG Rn. 3 (39. EL, März 2010).
411 Vgl. BT-Drucks. 16/12275, S. 68; *Zöllner*, in: Sieder/Zeitler/Dahme/Knopp, WHG und AbwAG, Bd. 1, § 55 WHG Rn. 3 (39. EL, März 2010); *Czychowski/Reinhardt*, WHG, § 55 Rn. 28; *Kotulla*, WHG, § 55 Rn. 22; *Nisipeanu*, in: Berendes/Frenz/Müggenborg, WHG, § 55 Rn. 41.

3. Kapitel: Abwasserentsorgung unter dem Regime des Abwasserrechts

3. Kollisionsregelung

Drohende Kollisionen von Rechtsnormen, z.B. durch Einbringung von reinem Abfall in Abwasseranlagen, werden ansonsten durch § 2 Abs. 2 Nr. 9 KrWG verhindert. Nach § 2 Abs. 2 Nr. 9 KrWG gelten die Vorschriften des KrWG nicht für Stoffe, sobald sie in Gewässer oder Abwasseranlagen eingeleitet oder eingebracht werden. Die Kollisionsregelung begründet die Spezialität des Abwasserrechts vor dem Kreislaufwirtschaftsabfallrecht (legi specialis derogat legi generalis) und vermeidet damit Doppelregelungen und Kollisionen der sonst gleichzeitig anwendbaren Regelungen der Abwasserbeseitigung und der Regelungen des KrWG.[412] Soweit im Recht der Abwasserbeseitigung auch unter Berücksichtigung der abfallrechtlichen Anforderungen die Entsorgung von Stoffen geregelt ist, braucht das Regelungsregime des KrWG nicht herangezogen zu werden.[413]

Aus der Vorschrift folgt zunächst eine Erweiterung des Anwendungsbereichs des Abwasserrechts. Aus der weiten Formulierung der erfassten Stoffe, unabhängig von ihrer Qualifizierung als Abwasser oder Abfall, fest oder flüssig, und der zeitlichen Konjunktion „sobald" ergibt sich, dass einmal Abwasseranlagen oder Gewässern zugeführte Stoffe von da an grundsätzlich dem Regime des Abwasserrechts unterliegen.[414] Der Beginn und nicht etwa die Vollendung des Zuführungsvorgangs lässt die Abwässer aus dem Anwendungsbereich des KrWG ausscheiden. Dies ergibt sich bereits aus der Wahl der Präsensform („sobald ... werden" anstatt etwa „sobald ... wurden").[415] Abwasseranlagen im Sinne der Vorschrift sind alle auf Dauer angelegten, nicht notwendig ortsfesten Einrichtungen zur Abwasserbeseitigung, insbesondere zum Sammeln, Fortleiten, Behandeln, Einleiten, Versickern, Verregnen und Verrieseln sowie zum Entwässern

---

412 Siehe *Schomerus*, in: Versteyl/Mann/Schomerus, KrWG, § 2 Rn. 32; *Kropp*, in: V. Lersner/Wendenburg, Recht der Abfallbeseitigung, Bd. 1, Kz. 0050, § 2 Rn. 76 (Erg Lfg. 1/12 – V.12).
413 Siehe *Schomerus*, in: Versteyl/Mann/Schomerus, KrWG, § 2 Rn. 8; *Kropp*, in: V. Lersner/Wendenburg, Recht der Abfallbeseitigung, Bd. 1, Kz. 0050, § 2 Rn. 21 (Erg Lfg. 1/12 – V.12).
414 Siehe auch *Kropp*, in: V. Lersner/Wendenburg, Recht der Abfallbeseitigung, Bd. 1, Kz. 0050, § 2 Rn. 75 (Erg Lfg. 1/12 – V.12).
415 Vgl. *Fluck*, in: Fluck/Fischer/Franßen, Kreislaufwirtschafts-, Abfall- und Bodenschutzrecht, Bd. 1, § 2 Rn. 135 (113. Akt. Juli 2013); *Kropp*, in: V. Lersner/ Wendenburg, Recht der Abfallbeseitigung, Bd. 1, Kz. 0050, § 2 Rn. 76 (Erg Lfg. 1/12 – V.12).

von Klärschlamm im Zusammenhang mit der Abwasserbeseitigung. Daher umfasst der Begriff der Abwasseranlage auch Toiletten oder Abflüsse aus Bad und Küche.[416] Unerheblich ist dabei, ob die Zuführung rechtmäßig gem. § 55 Abs. 3 WHG oder sonst einschlägiger Vorschriften erfolgt oder die Zuführung unrechtmäßig unter Verstoß gegen das Einbringungsverbot von Stoffen in Gewässer und Abwasseranlagen gem. §§ 32 Abs. 1 S. 1, 103 Abs. 1 Nr. 4 WHG oder gegen das abfallrechtliche Verbot der Beseitigung von Abfällen außerhalb zugelassener Anlagen gem. § 28 KrWG erfolgt ist.[417] Allerdings behält das Recht der Kreislaufwirtschaft seine Auffangfunktion. Materiell unterliegen die zugeführten Stoffe zunächst dem Abwasserrecht. Dies endet, wenn sie ggf. wieder abgesondert werden, wie z.B. bei in einer Abwasserbehandlungsanlage abgesondertem Sandfanggut.[418] Die Regelung des § 2 Abs. 2 Nr. 9 KrWG ist insgesamt konform mit der Abfallrahmenrichtlinie (AbfRRL),[419] die nur Abwässer und nicht allgemein Stoffe von der Anwendung des KrWG ausschließt. Auch so ist die geforderte umweltverträgliche Beseitigung von anderen Stoffen in Abwasseranlagen in Deutschland gewährleistet.[420]

II. Organisation der Abwasserbeseitigung – Beseitigungsverpflichtete

Bei der Organisation nachhaltiger und an den Klimawandel angepasster Entsorgungssysteme von häuslichem Abwasser ist Folgendes zu beachten:

---

416 Siehe *Breuer*, in: Jarass/Petersen/Weidemann, Krw/AbfG, Bd. 2, 100 B, § 2 Rn. 78 (EL 20 März 2007); *Kropp*, in: V. Lersner/Wendenburg, Recht der Abfallbeseitigung, Bd. 1, Kz. 0050, § 2 Rn. 73 (Erg Lfg. 1/12 – V.12); *Fluck*, in: Fluck/Fischer/Franßen, Kreislaufwirtschafts-, Abfall- und Bodenschutzrecht, Bd. 1, § 2 Rn. 139 (113. Akt. Juli 2013); *Schomerus*, in: Versteyl/Mann/Schomerus, KrWG, § 2 Rn. 31.
417 Siehe *Schomerus,* in: Versteyl/Mann/Schomerus, KrWG § 2 Rn. 32, S. 21; *Breuer*, in: Jarass/Petersen/Weidemann, Krw/AbfG, Bd. 2, 100 B, § 2 Rn. 81 (EL 20 März 2007); *Kropp*, in: V. Lersner/Wendenburg, Recht der Abfallbeseitigung, Bd. 1, Kz. 0050, § 2 Rn. 75 und 76 (Erg Lfg. 1/12 – V.12).
418 Vgl. *Kropp*, in: V. Lersner/Wendenburg, Recht der Abfallbeseitigung, Bd. 1, Kz. 0050, § 2 Rn. 76 (Erg Lfg. 1/12 – V.12).
419 Richtlinie 2008/98/EG des Europäischen Parlaments und des Rates vom 19.11.2008 über Abfälle (ABl. L 312, S. 3).
420 Vgl. BT-Drucks. 216/11, S. 164/164 ff.; BT-Druck 17/6053, S. 70/71 ff.; zustimmend *Kropp*, in: V. Lersner/Wendenburg, Recht der Abfallbeseitigung, Bd. 1, Kz. 0050, § 2 Rn. 71 (Erg Lfg. 1/12 – V.12).

3. Kapitel: Abwasserentsorgung unter dem Regime des Abwasserrechts

Der Betrieb von leitungsgebundenen, also zentralen Systemen, kann nur sinnvoll durch größere öffentliche oder private juristische Personen erfolgen, während nicht leitungsgebundene, also dezentrale Systeme grundsätzlich auch durch öffentliche und private juristische und natürliche Personen betrieben werden können.Da der Bund nach Art. 84 Abs. 1 S. 7 GG nicht berechtigt ist, Gemeinden und Gemeindeverbänden Aufgaben zuzuweisen, hat er im Wege einer sog. objektiven Pflichtenzuweisung den Ländern die Aufgabe der Abwasserbeseitigung in einem gewissen Rahmen übertragen. Die Bundesländer wiederum führen die Abwasserbeseitigung im Sinne des Art. 83 GG als eigene Angelegenheit aus. Die jeweiligen Gesetzgeber der Länder haben die Abwasserbeseitigung nach Landeswassergesetz grundsätzlich der kommunalen Selbstverwaltung überantwortet und dort grundsätzlich den Gemeinden zugewiesen. Im Zusammenwirken von Landeswassergesetz und den allgemeinen Organisationsgesetzen wie der Gemeindeverfassung haben die Gemeinden die Aufgabe der Abwasserbeseitigung selbst vorzunehmen oder sie an Gemeindeverbände oder ausnahmsweise auch auf Private zu übertragen.[421] Welche Subjekte die Abwasserbeseitigung ausführen, also wie die Abwasserbeseitigung organisiert ist, richtet sich letztlich nach der Organisationsentscheidung der kommunalen

---

421 Gemeindeordnung BW in Fassung vom 24.7.2000 (Gbl. 2000, 581, 698), zuletzt geändert durch Gesetz vom 16.4.2013 (Gbl. 55); Gemeindeordnung für den Freistaat BY in der Fassung der Bekanntmachung vom 22.8.1998 (GVBl. 1998, 796), zuletzt geändert durch Gesetz vom 22.7.2014 (GVBl. S. 286); Kommunalverfassung des Landes BBG (BbgKVerf) vom 18.12.2007 (GVBl. I/07, 286), zuletzt geändert durch Gesetz vom 10.7.2014 (GVBl. I/14, S. 5 ff.); Hessische Gemeindeordnung in der Fassung der Bekanntmachung vom 7.3.2005 (GVBl. I 2005, 142), zuletzt geändert durch Gesetz vom 18.7.2014 (GVBl. 178); Kommunalverfassung für das Land M-V vom 13.7.2011 (GVOBl. 2011, 777); Niedersächsisches Kommunalverfassungsgesetz vom 17.12.2010 (GVBl. 2010, 576), zuletzt geändert durch Gesetz vom 22.10. 2014 (GVBl. S. 291); Gemeindeordnung für das Land NRW in der Fassung der Bekanntmachung vom 14.7.1994 (GV. NW. 1995, 1198), zuletzt geändert durch Gesetz vom 19.12.2013 (GV. NW. 878); Gemeindeordnung für das Land RP in der Fassung vom 31.1.1994 (GVBl. 1994, 153), zuletzt geändert durch Gesetz vom 19.8.2014 (GVBl. S. 181); Sächsische Gemeindeordnung in der Fassung der Bekanntmachung vom 3.3.2014 (SächsGVBl. 2013, 822, 841); Kommunalverfassungsgesetz des Landes LSA vom 17.6.2014 (GVBl. 2014, 288); Gemeindeordnung für SH in der Fassung vom 28.2.2003 (GVBl. 2003, 57), zuletzt geändert durch Gesetz vom 17.7.2014 (GVOBl. S. 129); Thüringer Gemeinde- und Landkreisordnung (Kommunalordnung) in der Fassung der Bekanntmachung vom 28.1.2003 (GVBl. 2003, 41), zuletzt geändert durch Gesetz vom 20.3.2014 (GVBl. S. 23).

Selbstverwaltung. Sie unterliegt allerdings den Bindungen des höherrangigen Rechts. Unter Organisation wird die institutionelle Zuordnung von Funktionen zu Personen und deren wechselseitige Zuordnung im Rahmen einer Leitungsordnung verstanden.[422]

1. Objektive Pflichtenzuweisung: Abwasserbeseitigungspflicht

Nach der objektiven Pflichtenzuweisung ist es zunächst den Bundesländern überantwortet, die Subjekte der Abwasserbeseitigung zu konkretisieren. Nach § 56 S. 1 WHG ist Abwasser „von den juristischen Personen des öffentlichen Rechts zu beseitigen, die nach Landesrecht hierzu verpflichtet sind" (Abwasserbeseitigungspflichtige). Nach S. 2 können die Länder auch bestimmen, unter welchen Voraussetzungen die Abwasserbeseitigung „anderen als den in Satz 1 genannten Abwasserbeseitigungspflichtigen" obliegt. Schließlich können die Verpflichteten nach S. 3 sich zur Erfüllung ihrer Pflichten Dritter bedienen. Sinn und Zweck der Organisationsvorschrift des § 56 WHG und den korrespondieren Zuordnungsregelungen der LWG ist es, die Aufgabe der Abwasserbeseitigung vorrangig juristischen Personen des öffentlichen Rechts zu übertragen. Die Gesetzgeber von Bund und Ländern bringen generell den öffentlichen organisierten Stellen mehr Vertrauen entgegen, eine dem Wohl der Allgemeinheit entsprechende Beseitigung von Abwasser zu gewährleisten. Sie sehen daher im Landesrecht nur wenige Ausnahmen von der Zuweisung an juristische Personen des öffentlichen Rechts vor (Konzentrationsgrundsatz).[423] Der Zuweisungsregelung und seinen Ausnahmetatbeständen liegt regelmäßig die Annahme zugrunde, dass die juristische Person des öffentlichen Rechts im Rahmen einer öffentlichen Einrichtung eine zentrale Abwasserbeseitigungsanlage betreibt, während die einzelnen Abwassererzeuger[424]

---

422 Vgl. *Böckenförde,* in: FS Wolff, 1973, 292/298; *Kluth,* in: Wolff/Bachoff/Stober, Verwaltungsrecht II, § 79 Rn. 1, S. 207.
423 Vgl. BVerwG, Beschluss vom 8.9.1987, NVwZ 1987, 789/789 f.; OVG Münster DVBl. 1996, 1444/1446; OVG RP, NVwZ-RR 1997, 51/51 f.; *Nisipeanu,* in: Berendes/Frenz/Müggenborg, WHG, § 56 Rn. 12 f.; *Czychowski/Reinhardt,* WHG, § 56 Rn. 3; *Nisipeanu,* Privatisierung der Abwasserbeseitigung, 1998, S. 141; *Kotulla,* WHG, § 56 Rn. 3, 5; *Berendes,* in: V. Lersner/Berendes, Hndb. des dt. Wasserrechts, Bd. 1, C 10 E, WHG, § 56 Rn. 1 (Erg. Lfg. 10/13).
424 Abwassererzeuger in diesem Sinne können sowohl Privatrechtssubjekte als auch von dem Träger der Beseitigungspflicht personenverschiedene juristische Perso-

im Rahmen einer privaten Einrichtung eine dezentrale Anlage betreiben. Vor dem Hintergrund einer weit überwiegenden leitungsgebundenen, also zentralen Abwasserbeseitigung in öffentlicher Hand führt diese Regelung zu einer Reduktion der Direkteinleitungen von Abwasser in Gewässer und zu einer Erhöhung der Indirekteinleitungen in die öffentlichen Abwasseranlagen.[425] Doch auch der Gesetzgeber hat eingesehen, dass eine Zuordnung der Abwasserbeseitigungspflicht an juristische Personen des öffentlichen Rechts und zur Beseitigung des Abwassers in ihren leitungsgebundenen Anlagen nicht für alle Abwässer an allen Anfallorten stärker dem Wohl der Allgemeinheit entspricht als eine Übertragung der Abwasserbeseitigungspflicht auf die Abwassererzeuger. Ausnahmsweise sind für bestimmte Abwässer oder Anfallorte von Abwässern die öffentlichen Träger der Beseitigungspflicht von der Pflicht zur Abwasserbeseitigung befreit.[426] Insbesondere bei weit vom leitungsgebundenen System des öffentlichen Trägers entfernten Anwesen, die ohnehin keinen großen Abwasseranfall haben, oder bei Niederschlagswasser, landwirtschaftlichen oder gewerblichen Abwässern sind die jeweiligen Abwassererzeuger zur Abwasserbeseitigung verpflichtet.[427] In der folgenden Tabelle sind die grundlegenden Organisationskategorien des Bundes- und Landesrechts abgebildet.

---

nen des öffentlichen Rechts sein, wie z.B. Universität, der Bund als Träger einer Kaserne oder eine andere Gemeinde als Träger einer Schule.

425 Vgl. beispielsweise OVG NW, Urteil vom 12.3.2013, Aktz. 20 A 1564/10, NVwZ-RR 2013, 683/683 f.; OVG SH, Urteil vom 24.2.1999, Aktz. 2 L 68/97, NuR 2000, 61/62 f.; OVG SH, Urteil vom 23.8.1993, NVwZ-RR 1994, 686/687; *Czychowski/Reinhardt*, WHG, § 56 Rn. 3; vertiefend *Kotulla*, WHG, § 56 Rn. 4.

426 Vgl. *Nisipeanu*, in: Berendes/Frenz/Müggenborg, § 56 Rn. 16.; *Czychowski/Reinhardt*, WHG, § 56 Rn. 15 ff. *Kotulla*, WHG, § 56 Rn. 4; *Nisipeanu*, NuR 1998, S. 467/473.

427 Vgl. *Nisipeanu*, in: Berendes/Frenz/Müggenborg, WHG, § 56 Rn. 23 und 26; *Czychowski/Reinhardt*, WHG, § 56 Rn. 16 ff.; *Kotulla*, WHG, § 56 Rn. 12 f.

II. Organisation der Abwasserbeseitigung – Beseitigungsverpflichtete

Rechtsträger der Abwasserbeseitigungspflicht				
Europarecht	Keine Regelung, Sache der Mitgliedsstaaten			
	Öffentliche Organisation	Private Organisation	Funktionale Privatisierung	Materielle Privatisierung
Bundesrecht	§ 56 S. 1 WHG: juristische Personen des öffentlichen Rechts	§ 56 S. 2 WHG „Andere" als juristische Personen des öffentlichen Rechts	§ 56 S. 3 WHG Erfüllung durch private Dritte	Nicht mehr vorgesehen (ehem. § 18a Abs. 2 a WHG a.F.)
Landeswasserrecht	§ 50 Abs. 1 WG SN Körperschaften des öffentlichen Rechts, insbesondere Gemeinden	Übertragungstatbestände auf Privatrechtssubjekte.	Gleichlautende Regelungen	Abweichungsgesetzgebung der Länder möglich
Allgemeines Landesorganisationsrecht	Regiebetrieb Eigenbetrieb Zweckverband Wasserverband	Übertragung der Aufgabe an private Dritte	Übertragung der Aufgabenerfüllung auf private Dritte als Verwaltungshelfer	

Abbildung 2: Grundlegende Organisationskategorien der Abwasserbeseitigung

a. Juristische Personen des öffentlichen Rechts

Der Bundesgesetzgeber gibt gem. § 56 S. 1 WHG vor, dass das Abwasser grundsätzlich von juristischen Personen des öffentlichen Rechts zu beseitigen ist.[428] Juristische Personen des öffentlichen Rechts sind rechtsfähige Organisationen, die nach den Vorschriften des öffentlichen Rechts selbst

---

428 Vgl. BVerwG, Beschluss vom 8.9.1986, Aktz. 4 B 188.86, NVwZ 1987, 789/789 f.; OVG RP, Urteil vom 21.12.1995, Aktz. 1 A 10571/95, NVwZ-RR 1997, S. 51/51; *Nisipeanu*, in: Berendes/Frenz/Müggenborg, WHG, § 56 Vorbemerkung und Rn. 6; *Czychowski/Reinhardt*, WHG, § 56 Rn. 3 ff. und 29; *Kotulla*, WHG, § 56 Rn. 5; *Zöllner*, in: Sieder/Zeitler/Dahme/Knopp, WHG und AbwAG, Bd. 3 § 18 a WHG a.F. (= 56 WHG n.F.), Rn. 14 (EL 36 Aug 2008); *Berendes*, in: V. Lersner/Berendes, Hndb. des dt. Wasserrechts, Bd. 1, C 10 E, WHG, § 56 Rn. 1 (Erg. Lfg. 10/13).

3. Kapitel: Abwasserentsorgung unter dem Regime des Abwasserrechts

Träger von Rechten und Pflichten sind.[429] Dies sind die Gebietskörperschaften, wie Gemeinden und kreisfreie Städte, Verbandskörperschaften, wie Zweck- und Wasserverbände, und die Anstalten des öffentlichen Rechts. Nach den wasserrechtlichen Zuweisungsregelungen sind landesrechtlich regelmäßig die (Gebiets-)Körperschaften des öffentlichen Rechts und dort die Gemeinden Träger der Abwasserbeseitigungspflicht. Sie sind umfassend zur Beseitigung von jeglichem Abwasser sowie zur Beseitigung des in abflusslosen Gruben anfallenden Abwassers und des nicht separierten Klärschlamms aus Kleinkläranlagen verpflichtet.[430] Der wasserrechtlichen Zuweisung entsprechend ist die Aufgabe der Abwasserbeseitigung nach den Organisationsgesetzen der Länder eine pflichtige Selbstverwaltungsaufgabe der Gemeinden.[431] Die Gemeinden sind also zu ihrer Übernahme verpflichtet und für ihre Erfüllung zivil- und strafrechtlich verantwortlich.[432]

b. „Andere als juristische Personen des öffentlichen Rechts"

Nach § 56 S. 2 WHG ist die Abwasserbeseitigungspflicht jedoch nicht ausschließlich den juristischen Personen des öffentlichen Rechts zugewiesen. In allen Wassergesetzen der Bundesländer bestehen auch Regelungen,

---

429 Vgl. beispielsweise *Müller*, in : Bachof/Wolff/Stober, Verwaltungsrecht I, § 34 Rn. 6 f., S. 379 f., siehe aber auch § 55 Abs. 1 des Gesetzes über die Grundsätze des Haushaltsrechts des Bundes und der Länder.
430 Vgl. exemplarisch Art. 34 Abs. 1 S. 1 WG BY sowie §§ 46 Abs. 1 WG BW; 66 Abs. 1 S. 1 WG BBG; 37 Abs. 1 S. 1 WG HE; 40 Abs. 1 S. 1 WG M-V; 96 Abs. 1 S. 1 WG NI; 53 Abs. 1 S. 1 WG NW; 52 Abs. 1 S. 1 WG RP; 50 Abs. 1 S. 1 WG SL; 50 Abs. 1 WG SN; 78 Abs. 1 WG LSA; 30 Abs. 1 S. 1 WG SH; 58 Abs. 1 S. 1 WG TH.
431 Auch als weisungsfreie Pflichtaufgabe oder Pflichtaufgabe im eigenen Wirkungskreis bezeichnet, siehe beispielsweise Art. 6, 7 GemO BY sowie §§ 2 Abs. 2 GemO BW; 2 Abs. 3 BbgKVerf; 4 Abs. 1 GemO HE; 3 Abs. 1 KV M-V; 6 Abs. 1 und 2 KomVG NI; 3 Abs. 2 GemO NW; 2 Abs. 1 GemO RP; 2 Abs. 2 SächsGO; 4 und 6 KVG LSA; 2 Abs. 1 und 2 GO SH; 3 Abs. 1 und 2 KO TH.
432 Vgl. BGH, Urteil vom 22.11.2001, Aktz. III ZR 322/00, ZfW 2002, 175/177, 178; OLG Dresden, Urteil vom 24.6.2003, Aktz. 9 U 2015/2, ZfW 2005, 125/126; OVG SN, Beschluss vom 22.11.2002, Aktz. 4 BS 341/02, SächsVBl. 2003, 65/65 f.; OVG NW, Urteil vom 26.3.1996, Aktz. 5 A 3812/92, DVBl. 1996, 1444/1445 f.; *Reinhardt/Czychowski*, WHG § 56 Rn. 22; *Kotulla*, WHG, § 56 Rn. 8; *Queitsch*, Organisationsformen, UPR 2000, 247/250.

nach denen „andere" als juristische Personen des öffentlichen Rechts m.a.W. Privatrechtssubjekte unter bestimmten Voraussetzungen Träger der Abwasserbeseitigungspflicht werden können. Aufgrund der Vorschrift ist keine vollständige (materielle) Privatisierung möglich, bei der die Abwasserbeseitigungspflicht in ihrer Gesamtheit auf einen privaten Dritten übertragen wird, der selber kein Abwasser erzeugt.[433] Jedoch kann als Ausnahme von der Regel des § 56 S. 1 WHG nach den Wassergesetzen der Bundesländer die Beseitigungspflicht für bestimmtes Abwasser unter genauer Regelung der Übertragungsvoraussetzungen Privatrechtssubjekten zugewiesen werden.[434] Im Übrigen sind die Länder nach der in der konkurrierenden Gesetzgebung möglichen Abweichungsgesetzgebung berechtigt, eigene, die vollständige materielle Privatisierung ermöglichende, Regelungen zu erlassen.[435]

c. Dritte als Verwaltungshelfer

Die öffentlichen Träger der Abwasserbeseitigungspflicht sind nach § 56 S. 3 WHG und den zahlreichen gleichlautenden Regelungen der Wassergesetze der Bundesländer auch berechtigt, sich zur Erfüllung der Aufgabe der Abwasserbeseitigung privater Dritter als Verwaltungshelfer zu bedienen (funktionale Privatisierung).[436] Kennzeichen der funktionalen Privatisierung ist, dass sich die öffentlichen Träger unter Verbleib der Beseiti-

---

433 Anders die Vorgängerregelung § 18 a WHG a.F.; vgl. *Nisipeanu*, in: Berendes/Frenz/Müggenborg, WHG, § 56 Vorbemerkung und Rn. 4; *Czychowski/Reinhardt*, WHG, § 56 Rn. 4; BT-Drucks. 16/12275, S. 68; *Kotulla*, WHG, § 56 Rn. 11; *Zöllner*, in: Sieder/Zeitler/Dahme/Knopp, WHG und AbwAG, Bd. 3, § 18 a WHG a.F. (= 56 WHG n.F.), Rn. 14 a (EL 36 Aug. 2008); *Berendes*, in: V. Lersner/Berendes, Hndb. des dt. Wasserrechts, Bd. 1, C 10 E, WHG, § 56 Rn. 2 (Erg. Lfg. 10/13).
434 Siehe zu den Übertragungstatbeständen in den Bundesländern unter 3. Kap. II. Abschn. Nr. 5.
435 Vgl. *Nisipeanu*, in: Berendes/Frenz/Müggenborg, WHG, § 56 Rn. 24; *Czychowski/Reinhardt*, WHG, § 56 Rn. 4; *Berendes*, in: V. Lersner/Berendes, Hndb. des dt. Wasserrechts, Bd. 1, C 10 E, § 56 Rn. 2 a.E. (Erg. Lfg. 10/13).
436 Vgl. *Nisipeanu*, in: Berendes/Frenz/Müggenborg, WHG, § 56 Rn. 31 f.; *Czychowski/Reinhardt*, WHG, § 56 Rn. 22 f.; *Kotulla*, WHG, § 56 Rn. 7; *Zöllner*, in: Sieder/Zeitler/Dahme/Knopp, WHG und AbwAG, Bd. 3, § 18 a WHG a.F. (= § 56 WHG n.F.), Rn. 14 a (EL 36 Aug 2008); *Berendes*, in: V. Lersner/Berendes, Hndb. des dt. Wasserrechts, Bd. 1, C 10 E, WHG, § 56 Rn. 5 (Erg. Lfg. 10/13).

gungspflicht bei ihnen eines Verwaltungshelfers bedienen, um Teilaufgaben der Abwasserbeseitigung, z.B. das Sammeln oder Behandeln des Abwassers, zu erfüllen. Es wird also nicht die Aufgabe insgesamt, sondern lediglich die Hilfe bei der Erfüllung auf juristische oder natürliche Personen des Privatrechts übertragen.[437] Die Verantwortung für die Durchführung der Aufgabe obliegt dem Verwaltungshelfer, die Gemeinde bleibt jedoch zur Erfüllung der Abwasserbeseitigung insgesamt verpflichtet und kann dafür haftbar gemacht werden. Verschiedene Modelle, insbesondere das Betreiber-, Betriebsführungs- und Beratungsmodell, bezeichnen die Verhältnisse zwischen der beseitigungspflichtigen juristischen Person des öffentlichen Rechts und dem Privatrechtssubjekt.[438]

2. Organisation der Abwasserbeseitigungseinrichtung

Auf Grundlage der Regelungen des § 56 WHG und der entsprechenden Regelungen der Wassergesetze und der allgemeinen Organisationsgesetze der Bundesländer sind die grundsätzlich beseitigungspflichtigen Gemeinden im Rahmen ihres Organisationsermessens berechtigt, die Organisationsform, also das Subjekt oder die Subjekte der Abwasserbeseitigung im Beseitigungsgebiet festzulegen.

a. Pflicht zur Schaffung einer öffentlichen Einrichtung

Korrespondierend mit der objektiven Pflichtenzuweisung nach § 56 WHG sind die Gemeinden als Träger der Abwasserbeseitigungspflicht und damit der Aufgabe der Beseitigung nach den allgemeinen Organisationsgesetzen der Bundesländer zur Schaffung einer öffentlichen Einrichtung verpflich-

---

437 Allgemein *Stober*, in: Wolff/Bachof/Stober, Verwaltungsrecht II, § 89 Rn. 19, S. 565; *Burgi*, Kommunalrecht, § 17 Rn. 86, S. 265; *Geis*, Kommunalrecht, § 12 Rn. 105, S. 195; Speziell zur Abwasserbeseitigung: *Czychowski/Reinhardt*, WHG, § 56 Rn. 22.
438 Siehe BVerwG, Urteil vom 6.4.2005, Aktz. 8 CN 1.04, 2005, 1072/1074; OVG LSA, Urteil vom 8.4.2008, Aktz. 4 K 95/07, NVwZ-RR 2008, 810/811; OVG SH, Urteil vom 22.10.2003, NordÖR 2004, 152/153; OVG SN, Urteil vom 3.6.2003, Aktz. 4 D 373/99, SächsVbl. 2005, 256/257 ff.; OVG SN, Urteil vom 25.2.2003, SächsVbl. 2003, 143/ 146 f.; OVG SN, Beschluss vom 22.11.2002, Aktz. 4 BS 341/02, SächsVbl. 2003, 65/65f.

II. Organisation der Abwasserbeseitigung – Beseitigungsverpflichtete

tet. Der Zentralbegriff der kommunalen öffentlichen Einrichtung bezeichnet die von einem Träger öffentlicher Verwaltung im öffentlichen Interesse unterhaltenen und durch einen Widmungsakt ihren Einwohnerinnen und Einwohnern zur Benutzung zur Verfügung gestellten personellen Kräfte und sachlichen Mittel.[439] Dazu zählen alle zur Aufgabenerfüllung erforderlichen Grundstücke, Anlagen und sonstigen Betriebsmittel, also auch jegliche Abwasseranlagen. Nach den Landesorganisationsgesetzen sind die Gemeinden im Rahmen ihrer Leistungsfähigkeit verpflichtet, alle öffentlichen Aufgaben in eigener Verantwortung zu erfüllen und die für das soziale, kulturelle und wirtschaftliche Wohl ihrer Einwohner erforderlichen öffentlichen Einrichtungen zu schaffen und zu unterhalten.[440] Als nach § 56 WHG zugewiesene öffentliche Aufgabe fällt die Schaffung einer öffentlichen Einrichtung der Abwasserbeseitigung hierunter. Die Abwasserverwertung fällt hingegen nicht unter die Abwasserbeseitigung gem. § 56 WHG. Jedoch zielt sie auf die Versorgung mit Brauchwasser ab und kann damit Teil der Wasserversorgung gem. § 50 Abs. 1 WHG sein.

b. Organisationsermessen

Aus dem Charakter der Abwasserbeseitigung als pflichtige Selbstverwaltungsaufgabe folgt für die beseitigungspflichtigen Gemeinden das Recht, im Rahmen des höherrangigen Rechts die Organisationsform der öffentlichen Einrichtung der Abwasserbeseitigung zu bestimmen (Organisationsermessen). Grundsätzlich umfasst das Recht zur kommunalen Selbstverwaltung neben der Gebiets-, Personal-, Planungs-, Haushalts- und Finanzhoheit auch die Organisations- und Kooperationshoheit. Der Organisationshoheit nach sind die Gemeinden zur Gestaltung der „Wahrnehmung ihrer Aufgaben, Abläufe und Entscheidungszuständigkeiten im Einzelnen" berechtigt. Dies umfasst die Errichtung, Änderung und Aufhebung sowie die Ausstattung und Beaufsichtigung von Behörden, Einrichtungen und

---

439 Vgl. OVG M-V, Urteil vom 26.11.2007, Aktz. 1 L 362/5, Rn. 30 (Juris); OVG SN, Urteil vom 3.6.2003, Aktz. 4 D 373/99, SächsVbl. 2005, 256/256 f.; *Lichtenfeld, in:* Driehaus, Kommunalabgabenrecht, Bd. I, § 4 Rn. 38 (39. Erg. Lfg. Sept. 2008); *Burgi*, Kommunalrecht, § 16 Rn. 5 ff., S. 215; *Geis*, Kommunalrecht, § 10 Rn. 12 f., S. 78; *Gern*, Dt. Kommunalrecht, Rn. 528, S. 343 f.
440 Siehe exemplarisch Art. 57 Abs. 1 GemO BY sowie §§ 10 Abs. 2 GemO BW; 19 Abs. 1 GemO HE; 2 Abs. 1 und 2 KV M-V; 4 KomVG NI; 2 Abs. 1 SächsGO; 4 S. 2 KVG LSA; 17 Abs. 1 GO SH; 1 Abs. 4 S. 1 GO TH.

3. Kapitel: Abwasserentsorgung unter dem Regime des Abwasserrechts

Dienststellen, auch zusammen mit anderen Gemeinden.[441] An Organisationsformen stehen der Gemeinde nach geltendem Recht allgemein die Eigenvornahme in Eigen- oder Regiebetrieb, die Beteiligung an juristischen Personen des Privatrechts (Organisationsprivatisierung) und die Übertragung auf einen Wasser- oder Zweckverband, eine Anstalt des öffentlichen Rechts oder eine andere Gemeinde zur Verfügung. Von der Festlegung der Organisationsform, also der Trägerschaft und Rechtsform für die Erfüllung der Aufgabe bleibt die Art der Erfüllung mittels zentraler oder dezentraler Systeme zunächst unberührt. Allerdings können zentrale Systeme nur sinnvoll von größeren juristischen Personen des öffentlichen und ggf. privaten Rechts organisiert werden, während dezentrale Anlagen unter bestimmten Voraussetzungen in Trägerschaft sowohl juristischer Personen als auch natürlicher Personen betrieben werden können.

(1) Organisationsformen der öffentlichen Einrichtung

Den grundsätzlich zur Abwasserbeseitigung verpflichteten Gemeinden stehen folgende Organisationsformen zur Verfügung. Bei einer Eigenvornahme gem. § 56 S. 1 WHG behält die Gemeinde die Trägerschaft für die Aufgabe und betreibt die öffentliche Einrichtung der Abwasserbeseitigung als Regiebetrieb, Eigenbetrieb, als Anstalt des öffentlichen Rechts oder durch von ihr getragene private Unternehmen.[442]

---

441 Vgl. BVerfG, Urteil vom 20.12.2007, Aktz. 2 BvR 2433/04, E 119, 331/362; BVerfG, Beschluss vom 26.10.1994, Aktz. 2 BvR 445/91, E 91, 228/236 ff.; nicht berechtigt sind sie allerdings zur Änderung der „äußeren Grundstrukturen", m.a.W. der Kommunalverfassung, der Gemeinden.
442 Vgl. *Burgi*, Kommunalrecht, § 16 Rn. 12, S. 218; *Geis*, Kommunalrecht, § 12 Rn. 66 f., S. 174 f; *Gern*, Dt. Kommunalrecht, Rn. 741 ff., S. 476 ff.; vgl. zum Regiebetrieb genauer beispielsweise Art. 86, 88 Abs. 1 und 6 GemO BY sowie §§ 121 Abs. 1 GO HE; 92 BbgKVerf; 136 KomVG NI; 114 GemO NW; 86 GemO RP; siehe auch *Brüning*, in: Mann/Püttner (Hrsg.), Hndb. der kommunalen Wissenschaft und Praxis, Bd. 2, 2011, § 44 A, Rn. 1 ff., S. 150 ff.; vgl. zum Eigenbetrieb genauer beispielsweise § 88 a Abs. 1 Nr. 1 SächsGO; Vgl. *Brüning*, in: Mann/Püttner (Hrsg.), Hndb. der kommunalen Wissenschaft und Praxis, Bd. 2, 2011, § 44 B, Rn. 25 ff, S. 157 ff.; siehe zur Anstalt des öffentlichen Rechts beispielsweise § 114 a GO NW, hierzu umfassend: *Gruneberg*, Abwasserbeseitigung durch kommunale Unternehmen, Heft 32: Das Recht der Wasser- und Entsorgungswirtschaft, 2007, S. 189 ff.

II. Organisation der Abwasserbeseitigung – Beseitigungsverpflichtete

Die Übertragung der Aufgabe der Abwasserbeseitigung nach § 56 S. 1 WHG auf einen Wasser- oder Zweckverband richtet sich nach den Wassergesetzen und den Vorschriften über kommunale Zusammenarbeit oder auch Gemeinschaftsarbeit der Bundesländer.[443] Auch Teilübertragungen von Aufgaben sind möglich. So kann z.B. nur die Sammlung des Abwassers übertragen werden, während die Reinigung bei den Verbandsgemeinden verbleibt.[444] Grundsätzlich können die Gemeinden die Befugnisse zur Erfüllung der Abwasserbeseitigungspflicht, insbesondere die Befugnisse zum Satzungserlass und zur Erhebung von Kommunalabgaben nach den Kommunalabgabengesetzen der Bundesländer, auf den Verband als Körperschaft des öffentlichen Rechts übertragen oder aber sie behalten.[445] Im Falle der Übertragung der Befugnisse kann der Verband regelmäßig einen Anschluss- und Benutzungszwang verfügen und Kommunalabgaben erheben. Ansonsten verfügen die Gemeinden den Anschluss und Benutzungszwang und refinanzieren den Verband über eine Umlage der beteiligten Gemeinden.

Eine Übertragung der Aufgabe der Abwasserbeseitigung nach § 56 S. 1 WHG auf andere Gemeinden oder Gemeindeverbände ist per sog. Zweckvereinbarung ganz (delegierende Zweckvereinbarung) oder zur Erfüllung der Aufgabe (mandatierende Zweckvereinbarung) zulässig. Durch die delegierende Zweckvereinbarung gehen regelmäßig auch die zur Erfüllung der Aufgabe erforderlichen Befugnisse, wie insbesondere die Befugnis zur Verfügung des Anschluss- und Benutzungszwangs und zur Erhebung kommunaler Abgaben, mit über.[446] Durch die mandatierende Zweckver-

---

443 Siehe beispielsweise § 52 Abs. 2 WG RP.
444 OVG SN, Urteil vom 17.1.2005, Aktz. 5 D 30/01, Rn. 100 f., 107 f. (Juris); auch *Zöllner*, in: Sieder/Zeitler/Dahme/Knopp, WHG und AbwAG, Bd. 3, § 18 a WHG a.F. (= § 56 WHG n.F.), Rn. 15 (EL 36 Aug. 2008); *Burgi*, Kommunalrecht, § 19 Rn. 4, S. 298 f.; *Gern*, Dt. Kommunalrecht, Rn. 920 und Rn. 934 f., S. 589 ff.
445 Vgl. beispielsweise §§ 4 Abs. 1 und 8 Abs. 1 KAG BBG; 1 Abs. 2 KAG M-V; 1 Abs. 3 KAG SH; siehe näher hierzu unter 3. Kap. IV. Abschn. Nr. 1 lit. e.; vgl. allgemein OVG SN, Urteil vom 17.1.2005, Aktz. 5 D 30/01, Rn. 105 (Juris); *Gern*, *D*t. Kommunalrecht, Rn. 938, S. 597 f.; *Oebecke*, in: Mann/Püttner (Hrsg.), Hndb. der kommunalen Wissenschaft und Praxis, Bd. 1, § 29 B, Rn. 29 ff., S. 855 ff.
446 Vgl. OVG SN, Urteil vom 17.1.2005, Aktz. 5 D 30/01, Rn. 94, 105, 115 f. (Juris); *Oebbecke*, in: Mann/Püttner (Hrsg.), Hndb. der kommunalen Wissenschaft und Praxis, Bd. 1, § 29 C, Rn. 66 und 74; *Gern*, Dt. Kommunalrecht, Rn. 945 und 947, S. 602 f.

einbarung wird vor allem die Mitbenutzung von Anlagen einer Gebietskörperschaft gegen eine Kostenbeteiligung gestattet. Die erforderlichen Regelungen sind nach den Gesetzen über die kommunale Zusammenarbeit oder auch Gemeinschaftsarbeit in der jeweiligen Zweckvereinbarung festzuhalten, sie bedarf der Genehmigung der Rechtsaufsichtsbehörde.[447]

Nach § 56 S. 1 und 2 WHG und den allgemeinen Organisationsgesetzen der Bundesländer sind die Gemeinden zudem berechtigt, zur Erfüllung der Aufgabe der Abwasserbeseitigung eine in ihrer Rechtsträgerschaft stehende privatwirtschaftliche Rechtsform, z.B. Gesellschaft mit beschränkter Haftung, zu errichten. Diese als organisations- oder formelle Privatisierung bezeichnete Gestaltung zeichnet sich dadurch aus, dass die Aufgabe der Abwasserbeseitigung in gemeindlicher Verantwortung verbleibt. Die Gemeinde setzt nur für die Erfüllung eine durch die Gemeinde beherrschte juristische Person des Privatrechts ggf. unter privater Beteiligung ein (Eigengesellschaft oder gemischtwirtschaftliches Unternehmen).[448] Die hoheitlichen Befugnisse der Gemeinde, wie die Satzungsbefugnis, können nicht auf die juristische Person des Privatrechts übertragen werden. Jedoch kann die Gemeinde eine (Rumpf-)Satzung und das Unternehmen eine Benutzungsordnung samt Entgeltregelung erlassen. Die Organisationsprivatisierung unterliegt nach den Organisationsgesetzen der Bundesländer einigen Errichtungsvoraussetzungen, insbesondere dem Vorrang öffentlich-rechtlicher Organisationsformen, der Sicherung der Erfüllung des öffentlichen Zwecks und der Festlegung von Einwirkungsmöglichkeiten auf die juristische Person.[449]

In § 56 S. 3 WHG verankert ist auch das Recht der Gemeinden und anderer öffentlicher Träger, sich zur Erfüllung der Aufgabe der Abwasserbeseitigung Dritter zu bedienen (funktionale Privatisierung). Hierbei wird nicht die Aufgabe, sondern deren Durchführung auf juristische oder natürliche Personen des Privatrechts übertragen. Die Wahrnehmung von Leistungsfunktionen durch einen privaten Dritten im Bereich von Selbstver-

---

[447] Vgl. *Oebbecke*, in: Mann/Püttner (Hrsg.), Oebbecke, Hndb. der kommunalen Wissenschaft und Praxis, Bd. 1, § 29 C, Rn. 69 ff., S. 868 ff. ; *Gern*, Dt. Kommunalrecht, Rn. 945, S. 602.
[448] Vgl. *Burgi*, Kommunalrecht, § 17 Rn. 79, S. 275 f.; *Geis*, Kommunalrecht, § 12 Rn. 103, S. 194; *Gern*, Dt. Kommunalrecht, Rn. 720, S. 460 f.
[449] Vgl. *Burgi*, Kommunalrecht, § 17 Rn. 82 f., S. 277 f.; *Geis*, Kommunalrecht, § 12 Rn. 103, S. 194; *Gern*, Dt. Kommunalrecht, Rn. 720, S. 460 f.

waltungsaufgaben schließt die Existenz einer öffentlichen Einrichtung der Gemeinde somit nicht grundsätzlich aus.[450]

(2) Private Einrichtungen der Abwasserbeseitigung

Eine private Einrichtung ist im Gegensatz zu einer öffentlichen Einrichtung eine Einrichtung, die im Interesse Einzelner unterhalten wird und rechtlich nur den Träger der Einrichtung berechtigt und verpflichtet. Nicht notwendig ist, dass es sich bei dem Träger der Einrichtung um ein Privatrechtssubjekt handelt. Vielmehr können auch juristische Personen des öffentlichen Rechts, wie z.B. der Bund als Träger einer Kaserne, Träger einer privaten Einrichtung der Abwasserbeseitigung sein.[451] Die Übertragung der Beseitigungspflicht auf juristische Personen des öffentlichen Rechts ist nach § 56 S. 1 WHG zulässig. Die beseitigungspflichtigen Gemeinden sind indes gem. § 56 S. 2 WHG ausnahmsweise auch berechtigt, die Abwasserbeseitigungspflicht auf natürliche und juristische Personen des Privatrechts zu übertragen (materielle Privatisierung). In den Wassergesetzen der Bundesländer nicht mehr vorgesehen ist die Möglichkeit, die Pflicht bzw. die Aufgabe der Abwasserbeseitigung in einem Gemeinde- oder auch Verbandsgebiet vollständig auf juristische Personen des Privatrechts zu übertragen, die Abwasser beseitigen, das sie nicht selbst produziert haben.[452] Alle Wassergesetze der Bundesländer hingegen lassen für bestimmte Schmutz- und Niederschlagswasser an bestimmten Anfallorten auch die Beseitigungspflichten des öffentlichen Trägers entfallen. Stattdessen sind dann die Abwassererzeuger zur Abwasserbeseitigung in privaten Einrichtungen verpflichtet. Unerheblich ist dabei, ob die Abwassererzeuger Privatrechtssubjekte, wie z.B. Bürger, landwirtschaftliche und gewerbliche Betriebe, oder juristische Personen des öffentlichen Rechts, wie z.B. der Träger einer Kaserne oder eine Universität, sind. Sofern eine Übertragung auf ein Privatrechtssubjekt stattfindet, liegt aus Sicht des all-

---

450 Vgl. für die Wasserversorgung OVG SN, Urteil vom 24.9.2004, Aktz. 5 BS 119/04, Rn. 5 (Juris), OVG SN, Urteil vom 25.2.2003, SächsVbl. 2003, 143/146 f.; OVG SH, Urteil vom 22.10.2003, Aktz. 2 KN 5/02, NordÖR 2004, 152/153; *Burgi*, Kommunalrecht, § 17 Rn. 87 f, S. 280 f.; *Gern*, Dt. Kommunalrecht, Rn. 529, S. 344 f.
451 Vgl. *Burgi*, Kommunalrecht, § 16 Rn. 6, S. 216; *Geis*, Kommunalrecht, § 10 Rn. 15, S. 79 f.; *Gern*, Dt. Kommunalrecht, Rn. 529 f., S. 344 ff.
452 Siehe beispielsweise § 45 c WG BW a.F.

3. Kapitel: Abwasserentsorgung unter dem Regime des Abwasserrechts

gemeinen Landesorganisationsrechts ein Privatisierungstatbestand vor. Die Übertragungsmöglichkeiten auf die Abwassererzeuger sind auch für die Organisation der dezentralen und zentralen Abwasserbeseitigung von Bedeutung. Denn sie entscheiden u.a. darüber, inwieweit dezentrale Lösungen in privaten Einrichtungen organisiert werden können.

c. Öffentliche Einrichtung und Organisationswirkungen

Die öffentliche oder private Organisation der Einrichtung der Abwasserbeseitigung hat insbesondere Auswirkungen auf das Anschluss- und Benutzungsrecht, den Anschluss- und Benutzungszwang sowie die Fähigkeit, für die Einrichtung Kommunalabgaben zur Refinanzierung zu erheben. Nach den Landesorganisationsgesetzen sind zumindest die Einwohner einer Gemeinde berechtigt, die öffentlichen Einrichtungen der Gemeinde zu benutzen.[453] Dies bedeutet, dass die Bürger im Rahmen der Widmung grundsätzlich das subjektive Recht haben, an die Einrichtung angeschlossen zu werden oder diese, z.B. bei einem Abholdienst, in Anspruch zu nehmen.[454] Das Vorliegen einer öffentlichen Einrichtung der Abwasserbeseitigung berechtigt aber auch die Gemeinde, einen Anschluss- und Benutzungszwang zu verfügen, also den Anschluss und die Benutzung der Einrichtung, sei es ein Hol- oder Bringsystem, durch die Bürger zu erzwingen. Für private Einrichtungen ist dies nicht zulässig.[455] Schließlich können für die öffentlichen Einrichtungen auch nach den Kommunalabgabengesetzen der Länder Kommunalabgaben, wie Gebühren und Beiträge, von den Nutzern gefordert werden. Bei einem privatrechtlich ausgestalteten Benutzungsverhältnis können nur privatrechtliche Entgelte gefordert werden.[456]

---

[453] Anschluss- und Benutzungsrecht, siehe hierzu genauer unter 3. Kap. III. Abschn. Nr. 3 lit. c.

[454] Vgl. *Burgi*, Kommunalrecht, § 16 Rn. 15, S. 220; *Geis*, Kommunalrecht, § 10 Rn. 26, S. 98; *Gern*, Dt. Kommunalrecht, Rn. 528, S. 343.

[455] Vgl. BVerwG, Urteil vom 6.4.2005, Aktz. 8 CN 1/04, NVwZ 2005, 1072/1073 f.; *Burgi*, Kommunalrecht, § 16 Rn. 62, S. 238; *Geis*, Kommunalrecht, § 10 Rn. 78, S. 98; *Gern*, Dt. Kommunalrecht, Rn. 528, S. 343.

[456] Siehe *Burgi*, Kommunalrecht, § 18 Rn. 13, S. 290; *Gern*, Dt. Kommunalrecht, Rn. 1078, S. 677 f.

3. Einschränkungen des Organisationsermessens

Die Vornahme der weisungsfreien Pflichtaufgaben kann nach dem allgemeinen Organisationsrecht der Länder per Satzung geregelt werden (Satzungsermächtigung).[457] Dabei müssen die Satzungsregelungen sich grundsätzlich im Rahmen der geltenden Gesetze und Verordnungen auf Bundes- und Landesebene halten.[458] Darüber hinaus findet das Organisationsermessen der öffentlich-rechtlichen Körperschaft seine Grenze im Willkürverbot.[459]

a. Kommunale Abwasserbeseitigung als „Dienst von wirtschaftlichem Interesse"

Die Eigenvornahme der Abwasserbeseitigung durch öffentlich-rechtliche Träger ist grundsätzlich mit den höherrangigen europarechtlichen Vorschriften über das Wettbewerbs- und Beihilferecht vereinbar. Nach Art. 106 Abs. 1 AEUV finden grundsätzlich auch die Vorschriften des Wettbewerbs- und Beihilferechts auf öffentliche Unternehmen der Abwasserbeseitigung und damit auf die von juristischen Personen des öffentlichen Rechts in den vorstehend genannten Rechtsformen Anwendung.[460] Diese Vorschriften verbieten grundsätzlich eine lokal und regional monopolisierte Erbringung von Abwasserbeseitigungsleistungen ggf. mit Quersubventionierungen, der Ausgleichung von Verlusten durch Steuereinnahmen sowie der preisgünstigen Überlassung von Grundstücken, wie sie in der Wasserwirtschaft in Deutschland häufig erfolgt.

Jedoch kommen gem. § 106 Abs. 2 AEUV die Vorschriften der Verträge, insbesondere die Wettbewerbsregeln, für Unternehmen, die mit Dienstleistungen von allgemeinem wirtschaftlichem Interesse betraut sind,

---

457 Vgl. beispielsweise Art. 23 GemO BY sowie §§ 4 Abs. 1 GemO BW; 5 Abs. 1 GemO HE; 4 Abs. 1 S. 1 SächsGO.
458 Vgl. §§ 1 Abs. 2 GemO RP; 1 Abs. 2; 2 Abs. 4 und 4 Abs. 1 S1 a.E. SächsGO.
459 Siehe OVG NI, Urteil vom 22.1.1997, Aktz. 9 L 4525/95, Rn. 4 f. (Juris); *Burgi,* Kommunalrecht, § 17 Rn. 73 ff., S. 272 f.; *Geis,* Kommunalrecht, § 10 Rn. 21 f., S. 81.
460 Vgl. EuGH, Urteil vom 23.4.1991, Rs. C-41/90, Slg. 1991 I-1978, Rn. 21 (Höfer-Elder/Macotron); verb. Rs. C 159/91, NJW 1993, 2597 (Christian Poucet/Assurences Générales des France u.a.); *Hoppe/Uetritz,* Hndb. kommunale Unternehmen, 2012, S. 38

nur insoweit zur Anwendung, als dass die Anwendung dieser Vorschriften nicht die Erfüllung der ihnen übertragenen besonderen Aufgaben rechtlich oder tatsächlich verhindert. Die Abwasserbeseitigung in öffentlicher Trägerschaft ist ein solcher Dienst von allgemeinem wirtschaftlichen Interesse. Denn dies sind nach Art. 106 Abs. 2 AEUV und dem EU-Vertrag Protokoll Nr. 26, das nach Art. 51 AEUV Bestandteil der Verträge ist, marktbezogene Tätigkeiten, die im Interesse der Allgemeinheit erbracht und daher von den Mitgliedsstaaten mit besonderen Gemeinwohlverpflichtungen verbunden werden.[461] Zu diesen Diensten von allgemeinem Interesse zählen regelmäßig solche (Universal-)Dienstleistungen, deren kontinuierliche und erschwingliche Verfügbarkeit ein allgemeines Bedürfnis aller Bürger ist. Dies wird für die Wasserversorgung und Abwasserbeseitigung allgemein angenommen. Formaler Betrauungsakt des Mitgliedsstaates Deutschland ist die gesetzliche Verpflichtung des § 56 WHG und der Regelungen der Wassergesetze der Bundesländer. Die Anwendung der Vorschriften des AEUV auf diese Unternehmen würde auch ihre Aufgabenerfüllung nach Art. 106 Abs. 2 AEUV verhindern, da sie die den Unternehmen übertragene besondere Aufgabe sachlich oder rechtlich gefährden würde.[462] Eine sachliche oder rechtliche Gefährdung ist anzunehmen, wenn die Ausführung der Aufgabe in einzelnen Leistungsbereichen u.a. hinsichtlich der Belange des Umwelt- oder Gesundheitsschutzes einschließlich der für die allgemeine Bezahlbarkeit erforderlichen Quersubventionierung gefährdet ist.[463] Die „besondere Aufgabe" besteht in diesem Falle in der Bereitstellung einer flächendeckenden, sozialen und umweltgerechten Abwasserbeseitigung, unabhängig von der Betriebswirtschaftlichkeit einzelner Teile. Eine Gefährdung sowohl der umweltgerechten Er-

---

461 Vgl. Mitteilung der Kommission zu „Leistungen der Daseinsvorsorge, in: Europa", Abl. 2001 C 17/4; *Nettesheim*, Europarecht, 2011, Rn. 46, S. 380.
462 Vgl. EuGH, Urteil vom 23.10.1997, Rs. C-159/94, Slg. 1997 I 5815, Rn. 95 (Kommission/Energiemonopole Frankreich); EuGH, Urteil vom 23.10.1997, Rs. C-157/94, Slg. I 5699, Rn. 43 (Kommission/Energiemonopole Niederlande); siehe auch EuGH, Urteil vom 10.2.2000, Rs. C-147/97, Slg. 2000, 825, Rn. 50 (Deutsche Post/Citicorp)
463 Vgl. EuGH, Urteil vom 17.5.2001, Rs. C-340/99, Slg. 2001, I 4109, Rn. 48 ff. (Post Italiane/TNT Traco); EuGH, Urteil vom 10.2.2000, Rs. C-147/97, Slg. 2000, 825, Rn. 49-52 (Deutsche Post/Citicorp); EuGH, Urteil vom 25.10.2001, Rs. C-475/99, Slg. 2003. I-8089, Rn. 57, 58 (Ambulanz Glöckner/ Landkreis Südwestpfalz); *Wernicke*, in: Grabitz/Hilf/Nettesheim, Das Recht der Europäischen Union, Bd. 2, Art. 106 Rn. 64, 65 (El. 43 März 2011).

II. Organisation der Abwasserbeseitigung – Beseitigungsverpflichtete

füllung der Aufgabe als auch der tragbaren wirtschaftlichen Bedingungen ist, wie grundsätzlich für viele leitungs- oder netzgebundene Infrastrukturen, auch für die Abwasserbeseitigung anzunehmen. Denn es besteht, angesichts der ökonomischen Theorie und tatsächlichen Erfahrungen mit Privatisierungen die Gefahr, dass die privaten Träger zum einen jene räumlichen Bereiche, die nicht rentabel sind, nicht zu einem tragbaren Preis versorgen. Zum anderen besteht die Gefahr, dass nicht ausreichend in die Infrastruktur investiert wird, sodass Umweltschäden drohen. Eine Einschränkung der Vorschriften des Vertrags kommt indes nur insoweit in Betracht, als die Entwicklung des Handelsverkehrs nicht in einem mit dem Interesse der Gemeinschaft unvereinbaren Ausmaß beeinträchtigt wird (Verhältnismäßigkeitsprüfung).[464] Im Einzelnen ist daher nicht genau zu ermessen, ob Teile der kommunalen Abwasserbeseitigung nicht der Anwendung der Wettbewerbs- und Beihilfevorschriften unterliegen. Analog zu der Entscheidung des Bundesverwaltungsgerichts über die gewerbliche Sammlung von Altpapier, in der die Leistungserbringung eines einzelnen Segments der Abfallentsorgung durch öffentliche Träger als gerechtfertigt angesehen wurde,[465] besteht auch für die Abwasserbeseitigung die begründete Aussicht, dass die umfassende Eigenvornahme der Abwasserbeseitigung unionsrechtlich nicht zu beanstanden ist.

b. Abwasserbeseitigung und kommunale Selbstverwaltung

Die Organisationsentscheidungen der Gemeinde hinsichtlich der Abwasserbeseitigung unterliegen zudem den verfassungsrechtlichen Grenzen des Art. 28 Abs. 2 GG und seiner einfachgesetzlichen Ausprägungen. Der Art. 28 Abs. 2 GG begründet ein wehrfähiges Recht der Gemeinden gegenüber allen staatlichen Maßnahmen, die auf einen Aufgabenentzug zielen. Den Gemeinden ist indes kein Aufgabenbestand unveränderlich gewährleistet, da die Angelegenheiten der örtlichen Gemeinschaft „keinen ein für allemal feststehenden Aufgabenkreis" bilden. Die Abgrenzung örtlicher von überörtlichen Aufgaben unterliegt einer weit zu verstehenden

---

464 Vgl. *Wernicke*, in: Grabitz/Hilf/Nettesheim, Das Recht der europäischen Union, Bd. 2, Art. 106 Rn. 63, S. 32 (El. 43 März 2011).
465 Vgl. BVerwG, Urteil vom 18.6.2009, Aktz. 7 C 16/08, NVwZ 2009, 1292/1292 ff. sowie die Anmerkung von *Reese* für den Bereich der Abfallwirtschaft: DVBl. 2010, S. 1393/ 1393 ff.

3. Kapitel: Abwasserentsorgung unter dem Regime des Abwasserrechts

Einschätzungsprärogative des Gesetzgebers.[466] Daher ist der Bundes- und Landesgesetzgeber nach Maßgabe des Art. 28 Abs. 2 S. 1 und 2 GG, des Art. 84 GG sowie des Sozialstaats- und dem Demokratieprinzips berechtigt, Gemeinden Aufgaben zu entziehen oder ihre Eigenverantwortlichkeit zu beschränken.[467] Der Kernbereich der Gewährleistung der kommunalen Selbstverwaltung jedoch darf durch Entzug von Aufgaben der Gemeinde, sei es zur Übertragung auf Kreise oder andere höherrangige Instanzen oder Private (Privatisierung) nicht ausgehöhlt werden. Im Randbereich der Gewährleistung sind abhängig von der Art der kommunalen Selbstverwaltungsaufgabe Übertragungen aus Gründen des Gemeininteresses möglich. Ein solches Gemeininteresse ist insbesondere anzunehmen, wenn die ordnungsgemäße Aufgabenerfüllung auf andere Weise nicht sichergestellt ist.[468] Das Organisationsermessen verdichtet sich z.B. bei einer Kleinstgemeinde, deren Abwasserbeseitigungskonzept keine Gewähr für eine ordnungsgemäße Abwasserbeseitigung bietet, zu einer Pflicht zum Anschluss an einen Gemeindeverband.[469]

Aus der Gewährleistung des Art. 28 Abs. 2 S. 1 und 2 GG wird von einigen Stimmen aus der Literatur auch eine Selbstverwaltungspflicht der gewachsenen, übertragenen und an sich gezogenen kommunalen Aufgaben und damit auch der Abwasserbeseitigung hergeleitet.[470] Aus dem Umkehrschluss der verfassungsrechtlich gewährleisteten objektiven Rechtsinstitutsgarantie, die den Gemeinden die Kompetenz für die Regelung ihre Angelegenheiten zuweist, folgt demnach auch die verfassungsrechtliche Pflicht zur Ausübung dieser Kompetenz gegenüber dem „Staatsgan-

---

[466] Vgl. BVerfG, Beschluss vom 18.5.2004, Aktz. 2 BvR 2374/99, E 110, 370/401; BVerfG, Beschluss vom 23.11.1988, Aktz. 2 BvR 1619/83, E 79, 127/152; *Dreier*, in: Dreier, GG, Art. 28, Rn. 105.

[467] Vgl. BVerfG, Beschluss vom 23.11.1988, Aktz. 2 BvR 1619/83, E 79, 127/152 f.; BVerfG, Beschluss vom 7.10.1980, Aktz. 2 BvR 584/76, E 56, 298/312; *Dreier*, in: Dreier, GG, Art. 28 Rn. 138.

[468] Vgl. BVerfG, Beschluss vom 23.11.1988, Aktz. 2 BvR 1619/83, E 79, 127/153.

[469] Siehe OVG LSA, Urteil vom 12.12.2002, Aktz. A 2 S 464/98, Leitsatz und Rn. 38 (Juris).

[470] Vgl. Anhaltspunkte bei BVerfG, Beschluss vom 23.11.1988, Aktz. 2 BvR 1619/83, E 79, 127/150: Die Gemeinde ist eine „mit wirklicher Verantwortung ausgestattete Einrichtung der Selbstverwaltung" sowie *Stern*, in: Dolzer/Vogel, Bonner Kommentar zum GG, Bd. 7, Art. 28 Rn. 92 (13. Lfg. Zweitbearbeitung Art. 28, Dez. 1964); *Faber*, in: Denninger/Hoffmann-Riem/Schneider/Stein, GG, Art. 28 Abs. 1 II, Abs. 2, Rn. 40 ff. (2. EL Aug. 2002); *Brehme*, Privatisierung und Regulierung der öffentlichen Wasserversorgung, 2010, S. 291 f.

zen".[471] So ist auch eine Aufgabenentledigung, wie z.B. im Falle einer Privatisierung, nur durch eine pflichtgemäße und demnach verantwortungsvolle Ausübung ihrer Kompetenz möglich. Andererseits bedeutet die eigenverantwortliche Wahrnehmung auch eine kommunale Aufgabenverantwortung, die sich je nach Art der Organisation und Erfüllung, z.B. im Falle einer funktionalen Privatisierung, auch in eine kommunale Gewährleistungs- und Auffangverantwortung wandeln kann.[472]

c. Demokratieprinzip und kommunale Selbstverwaltungsgarantie

Auch aus dem Demokratieprinzip folgen für die Wahl der Organisationsformen Einschränkungen der Privatisierung der grundsätzlich staatlichen und kommunalen Aufgabe der Abwasserbeseitigung. Das Demokratieprinzip gem. Art. 20 GG fordert ein gewisses Legitimationsniveau. Es besteht zum einen aus der personellen Legitimation, derzufolge die tätig werdenden Amtswalter durch eine ununterbrochene Legitimationskette mit dem Volk verbunden sein müssen, und zum anderen aus der sachlich-inhaltlichen Legitimation, wonach die Staatsgewalt inhaltlich an die Verfassung und die erlassenen Parlamentsgesetze und auf ihrer Grundlage ergangenes Recht gebunden sind.[473]

In diesem Sinne weist die Aufgabenzuweisung und -erfüllung durch Eigenvornahme der mittelbaren Staatsverwaltung durch Eigen- und Regiebetriebe regelmäßig ein hohes Legitimationsniveau sowohl in personeller als auch in sachlich-inhaltlicher Hinsicht auf.[474] Denn in personeller Hinsicht gewährleistet die Beherrschung der kommunalen Eigen- und Regiebetrie-

---

471 Vgl. *Stern*, in: Dolzer/Vogel, Bonner Kommentar zum GG, Bd. 7, Art. 28 Rn. 92 (13. Lfg. Zweitbearbeitung Art. 28, Dez. 1964); *Faber*, in: Denninger/Hoffmann-Riem/Schneider/Stein, GG, Art. 28 Abs. 1 II, Abs. 2, Rn. 40 ff. (2. EL Aug. 2002).
472 Vgl. *Brehme*, Privatisierung und Regulierung der öffentlichen Wasserversorgung, 2010, S. 294 f. mit weiteren Nachweisen.
473 Vgl. hierzu schon unter 2. Kap. III. Abschn. Nr. 3 sowie ggf. zur institutionellen und der funktionalen Legitimierung, BVerfG, Beschluss vom 5.12.2002, Aktz. 2 BvL 5/98, E 107, 59/87.
474 Vgl. BVerfG, Beschluss vom 5.12.2002, Aktz. 2 BvL 5/98, E 107, 59/87 f.; BVerfG, Beschluss vom 24.5.1995, Aktz. 2 BvF 1/92, E 93, 37/66; BVerfG, Urteil vom 31.10.1990, Aktz. 2 BvF 3/89, E 83, 60/72 f.; BVerfG, Beschluss vom 1.10.1987, Aktz. 2 BvR 1178/86, E 77, 1/40.

be durch die kommunale Selbstverwaltung in den Bundesländern über Art. 28 Abs. 2 S. 1 und 2 GG und dem Homogenitätsgebot nach Art. 28 Abs. 1 S. 2 GG eine der Gesamtstaatsebene entsprechende demokratische Legitimationsstruktur.[475] In sachlich-inhaltlicher Hinsicht unterliegen die Gemeinden bei der Ausübung der Staatsgewalt, wie z.B. dem Erlass von Verwaltungsakten, nach den Gemeindeordnungen umfassenden Bindungen an die höherrangigen Vorschriften, die durch die staatliche Kommunalaufsicht kontrolliert werden.

Auch die Wahrnehmung der Aufgabe der Abwasserbeseitigung durch die funktionale Staatsverwaltung, u.a. Zweck- und Wasser-Verbände, genügt regelmäßig den Legitimationsanforderungen des Demokratieprinzips. Voraussetzung für die Übertragung von Staatsaufgaben an die funktionale Staatsverwaltung ist, dass nur abgegrenzte, historisch überkommene und sich traditionell bewährte Teilaufgaben und nicht Staatsaufgaben im engeren Sinne (insbesondere Gesetzgebung) übertragen werden. Des Weiteren haben die übertragenen Aufgaben und Handlungsbefugnisse der Organe von Trägern funktionaler Staatsverwaltung in einem von der Volksvertretung beschlossenen Gesetz ausreichend vorherbestimmt zu sein. Zudem ist die funktionale Selbstverwaltung institutionell so auszugestalten, dass eine autonome, interessengerechte Selbstverwaltung und eine effektive Aufgabenwahrnehmung sichergestellt ist. Schließlich ist die funktionale Selbstverwaltung durch personell demokratisch legitimierte Amtswalter zu beaufsichtigen.[476] Diese Voraussetzungen sind für die öffentlich-rechtliche Organisationsform durch die allgemeinen Organisationsgesetze der Länder über Zweckverbände und ggf. das Wasserverbandsgesetz im Allgemeinen gewährleistet.

Bei der Erledigung von Staatsaufgaben durch Private in funktionaler Selbstverwaltung, also insbesondere bei der funktionalen Privatisierung, hat das BVerfG entschieden, dass Legitimationsdefizite, unerheblich ob

---

475 Das Gemeinde- und Kreisvolk als Legitimationssubjekt wählt die jeweiligen Gemeinde- und Kreisvertretung/-organe/-Gremien als Legitimationsobjekt für die Erfüllung der kommunalen Aufgaben, vgl. BVerfG, Urteil vom 31.10.1990, Aktz. 2 BvF 2 6/89, E 83, 37/53 ff.; BVerfG, Urteil vom 31.10.1990, Aktz. 2 BvF 3/89, E 83, 60/74 f.

476 Vgl. BVerfG, Beschluss vom 5.12.2002, Aktz. 2 BvL 5/98, E 107, 59 /91 ff.; bestätigend, BVerfG, Beschluss vom 13.7.2004, Aktz. 1 BvR 1298, 1299/94, 1332/95, 613/97, E 111, 191/216 ff.; *Becker*, Demokratieprinzip und Mitwirkung Privater an der Erfüllung öffentlicher Aufgaben, DÖV 2004, 910/913 f.; *Schnapp*, in: v Münch/Kunig, GG, Art. 20, Rn. 29, S. 1419.

personeller oder sachlicher Natur, untereinander kompensiert werden können.[477] Im Falle eines beherrschenden Einflusses der Gemeinde auf eine Eigengesellschaft ist die demokratische Legitimation der Ausübung von Staatsgewalt durch die Einsetzung eines Aufsichtsrats und Kontroll- und Weisungsbefugnisse durch Gemeinderatsmitglieder und die Bindung des Unternehmenszwecks an die öffentliche Aufgabenerfüllung gesichert.[478] Im Falle der Ausübung von Staatsgewalt unter Beteiligung von Privaten im Rahmen von gemischt-wirtschaftlichen Unternehmen im Betreiber- oder Betriebsführungsmodell ist in Rechtsprechung und Literatur weitgehend anerkannt, dass die demokratische Legitimation einerseits durch eine starke personelle Legitimation vorliegen kann, indem in einem Gremium eine die Entscheidung tragende Mehrheit aus einer Mehrheit unbeschränkt demokratisch legitimierter Amtsträger besteht.[479] Aber andererseits ist stattdessen auch ein Aufwiegen durch eine starke sachlich-inhaltliche Legitimation, z.B. durch strikte Kontrollmechanismen, möglich.[480]

4. Öffentliche Organisation und dezentrale Abwasserentsorgung

Im Sinne des § 56 S. 1 WHG und entsprechender Vorschriften der allgemeinen Organisationsgesetze der Bundesländer sind die Gemeinden oder andere öffentliche Träger der Beseitigungspflicht grundsätzlich berechtigt, dezentrale Anlagen der Abwasserbeseitigung genauso wie zentrale Anla-

---

477 Vgl. BVerfG, Beschluss vom 5.12.2002, Aktz. 2 BvL 5/98, E 107, 59/93 f.; BVerfG, Beschluss vom 13.7.2004, Aktz. 1 BvR 1298, 1299/94, 1332/95, 613/97, E 111, 191/216 f.
478 Vgl. *Brehme*, Die Privatisierung der öffentlichen Wasserversorgung, 2010, S. 308 ff.
479 Vgl. BVerfG, Beschluss vom 5.12.2002, Aktz. 2 BvL 5/98, E 107, 59/88; dem folgend bzw. sogar verschärfend BerlVerfGH, Urteil vom 21.10.1999, Aktz. VerfGH 42/99, NVwZ 2000, S. 794/795 unter Verweis auf BVerfG, Beschluss vom 24.5.1995, Aktz. 2 BvF 1/92, E 93, 37/67 ff., vgl. auch *Freigang*, Verträge als Instrumente der Privatisierung, Liberalisierung und Regulierung in der Wasserwirtschaft, 2008, S. 188.
480 Vgl. BVerfG, Beschluss vom 5.12.2002, Aktz. 2 BvL 5/98, E 107, 59/ 94 f.; *Freigang*, Verträge als Instrumente der Privatisierung, Liberalisierung und Regulierung in der Wasserwirtschaft, 2008, S. 189; *Hoffmann-Riem*, Organisationsrecht als Steuerungsressource, S. 355, 376, 393 f.; *Voßkuhle*, VVDStRL 62 (2003), 266/ 291 ff 296; *Brehme*, Die Privatisierung der öffentlichen Wasserversorgung, 2010, S. 313.

gen in Eigenvornahme zu organisieren. Nach § 56 S. 3 WHG, den Vorschriften der Wassergesetze und den allgemeinen Organisationsgesetzen der Länder können sie sich auch privater Unternehmen oder den abwassererzeugenden natürlichen Personen zur Erfüllung ihrer Pflichten bedienen.

a. Eigenvornahme durch zentralen Betrieb dezentraler Abwasserbeseitigungsanlagen

Eine Eigenvornahme der Erfüllung der Abwasserbeseitigungspflicht liegt vor, wenn der öffentliche Träger unabhängig von der gewählten Organisationsform, z.B. Eigenbetrieb, die Anlagen im eigenen Namen errichtet und betreibt. Für dezentrale Anlagen kann dieser Betrieb auch als „zentraler Betrieb dezentraler Anlagen" bezeichnet werden.[481]

(1) Errichtung dezentraler und semi-dezentraler Abwasseranlagen

Die Errichtung und der Betrieb dezentraler und semi-dezentraler Anlagen zur Beseitigung von Abwasser in einer öffentlichen Einrichtung setzt genauso wie der Betrieb zentraler Anlagen voraus, dass der öffentliche Träger der Beseitigungspflicht die Anlagen als öffentliche Einrichtung widmen kann. Um die Anlagen dem Gemeingebrauch zu widmen, ist regelmäßig die Berechtigung zur Nutzung des Standortes (Eigentum, beschränktes dingliches Recht) erforderlich.[482] Der Widmungsakt kann ausdrücklich per Satzungsanordnung, Vertrag oder Verwaltungsakt oder konkludent, z.B. durch Inbetriebnahme, erfolgen.[483] Ist die Widmung einmal

---

[481] Vgl. auch *Hiessl, u.a.*, Contracting in der Wasserwirtschaft, 2010, S. 85 a.A., dort als „Contracting" bezeichnet.
[482] Vgl. OVG SN, Beschluss vom 24.9.2004, Aktz. 5 BS 119/4, Rn. 25 (Juris); VG Leipzig, Urteil vom 3.3.2004, Aktz. 6 K 1493/2, Rn. 18 (Juris); auch allgemein *Kluth*, in: Wolff/Bachof/Stober/Kluth, Verwaltungsrecht II, § 97 Rn. 184 ff., S. 764.
[483] z.B. durch den Satzungspassus: „Die zentralen und dezentralen Anlagen der Abwasserbeseitigung werden als öffentliche Einrichtung betrieben", allgemeine Meinung siehe nur OVG NI, Beschluss vom 27.10.2008, Aktz. 9 LA 159/08, Rn. 4 (Juris); OVG TH, Urteil vom 29.9.2008, Aktz. 4 KO 1313/5, DÖV 2009, 462/462; VGH BY, Beschluss vom 18.12.2006, Aktz. 23 ZB 06.2956, Rn. 5

erfolgt, so überdauert sie auch etwaige Eigentümerwechsel, denn der Erwerber erwirbt von vornherein nur öffentlich beschränktes Eigentum.[484] Während die Leitungen einer öffentlichen Einrichtung mit zentralem System regelmäßig unter gemeindeeigenen Straßen bis zur privaten Grundstücksgrenze oder einem Sammelschacht verlegt werden, liegt der Standort dezentraler und semi-dezentraler Anlagen regelmäßig auf privaten Grundstücken, soweit nicht unmittelbar ein gemeindeeigenes Grundstück angrenzt. Daher ist bei dezentralen und semi-dezentralen Anlagen regelmäßig die Inanspruchnahme von Privatgrundstücken erforderlich. Sofern keine einvernehmliche Lösung per Zustimmung zur Widmung, Dienstbarkeit oder Erbbaurecht und Eintragung im Grund- und Erbbaubuch möglich ist, kann eine Duldung zur Errichtung auf dem Grundstück gem. §§ 92 und 93 WHG oder eine Enteignung notwendig sein.[485] In den Wassergesetzen und Enteignungsgesetzen der Bundesländer finden sich regelmäßig Enteignungstatbestände zum Zwecke der öffentlichen Abwasserbeseitigung.[486]

(2) Betrieb dezentraler und semi-dezentraler Abwasseranlagen

Der Betrieb dezentraler und semi-dezentraler Anlagen setzt neben dem notwendigen Personal und Mitteln zur technischen und verwaltungsmäßigen Betriebsführung auch die hierzu erforderlichen Berechtigungen, wie z.B. zum Betreten des Standortes und sonstigen notwendigen Handlungen, voraus. Die notwendigen Berechtigungen zum Betrieb dezentraler Abwasseranlagen liegen ohne Weiteres vor, soweit sich der Standort der Anlage auf einem im Eigentum des öffentlichen Trägers stehenden Grundstücks befindet. Bei einvernehmlichen oder im Wege der Enteignung eingeräum-

---

(Juris); OVG SN, Beschluss vom 24.9.2004, Aktz. 5 BS 119/04, Rn. 22 (Juris); *Burgi,* Kommunalrecht, § 16 Rn. 6 f., S. 215; *Geis,* Kommunalrecht, § 10 Rn. 12 ff., S. 78 f.; *Kluth,* in: Wolff/Bachof/Stober/Kluth, Verwaltungsrecht II § 97 Rn. 186 ff., S. 764 f.

484 OVG SN, Beschluss vom 24.9.2004, Aktz. 5 BS 119/04, Rn. 27 (Juris); VG Leipzig, Urteil vom 24.1.2006, Aktz. 6 K 719/5, Rn. 22 (Juris); Papier, Recht der öffentlichen Sachen, 1998, S. 16 und 30.

485 Vgl. exemplarisch für eine eingeräumte Dienstbarkeit: VG München, Urteil vom 27.9.2007, Aktz. M 10 K 06.3575, Rn. 35 (Juris).

486 Vgl. beispielsweise Art. 56 WG BY sowie §§ 58 WG BBG; 102 S. 1 WG M-V; 46 S. 1 WG NW; 120 Abs. 2 S. 1 WG RP; 97 WG TH.

ten Grundstücksrechten besteht, z.B. für Dienstbarkeit und Erbbaurecht im Zweifel nach § 1018 BGB, das Betretungsrecht und das Recht zu schonendem Betrieb der Anlage. Während der Betrieb dezentraler und semi-dezentraler Anlagen zur Abwasserbeseitigung auf den Grundstücken von Privaten mit notwendigen Betretungsrechten und technischen Betriebsführungshandlungen noch mit Art. 13 GG vereinbar ist, dürfte bei haus- und wohnungsinternen Anlagen zur Mehrfachnutzung von Wasser, wie Hausinstallationen, die Grenze erreicht sein. Denn der Bau und Betrieb dieser Installationen reicht weit in den privaten Bereich, insbesondere in die nach Art. 13 GG geschützte Wohnung hinein. Mit dem Zweck einer notwendigen öffentlichen Organisation zur Sicherstellung der ordnungsgemäßen Beseitigung oder Verwertung des Abwassers ist dies nicht mehr zu rechtfertigen. Aus diesem Grund besteht grundsätzlich für die öffentliche Organisation der Wasserrecyclinganlagen kein Bedürfnis. Denn anders als bei der dezentralen Schmutzwasserbeseitigung, an der ein geringes persönliches und ein hohes öffentliches Interesse besteht und somit bei privatem Betrieb Abwassermissstände drohen, haben die Abwasser verwertenden Personen beim Wasserrecycling regelmäßig selbst ein großes privates Interesse an der ordnungsgemäßen Aufbereitung. Dies hat zur Folge, dass die ordnungsgemäße Mehrfachnutzung des Abwassers im Sinne des Wohls der Allgemeinheit grundsätzlich gewährleistet ist.

(3) Funktionale Privatisierung der Betriebsleistungen

Die für den Betrieb notwendigen Handlungen zur Aufgabendurchführung, wie u.a. die wichtige Wartung und Instandhaltung, können die beseitigungspflichtigen öffentlichen Träger durch eigene Bedienstete ihrer Organisationsform, z.B. Regiebetrieb, erbringen. Es besteht aber auch die Möglichkeit, die einzelnen Handlungen im Rahmen einer funktionalen Privatisierung einem Dritten, regelmäßig einer juristischen Person des Privatrechts, z.B. einem Fachbetrieb für Entsorgung, als Verwaltungshelfer zu übertragen.

b. Funktionale Privatisierung auf Abwasserproduzenten

Die öffentlichen Träger der Beseitigungspflicht sind grundsätzlich gem. § 56 S. 1 WHG und entsprechenden Vorschriften der Wassergesetze und

II. Organisation der Abwasserbeseitigung – Beseitigungsverpflichtete

Organisationsgesetze der Bundesländer auch berechtigt, sich der Abwassererzeuger oder einem Zusammenschluss von Abwassererzeugern zur Erfüllung der Aufgabe zu bedienen. Die funktionale Privatisierung ist bislang im Rahmen verschiedener Modelle hauptsächlich für den Betrieb von zentralen Anlagen durch juristische Personen eingesetzt worden. Aber im Rahmen der funktionalen Privatisierung ist grundsätzlich auch die individuelle Zuordnung von Aufgabendurchführungshandlungen an natürliche Personen, Zusammenschlüsse von natürlichen Personen oder kleine juristische Personen denkbar.

(1) Abwasserproduzenten als Verwaltungshelfer

Aus dem Wortlaut und der Systematik der Sätze des § 56 WHG folgt grundsätzlich, dass von dem Wortlaut „Dritten" alle Personen, die personenverschieden von dem jeweiligen öffentlichen Träger der Beseitigungspflicht sind, erfasst werden. Die beseitigungspflichtigen öffentlichen Träger sind daher berechtigt, sich natürlicher und juristischer Personen zur Erfüllung ihrer Pflichten zu bedienen. Nach dem Wortlaut sind daher grundsätzlich auch die privaten und öffentlichen Abwassererzeuger selbst erfasst. Abwassererzeuger können sowohl eine natürliche Person des Privatrechts, wie z.B. der Grundstückseigentümer, als auch Zusammenschlüsse mehrerer natürlicher Personen, z.B. Erben- oder Wohnungseigentümergemeinschaften, oder juristische Personen, z.B. Kasernen, Gesellschaften oder Körperschaften, sein.

Nach einer Ansicht in der Literatur jedoch ist der Anwendungsbereich der Regelung teleologisch zu reduzieren. Abwassererzeuger dürfen demnach nicht an der Entsorgung ihres eigenen, an sich überlassungspflichtigen Abwassers mitwirken.[487] Begründet wird die Ansicht damit, dass das Wassergesetz des Landes Baden-Württemberg die Zurückübertragung der Erfüllung der Abwasserbeseitigungspflicht an den Überlassungspflichtigen nicht zulasse. Denn dies hätte zur Folge, dass der Beauftragte dann sein eigenes Abwasser selbst zu beseitigen hätte, auch wenn dabei die Verantwortung für die Abwasserbeseitigung nach wie vor bei der Gemeinde verbleiben würde. Im Übrigen läge auch „die Verkehrssicherungs-

---

487 Vgl. *Kotulla*, WHG § 56 Rn. 7, unter Verweis auf *Habel*, WG BW, 1982, § 45 b Rn. 20.

pflicht im Hinblick auf den Betrieb der Abwasseranlage weiterhin in der Zuständigkeit der Gemeinde".[488]

Die einschränkende Auslegung des Wortlauts der Wassergesetze und damit die Einschränkung der funktionalen Privatisierung ist jedoch abzulehnen. Zunächst ist die Einbindung von privaten Personen einschließlich der Abwassererzeuger selbst im Rahmen von Modellen zur funktionalen Privatisierung ohne Weiteres vom Wortlaut des § 56 S. 3 WHG und den gleichlautenden Vorschriften in den Landeswassergesetzen gedeckt. Der Begriff erfasst grundsätzlich jede rechtsfähige Person des privaten und des öffentlichen Rechts, solange ihr nicht selbst die Abwasserbeseitigungspflicht auferlegt ist. Auch die ähnlich ausgestaltete Vorschrift im KrWG zur funktionalen Privatisierung wurde und wird dementsprechend ausgelegt.[489] Auch die für eine teleologische Reduktion der Vorschrift vorgebrachten Gründe der Verkehrssicherung und des Auseinanderfallens von Durchführung und Verantwortlichkeit rechtfertigen es nicht, den bei der Entsorgung seines eigenen Abwassers mitwirkenden Erzeuger von vornherein von dem Institut der funktionalen Privatisierung auszuschließen. Denn das Auseinanderfallen der Aufgabenverantwortlichkeit und Durchführung liegt jeder funktionalen Privatisierung zugrunde. Die ordnungsgemäße Abwasserbeseitigung kann durch die Gestaltung entsprechender gesetzlicher Regelungen, Satzungsvorschriften oder privatrechtlicher Vereinbarungen regelmäßig sichergestellt werden. Die funktionale Privatisierung auf den Abwassererzeuger ist auch sinnvoll und zweckmäßig, denn im Gegensatz zur vollständigen Übertragung der Abwasserbeseitigungspflicht können sie so stärker in eine von der Gemeinde organisierte Abwasserentsorgung eingebunden werden.

(2) Gegenstand funktionaler Privatisierung auf den Abwasserzeuger

Als Gegenstände, also übertragbare Handlungen der Aufgabendurchführung im Rahmen einer funktionalen Privatisierung auf die Abwassererzeu-

---

488 Vgl. *Habel*, Wassergesetz BW, 1982, § 45 b Rn. 20.
489 Siehe *V. Lersner*, in: V. Lersner/Wendeburg, Recht der Abfallbeseitigung Kz. 0116, Krw/AbfG, § 16 Rn. 9; *Schink*, in: Jarass/Petersen/Weidemann Krw/AbfG, 100 B, § 16 Rn. 18 (EL 5 August 1998); *Klowait*, Die Beteiligung Privater an der Abfallbeseitigung, 1995, S. 68; *Versteyl,* in: Versteyl/Mann/Schomerus, KrwG, § 22 Rn. 6.

ger kommen insbesondere die Errichtung, der Betrieb oder die Betriebsführung von Anlagen und Kombinationen hiervon in Betracht.

i. Errichtung und Betrieb durch Abwassererzeuger

Im Rahmen des Betreibermodells errichten und betreiben anstatt des öffentlichen Trägers die Grundstückseigentümer die für die dezentrale und semi-dezentrale Abwasserentsorgung notwendigen Einrichtungen auf ihren eigenen Grundstücken nach den Vorschriften des Wasser-, Bau- und Ortsrechts.[490] Solange die Anlage auf den im Eigentum der Abwassererzeuger stehenden Grundstücken errichtet wird, stehen die nach diesem Modell durch sie finanzierten und gebauten Anlagen regelmäßig in deren Eigentum. Daher ist zur Einbeziehung in die öffentliche Einrichtung die Widmung der Anlagen erforderlich. Der erforderliche Widmungsakt bedarf der Zustimmung des Eigentümers. Sofern, z.B. aus Platzmangel auf den privaten Grundstücken, die Inanspruchnahme eines Grundstücks der Gemeinde erforderlich ist, besteht die Möglichkeit, dass der öffentliche Träger dem Abwassererzeuger ein dingliches Recht z.B. ein Erbbaurecht gem. ErbbauRG einräumt,[491] das die Rechtsinhaberschaft an der Abwasseranlage sichert.[492] Darüber hinaus sind die natürlichen oder juristischen Personen im Rahmen des Betreibermodells zum Betrieb der Anlagen, also zur technischen und bei Gruppenlösungen auch zur verwaltungsmäßigen Betriebsführung verpflichtet.

---

490 Vgl. zum Betreibermodell allgemein: *Geis*, Kommunalrecht, § 12 Rn. 107 a, S. 197; *Gern*, Dt. Kommunalrecht, Rn. 767, S. 491 f.; *Burgi*, Kommunalrecht, § 17 Rn. 90, S. 281; sowie *Hellermann*, in: Hoppe/Uechtritz, Handbuch kommunale Unternehmen, § 7 Rz. 193; *Bonk*, in: Stelkens/Bonk/Sachs, Verwaltungsverfahrensgesetz, § 54 Rn. 43 g und 43 i; *Lämmerzahl*, Die Beteiligung Privater, 2007, S. 201; *Kühne*, LKV 2006, 489/489; *Blanke/Trümmer*, Handbuch Privatisierung, IV 4 a), Rn. 39 ff.; *Cronauge/Westermann*, Kommunale Unternehmen, Kap.XI 2.2. e), Rn. 348 ff., S. 221 sowie 4.1.1., Rn. 384, S. 240; spezifisch zur Abwasserbeseitigung: *Nisipeanu*, Privatisierung der Abwasserbeseitigung, 1998, S. 77.
491 Erbbaurechtsgesetz in der im BGBl. III, Nr. 403-6 veröffentlichten bereinigten Fassung, zuletzt geändert durch Gesetz vom 1.10.2013 (BGBl. I S. 3719).
492 Vgl. *Nisipeanu*, Privatisierung der Abwasserbeseitigung, 1998, S. 77 f.

3. Kapitel: Abwasserentsorgung unter dem Regime des Abwasserrechts

ii. Betriebsführung durch Abwassererzeuger

Im Rahmen eines Betriebsführungsmodells errichtet der öffentliche Träger die für die Abwasserbeseitigung notwendige dezentrale oder semi-dezentrale Anlage und überträgt deren Betriebsführung auf die Grundstückseigentümer.[493] Bei der Errichtung der dezentralen oder semi-dezentralen Anlagen auf Grundstücken, die im Eigentum des öffentlichen Trägers stehen, ist dies ohne Weiteres möglich. Ist die Errichtung einer dezentralen oder semi-dezentralen Anlage auf einem Grundstück der Gemeinde nicht möglich oder praktisch sinnvoll, so kommt auch die einvernehmliche oder zwangsweise Inanspruchnahme fremden Eigentums in Betracht. Für semi-dezentrale Anlagen könnte diese Lösung praktikabel sein, für rein dezentrale Anlagen angesichts ggf. zahlreicher Einzelgrundstücke und Einzeleinrichtungen und damit zahlreicher notwendiger Vereinbarungen oder Enteignungen kann dies bezweifelt werden. Die technische und verwaltungsmäßige Betriebsführung der Einrichtungen ist durch einzelne angeschlossene natürliche Personen oder durch Organe juristischer Personen, z.B. einen Abwasserverein, möglich.

iii. Contracting für Abwasseranlagen

Im Rahmen des Contracting- oder auch Kümmerermodells errichtet der Abwassererzeuger, ggf. mit dem öffentlichen Träger der Beseitigungspflicht abgestimmt, die notwendigen dezentralen oder semi-dezentralen Anlagen der Abwasserentsorgung auf dem Grundstück. Der öffentliche Träger übernimmt umfassend die Betriebsführung, insbesondere die technischen Teilaufgaben Wartung und Instandhaltung. Der Abwassererzeuger übernimmt allerhöchstens Hilfstätigkeiten, wie z.B. Anschalten, Sichtkontrolle nach Anweisung. Für dezentrale Individual- und semi-dezentrale Gruppenlösungen ist das Contractingmodell zur Sicherstellung der ord-

---

493 Vgl. zum Betriebsführungsmodell allgemein: *Geis*, Kommunalrecht, Rn. 107 a, S. 197; *Gern*, Dt. Kommunalrecht, Rn. 767, S. 491 f.; *Burgi*, Kommunalrecht, § 17 Rn. 90, S. 281; *Lämmerzahl*, Die Beteiligung Privater, 2007, S. 204; spezifisch zur Abwasserbeseitigung, *Nisipeanu*, Privatisierung der Abwasserbeseitigung, 1998, S. 81; *Bonk*, in: Stelkens/Bonk/Sachs, Verwaltungsverfahrensgesetz, § 54 Rn. 43j.

nungsgemäßen Abwasserbeseitigung, insbesondere der wichtigen Wartung der Anlagen, durch den öffentlichen Träger sinnvoll.

(3) Rechtsbegründender Akt der funktionalen Privatisierung

Für die Entstehung einer funktionalen Privatisierung ist ein rechtsbegründender Akt in Form einer öffentlich-rechtlichen Vereinbarung, eines Verwaltungsaktes oder einer Satzungsregelung erforderlich. Denn die Inanspruchnahme privater Grundstücke als auch jegliche Einbeziehung in die Aufgabendurchführung der Abwasserbeseitigung als Verwaltungshelfer stellt einen Eingriff in Art. 14 und Art. 2 Abs. 1 GG dar. Zudem können die Verwaltungshelfer nicht für die Gemeinde tätig werden, sofern sie nicht mit Wissen und Wollen des öffentlichen Trägers als Verwaltungshelfer in die Aufgabendurchführung einbezogen worden sind. Prinzipiell kommen als rechtsbegründender Akt der funktionalen Privatisierung auf den Abwassererzeuger bei allen Modellen der funktionalen Privatisierung Vereinbarungen in Betracht. Die zwangsweise Begründung für Private ist hingegen nur beim Contractingmodell denkbar. Eine aufgrund eines Gesetzes zulässige zwangsweise funktionale Privatisierung besteht in einigen Bereichen (z.B. Lohnsteuereinzug des Arbeitgebers). In den Wassergesetzen oder den allgemeinen Organisationsgesetzen der Bundesländer ist hingegen außer der nicht einschlägigen Hand- und Spanndienste nicht ausdrücklich eine zwangsweise funktionale Privatisierung geregelt. Allerdings kommt zur zwangsweisen Einbindung der Abwassererzeuger in das Contractingmodell der Anschluss- und Benutzungszwang in Betracht. Er kann, wie nachstehend noch zu erörtern sein wird, den Anschluss an jede Art von Anlage sowie jede Art von Leistungsdarbietung einer öffentlichen Einrichtung zum Gegenstand haben. Allerdings richtet sich der Anschluss nur auf eine von dem öffentlichen Träger bereitgestellte Leistung und die Benutzung umfasst nur ebendiese Leistung. Nicht als Anschluss erfasst ist daher die Schaffung einer öffentlichen Einrichtung durch den Abwassererzeuger und die Benutzung im Sinne einer umfassenden Betriebsführung.[494] Die im Rahmen von Betreiber- und Betriebsführungsmodell vom Abwassererzeuger vorzunehmende Errichtung der Einrichtung kann daher

---

494 Vgl. VGH BY, Urteil vom 14.7.2011, Aktz. 4 N 10.2660, DVBl. 2011, 1374/1374 f.

3. Kapitel: Abwasserentsorgung unter dem Regime des Abwasserrechts

nicht als Anschluss und die technische Betriebsführungshandlung nicht als Benutzung angesehen werden. Einzig im Contractingmodell können die Inanspruchnahme der Leistung des öffentlichen Trägers als Anschluss und die von dem Abwassererzeuger erforderlichen geringfügigen Mitwirkungshandlungen als Benutzung der öffentlichen Einrichtung angesehen werden.

(4) Einwirkungsregelungen auf den Abwassererzeuger

Im Sinne des Demokratiegebotes hat der öffentliche Träger der Beseitigungspflicht auf den im Rahmen einer funktionalen Privatisierung eingesetzten Verwaltungshelfer und dessen Handlungen in der Abwasserbeseitigung einen angemessenen personellen und sachlich-inhaltlichen Einfluss sicherzustellen. Andernfalls gelten die Handlungen des (privaten) Dritten nicht als Tätigkeiten eines Verwaltungshelfers im Rahmen einer funktionalen Privatisierung, sondern als Übertragung der Tätigkeit im Umfang einer materiellen Privatisierung.[495] Welche Art Einfluss in Form von konkreten Einfluss- und Kontrollmöglichkeiten erforderlich ist, ist bundes- und landesgesetzlich nicht vorgeschrieben. Maßstab für die Einwirkungsmöglichkeiten der Gemeinde ist die Versorgung oder genauer die Versorgung mit Entsorgung, die bei öffentlich-rechtlicher Ausgestaltung des Benutzungsverhältnis gewährleistet wäre.[496] Personell wird der erforderliche Einfluss auf den Betrieb der Einrichtung bei juristischen Personen des Privatrechts regelmäßig sowohl durch Einsetzung von Gemeinderatsmitgliedern und Beauftragten in die Entscheidungsgremien (z.B. Aufsichtsrat der Aktiengesellschaft) als auch über gesellschaftsrechtliche Beteiligungen sichergestellt. Sachlich-inhaltlich ist der erforderliche Einfluss auf den Einrichtungsbetrieb nur gegeben, wenn der private Dritte beim technischen Betrieb der Einrichtung den Weisungen der Gemeinde unterliegt, mit denen diese die Umsetzung der gesetzlichen, satzungsrechtlichen so-

---

495 Vgl. hierzu mit verallgemeinerungsfähigen Aussagen zur Fernwärmeversorgung, BVerwG, Urteil vom 6.4.2005, Aktz. 8 CN 1/04, NVwZ 2005, 963/963 f.; OVG SN, Urteil vom 25.2.2003, Aktz. 4 D 699/99, Leitsatz und Rn. 75 (Juris); OVG SN; Urteil vom 3.6.2003, Aktz. 4 D 373/99, Leitsatz und Rn. 120 ff. (Juris).
496 Vgl. BVerwG, Urteil vom 6.4.2005, Aktz. 8 CN 1.04.Vgl. BVerwG, NVwZ 2005, 1072/1074; OVG LSA, NVwZ-RR 2008, 810/811; OVG TH, Urteil vom 24.9.2007, Aktz. 4 N 70/03, Rn. 36 ff.; *Zöllner*, in: Sieder/Zeitler/Dahme/Knopp, WHG Bd 3, § 18 a WHG (a.F.) Rn. 14 (EL 36 Aug 2008).

II. Organisation der Abwasserbeseitigung – Beseitigungsverpflichtete

wie der weiteren von ihr für zweckmäßig gehaltenen Vorgaben sicherstellen kann.[497] Nicht erforderlich ist, dass alle Betriebsführungsmaßnahmen der Gemeinde vorher zur Entscheidung vorgelegt werden. Es genügt regelmäßig eine repressive Aufsicht in Form einer Weisungsbefugnis im Bedarfsfall.[498] Die Einwirkungsbefugnisse müssen auch nicht einzeln aufgeschlüsselt sein, es genügt eine Generalklausel.[499] Des Weiteren müssen die für die Wahrnehmung der Einwirkungsklausel erforderlichen Informations- und Betretungsrechte sowie das Recht zur Einsicht von Betriebsunterlagen und zur Vornahme von Betriebshandlungen, eingeräumt werden.[500] Zudem bedarf es einer Eintrittsmöglichkeit für den Fall der Beendigung der funktionalen Privatisierung (auch sog. Endschaftsregelungen), sei es aufgrund des Ausfalls des Privaten (Havarie, Insolvenz, persönliche Unmöglichkeit) oder aus sonstigen Gründen.[501]

Im Rahmen der funktionalen Privatisierung von Aufgabendurchführungshandlungen auf die abwassererzeugenden natürlichen Personen des Privatrechts greifen die personellen Einwirkungsmöglichkeiten nicht ein. Demnach sind also die Festlegung von Einwirkungsbefugnissen im Rahmen von Verträgen und im Contractingmodell ggf. auch durch Satzungsvorschriften und darauf gestützte Maßnahmen erforderlich.

Abwassererzeugende natürliche Personen können sich zu privatrechtlichen Organisationsformen mithin zu juristischen Personen des Privatrechts, z.B. in Vereinen, BGB-Gesellschaften oder Genossenschaften, zu-

---

497 OVG SN, Beschluss vom 24.9.2004, Aktz. 5 BS 119/04, Rn. 9 (Juris); *Schoch*, NVwZ 2008, S. 241/245 f.; *Sander*, VBlBW, 2009, 161/163; *Britz*, Die Verwaltung 2004 (37), S. 145/154; *Bauer*, VerwArch 1999 (90), 561/ 562.
498 Vgl. OVG SN, Beschluss vom 24.9.2004, Aktz. 5 BS 119/04, Rn. 22 (Juris); für ähnliche Regelung in der Wasserversorgung, OVG SN, Beschluss vom 24.9.2004, Aktz. 5 BS 119/04, Rn. 9; für die Fernwärmeversorgung, OVG SN, Urteil vom 3.6.2003, Aktz. 4 D 373/99, Rn. 129; allgemein *Zacharias*, Die Privatisierung der Abwasserbeseitigung, DÖV 2001, S. 454/455
499 Für ähnliche/gleichlautende Regelung in der Wasserversorgung, OVG SN, Beschluss vom 24.9.2004, Aktz. 5 BS 119/04, Rn. 22 (Juris).
500 OVG SN, Beschluss vom 24.9.2004, Aktz. 5 BS 119/04, Rn. 22 (Juris); Vgl. u.a. *Bohne/Heinbuch*, NVwZ 2006, 489/492; siehe auch *Nisipeanu*, Privatisierung der Abwasserbeseitigung, 1998, S. 77 ff.
501 OVG SN, Beschluss vom 24.9.2004, Aktz. 5 BS 119/04, zitiert nach Juris, Rn. 9 und Rn. 26 ff.; *Schoch*, NVwZ 2008, S. 241/ 245 f. ; *Sander*, VBlBW, 2009, 161/163; *Britz*, Die Verwaltung 2004 (37), S. 145/154; *Bauer*, VerwARch 1999 (90), 561/ 562; *Nisipeanu*, 1998, S. 79, 85, 87; *Bohne/Heinbuch*, NVwZ 2006, S. 489/492; *Burgi*, NVwZ 2001, S. 601/606.

sammenschließen. In diesen Fällen kann personell der Einfluss auch durch die Einsetzung von Gemeinderatsmitgliedern in die Organe der juristischen Person gesichert werden. Sachlich-inhaltlich können die Zwecke der Gemeinde in den Satzungen der Vereine oder den Verträgen der BGB-Gesellschaften festgeschrieben werden.

5. Private Organisationsformen der Abwasserbeseitigung und -verwertung

Grundsätzlich sind die juristischen Personen des öffentlichen Rechts gem. §§ 56 und 54 Abs. 2 WHG zur Abwasserbeseitigung sowie zur Beseitigung des in Kleinkläranlagen anfallenden Schlamms verpflichtet. Im Sinne des § 56 S. 2 WHG bestehen jedoch in allen Wassergesetzen der Bundesländer regelmäßig Tatbestände, nach denen in Ausnahme vom Grundsatz der Abwasserbeseitigungspflicht juristischer Personen des öffentlichen Rechts aus Gründen der (wirtschaftlichen) Zumutbarkeit, des ökologischen Sinns und Zwecks oder der Verwaltungspraktikabilität die Beseitigungspflicht für angefallenes Abwasser auf die jeweiligen Abwassererzeuger übertragen werden kann. Abwassererzeuger können sowohl Privatrechtssubjekte, wie z.B. einzelne Bürger, als auch von dem beseitigungspflichtigen öffentlichen Träger personenverschiedene juristische Personen des öffentlichen Rechts, wie z.B. Kasernen, sein. Die Übertragungstatbestände ermöglichen unter bestimmten Voraussetzungen im Wege einer gesetzlichen Einzelfallentscheidung und gebietsweise per Gemeindesatzung die Beseitigung durch die das Abwasser erzeugenden Personen. Dabei ist zu beachten, dass die Gemeinde nicht endgültig, sondern nur für die Zeit der Übertragung von ihrer Pflicht befreit ist. Sie bleibt generell in der sog. Reserveverantwortung, d.h. sie ist gehalten, für den Ausfall oder die Störung der Abwasserbeseitigung durch den Abwassererzeuger Reservelösungen vorzuhalten.[502]

---

[502] Vgl. zur Privatisierung eines Weihnachtsmarktes BVerwG, Urteil vom 27.5.2009, Aktz. 8 C 10.08, NVwZ 2009, S. 1305/1305 f.; *Kotulla*, WHG, § 56 Rn. 16; *Nisipeanu*, in: Berendes/Frenz/Müggenborg, § 56 WHG Rn. 30, *Nisipeanu*, NuR 1998, 467/474; *Queitsch*, Das neue Wasserhaushaltsgesetz, UPR 2010, Heft 3, S. 85/ 87

II. Organisation der Abwasserbeseitigung – Beseitigungsverpflichtete

a. Sinn und Zweck der Übertragungstatbestände

Sinn und Zweck der landesrechtlichen Ausnahmeregelungen von der umfassenden Abwasserbeseitigungspflicht der juristischen Personen des öffentlichen Rechts gem. § 56 WHG ist die Gewährleistung einer dem Wohl der Allgemeinheit entsprechenden öffentlichen Abwasserbeseitigung. Der der objektiven Pflichtzuweisung zugrundeliegende Grundsatz der Reduktion der Direkteinleiter und Konzentration auf juristische Personen des öffentlichen Rechts entspricht nicht in allen Fällen besser dem Wohl der Allgemeinheit als die Entsorgung durch die Abwassererzeuger. Den Ausnahmetatbeständen liegt regelmäßig die Annahme zugrunde, dass der öffentliche Träger der Beseitigungspflicht im Rahmen der öffentlichen Einrichtung eine zentrale Anlage betreibt, während der einzelne Abwassererzeuger im Rahmen einer privaten Einrichtung eine dezentrale Anlage betreibt. Dass dieses Paradigma nicht uneingeschränkt gilt, also auch dezentrale Anlagen im Rahmen einer öffentlichen Einrichtung betrieben werden können, wurde vorstehend erörtert. Unabhängig davon jedoch kann eine Entsorgung durch Abwassererzeuger in einer privaten Einrichtung zumindest kostengerechter sein als eine Beseitigung in zentralen Anlagen. Dies kommt auch in den Übertragungstatbeständen regelmäßig zum Ausdruck.

Grundsätzlich stellt die Abwasserbeseitigungspflicht auch eine Abwasserbeseitigungslast für den Beseitigungspflichtigen dar. Sowohl der öffentliche Träger als auch der Abwassererzeuger kann ein tatsächliches Interesse an der Abwasserbeseitigungspflicht haben. Der öffentliche Träger kann z.B. ein Interesse daran haben, eine unterausgelastete zentrale Anlage zu füllen. Der Abwassererzeuger hat bei einer teuren öffentlichen Abwasserbeseitigung Interesse, durch eine dezentrale Anlage Kosten zu sparen. Die Regelungen über die Abwasserbeseitigungspflicht, also die grundsätzliche objektive Pflichtzuweisung und die Ausnahmen in Form von Übertragungstatbeständen, bestehen jedoch rechtlich grundsätzlich im öffentlichen Interesse.[503] Auch wenn gelegentlich ein Antragsrecht des Abwassererzeugers zur Auferlegung der Pflicht zur eigenen Vornahme der Abwasserbeseitigung besteht, können Private aus den Übertragungstatbe-

---

503 Vgl. hierzu zu den Übertragungstatbeständen unter 3. Kap. II Nr. 5 lit. d sowie OVG NW, Urteil vom 2.4.1998, Aktz. 20 3189/96, NVwZ-RR 1999, 166/166 f.; VG Düsseldorf, Urteil vom 30.12.2003, Aktz. 5 K 7535/01, NVwZ-RR 2004, 610/610 f.; *Dierkes*, SächsVBl 1996, 269/277 mit Verweis auf BVerwG, UPR 1990, 63/64 (zum Ausschluss von Abfällen von der öffentlichen Entsorgung).

3. Kapitel: Abwasserentsorgung unter dem Regime des Abwasserrechts

ständen keine subjektiven Rechte in Form von Ansprüchen auf Übertragung oder Nichtübertragung herleiten.[504]

b. Rechtsnatur der Übertragungstatbestände

Die Abwasserbeseitigungspflicht wird entweder in einigen Bundesländern durch ausdrückliche Satzungsregelungen oder in den anderen durch Gesetz und damit letztlich durch Verwaltungsakt übertragen.[505] In den Bundesländern, in denen die Übertragung per Satzungsregelung erfolgt, ist die Beseitigung von Schmutz- und überwiegend auch Niederschlagswasser grundsätzlich bei den Gemeinden angesiedelt. Unter unterschiedlichen Voraussetzungen sind die Gemeinden oder anderen öffentlichen Träger berechtigt, per Satzung die Beseitigungspflicht für das auf bestimmten Grundstücken anfallende Schmutz- und Niederschlagswasser auf die Abwassererzeuger zu übertragen.[506] Hierfür ist neben dem Vorliegen der materiellen Voraussetzungen regelmäßig eine Festsetzung der anderweitigen Beseitigung im Abwasserbeseitigungskonzept und eine Zustimmung der Wasserbehörde erforderlich.[507] Eine Rückübertragung der Beseitigungspflicht vom Abwassererzeuger auf die Gemeinde oder andere öffentliche Träger bedarf einer Satzungsänderung.

In jenen Bundesländern, in denen die Übertragung per Verwaltungsakt der Wasserbehörde erfolgt, ist die Pflicht der Schmutzwasserbeseitigung

---

504 Vgl. OVG BBG, Urteil vom 31.7.2003, Aktz. 2 A 316/02, Rn. 44 (Juris); OVG NW, Urteil vom 2.4.1998, Aktz. 20 3189/96, NVwZ-RR 1999, 166/166 f.
505 Übertragung per Satzungsregelungen in SH, LSA („(...) durch Satzung (...)") Übertragung per Gesetz/Konkretisierung durch Verwaltungsakt in NW, M-V, vgl. z.B. OVG NW, Urteil vom 2.4.1998, Aktz. 20 3189/96, NVwZ-RR 1999, 166/166 f.; vgl. zur Übertragung im allgemeinen: *Nisipeanu*, in: Berendes/Frenz/Müggenborg, WHG, § 56 Vorbemerkung und Rn. 4; *Czychowski/Reinhardt*, § 56 WHG Rn. 14; BT-Drucks. 16/12275, S. 68; *Kotulla*, WHG, § 56 Rn. 11; *Zöllner*, in: Sieder/Zeitler/Dahme/Knopp, Bd. 3, WHG § 18 a WHG a.F. (= 56 WHG n.F.), Rn. 14 a (EL 36 Aug 2008).
506 Art. 34 Abs. 2 WG BY (für Schmutz- und Niederschlagswasser) sowie §§ 96 Abs. 4 WG NI (nur für Schmutzwasser, gesetzliche Übertragung von Niederschlagswasser); 79a Abs. 1 WG LSA (nur für Schmutzwasser, gesetzliche Übertragung von Niederschlagswasser); 31 Abs. 2 WG SH (für Schmutz- und Niederschlagswasser).
507 Siehe zur Genehmigung/Zustimmung der Wasserbehörde beispielsweise §§ 96 Abs. 4 WG NI; 79a Abs. 1 WG LSA; 31 Abs. 2 WG SH.

II. Organisation der Abwasserbeseitigung – Beseitigungsverpflichtete

regelmäßig bei den Gemeinden und die Pflicht zur Niederschlagswasserbeseitigung weit überwiegend bei den Abwassererzeugern, also den Grundstückseigentümern, angesiedelt. Die Übertragung der Beseitigungspflicht des Schmutzwassers von dem öffentlichen Träger auf die jeweiligen Abwassererzeuger wird regelmäßig ausschließlich auf Antrag der öffentlichen Träger in Gang gesetzt.[508] Bei der Verwaltungsentscheidung zur Übertragung handelt es sich regelmäßig um einen Verwaltungsakt mit Doppelwirkung. Er stellt rechtlich für den öffentlichen Träger der Beseitigungspflicht eine Begünstigung dar, für die jeweiligen Abwassererzeuger handelt es sich um die Auferlegung einer Last.[509] Eine Rückübertragung der Schmutzwasserbeseitigungspflicht vom Abwassererzeuger auf einen öffentlichen Träger ist durch Aufhebung des Verwaltungsakts möglich. Da die Beseitigungspflicht für Niederschlagswasser, das versickert werden kann, nach zahlreichen Gesetzen zunächst beim Abwassererzeuger angesiedelt ist, entfällt die Überlassungspflicht an öffentliche Träger.[510] Allerdings ist die Körperschaft regelmäßig berechtigt, die Beseitigungspflicht wieder per anderweitiger Regelung in den Satzungen an sich zu ziehen und so die Überlassungspflicht wieder aufleben zu lassen.[511] Folgende Tabelle soll eine Übersicht über die grundlegenden Verortungsmöglichkeiten der Abwasserbeseitigungspflicht geben.

---

[508] Vgl. exemplarisch §§ 46 Abs. 2 WG BW; 66 Abs. 4 S. 1 Nr. 1 WG BBG; 37 Abs. 5 S. 1 Nr. 8 WG HE; 53 Abs. 4 S. 1 WG NW; 53 Abs. 3 S. 1 WG RP; 58 Abs. 3 S. 1 Nr. 7 WG TH, vgl. aber auch § 50 Abs. 5 Nr. 2 WG SN.

[509] auch wenn dies für Privatrechtssubjekte faktisch anders sein kann, insbesondere in Gebieten mit Abwasserbeseitigung niedriger Qualität zu hohen Preisen.

[510] Vgl. beispielsweise §§ 46 Abs. 2 WG BW; 66 Abs. 2 Nr. 1 WG BBG; 37 Abs. 5 S. 1 Nr. 2 WG HE; 53 Abs. 3a S. 1 WG NW; 51 Abs. 2 Nr. 2 WG RP; 50 Abs. 3 Nr. 2 WG SN; 58 Abs. 3 S. 1 Nr. 2 WG TH.

[511] Vgl. hierzu im Einzelnen 3. Kap. III. Abschn. Nr. 3 lit. d.

Übertra-gungsart/ Abwasserart	Länder-Beispiel	Erstverortung	Übertragung	Rückübertragung
Übertragung Abwasserbeseitigungspflicht per Satzung				
Schmutz-wasser	SH, LSA	juristische Person des öffentlichen Rechts	per Satzung auf Abwasser-erzeuger	Satzungs-änderung
Nieder-schlagswasser	SH	juristische Person des öffentlichen Rechts	per Satzung auf Abwasser-erzeuger	Satzungs-änderung
Übertragung der Abwasserbeseitigungpflicht per Verwaltungsakt				
Schmutz-wasser	NW, M-V	juristische Person des öffentlichen Rechts	per Verwaltungs-akt der Wasserbe-hörde auf Abwas-sererzeuger	Rücknahme des Verwaltungsakt
Nieder-schlagswasser	LSA	Abwassererzeu-ger/Grundstücks-eigentümer	per Regelung in Satzung oder ABK	Regelungsände-rung in Satzung oder ABK

Abbildung 3: Grundlegende Verortungsmöglichkeiten der Abwasserbe-seitigungspflicht

c. Privatisierungsart der Übertragungstatbestände

Soweit eine Übertragung der Beseitigungspflicht für Abwasser auf ein Privatrechtssubjekt erfolgt, liegt eine Privatisierung vor. Jedoch ist die Einordnung der Übertragungstatbestände in die traditionellen Kategorien der Privatisierung nicht abschließend geklärt.[512] Dies könnte u.a. auf die Uneinigkeit bei der Begriffsbildung, die Inkonsistenz bei der Verwendung der Begriffe sowie die mangelhafte Fähigkeit der gebildeten Begriffe, die rechtstatsächlichen Vorgänge zu bezeichnen und genau begrifflich abzubilden, zurückzuführen sein.[513] Für die Übertragungstatbestände in den

---

512 Nicht darauf eingegangen in OVG RP, Urteil vom 26.10.1997, Aktz. 1 A 10571/95, NVwZ- RR 1997, 51/ 51 f.; keine Erwähnung in *Kotulla*, WHG § 56 Rn. 11 ff.; keine Stellungnahme, *Czychowski/Reinhardt*, WHG, § 56 Rn. 26 f., 28; *Nisipeanu*, in: Berendes/Frenz/Müggenborg, WHG, § 56 Rn. 26 ff.
513 Vgl. zur berechtigten Kritik und sinnvollen Neuformulierung *Freigang*, Verträge als Instrumente der Privatisierung, Liberalisierung und Regulierung in der Wasserwirtschaft, 2009, S. 117 ff. auch *Kämmerer*, Privatisierung 2001, S. 28 f. sowie

Wassergesetzen der Bundesländer ist insbesondere fraglich, ob sie als reduzierte Aufgabenwahrnehmung, Verwaltungssubstitution oder materielle Privatisierung anzusehen sind.

Nach zwei Stimmen in der Literatur zum mittlerweile ersatzlos gestrichenen § 18a Abs. 2 a WHG a.F. lässt sich annehmen, dass dieseden § 56 Abs. 2 WHG und die entsprechenden Übertragungstatbestände der Wassergesetze der Bundesländer als eine „besonders weitgehende Form der funktionale Privatisierung" ansehen würden.[514] Demzufolge könnten die Übertragungstatbestände, die vom Wortlaut her ebenfalls einer Übertragung der Abwasserbeseitigungspflicht und damit ein „Weniger" an Privatisierung als § 18a Abs. 2a WHG a.F. vorsehen, auch nur als funktionale Privatisierung einzustufen sein. Konsequenz dieser Auffassung wäre, dass die juristischen Personen des öffentlichen Rechts sich der privaten Abwassererzeuger als Verwaltungshelfer zur Erfüllung der Beseitigungspflicht bedienen.[515] Diese Ansicht, nach der die Übertragungstatbestände nach ihrem Wortlaut als funktionale Privatisierung in Form einer Dienstleistungskonzession einzustufen sind, ist mit dem Wortlaut, der Systematik und dem Sinn und Zweck der Vorschriften nicht vereinbar. Nach Wortlaut und Systematik der meisten Wassergesetze wird die Abwasserbeseitigungspflicht übertragen. Die funktionale Privatisierung, also die Verwaltungshilfe oder Konzession, ist jedoch anerkanntermaßen gerade keine Übertragung der Pflicht, sondern nur die Hilfe bei der Erfüllung. Die Pflicht verbleibt bei dem öffentlichen Träger.[516] Zudem setzt die funktionale Privatisierung begrifflich voraus, dass der Private aufgrund eines Rechtsaktes den Weisungen des öffentlichen Trägers unterliegt.[517] Im Fal-

---

Burgi, Privatisierung öffentlicher Aufgaben, Gutachten DJT, 2008, 3. Kap. C I, S. 25.
514 Vgl. *Burgi*, Privatisierung öffentlicher Aufgaben, Gutachten DJT, 2008, 3. Kap. C II 2 a.), S. 35; *Kummer/Giesberts*, NVwZ 1996, 1166/1167.
515 Allgemein *Stober*, in: Wolff/Bachof/Stober/Kluth, Verwaltungsrecht II § 91 Rn. 1 ff., S. 588 f.; *Burgi*, Kommunalrecht, § 17 Rn. 87, S. 280; *Geis*, Kommunalrecht, § 12 Rn. 105, S. 195; speziell zur Abwasserbeseitigung *Czychowski/Reinhardt*, WHG, § 56 Rn. 22.
516 Vgl. hierzu im Allgemeinen *Stober*, in: Wolff/Bachof/Stober/Kluth, Verwaltungsrecht II § 91 Rn. 1 ff., S. 588 f.; zu den Bestimmtheitsanforderungen der Voraussetzungen für die Übertragungstatbestände in Frage stellend: *Rosenzweig*, Die Ausgestaltung der Abwasserbeseitigungspflicht, ZfW, 1999, 516/522.
517 Vgl. BVerwG, Urteil vom 6.5.2005, Aktz. 8 CN 1/04, NVwZ 2005, 1072/1072 f., *Bohne/Heinbuch*, NVwZ 2006, 489/492 f.

3. Kapitel: Abwasserentsorgung unter dem Regime des Abwasserrechts

le der Übertragung der Abwasserbeseitigungspflicht unterliegt der Private hinsichtlich der übertragenen Gegenstände indes keinen rechtlichen Bindungen außer gegenüber den staatlichen Behörden.[518]

Nach anderer Ansicht in Rechtsprechung und Literatur stellen die Übertragungstatbestände im Sinne des § 56 S. 2 WHG eine sog. „verkürzte Aufgabenwahrnehmung", eine „Verwaltungssubstitution" oder eine „materielle Privatisierung" dar. Eine verkürzte Aufgabenwahrnehmung liegt nach einer Unterauffassung vor, da die Gemeinde oder der sonst verpflichtete Träger „nur einen Teil der ihm umfassend zugewiesenen Aufgabe wahrnimmt".[519] Nach einer anderen Unterauffassung liegt eine Verwaltungssubstitution vor, da sich der Staat der Pflicht entledigt, aber keine Befugnisse, wie z.B. die Gebührenerhebung, überträgt.[520] Eine weitere Unterauffassung nimmt an, es liegt eine materielle Privatisierung vor, da die Pflicht zur Abwasserbeseitigung selbst auf ein Privatrechtssubjekt übertragen wird.[521] Die Rechtsfolgen der Unteransichten sind identisch. Durch die verkürzte Aufgabenwahrnehmung, Verwaltungssubstitution oder materielle Privatisierung ist kein öffentlicher Träger mehr zur Beseitigung verpflichtet, der Abwassererzeuger wird verpflichtet. Befugnisse werden nicht übertragen. Bei der Einrichtung für die Abwasserentsorgung auf dem Grundstück handelt es sich dann nicht um eine Anlage, die Teil der öffentlichen Einrichtung ist, sondern um eine private Einrichtung. Dies bedeutet, dass der private Träger zu Kauf und Betrieb einer privaten Einrichtung der Abwasserentsorgung, z.B. Kleinklär-, Versickerungs- oder Verwertungsanlagen, zur Einholung der regelmäßig erforderlichen Direkt-

---

518 Vgl. *Nisipeanu*, Privatisierung der Abwasserbeseitigung, 1998, S. 50.
519 Vgl. zirkulär OVG SH, Urteil vom 24.2.1998, 2 L 68/97, Rn. 23 und 25 (Juris); *Kotulla*, WHG, § 56 Rn. 7 unter Verweis auf die vorgenannte Entscheidung sowie *Kotulla*, WHG (1. Aufl.), § 18a Rn. 37; begründungslose Übernahme auch *Breuer*, Öffentliches und privates Wasserrecht, 2004, Rn. 514.
520 Vgl. *Brüning*, Der Private, S. 153; *Brüning*, SächsVbl. 1998, 201/203 m.w.N. kritisch zum begrifflichen Anwendungsbereich dieser Kategorie: *Stober*, in: Wolff/Bachof/Stober, Verwaltungsrecht II, § 91 Rn. 25, S. 593.
521 Vgl. OVG Lüneburg, Urteil vom 13.08.1998, Aktz. 3 K 3398/ 97; *Kotulla*, WHG, § 56 Rn. 16, S. 689 f.; *Zöllner*, in: Sieder/Zeitler/Dahme/Knopp, WHG und AbwAG, § 56 WHG unter Verweis auf Kommentierung zu § 18 a WHG a.F. Rn. 14 a (EL 36 Aug 2008); wohl auch *Nisipeanu*, Die Privatisierung der Abwasserbeseitigung, 1998, S. 48, 49; *Dierkes*, SächsVBl. 1996, 269/270 ff. zu den mit dem anderen Landesrecht insoweit inhalts- und wortgleichen Regelungen, *Kunze/Bronner/Katz*, Gemeindeordnung für Baden-Württemberg, Bd. 1, §§ 1-76 GemO, § 11 Rn. 1a, S. 4 (16. Lfg. Juli 2008).

einleitungsgenehmigung und ggf. zu einem gewissen Grad zur Eigenüberwachung des Betriebs verpflichtet ist. Soweit die Beseitigungspflicht reicht, besteht kein Anschluss- und Benutzungsrecht an die öffentliche Einrichtung, kein Anschluss- und Benutzungszwang und keine Abgabenpflicht.[522]

Systematisch steht der Einstufung der Übertragungstatbestände als verkürzte Aufgabenwahrnehmung, Verwaltungssubstitution oder materieller Privatisierung nicht der Aufgabencharakter entgegen. Aus dem Charakter als kommunale Pflichtaufgabe folgt nicht, dass Aufgaben unabhängig von der Leistungsfähigkeit der Gemeinde vollständig wahrgenommen werden müssen. Vielmehr können die Pflichtaufgaben unter Gesetzesvorbehalt und mit besonderem Grund ausnahmsweise übertragen werden.[523] Entscheidend aber ist, dass eine Einstufung der Übertragungstatbestände als funktionale Privatisierung eine materielle Privatisierung und damit eine Übertragung auf Private unmöglich machen würde, da ein anderer Übertragungstatbestand nicht besteht. Der Sinn und Zweck der Übertragungstatbestände besteht jedoch letztlich darin, die Beseitigungspflicht auf das Subjekt zu übertragen, das im Einzelfall im Sinne des Wohls der Allgemeinheit am besten geeignet ist, das an dem jeweiligen Ort anfallende Abwasser zu entsorgen.[524] Auch wenn die öffentlichen Träger der Beseitigungspflicht Abwasserbeseitigungsanlagen aller Art öffentlich organisieren können, so entspricht in bestimmten Fallkonstellationen eine Übertragung der Abwasserbeseitigungspflicht auf den privaten Erzeuger am ehesten dem Wohl der Allgemeinheit, z.B. bei weit auseinander liegenden An-

---

522 Vgl. OVG Schleswig, Urteil vom 24.2.1999, Aktz. 2 L 68/97, 27 ff. (Juris); OVG Lüneburg, Urteil vom 13.8.1998, Aktz. 3 K 3398/97, NdsVbl. 1999, 11/12; OVG NI, Urteil vom 6.11.2000, Aktz. 9 L 2566/99, NVwZ-RR 2001, 782/782 f.; *Dierkes*, SächVBl. 1996, S. 269/ 270 ff.; *Zöllner*, in: Sieder/Zeitler/Dahme/Knopp, WHG und AbwAG, Bd. 3, § 18a WHG (= § 56 WHG n.F.), Rn. 14a (EL 36 Aug 2008); wohl auch *Nisipeanu*, in: Berendes/Frenz/Müggenborg, WHG, § 56 Rn. 4 und 26 f. sowie für vergleichbare Übertragungstatbestände für industrielle und gewerbliche Abwässer: *Müggenborg*, in: Berendes/Frenz/Müggenborg, WHG, § 59, Rn. 34; für die insoweit strukturell vergleichbaren Regelungen des Krw-/AbfG: *Pippke*, S. 99 f. (zum Krw-/AbfG); vermutlich auch *Breuer*, Öffentliches und privates Wasserrecht, 2004, Rn. 517.
523 Siehe OVG RP, Urteil vom 21.12.1995, Aktz. 1 A 10571/95, NVwZ-RR 1997, 51/51; OVG RP, Urteil vom 9.5.1984 Aktz. 2 A 64/83, DVBl. 1985, 176/177; *Burgi*, NVwZ 2001, 601/603; *Schink,* VerwArch 85 (1994), 251/258 f.; *Schoch*, DVBl. 1994, 962/971; *Nisipeanu*, NuR 1998, 467, 473 f.
524 Siehe *Nisipeanu*, Privatisierung der Abwasserbeseitigung, 1998, S. 48, 49.

wesen mit geringem oder speziellem Abwasseranfall. Zwischen den Ansichten der verkürzten Aufgabenwahrnehmung, der Verwaltungssubstitution und der Übertragungstatbestände als materielle Privatisierung ist eine Streitentscheidung nicht notwendig, da nach allen Ansichten die Rechtsfolgen identisch sind.[525]

d. Private dezentrale Abwasserbeseitigung

Die Übertragung der Abwasserbeseitigungspflicht auf Abwassererzeuger, auf deren Grundstücken das Abwasser anfällt, ist in den Bundesländern für unterschiedliche Erschließungs-, Umwelt- und Beseitigungssituationen geregelt.

(1) Unverhältnismäßiger Aufwand der zentralen Erschließung

Nach den meisten Wassergesetzen der Bundesländer können die Gemeinde oder andere Träger die Pflicht zur Beseitigung des Abwassers auf die jeweiligen Abwassererzeuger übertragen, sofern der Aufwand für die Abwasserbeseitigung durch zentrale Erschließung unverhältnismäßig hoch oder die zentrale Erschließung technisch unmöglich ist.[526] Dies ist z.B. der Fall, wenn ein Einzelanwesen in erheblichem Maße von einer Sammelleitung entfernt liegt.

Die Landesregelungen dieses Übertragungstatbestandes unterscheiden sich insbesondere in der Art der Ermächtigung und formal. Ein Teil der Landesregelungen lässt auf Ebene des jeweiligen Landeswassergesetzes die Beseitigungspflicht auf Antrag des öffentlichen Trägers gegenüber der

---

525 Wobei vermittelnd gesagt werden könnte, dass in den Ländern, in denen der Wortlaut der Vorschrift auf eine „Übertragung" lautet, von einer materiellen Privatisierung auszugehen ist. In den Ländern, in denen die Vorschriften auf „Ablehnung der Übergabe", „Freistellung" etc. lauten, ist dies als verkürzte Aufgabenwahrnehmung anzusehen.
526 Siehe Art. 34 Abs. 2 S. 1 Nr. 2 und 3 WG BY sowie §§ 46 Abs. 2 und 4 WG BW; 66 Abs. 4 S. 1 Nr. 1 WG BBG; 37 Abs. 5 Nr. 7 WG HE; 40 Abs. 3 S. 1 Nr. 7 b.) WG M-V; 96 Abs. 4 S. 1 WG NI; 53 Abs. 4 S. 1 WG NW; 50 Abs. 5 Nr. 2 WG SN; 79a Abs. 1 WG LSA; 30 Abs. Abs. 1 Nr. 1 i.V.m. Abs. 3 WG SH; 58 Abs. 3 S. 1 Nr. 7 WG TH.

II. Organisation der Abwasserbeseitigung – Beseitigungsverpflichtete

Wasserbehörde (Einzelfallweise) entfallen.[527] Teilweise kann auch ein Antrag des Abwassererzeugers die Übertragung in Gang setzen.[528] Der andere Teil der Landesregelungen ermöglicht den Gemeinden oder sonstigen Trägern den Ausschluss von Grundstücken und Teilen des Gemeindegebietes aus ihrer Abwasserbeseitigungspflicht durch Regelungen in ihren Satzungen oder Abwasserbeseitigungskonzepten.[529] Teilweise wird hier die Übertragung von der Zustimmung des künftig zur Abwasserbeseitigung verpflichteten Abwasserproduzenten abhängig gemacht.[530] In allen Fällen bedarf die Entscheidung über die Übertragung der Beseitigungspflicht durch Verwaltungsakt oder den Regelungen eines Beseitigungskonzepts oder einer Satzung der Zustimmung der unteren Wasserbehörde.

Materiell ist für die gesetzliche Übertragung der Pflicht bei allen Regelungen erforderlich, dass der Aufwand „unvertretbar" oder „unverhältnismäßig hoch" ist bzw. die Kosten „unverhältnismäßig" sind und deswegen eine „anderweitige Beseitigung zweckmäßig" oder ausdrücklich die Abwasserbeseitigung in „Kleinkläranlagen" zweckmäßig ist.[531] In einigen Gesetzen ist auch eine „ungünstige Siedlungsstruktur" genannt.[532] Teilweise wird die Übertragungsmöglichkeit dadurch eingeschränkt, dass der Anschluss, angelehnt an die bauplanungsrechtliche Unterscheidung zwischen Innen- und Außenbereich, „außerhalb von im Zusammenhang bebauten Ortsteilen" liegen muss.[533] Unter die meisten Tatbestände fallen insbesondere Grundstücke in dispers besiedelten Räumen. Insbesondere Splittersiedlungen im Außenbereich sind regelmäßig schwer zu erschließen, nicht überplant und weiter entfernt von Bebauungszusammenhängen.

Nach allen Landeswassergesetzen ist jedoch zudem Voraussetzung, dass das Wohl der Allgemeinheit durch die Übertragung der Beseitigungspflicht auf den Erzeuger nicht berührt wird. Dies erfordert in erster Linie eine auf dem jeweiligen Grundstück gesicherte ordnungsgemäße Abwasserbeseitigung, so ist z.B. für eine Kleinkläranlage versickerungsfähiger

---

527 Siehe exemplarisch §§ 37 Abs. 5 Nr. 7 WG HE; 40 Abs. 3 S. 1 Nr. 7 b.) WG M-V; 53 Abs. 4 S. 1 WG NW; 53 Abs. 3 WG RP; 50 Abs. 5 WG SN; 58 Abs. 3 S. 1 Nr. 7 WG TH.
528 Siehe §§ 66 Abs. 4 S. 2 WG BBG; 53 Abs. 3 WG RP; 50 Abs. 4 und 5 WG SN.
529 Siehe Art. 34 Abs. 2 S. 1 Nr. 2 und 3 WG BY sowie §§ 66 Abs. 4 WG BBG; 96 Abs. 4 S. 1 WG NI; 79a Abs. 1 WG LSA; 31 Abs. 1 Nr. 1 i.V.m. Abs. 3 WG SH.
530 Siehe § 66 Abs. 4 WG BBG
531 Vgl. beispielsweise § 46 Abs. 4 WG BW.
532 Vgl. auch *Czychowski/Reinhardt*, WHG, § 56 Rn. 18.
533 Siehe exemplarisch § 53 Abs. 4 WG NW.

Boden und einleitungsfähiges Gewässer erforderlich. In zweiter Linie sind hiermit auch Erwägungen zugunsten des bestehenden Entwässerungssystems erfasst, z.B. die Beeinträchtigung der Funktionsfähigkeit der bestehenden zentralen öffentlichen Einrichtung.[534]

Nach überwiegender Ansicht in Rechtsprechung und Literatur sind die Übertragungstatbestände, zur Wahrung des Regel-Ausnahme-Verhältnisses von öffentlicher und privater Abwasserbeseitigung, eng auszulegen.[535] Durch die Rechtskonstruktionen in den Wassergesetzen der Bundesländer und dem Vorbehalt der Entscheidung der Wasserbehörde ist sowohl für die Ausnahmemöglichkeiten per Satzung als auch per Einzelfallentscheidung sichergestellt, dass die Gemeinden oder sonstigen Träger sich nicht im Extremfall ihrer gesamten Aufgabe der Abwasserbeseitigung durch Übertragung der Pflicht entledigen. Denn per Satzung ist die Aufgabe der Abwasserbeseitigung nach den Regelungen der Wassergesetze nur für Teile des Gemeindegebiets übertragbar. Im Falle der gesetzlichen Einzelfallentscheidungen steht bereits der formale Aufwand für die Beantragung einer Vielzahl von Übertragungsgenehmigungen der vollständigen Entledigung der Abwasserbeseitigungspflicht entgegen.

Rechtsfolge der Übertragung ist, dass die Abwassererzeuger, soweit ihnen die Pflicht zur Beseitigung des Schmutzwassers übertragen ist, eigenverantwortlich individuell oder gruppenweise zur Beseitigung des Schmutzwassers in einer Kleinkläranlage verpflichtet sind. Zu der Beseitigung des in den Kleinkläranlagen anfallenden Schlamms bleibt jedoch grundsätzlich die juristische Person des öffentlichen Rechts verpflichtet.[536] Soweit die Grundstückseigentümer, auf deren Grundstücken Niederschlagswasser anfällt, zur Beseitigung verpflichtet sind, haben sie es eigenverantwortlich in Versickerungs- oder Einleitungsanlagen zu beseitigen.

---

534 Vgl. OVG Schleswig, Urteil vom 24.2.1999, Aktz. 2 L 68/97, Rn. 31 (Juris).
535 Vgl. OVG RP, Urteil vom 21.12.1995, Aktz. 1 A 10571/95, NVwZ- RR 1997, 51/52 f.; *Nisipeanu*, Privatisierung der Abwasserbeseitigung, 1998, S. 48; *Kotulla*, WHG, § 56 Rn. 6; *Czychowski/Reinhardt*, WHG, § 56 Rn. 18; kritisch hierzu: *Kotulla*, WHG, § 56 Rn. 4 unter Verweis auf OVG NI, Urteil vom 21.3.2002, Aktz. 7 KN 233/01, ZfW 2002, 251/251 ff.; *Rosenzweig*, ZfW 1999, S. 516/522.
536 Vgl. *Kotulla*, WHG, § 56 Rn. 16.

II. Organisation der Abwasserbeseitigung – Beseitigungsverpflichtete

(2) Abwasserbeseitigung und Einleitungsgenehmigung

Nach einigen Wassergesetzen der Bundesländer wird die Abwasserbeseitigungspflicht von der juristischen Person des öffentlichen Rechts auf den Abwassererzeuger übertragen, sofern sie eine Erlaubnis für die Einleitung des Abwassers aufweisen.[537] Die Beseitigungspflicht für Schmutz- und Niederschlagswasser kann für die Geltungsdauer und den Umfang der Erlaubnis auf den Genehmigungsinhaber übertragen werden.[538] Für die Einleitung von Abwasser in Form von Schmutzwasser ist prinzipiell eine Erlaubnis erforderlich. Die Einleitung hat den Anforderungen der §§ 57, 58 und 60 WHG zu genügen. Die Einleitung von Abwasser in Form von Niederschlagswasser bedarf genauso wie Schmutzwasser einer Erlaubnis, sofern das Niederschlagswasser belastet ist. Unbelastetes Niederschlagswasser kann jedoch regelmäßig genehmigungsfrei in Oberflächengewässer oder in das Grundwasser eingeleitet werden.[539] Daher ist die Übertragung der Beseitigungspflicht für unbelastetes Niederschlagswasser in den Bundesländern, in denen der Übertragungstatbestand besteht, per se anzunehmen. Denn die Einleitung von Abwasser, das keiner Genehmigung bedarf, löst erst recht den Übertragungstatbestand aus. Rechtsfolge ist auch hier, dass der Genehmigungsinhaber verpflichtet ist, die Abwasserbeseitigung völlig eigenverantwortlich durchzuführen.[540]

(3) Niederschlagswasserbeseitigung auf privaten Grundstücken

In den Wassergesetzen der Bundesländer finden sich zahlreiche Übertragungstatbestände für die Beseitigung von angefallenem Niederschlagswasser auf privaten Grundstücken. Die Übertragungstatbestände auf die Abwassererzeuger sind in den Bundesländern formell und materiell im Detail höchst unterschiedlich ausgestaltet.[541] Insbesondere unterscheiden sich die Vorschriften in der ihr anordnenbaren Rechtsebene, im Rechtsakt und damit dem Entscheidungsträger (Anordnung auf Ebene des Landes-

---

537 Siehe Art. 34 Abs. 4 WG BY sowie §§ 37 Abs. 5 S. 1 Nr. 5 WG HE; 40 Abs. 3 S. 1 Nr. 5 WG M-V; 50 Abs. 3 Nr. 4 WG SN; 58 Abs. 3 S. 1 Nr. 5 WG TH.
538 Vgl. *Kotulla*, § 56 WHG Rn. 13.
539 Vgl. hierzu genauer unter 3. Kap. VI. Abschn. Nr. 6 lit. d. (2).
540 Vgl. *Kotulla*, WHG, § 56 Rn. 16.
541 Vgl. auch *Roth*, StT 1998, Heft 3, S. 277/278 f.

wassergesetzes durch Gesetzgeber und Wasserbehörde oder auf Satzungsebene durch öffentlichen Träger der Beseitigungpflicht), in dem Regel- und Ausnahmeverhältnis der Niederschlagswasserbeseitigungspflicht (Gemeinde oder Abwassererzeuger) und in den einzelnen materiellen Voraussetzungen für die Übertragung.

i. Beseitigung auf dem eigenen Grundstück

Nach allen Landeswassergesetzen können die öffentlichen Träger die Beseitigung von Niederschlagswasser auf die Grundstückseigentümer, auf deren Grundstücken das Niederschlagswasser anfällt, übertragen.[542] Die Übertragungstatbestände für die dezentrale Beseitigung von Niederschlagswasser tragen damit dem bundesgesetzlichen Grundsatz der Abwasserbeseitigung nach § 55 Abs. 2 WHG, „Niederschlagswasser ortsnah ohne Vermischung mit anderem Abwasser zu beseitigen", Rechnung. Die Übertragung der Niederschlagswasserbeseitigungspflicht vom öffentlichen Träger auf die Grundstückseigentümer und der damit korrespondierende Entfall der Überlassungspflicht lässt sich mit Blick auf die Regelungen der LWG allgemein in zwei Gruppen einteilen.

In *Bayern, Brandenburg* und *Schleswig-Holstein* sind grundsätzlich die Gemeinden zur Beseitigung des Niederschlagswassers verpflichtet. Die Gemeinden können aber in ihrem Abwasserbeseitigungskonzept oder ihrer -satzung vorschreiben, dass und in welcher Weise Niederschlagswasser auf den Grundstücken, auf denen es anfällt, beseitigt (versickert, verrieselt oder ortsnah in Gewässer einzuleiten) werden soll.[543] In Schleswig-Holstein muss dies ohne unverhältnismäßige Kosten möglich und wasserwirtschaftlich sinnvoll sein. Formal bedarf die Satzung der Zustimmung der Wasserbehörde.[544]

In allen übrigen Bundesländern ist für bestimmte Niederschlagswasser das Regel-Ausnahme-Verhältnis der Niederschlagswasserbeseitigungs-

---

542 Vgl. beispielsweise §§ 46 Abs. 2 WG BW; 66 Abs. 2 Nr. 1 WG BBG; 37 Abs. 5 S. 1 Nr. 2 WG HE; 40 Abs. 3 Nr. 2 WG M-V; 96 Abs. 3 Nr. 1 WG NI; 51 a Abs. 1 WG NW; 79 b Abs. 1 WG LSA; 50 Abs. 3 Nr. 2 WG SN; 31 Abs. 1 Nr. 3 i.V.m. Abs. 5 WG SH; 58 Abs. 3 S. 1 Nr. 2 WG TH.
543 Vgl. Art. 34 Abs. 2 WG BY sowie §§ 66 Abs. 2 Nr. 1 i.V.m. 54 Abs. 4 WG BBG; 31 Abs. 5 S. 1 und 2 WG SH.
544 Vgl. § 31 Abs. 5 S. 4. WG SH.

II. Organisation der Abwasserbeseitigung – Beseitigungsverpflichtete

pflicht öffentlicher Träger zu abwassererzeugenden Grundstückseigentümern im Vergleich zur Schmutzwasserbeseitigungspflicht umgekehrt. Danach sind grundsätzlich die Grundstückseigentümer, auf deren Grundstücken das Niederschlagswasser anfällt, zur Beseitigung verpflichtet, aber auch berechtigt. In *Hessen, Mecklenburg-Vorpommern, Nordrhein-Westfalen, Thüringen, Sachsen-Anhalt* und *Sachsen* entfällt auf Ebene der LWG materiell unter bestimmten Einschränkungen die Beseitigungspflicht der öffentlichen Träger für Niederschlagswasser, das versickert wird, in Thüringen zusätzlich für Niederschlagswasser, das ortsnah in ein oberirdisches Gewässer eingeleitet wird.[545] In *Hessen, Mecklenburg-Vorpommern* und *Thüringen* bestehen keine Einschränkungen hinsichtlich der Art und Weise und der Orte der Versickerung. Allerdings ist die Einleitung von Niederschlagswasser in das Grundwasser, also die Versickerung, in Mecklenburg-Vorpommern nicht erlaubnisfrei. Die Gemeinde kann indes eine Versickerungssatzung erlassen.[546] In *Nordrhein-Westfalen* ist gegenüber der zuständigen Behörde nachzuweisen, dass das Niederschlagswasser gemeinwohlverträglich auf dem Grundstück versickert oder ortsnah in ein Gewässer eingeleitet werden kann und die Gemeinde den Nutzungsberechtigten des Grundstücks von der Überlassungspflicht freigestellt hat. Im Allgemeinen ist in so gut wie allen Gesetzen eine Rückausnahme vorgesehen, nach der die Beseitigungspflicht per Anschluss- und Benutzungszwang wieder auf den öffentlichen Träger zurückfällt, wenn die Gemeinde eine entsprechende Satzungsregelung erlässt.[547]

Des Weiteren müssen bei allen Übertragungen auf die abwassererzeugenden Grundstückseigentümer auf dem konkreten Grundstück auch die Voraussetzungen für eine gemeinwohlverträgliche dezentrale Niederschlagswasserbeseitigung vorliegen bzw. die Versickerung hat dem „Wohl der Allgemeinheit" zu entsprechen.[548] In erster Linie hat die Versickerung daher den das Wohl der Allgemeinheit konkretisierenden Vorschriften über die dezentrale Niederschlagswasserbeseitigung zu entsprechen. In ei-

---

545 Vgl. §§ 37 Abs. 5 S. 1 Nr. 2 WG HE; 40 Abs. 3 Nr. 2 WG M-V; 50 Abs. 3 Nr. 2 WG SN; § 58 Abs. 3 S. 1 Nr. 2 WG TH.
546 Vgl. § 32 Abs. 4 WG M-V.
547 Vgl. §§ 46 Abs. 2 WG BW; 37 Abs. 5 S. 3 WG HE; 40 Abs. 3 S. 2 a.E. WG M-V; 96 Abs. 3 Nr. 1 WG NI für Niederschlagswasser; 79b Abs. 1 WG LSA für Niederschlagswasser, 58 Abs. 3 S. 2 WG TH.
548 Vgl. OVG NI, Urteil vom 6.11.2000, Aktz. 9 L 2566/99, NVwZ-RR 2001, 782/782 f.; VG Arnsberg, Urteil vom 17.8.2009, Aktz. 14 K 1706/09, Rn. 32 (Juris); VG Dessau, 26.7.2006, Aktz. 1 A 72/06, Rn. 11 (Juris).

3. Kapitel: Abwasserentsorgung unter dem Regime des Abwasserrechts

nigen Ländern sind zur Konkretisierung erlaubnisfreier Versickerung Rechtsverordnungen erlassen.[549] Ansonsten entspricht die Versickerung nicht dem Wohl der Allgemeinheit, wenn der Boden oder das Niederschlagswasser nicht versickerungstauglich ist. Der Boden darf u.a. keine dicke Lehmschicht, keine Versiegelung, keine schadhaften Bodenveränderungen und kein Gefälle aufweisen, da ansonsten der Abfluss des Niederschlagswassers zu Schäden an Häusern, Anlagen und Einrichtungen sowie zu Grundwasserverunreinigungen führen kann.[550] Das Niederschlagswasser muss weitgehend unbelastet, also nicht mit anderen Abwässern oder belastetem Niederschlagswasser vermischt sein. Bei Einleitungen in ortsnahe Gewässer ist auf eine schadlose Einleitung zu achten.[551] Als weiterer Allgemeinwohlbelang kommt zudem die Erhaltung der Funktionsfähigkeit eines bestehenden zentralen Systems in Betracht.[552] Nicht als taugliche Belange des Allgemeinwohls gelten hingegen rein fiskalische Erwägungen, da ansonsten die gesetzliche Umkehrung der Beseitigungspflicht durch den weiteren Bau von zentralen Abwasserbeseitigungssystemen und angeordneter Beitragsfinanzierung umgangen werden könnte.[553]

Im Sinne des Leitbildes einer nachhaltigen Abwasserbeseitigung ist bei den Übertragungstatbeständen zur Niederschlagswasserbeseitigung kein Raum für eine enge Auslegung. Hierfür spricht systematisch das Regel-

---

549 Vgl. Verordnung des Umweltministeriums über die dezentrale Beseitigung von Niederschlagswasser in BW vom 22.3.1999 (GBl. S. 157), zuletzt geändert durch Verordnung vom 25.4.2007 (GBl. S. 252); Verordnung über die erlaubnisfreie schadlose Versickerung von gesammeltem Niederschlagswasser (Niederschlagswasserfreistellungsverordnung - NWFreiV) in BY vom 1.1.2000 (GVBl. S. 30), zuletzt geändert durch Verordnung vom 11.9.2008 (GVBl. S. 777); §§ 54 Abs. 4 WG BBG i.V.m. Entwässerungssatzungen der Gemeinden; 32 Abs. 4 WG M-V i.V.m. Entwässerungssatzungen der Gemeinden; 69 Abs. 1 WG LSA; 21 Abs. 1 Nr. 3 WG SH; 49 Abs. 3 WG TH i.V.m. Thüringer Verordnung über die erlaubnisfreie schadlose Versickerung von Niederschlagswasser (Thüringer Niederschlagswasserversickerungsverordnung - ThürVersVO) vom 3.4.2002 (GVBl. S. 204)
550 Vgl. OVG NI, Urteil vom 6.11.2000, Aktz. 9 L 2566/99, NVwZ-RR 2001, 782/782 f.; VG Arnsberg, Urteil vom 17.8.2009, Aktz. 14 K 1706/09, Rn. 32 (Juris); VG Dessau, Urteil vom 26.7.2006, Aktz. 1 A 72/06, Rn. 11 (Juris); VG Aachen, Urteil vom 13.12.2004, Aktz. 7 K 2810/97, Rn. 39 (Juris).
551 Vgl. OVG NW, Urteil vom 28.1.2003; Aktz. 15 A 4751/01, Rn. 15. ff. (Juris).
552 Vgl. OVG NI, Urteil vom 6.11.2000, Aktz. 9 L 2566/99, NVwZ-RR 2001, 782/782 f.
553 Vgl. OVG NI, Urteil vom 6.11.2000, Aktz. 9 L 2566/99, NVwZ-RR 2001, 782/782 f.

Ausnahme-Verhältnis und teleologisch die Wahrung des Wohls der Allgemeinheit bei der dezentralen Abwasserbeseitigung. Daher ist in den Ländern, in denen die Beseitigungspflicht ohnehin bei den Grundstückseigentümern angesiedelt ist, jede Umkehrung dieses Verhältnisses rechtfertigungsbedürftig.[554] In den Ländern, in denen die Niederschlagswasserbeseitigung bei den Gemeinden angesiedelt ist, sollte in Sinne des Wohls der Allgemeinheit von der Übertragung der Beseitigungspflicht großzügig Gebrauch gemacht werden.

Auf Grundlage der Übertragungstatbestände für die Niederschlagswasserbeseitigung ist, auch in Abhängigkeit von den Regelungen des Anschluss- und Benutzungszwangs und der Abwasserbeseitigungskonzepte, die Implementierung dezentraler und semi-dezentraler Niederschlagswasserbeseitigungsanlagen allgemein per Gesetz, Verwaltungsentscheidung oder Satzung nach den vorstehend erörterten Grundsätzen möglich.

ii. Beseitigung auf fremden Grundstücken

Die Beseitigung von Niederschlagswasser auf fremden Grundstücken ist ebenfalls in einigen Übertragungstatbeständen der Wassergesetze der Bundesländer geregelt (Fremdbeauftragung zur Beseitigung). Eine solche Übertragung ist insofern problematisch, da der für das Niederschlagswasser beseitigungspflichtige Grundstückseigentümer oder Nutzer von dem tatsächlichen Erfüller der Beseitigungspflicht personenverschieden ist. Dadurch, dass der eigentlich Pflichtige nicht die tatsächliche Beseitigung vornimmt, drohen Probleme bei Nichterfüllung der Pflicht und Abwassermissstände. Denn einerseits ist derjenige, der die tatsächliche Beseitigung vornimmt, nicht der Verpflichtete und kann daher nicht unmittelbar zu Erfüllung angehalten werden. Andererseits ist derjenige, der verpflichtet ist, verantwortlich, hat aber nicht unbedingt tatsächlichen Einfluss auf die Erfüllung. So normieren die landeswassergesetzlichen Übertragungstatbestände einiger Bundesländer ausdrücklich, dass die Beseitigungspflicht nur auf jene Grundstückseigentümer übertragen werden kann, auf deren Grundstück das Niederschlagswasser auch tatsächlich anfällt.[555] In den Wassergesetzen der Bundesländer *Hessen*, *Thüringen* und *Brandenburg*

---

554 Vgl. OVG LSA, Urteil vom 29.9.2010, Aktz. 4 L 101/10, Rn. 33 (Juris).
555 Siehe beispielsweise: §§ 79b WG LSA; 31 Abs. 5 S. 1 WG SH.

3. Kapitel: Abwasserentsorgung unter dem Regime des Abwasserrechts

ist eine solche Einschränkung nicht normiert.[556] Allerdings ist in diesen Ländern regelmäßig die Niederschlagswasserversickerung entweder in einer Versickerungsverordnung streng normiert oder bedarf der Erlaubnis der unteren Wasserbehörde. Materiell sind an die Beseitigung von Niederschlagswasser auf fremden Grundstücken freilich zumindest die gleichen Anforderungen zu stellen wie an die Beseitigung auf dem Grundstück, auf dem das Niederschlagswasser anfällt.

e. Private dezentrale Abwasserverwertung

Neben der Übertragung der Abwasserbeseitigungspflicht auf Private zur Beseitigung von Schmutz- und Niederschlagswasser ist auch eine Übertragung der Abwasserbeseitigungspflicht zur Weiterverwendung von Schmutzwasser und zur Verwertung von Niederschlagswasser in den Wassergesetzen der Bundesländer vorgesehen. Bei diesen Übertragungstatbeständen entfällt einerseits die Beseitigungspflicht des öffentlichen Trägers und die Überlassungspflicht des Abwassererzeugers und andererseits entsteht beim Abwassererzeuger die Weiterverwendungs- oder Verwertungspflicht.

(1) Weiterverwendung von Ab- und Grauwasser

In *Mecklenburg Vorpommern* ist auch die „Weiterverwendung" von Abwasser als Übertragungstatbestand vorgesehen. Die Beseitigungspflicht entfällt, wenn das Abwasser „noch weiterverwendet" werden soll.[557] Sinn und Zweck der Vorschrift dürfte die Ressourcenschonung durch Mehrfachnutzung von Wasser sein, wozu sich die parlamentarischen Materialien jedoch im Einzelnen ausschweigen.[558]

Formal ist der Übertragungstatbestand so ausgestaltet, dass die Beseitigungspflicht für das verwertete Niederschlagswasser ohne Antrag des Verwendungswilligen und Genehmigung der Wasserbehörde entfällt,

---

556 §§ 66 Abs. 2 Nr. 1 WG BBG; 58 Abs. 3 S. 1 Nr. 2 WG TH; 40 Abs. 3 S. 1 Nr. 2 WG M-V; 37 Abs. 5 S. 1 Nr. 2 WG HE.
557 Siehe § 40 Abs. 3 S. 1 Nr. 4 WG M-V.
558 Vgl. Begründung des Gesetzentwurfs, Landtag des Landes Mecklenburg-Vorpommern, LT-Drucks. 1/1266 vom 29.1.1992, S. 99.

wenn das Abwasser noch weiterverwendet wird. Materiell ist fraglich, was unter der „Weiterverwendung" zu verstehen ist. Der Begriff der Weiterverwendung ist weder im WHG noch in den Wassergesetzen der Bundesländer weiter konkretisiert. Nach der Rechtsprechung in Mecklenburg-Vorpommern ist der Übertragungstatbestand eng auszulegen.[559] Nicht jede Absicht der Weiterverwendung von Abwasser führe zur Übertragung der Abwasserbeseitigungspflicht und damit zum Entfall der Überlassungspflicht. Sie entfalle nur im Falle einer Weiterverwendung von Abwasser in einem geschlossenen System, also der Nutzung von Abwasser im Kreislauf für wiederkehrende gleichartige Nutzung, in dem letztlich maximal 10 % an Wasser pro Durchlauf ausgetauscht wird. Dies folge insbesondere aus der Systematik und dem Sinn und Zweck des Wassergesetzes des Landes Mecklenburg-Vorpommern.[560] Der Übertragungstatbestand gelte daher nicht für die der Entscheidung zugrundeliegende Fallkonstellation, in der Schmutzwasser aufbereitet und anschließend im Haushalt und zur Gartenbewässerung genutzt wird. Es handelt sich bereits um Abwasserbeseitigung gem. § 54 Abs. 2 WHG. Ansonsten würde die Regelung im Bundesland auch vom bundesrechtlichen Begriff der Abwasserbeseitigung gem. § 54 Abs. 2 WHG abweichen, wozu gem. Art. 74 Abs. Nr. 32 i.V.m. Art. 72 Abs. 1 GG keine Kompetenz besteht.

Der Rechtsprechung ist in Ergebnis und Begründung für die zugrunde liegende Fallkonstellation zuzustimmen. Der Gebrauch von Wasser für einen Zweck, z.B. zum Duschen, und die anschließende Abführung, Aufbereitung und schließlich Gebrauch für einen weiteren anderen Zweck, z.B. Toilettenspülung und Gartenbewässerung, ist nicht als „Weiterverwendung" im Sinne des landeswasserrechtlichen Übertragungstatbestands anzusehen. Denn es handelt sich um einen sog. offenen Teilkreislauf und keinen geschlossenen. Der offene Teilkreislauf ist vielmehr als Abwasser*verwertung* im Sinne einer Behandlung und (Neu-)Gebrauchs anzuse-

---

[559] Vgl. OVG M-V, Urteil vom 22.6.2011, Aktz. 2 L 261/06, NVwZ-RR 2011, 891/892 ff.; VG Schwerin, Urteil vom 22.5.2007, Aktz. 3 A 198/07, Rn. 42 (Juris); VG Schwerin, Urteil vom 25.1.2006, Aktz. 3 A 2913/02; VG Schwerin, Urteil vom 28.4.2005, Aktz. 2 A 1294/03 (die letzten beiden Judikate unveröffentlicht).

[560] Vgl. OVG M-V, Urteil vom 22.6.2011, Aktz. 2 L 261/06, NVwZ-RR 2011, 891/892 ff.; VG Schwerin, Urteil vom 22.5.2007, Aktz. 3 A 198/07, Rn. 42 (Juris).

hen.[561] Im Gegensatz zur Weiterverwendung ist die Verwertung von Ab- und insbesondere Schmutzwasser anders als die spezialgesetzlich geregelte Verwertung von Niederschlagswasser mit nicht unerheblichem Gefährdungspotenzial verbunden. Denn die typische Verwertung von häuslichem Abwasser hat entweder den Anfall von weiter schadstoffangereichertem Schmutzwasser zur Folge oder stellt, wie z.B. die Verwendung von aufbereitetem Grauwasser zur Gartenbewässerung, eine gewässerbezogene Freisetzung von Schadstoffen dar. Daher ist die Verwertung von Schmutzwasser grundsätzlich nicht ohne Weiteres den Abwassererzeugern, häufig Privatrechtssubjekten, zu übertragen, sondern im Sinne des Konzentrationsgrundsatzes und dem Wohl der Allgemeinheit von den juristischen Personen des öffentlichen Rechts vorzunehmen.

Zu der Begründung der Entscheidung ist jedoch anzumerken, dass nach dem in dieser Arbeit vertretenen Verständnis des Begriffs des Abwassers und der Weiterverwendung im Falle einer „echten" Weiterverwendung, also einer Mehrfachnutzung von Wasser in einem *geschlossenen* Voll- oder Teilkreislauf, ohnehin der Gebrauch von Wasser nicht beendet ist und somit auch begrifflich noch kein „Abwasser" angefallen ist.[562] Liegt aber noch kein Abwasser vor, so ist der Private auch noch gar nicht zur Überlassung verpflichtet, sodass die Weiterverwendung im Sinne einer Mehrfachnutzung in einem geschlossenen Voll- oder Teilkreislauf auch ohne Übertragungstatbestand der „Weiterverwendung" möglich ist. Mithin ist der Anwendungsbereich der Vorschrift für häusliches Schmutzwasser stark eingeschränkt.

(2) Verwertung von Niederschlagswasser auf privaten Grundstücken

In einigen Wassergesetzen der Bundesländer entfällt für Niederschlagswasser gänzlich die Beseitigungspflicht der öffentlichen Träger und die korrespondierende Überlassungspflicht des Abwassererzeugers, sofern das auf den jeweiligen Grundstücken anfallende Niederschlagswasser auf dem Grundstück oder einem anderen Grundstück verwertet wird. Sinn und Zweck der Vorschrift ist die Stärkung der ortsnahen Verwertung des an-

---

561 So auch OVG M-V, Urteil vom 22.6.2011, Aktz. 2 L 261/6, NVwZ-RR 2011, 891/892 f. („(...) eine Veränderung des Abwassers ist nicht gemeint (...)"), vgl. dogmatisch hierzu genauer unter 3. Kap. I. Abschn.
562 Vgl. hierzu genauer im 3. Kap. I. Abschn. Nr. 1 lit. b.

II. Organisation der Abwasserbeseitigung – Beseitigungsverpflichtete

fallenden Niederschlagswassers. Das Wohl der Allgemeinheit ist bei dieser Übertragung nicht beeinträchtigt. Denn die Niederschlagswasserverwertung weist, anders als Schmutzwasserverwertung, ein geringeres Gefährdungspotenzial auf. Daher kann sie auch im privaten Bereich angesiedelt werden.

i. Verwertung auf dem eigenen Grundstück

Zunächst ist der Übertragungstatbestand einschlägig für die Verwertung von Niederschlagswasser auf dem Grundstück, auf dem es anfällt.[563] Eine Genehmigung der Wasserbehörde für die Verwertung auf dem eigenen Grundstück ist regelmäßig nicht erforderlich. Nach den meisten Wassergesetzen ist die Übertragung insofern eingeschränkt, als „anderweitige Regelungen in Ortssatzungen" unberührt bleiben.[564]

Im WHG und in den Landeswassergesetzen ist nicht genauer bestimmt, was unter der Verwertung von Niederschlagswasser zu verstehen ist. Voraussetzung ist jedenfalls das Vorliegen von Niederschlagswasser im Sinne des Abwasserbegriffs. Es liegt jedoch erst vor, wenn es in irgendeiner Weise gesammelt abfließt. Da sich im Landesrecht wie auch im gesamten Abwasserrecht keine Definition für den Begriff der Verwertung von Abwasser findet, ist ein Rückgriff auf das Begriffsverständnis des subsidiär geltenden KrWG zulässig.[565] Die Verwertung von Niederschlagswasser liegt in Anlehnung an das Begriffsverständnis des § 3 Abs. 23 KrWG insbesondere vor, wenn angefallenes Niederschlagswasser, ggf. nach einer Aufbereitung innerhalb einer Anlage, einem sinnvollen Zweck zugeführt wird, indem es entweder andere Materialien ersetzt, die sonst zur Erfüllung einer bestimmten Funktion verwendet worden wären, oder indem das Niederschlagswasser so vorbereitet wird, dass es diese Funktion erfüllt. Unterfälle der Verwertung sind nach dem KrWG die Vorbereitung zur Wiederverwendung, das Recycling und die sonstige stoffliche, insbeson-

---

563 Siehe §§ 37 Abs. 5 S. 1 Nr. 2 WG HE; 40 Abs. 3 S. 1 Nr. 2 WG M-V; 50 Abs. 3 Nr. 2 WG SN; 58 Abs. 3 S. 1 Nr. 2 Var. 1 WG TH.
564 Vgl. §§ 37 Abs. 5 S. 3 WG HE; 40 Abs. 3 S. 2 a.E. WG M-V; 58 Abs. 3 S. 2 WG TH, was die Frage nach dem Verhältnis von den Übertragungstatbeständen und ggf. entgegenstehenden Regelungen in Ortssatzungen aufwirft.
565 Vgl. zum Verhältnis des KrWG zum Abwasserrecht des WHG im 3. Kap. I. Abschn. Nr. 1 lit. a.

3. Kapitel: Abwasserentsorgung unter dem Regime des Abwasserrechts

dere energetische Verwertung, wobei die begrifflichen Kategorien nicht abschließend sind.[566] In Anlehnung an die Definition gem. § 3 Abs. 25 KrWG kommt ein Recycling von Niederschlagswasser in Betracht. Als ein Recycling ist demnach jedes Verwertungsverfahren anzusehen, durch das ein Stoff entweder für den ursprünglichen Zweck oder für andere Zwecke aufbereitet wird; dies schließt die Aufbereitung organischer Materialien ein. Unter den Begriff des Recyclings fallen daher auch etwas aufwändigere Aufbereitungsverfahren und die Versehung mit einer neuen Zweckbestimmung.[567] Daher ist vom Begriff des Recyclings von Niederschlagswasser die Aufbereitung des ursprünglich zur Beseitigung gedachten Niederschlagswassers zur Verwendung z.B. als Toilettenspülung oder als Gartenbewässerung erfasst. Zur Inbetriebnahme der Verwertungsanlagen bedürfen die Abwassererzeuger grundsätzlich sowohl einer Befreiung vom Anschluss- und Benutzungszwang an die Abwasserbeseitigung als auch eine Befreiung von dem Anschluss- und Benutzungszwang an die (Trink-)Wasserversorgung.[568]

Nach der Verwertung z.B. als Toilettenspülung oder Waschmaschinenwasser ist das verwendete Niederschlagswasser entweder Abwasser, genauer Schmutzwasser in Form von verschmutztem Niederschlagswasser, oder bereits eingeleitet, wie im Falle der Verwertung als Gartenbewässerung. Liegt verschmutztes Niederschlagswasser als Schmutzwasser vor, so ist es grundsätzlich überlassungspflichtig, es sei denn, auch die Beseitigungspflicht für Schmutzwasser ist auf den Eigentümer oder Grundstücksnutzer übertragen.

---

566 Vgl. hierzu genauer *Frenz*, in: Fluck/Fischer/Franßen, Kreislaufwirtschafts-, Abfall- und Bodenschutzrecht, § 3 Abs. 23 Rn. 4, 8 und 52 ff. (107. Akt. Juli 2012); *Kropp*, in: V. Lersner/Wendenburg, Recht der Abfallbeseitigung 0050, § 3 Rn. 168 f. (Erg. Lfg. 2/12 – VI.12); *Versteyl*, in: Mann/Schomerus, KrWG, § 3 Rn. 84; *Weidemann*, in: Jarass/Petersen/Weidemann, Krw/AbfG, 100 B, § 4 Rn. 86.

567 Vgl. *Frenz*, in: Fluck/Fischer/Franßen, Kreislaufwirtschafts-, Abfall- und Bodenschutzrecht, § 3 Abs. 25 Rn. 7 (107. Akt. Juli 2012); *Kropp*, in: V. Lersner/ Wendenburg, Recht der Abfallbeseitigung 0050, § 3 Rn. 196 f. (Erg. Lfg. 2/12 – VI.12); *Versteyl*, in: Mann/Schomerus, KrWG, § 3 Rn. 88.

568 Vgl. hierzu im Einzelnen im 3. Kap. III. Abschn. Nr. 3 e. sowie Nr. 4.

II. Organisation der Abwasserbeseitigung – Beseitigungsverpflichtete

ii. Verwertung auf fremden Grundstücken

In *Sachsen* ist ausdrücklich geregelt, dass auch eine Übertragung der Beseitigungspflicht auf Private in Betracht kommt, die Niederschlagswasser von fremden Grundstücken verwerten.[569] Zudem ist der Wortlaut der Übertragungstatbestände in einigen Bundesländern grundsätzlich auch offen für ein solches Verständnis.[570] Dies ist aus den gleichen Gründen problematisch wie die Beseitigung von Niederschlagswasser auf fremden Grundstücken. Die Durchsetzung der Verwertungspflicht ist erschwert, wenn der verwertungsverpflichtete Abwassererzeuger und derjenige, der die Verwertung tatsächlich vornimmt, personenverschieden sind. Demzufolge wird von der Rechtsprechung gefordert, dass für die Verwertung von Niederschlagswasser auf fremden Grundstücken formal eine Genehmigung der Wasserbehörden eingeholt werden muss.[571] Materiell unterliegt die eigentliche Niederschlagswasserverwertung auf dem fremden Grundstück im Übrigen den gleichen Anforderungen wie einer Verwertung auf dem eigenen.

(3) Festsetzung der Abwasserverwertung per Satzung

Nach den spezialgesetzlichen Regelungen einiger Wassergesetze und Bauordnungen der Bundesländer können die öffentlichen Träger der Beseitigungspflicht durch Satzung zudem festsetzen,[572] „wo und in welcher Weise Niederschlagswasser zu verwerten oder zu versickern ist" oder „wo und in welcher Weise es genutzt (...) werden soll" oder „durch Satzung regeln, dass im Gemeindegebiet oder in Teilen davon Anlagen zum Sammeln oder Verwenden von Niederschlagswasser oder zum Verwenden von Grauwasser vorgeschrieben werden, um die Abwasseranlagen zu entlasten, Überschwemmungsgefahren zu vermeiden oder den Wasserhaushalt zu schonen, soweit wasserwirtschaftliche oder gesundheitliche Belange

---

569 Siehe § 50 Abs. 4 WG SN.
570 Vgl. mit offenem Wortlaut: §§ 37 Abs. 5 S. 1 Nr. 2 WG HE; 58 Abs. 3 S. 1 Nr. 2 WG TH.
571 Vgl. OVG NW, Beschluss vom 1.9.2010, Aktz. 15 A 1635/08, Leitsatz (Juris).
572 Siehe zu den Gesetzesvorstellungen der Bauordnungen 3. Kap.VI. Abschn. Nr. 1 a.

nicht entgegenstehen".[573] Regelmäßig können diese satzungsmäßigen Festsetzungen in die Bebauungspläne der Gemeinden aufgenommen werden. Der Sinn und Zweck der Vorschriften liegt offenbar in der Förderung der Ressourcenschonung durch Wassereinsparung u.a. durch die Verwertung von Niederschlags- und teilweise auch Grauwasser. Auf Grundlage der besonderen Satzungsermächtigung sind im Sinne des Vorbehalts des Gesetzes auch Eingriffe in Art. 2 und Art. 14 GG möglich. Systematisch handelt es sich bei der in den Wassergesetzen und Bauordnungen der Bundesländer vorgesehenen spezialgesetzlichen Satzungsermächtigung eigentlich nicht um einen Übertragungstatbestand im Sinne einer materiellen Privatisierung. Jedoch zeitigt sie insofern ähnliche Rechtswirkungen, als Abwassererzeuger einseitig zur Implementierung von Maßnahmen der Abwasserverwertung verpflichtet werden. Es handelt sich um eine spezialgesetzliche Ausprägung örtlicher Bauvorschriften im Sinne des § 9 Abs. 4 Baugesetzbuches (BauGB).[574] Hierfür spricht neben der regelmäßig normierten Möglichkeit, die Satzungsregelungen in den Bebauungsplan aufzunehmen, auch, dass sie den strukturierten Regelungen in den Wassergesetzen und Bauordnungen der Bundesländer sehr ähnlich sind.

Materiell sind die Gemeinden nach den Vorschriften in *Rheinland-Pfalz* und im *Saarland* lediglich zum Erlass von Satzungsvorschriften für die Verwertung von Niederschlagswasser berechtigt. In ihren Satzungen können sie das „Wo" und das „Wie" der Verwertung regeln, womit also das gesamte Gemeindegebiet oder Teile des Gemeindegebiets oder die Art der Verwertung gemeint sind. Die spezifischen Regelungen in *Baden Württemberg*, *Hessen* und *Saarland* ermächtigen nicht nur zur Anordnung der Verwertung von Niederschlagswasser, sondern auch von Grauwasser. Allerdings kann die Verwertung nur besonders zweckgebunden verfügt werden, nämlich um „Abwasseranlagen zu entlasten", „Überschwemmungsgefahren zu vermeiden" oder den „Wasserhaushalt zu schonen". Weiter eingeschränkt wird die Festsetzung in *Hessen* dadurch, dass „wasserwirtschaftliche oder gesundheitliche Belange" nicht entgegenstehen dürfen.

---

573 Vgl. §§ 74 Abs. 3 Nr. 2 BauO BW (Niederschlagswasser und Brauchwasser); 37 Abs. 4 WG HE (Grau- und Niederschlagswasser); 51 Abs. 4 WG RP (Niederschlagswasser); 49 a Abs. 3 WG SL (Niederschlagswasser); 85 Abs. 2 Nr. 2 BauO SL (Grau- und Niederschlagswasser).
574 Baugesetzbuch in der Fassung der Bekanntmachung vom 23.9.2004 (BGBl. I S. 2414), zuletzt geändert durch Gesetz vom 20.11.2014 (BGBl. I S. 1748), vgl. hierzu genauer im 3. Kap. V. Abschn. Nr. 3 lit. D (3).

III. Aufgabendurchführung - Erfüllung der Abwasserbeseitigungspflicht

Auf Grundlage dieser Regelungen können die Körperschaften des öffentlichen Rechts in den betreffenden Ländern also per Regelungen in den Entwässerungssatzungen oder den Bebauungsplänen die Installation von Grau- und Niederschlagswasserverwertungsanlagen auf Grundstücken erzwingen. Die regelungsbetroffenen Grundstückseigentümer bedürfen zur Inbetriebnahme der Verwertungsanlagen sowohl einer Befreiung vom Anschluss- und Benutzungszwang an die Abwasserbeseitigung als auch einer Befreiung von dem Anschluss- und Benutzungszwang an die Trinkwasserversorgung. Denn mit dem Anfall des Grau- und Niederschlagswasser liegt überlassungspflichtiges Abwasser vor und mit der Substitution von aufbereitetem Grau- und Niederschlagswasser als Brauchwasser wird die Nutzung der öffentlichen Trinkwasserversorgung eingeschränkt.[575]

Diese Regelung ist für die Gemeinden besser geeignet, um die Weiterverwendung und Verwertung von Grau- und Niederschlagswasser zu regeln als die Übertragungstatbestände. Denn die Gemeinden können durch die Möglichkeit der einseitigen Anordnung die Abnahme des Abwasseranfalls und des Trinkwasserbezugs genauer steuern. Auch die Gesetzgeber anderer Bundesländer könnten angesichts ähnlicher Problemstellungen Interesse an der Hinzufügung dieser Regelung haben.

III. Aufgabendurchführung - Erfüllung der Abwasserbeseitigungspflicht

Die Durchführung der Aufgabe der Abwasserbeseitigung durch den jeweiligen Beseitigungspflichtigen ist an dem geltenden höherrangigen Recht und gem. § 54 Abs. 1 WHG am Wohl der Allgemeinheit auszurichten. Die Erfüllung der Abwasserbeseitigungspflicht ist eng mit der Organisation verknüpft. Letztendlich bestimmen die (öffentlichen) Träger der Beseitigungspflicht mithilfe der Abwasserbeseitigungskonzepte und -satzungen über die Art der Erfüllung. Inwiefern nachhaltige und an den Klimawandel angepasste Entsorgungslösungen implementiert werden, hängt entscheidend von dem jeweiligen Landesrecht und dem Implementationswillen des öffentlichen Trägers der Beseitigungspflicht ab.

---

575 Vgl. hierzu im Einzelnen im 3. Kap. III. Abschn. Nr. 3 e. (3).

3. Kapitel: Abwasserentsorgung unter dem Regime des Abwasserrechts

1. Aufgabenprogramm der Abwasserbeseitigung

Die Abwasserbeseitigungspflichtigen haben das Abwasser gem. § 55 Abs. 1 WHG, so zu beseitigen, dass das Wohl der Allgemeinheit nicht beeinträchtigt wird. Das Wohl der Allgemeinheit umfasst insbesondere die Daseinsvorsorge sowie den Schutz von Natur und Landschaft und der Volksgesundheit. Tätigkeitsbezogen zählt der § 54 Abs. 2 WHG zu den Teilaufgaben der Abwasserbeseitigung das Sammeln, Fortleiten, Behandeln, Einleiten, Versickern, Verregnen und Verrieseln von Abwasser, das Entwässern von Klärschlamm im Zusammenhang mit der Abwasserbeseitigung sowie das Beseitigen des in Kleinkläranlagen anfallenden Schlamms. Auch wenn die Beschreibung im Wesentlichen den Teilhandlungen der zentralen Abwasserbeseitigung entspricht, ist auch eine Abwasserbeseitigung in dezentralen Systemen grundsätzlich zulässig. Dies ergibt sich ausdrücklich aus § 55 WHG. Die Vorschrift des § 54 Abs. 2 WHG hat ver- und entpflichtenden Charakter zugleich. Zum einen sind die Träger der Beseitigungspflicht gegenüber den Einwohnern zur Abwasserbeseitigung in dem genannten Umfang verpflichtet. Zum anderen sind sie aber auch nur in dem genannten Umfang und nicht zu mehr Abwasserhandlungen (z.B. zeitlich vorgelagerten Handlungen oder der Einleitung von geklärtem Abwasser nachgelagerten Handlungen) verpflichtet.[576] Daher fällt auch die Abwasserverwertung grundsätzlich nicht unter das Pflichtenprogramm der Abwasserbeseitigung. Da die Abwasserverwertung aber auf die Bereitstellung von Brauchwasser abzielt, fällt sie ggf. unter die Wasserversorgung. Diese gilt gem. § 50 Abs. 1 WHG auch als Aufgabe der Daseinsvorsorge. Sie ist als besondere Gewässerbewirtschaftung ebenfalls an dem Wohl der Allgemeinheit auszurichten.

2. Konzeptionierung der Abwasserbeseitigung

Aufgrund der objektiven Pflichtenzuweisung gem. § 56 WHG und der Wassergesetze ist die Aufgabe der Abwasserbeseitigung als pflichtige Selbstverwaltungsaufgabe einzustufen.[577] Demnach sind die Träger im Rahmen ihrer Leistungsfähigkeit verpflichtet, die für die Erfüllung der

---

576 Vgl. beispielsweise *Czychowski/Reinhardt*, WHG, § 54 Rn. 20 m.w.N.
577 Siehe beispielsweise §§ 2 BgbKVerf; 2 und 4 SächsGO; 2 Abs. 1 S. 1 und § 4 und 6 KVG LSA; 2 Abs. 1 und 2 GO SH.

III. Aufgabendurchführung - Erfüllung der Abwasserbeseitigungspflicht

Aufgabe der Abwasserbeseitigung erforderlichen öffentlichen Einrichtungen zu schaffen.[578] Eine Verpflichtung, eine öffentliche Einrichtung der Abwasserverwertung bereitzustellen, besteht aufgrund der Zuweisung der Abwasser*beseitigungs*pflicht gem. § 56 WHG nicht. Allerdings sind die öffentlichen Träger aufgrund ihres Ermessens zur Art und Weise der Erfüllung der Aufgabe im Licht des Rechts der kommunalen Selbstverwaltung nach Art. 28 Abs. 2 GG berechtigt, u.U. auch Elemente einer Abwasserverwertung zu implementieren. Zur Ausgestaltung der öffentlichen Einrichtung der Abwasserbeseitigung stellen die öffentlichen Träger der Beseitigungspflicht Abwasserbeseitigungskonzepte und Abwasserbeseitigungssatzungen auf.

a. Organisationsermessen und Ausgestaltung der öffentlichen Einrichtung

Als Ausformung des Rechts der kommunalen Selbstverwaltung gem. Art. 28 Abs. 2 GG und gleichgerichteter Gewährleistungen der Landesverfassungen ist es den öffentlichen Trägern der Beseitigungspflicht bei pflichtigen Selbstverwaltungsaufgaben grundsätzlich selbst überlassen, in welcher Art und Weise und Zeit die Aufgabe Abwasserbeseitigung erfüllt wird.[579] Im Einzelnen wägen die Beseitigungspflichtigen bei der Gestaltung der öffentlichen Einrichtung der Abwasserbeseitigung durch Abwasserbeseitigungskonzept und -satzung die maßgeblichen Aspekte des Wohls der Allgemeinheit mit- und untereinander ab.[580] Aufgrund ihres weiten Organisationsermessens sind die öffentlichen Träger grundsätzlich berechtigt, die öffentlichen Einrichtung mit allen Arten von Anlagen zur Abwasserbeseitigung, ob zentral oder dezentral, in der jeweils erforderlichen Dimensionierung auszugestalten.[581] Freilich sind die beseitigungs-

---

578 Vgl. hierzu schon 3. Kap. II. Abschn. Nr. 2 lit. a.
579 Vgl. beispielsweise BVerwG, Beschluss vom 13.6.1997, Aktz. 8 B 104/97, Leitsatz (Juris); OVG NI, Urteil vom 22.1.1997, Aktz. 9 L 4525/95, Rn. 4 (Juris); OVG NW, Urteil vom 12.3.2013, Aktz. 20 A 1564/10, NVwZ-RR 2013, 683/683 f.; *Gern*, Dt. Kommunalrecht, Rn. 234, S. 164; *Burgi*, Kommunalrecht, § 17 Rn. 71 f., S. 272 f.
580 Vgl. *Czychowski/Reinhardt*, WHG, § 55 Rn. 8; *Zöllner*, in: Sieder/Zeitler/Dahme/Knopp, WHG und AbwAG, Bd. 3, § 18 a WHG a.F. (=§ 56 WHG n.F.) Rn. 13 a (EL 38 Sept. 2009).
581 Vgl. OVG SN, Beschluss vom 29.6.2009, Aktz. 4 A 501/08, Rn. 6 (Juris); OVG SN, Urteil vom 12.7.2007, Aktz. 5 B 565/5, NVwZ-RR 2008, 416/416; VGH

3. Kapitel: Abwasserentsorgung unter dem Regime des Abwasserrechts

pflichtigen öffentlichen Träger dabei zur Beachtung höherrangiger Vorschriften, u.a. der KomAbwRL und der WRRL, des WHG und der Kommunalabwasserverordnungen sowie den sonstigen landesrechtlichen Vorschriften verpflichtet. Zudem hat die Ausgestaltung der öffentlichen Einrichtung im Einzelnen dem Verhältnismäßigkeitsprinzip zu genügen.[582] Die Zweckmäßigkeit der Ausgestaltung allerdings ist kein Gegenstand einer Überprüfung durch die staatliche Rechtsaufsicht oder sie überprüfender Gerichte.

b. Abwasserbeseitigungskonzepte der Beseitigungspflichtigen

Zumindest zur technischen und wirtschaftlichen Ausgestaltung der öffentlichen Einrichtung der Abwasserbeseitigung erstellen die beseitigungspflichtigen öffentlichen Träger regelmäßig ein Abwasserbeseitigungskonzept. Es enthält eine Übersicht über den Stand sowie die zeitliche Abfolge und die geschätzten Kosten der für die Erfüllung der Abwasserbeseitigungspflicht erforderlichen Maßnahmen.[583] Nach den meisten Landeswassergesetzen sind die Gemeinden ausdrücklich zur Erstellung und Fort-

---

BY, Beschluss vom 24.11.2006, Aktz. 22 CS 6.2884, BayVbl. 2007, S. 569/569f.; OVG NI, Urteil vom 21.3.2002, Aktz. 7 KN 233/01, ZfW 2002, S. 251/ 251; OVG M-V, Urteil vom 13.11.2001, Aktz. 4 K 24/99, DVBl. 2002, 643/643 f.; OVG NI, Beschluss vom 14.6.1999, Aktz. 9 L 1160/99, NVwZ-RR 1999,678/678; VG Düsseldorf, Urteil vom 25.2.2011, Aktz. 5 K 630/10, Rn. 33 (Juris); *Scheidler*, BayVbl. 2008, S. 166/168; *Sauthoff*, in: Driehaus, Kommunalabgabenrecht, Bd. III, § 8 Rn. 1640 (50. Erg.Lfg. März 2014) unter Verweis auf BayVerfGH, Entscheidung vom 18.4.2007, Aktz. Vf. 2-VII-06 und VGH BY, Beschluss vom 11.9.2002, Aktz. 23 ZB 02.615.

582 Vgl. OVG SN, Urteil vom 21.4.2009, Aktz. 4 L 360/06, Leitsatz (Juris); OVG SN, Urteil vom 18.12.2007, Aktz. 4 B 541/5, Rn. 28 (Juris); OVG NI, Urteil vom 13.8.1998, Aktz. 3 K 3398/97, NdsVbl. 1999, S. 11/13; VGH BY, Urteil vom 11.11.1999, Aktz. 23 N 99/ 2026, Rn. 20 (Juris); VGH BY, Beschluss vom 9.1.2006, Aktz. 4 CS 5.2798, BayVbl. 2007, 49/49 f.

583 Siehe Art. 34 Abs. 2 und Art. 54 WG BY (Abwasserkataster) sowie §§ 47 WG BW (Konzeption der Abwasserbeseitigung); 66 Abs. 1 WG BBG (Beseitigungskonzept); 39 Abs. 2 WG HE (Bestandsplan); 53 Abs. 1 S. 2 Nr. 7 sowie 1 a und 1 b WG NW (Abwasserbeseitigungskonzept); 51 WG SN (Abwasserbeseitigungskonzept); 79 Abs. 1 WG LSA (Abwasserbeseitigungskonzept); 31 WG SH (Abwasserbeseitigungskonzept); 58 a WG TH (Abwasserbeseitigungskonzept).

III. Aufgabendurchführung - Erfüllung der Abwasserbeseitigungspflicht

schreibung des Konzeptes verpflichtet.[584] In einigen Ländern ist das Konzept nicht ausdrücklich im Wassergesetz gefordert, allerdings allgemeine Übung und für die Erlangung von Förderbeträgen Voraussetzung.[585]

(1) Rechtsqualität, Bindungswirkungen und SUP-Pflicht

Die Einstufung der Abwasserbeseitigungskonzepte in die bekannten Plankategorien ist nicht geklärt und daher sind auch ihre Rechtsqualität und ihre Bindungswirkungen im Einzelnen unklar. Vieles spricht dafür, die Konzepte als örtlichen Binnenplan über die Ausgestaltung der öffentlichen Einrichtung der Abwasserbeseitigung ohne Außenrechtsqualität einzustufen.[586] Denn sie dienen hauptsächlich dem Informations- und Kontrollbedürfnis der Rechtsaufsicht und der ordnungsgemäßen Führung des Gemeindehaushalts.[587] Aufgrund ihrer Bedeutung wird dennoch regelmäßig das Gemeindeparlament mit der Feststellung befasst.[588] In den Ländern, in denen mit dem Abwasserbeseitigungskonzept allerdings die Abwasserbeseitigungspflicht unter Genehmigung der Wasserbehörde oder Rechtsaufsicht übertragen wird und nicht gesondert beantragt wird, stellt das Abwasserbeseitigungskonzept gleichzeitig einen Antrag an die Wasserbehörde auf Befreiung von der Abwasserbeseitigungspflicht dar und erlangt da-

---

584 Siehe Art. 34 Abs. 2 und Art. 54 WG BY sowie §§ 66 Abs. 1 WG BBG; 39 Abs. 2 WG HE; 53 Abs. 1 S. 2 Nr. 7 sowie 1 a und 1 b WG NW; 51 Abs. 2 WG SN; 79 Abs. 1 WG LSA; 31 WG SH; 58 a Abs. 3 WG TH.
585 Vgl. Förderrichtlinie Wasserwirtschaft 2009, Nr. 4.1., S. 3; Verwaltungsvorschrift in M-V über allgemein anerkannte Regeln der Technik für die Abwasserbehandlung mittels Kleinkläranlagen (Kleinkläranlagen-Verwaltungsvorschrift – KKAVV) vom 25.11.2002, AmtsBl. M-V S. 1496, ber. S. 1569 und Nr. 2.1. der Richtlinie zur Förderung von Abwasseranlagen (FöRi AW), Verwaltungsvorschrift des Ministeriums für Landwirtschaft, Umwelt und Verbraucherschutz vom 16. Oktober 2007 – VI 700 – 0639.2.1.
586 Vgl. *Müller*, in: Wolff/Bachof/Stober/Kluth, Verwaltungsrecht I, § 56 Rn. 15 ff., S. 710 und § 47 WG BW sowie Nr. 1 des Erlasses des Ministeriums für Bau, Landesentwicklung und Umwelt vom 23.91998 – VIII 620 a-520.15.1 – AmtsBl. M-V 1998, S. 1291, zuletzt geändert durch VwV vom 11.1.1999, AmtsBl. M-V 1999, S. 89 (Abwasserbeseitigungspflicht und Befreiung von der Abwasserbeseitigungspflicht – Vollzugshinweise zu § 40 LwaG).
587 Vgl. *Nisipeanu*, Abwasserrecht, 1991, Teil D VII, S. 261 ff.
588 Vgl. OVG BBG, Urteil vom 31.7.2003, Aktz. 2 A 316/02, LKV 2004, 277/277 ff.; *Nisipeanu*, Abwasserrecht 1991, Teil D VII, S. 263.

mit Außenrechtsqualität.[589] Gegenüber der Rechtsaufsicht der Gemeinden ergeben sich (Selbst-)Bindungswirkungen hinsichtlich der Durchführung des Konzepts. Gewährleistet das aufgestellte Konzept nicht die ordnungsgemäße Abwasserbeseitigung oder die ordnungsgemäße Haushaltsführung oder verstößt es gegen geltendes Recht, wird das Konzept nicht genehmigt. Es drohen Maßnahmen der Rechtsaufsicht in Form von Beanstandungen und Auflagen bis hin zur Ersatzvornahme.[590] Das Abwasserbeseitigungskonzept unterliegt nach der Rechtsprechung nicht dem Erfordernis einer strategischen Umweltprüfung nach dem Gesetz über die Umweltverträglichkeitsprüfung (UVPG)[591] i.V.m. den entsprechenden Landesgesetzen.[592]

(2) Inhalt des Abwasserbeseitigungskonzepts

Der Umfang und der Inhalt der Abwasserbeseitigungskonzepte werden in den Ländern durch Gesetz oder Verordnung und sonst durch Förderrichtlinien oder Verwaltungsübung teilweise vorgegeben.[593] Regelmäßig sind die jeweiligen Träger der Beseitigungspflicht dazu verpflichtet, für das gesamte Entsorgungsgebiet ein Abwasserentsorgungskonzept aufzustellen.[594] Um die Vollzugsfähigkeit des Konzepts zu sichern, sind bei der Aufstellung die Grundsätze der Bewirtschaftungspläne nach § 83 WHG und des Maßnahmenprogramms gem. § 82 WHG, sonstige Planungsunterlagen und das Erfordernis der Begrenzung der Kosten für die Abwassererzeuger zu berücksichtigen.[595] Im Rahmen der Wirtschaftlichkeit sind da-

---

589 Siehe §§ 79 Abs. 2 WG LSA; 31 Abs. 2 WG SH; 58 a Abs. 2 WG TH.
590 Vgl. hierzu OVG RP, Urteil vom 15.5.2003, Aktz. 1 A 10036/03, ZfW 2004, S. 28/29; VG Arnsberg, Urteil vom 22.6.2010, Aktz. 8 K 201/09, Rn. 32 ff. (Juris).
591 Gesetz über die Umweltverträglichkeitsprüfung in der Fassung der Bekanntmachung vom 24. 2.2010 (BGBl. I, S. 94), zuletzt geändert durch Gesetz vom 25.7.2013 (BGBl. I S. 2749).
592 Vgl. hierzu §§ 4 a Abs. 1 i.V.m. Anlage 2 Nr. 2 b, UVPG SN sowie § 4 a Abs. 3 UVPG SN sowie OVG SN, Beschluss vom 31.3.2011, Aktz. 4 A 531/10, Rn. 10 (Juris); OVG SN, Beschluss vom 14.4.2011, Aktz. 4 A 779/10, Rn. 11 (Juris).
593 Vgl. in NW, BBG und RP, Verwaltungsvorschriften über die Mindestinhalte der ABK; Konkretisierung in Förderrichtlinien: M-V, NI und BW.
594 Vgl. beispielsweise §§ 51 Abs. 1 WG SN; 79 Abs. 3 WG LSA.
595 Siehe §§ 66 Abs. 1 WG BBG; 53 Abs. 1a WG NW; 52 Abs. 5 WG RP; 51 Abs. 1 WG SN; 58 a Abs. 1 WG TH.

III. Aufgabendurchführung - Erfüllung der Abwasserbeseitigungspflicht

bei auch insbesondere etwaige Änderungen des Abwasseranfalls durch demografische und klimatische Veränderungen zu berücksichtigen.[596] Das Abwasserbeseitigungskonzept enthält technische Angaben über die vorhandenen und geplanten Anlagen, eine Bezeichnung der öffentlich zentral oder privat dezentral entsorgten Teile des Entsorgungsgebiets, Angaben zur Beseitigung des Niederschlagswassers, zum Umfang des angeordneten oder geplanten Anschluss- und Benutzungszwangs und zu dem Zeitraum, in dem wesentliche Anlagen der öffentlichen Abwasserbeseitigung verwirklicht oder an die Anforderungen nach § 60 WHG angepasst werden sollen.[597] Die Konzepte werden regelmäßig alle fünf bis sechs Jahre oder bei signifikanten Änderungen mit einem Planungshorizont von fünfundzwanzig Jahren aufgestellt.[598]

(3) Grenzen der Konzeptionierung

Dem ausgestalteten Abwasserbeseitigungskonzept dürfen keine höherrangigen Vorschriften oder der Grundsatz der Verhältnismäßigkeit entgegenstehen. Demnach darf die Konzeptionierung der Abwasserbeseitigung nicht den Regelungen der abwasserrechtlichen Vorschriften des Europa-, Bundes- und Landesrechts entgegenstehen.[599] Im Übrigen haben die Festsetzungen des Abwasserbeseitigungskonzepts (Anlagen, Finanzierung, Zeitraum) den Anforderungen des Verhältnismäßigkeitsprinzips zu genügen. Erforderlich ist eine Abwasserbeseitigung mit geeigneten, erforderlichen und im engeren Sinne verhältnismäßigen Mitteln in einem gleichsam ausgestalteten Zeitraum.[600]

---

596 Siehe § 66 Abs. 1 WG BBG.
597 Vgl. exemplarisch §§ 66 Abs. 1 WG BBG; 53 Abs. 1a WG NW; 52 Abs. 5 WG RP; 51 Abs. 1 WG SN; 79 Abs. 2 WG LSA; 31 Abs. 1 und 2 WG SH; 58 a Abs. 1 WG TH.
598 Vgl. §§ 66 Abs. 1 WG BBG; 53 Abs. 1a WG NW; 78 Abs. 5 WG LSA; 31 Abs. 2 WG SH; § 58 a Abs. 3 WG TH.
599 Siehe exemplarisch § 79 Abs. 3 WG LSA.
600 Vgl. VGH BY, Urteil vom 11.11.1999, Aktz. 23 N 99/ 2026, Rn. 20 (Juris); OVG SN, Urteil vom 18.12.2007, Aktz. 4 B 541/5, Rn. 23 (Juris); OVG SN, Urteil vom 12.7.2007, Aktz. 5 B 565/5, SächsVbl. 2008, 17/22.

3. Kapitel: Abwasserentsorgung unter dem Regime des Abwasserrechts

i. Haushaltsführung und Grundsatz der Wirtschaftlichkeit

Die Konzeptionierung der Abwasserbeseitigung hat dem in allen Gemeindeordnungen als Ausformung und Einschränkung der Finanzhoheit gem. Art. 28 Abs. 2 GG verankerten Wirtschaftlichkeitsgrundsatz Rechnung zu tragen.[601] Der Wirtschaftlichkeitsgrundsatz verpflichtet die Gemeinde zu ökonomisch vernünftigem, sparsamem Wirtschaften unter Ausnutzung ihres Wirtschaftspotenzials.[602] Gefordert ist daher alternativ oder kombiniert ein Wirtschaften im Sinne des Maximal- oder Minimalprinzips. Nach dem Maximalprinzip ist mit bestimmten Mitteln ein größtmöglicher Erfolg zu erzielen. Nach dem Minimalprinzip ist ein bestimmter Erfolg mit geringstmöglichen Mitteln zu erzielen. Das Wirtschaftlichkeitsprinzip und seine Konkretisierungen in den allgemeinen Organisationsgesetzen als Teil der allgemeinen Haushaltsgrundsätze sind keine Programmsätze, sondern zwingendes Recht. Allerdings handelt es sich um unbestimmte Rechtsbegriffe mit Beurteilungsspielraum, da die Auswahl verschiedener Handlungs- und Finanzierungsalternativen regelmäßig nicht allein von objektiv fass- und messbaren Fakten, sondern auch von prognostischen, planerischen, finanzpolitischen und sonstigen Erwägungen der Zweckmäßigkeit abhängt.[603] Sie binden im Regelfall nur die Gemeinde im Innenverhältnis zur Aufsichtsbehörde. Eine unmittelbare Außenwirkung und ein subjektiv öffentliches Recht zu Gunsten Dritter auf Einhaltung dieser Grundsätze oder auf Schadenersatz bei Verletzung entfaltet der Wirtschaftlichkeitsgrundsatz nur in seltenen Ausnahmefällen. Demnach sind die beseitigungspflichtigen öffentlichen Träger bei der Wahl der Abwasserbeseitigungssysteme zwar grundsätzlich gehalten, das wirtschaftlichste Entsorgungssystem auszuwählen. Aber ihnen kommt bei der Entscheidung ein Beurteilungs- und Ermessensspielraum zu.[604] Demzufolge wird in der Rechtsprechung regelmäßig auch in dispers besiedelten ländlichen Räumen die Entscheidung für ein für sich genommen teureres zentrales Sys-

---

601 Vgl. exemplarisch Art. 65 Abs. 2 GemO BY sowie §§ 77 Abs. 2 GemO BW; 63 Abs. 2 BbgKVerf; 92 Abs. 2 GemO HE; 43 Abs. 4 KV M-V; 110 Abs. 2 KomVG NI; 75 GemO NW; 93 Abs. 3 GemO RP; 82 GemO SL; 72 Abs. 2 SächsGO; 98 Abs. 2 KVG LSA; 75 Abs. 2 GemO SH; 53 Abs. 2 KO TH.
602 Vgl. BVerwG, Urteil vom 5.9.1991, Aktz. 3 C 26/89, NVwZ-RR 1992, 664/665.
603 Vgl. VGH BW, Urteil vom 5.10.1989, Aktz. 2 S 1429/87, KStZ 1990, 35/35 f.
604 Siehe beispielsweise VGH BY, Urteil vom 11.11.1999, Aktz. 23 N 99/2026, Rn. 20 (Juris); OVG NI, Urteil vom 22.1.1997, Aktz. 9 L 4525/95, Rn. 7 f. (Juris).

III. Aufgabendurchführung - Erfüllung der Abwasserbeseitigungspflicht

tem als ermessensgerecht angesehen.[605] Begründet wird dies im Wesentlichen mit dem Konzentrationsgrundsatz, also dem Zweck der Reduzierung der Direkt- und Erhöhung der Indirekteinleitungen durch zentrale Systeme. Die zentralen Systeme in öffentlicher Trägerschaft gewährleisten die ordnungsgemäße Abwasserbeseitigung und dienen so der Gefahrenabwehr, insbesondere dem Schutz der Volksgesundheit und der Umwelt vor nicht ordnungsgemäß entsorgtem Abwasser. Die Grenze des Beurteilungs- und Ermessensspielraums wird demnach regelmäßig nur dort gesehen, wo die zusätzlichen finanziellen Belastungen auch angesichts der Vorteile dem einzelnen Bürger sozioökonomisch nicht zuzumuten sind.[606]

ii. Beachtung der verbindlichen Planungen und Anlagenzulassungen

Die Vollzugsfähigkeit des Abwasserbeseitigungskonzepts ist nicht gegeben, wenn es den verbindlichen Planungen auf Bundes- und Landesebene widerspricht oder die vorgesehenen einzelnen Anlagen nicht genehmigungsfähig sind. Daher sind bei seiner Erstellung und Fortschreibung die Vorgaben der fachrechtlichen Planung und der allgemeinen Planung, im Wesentlichen der Raumordnung und Bauleitplanung, zu beachten und zu berücksichtigen.[607] Insbesondere müssen die Darstellungen des Abwasserbeseitigungskonzepts, z.B. Standorte von Abwasseranlagen, mit den Gebietsfestsetzungen oder Nutzungsregelungen der Raumordnung und Bauleitpläne vereinbar sein. Auch die Festsetzungen der Bewirtschaftungspläne und Maßnahmenprogramme für die maßgebliche Flussgebietseinheit und dort des Koordinierungsraums sind zu beachten.[608] Schließlich müssen auch die in dem Konzept vorgesehenen Anlagen im Sinne der präventiven Kontrolle den Zulassungsanforderungen des Fachrechts, also des

---

605 Vgl. OVG SN, Urteil vom 12.7.2007, Aktz. 5 B 565/5, SächsVBl. 2008, 17/22; OVG BBG, Urteil vom 31.7.2003, Aktz. 2 A 316/02, Rn. 36 (Juris); OVG NI, Beschluss vom 14.6.1999, Aktz. 9 L 1160/99, NVwZ-RR 1999, 678/678.
606 Siehe OVG NI, Beschluss vom 14.6.1999, Aktz. 9 L 1160/99, NVwZ-RR 1999,678/678; VGH BY, Urteil vom 28.10.1999, Aktz. 23 N 99/2026, Rn. 20 (Juris); OVG SN, Urteil vom 18.12.2007, Aktz. 4 B 541/5, Rn. 28 f. (Juris); OVG SN, Urteil vom 12.7.2007, Aktz. 5 B 565/5, SächsVBl. 2008, 17/22.
607 Siehe hierzu genauer unter 3. Kap. V. Abschn. Nr. 1 und Nr. 3.
608 Vgl. hierzu genauer unter 3. Kap. V. Abschn. Nr. 1 lit. a (3).

3. Kapitel: Abwasserentsorgung unter dem Regime des Abwasserrechts

Wasserrechts und den allgemeinen Anforderungen des Baurechts, gestattungsfähig und ordnungsgemäß betreibbar sein.[609]

iii. Ausstattungspflicht nach den Kommunalabwasserverordnungen der Länder

Die Konzeption der Abwasserbeseitigung der öffentlichen Träger hat bei der Implementierung dezentraler und semi-dezentraler Abwasserbeseitigungsanlagen die nach den KomAbwVOen der Bundesländer normierte Ausstattungspflicht mit Kanalisationen zu beachten.[610] Die Regelungen

---

609 Siehe hierzu genauer unter 3. Kap. VI. Abschn..
610 Siehe Verordnung des Umweltministeriums BW zur Umsetzung der Richtlinie 91/271/EWG des Rates vom 21.5.1991 über die Behandlung von kommunalem Abwasser (Reinhalteverordnung Kommunales Abwasser) vom 10.12.1993 (GBl. S. 746), zuletzt geändert durch Verordnung vom 25.4.2007 (GBl. S. 252); Bayerische Verordnung zur Umsetzung der Richtlinie 91/271/EWG über die Behandlung von kommunalem Abwasser (Reinhalteordnung Kommunales Abwasser) vom 23.8.1992 (GVBl. S. 402), zuletzt geändert durch Gesetz vom 8.4.2013 (GVBl. S. 174); Verordnung über die Behandlung von kommunalem Abwasser im Land BBG vom 18.2.1998 (Bbg KabwV), zuletzt geändert durch Gesetz vom 15.7.2010 (GVBl. I S. 1); Verordnung zur Umsetzung der Richtlinie 91/271/EWG des Rates vom 21.5.1991 über die Behandlung von kommunalem Abwasser in HE (KomAbw-VO HE) vom 25.10.1996, zuletzt geändert durch Verordnung vom 24.3.2000 (GVBl. I S. 159); Verordnung über die Behandlung von kommunalem Abwasser in M-V (Kommunalabwasserverordnung – KabwVO M-V) vom 15.12.1997 (GVOBl. 1998 S. 25), zuletzt geändert durch Gesetz vom 23.2.2010 (GVOBl. S. 101); Niedersächsische Verordnung über die Behandlung von kommunalem Abwasser vom 28.9.2000 (GVBl. S. 248); Verordnung des Landes NW zur Umsetzung der Richtlinie 91/271/EWG über die Behandlung von kommunalem Abwasser (Kommunalabwasserverordnung - KomAbwV) vom 30.9.1997 (GV. NRW., S. 372), zuletzt geändert durch Gesetz vom 5.4.2005 (GV. NRW. S. 332); Verordnung des Landes RP über die Beseitigung von kommunalem Abwasser vom 27.11.1997 (GVBl. 1997, S. 441); Verordnung des sächsischen Staatsministeriums für Umwelt und Landesentwicklung zur Kommunalabwasserverordnung (SächsKomAbwVO) vom 3.5.1996 (GVBl. S. 180), zuletzt geändert durch Verordnung vom 20.7.2000 (GVBl. S. 348); Verordnung über kommunales und Industrieabwasser bestimmter Branchen im LSA (Kommunalabwasserverordnung – KomAbwVO) vom 18.11. 1997 (GVBl. S. 970), zuletzt geändert durch Gesetz vom 19.3.2002 (GVBl. S. 130); Verordnung des Landes SH zur Beseitigung von kommunalem Abwasser (SH-KomAbwVO) vom 1.7.1997, zuletzt geändert durch Verordnung vom 17.2.2000 (GVOBl. S. 203); Thüringer Verordnung zur Umsetzung der Richtlinie

III. Aufgabendurchführung - Erfüllung der Abwasserbeseitigungspflicht

der KomAbwVOen in den Ländern setzen die Anforderungen der KomAbwRL in Deutschland um. Nach den Verordnungen der Länder sind regelmäßig „gemeindliche Gebiete" oder „Verdichtungsgebiete" ab 2.000 EW mit einer Kanalisation auszustatten, Gebiete mit mehr als 15.000 EW bis zum 31.12.2000 und Gebiete mit 2.000 bis 15.000 EW bis zum 31.12.2005. Kanalisation in diesem Sinne ist „ein Leitungssystem, in dem Abwasser gesammelt und transportiert wird". Grundsätzlich ist also die Ausstattung der Gebiete mit einem System der zentralen Abwasserbeseitigung gefordert. Ausnahmsweise ist nach dem Wortlaut der Verordnungen ein Anschluss an die Kanalisation dann nicht gerechtfertigt, „wenn er entweder keinen Nutzen für die Umwelt mit sich bringt oder mit übermäßigen Kosten verbunden ist". In diesen Fällen erachten die Verordnungen ein „individuelles System oder andere geeignete Maßnahmen für erforderlich, die das gleiche Umweltschutzniveau gewährleisten".

iii.i. Ausstattungspflicht und „gemeindliche oder Verdichtungsgebiete"

Ob die zeitlich gestaffelte für die oben genannten Gemeindegrößenklassen bestehende Ausstattungspflicht in den „gemeindlichen Gebieten" oder „Verdichtungsgebieten" eingreift, hängt maßgeblich davon ab, ob eine Gemeinde im Sinne der KomAbwVO 2.000 EW, 10.000 EW oder 150.000 EW erreicht. Denn für „gemeindliche Gebiete" oder „Verdichtungsgebiete" unter 2.000 EW besteht regelmäßig keine Ausstattungspflicht mit einer zentralen Anlage, sodass eine Implementierung dezentraler Anlagen ohne Weiteres möglich ist. Die Bestimmung der Größe eines „gemeindlichen Gebiets" oder „Verdichtungsgebiets" ist daher insoweit entscheidend.

In einem Großteil der Länder jedoch wurde der Begriff der „Gemeinde" der KomAbwRL unter der Bezeichnung „gemeindliches Gebiet" oder „Verdichtungsgebiet" nahezu wörtlich übernommen.[611] Demnach ist unter

---

91/271/EWG über die Behandlung von kommunalem Abwasser vom 10.10.1997 (GVBl. 1997, S. 368).

611 Vgl. Art. 2 Nr. 4 KomAbwRL: „Gemeinde ist ein Gebiet, in dem die Besiedlung und/oder wirtschaftliche Aktivität ausreichend konzentriert sind für eine Sammlung des kommunalen Abwassers und der Weiterleitung zu einer kommunalen Abwasserbehandlungsanlage oder Einleitungsstelle" und exemplarisch: §§ 1 Abs. 2 Nr. 2 ROkAbw BY; 1 Abs. 2 Nr. 2 ROkA BW; 3 Nr. 4 BbgKAbwV; 2 Nr. 4 KomAbwVO HE; 1 Nr. 5 KomAbwVO NI, 2 Nr. 3 KomAbwVO NW; 2

3. Kapitel: Abwasserentsorgung unter dem Regime des Abwasserrechts

solchen Gebieten ein von den Gemeindegrenzen unabhängiges Gebiet zu verstehen, „in welchem die Besiedlung oder die wirtschaftliche Aktivität (oder beides) ausreichend konzentriert sind für die Sammlung von kommunalem Abwasser und einer Weiterleitung an eine Abwasserbehandlungsanlage oder eine Einleitungsstelle". Die Umsetzungen haben zur Folge, dass in den Bundesländern auch weitgehend dispers besiedelte Räume die 2000 EW-Grenze erreichen können, also im Ergebnis eine ausreichende Konzentration für die Sammlung von kommunalem Abwasser vorliegt, wenn nur das räumliche Bezugsgebiet entsprechend groß gewählt wird. In Sachsen hingegen wird der Begriff der Gemeinde in der SächsKomAbwVO als Verdichtungsgebiet bezeichnet und an den Begriff des „im Zusammenhang bebauten Ortsteils" gem. §§ 34, 35 BauGB angelehnt.[612] Die für die Ausstattungspflicht erforderlichen Siedlungskonzentrationen werden demnach räumlich auf zusammenhängende Bebauungen beschränkt.

Die Umsetzung des Begriffs der Gemeinde in den Verordnungen eines Großteils der Bundesländer steht der Implementierung individueller Systeme, also dezentraler Anlagen der Abwasserbeseitigung, entgegen oder stiftet zumindest Rechtsunsicherheit. Denn nach der Mehrzahl der Umsetzungsregelungen in den Verordnungen ist eine Bestimmung der für die Ausstattungspflicht maßgeblichen EW-Schwellenwerte nicht eindeutig möglich. Dies hat zur Folge, dass die öffentlichen Träger bei der Erstellung des Abwasserbeseitigungskonzepts nicht genau bestimmen können, welche gemeindlichen Gebiete ausreichende Siedlungskonzentrationen für die europarechtliche Verpflichtung zur Ausstattung mit einer Kanalisation aufweisen. Es besteht somit die Gefahr, ein Richtlinienziel zu verfehlen, denn die Gebiete sollen dann nicht mit Kanalisationen ausgestattet werden, wenn individuelle Systeme mit Blick auf das Umwelt-zu-Kosten-Verhältnis ihnen überlegen sind. Grundsätzlich sind die Mitgliedsstaaten verpflichtet, Richtlinien so umzusetzen, dass sie „innerhalb der ihnen nach Art. 249 EGV (= Art. 288 AEUV) belassenen Entscheidungsfreiheit die Formen und Mittel wählen, die sich zur Gewährleistung der praktischen Wirksamkeit (effet utile) der Richtlinien, unter Berücksichtigung des mit

---

Nr. 3 KomAbwVO RP; 1 Abs. 2 lit. d) KomAbwVO SL; 2 Nr. 3 KomAbwVO LSA; 2 Nr. 2 KomAbwVO SH; § 2 Nr. 4 KomAbwVO TH.
612 Vgl. § 1 Abs. 2 Nr. 2 SächsKomAbwVO.

III. Aufgabendurchführung - Erfüllung der Abwasserbeseitigungspflicht

ihnen verfolgten Zwecks, am besten eignen".[613] Die Form (Gesetz, Verordnung) und Mittel (Rücksicht auf eigene Rechtsstrukturen) der Umsetzung bleiben in diesem Rahmen den Mitgliedsstaaten überlassen. Jedoch erfordert die Richtlinienumsetzung, dass das Ziel oder die Verwirklichung des gesamten Richtlinienprogramms auch in der Verwaltungspraxis vollständig erreicht wird.[614]

Ziel der Kommunalabwasserrichtlinie ist es, die Umwelt vor schädlichen Auswirkungen kommunalen Abwassers zu schützen. Aufgrund des zum Erlasszeitpunkt der KomAbwRL geringen Ausbaugrades von Kanalisationen in einigen Ländern der EU wurde zu diesem Zweck die Regelung der Ausstattungspflicht extensiv ausgelegt. Die gemeindlichen Gebiete gem. Art. 2 Nr. 4 KomAbwRL sollten möglichst weitgehend mit einer Kanalisation und einer Behandlung zum Schutz der Umwelt und der Trinkwasserversorgung ausgestattet werden. Nur in Ausnahmefällen (in unempfindlichen Gebieten und Gemeinden kleiner 2000 EW) sollte aus Gründen des Kosten-Umweltnutzen-Verhältnisses darauf verzichtet werden und individuelle, also dezentrale Systeme an ihre Stelle treten.[615] Mit der Wandlung der klimatischen Verhältnisse, der demografischen Entwicklung sowie dem technischen Fortschritt wird deutlich, dass zur Wahrung des Richtlinienziels die verstärkte Implementierung der nur als Ausnahme der Ausstattungspflicht zugelassenen dezentralen Systeme der Abwasserbeseitigung erforderlich ist. Daher ist die trennscharfe Ermittlung der Erreichung der Schwellenwerte durch Siedlungskonzentrationen der gemeindlichen Gebiete zur rechtssicheren Unterscheidung von Gebieten mit Ausstattungspflicht und Gebieten ohne Austattungspflicht mehr und mehr notwendig. Denn dies gäbe den öffentlichen Trägern der Beseitigungspflicht für die Erstellung ihrer Abwasserbeseitigungskonzepte Rechtssicherheit.

Bei dem Begriff der Gemeinde handelt es sich um einen umsetzungsbedürftigen unbestimmten Rechtsbegriff, denn die gemeinschaftsrechtliche Legaldefinition der „Gemeinde" kann in der deutschen Rechtsordnung

---

613 Vgl. beispielsweise *Calliess*, in: Calliess/Ruffert, EUV/EGV, Art. 249 EGV, Rn. 48 unter Verweis auf: EuGH, Urteil vom 8.4.1976, Rs. 48/75, Slg. 1976, 47, Rn. 69 und 73 a.E. (Jean Noël Royer)
614 Siehe EuGH, Urteil vom 11.7.2002, Rs C-62/00, Slg. 2002, I-6325, Rn. 26 ff. (Marks & Spencer).
615 Vgl. *Seidel*, Gewässerschutz durch europäisches Gemeinschaftsrecht, 1999, S. 47; *Faßbender*, Die Umsetzung von Umweltstandards der Europäischen Gemeinschaft, 2001, S. 58.

nicht formal im Sinne von Verwaltungsstrukturen der Länder verstanden werden.[616] Dies hat seinen Grund darin, dass die Vorschriften der KomAbwRL für alle Mitgliedsstaaten gleichermaßen umsetzbar sein müssen. Ein formal-wörtliches Verständnis des Begriffs der „Gemeinde" führte indes dazu, dass die Ausstattungspflicht in den Mitgliedstaaten unterschiedlich angesetzt würde. Da z.B. in Frankreich die den Gemeinden entsprechenden Kommunen sehr viel kleinteiliger sind,[617] würden dort tendenziell weniger Kommunen die Schwellenwerte von 2000 EW erreichen.[618] Weder aus dem Wortlaut noch aus der Systematik oder der Teleologie der Richtlinie lassen sich jedoch eine trennscharfe räumliche Abgrenzung oder ein räumliches Bezugsgebiet für die Schwellenwerte herleiten. Der Wortlaut des Art. 2 Nr. 4 KomAbwRL „ausreichende Konzentration von Besiedlung für eine Sammlung von kommunalem Abwasser" ergibt kein abgrenzbares Bezugsgebiet für die Zusammenzählung von Einwohnerwerten, da technisch ein Anschluss auch von entlegenen Siedlungen und Siedlungsteilen mit entsprechendem Aufwand so gut wie immer möglich ist.[619] Auch eine Herleitung eines wirtschaftlichen Maßstabs (z.B. Kosten-Nutzen-Erwägungen) zur Ermittlung des räumlichen Bezugsgebiets aus dem Wortlaut „ausreichend", der Systematik und dem Sinn und Zweck kann mit Blick auf die Systematik der Gesamtregelung nicht hergeleitet werden. Denn die Bestimmung eines Bezugsgebiets von Kosten-Nutzen-Aspekten würde in der Systematik die Ausnahmeregelung des Art. 3 Abs. 1 S. 3 Alt. 2 KomAbwRL, die eine Ausstattung mit Kanalisationen in Gebieten anhand von Kosten-Nutzen-Erwägungen ausschließt, überflüssig machen. Zudem soll die Definition der Gemeinde Voraussetzung für die Bestimmung der in einem Gebiet zusammenzufassenden Einwohnerwerte bieten und kann daher nicht durch technische oder wirtschaftliche Realisierbarkeit bestimmt werden. Aus diesem Grund genügt eine formell-wörtliche

---

616 Vgl. VG Arnsberg, Urteil vom 22.6.2010, Aktz. 8 K 201/09, Leitsatz (Juris).
617 Vgl. hierzu die sog. National Structures und Local administrative Units (NUTS), demnach bestehen in der Klasse der deutschen Gemeinden (LAU 2 Stufe) ca. 12.000 Einheiten, auf gleicher Stufe in Frankreich aber fast 39.000. Europäische Kommission>Eurostat > NUTS - Nomenclature of territorial units for statistics > Correspondence tables > National Structures (EU) unter http://epp.eurostat.ec.europa.eu/portal/page/portal/nuts_nomenclature/correspondence_tables/national_structures_eu.
618 Vgl. VG Arnsberg; Urteil vom 22.6.2010, Aktz. 8 K 201/09, Rn. 79 (Juris); *Schulte*, EG-Richtlinie Kommunales Abwasser, 1996, S. 49.
619 Vgl. auch *Schulte*, EG-Richtlinie Kommunales Abwasser, 1996, S. 49.

III. Aufgabendurchführung - Erfüllung der Abwasserbeseitigungspflicht

Übernahme des Richtlinienbegriffs der „Gemeinde", wie sie zahlreiche Bundesländer vorgenommen haben, nicht den Umsetzungserfordernissen der KomAbwRL. Zur Verwirklichung des Richtlinienziels, insbesondere zum rechtssicheren Vollzug in der Verwaltungspraxis, ist in den KomAbwVOen eine tatsächliche Rückbindung an die baulichen Gegebenheiten im Bezugsgebiet notwendig, wie sie in Sachsen vorzufinden ist. Der Gesetzgeber könnte diesen Missstand beheben.

iii.ii. Ausnahmen von der Ausstattungspflicht

Nach allen Landesverordnungen zur Umsetzung der KomAbwRL wird die Ausstattungspflicht für gemeindliche Gebiete größer 2000 EW im Sinne des Art. 3 Abs. 1 S. 3 KomAbwRL abgewandelt. Demnach ist die Einrichtung einer Kanalisation nicht gerechtfertigt, wenn „sie entweder keinen Nutzen für die Umwelt mit sich bringen würde oder mit übermäßigen Kosten verbunden wäre". Dann sind „individuelle Systeme oder andere geeignete Maßnahmen erforderlich, die das gleiche Umweltschutzniveau gewährleisten". Sinn und Zweck der Ausnahmevorschrift im Ganzen ist nur das öffentliche Interesse, insbesondere das an einer sparsamen und wirtschaftlichen Haushaltsführung. Subjektive Ansprüche der EU-Bürger auf „Nichtkanalisation" lassen sich daraus nicht ableiten.[620]

Fraglich ist, welche Maßstäbe für den fehlenden „Nutzen für die Umwelt", die „übermäßigen Kosten" sowie das „gleiche Umweltschutzniveau" anzulegen sind.[621] In der überwiegenden Mehrzahl der Länder ist die Ausnahmeregelung durch wörtliche Übernahme der Richtlinienvorschrift umgesetzt.[622] In einigen weiteren KomAbwVOen der Länder weisen sie materiell nicht erhebliche andere Formulierungen auf.[623] Eine materiell andere Ausnahmeregelung weisen indes *Nordrhein-Westfalen* und

---

620 Siehe VG Köln, Urteil vom 3.12.2007, Aktz. 14 K 1272/06, Rn. 17 a.E. (Juris), VG Potsdam, Beschluss vom 15.5.2007, Aktz. 8 L 296.07, Rn. 21 (Juris).
621 Vgl. *Seidel*, Gewässerschutz durch europäisches Gemeinschaftsrecht, 1999, S. 49; *Schulte*, EG-Richtlinie Kommunales Abwasser, 1996, S. 51 f.
622 Siehe beispielsweise §§ 3 Abs. 2 ROkAbw BY; 3 Abs. 2 ROkA BW; 4 Abs. 2 BbgKAbwV; 3 Abs. 2 KomAbwVO HE; § 3 Abs. 2 KomAbwVO NI; 4 Abs. 2 KomAbwVO RP; 3 Abs. 2 KomAbwVO SL; 3 Abs. 2 SächsKomAbwVO; 4 Abs. 2 KomAbwVO LSA; 4 Abs. 2 KomAbwVO SH; 3 Abs. 2 KomAbwVO TH.
623 Siehe beispielsweise §§ 4 Abs. 2 BbgKAbwV; 4 Abs. 2 KomAbwVO SH.

Schleswig-Holstein auf.[624] Die KomAbwVO NW gewährt den zur Abwasserbeseitigung Verpflichteten eine Fristverlängerung für den Fall, dass die Ausstattung mit einer Kanalisation mit unzumutbarem Aufwand verbunden ist. Dies stellt an sich eine fehlerhafte Umsetzung der Richtlinie dar. Ziel der Richtlinie ist insbesondere, dass dort, wo es für die Umwelt nicht förderlich oder mit zu hohen Kosten verbunden ist, keine Kanalisation verlegt, sondern stattdessen dezentrale Systeme implementiert werden sollen. Dieses Ziel wird durch die Umsetzung in Nordrhein-Westfalen aufgegeben. Es ist der Gesetzgeber gefordert, eine europarechtskonforme Umsetzung der KomAbwRL zu schaffen. Die KomAbwVO SH lautet: „Bringt eine Kanalisation keinen Nutzen oder ist sie im Hinblick auf den erreichbaren Grad der Abwasserreinigung mit unverhältnismäßigen Kosten verbunden, so sind individuelle Systeme oder andere geeignete Maßnahmen erforderlich (…) ". Die Umsetzung in *Schleswig-Holstein* konkretisiert auf eigene Weise den anzulegenden Maßstab hinsichtlich der Variante „übermäßige Kosten" der KomAbwRL. Mit individuellen Lösungen sind insbesondere dezentrale Lösungen, wie Kleinkläranlagen, abflusslose Gruben und Sammelsysteme mit Tankfahrzeug (rollender Kanal) gemeint.[625]

Zunächst ist fraglich, wie die Anforderung „keinen Nutzen für die Umwelt mit sich bringen" nach den Regelungen der KomAbwVOen der Länder und Art. 3 Abs. 1 S. 3 Alt. 1 der KomAbwRL zu bestimmen ist. Weder die Regelungen der KomAbwVO noch der Richtlinienvorschrift bestimmen hierfür einen Maßstab. Die Voraussetzung ist bislang auch nicht durch Rechtsprechung und Literatur konkretisiert worden.[626] Im Wesentlichen bestehen anhand der Formulierung der Regelung nur zwei Möglichkeiten: ein Vergleich des ökologischen Nutzens einer Kanalisierung mit einer Nicht-Kanalisierung (Ansich-Vergleich) sowie ein Vergleich des ökologischen Nutzens für die Umwelt, die die Ausstattung mit einer Kanalisation zur Folge hätte, im Vergleich zu dem ökologischen Nutzen für die Umwelt, die ein dezentrales Abwasserbeseitigungskonzept oder andere Entsorgungsmaßnahme mit sich bringen würde (Art-Vergleich). Im Sinne einer kohärenten Auslegung des Wortlauts, der Systematik und des Sinns

---

624 Vgl. §§ 4 Abs. 2 KomAbwVO NW; 4 Abs. 1 S. 2 KomAbwVO SH.
625 Siehe VG Arnsberg, Urteil vom 22.6.2010, Aktz. 8 K 201/09, Rn. 95 (Juris); *Schulte*, EG-Richtlinie Kommunales Abwasser, 1996, S. 51.
626 Offengelassen: OVG NW, Urteil vom 12.3.2009, Aktz. 20 A 1564/10, Rn. 47 (Juris).

III. Aufgabendurchführung - Erfüllung der Abwasserbeseitigungspflicht

und Zwecks ist von einem Art-Vergleichsmaßstab auszugehen.[627] Die Ausnahmeregelung liefe im Wesentlichen leer, wenn Voraussetzung für die Ausnahme ein Ansich-Vergleich des Umweltnutzens zwischen Kanalisierung und Nicht-Kanalisierung wäre. Denn es ist überhaupt nur schwer denkbar, dass an einem Ort, an dem nicht in völlig unerheblichem Umfang Abwasser anfällt, die Errichtung einer Kanalisation umweltbelastender ist als die Nicht-Errichtung einer Kanalisation. Des Weiteren spricht gegen den Ansich-Vergleich, dass nach den in den Teilsätzen der Ausnahmeregelung genannten Abwasserbeseitigungsmöglichkeiten „Kanalisation", „individuellen Lösungen" und „andere geeignete Maßnahmen, die das gleiche Umweltschutzniveau gewährleisten", eine Nullvariante gar nicht vorgesehen ist.[628] Der umweltmäßige Art-Vergleich der zur Verfügung stehenden Möglichkeiten der Abwasserbeseitigung entspricht auch weitreichend dem Sinn und Zweck der KomAbwRL, der im Schutz der Umwelt vor schädlichen Auswirkungen kommunalen Abwassers liegt. Daher ist eine umfassende, sich nicht auf die Reinigungsleistung in Form von Ablaufwerten beschränkende Bewertung der Umweltvorteile der Kanalisation und der individuellen Systeme erforderlich.[629] Für den Umweltvergleich sind in einer integrativen Betrachtungsweise auf Seiten der Kanalisation regelmäßig der mit demografischem Wandel zunehmende hohe Verbrauch an Schwemmwasser, der Austritt von Ab- und Eintritt von Fremdwasser durch Leckagen, die Mischwasserüberläufe sowie die landschaftsökologischen Eingriffe durch deren Verlegung zu berücksichtigen.[630]

Ebenso wie das Erfordernis des „keinen Nutzen für die Umwelt" ist das Erfordernis der „übermäßigen Kosten" nach den Regelungen der KomAbwVOen der Länder außer in *Schleswig-Holstein* nicht abschließend geklärt. Aus Wortlaut und Systematik der Regelungen ergibt sich nicht, wie der Maßstab der übermäßigen Kosten zu bilden ist, denn es bleibt völlig

---

627 Dies setzt wohl auch *Schulte*, EG-Richtlinie Kommunales Abwasser, 1996, S. 51 voraus; VG Arnsberg, Urteil vom 22.6.2010, Aktz. 8 K 201/09, Rn. 96 f. (Juris).
628 Zu einem anderen Verständnis siehe *Schulte*, EG-Richtlinie Kommunales Abwasser, 1996, S. 51; *Seidel*, Gewässerschutz durch europäisches Gemeinschaftsrecht, 1999, S. 49.
629 So auch *Schulte*, EG-Richtlinie Kommunales Abwasser, 1996, S. 51.
630 Vgl. *Keitz/Borchardt*, in: Rumm/v. Keitz/Schmalholz (Hrsg.), Hndb. der EU-Wasserrahmenrichtlinie, Kap. 4.3, S. 293 ff.

3. Kapitel: Abwasserentsorgung unter dem Regime des Abwasserrechts

offen, welche Kosten in Beziehung zu setzen sind und wie stark das Missverhältnis ausgeprägt zu sein hat.

Nach der KomAbwVO in *Schleswig-Holstein* sind die übermäßigen Kosten durch einen Vergleich zwischen den Kosten und dem für die Umwelt erreichbaren Grad der Abwasserreinigung zu ermitteln.[631] Diese Umsetzung entspricht jedoch nicht dem Wortlaut der Richtlinie, denn Art. 3 Abs. 1 S. 3 KomAbwRL lautet: *entweder* „keinen Nutzen für die Umwelt" *oder* mit „übermäßigen Kosten". Hätten Kosten und Umwelt in Bezug gesetzt werden sollen, hätte es „Kosten außer Verhältnis zum (Umwelt-)Nutzen" heißen müssen.[632] Auch systematisch vermengt damit die Ausnahmeregelung der KomAbwVO SH die in der KomAbwRL als Alternative vorgesehenen Ausnahmetatbestände. Ein Vergleich der Kosten einer Kanalisierung mit denen individueller Lösungen entspricht ebenfalls nicht dem Wortlaut und Systematik zwischen Tatbestand und Rechtsfolge der Ausnahmeregelung.[633] Ein Rückgriff auf ein solches Verständnis ist auch, anders als bei der Ausnahmeregelung des Art. 3 Abs. 1 S. 3 Alt. 1 KomAbwRL „keinen Nutzen für die Umwelt", bei Art. 3 Abs. 1 S. 3 Alt. 2 der KomAbwRL „übermäßige Kosten" nicht notwendig. Denn ein Vergleich zwischen den Kosten der konkreten Kanalisierung und den Kosten für die übliche Kanalisierung führt zu sinnvollen Ergebnissen und trägt dem Sinn und Zweck der Ausnahmeregelung Rechnung. Denn so wird vermieden, dass die beseitigungspflichtigen öffentlichen Träger zu einer ökonomisch unsinnigen Kanalisierung gezwungen werden.

Zudem ist der Ausnahmeregelung der KomAbwVOen der Länder auch unter Heranziehung der KomAbwRL nicht zu entnehmen, welches Ausmaß das Übermaß an Kosten annehmen muss. Der unbestimmte Rechtsbegriff der Richtlinie wurde in den KomAbwVO nicht konkretisiert. Die Rechtsprechung zieht formal das Verhältnismäßigkeitsprinzip zur Bestimmung heran. Ein allgemein geltendes Verhältnis der übermäßigen Kosten wurde nicht festgesetzt. Allerdings wurde ein Kostenunterschied von 9 % als nicht ausreichend erachtet.[634] Angesichts des Ausnahmecharakters der

---

631 So auch *Schulte*, EG-Richtlinie Kommunales Abwasser, 1996, S. 51.
632 Begründungslos a.A. *Schulte*, EG-Richtlinie Kommunales Abwasser, 1996, S. 51.
633 Im Ergebnis ebenso: VG Arnsberg, Urteil vom 22.6.2010, Aktz. 8 K 201/09, Rn. 90, 91 (Juris).
634 Vgl. OVG NW, Urteil vom 12.3.2013, Aktz. 20 A 1564/10, Rn. 82 f. (Juris); VG Arnsberg, Urteil vom 22.6.2010, Aktz. 8 K 201/09, Rn. 91 (Juris).

III. Aufgabendurchführung - Erfüllung der Abwasserbeseitigungspflicht

Vorschrift ist ein nicht unerheblicher relativ-absoluter Kostenunterschied zu fordern.

c. Implementierung (nachhaltiger) Abwasserentsorgungsanlagen

Die Gemeinden und andere Träger der Abwasserbeseitigungspflicht sind grundsätzlich berechtigt, nachhaltige und an den Klimawandel angepasste Abwasserentsorgungsanlagen privater und öffentlicher Trägerschaft in ihrem Abwasserbeseitigungskonzept vorzusehen.

(1) Öffentliche Organisationsformen und öffentliche Trägerschaft

Zur Erfüllung der Aufgabe der Abwasserbeseitigung ist die Implementierung von Abwasserentsorgungsanlagen als öffentliche Einrichtung der Abwasserbeseitigung zulässig.

i. Zentrale Abwasserbeseitigung

Aus der Umschreibung der für die Abwasserbeseitigung ggf. erforderlichen Tätigkeiten gem. § 54 Abs. 2 WHG geht ohne Weiteres hervor, dass die Gesetzeskonzeption des WHG im Grundsatz von der zentralen Abwasserbeseitigung ausgeht. Daher ist die Gemeinde im Rahmen ihres weiten Organisationsermessens berechtigt, die öffentliche Einrichtung mit Anlagen der zentralen Abwasserbeseitigung, wie Misch- und Trennwasserkanalisationen oder modifizierten Trennwasserkanalisationen auszustatten. Dem steht für die Beseitigung von häuslichem Abwasser auch nicht die Vorschrift des § 55 Abs. 1 S. 2 WHG entgegen, nach der die „dezentrale Abwasserbeseitigung von häuslichem Abwasser in dezentralen Anlagen" „dem Wohl der Allgemeinheit" „entsprechen kann". Wie sich unmittelbar aus Wortlaut und Systematik des WHG ergibt, ist die Vorschrift deklaratorischer Natur und nicht geeignet, die Implementation zentraler Systeme einzuschränken.[635]

---

635 Die Einfügung „enthält eine für die praxisgerechte Durchführung der Abwasserbeseitigung wichtige Klarstellung und eröffnet den Gemeinden einen größeren Spielraum für ihre Entsorgungskonzepte" BT-Drucks. 13/4788.

Auch die Vorschrift des § 55 Abs. 2 WHG begründet kein unmittelbares Verbot der zentralen Niederschlagswasserbeseitigung durch Mischwasserkanalisationen.[636] Nach dem Sollensgebot der Vorschrift sind öffentliche Träger der Beseitigungspflicht in ihren Abwasserbeseitigungskonzepten angehalten, das in ihrem Beseitigungsgebiet anfallende Niederschlagswasser grundsätzlich ortsnah, also dezentral, zu beseitigen und nur in atypischen Ausnahmefällen darauf zu verzichten.[637] Dennoch können bestehende zentrale Systeme in ihrem Umfang weiter betrieben werden.[638] Ein solcher Bestandsschutz ergibt sich bereits aus einer verfassungskonformen Auslegung, da ein unmittelbares entschädigungsloses Verbot ohne Ausklammerung der Altfälle einen Eingriff in Art. 28 GG bedeutete. Demnach lassen sich selbst Erweiterungen von Mischwasserkanalisationen in ein Abwasserbeseitigungskonzept integrieren, wenn wasserwirtschaftliche Gründe atypisch dafür sprechen, z.B. ansonsten die Funktionsfähigkeit des Gesamtsystems gefährdet ist.

Nach der Rechtsprechung des Bundesverwaltungsgerichts zum Anschluss- und Benutzungszwang ist die zentrale Abwasserbeseitigung in öffentlicher Trägerschaft auf das gesamte Gemeindegebiet zu dimensionieren.[639] Das Bundesverwaltungsgericht führte hierzu aus „(...) dass die Gemeinde ihre zentrale Entwässerungsanlage so dimensionieren muss, dass sämtliche Grundstücke im Einzugsgebiet angeschlossen werden können. Bei einem Defekt oder der Stilllegung einer privaten Kläranlage muss das Grundstück zur Gewährleistung des Gewässerschutzes an die vorhandene öffentliche Entwässerungsanlage angeschlossen werden." Diese Anforderung an die Dimensionierung zentraler Abwassersysteme ist jedoch zu kritisieren und in dieser Allgemeinheit abzulehnen, denn sie ist so hoch angelegt, dass eine umwelt- und kostengerechte Abwasserentsorgung nicht möglich ist. Zur Zeit der Entscheidung des Bundesverwaltungsgerichts waren die Effekte des demografischen und klimatischen Wandels noch nicht derart ausgeprägt und im gesellschaftlichen Bewusstsein vorhanden und die dezentrale Abwasserbeseitigung technisch noch nicht so weit fortgeschritten. Mittlerweile ist nicht mehr von der Hand zu weisen, dass der

---

636 Vgl. hierzu eingehender 2. Kap. IV. Abschn. Nr. 3 lit. d.
637 Siehe beispielsweise *Kotulla*, WHG, § 55 Rn. 19; *Czychowski/Reinhardt*, WHG, § 55 Rn. 22.
638 So ausdrücklich BT-Drucks. 16/12275, S. 68.
639 Vgl. BVerwG, Beschluss vom 19.12.1997, Aktz. BVerwG 8 B 234.97, NVwZ 1998, 1080/1081.

demografische Wandel mit seinen schwer prognostizierbaren regionalen und lokalen Auswirkungen des Bevölkerungsrückgangs sowie die mit dem Klimawandel einhergehende Zunahme extremer Wetterereignisse eine wesentlich flexiblere Abwasserentsorgungsinfrastruktur erfordert. Denn der demografischen Wandel und die damit verbundene Abnahme des Abwasseranfalls erfordert an sich eine Verringerung der Leitungsquerschnitte, während das mit dem Klimawandel einhergehende sommerliche Trockenwetter eine Verringerung und der winterliche Starkregen gleichzeitig eine Vergrößerung der Leitungsquerschnitte (und den Aufbau von Entlastungskapazitäten) erfordert. Zentrale Leitungssysteme allein können daher die notwendige flexible Infrastruktur nicht gewährleisten. Denn insbesondere Kanalisationen sind in der Verlegung kostenintensiv und weisen eine sehr lange technische Haltbarkeit und damit Abschreibungsdauer auf. Insofern ist die vollständige Erschließung aller Anwesen in Deutschland mit zentraler Abwasserbeseitigung vor dem Hintergrund des demografischen Wandels und des Klimawandels zwar technisch möglich, aber weder umweltgerecht noch kostengünstig und widerspricht so dem Leitbild der nachhaltigen Abwasserbeseitigung. Die vom Bundesverwaltungsgericht aufgestellten Anforderungen sind europa- und verfassungswidrig und verstoßen gegen einfaches Recht. Sie sind daher überholt und abzulehnen. Denn u.a. folgt aus den Gewährleistungen der Daseinsvorsorge eine für alle leistbare Abwasserbeseitigung und aus der WRRL, der KomAbw-RL und der Staatszielbestimmung Umweltschutz das Erfordernis einer ökologisch-nachhaltigen Beseitigung von Abwasser.

ii. Dezentrale Schmutzwasserbeseitigung

Regelmäßig werden bislang zentrale Abwasserbeseitigungssysteme in ländlichen Gemeinden oder für abgelegene Anwesen durch privat betriebene dezentrale und semi-dezentrale Schmutz- und ggf. Niederschlagswasserbeseitigungsanlagen ergänzt. Der öffentliche Träger bleibt lediglich gem. § 54 Abs. 2 WHG zur Beseitigung des in Kleinkläranlagen anfallenden Schlamms verpflichtet. Aber auch eine öffentliche Organisation dezentraler und semi-dezentraler Anlagen im Rahmen einer öffentlichen Einrichtung der Abwasserbeseitigung ist nach geltendem Recht zur ortsweisen Ergänzung oder auch zur dauerhaften Abwasserbeseitigung in Ortsteilen zulässig. Die öffentlichen Träger der Beseitigungspflicht können die Erfüllung der Schmutz- und Abwasserbeseitigung selbst vornehmen und die dezentralen Anlagen zentral betreiben. Sie sind aber auch berechtigt, sich der abwassererzeugenden natürlichen oder juristischen Person zur Beseitigung ihrer Abwässer zu bedienen (funktionale Privatisierung).[640] Grundsätzlich entspricht die dauerhafte Abwasserbeseitigung mit dezentralen Anlagen auch dem Wohl der Allgemeinheit gem. § 55 Abs. 1 und 2 WHG und den Anlagenanforderungen gem. § 60 WHG, insbesondere dem Stand der Technik. Zudem entspricht die flächen- und dauerhafte Beseitigung von Abwasser in dezentralen Anlagen in Gemeinden mit weniger als 2000 EW oder im Falle der Ausnahme von der Ausstattungspflicht auch den Regelungen der KomAbwVO der Bundesländer.[641]

Nach Ansicht der Rechtsprechung in Nordrhein-Westfalen hingegen entspricht die flächenhafte, weitgehend öffentlich organisierte Schmutzwasserbeseitigung eines kleinen Ortsteils unter 2000 EW über Kleinkläranlagen mit nachgeschalteter Einleitung in Gewässer nicht dem Wohl der Allgemeinheit.[642] Denn auch die Beseitigung von Ab- und Schmutzwasser in dezentralen Anlagen in öffentlicher Trägerschaft entspreche im Innenbereich hinsichtlich der Einleitungen nicht den Anforderungen des Stands der Technik gem. §§ 60 Abs. 1 und 57 Abs. 1 Nr. 1 WHG (= §§ 18b, 7a WHG a.F.) und ansonsten den allgemeinen Regeln der Technik gem. § 60 Abs. 1 S. 2 WHG. Zudem werde die Abwasserbeseitigungspflicht für dezentrale Schmutzwasserbeseitigungsanlagen nach den Wassergesetzen der Bundesländer nur außerhalb von im Zusammenhang bebauter Ortsteile übertragen. Eine Kanalisation bilde folglich auch in dispers besiedelten Gebieten die Regel. Um ausnahmsweise eine flächenhafte dezentrale Abwasserbeseitigung vorzusehen, müssten besondere Gründe vorliegen.

Die Rechtsprechung aus Nordrhein-Westfalen ist in Ergebnis und Begründung abzulehnen. Sie diskriminiert in ungerechtfertigter Weise dezentrale Abwasserbeseitigungsanlagen. Die vorgebrachten Gründe der Beeinträchtigung des Wohls der Allgemeinheit lassen sich aus den herangezogenen Rechtsbereichen nicht ableiten und die konkrete Anwendung auf das Abwasserbeseitigungskonzept ist fehlerhaft. Entgegen der ausdrücklichen Wertung der KomAbwRL, die eine Freiheit von der Ausstattung mit einer Kanalisation bis 2000 EW normiert, wird der Ortschaft von etwa 700 Einwohnern der Anschluss an ein zentrales Abwasserbeseitigungssystem aufgegeben. Der Verweis, Kleinkläranlagen würden nicht dem Stand der

---

640   Vgl. hierzu im Einzelnen unter 3. Kap. II. Abschn. Nr. 4 lit. a.
641   Vgl. hierzu genauer im 3. Kap. III. Abschn. Nr. 2 lit. b (3).
642   Vgl. OVG NW, Urteil vom 12.3.2013, Aktz. 20 A 1564/10, Rn. 48 ff. (Juris).

Technik entsprechen, ist mit Blick auf die AbwV und der für die Anlagen vorgesehenen Ablaufwerte bei ordnungsgemäßer Wartung nicht nachzuvollziehen. Das OVG setzt den ordnungswidrigen Betrieb und die daraus folgende Nichteinhaltung der Ablaufwerte der Anlagen geradezu voraus. Hierfür bestände kein Anlass, wenn das Gericht die von der Gemeinde angestrebte öffentliche Trägerschaft der dezentralen Abwasserbeseitigungsanlagen, also die Organisation im Rahmen einer öffentlichen Einrichtung, maßgeblich berücksichtigt hätte. Genauso wie öffentlichen Trägern von Gesetzgebern in Bund und Ländern prinzipiell der Betrieb komplexer zentraler Systeme zur Abwasserbeseitigung im Sinne des Wohls der Allgemeinheit zugetraut wird, ist nicht ersichtlich, wieso nicht auch Betrieb, Überwachung und Planung von dezentralen Systemen durch öffentliche Träger ordnungsgemäß möglich sein soll. Stattdessen zieht das OVG die Wertung der Übertragung der Abwasserbeseitigungspflicht auf private Abwassererzeuger für dezentrale Anlagen als Allgemeinwohlbelang heran. Demzufolge sei eine Übertragung an private Abwassererzeuger nur im Außenbereich zulässig. Diese ist jedoch für dezentrale Anlagen in *öffentlicher Trägerschaft* gar nicht einschlägig und hat primär einen völlig anderen Hintergrund. Die Beschränkung auf den Außenbereich soll vordringlich nur die Übertragung der Abwasserbeseitigungspflicht auf den privaten Erzeuger auf seltene Ausnahmefälle reduzieren, da diese regelmäßig ein geringes Eigeninteresse an der Beseitigung haben.

Durch die Entscheidung greift das OVG im Ergebnis zudem in die Zweckmäßigkeitserwägungen der Gemeinde ein. Insbesondere wertet es die Randbedingungen des Klima- und des demografischen Wandels, die maßgeblich die Wirtschaftlichkeit der Systeme prägen, auf ganz eigene Weise.[643] Während die Anpassungswirkungen der dezentralen Abwasserbeseitigungssysteme an den Klimawandel überhaupt keine Berücksichtigung finden, wird der demografische Wandel zum Randphänomen erklärt. Die Anpassung an den demografischen Wandel hätte zu einer besonders positiven Gewichtung der flexibleren dezentralen Abwasserbeseitigungsanlagen führen müssen. Statt aber die gewünschte Flexibilität der Systeme zu würdigen, wurde die fehlende Dauerhaftigkeit der Lösung beanstandet.

---

643 Vgl. OVG NW, Urteil vom 12.3.2013, Aktz. 1564/10, Rn. 84 ff. (Juris).

iii. Dezentrale Niederschlagswasserbeseitigung

Nach § 55 Abs. 2 WHG soll Niederschlagswasser anstatt in zentralen Anlagen, vorrangig ortsnah, also in dezentralen Anlagen beseitigt werden. Zwischen den in § 55 Abs. 2 WHG aufgeführten Beseitigungsvarianten der dezentralen Niederschlagswasserbeseitigung besteht untereinander kein Vorrangverhältnis. Ortsnah ist die Beseitigung, wenn sie vom Auftreffpunkt des Niederschlagswassers aus gesehen in der Nähe stattfindet. Der Begriff ist zweckgemäß nicht zu eng auszulegen und etwa auf das Grundstück und das Nachbargrundstück zu beschränken. Soll die Vorschrift die Gestaltungsmöglichkeiten der Gemeinde nicht zu sehr einengen, so kann auch eine Beseitigung in Wege der Versickerung und Verrieselung in der näheren Umgebung bis zur Grenze des Ortes noch als ortsnah einzustufen sein.[644] Die Implementierung der dezentralen Niederschlagswasserbeseitigungsanlagen der Versickerung und Verrieselung in Abwasserbeseitigungskonzepten setzt weiter voraus, dass die dezentrale Beseitigung vor Ort dem Wohl der Allgemeinheit entspricht. Es dürfen der dezentralen Beseitigung also keine wasserrechtlichen oder sonstigen öffentlich-rechtlichen Vorschriften sowie keine wasserwirtschaftlichen Belange entgegenstehen.

Die Konzeptionierung dezentraler und semi-dezentraler Niederschlagswasserbeseitigungsanlagen in öffentlicher Trägerschaft hängt maßgeblich von der Regelungsstruktur der Wassergesetze in den Bundesländern ab. In einigen Ländern ist die Beseitigungspflicht für Niederschlagswasser grundsätzlich bei den öffentlichen Trägern angesiedelt.[645] In diesen Ländern ist unter Beibehaltung der Abwasserbeseitigungspflicht ohne Weiteres eine öffentliche Organisation dezentraler Anlagen möglich. Nach den Regelungen einiger Wassergesetze der Länder jedoch ist gesetzlich die Beseitigungspflicht zur dezentralen Beseitigung von Niederschlagswasser bei den Grundstückseigentümern, auf deren Grundstück es anfällt, verortet. Die damit korrespondierende Überlassungspflicht des Niederschlagswassers vom Abwassererzeuger an den öffentlichen Träger entfällt.[646] In diesen Ländern ist eine öffentlich-rechtliche Organisation der Niederschlagswasserbeseitigung im Rahmen einer öffentlich-rechtlichen Einrichtung der Abwasserbeseitigung nur im Falle einer Rückübertragung der Be-

---

644 A.A. *Kotulla*, WHG, § 55 Rn. 18; *Reinhardt/Czychowski*, WHG, § 55 Rn. 20.
645 Vgl. hierzu genauer im 3. Kap. III. Abschn. Nr. 3 lit. d (3).
646 Vgl. hierzu im Einzelnen im 3. Kap. II. Abschn. Nr. 5 lit. d (3).

III. Aufgabendurchführung - Erfüllung der Abwasserbeseitigungspflicht

seitigungspflicht durch Satzungsregelungen (Anschluss- und Benutzungszwang) oder ein Abwasserbeseitigungskonzept möglich. Erst dann kann der beseitigungspflichtige öffentliche Träger auch die ihm obliegende Niederschlagswasserbeseitigungspflicht durch den zentralen Betrieb dezentraler Anlagen erfüllen.[647]

An die dezentrale Niederschlagswasserbeseitigungsanlage in öffentlicher Trägerschaft besteht, genauso wie bei der öffentlichen zentralen Abwasserbeseitigungsanlage, je nach Organisationsmodell ein Anschluss- und Benutzungsrecht der abwassererzeugenden Grundstückseigentümer. An die öffentlich organisierten Anlagen der Niederschlagswasserbeseitigung kann die Gemeinde auch den Anschluss- und Benutzungszwang anordnen und für die Möglichkeit der Inanspruchnahme und die Inanspruchnahme selbst Kommunalabgaben erheben.

iv. Grau- und Niederschlagswasserverwertung

Zur Implementierung dezentraler Schmutz-, insbesondere Grau-, und Niederschlagswasserverwertungsanlagen in die öffentliche Einrichtung der Abwasserbeseitigung sind die öffentlichen Träger der Beseitigungspflicht generell nicht verpflichtet, denn ihre Bereitstellung fällt nicht unter das Aufgabenprogramm des § 54 Abs. 2 WHG. Allerdings unterfällt die Abwasserverwertung, die die Bereitstellung von Brauchwasser zum Ziel hat, der Wasserversorgung. Sie stellt gem. § 50 Abs. 1 WHG eine öffentliche Aufgabe der Daseinsvorsorge dar. Daher ist die Gemeinde auf Grundlage der Regelungen des Wasserversorgungsrechts zur Implementierung von dezentralen Anlagen der Grau- und Niederschlagswasserverwertung als öffentliche Einrichtung grundsätzlich berechtigt. Die öffentliche Einrichtung der Abwasserverwertung muss allerdings für das soziale, kulturelle oder wirtschaftliche Wohl der Einwohner erforderlich sein. Insbesondere als Maßnahme der Klimawandelfolgenanpassung bei Niedrigwasser und Trockenheit lässt sich die öffentliche Organisation semi-dezentraler oder gar semi-zentraler Anlagen der Grau- und Niederschlagswasserverwertung zum Wohle der Einwohner annehmen.

---

647 Vgl. hierzu im Einzelnen im 3. Kap. III. Abschn. Nr. 3 lit. d (3).

3. Kapitel: Abwasserentsorgung unter dem Regime des Abwasserrechts

(2) Private Organisationsformen und private Trägerschaft

Bei der Konzeptionierung der Erfüllung der Aufgabe der Abwasserbeseitigung ist der öffentliche Träger der Beseitigungspflicht auch berechtigt, die Pflicht zur Abwasserbeseitigung im Beseitigungsgebiet auf einzelne private und öffentliche Abwassererzeuger zu übertragen. Eine vollständige Übertragung der Abwasserbeseitigungspflicht im Entsorgungsgebiet auf eine juristische Person des Privatrechts ist in allen Bundesländern aufgrund Nichtnormierung oder Vollzugsunfähigkeit der Vorschriften der LWG nicht möglich.

i. Dezentrale Schmutzwasserbeseitigung

Für die Ergänzung eines öffentlichen zentralen Systems oder in ländlichen Gemeinden kommt die Übertragung der Schmutzwasserbeseitigungspflicht auf die Abwassererzeuger in Betracht. Sie beseitigen dann eigenverantwortlich das Schmutzwasser in dezentralen oder semi-dezentralen Anlagen. Unter den Voraussetzungen der Übertragungstatbestände ist die Übertragung der Ab- und Schmutzwasserbeseitigungspflicht auf abwassererzeugende natürliche Personen und deren Zusammenschlüsse (WEG-Gemeinschaft, Eigentümergemeinschaft, ggf. auch Abwasserverein und Gesellschaften des Privatrechts) zulässig. Die flächenhafte Übertragung hat allerdings mit der KomAbwVO vereinbar zu sein.[648] Die flächen- und dauerhafte Übertragung an Privatrechtssubjekte kann gegen das Wohl der Allgemeinheit verstoßen, sofern ein Betrieb im Sinne der §§ 57 bis 60 WHG nicht sichergestellt ist.[649] Die privat organisierte Schmutzwasserbeseitigung in dezentralen und semi-dezentralen Anlagen erfolgt in eigener Verantwortung der Rechtssubjekte. Ggf. ist auch eine Ausnahme vom Anschluss- und Benutzungszwang erforderlich. Die öffentlichen Träger der Beseitigungspflicht bleiben jedoch zur Übernahme des Schlamms verpflichtet, wofür sie die öffentliche Einrichtung der Schlammabfuhr bilden. An die öffentlich organisierte Schlammabfuhr besteht ein Anschluss- und Benutzungsrecht sowie die Möglichkeit zur Anordnung des Anschluss- und Benutzungszwangs und zur Erhebung von Kommunalabgaben.

---

648 Vgl. 3. Kap. III. Abschn. Nr. 2 lit. b (3) iii.
649 Vgl. 3. Kap. VI. Abschn. Nr. 1 lit. b.

III. Aufgabendurchführung - Erfüllung der Abwasserbeseitigungspflicht

ii. Dezentrale Niederschlagswasserbeseitigung

Die Konzeptionierung gem. § 55 Abs. 2 WHG anzustrebender dezentraler Niederschlagswasserbeseitigungsanlagen in privater Trägerschaft hängt maßgeblich von der Verortung der Abwasserbeseitigungspflicht in den Bundesländern ab.[650] In einigen LWG ist die Niederschlagswasserbeseitigungspflicht zunächst bei den öffentlichen Trägern verortet. Für die Konzeptionierung dezentraler Niederschlagswasserbeseitigungsanlagen in privater Trägerschaft, ist die Übertragung der Niederschlagswasserbeseitigungspflicht auf die Abwassererzeuger per Satzung oder Abwasserbeseitigungskonzept notwendig. Zudem bedarf die Übertragung ggf. einer Ausnahme vom Anschluss- und Benutzungszwang. Nach den Regelungen der anderen LWG ist die Beseitigungspflicht zur dezentralen Beseitigung von Niederschlagswasser gesetzlich bereits bei den Grundstückseigentümern, auf deren Grundstück es anfällt, verortet. Eine Zurückübertragung ist jedoch durch anderweitige Regelungen in Satzungen oder die Anordnung des Anschluss- und Benutzungszwangs an die öffentliche Einrichtung vorgesehen. Daher sind die anderweitigen Regelungen, die der Verortung der Niederschlagswasserbeseitigungspflicht beim Abwassererzeuger entgegenstehen, nicht zu erlassen oder entsprechend zu ändern.

Die im Abwasserbeseitigungskonzept dargestellte Übertragung der Niederschlagswasserbeseitigungspflicht auf den Abwassererzeuger und die Beseitigung in dezentralen Niederschlagswasserbeseitigungsanlagen ist nur vollzugsfähig, wenn die dezentrale Beseitigung von Niederschlagswasser dem Wohl der Allgemeinheit entspricht und nicht zwingendem Recht widerspricht. Ansonsten sind die öffentlichen Träger zur öffentlichen Organisation und einer anderen Art der Abwasserbeseitigung, z.B. einem gesammeltem Fortleiten per Kanalisation, verpflichtet.

iii. Dezentrale Schmutz-, insbesondere Grauwasserverwertung

Übertragungstatbestände für die Verwertung von Schmutz-, insbesondere Grauwasser sind in keinem Bundesland vorgesehen. Die in Mecklenburg-Vorpommern vorgesehene *Weiterverwendung* von Abwasser kennzeichnet ein Vorstadium des Abwasseranfalls, in den die Überlassungspflicht ohne-

---

650 Vgl. hierzu im Einzelnen unter 3. Kap. II. Abschn. Nr. 5 lit. d (3).

hin noch nicht eingreift.[651] Lediglich in einigen Bundesländern ist die Konzeptionierung der Grauwasserverwertung als flächenbezogene *Anordnung* in der Abwasserbeseitigungssatzung oder als örtliche Bauvorschrift im Bebauungsplan vorgesehen. Die Konzeptionierung von Anlagen zur Verwertung von Schmutz- und insbesondere Grauwasser nach diesen Regelungen berührt neben dem Regelungsbereich über die Beseitigung von Abwasser auch die Versorgung mit Trinkwasser. Denn Anlagen der Grauwasserverwertung bereiten gering belastetes Grauwasser insbesondere aus dem Bad auf, stellen es als Brauchwasser zur Gartenbewässerung, zur Toilettenspülung oder zum Maschinenwaschen zur Verfügung und senken so ceteris paribus die Abwassermenge und den Verbrauch von Trinkwasser. Daher erfordert die Konzeptionierung der Schmutzwasserverwertung aufseiten der Abwasserbeseitigungsregelungen regelmäßig die Erteilung einer Ausnahme von der Überlassungspflicht sowie vom Anschluss- und Benutzungszwang an die öffentliche Einrichtung der Abwasserbeseitigung.[652] Aufseiten der Wasserversorgungsregelungen ist grundsätzlich die Erteilung einer Ausnahme von der Versorgungspflicht sowie die Befreiung vom Anschluss- und Benutzungszwang an die öffentliche Einrichtung der Wasserversorgung erforderlich.[653] Darüber hinaus ist die Implementierung privat organisierter Grauwasserverwertungsanlagen im Abwasserbeseitigungskonzept nur vollzugsfähig, wenn die Anlagen gem. § 54 Abs. 1 WHG abwasserbezogen und gem. § 50 Abs. 2 WHG wasserversorgungsbezogen dem Wohl der Allgemeinheit entsprechen.

iv. Dezentrale Niederschlagswasserverwertung

Die Konzeptionierung von Anlagen dezentraler Niederschlagswasserverwertung in privater Trägerschaft ist in zahlreichen Bundesländern als Übertragungstatbestand vorgesehen. In einigen Bundesländern sind die Gemeinden und sonstigen Träger der Beseitigungspflicht aber auch privaten und öffentlichen Abwassererzeugern gegenüber zur einseitigen Anordnung der Niederschlagswasserverwertung in Satzung oder Bebauungsplan berechtigt.[654] Die Niederschlagswasserverwertung berührt sowohl den Re-

---

651 Vgl. hierzu genauer unter 3. Kap. I. Abschn. Nr. 1 lit. b (3).
652 Vgl. hierzu genauer unter 3. Kap. III. Abschn. Nr. 3 lit. e. (3).
653 Vgl. hierzu unter 3. Kap. III. Abschn. Nr. 4.
654 Vgl. hierzu genauer unter 3. Kap. II. Abschn. Nr. 5 lit. e. (3)

III. Aufgabendurchführung - Erfüllung der Abwasserbeseitigungspflicht

gelungsbereich der Abwasserbeseitigung als auch den der Wasserversorgung. Denn dezentrale Niederschlagswasserverwertungsanlagen, die das auf Dach- oder sonstigen unbelasteten Flächen auftreffende Niederschlagswasser auffangen, zu einer Aufbereitungsanlage als Hausinstallation ableiten und als Brauchwasser in Haushalt oder Garten bereitstellen, führen ceteris paribus zu einem gleichbleibenden, aber ggf. stärker belasteten Schmutzwasseranfall und einem geringeren Verbrauch an Trinkwasser. Die Konzeptionierung dezentraler Anlagen zur Niederschlagswasserverwertung erfordert daher einerseits die Ausnahme von der Überlassungspflicht und vom Anschluss- und Benutzungszwang an die öffentliche Einrichtung der Abwasserbeseitigung. Andererseits ist die Ausnahme von der Inanspruchnahmepflicht der öffentlichen Wasserversorgung und von der Benutzungspflicht der öffentlichen Einrichtung der Wasserversorgung erforderlich. Die für die Konzeptionierung der dezentralen Anlagen der Niederschlagswasserverwertung erforderliche Ausnahme von der Überlassungspflicht und vom Anschluss- und Benutzungszwang der Abwasserbeseitigung ist in den Bundesländern unterschiedlich geregelt. In einigen Landeswassergesetzen ist der Entfall der Überlassungspflicht des Abwassererzeugers nicht vorgesehen. Zur Implementierung einer dezentralen privaten Niederschlagswasserverwertung ist eine Ausnahme vom Anschluss- und Benutzungszwang der öffentlichen Einrichtung erforderlich, auf die nur im Rahmen des in der Satzung Eingeräumten ein Anspruch besteht.[655] In den anderen Landeswassergesetzen entfällt die mit der Abwasserbeseitigungspflicht des öffentlichen Trägers korrespondierende Überlassungspflicht des Abwassererzeugers für das verwertete Niederschlagswasser. Voraussetzung für die Niederschlagswasserverwertung in privater Trägerschaft ist jedoch, dass keine Regelungen in Satzungen entgegenstehen, die vorrangig gelten. Die für die Konzeptionierung der dezentralen Anlagen der Niederschlagswasserverwertung in privater Trägerschaft erforderlichen Ausnahmen von Inanspruchnahmepflicht und Befreiung vom Benutzungszwang der öffentlichen Trinkwasserversorgung ist im Sinne einer AVBWasserV-konformen Auslegung der Satzungen regelmäßig zu gewähren.[656]

---

655 Vgl. hierzu unter 3. Kap. III. Abschn. Nr. 3 lit. e. (3).
656 Vgl. hierzu genauer 3. Kap. III. Abschn. Nr. 4.

3. Kapitel: Abwasserentsorgung unter dem Regime des Abwasserrechts

3. Abwasserbeseitigungs- oder Entwässerungssatzung

In den Entwässerungssatzungen werden letztlich die Vorhaltung und die Bedingungen der Benutzung der nach dem Abwasserbeseitigungskonzept ausgestalteten öffentlichen Einrichtung geregelt. Die Entwässerungssatzungen gliedern sich hauptsächlich in die satzungsmäßige Ausgestaltung der öffentlichen Einrichtung, also u.a. die Art der Abwasserbeseitigung (öffentlich – privat, zentral – dezentral), die Voraussetzungen für das Anschluss- und Benutzungsrecht, die Regelungen über den Zwang des Anschlusses und der Benutzung sowie sonstige Regelungen zur Überwachung und die Bußgeldbewehrung.

a. Satzungsermächtigung und Satzungsermessen

In pflichtigen Selbstverwaltungsangelegenheiten wie der Abwasserbeseitigung sind die öffentlichen Träger zur satzungsmäßigen Regelung der Vorhaltung und Benutzung der von ihnen zu schaffenden öffentlichen Einrichtung berechtigt.[657] Aus dem Recht und der Pflicht zum Betrieb der öffentlichen Einrichtung folgt die Anstaltsgewalt, also die Befugnis, das Benutzungsverhältnis generell durch Sonderverordnung oder Satzung oder im Einzelfall durch Verwaltungsakt zu regeln.[658] Diese allgemeine Befugnis wird in den meisten Landeswassergesetzen in Einzelregelungen konkretisiert, wie z.B. dem Recht, eine Vorbehandlung des Abwassers anzuordnen oder die Art und Weise der Überlassung zu regeln. Für den grundrechtsintensiven Eingriff des Anschluss- und Benutzungszwangs ist allerdings im allgemeinen Organisationsrecht der Bundesländer regelmäßig eine gesonderte Rechtsgrundlage vorgesehen. Auch für die Verpflichtung zum Bau und Betrieb dezentraler Anlagen des Grau- und Niederschlagswasserrecyclings ist in einigen Ländern eine gesonderte Satzungsermächtigung in den Wassergesetzen oder Bauordnungen der Bundesländer vorgesehen.[659]

---

[657] Siehe ausdrücklich u.a. Art. 24 Abs. 1 GemO BY sowie §§ 3 Abs. 1 BbgKVerf; 5 Abs. 1 KV M-V; 4 Abs. 1 SächsGemO; 8 Abs. 1 KVG LSA; 4 Abs. 1 GemO SH; 20 Abs. 2 KO TH.
[658] Vgl. OVG NW, Beschluss vom 16.10.2002, Aktz. 15 B 1 355/02, NVwZ- RR 2003, 297/297 f. m.w.N.; VG Arnsberg, Urteil vom 17.8.2009, Aktz. 14 K 3002/08, Rn. 20 (Juris); *Gern*, Dt. Kommunalrecht, Rn. 550, S. 355.
[659] Vgl. hierzu im Einzelnen unter 3. Kap. II. Abschn. Nr. 5 lit. e (2) und (3).

III. Aufgabendurchführung - Erfüllung der Abwasserbeseitigungspflicht

Bei der Aufstellung der Satzung auf Grundlage des Abwasserbeseitigungskonzeptes kommt den öffentlichen Trägern ein normgeberischer Handlungsspielraum zu, der sich auf die satzungsmäßige Ausgestaltung der öffentlichen Einrichtung der Abwasserbeseitigung erstreckt.[660] Dabei ist durch die Satzungsregelungen die ordnungsgemäße Erfüllung der Abwasserbeseitigungspflicht, der gegenüber den Arbeitnehmern bestehenden Fürsorgepflicht, der Haushaltspflicht und der Umweltschutzpflicht sicherzustellen. Daher sind u.a. Regelungen zu Anschluss und Benutzung und Regelungen, die gewährleisten, dass die Abwasserbeseitigung dem Wohl der Allgemeinheit entspricht, zulässig. Grenzen findet das Regelungsermessen in den in allen allgemeinen Organisationsgesetzen der Länder vorgesehenen Pflicht, sich mit den Satzungsbestimmungen im Rahmen des höherrangigen Rechts, u.a. des Verhältnismäßigkeitsprinzips, zu halten.[661]

b. Verhältnis Entwässerungssatzung - Abwasserbeseitigungskonzept

Die Regelungen der Entwässerungssatzung zur Vorhaltung und Benutzung der öffentlichen Einrichtung sind regelmäßig unabhängig von etwaigen Mängeln des Abwasserbeseitigungskonzeptes.[662] Zwar ist das Abwasserbeseitigungskonzept Binnenplan für die Ausgestaltung der öffentlichen Einrichtung und damit Grundlage für die anschließende Satzung zur Vorhaltung und Benutzung der Einrichtung. Dennoch schlägt eine etwaige Nichtigkeit oder beanstandete Vollzugsunfähigkeit des Abwasserbeseitigungskonzeptes nicht auf die Regelungen der Abwasserbeseitigungssat-

---

660 Vgl. OVG SN, Beschluss vom 29.6.2009, Aktz. 4 A 501/08, Rn. 6 (Juris); OVG SN, Urteil vom 18.12.2007, Aktz. 4 B 541/5, Rn. 26 f. (Juris); OVG NI, Urteil vom 21.3.2002, Aktz. 7 KN 233/01, ZfW 2002, S. 251/251 f.
661 Vgl. beispielsweise §§ 3 Abs. 1 BbgKVerf; 5 Abs. 1 GemO HE; 1 Abs. 2; 2 Abs. 4 und 4 Abs. 1 S1 a.E. SächsGO; 19 Abs. 1 KO TH; sowie OVG SN, Urteil vom 18.12.2007, Aktz. 4 B 541/5, Rn. 26 (Juris) unter Verweis auf BVerwG, Beschluss vom 10.1.2007, DÖV 2007, 560/560 f.; *Zajonz*, Kommunale Regelungskompetenzen, 2000, S. 85 f.
662 Vgl. OVG SN, Beschluss vom 14.4.2011, Aktz. 4 A 779/10, Rn. 12 (juris); OVG SN, Beschluss vom 20.4.2011, Aktz. 4 A 102/11, Rn. 9 (Juris); OVG SN, Beschluss vom 29.6.2009, Aktz. 4 A 501/08, Rn. 6 (Juris); OVG SN, Beschluss vom 8.8.2007, Aktz. 4 B 321/5, Rn. 6 (Juris); OVG SN, Urteil vom 18.12.2007, Aktz. 4 B 541/5, Rn. 28 (Juris).

3. Kapitel: Abwasserentsorgung unter dem Regime des Abwasserrechts

zung durch.[663] Denn der für den Erlass der Satzung bestehende Normsetzungsspielraum ist von den Gerichten grundsätzlich nur auf sein Ergebnis und nicht auf den vorgelagerten Abwägungsvorgang, hier in Form des Abwasserbeseitigungskonzeptes, überprüfbar.[664]

c. Ausgestaltung der öffentlichen Einrichtung

Die Ausgestaltung der öffentlichen Einrichtung der Abwasserbeseitigung, insbesondere die Abgrenzung öffentlicher und privater Einrichtungen, die Einheitlichkeit der öffentlichen Einrichtung sowie die räumliche und gegenständliche Reichweite der in der Einrichtung zusammengefassten Anlagen ist für das Anschluss- und Benutzungsrecht, den Anschluss- und Benutzungszwang sowie die Erhebung von Kommunalabgaben zur Refinanzierung der Einrichtung bedeutsam.

(1) Reichweite der öffentlichen Einrichtung

Die beseitigungspflichtigen juristischen Personen des öffentlichen Rechts können auf Grundlage ihres Abwasserbeseitigungskonzeptes in der Satzung zunächst die Reichweite der öffentlichen Einrichtung im Gemeindegebiet regeln.[665] Die Abgrenzung der öffentlichen von den privaten Einrichtungen der Abwasserbeseitigung kann gebietsweise, gegenständlich nach Art des zu behandelnden Abwassers oder den eingesetzten technischen Anlagen (z.B. zentrale Anlagen, dezentrale Anlagen) bestimmt werden. Die Abgrenzung der öffentlichen Einrichtung von den privaten Einrichtungen nach der Art der Abwasserbeseitigung, zentral oder dezentral, ist in vielen Mustersatzungen der Länder vorzufinden.[666] Demnach sind alle der zentralen Abwasserbeseitigung dienenden Anlagen öffentliche und alle dezentralen Anlagen private Einrichtungen. Aber es finden sich

---

663 Siehe OVG SN, Beschluss vom 20.4.2011, Aktz. 4 A 102/11, Rn. 9 (Juris); OVG SN, Beschluss vom 29.6.2009, Aktz. 4 A 501/08, Rn. 6 (Juris); OVG SN, Urteil vom 18.12.2007, Aktz. 4 B 541/5, Rn. 28 (Juris).
664 Vgl. BVerwG, Beschluss vom 10.1.2007, Aktz. 6 BN 3.6, DÖV 2007, 560/560.
665 Vgl. hierzu OVG M-V, Urteil vom 17.11.2004, Aktz. 1 L 303/04, Tenor (juris); VGH BY, Urteil vom 19.07.2001, Aktz. 23 ZB 01.100, BayVBl. 2001, 692/692.
666 Vgl. §§ 1 Abs. 1 Mustersatzung NI; 1 Mustersatzung RP; 3 Abs. 1 Mustersatzung SH; 2 Abs. 2 Mustersatzung SN;

auch Satzungen, in denen die Reichweite der öffentlichen Einrichtung gebietsweise nach Orten, Ortsteilen oder Straßen bestimmt wird.[667] So ist es in der Satzung grundsätzlich auch möglich, dezentrale Abwasserbeseitigungsanlagen, deren Standort sich auf einem privaten Grundstück befindet, über die Benennung des Standorts in der Satzung als öffentliche Einrichtung zu definieren.[668]

(2) Einheitliche öffentliche Einrichtung

Grundsätzlich sind die beseitigungspflichtigen öffentlichen Träger aufgrund ihres Organisationsermessens berechtigt, alle technisch selbstständigen Anlagen, die dem gleichen Zweck dienen, entweder als eine Einrichtung mit einer Satzung, oder als mehrere rechtlich selbstständige Einrichtungen mit mehreren Satzungen zu führen.[669] Demnach ist grundsätzlich sowohl die getrennte Führung technisch selbstständiger zentraler und dezentraler Anlagen in zwei oder mehreren öffentlichen Einrichtungen, als auch die Zusammenfassung in einer öffentlichen Einrichtung der Abwasserbeseitigung möglich. Nach der Rechtsprechung und Literatur einiger Länder jedoch ist das Organisationsermessen zur Zusammenfassung technisch selbstständiger Anlagen zum Zweck der Abwasserbeseitigung aus kommunalabgabenrechtlichen Gründen eingeschränkt.[670]

(3) Rechtsnatur des Benutzungsverhältnisses

Nach dem allgemeinen Organisationsrecht der Bundesländer liegt auch die Ausgestaltung des Leistungs- und Benutzungsverhältnisses zwischen der leistungserbringenden Einrichtung und den sie nutzenden Einwohnern im Organisationsermessen der Gemeinde. Die Wahl der Organisationsform (öffentlich-rechtlich oder privat) hat jedoch Vorwirkungen. Handelt es sich um eine private Einrichtung, ist auch das Benutzungsverhältnis privatrechtlich. Liegt hingegen eine öffentliche Einrichtung vor, kann das

---

667 Vgl. z.B. Entwässerungssatzungen der Stadt Leipzig.
668 Siehe § 1 Abs. 2 Mustersatzung NW, in der auch dezentrale Anlagen der öffentlichen Einrichtung angehörig geregelt werden.
669 Vgl. *Gern,* Dt. Kommunalrecht, Rn. 530, S. 345.
670 Vgl. hierzu genauer unter 3. Kap. IV. Abschn. Nr. 2 lit. a (2).

Benutzungsverhältnis sowohl öffentlich-rechtlich als auch privatrechtlich ausgestaltet werden. Im Zweifel ist grundsätzlich von einem öffentlich-rechtlichen Benutzungsverhältnis auszugehen.[671]

d. Satzungsmäßiges Anschluss- und Benutzungsrecht

Grundsätzlich kommt den Einwohnern der Gemeinde nach dem Organisationsrecht der Bundesländer ein subjektiv öffentliches Recht auf Anschluss und Benutzung der öffentlichen Einrichtung zu.[672] Das Anschluss- und Benutzungsrecht besteht unabhängig davon, welche technischen Anlagen zur Abwasserbeseitigung die Einrichtung aufweist. Es ist den Trägern vorbehalten, in den Entwässerungssatzungen die Voraussetzungen der Vorhaltung sowie die Bedingungen des Anschluss- und Benutzungsrechts der in der öffentlichen Einrichtung eingesetzten Anlagen zu regeln. Die Ermächtigung hierzu folgt allgemein aus der Anstaltsgewalt. In einigen Wassergesetzen der Bundesländer ist sie aber auch ausdrücklich geregelt. Gegenstand des Anschluss- und Benutzungsrechts sind der gewidmete Umfang und die Ausgestaltung der öffentlichen Einrichtung, also die in ihr zusammengefassten technischen Anlagen. Ein Anspruch der Einwohner auf Anschluss und Benutzung besteht nur im Rahmen der Widmung. Ein Anspruch auf Erweiterung der öffentlichen Einrichtung besteht regelmäßig nicht.

(1) Gegenstand und Ausgestaltung des Anschlussrechts

Die öffentlichen Träger sind nach der Anstaltsgewalt berechtigt, in ihren Satzungen die verschiedenen Anschlussmöglichkeiten und -voraussetzungen der eingesetzten technischen Anlagen zu konkretisieren.[673] Der Be-

---

671 Vgl. *Kunze/Bronner/Katz,* GemO BW, Bd. 1 §§ 1-76 GemO, § 11 Rn. 2 (16. Lfg. Juli 2008); *Gern,* Dt. Kommunalrecht, Rn. 535, S. 347; *Geis,* Kommunalrecht, § 10 Rn. 29, S. 83 f.
672 Vgl. Siehe exemplarisch Art. 21 Abs. 1 GemO BY sowie §§ 10 Abs. 2 GemO BW; 12 Abs. 1 BbgKVerf; 19 Abs. 1 GemO HE; 14 Abs. 2 GemO M-V; 8 Abs. 1 GemO NW; 14 Abs. 2 GemO RP; 10 Abs. 2 SächsGO; 18 Abs. 1 GemO SH; 14 Abs. 1 KO TH; *Gern,* Dt. Kommunalrecht, Rn. 537, S. 349.
673 Vgl. OVG NI, Beschluss vom 13.5.2003, Aktz. 13 ME 93/03, ZfW 2004, S. 43/44; VG Frankfurt, Beschluss vom 17.3.2004, Aktz. 3 G 132/04, Rn. 9.

III. Aufgabendurchführung - Erfüllung der Abwasserbeseitigungspflicht

griff Anschluss umfasst jede technische Verbindung eines Grundstückes zur öffentlichen Einrichtung. Sie kann in der Verlegung einer Leitung oder in der Schaffung eines anderen Transportweges bestehen.[674] So besteht im Falle einer zentralen Abwasserbeseitigungseinrichtung das Anschlussrecht an die zentrale Kanalisation, soweit die öffentliche Einrichtung reicht, m.a.W. die Kanalisation verlegt und als öffentliche Einrichtung definiert ist. Dies kann hinter dem Revisionsschacht auf dem zu entwässernden privaten Grundstück oder bei dem Straßenkanal an der Grundstücksgrenze sein. Im Falle einer dezentralen Anlage der Abwasserbeseitigung im Rahmen der öffentlichen Beseitigungseinrichtung besteht der Anschluss im Bau einer Verbindungsleitung zur dezentralen Anlage.

(2) Gegenstand und Ausgestaltung des Benutzungsrechts

Die öffentlichen Träger sind aufgrund ihrer Anstaltsgewalt zudem berechtigt, in den Satzungen die Voraussetzungen der Vorhaltung und der Benutzung ihrer Einrichtungen oder die Art der Überlassung des Abwassers zu konkretisieren.[675] In den meisten Wassergesetzen der Bundesländer wird die Regelungsbefugnis teilweise klarstellend, teilweise aber auch mit weiteren Konkretisierungen, normiert.[676] In einigen Landeswassergesetzen sind exemplarisch Regelungsmöglichkeiten aufgeführt, insbesondere die Berechtigung zur Anordnung der Vorbehandlung des Abwassers,[677] die Einleitungsmodalitäten von Abwasser (Art der Überlassung, Zusammen-

---

674 Vgl. BVerwG, Urteil vom 27.5.1981, Aktz. 7 C 34.77, NJW 1982, 63/63; OVG NW, Urteil vom 14.3.1997, Aktz. 22 A 1438/96, NVwZ-RR 1998, 198/198 f.; *Gern*, Deutsches Kommunalrecht, Rn. 599, S. 386.
675 Vgl. OVG NW, Beschluss vom 16.10.2002, Aktz. 15 B 1 355/02, NVwZ-RR 2003, 297/297 f. m.w.N. *Zajonz*, Kommunale Regelungskompetenzen, 2000, S. 62 f.
676 Siehe exemplarisch §§ 46 Abs. 4 WG BW; 40 Abs. 2 WG M-V; 52 Abs. 3 WG RP; 50 Abs. 3 WG SL; 50 Abs. 2 WG SN; 78 Abs. 2 WG LSA; 30 Abs. 3 WG SH; 58 Abs. 2 WG TH.
677 Vgl. beispielsweise §§ 46 Abs. 4 WG BW; 40 Abs. 2 WG M-V; 96 Abs. 2 WG NI; 52 Abs. 3 WG RP; 50 Abs. 3 WG SL; 50 Abs. 2 WG SN; 78 Abs. 2 WG LSA; 30 Abs. 3 WG SH; 58 Abs. 2 WG TH.

3. Kapitel: Abwasserentsorgung unter dem Regime des Abwasserrechts

setzung, Zeit, Höchstmenge),[678] Ort sowie Art und Weise der Niederschlagswasserverwertung oder -versickerung.[679]

i. Herstellung und Genehmigungs- oder Anzeigeerfordernis

Die öffentlichen Träger sind gem. § 58 Abs. 1 S. 1 WHG und den nach §§ 23 Abs. 1 Nr. 3 i.V.m. 57 Abs. 1 S. 2 WHG fortgeltenden Indirekteinleiterverordnungen der Bundesländer nicht verpflichtet, die Indirekteinleitung von häuslichem Abwasser einer Genehmigung zu unterwerfen.[680] Allerdings sind sie auf Grundlage ihrer allgemeinen Regelungsbefugnis berechtigt, Anschluss und Benutzung der öffentlichen Einrichtung von einer Genehmigung oder Anzeige sowie der Einhaltung der Anforderungen der Satzung (u.a. der Art der Überlassung oder Grenzwerte) abhängig zu machen.[681] Dabei ist es der Gemeinde grundsätzlich selbst überlassen, welche Sachverhalte, wie etwa die Herstellung des Anschlusses, die Änderung der Grundstücksentwässerungsanlagen oder die Änderung der Benutzung, sie einem Genehmigungs- oder Anzeigeerfordernis unterwirft. Auch die Regelung der Form, schriftlich oder konkludent, steht ihr frei.[682] Materiell kann so die Einhaltung der Satzungsregelungen für die Art und Weise der Benutzung sichergestellt werden. Allerdings besteht im Sinne des Anschluss- und Benutzungsrechts ein Anspruch auf die Erteilung, sofern die Sammelanschlussleitung oder aber auch eine dezentrale Abwasserbeseitigungsanlage fertiggestellt ist und die sonstigen Anforderungen erfüllt sind.[683]

---

[678] Vgl. beispielsweise §§ 96 Abs. 2 WG NI; 78 Abs. 2 WG LSA; 30 Abs. 3 WG SH.
[679] Vgl. beispielsweise §§ 51 a Abs. 2 WG NW; 52 Abs. 3 WG RP; 50 Abs. 4 WG SL.
[680] Vgl. *Czychowski/Reinhardt*, WHG, § 58 Rn. 8.
[681] Vgl. OVG NW, Urteil vom 28.11.1994, Aktz. 22 A 2466/93, ZfW 1996, 327/327; OVG NW, Beschluss vom 9.9.1993, Aktz. 22 B 1457/93, ZfW 1994, 423/423; Erläuterung zur Mustersatzung in SN zu § 13 Genehmigungen, Sachsenlandkurier, 12/2008; *Lübbe-Wolff/Wegener*, Umweltschutz durch kommunales Satzungsrecht, 2002, Kap. 3 Rn. 464, S. 261.
[682] Vgl. *Lübbe-Wolff/Wegener*, Umweltschutz durch kommunales Satzungsrecht, 2002, Kap. 3 Rn. 464 f.
[683] Vgl. *Wein*, Grenzwerte in kommunalen Entwässerungssatzungen, 2006, S. 301; *Zajonz*, kommunale Regelungskompetenzen, 2000, S. 193.

ii. Spezifische Art der Benutzung

Die öffentlichen Träger sind zum Schutz der Funktionsfähigkeit der Anlagen und des Personals sowie zur Sicherung der Einhaltung gesetzlicher Anforderungen an die Abwasserbeseitigung berechtigt, die spezifische Benutzung der öffentlichen Einrichtung zu regeln. So können z.B. Überlassungs- und Andienungspflichten für Schmutz- und Niederschlagswasser und Schlamm aus Kleinkläranlagen geregelt werden.[684] Je nach der technischen und organisatorischen Ausgestaltung und der damit verbundenen öffentlichen Bereitstellung von Abwasserbeseitigungsleistungen können die öffentlichen Träger die Benutzung und erforderlichen Mitwirkungshandlungen der Benutzer in der Satzung konkretisieren. Die Benutzung der zentralen und dezentralen Abwasserbeseitigungsanlagen ist regelmäßig an den technischen Regelungen des jeweiligen Beseitigungssystems auszurichten.[685] Regelmäßig übernehmen die öffentlichen Träger die für die öffentliche Einrichtung maßgeblichen technischen Regelungen wörtlich in ihre Satzungen. Eine dynamische oder statische Verweisung ist unzulässig, da ansonsten die gesetzgeberischen Befugnisse auf die nichtstaatlichen Normungsinstitute übertragen würden. Für zentrale Anlagen orientieren sich die Satzungen daher regelmäßig u.a. an den technischen Regeln des DWA-Merkblatts M-115.[686] Zum Arbeits-, Einrichtungs- und Gewässerschutz sind regelmäßig nicht-häusliche Abwässer oder Stoffe von der Einleitung ausgeschlossen.[687] Für dezentrale Anlagen sind die Einleitungsbeschränkungen an den für sie geltenden technischen Regelungen auszurichten. Dies sind nunmehr im Wesentlichen DIN 4261 und die einschlägigen Arbeits- und Merkblätter der DWA.

---

684 Vgl. §§ 46 Abs. 4 WG BW; 30 Abs. 3 WG SH; für Überlassungs- und Andienungspflichten OVG NI, Beschluss vom 13.5.2003, Aktz. 13 ME 93/03, ZfW 2004, 43/44; OVG NW, Urteil vom 28.11.1994, Aktz. 22 A 2466/93, ZfW 1996, 327/327 oder auch VG Frankfurt, Beschluss vom 17.3.2004, Aktz. 3 G 132/04, Rn. 8 ff. (juris).
685 Vgl. BayVerfGH, Urteil vom 20.11.2003, Aktz. Vf. 12 VII-02, Rn. 61 (Juris).
686 Vgl. z.B. §§ 6 Abs. 1 Abwassermustersatzung des Gemeindetages BW; 15 Abs. 1 Mustersatzung zur Abwasserbeseitigung BY; 5 Abs. 1 Entwässerungsmustersatzung des Städte- und Gemeindetages M-V; 7 Abs. 1 Abwasserbeseitigungssatzung NW.
687 Vgl. beispielsweise §§ 6 Abs. 2 Abwassermustersatzung BW; 15 Abs. 2 Mustersatzung zur Abwasserbeseitigung BY; 5 Abs. 2 Entwässerungsmustersatzung des Städte- und Gemeindetages M-V; 7 Muster Abwasserbeseitigungssatzung NW.

3. Kapitel: Abwasserentsorgung unter dem Regime des Abwasserrechts

iii. Regelung gegenüber privaten Einrichtungen

Die öffentlichen Träger sind nur berechtigt, Sachverhalte in ihren Satzungen zu regeln, soweit sie im weitesten Sinne noch als Vorhaltung oder Benutzung der öffentlichen Einrichtung anzusehen sind.[688] So ist es anerkannt, dass die Gemeinde in ihrer Satzung dem Nutzer der öffentlichen leitungsgebundenen Einrichtung die Benutzung nur erlaubt, sofern er bestimmten (Verhaltens-)Pflichten nachkommt. Dies kann insbesondere die Herstellung der Leitungsverbindung nach den satzungsmäßigen Vorgaben des Einrichtungsträgers oder die Vorhaltung spezieller technischer Vorrichtungen, wie z.B. Pumpen für Druckrohrleitungen oder Hebeanlagen sein.[689] Als im weitesten Sinne Regelung der Benutzung dürfte es damit auch anzusehen sein, wenn der Träger der öffentlichen Einrichtung dem abwassererzeugenden Grundstückseigentümer in der Satzung herstellerunabhängig Vorgaben über die anzuschließenden Anlagen, insbesondere hinsichtlich der Bauart, oder weitere technische Vorgaben für die von den Privaten eingesetzten Kleinkläranlagen macht.[690] Solche Satzungsregelung wäre insbesondere im Falle einer funktionalen Privatisierung unter Einbeziehung der Abwassererzeuger im Rahmen eines Contractingmodells sinnvoll, da durch die einheitlichen Anlagen Betrieb, Unterhaltung und Kontrolle für den öffentlichen Träger vereinfacht werden.

(3) Anschluss und Benutzung (nachhaltiger) Abwasserentsorgungsanlagen

Die Normierung des Anschlusses und der Benutzung der Abwasserbeseitigungsanlagen in der Abwassersatzung richtet sich maßgeblich nach der Anlagenart und der öffentlichen oder privaten Organisation der Anlagen.

---

688 Siehe VGH BY, Urteil vom 14.7.2011, Aktz. 4 N 10.2660, DÖV 2011, 979/979 f.; VGH BY, Urteil vom 27.7.1998, Aktz. 22 N 98.940, NVwZ-RR 1999, 265/265 f.
689 Vgl. VerfGH BY, vom 20.11.2003, Aktz. Vf. 12 VII-02, Rn. 62 (Juris); VGH BY, Urteil vom 14.7.2011, Aktz. 4 N 10.2660, DÖV 2011, 979/979 f.; OVG NW, Urteil vom 25.7.2006, Aktz. NVwZ-RR 2007, 23/23; OVG LSA vom 21.4.2009, Aktz. 4 L 360.06, LKV 2009, 526/526 f.
690 Siehe auch die gesetzliche Regelung in § 96 Abs. 4 S. 4 WG NI.

III. Aufgabendurchführung - Erfüllung der Abwasserbeseitigungspflicht

i. Zentrale Abwasserbeseitigungsanlagen

Das Anschlussrecht an zentrale Abwasserbeseitigungsanlagen in öffentlicher Trägerschaft, also entweder Misch- oder Trennwasserkanalisationen, wird in der Satzung entsprechend ausgestaltet. An die Mischwasserkanalisation können Schmutz- und Niederschlagswasserleitungen gemeinsam, an die Trennwasserkanalisation dürfen die Leitungen nur getrennt angeschlossen werden. Das Recht auf den Anschluss kann satzungsmäßig von einer Genehmigung oder Anzeige unter Berücksichtigung der Abwasserbeseitigungspflicht und der Anordnung des Anschluss- und Benutzungszwangs abhängig gemacht werden. Benutzt werden können Trenn- und Mischwasserkanalisationen gemäß den in die Satzung zum ordnungsgemäßen Betrieb übernommenen technischen Regeln. Auch die Benutzung kann von einer Genehmigung oder Anzeige unter Berücksichtigung von Abwasserbeseitigungspflicht und der Anordnung des Anschluss- und Benutzungszwangs abhängig gemacht werden.

ii. Dezentrale Abwasserbeseitigungsanlagen

Dezentrale Abwasserbeseitigungsanlagen können in öffentlicher Trägerschaft in Eigenvornahme oder funktionaler Privatisierung auf den Abwassererzeuger und in privater Trägerschaft betrieben werden.

In öffentlicher Trägerschaft und Eigenvornahme, also dem zentralen Betrieb dezentraler Anlagen, übernimmt der öffentliche Träger vollständig Errichtung und Betrieb der dezentralen Anlage, einschließlich Wartung und Instandhaltung.[691] Das Anschlussrecht an die dezentralen Anlagen der Schmutzwasserbeseitigung besteht satzungsmäßig definiert in dem Leitungsanschluss an die Kleinkläranlage und der Duldung der Entnahme und Abfuhr des in den Anlagen anfallenden Schlamms. Das Anschlussrecht an die dezentralen Anlagen der Niederschlagswasserbeseitigung wird satzungsmäßig definiert, indem das anfallende Niederschlagswasser zu einer Versickerungs- oder Einleitungsanlage geführt wird. Benutzt werden können die Kleinklär- und Niederschlagswasserbeseitigungsanlagen gemäß den in die Satzung zum ordnungsgemäßen Betrieb übernommenen technischen Regeln.

---

691 Vgl. hierzu genauer unter 3. Kap. II. Abschn. Nr. 4 lit. a.

3. Kapitel: Abwasserentsorgung unter dem Regime des Abwasserrechts

In öffentlicher Trägerschaft unter funktionaler Privatisierung auf den Abwassererzeuger werden dezentrale Abwasserbeseitigungshandlungen je nach der Ausgestaltung der funktionalen Privatisierung vom öffentlichen Träger und den Abwasserproduzenten vorgenommen. Das Anschluss- und Benutzungsrecht hängt dementsprechend wesentlich von dem gewählten Modell der funktionalen Privatisierung ab. Besonders geeignet ist das Modell des Contractings, in dem die von dem Abwassererzeuger errichtete dezentrale Abwasserbeseitigungsanlage von dem beseitigungspflichtigen öffentlichen Träger weitgehend betrieben wird. Das satzungsmäßige Anschlussrecht umfasst dann die Berechtigung des Abwassererzeugers zum Bau einer öffentlich zu widmenden dezentralen Schmutz- oder Niederschlagswasserbeseitigungsanlage und die Einbeziehung in das Wartungs- und Schlammentsorgungssystem. Das satzungsmäßige Benutzungsrecht des Betreibers umfasst die Indirekteinleitung des anfallenden Abwassers nach den technischen Regeln, den Erhalt der Wartungsleistungen und die Abnahme des Schlamms.

Bei der Implementierung dezentraler Abwasserbeseitigungsanlagen in privater Trägerschaft durch Übertragung der Beseitigungspflicht sind die Bürger für die Schmutzwasserbeseitigung in ihrer privaten Einrichtung weitgehend selbst zuständig. Da die dezentralen Abwasserbeseitigungsanlagen kein Teil der öffentlichen Einrichtung, sondern eine private Einrichtung sind, besteht ein Anschluss- und Benutzungsrecht insoweit nicht. Die öffentlichen Träger bleiben indes zur Beseitigung des in Schmutzwasserbeseitigungsanlagen anfallenden Schlamms verpflichtet. Daher sind die Bürger trotz der privaten Trägerschaft zu Anschluss und Benutzung der öffentlich-rechtlich organisierten Schlammabfuhr berechtigt. Anschluss und Benutzung bestehen hier regelmäßig in der Bereitstellung eines öffentlich organisierten Tankwagens und eines einem Schlauch zugänglichen Schachtes zur dezentralen Abwasserbeseitigungsanlage sowie der Entnahme des Entsorgungsgutes.

iii. Dezentrale Grau- und Niederschlagswasserverwertungsanlagen

Dezentrale Grau- und Niederschlagswasserverwertungsanlagen können nach dem Recht der Abwasserbeseitigung im Wesentlichen nur in privater Trägerschaft vorliegen. Denn die Anlagen der Abwasserverwertung sind regelmäßig kein Teil der öffentlichen Einrichtung der Abwasserbeseitigung und können rechtlich nur schwer von öffentlichen Trägern betrieben

III. Aufgabendurchführung - Erfüllung der Abwasserbeseitigungspflicht

werden. Jedoch ist auf Grundlage von Übertragungstatbeständen zur Niederschlagswasserverwertung oder satzungsmäßigen Anordnungstatbeständen die private Verwertung von Niederschlagswasser und in einigen Ländern auch von Grauwasser zulässig.[692]

e. Satzungsmäßige Anordnung des Anschluss- und Benutzungszwangs

Spiegelbildlich zu dem Anschluss- und Benutzungsrecht der Einwohner sind die öffentlichen Träger ermächtigt, in ihren Satzungen den Anschluss an und die Benutzung der öffentlichen Einrichtung der Abwasserbeseitigung in ihrer jeweiligen Ausgestaltung zu erzwingen (Anschluss- und Benutzungszwang).[693] Der Anschlusszwang gebietet, dass jeder, für dessen Grundstück das Gebot des Anschlusszwangs besteht, die zur Herstellung des Anschlusses notwendige Vorrichtung auf seine Kosten treffen muss.[694] Der Begriff Anschluss umfasst jede technische Verbindung eines Grundstücks zur öffentlichen Einrichtung, z.B. Verlegung einer Leitung oder Schaffung eines anderen Transportweges. Der Benutzungszwang berechtigt und verpflichtet zur tatsächlichen Inanspruchnahme der Einrichtung und verbietet zugleich die Benutzung anderer ähnlicher Einrichtungen.[695] Anschluss- und Benutzungszwang kann grundsätzlich an eine öffentliche Einrichtung mit zentralem Misch- oder Trennwassersystem, aber auch an dezentrale Abwasserbeseitigungssysteme verhängt werden. Im Hinblick auf die Abwasserbeseitigung werden, sobald der Anschluss- und Benutzungszwang angeordnet wird, etwaige privatrechtliche oder öffentliche-rechtliche Nutzungsrechte des Grundstückseigentümers hinsichtlich der Entwässerung des Grundstücks regelmäßig gegenstandslos oder kön-

---

692 Vgl. hierzu genauer unter 3. Kap. II. Abschn. Nr. 4 und 5.
693 Vgl. beispielsweise Art. 24 Abs. 1 GemO BY sowie §§ 12 Abs. 2 BbgKVerf; 15 Abs. 1 KV M-V; 13 Abs. 1 KomVG NI; 14 Abs. 1 SächsGemO; 8 KVG LSA; 17 Abs. 1 GemO SH; 20 Abs. 2 KO TH.
694 Der Anschluss- und Benutzungszwang ist grundstücksbezogen und kann daher sowohl private als auch öffentlich-rechtliche Eigentümer treffen, vgl. bereits BVerwG, Urteil vom 18.4.1975, Aktz. VII C 2/74.
695 Vgl. BVerwG, Urteil vom 27.5.1981, Aktz. 7 C 34.77, NJW 1982, 63/63; OVG NW, Urteil vom 14.3.1997, Aktz. 22 A 1438/96, NVwZ-RR 1998, 198/198 f.; *Gern*, Dt. Kommunalrecht, Rn. 599, 386 f.

nen nicht mehr ausgeübt werden.[696] Um im Bereich des Anschluss- und Benutzungszwangs Entsorgungsanlagen in privater Trägerschaft als private Einrichtung zu nutzen, bedarf es dann einer Befreiung vom Anschluss- und Benutzungszwang an die öffentliche Einrichtung. Die satzungsmäßige Anordnung des Anschluss- und Benutzungszwangs wird regelmäßig durch Verwaltungsakt konkretisiert.

(1) Sinn und Zweck des Anschluss- und Benutzungszwangs

Das Instrument des Anschluss- und Benutzungszwangs an die öffentliche Einrichtung der Abwasserbeseitigung führt nach der gegenwärtigen Auslegung in der höchstrichterlichen Rechtsprechung und Literatur zu einer umfassenden Monopolisierung der im Rahmen der öffentlichen Einrichtung bereitgestellten Leistung.[697] Diese ist zur Sicherstellung einer gemeinschaftlichen Abwasserbeseitigung, unabhängig von den eingesetzten Anlagen und Systemarten, notwendig. Ein ungeordnetes Nebeneinander von in ihrem eigenen Interesse handelnden Privaten könnte nach ökonomischer Theorie und Praxis (Tragödie der Allmende, Trittbrettfahrerprinzip, natürliches Monopol) auf Dauer keine geordnete Abwasserbeseitigung gewährleisten.[698] Erst durch die erzwungene Inanspruchnahme der Mehrheit der Bürger ist die öffentliche Bereitstellung einer demokratischen, umwelt- und kostengerechten öffentlichen Einrichtung der Abwasserbeseitigung möglich. Der Staat erfüllt in diesem Sinne seine aus Art. 2 Abs. 2 GG herzuleitende Schutzpflicht und die Erfordernisse des Staatsziels Umweltschutz dadurch, dass er durch die erzwungene Teilnahme aller Bürger die notwendige Infrastruktur bereitstellt und sie nicht dem Einzelnen oder institutionalisierten Privaten überlässt. Daneben genügt der Staat dem aus Art. 28 Abs. 2 GG herzuleitenden Prinzip der Daseinsvorsorge, indem er die gleichmäßige und solidarische Finanzierung und damit die soziale, ins-

---

696 Vgl. BVerwG, Beschluss vom 19.12.1997, Aktz. 8 B 234.97, NVwZ-RR 1998, 1080/1081; VGH BY, Urteil vom 24.7.1997, Aktz. 23 B 94.1935, BayVbl. 1998, 721/722 f.; OVG BBG, Urteil vom 31.7.2003, Aktz. 2 A 316/02, Rn. 36 (Juris).
697 Vgl. BVerwG, Urteil vom 27.5.1981, Aktz. 7 C 34.77, NJW 1982, 63/63; OVG NW, Urteil vom 14.3.1997, Aktz. 22 A 1438/96, NVwZ-RR 1998, 198/198 f.; *Gern*, Dt. Kommunalrecht, Rn. 599, S. 386 f.
698 Vgl. ausdrücklich *Burgi*, Kommunalrecht, § 16 Rn. 59, S. 236.

III. Aufgabendurchführung - Erfüllung der Abwasserbeseitigungspflicht

besondere bezahlbare Bereitstellung des für die Gemeinschaft essentiellen Gutes der Abwasserbeseitigung sicherstellt.

(2) Vereinbarkeit mit höherrangigem Recht

In Rechtsprechung und Literatur ist weitgehend anerkannt, dass der Anschluss- und Benutzungszwang sowohl mit den verfassungsrechtlichen Bestimmungen des Grundgesetzes als auch mit den europarechtlichen Vorschriften des EUV und AEUV vereinbar ist. Nach der Rechtsprechung sind die auf eine Spezialermächtigung gestützten, mit dem Anschluss- und Benutzungszwang verbundenen Eingriffe insbesondere in Art. 2 und 14 GG verfassungsrechtlich durch die Belange des Schutzes der Volksgesundheit gem. Art. 2 Abs. 2 S. 1 GG, des Umweltschutzes gem. Art. 20a GG und der Daseinsvorsorge gerechtfertigt. Besonderen Härtelagen kann durch eine Ausnahmeklausel begegnet werden.[699] Auch ein Eingriff in die aufgrund des AEUV gewährleisteten Grundfreiheiten, wie der Freiheit des Dienst- und Warenverkehrs, und die Wettbewerbsvorschriften durch Monopolbildung sind, genauso wie bei der Fernwärmeversorgung, aus gewichtigen Gründen des Umweltschutzes gerechtfertigt.[700]

(3) Verhältnis zur Abwasserbeseitigungs- und Überlassungspflicht

Die auf Grundlage der Satzungsregelungen letztlich per Verwaltungsakt angeordnete Erzwingung des Anschlusses und der Benutzung der öffentlichen Einrichtung kann der landeswassergesetzlichen Verortung der Abwasserbeseitigungspflicht bei den Abwassererzeugern und dem damit korrespondierenden Entfall der Überlassungspflicht für Abwasser widersprechen. Eine solche Situation kann sich beispielsweise ergeben, wenn der

---

699 Vgl. BVerwG, Beschluss vom 19.12.1997, Aktz. 8 B 234/97, Rn. 2 (Juris); BVerwG, Beschluss vom 12.1.1988, Aktz. 7 B 55.87, Rn. 3 (Juris); OVG M-V, Beschluss vom 4.4.2011, Aktz. 2 L 190/06, Rn. 19 (Juris); OVG LSA, Beschluss vom 27.5.2004, Aktz. 1 L 117/02, Rn. 10 (Juris); OVG BBG, Urteil vom 31.7.2003, Aktz. 2 A 316/02, Rn. 37 (Juris).
700 Vgl. EuGH, Urteil vom 13.3.2001, Rs. C-379/98, DVBl. 2001, 633/636 (PreussenElektra); EuGH, Urteil vom 27.4.1994, Rs. C-393/92, Rn. 51 (Gemeente Almelo); BVerwG, Urteil vom 25.1.2006, Aktz. 8 C 13.5, NVwZ 2006, 690/693; OVG SN, Urteil vom 18.12.2007, Aktz. 4 B 541/5, Rn. 31 (Juris).

3. Kapitel: Abwasserentsorgung unter dem Regime des Abwasserrechts

öffentliche Träger den Anschluss und die Benutzung der Misch- oder Trennwasserkanalisation hinsichtlich des Niederschlagswassers anordnet, obschon nach den geltenden gesetzlichen Regelungen in diesem Bundesland die Niederschlagswasserbeseitigungspflicht beim Grundstückseigentümer angesiedelt ist.

i. Verortung der Beseitigungs- und Überlassungspflicht per Satzung

Regelmäßig unproblematisch ist das Verhältnis von der Verortung der Abwasserbeseitigungspflicht zu der Anordnung oder Befreiung vom Anschluss- und Benutzungszwang in jenen Bundesländern, in denen die Abwasserbeseitigungspflicht ausschließlich durch die Regelungen der Abwasserbeseitigungssatzungen der Gemeinden oder anderer öffentlicher Träger verortet wird.[701] In diesen Bundesländern bilden die gesetzlichen Übertragungsregelungen der Abwasserbeseitigungspflicht und der korrespondierenden Überlassungspflicht nach der Rechtsprechung den gesetzlichen Rahmen, in dem die Gemeinde den Anschluss- und Benutzungszwang anordnen und auch hiervon befreien kann.[702] Folglich können der Anschluss- und Benutzungszwang und die Abwasserbeseitigungspflicht nur gleichgeschaltet verortet werden.

ii. Verortung der Beseitigungs- und Überlassungspflicht per Gesetz

Nach der Regelungsstruktur anderer LWG jedoch kann die Verortung der Abwasserbeseitigungspflicht der Anordnung des Anschluss- und Benutzungszwangs widersprechen. In diesen Ländern ist die Beseitigungspflicht für Schmutzwasser grundsätzlich bei dem öffentlichen Träger angesiedelt, kann jedoch per Gesetz unter bestimmten Voraussetzungen generell auf den Abwassererzeuger übertragen werden. Die Beseitigungspflicht für

---

701 Vgl. Art. 34 Abs. 2 S. 1 Nr. 2 und 3 WG BY (Schmutzwasser) sowie §§ 66 Abs. 2 und 4 WG BBG (Schmutz- und Niederschlagswasser); 96 Abs. 4 S. 1 WG NI (Schmutzwasser); 79 a Abs. 1 WG LSA (Schmutzwasser); 30 Abs. 1 Nr. 1 i.V.m. Abs. 3 WG SH (Schmutzwasser).
702 Vgl. OVG SH, Beschluss vom 23.6.2011, Aktz. 4 MB 36/11, Rn. 4 (Juris); VGH BY, Beschluss vom 14.12.2006, Aktz. 4 ZB 5.3048, Rn. 11, 12 (Juris); OVG SH, Urteil vom 24.2.1999, Aktz. 2 L 68/97, Rn. 28 (Juris).

Niederschlagswasser ist hingegen regelmäßig zunächst beim Grundstückseigentümer, auf dessen Grundstück es anfällt, angesiedelt. Sie kann jedoch auf Betreiben der Gemeinde „zurückgeholt" werden.[703] Die Verortung der Abwasserbeseitigungs- und Überlassungspflicht und die Anordnung des Anschluss- und Benutzungszwangs können sich beispielsweise dann widersprechen, wenn die Gemeinde bei einem zentralen Misch- oder Trennwassersystem eine größere Auslastung der öffentlichen Einrichtung anstrebt und trotz der dem Grundstückseigentümer obliegenden Niederschlags- oder Schmutzwasserbeseitigungspflicht Anschluss- und Benutzungszwang anordnet und den Grundstückseigentümer auch nicht befreit.

Grundsätzlich gilt aufgrund der landesorganisationsrechtlichen Vorschriften und der Einstufung der Aufgabe der Abwasserbeseitigung als pflichtige Selbstverwaltungsaufgabe, dass die Gemeinden und sonstigen öffentlichen Träger sich mit ihren Satzungen im Rahmen der höherrangigen Landesgesetze und Landesverordnungen halten müssen.[704] Dementsprechend hatte die Rechtsprechung des Landes Nordrhein-Westfalen entschieden, dass, sofern die Niederschlagswasserbeseitigungspflicht prinzipiell beim Abwassererzeuger verortet ist, in der Satzung kein Anschluss- und Benutzungszwang an die zentrale Ab- oder Niederschlagswasserbeseitigung angeordnet werden kann.[705] In den übrigen Wassergesetzen der Bundesländer sind jedoch Regelungen normiert, nach denen die gesetzlichen Regelungen über die Verortung der Schmutz- und Niederschlagswasserbeseitigungspflicht mit anderweitigen Satzungsregelungen wieder abgeändert werden können. Die Formulierungen, die sich den Verortungen der Beseitigungspflicht anschließen, lauten: „anderweitige Regelungen in (Orts-)Satzungen bleiben unberührt" oder „soweit nachfolgend nicht anders geregelt, durch Satzung den Ausschluss des Abwassers aus ihrer Ab-

---

703 Siehe zu den Regelungen unter 3. Kap. II. Abschn. Nr. 5 lit. d (2) und (3).
704 Vgl. hierzu schon unter 3. Kap. III. Abschn. Nr. 3 lit. a a.E. sowie *Lübbe-Wolff/Wegener*, Umweltschutz durch kommunales Satzungsrecht, 2002, Kap.3 Rn. 439, S. 251, a.A. VGH BY, Urteil vom 28.10.1994, Aktz. 23 N 90.2272, NVwZ-RR 1995, 345/345 ff.
705 Ansonsten wäre es den Gemeinden möglich, durch die Anordnung des Anschluss- und Benutzungszwangs an die zentrale Niederschlagswasserbeseitigung, die Wertung des Gesetzgebers, die Beseitigungspflicht aber auch das -recht beim privaten Abwasserproduzenten anzusiedeln, zu umgehen, vgl. OVG NW, Urteil vom 28.1.2003, Aktz. 15 A 4751/01, NuR 2003, 501/501 f.; daraufhin wurde die Regelung in NW wieder dahingehend geändert, dass die Gemeinden auch zur Niederschlagswasserbeseitigung verpflichtet sind.

3. Kapitel: Abwasserentsorgung unter dem Regime des Abwasserrechts

wasserbeseitigungspflicht aufheben" oder „der kommunale Anschluss- und Benutzungszwang bleibt unberührt" oder „soweit nicht die Gemeinde den Anschluss an eine öffentliche Abwasseranlage und deren Benutzung vorschreibt oder ein gesammeltes Fortleiten erforderlich ist, um eine Beeinträchtigung des Wohls der Allgemeinheit zu verhüten".[706] Die Auslegung dieser Formulierungen zur Auflösung der Normkollision zwischen Anschluss- und Benutzungszwang und Verortung der Abwasserbeseitigungspflicht ist in der Rechtsprechung und Literatur der Bundesländer nicht einheitlich.[707]

Nach der Rechtsprechung und Literatur im Bundesland Hessen gehen, trotz der im Landewassergesetz normierten Öffnungsklausel, die gesetzlichen Regelungen der LWG etwaigen satzungsmäßigen Regelungen des Anschluss- und Benutzungszwangs vor oder werden nicht angewendet. Die gesetzlichen Regelungen über die Abwasserbeseitigungs- und Überlassungspflicht des Produzenten bilden folglich eine Grenze für die Anordnung des Anschluss- und Benutzungszwangs und der Befreiung davon.[708] Die Öffnungsklausel sei eng auszulegen. Der Vorbehalt für die Regelung durch Ortssatzung beziehe sich nur auf die Beseitigungspflicht der Ausnahmeregelungen des § 43 Abs. 4 Nr. 1 bis 7 WG Hessen a.F. und nicht auf die Überlassungspflicht. Dies habe zur Folge, dass die Gemeinden die Ausnahmeregelungen nicht durch den Benutzungszwang praktisch beseitigen können.[709]

Diese Ansicht ist jedoch mit der Rechtsprechung und Literatur der anderen Bundesländer abzulehnen. Die Anordnung eines Anschluss- und Benutzungszwangs entgegen der Verortung der Abwasserbeseitigungs- und

---

706 Vgl. §§ 37 Abs. 5 S. 2 WG HE; 40 Abs. 3 S. 2 a.E. WG M-V; 96 Abs. 3 Nr. 1 WG NI (für Niederschlagswasser); 79a Abs. 3 WG LSA; 58 Abs. 3 S. 2 WG TH.
707 Normkollision, so auch: OVG NI, Urteil vom 11.11.1990, Aktz. 9 L 237/89, Rn. 14 (Juris).
708 Vgl. für den Fall einer genehmigten Nutzung und damit Entfall der Überlassungspflicht durch die Übertragungstatbestände: VGH HE, Beschluss vom 30.1.2007, Aktz. 5 ZU 2966/06, Rn. 4 (Juris); für den Fall der Nichtanwendung der Öffnungsklausel und Prüfung der Überlassungspflicht für Abwasser, die eine Ausnahme des Anschluss- und Benutzungszwangs nach sich ziehen könnte: VG Kassel, Urteil vom 20.2.2001, Aktz. 6 E 1701/09, Rn. 15 ff. (Juris); *Leis-Reutershahn*, Hndb. dt. Wasserrecht, D 511 E (Landesrecht HE), § 43, Rn. 4 a.E.(Erg.-Lfg. 3/7); *Lübbe-Wolff/Wegner*, Umweltschutz durch kommunales Satzungsrecht, 2002, Kap. 3 Rn. 439.
709 Vgl. *Leis-Reutershahn*, Hndb. dt. Wasserrecht, D 511 E (Landesrecht HE), § 43, Rn. 4 a.E.(Erg.-Lfg. 3/07).

III. Aufgabendurchführung - Erfüllung der Abwasserbeseitigungspflicht

Überlassungspflicht ist als „anderweitige Regelung" möglich, sofern die Voraussetzungen der gesetzlichen Ermächtigung zum Erlass des Anschluss- und Benutzungszwangs vorliegen.[710] Denn in Auslegung des Wortlauts, der Systematik und des Sinns und Zwecks der Regelungen ist anzunehmen, dass die Öffnungsklausel die Gemeinden berechtigt, die gesetzliche Abwasserbeseitigungspflicht durch Regelungen des Anschluss- und Benutzungszwangs anders zu verorten. Abgesehen von dem in einigen Bundesländern eindeutigen Wortlaut bezieht sich die Klausel auch nicht ausschließlich auf die Beseitigungspflicht. Denn die Abwasserbeseitigungspflicht ist mit der Überlassungspflicht, auch in den Ländern, in denen sie nicht geregelt ist, deckungsgleich.[711] Auch die Systematik spricht für eine auf die Beseitigungs- und Überlassungspflicht bezogene Auslegung der Öffnungsklauseln. Denn die Regelung der Öffnungsklauseln schließt sich in allen sie vorsehenden Wassergesetzen den Regelungen über die Übertragungstatbestände unmittelbar an. Systematisch ist zudem in einigen Landeswassergesetzen eine Bestandsschutzklausel vorhanden, die ausdrücklich den Widerspruch vom Anschluss- und Benutzungszwang zur Abwasserbeseitigungspflicht voraussetzt.[712] Die durch die Übertragungstatbestände gekennzeichneten gesetzlichen Wertungen werden auch nicht überflüssig, da sie im Grundsatz die Abwasserbeseitigungspflicht verorten.[713] Entscheidend ist letztlich jedoch der Sinn und Zweck der Öffnungsklausel, des Anschluss- und Benutzungszwangs und der gesetzlichen Regelungen über die Übertragung der Abwasserbeseitigungspflicht. Während die objektive Pflichtenzuweisung (die Verortung der Abwasserbeseitigungspflicht) mit einem eher groben Maßstab rein im öffentlichen Inter-

---

710 Vgl. OVG SN, Urteil vom 2.3.2011, Aktz. 5 A 343/08, Rn. 45 ff. (Juris); OVG SN, Beschluss vom 30.11.2010, Aktz. 4 A 197/09, Rn. 46 (Juris); *Kunze/Bronner/Katz*, GemO BW, Bd. 1 §§ 1-76 GemO, § 11 Rn. 1 a (16. Lfg. Juli 2008), vgl. auch § 46 Abs. 2 Nr. 2 WG BW.
711 Vgl. OVG SN, Urteil vom 2.3.2011, Aktz. 5 A 343/08, Rn. 46, 48, 50 (Juris) a.A. OVG BBG, Aktz. 2 A 316/02, Rn. 35 (Juris).
712 Demnach darf vor Ablauf von 15 Jahren kein Zwang zum Anschluss an die öffentliche Abwasseranlage oder zu deren Benutzung verpflichten, sofern (momentan) keine Pflicht zu Abwasserbeseitigung besteht und das Abwasserbeseitigungskonzept den Anschluss innerhalb der nächsten 5oder auch 10 oder auch 15 Jahre nicht vorsieht, vgl. Art. 34 Abs. 4 WG BY sowie §§ 96 Abs. 6 S. 3 WG NI; 50 Abs. 7 WG SN; 79a Abs. 3 WG LSA; 58 Abs. 4 WG TH.
713 Vgl. *Lübbe-Wolff/Wegener*, Umweltschutz durch kommunales Satzungsrecht, 2002, Kap. 3 Rn. 439.

esse die Reduktion der Direkteinleitungen anstrebt, ist Sinn und Zweck des Anschluss- und Benutzungszwangs nicht weniger als die Sicherung der Bereitstellung einer demokratischen, solidarischen, umwelt- und kostengerechten Daseinsvorsorge auf Ebene der Selbstverwaltung im Sinne des öffentlichen Wohls. Aufgrund seiner in dem konkreten Gemeindegebiet am Allgemeinwohl ausgerichteten Wertung sind seine Wertungen und die der Öffnungsklausel den allgemeinen Wertungen des Gesetzes im Falle des Widerspruchs vorzuziehen. Auch die Begründungen der Landesgesetzgeber zur Normierung der Öffnungsklausel weisen regelmäßig zu diesem Verständnis hin.[714]

(4) Voraussetzungen des satzungsmäßigen Erlasses

Die Anordnung des Anschluss- und Benutzungszwangs in der Entwässerungssatzung erfordert nach den allgemeinen Organisationsgesetzen der Bundesländer eine anordnungsfähige öffentliche Einrichtung und ein besonderes öffentliches Interesse an der Anordnung des Anschluss- und Benutzungszwangs für die betroffenen Grundstücke im Gemeindegebiet. An eine Einrichtung in privater Trägerschaft kann kein Anschluss- und Benutzungszwang verhängt werden.[715]

Die Anordnungsfähigkeit der öffentlichen Einrichtungen der Abwasserbeseitigung ist in den Organisationsgesetzen der Bundesländer unterschiedlich abschließend normiert. In den Bundesländern kann der Anschluss- und Benutzungszwang für „Anlagen zur Abwasserbeseitigung",[716] allgemeiner auch für den „Anschluss an die Abwasserbeseitigung", für „Anlagen zur Ableitung und Reinigung von Abwasser" sowie

---

714 Vgl. Begründung des Gesetzentwurfs zur Änderung des Sächsischen Wassergesetzes vom 23.7.1998 (GVBl. 1998 Nr. 14, S. 373): „Durch die Beibehaltung der Regelung des bisherigen Satz 3, 2. Halbsatz [nunmehr Satz 4, 2. Halbsatz, Anm. des Verf.] ist sichergestellt, dass die Gemeinden die Abwassererzeuger, deren Abwasser kraft Gesetzes oder nach Freistellung nicht der gemeindlichen Beseitigungspflicht unterliegt, kommunalrechtlich zum Anschluß an die gemeindlichen Anlagen zwingen können".
715 Für die Fernwärmeversorgung: BVerwG, Urteil vom 6.4.2005, Aktz. 8 CN 1/03, Leitsatz (Juris); OVG SN, Urteil vom 25.2.2003, Aktz. 4 D 699/99, Leitsatz und Rn. 71 (Juris).
716 So ausdrücklich z.B. § 20 Abs. 2 KO TH.

III. Aufgabendurchführung - Erfüllung der Abwasserbeseitigungspflicht

für „Kanalisationen" angeordnet werden.[717] Im Bundesland *Brandenburg* ist auch eine Anordnung zugunsten der Abwasserentsorgung, also der Abwasserbeseitigung und -verwertung, zulässig.[718] Allerdings ist in den meisten Organisationsgesetzen auch eine Generalklausel vorgesehen, unter die auch nicht ausdrücklich geregelte öffentliche Einrichtungen oder Teile davon fallen können. In der überwiegenden Mehrzahl lauten diese Klauseln, bezogen auf die zuvor genannten ausdrücklichen Einrichtungen: „(...) und ähnliche der Gesundheit dienende Einrichtungen ...", in einigen Ländern lautet die Regelung auch auf „Gemeinwohl" bzw. „öffentlichem Wohl dienende Einrichtungen".[719] In den Ländern *Baden-Württemberg*, *Brandenburg*, *Sachsen* und *Schleswig-Holstein* sind ausdrücklich auch solche Einrichtungen erfasst, die dem Schutz „der natürlichen Grundlagen des Lebens einschließlich des Klima- und Ressourcenschutz" oder „dem öffentlichen Wohl und insbesondere dem Umweltschutz" dienen, oder „dem Schutz der natürlichen Grundlagen des Lebens dienende Einrichtungen".[720]

Nach allen allgemeinen Organisationsgesetzen der Bundesländer ist für die Anordnung des Anschluss- und Benutzungszwangs zudem Voraussetzung, dass ein besonderes öffentliches Interesse besteht. In der Mehrzahl der Länder sind hierfür „Gründe des öffentlichen Wohls" erforderlich.[721] Aber es finden sich auch Länder, in denen ein „öffentliches Bedürfnis" oder ein „dringendes öffentliches Bedürfnis" erforderlich ist.[722] Die Begriffe des „öffentlichen Bedürfnisses" und des „öffentlichen Wohls" werden gemeinhin deckungsgleich verwandt.[723] Ein öffentliches Bedürfnis

---

[717] Vgl. beispielsweise: Art. 24 Abs. 1 GemO BY („Anlagen der Abwasserbeseitigung") sowie §§ 15 Abs. 1 KV M-V („Anschluss ... Abwasserbeseitigung"); 14 Abs. 1 SächsGO („Anlagen zur Reinigung und Ableitung ..."); 11 KVG LSA;17 Abs. 2 GemO SH („Anschluss an Abwasserbeseitigung").

[718] Siehe § 12 Abs. 2 BbgKVerf.

[719] Siehe exemplarisch „ähnliche der Gesundheit dienende Einrichtungen": Art. 24 Abs. 1 GemO BY sowie §§ 11 KVG LSA; 17 Abs. 2 GemO SH; dem „Gemeinwohl" bzw. „öffentlichen Wohl" dienende Einrichtungen: §§ 15 Abs. 1 KV M-V und 20 Abs. 2 KO TH.

[720] Vgl. §§ 14 Abs. 1 SächsGO sowie 17 Abs. 2 GemO SH.

[721] Siehe Art. 24 Abs. 1 GemO BY sowie §§ 12 Abs. 2 BbgKVerf; 20 Abs. 2 KO TH.

[722] Vgl. beispielsweise „öffentliches Bedürfnis": § 14 Abs. 1 SächsGO; „dringendes öffentliches Bedürfnis": §§ 15 Abs. 1 KV M-V; 11 Abs. 1 KVG LSA; 17 Abs. 2 GemO SH.

[723] Vgl. OVG SN, Urteil vom 18.12.2007, Aktz. 4 B 541, Rn. 25 (Juris).

wird generell angenommen, wenn für eine Maßnahme nach objektiven Maßstäben die Wohlfahrt (Lebensqualität) der Einwohner erhalten oder gefördert wird.[724] Entsprechend dem Charakter als Satzungsvorschrift ist für den objektiven Maßstab ein abstrakt-genereller Maßstab anzulegen.[725] Das Erfordernis des „(dringenden) öffentlichen Bedürfnisses" oder „öffentlichen Wohls" stellt einen unbestimmten Rechtsbegriff dar, über dessen Vorliegen politische Gremien bestimmen. Folglich ist ein Beurteilungsspielraum anzunehmen, der nur einer eingeschränkten gerichtlichen Kontrolle unterliegt.[726]

i. Zentrale Schmutzwasserbeseitigung

Zentrale oder semi-zentrale Anlagen zur Beseitigung von Schmutzwasser sind generell in allen Bundesländern öffentliche Einrichtungen, für die Anschluss- und Benutzungszwang angeordnet werden kann. Denn die Maßnahmen, die der Beseitigung von Abwasser dienen, sind nach dem Wortlaut der allgemeinen Organisationsgesetze der Bundesländer jeweils als „Anschluss an die Abwasserbeseitigung", als der Anschluss an „Abwasserbeseitigungsanlagen" oder als Anschluss an „Kanalisationen" erfasst.[727] Ansonsten fallen sie unter den Auffangtatbestand „(...) und ähnliche Einrichtungen, die der Volksgesundheit dienen (...)".

Auch entspricht die Anordnung des Anschluss- und Benutzungszwangs für die zentrale Schmutzwasserbeseitigung nach der Rechtsprechung aller Bundesländer dem öffentlichen Wohl. Das öffentliche Wohl ergibt sich

---

724 Vgl. VGH BY, Urteil vom 28.10.1994, Aktz. 23 N 90.2272, NVwZ-RR 1995, 345/345; OVG Lüneburg, Urteil vom 7.5.1981, Aktz. 3 A 3/81, NJW 1983, 411/411 f.; *Gern*, Dt. Kommunalrecht, 2003, Rn. 614.
725 Vgl. VGH BY, Urteil vom 28.10.1994, Aktz. 23 N 90.2272, NVWZ-RR 1995, 345/345; OVG BBG, Urteil vom 31.7.2003, Aktz. 2 A 316/02, Rn. 36 (Juris) mit Verweis auf BVerwG, Beschluss vom 24.1.1986, Aktz. 7 CB 51 und 52.85, NVwZ 1986, 483/483 f.; *Gern*, Dt. Kommunalrecht, 2003, Rn. 614.
726 Vgl. OVG SN, Urteil vom 18.12.2007, Aktz. 4 B 541/5, Rn. 25 (Juris) unter Verweis auf BVerwG, Beschluss vom 10.1.2007, Aktz. 6 BN 3.06, DÖV 2007, 560/560 f.; OVG SH, Urteil vom 20.12.1995, 2 L 24/93, NVwZ- RR 1997, 47/48; a.A. *Gern*, Dt. Kommunalrecht, Rn. 615, S. 392.
727 Vgl. BVerwG, Beschluss vom 19.12.1997, Aktz. 8 B 234/97, NVwZ 1998, 1080/1080; OVG NI, Beschluss vom 13.5.2003, Aktz. 13 ME 93/03, ZfW 2004, 43/44; VG Potsdam, Urteil vom 11.8.2008, Aktz. 8 K 3519/03, Rn. 36 (Juris); *Gern*, Dt. Kommunalrecht, Rn. 608.

III. Aufgabendurchführung - Erfüllung der Abwasserbeseitigungspflicht

insbesondere für öffentliche Einrichtungen der Schmutzwasserbeseitigung aus dem Zusammenlesen der anordnungsfähigen Einrichtungen mit dem in allen Landesregelungen vorgesehenen, vorstehend genannten Auffangtatbestand. Zentrale Schmutzwasserbeseitigungsanlagen dienen der Volksgesundheit durch die Fortleitung und Reinigung von mit Keimen und Schadstoffen belastetem Schmutzwasser. Dadurch werden unschädliche Sanitärbedingungen gewährleistet und zur Trinkwasserversorgung genutztes Grundwasser bleibt unbeeinträchtigt.[728] Nach der Rechtsprechung liegt das öffentliche Bedürfnis auch vor, wenn die zentrale Abwasserbeseitigung gegenüber einer privat betriebenen Kleinkläranlage für die Nutzer mit finanziellen Mehrbelastungen verbunden ist.[729] Die Anordnung des Anschluss- und Benutzungszwangs wird auch nicht dadurch gehindert, dass auf Grundstücken private dezentrale Anlagen zur Schmutzwasserbeseitigung bestehen. Denn nach der Anordnung des Anschluss- und Benutzungszwanges werden privatrechtliche und öffentlich-rechtliche Nutzungsrechte gegenstandslos oder können nicht mehr ausgeübt werden.[730]

ii. Zentrale Anlagen der Niederschlagswasserbeseitigung

Zentrale und semi-zentrale Niederschlagswasserbeseitigungsanlagen sind ebenfalls nach allen Formulierungen der allgemeinen Organisationsgesetze anordnungsfähige öffentliche Einrichtungen. Denn alle Einrichtungen und Maßnahmen, die die unschädliche Beseitigung und Reinigung von Niederschlagswasser im Sinne der Wassergesetze ermöglichen, sind von dem Wortlaut der Vorschriften als „Anschluss an die Abwasserbeseiti-

---

[728] Vgl. BVerwG, Beschluss vom 19.12.1997, Aktz. 8 B 234.97, NVwZ 1998, 1080/1081; BVerwG, Urteil vom 17.3.1989, Aktz. 4 C 30.88, BVerwGE 81, 347/350; OVG M-V, Beschluss vom 4.4.2011, Aktz. 2 L 190/06, Rn. 27 (Juris); OVG NW, Beschluss 21.4.2009, Aktz. 15 B 416/09, Rn. 5 ff. (Juris); OVG BBG, Urteil vom 31.7.2003, Aktz. 2 A 316/02, Rn. 36 (Juris); OVG NW, Urteil vom 28.1.2003, Aktz. 15 A 4751/01, Rn. 10 und 12 (Juris); *Gern*, Dt. Kommunalrecht, 2003, Rn. 614.

[729] Vgl. BVerwG, Beschluss vom 19.12.1997, Aktz. 8 B 234.97, NVwZ 1998, 1080/1081; OVG BBG, Urteil vom 31.7.2003, Aktz. 2 A 316/02, Rn. 36 (Juris); OVG NI, Beschluss vom 14.6.1999, Aktz. 9 L 1160/99, NVwZ-RR 1999, 678/678.

[730] Vgl. BVerwG, Beschluss vom 19.12.1997, Aktz. 8 B 234/97, NVwZ 1998, 1080/1080; VGH BY, Urteil vom 24.7.1997, Aktz. 23 B 94.1935, BayVBl. 1998, 721/721 f.; OVG BBG, Aktz. 2 A 316/02, Rn. 36 (Juris).

gung", Anschluss an „Abwasserbeseitigungsanlagen" oder als Anschluss an „Kanalisationen" erfasst.[731]

Nach der Rechtsprechung wird indes unterschiedlich beurteilt, welche Maßstäbe für das Bestehen eines öffentlichen Bedürfnisses oder die Gründe des öffentlichen Wohls für die zentrale Niederschlagswasserbeseitigung in Betracht kommen. Anders als zentrale Schmutzwasserbeseitigungsanlagen dienen zentrale Niederschlagswasserbeseitigungsanlagen nur in Ausnahmefällen direkt der Volksgesundheit. Denn während die Ableitung und Behandlung u.a. von mit zahlreichen Keimen belastetem Schmutzwasser unmittelbar der Volksgesundheit durch Seuchenprävention dient, zielt die Beseitigung von Niederschlagswasser regelmäßig eher auf die quantitative Beseitigung des anfallenden Niederschlagswassers. Sie dient allenfalls mittelbar der Volksgesundheit, wenn durch die dezentrale Versickerung oder Einleitung Verschmutzungen des Grundwassers und damit der Trinkwasserversorgung zu erwarten sind.[732] Angesichts der in ihren Umweltauswirkungen weit positiver zu bewertenden dezentralen Niederschlagswasserbeseitigung als Alternative ist daher für das öffentliche Bedürfnis einer zentralen Beseitigung Voraussetzung, dass gerade „eine *gesammelte* Fortleitung zur Verhütung einer Beeinträchtigung des Wohls der Allgemeinheit erforderlich" ist.[733] Die Anordnung eines Anschluss- und Benutzungszwangs für ein gesammeltes Fortleiten ist im Sinne des Wohls der Allgemeinheit nach der Rechtsprechung des Bundes und aller Bundesländer einstimmig nicht aus rein fiskalischen Interessen erforderlich. Es bleibt also den Gemeinden und sonstigen öffentlichen Trägern generell verwehrt, mit dem Instrument des Anschluss- und Benutzungszwangs die Finanzierung von Abwasseranlagen durch Kommunalabgaben sicherzustellen.[734] Allerdings besteht anerkanntermaßen ein öffentliches

---

[731] Vgl. BVerwG, Beschluss vom 19.12.1997, Aktz. 8 B 234/97, NVwZ 1998, 1080/1080; OVG NI, Beschluss vom 13.5.2003, Aktz. 13 ME 93/03, ZfW 2004, 43/44; VG Potsdam, Urteil vom 11.8.2008, Aktz. 8 K 3519/03, Rn. 36 (Juris); *Gern,* Dt. Kommunalrecht, Rn. 608, S. 390.

[732] Vgl. VGH BY, Urteil vom 28.10.1994, Aktz. 23 N 90.2272, NVwZ 1995, 345/345; a.A. OVG LSA, Beschluss vom 27.5.2004, Aktz. 1 L 117/02, Rn. 7 (Juris).

[733] Vgl. so ausdrücklich §§ 96 Abs. 3 Nr. 1 WG NI; 79b Abs. 1 WG LSA, siehe auch VerfGH BY, Urteil vom 20.11.2003, Aktz. Vf. 12-VII-02, Rn. 42 (Juris).

[734] Vgl. VerfGBY, Urteil vom 20.11.2003, Aktz. Vf. 12-VII-02, Rn. 43 (Juris); OVG NW, Urteil vom 28.1.2003, Aktz. 15 A 4571/01, Leitsatz und Rn. 10 (Juris); OVG NI, Urteil vom 6.11.2000, Aktz. 9 L 2566/99, NVwZ-RR 2001, 782/782 f.;

III. Aufgabendurchführung - Erfüllung der Abwasserbeseitigungspflicht

Bedürfnis, sofern die Erzwingung des Anschlusses und der Benutzung zur Aufrechterhaltung der Funktionsfähigkeit des zentralen Systems notwendig ist.[735]

iii. Dezentrale Anlagen der Schmutzwasserbeseitigung

Die Anordnungsfähigkeit der im Rahmen einer öffentlichen Einrichtung betriebenen dezentralen Anlagen der Schmutzwasserbeseitigung ergibt sich aus den allgemeinen Organisationsgesetzen der Bundesländer als „Anlagen zur Abwasserbeseitigung" oder „Anlagen zur Reinigung und Ableitung von Abwasser". Auch dezentrale Abwasserbeseitigungsanlagen fallen unter diese Wendungen. In den Ländern, in denen die Ermächtigung auf „Kanalisation" lautet, fallen zumindest die dezentralen Anlagen zur Schmutzwasserbeseitigung anerkanntermaßen unter den Auffangtatbestand „(...) und ähnliche der Gesundheit dienende Einrichtungen".[736]

Das für die Verfügung eines Anschluss- und Benutzungszwangs erforderliche öffentliche Bedürfnis für den Anschluss an dezentrale Abwasserbeseitigungsanlagen ergibt sich aus den gleichen Erwägungen wie bei den zentralen Anlagen. Auch hier dienen die vom öffentlichen Träger betriebenen dezentralen Anlagen in gleichem Maße der Volksgesundheit. In den Bundesländern, in denen die Ermächtigung zum Anschluss- und Benutzungszwang dies ausdrücklich vorsieht, kann sich ein öffentliches Bedürfnis ohne Weiteres auch aus Umweltschutzgründen ergeben. Aber auch aus den Ermächtigungen der allgemeinen Organisationsgesetze der anderen Bundesländer kann ein öffentliches Bedürfnis zur Förderung des örtlichen Umweltschutzes hergeleitet werden. Analog zu den erörterten Grundsät-

---

VGH BY, Urteil vom 28.10.1994, Aktz. 23 N 90.2272, NVwZ 1995, 345/345 f.; VG Braunschweig, Urteil vom 27.2.2002, Aktz. 8 A 485/00, Rn. 20.

735 Vgl. VerfGH BY, Urteil vom 20.11.2003, Aktz. Vf. 12-VII-02, Rn. 44 (Juris); OVG LSA, Beschluss vom 27.5.2004, Aktz. 1 L 117/02, Rn. 9 (Juris); OVG NI, Urteil vom 6.11.2000, Aktz. 9 L 2566/99, NVwZ- RR 2001, 782/782 f.; die zentrale Kläranlage erfordert die Trennung von Schmutz- und Niederschlagswasser: VGH BY, Urteil vom 28.10.1994, Aktz. 23 N 90.2272, NVwZ-RR 1995, 345/345 f.; zur Aufrechterhaltung der Funktionsfähigkeit einer leicht belüfteten Teichkläranlage: VG Braunschweig, Urteil vom 27.2.2002, Aktz. 8 A 485/00, Rn. 20 (Juris).

736 Vgl. OVG BBG, Urteil vom 20.11.2007, Aktz. OVG 12 B 32.07, Leitsatz und Rn. 18 (Juris).

zen zur zentralen Abwasserbeseitigung kann jedoch ein öffentliches Bedürfnis für die Implementierung dezentraler Anlagen nicht allein durch eine erhebliche finanzielle Minderbelastung begründet werden. Allerdings können die finanziellen Erwägungen neben Gründen der Volksgesundheit und des örtlichen Umweltschutzes dem öffentlichen Bedürfnis im Lichte der nach Art. 28 Abs. 2 GG gewährleisteten Daseinsvorsorge ein stärkeres Gewicht verleihen.

Problematisch für die Implementierung dezentraler Abwasserbeseitigung ist der von der Rechtsprechung genannte eigene Wert der zentralen Abwasserbeseitigung hinsichtlich der Sicherheit der Entsorgung. Der Rechtsprechung nach besteht bereits vor dem Hintergrund des Schutzgutes der Volksgesundheit ein öffentliches Bedürfnis für zentrale Abwasserbeseitigungseinrichtungen, da sie eine „sicherere" Abwasserbeseitigung gewährleisten als eine Vielzahl zu kontrollierender Kleineinleitungen von Kleinkläranlagen.[737] In dieser Pauschalität ist diesen Entscheidungen jedoch nicht ohne Weiteres zuzustimmen.[738] Zustimmen lässt sich der Aussage, dass im Allgemeinen die *öffentlich* organisierte zentrale Abwasserbeseitigungsanlage eine zuverlässigere und sicherere Beseitigung gewährleistet als eine Vielzahl von Privatrechtssubjekten betriebenen dezentrale Anlagen. Generell jedoch ist eine schlecht gewartete Anlage der zentralen Abwasserbeseitigung ebenso schlecht wie eine Vielzahl von schlecht gewarteten Kleinkläranlagen, deren Ablaufwerte nicht dem Stand der Technik entsprechen. Der entscheidende Punkt für die Gewährleistung einer sicheren Abwasserbeseitigung ist daher nicht eine Beseitigung in zentralen oder dezentralen Anlagen, sondern vorrangig die effektive, kostengerechte und überwachte staatliche Organisation des Betriebs der Anlagen.[739]

---

737 Vgl. BVerwG, Beschluss vom 19.12.1997, Aktz. 8 B 234.97, NVwZ 1998, 1080/1081 f.; OVG SN, Beschluss vom 16.3.2010, Aktz. 4 A 250/08, Rn. 4 (Juris); wohl auch OVG BBG, Urteil vom 20.11.2007, Aktz. 2 A 316/02, Rn. 36 (Juris); OVG NW, Beschluss vom 5.6.2003, Aktz. 15 A 1738/03, NWVBl. 2003, 435/436; OVG NW, Beschluss vom 21.4.2009, Aktz. 15 B 416/09, Rn. 6 f. (Juris).
738 So wohl auch OVG NW, Beschluss vom 14.4.2008, Aktz. 15 A 4751, Rn. 15 für die Vielzahl von Niederschlagswassereinleitungen: „ein wasserwirtschaftlicher Gesichtspunkt, der möglicherweise bei der Frage der Erteilung einer wasserrechtlichen Erlaubnis zur ortsnahen Niederschlagswasserbeseitigung eine Rolle spielt".
739 Vgl. insoweit BVerwG, Beschluss vom 19.12.1997, Aktz. 8 B 234.97, NVwZ 1998, 1080/1080 f.

III. Aufgabendurchführung - Erfüllung der Abwasserbeseitigungspflicht

Im Übrigen ist, entgegen der Rechtsprechung in einigen Bundesländern,[740] das Vorliegen eines öffentlichen Bedürfnisses für dezentrale Schmutzwasserbeseitigungsanlagen nicht lediglich auf die Belange des Schutzes der Volksgesundheit beschränkt, sondern kann auch durch weitere Belange, z.B. dem Schutz der natürlichen Grundlagen des Lebens, begründet sein.[741] Eine Verengung des öffentlichen Bedürfnisses auf „Belange der Volksgesundheit" ist unter Berücksichtigung des Sinns und Zwecks des Anschluss- und Benutzungszwangs nicht mit dem Wortlaut der Ermächtigungen in den allgemeinen Organisationsgesetzen der Bundesländer vereinbar. In einigen Bundesländern widerspricht die Verengung sogar dem Gesetzeswortlaut. Aber auch in den Bundesländern, in denen die Bezugnahme auf den Schutz der Umwelt oder natürlichen Grundlagen des Lebens fehlt, sind die Ermächtigungen im Licht des Art. 28 Abs. 2 GG und der Staatszielbestimmung Umweltschutz gem. Art. 20a GG auszulegen. Demnach ergibt sich aus der nach Art. 28 Abs. 2 GG gewährleisteten grundsätzlichen Allzuständigkeit der Gemeinden für Gegenstände, die in der Gemeinschaft „wurzeln" oder Interessen der örtlichen Gemeinschaft betreffen und der Staatszielbestimmung Umweltschutz gem. Art. 20a GG, dass auch der örtliche Umweltschutz ein öffentliches Bedürfnis für einen Anschluss- und Benutzungszwang begründen kann.[742]

---

740 Vgl. beispielsweise OVG NW, Urteil vom 28.10.2003, Aktz. 15 A 4751, Rn. 10: „dass der Anschluss- und Benutzungszwang nur im Interesse der Volksgesundheit und einem hieran orientierten öffentlichen Bedürfnis, nicht aus anderen, insbesondere gebührenrechtlichen Erwägungen angeordnet werden darf." Tendenziell auch OVG BBG, Urteil vom 31.7.2003, Aktz. 2 A 316/02, Rn. 35 (Juris), das aber dennoch zugunsten eines vollumfänglichen Anschluss- und Benutzungszwangs entschied; kein öffentliches Bedürfnis aus anderen Erwägungen als der Volksgesundheit: OVG NW, Urteil vom 28.1.2003, Aktz. 15 A 4751/01, Rn. 10 (Juris).
741 BVerwG, Beschluss vom 19.12.1997, Aktz. 8 B 234.97, NVwZ 1998, 1080/1080 f.; VerfGH BY, Urteil vom 20.11.2003, Aktz. Vf. 12-VII-02, Rn. 44 und 47 (Juris); VGH BY, Beschluss vom 4.10.2011, Aktz. 20 ZB 11.716, Rn. 4 (Juris); OVG M-V, Beschluss vom 4.4.2011, Aktz. 2 L 190/06, Rn. 27 (Juris).
742 Vgl. allgemein zur Fernwärmeversorgung: BVerwG, Urteil vom 6.4.2005, Aktz. 8 CN 1.03, NVwZ 2005, 963/964 f.; abwasserspezifisch: BVerwG, Beschluss vom 19.12.1997, Aktz. 8 B 234.97, NVwZ 1998, 1080/1080 f.

3. Kapitel: Abwasserentsorgung unter dem Regime des Abwasserrechts

iv. Dezentrale Anlagen der Niederschlagswasserbeseitigung

Dezentrale und semi-dezentrale Niederschlagswasserbeseitigungsanlagen im Rahmen einer öffentlichen Einrichtung sind anordnungsfähig, sofern die landesrechtlichen Regelungen auf „Anlagen zur Abwasserbeseitigung" oder „Anlagen zur Reinigung und Ableitung von Abwasser" lauten. In den Bundesländern, in denen die Ermächtigung auf „Kanalisation" lautet, fallen dezentrale Anlagen der Niederschlagswasserbeseitigung nicht unter die anordnungsfähigen Einrichtungen. Auch fallen dezentrale und semi-dezentrale Anlagen regelmäßig nicht unter die Auffangregelung „(...) und ähnliche der Gesundheit dienende Einrichtungen", denn Niederschlagswasser wird regelmäßig nicht wegen seiner gesundheitsschädigenden Beschaffenheit beseitigt. Die Beseitigung dient regelmäßig vorrangig der Ableitung von Wasser zum Schutz von Häusern vor Vernässung und ggf. dem Umweltschutz. Nur in Ausnahmefällen sind auch solche Fallkonstellationen denkbar, in denen die dezentrale und semi-dezentrale Niederschlagswasserbeseitigung auch mittelbar der Gesundheit dient.

Das erforderliche öffentliche Bedürfnis für die Regelung eines Anschluss- und Benutzungszwangs an dezentrale Beseitigungsanlagen im Rahmen einer öffentlichen Einrichtung ergibt sich insbesondere aus Belangen des örtlichen Umweltschutzes. Die dezentrale Niederschlagswasserbeseitigung stellt eine nachhaltige, insbesondere umwelt- und kostengerechte Beseitigung des Niederschlagswassers dar. Zudem dienen auch die öffentlich betriebenen Anlagen in besonderem Maße der Umwelt, indem sie Anpassungen an den Klimawandel bewirken.

Ein öffentliches Bedürfnis für den Anschluss und die Benutzung der öffentlichen Einrichtung der dezentralen Beseitigung kann sich auch daraus begründen, dass sie durch einen öffentlichen Träger vorgenommen wird. Denn wie auch bei den zentralen Anlagen der Abwasserbeseitigung ist die öffentliche Organisation der Abwasserbeseitigung der Aufgabenerfüllung durch Private grundsätzlich vorzuziehen. Auch wenn sich also in diesem Rahmen grundsätzlich die von der dezentralen Niederschlagswasserbeseitigung allgemein ausgehenden positiven Auswirkungen auf die Umwelt bei Beseitigung durch Privatrechtssubjekte und die öffentliche Hand gleichen, so kann eine öffentliche Organisation dezentraler Anlagen doch

III. Aufgabendurchführung - Erfüllung der Abwasserbeseitigungspflicht

grundsätzlich höher zu achten sein.[743] Dieses Ergebnis lässt sich aus dem Subtext zahlreicher Entscheidungen zum Anschluss- und Benutzungszwang herleiten. So hat das Bundesverwaltungsgericht festgestellt, dass „durch den Anschluss- und Benutzungszwang (...) sich mit größtmöglicher Sicherheit eine Verunreinigung des Grundwassers durch Abwässer ausschließen lässt. Ein Verzicht auf dieses Maß an Sicherheit führt bereits zu einer dem Allgemeinwohl widersprechenden Gefährdung des Schutzgutes (...)."[744] Weiter konstatierte das Bundesverwaltungsgericht in der Entscheidung: „Das Schutzgebot des Art. 20a GG zugunsten der natürlichen Lebensgrundlagen, zu denen auch das Wasser gehört, zwingt die Gemeinden nicht dazu, Grundstückseigentümer, die eine private Kläranlage betreiben, vom Anschluß- und Benutzungszwang hinsichtlich einer öffentlichen Entwässerungsanlage zu befreien."[745]

Die gesetzgeberische Entscheidung in einigen Ländern, die Niederschlagswasserbeseitigungspflicht grundsätzlich auf Grundstückseigentümer zur dezentralen Beseitigung zu übertragen, steht dem nicht entgegen. Denn die Übertragung ist nur für den unbelasteten Teil des Niederschlagswassers, dessen Versickerung nicht das Wohl der Allgemeinheit beeinträchtigt, zulässig. Das Bedürfnis für eine öffentliche Beseitigung bleibt grundsätzlich bestehen.

v. Anlagen der Grau- und Niederschlagswasserverwertung

Sofern Anlagen zur Grau- und Niederschlagswasserverwertung Teil einer öffentlichen Einrichtung der Abwasserbeseitigung oder der Wasserversorgung sind, ist die Anordnung des Anschluss- und Benutzungszwangs grundsätzlich zulässig.

Der Anschluss- und Benutzungszwang für Grau- und Niederschlagswasserverwertungsanlagen der öffentlichen Einrichtungen ist in *Baden-Württemberg*. *Brandenburg*, *Sachsen* und *Schleswig-Holstein* ohne Weite-

---

743 So auch VG Augsburg, Beschluss vom 18.10.2000, Aktz. Au 8 S 00.647, Rn. 28 (Juris): „Öffentliche Entsorgungseinrichtungen gewährleisten regelmäßig eine gründlichere und besser kontrollierte Reinigung des Abwassers und damit einen erhöhten Schutz des Grundwassers sowie der menschlichen Gesundheit".
744 Siehe BVerwG, Beschluss vom 22.12.1997, Aktz. BVerwG 8 B 250.97, NVwZ-RR 1998, 1080/1081.
745 Vgl. BVerwG, Beschluss vom 19.12.1997, Aktz. BVerwG 8 B 234.97, NVwZ-RR 1998, 1080/1081.

res regelungsfähig. In diesen Ländern fallen sie unter den Wortlaut der Ermächtigungsgrundlage als Anlagen, die „dem öffentlichen Wohl, insbesondere dem Umweltschutz (...)", und Einrichtungen, die „dem Schutz der natürlichen Grundlagen des Lebens (...)" dienen.[746] Diese an Art. 20a GG angelehnte Umweltschutzklausel ermöglicht die Anordnung des Anschluss- und Benutzungszwangs nicht nur für die der Volksgesundheit dienenden Einrichtungen, sondern auch für Anlagen, die dem Umweltschutz, u.a. durch Vermeidung von Emissionen und Minderung des Ressourcenverbrauchs, dienen. Davon sind auch Anlagen zur Grau- und Niederschlagswasserverwertung, die (Grund-)Wasserressourcen schonen, erfasst. In den anderen Bundesländern ist die Anordnung des Anschluss- und Benutzungszwangs in der öffentlichen Einrichtung der Abwasserbeseitigung mit Ausnahme von *Brandenburg*, wo die Ermächtigung auf „Abwasserentsorgung" lautet, nicht ohne Weiteres zulässig. Denn die Abwasser*verwertung* fällt nicht unter die anordnungsfähigen Einrichtungen „Anschluss an die Abwasserbeseitigung", „Kanalisationen" oder „Abwasserbeseitigung". Sie ist auch kein Teil des den Gemeinden zugewiesenen Aufgabenprogramms gem. § 54 Abs. 2 WHG.[747] Allenfalls eine Anordnung als Einrichtung der „Wasserversorgung" oder „Anschluss an Wasserleitung" käme in Betracht. Zwar handelt es sich bei den Anlagen zur Grau- und Niederschlagswasserverwertung nach dem Wortlaut auch um eine Art der (Brauch-)Wasserversorgung, die öffentliche Einrichtung der Wasserversorgung ist jedoch in einer von der Abwasserbeseitigung gesonderten öffentlichen Einrichtung zu organisieren.

Ansonsten ist die Annahme eines öffentlichen Bedürfnisses für die Anordnung eines Anschluss- und Benutzungszwangs an Anlagen zur Grau- und Niederschlagswasserverwertung einer öffentliche Einrichtung nicht ausgeschlossen.[748] Auf die vorliegende Situation sind die Grundsätze des Bundesverwaltungsgerichts zur Fernwärmeversorgung, wie die Berücksichtigung der grundsätzlichen Allzuständigkeit der Gemeinde für Angele-

---

746 Siehe *Kunze/Bronner/Katz*, GemO BW, Bd. 1 §§ 1-76 GemO, § 11 Rn. 3 und Rn. 6 (16. Lfg. Juli 2008).
747 Siehe Art. 24 Abs. 1 GemO BY sowie §§ 11 Abs. 1 GemO BW; 12 Abs. 2 BbgKVerf; 15 Abs. 1 KV M-V; 13 GemO NI; 9 GemO NW; 26 Abs. 1 GemO RP; 14 Abs. 1 SächsGO; 11 Abs. 1 KVG LSA; 17 Abs. 2 GemO SH; 20 Abs. 2 KO TH.
748 Vgl. *Kunze/Bronner/Katz,* GemO BW, Bd. 1 §§ 1-76 GemO, § 11 Rn. 8 (16. Lfg. Juli 2008).

genheiten der örtlichen Gemeinschaft gem. Art. 28 Abs. 2 GG und der Verwirklichung des Staatsziels Umweltschutz gem. Art. 20a GG als Optimierungsgebot zu übertragen. Demnach kommt es für die Begründung des öffentlichen Interesses entscheidend darauf an, ob es sich um eine Maßnahme handelt, die das *örtliche* Wohl der Gemeinschaft fördert.[749] Übertragen auf die Grau- und Niederschlagswasserverwertung bedeutet dies, dass es erforderlich ist, dass die Ressourcenschonung in der örtlichen Gemeinschaft wurzelt oder hierzu einen spezifischen Bezug hat. Dies ist für Maßnahmen der Grau- und Niederschlagswasserverwertung regelmäßig anzunehmen. Denn es führt bei Gemeinden mit eigener Wasserversorgung regelmäßig zu einer örtlichen Entspannung der Grundwasserleiter, wenn aufwändig zu Trinkwasser aufbereitetes Grundwasser durch aufbereitetes Grau- oder Niederschlagswasser (Brauchwasser) substituiert wird. Lediglich in den Gemeinden, in denen eine aus Umweltgesichtspunkten ohnehin zu missbilligende Fernwasserversorgung besteht, könnte ein unmittelbarer Ortsbezug durch Einsparung von Grundwasser fehlen.

(5) Konkretisierung des Zwangs durch Verwaltungsakt

Der in der Satzung geregelte Anschluss- und Benutzungszwang wird durch Verwaltungsakt der Gemeinde konkretisiert. Es handelt sich um einen belastenden Verwaltungsakt mit Dauerwirkung, dessen tatbestandliche Voraussetzungen grundsätzlich sowohl bei Erlass als auch in der Folgezeit vorliegen müssen. Rechtsprechung und Literatur gehen davon aus, dass Änderungen der Sach- und Rechtslage berücksichtigt werden müssen, weil sich Dauerverwaltungsakte nicht auf ein einmaliges Handlungsgebot beschränken, sondern sich ständig erneuern (fortwährender Regelungsgehalt).[750] Spiegelbildlich leitet sich aus dem fortwährenden Regelungsgehalt jedoch auch ab, dass sich der angeordnete Anschluss- und Benutzungszwang auch auf die geänderte Einrichtung erstreckt. Soweit die öffentliche Einrichtung der Abwasserbeseitigung umgestaltet wird, z.B. von Misch- auf Trennsystem, ist der Anschlussnehmer verpflichtet, sich an die

---

749 Vgl. BVerwG, Beschluss vom 22.12.1997, Aktz. 8 B 250.97, NVwZ-RR 1998, 1080/1081; auch *Bracker*, in: Bracker/Dehn, Gemeindeordnung Schleswig-Holstein, § 17 Abs. 3 Rn. 1, S. 163.
750 Siehe OVG NW Urteil vom 8.3.1993, NVwZ- RR 1994, 173/174; *Gern*, Dt. Kommunalrecht, Rn. 619, S. 393 f.

3. Kapitel: Abwasserentsorgung unter dem Regime des Abwasserrechts

geänderte Anlage anzuschließen. Dies kann z.b. bedeuten, dass die Hausinstallation umzubinden ist und dass anfallende Abwässer auf dem Grundstück nunmehr getrennt eingeleitet werden müssen.[751]

f. Befreiung vom Anschluss- und Benutzungszwang öffentlicher Einrichtung

Die Befreiung von Anschluss- und Benutzungszwang für die öffentliche Einrichtung der Abwasserbeseitigung ist regelmäßig Voraussetzung, um auf dem Grundstück eine dezentrale Abwasserbeseitigungs- und Verwertungsanlage in privater Trägerschaft zu errichten und zu betreiben. Nach allen allgemeinen Organisationsgesetzen der Länder sind die beseitigungspflichtigen Gemeinden und ggf. sonstigen ermächtigten öffentlichen Träger berechtigt, in der Satzung „Ausnahmen vom Anschluss- und Benutzungszwang zuzulassen".[752]

(1) Ausgestaltung der satzungsmäßigen Befreiungsregelung

In der Rechtsprechung der Länder ist weitgehend anerkannt, dass die öffentlichen Träger in den Satzungen Ausnahmen vom Anschluss- und Benutzungszwang für die Fälle vorsehen müssen, in denen die Opfer- und Zumutbarkeitsgrenze überschritten wird. Andernfalls ist die Satzung wegen potenziell enteignender Wirkung nichtig.[753] Unter Wahrung des höherrangigen Rechts und mit Blick auf den Wortlaut der Regelungen der Organisationsgesetze der Länder kann der Zwang auf bestimmte Teile des Gemeindegebiets (räumliche Differenzierung aufgrund der Grundstückslage), auf bestimmte Gruppen von Grundstücken (räumliche Differenzie-

---

751 Siehe OVG NI, Urteil vom 23.11.1994, Aktz. 9 C 1458/93, Rn. 35 (Juris); VG Gießen, Beschluss vom 8.12.2010, Aktz. 8 L 2124/10. GI, Rn. 21 (Juris).
752 Vgl. beispielsweise §§ 12 Abs. 2 BbgKVerf; 15 Abs. 2 KV M-V; 9 GemO NW; 13 KomVG NI; 26 Abs. 2 GemO RP; 14 Abs. 2 SächsGO; 11 Abs. 1 KVG LSA; 17 Abs. 2 GemO SH; 20 Abs. 2 KO TH.
753 Vgl. VerfGH BY, Urteil vom 20.11.2003, Aktz. Vf. 12-VII-02, Rn. 43 (Juris); tendenziell auch BVerwG, Beschluss vom 19.12.1997, Aktz. BVerwG 8 B 234.97, NVwZ-RR 1998, 1080/1080 f.; BGHZ 78, 41/45; VGH München, Urteil vom 26.4.2007, Aktz. 4 BV 5.1037, Rn. 15 (Juris); *Gern,* Dt. Kommunalrecht, Rn. 621, S. 395.

III. Aufgabendurchführung - Erfüllung der Abwasserbeseitigungspflicht

rung anhand Grundstückstypologie) oder auf Gewerbebetriebe oder Personen (Differenzierung nach Nutzer) beschränkt werden. An die satzungsmäßige Ausgestaltung der Ausnahmeklausel stellt die Rechtsprechung keine allzu hohen Bestimmtheitsanforderungen. So ist es nicht erforderlich, dass in der Satzung die einzelnen Tatbestandsvoraussetzungen sämtlicher Fälle, in denen eine Ausnahmegenehmigung zur Wahrung des Verhältnismäßigkeitsprinzips erforderlich ist, normiert werden. Es genügt, wenn eine Ausnahme- oder Abwägungsklausel unter Verwendung von unbestimmten Rechtsbegriffen normiert wird, die im Einzelfall eine Befreiung in Form eines Verwaltungsaktes ermöglicht.[754] Die Befreiung kann einem Antragserfordernis unterworfen werden.[755] Die Regelungen in den Mustersatzungen der Länder entsprechen den genannten Anforderungen. Sie lauten regelmäßig: „Von der Verpflichtung zum Anschluss oder zur Benutzung wird auf Antrag ganz oder zum Teil befreit, wenn der Anschluss oder die Benutzung aus besonderen Gründen auch unter Berücksichtigung der Erfordernisse des Gemeinwohls nicht zumutbar ist."[756] Regelmäßig ist ein qualifiziertes Antragserfordernis eingefügt, z.B.: „Der Antrag auf Befreiung ist unter Angabe der Gründe schriftlich bei der Gemeinde einzureichen."

(2) Verhältnis der Befreiungsentscheidung zur Abwasserbeseitigungspflicht

Auch die Entscheidung der öffentlichen Träger zugunsten einer Befreiung vom Anschluss- und Benutzungszwang kann zu einem Widerspruch zu der Verortung der Abwasserbeseitigungs- und damit korrespondierenden Überlassungspflicht führen. Daher ist das Verhältnis der auf Grundlage der Satzungsregelung per Verwaltungsakt ergehenden Befreiung zur Verortung der Abwasserbeseitigungspflicht von Bedeutung.[757]

---

754 Siehe OVG SN, Beschluss vom 29.6.2009, Aktz. 4 A 501/08, Rn. 6 (Juris); OVG BB, Urteil vom 20.11.2007, Aktz. 12 B 32.07, Rn. 23 (Juris); *Gern,* Dt. Kommunalrecht, Rn. 621, S. 395.
755 Vgl. OVG BB, Urteil vom 20.11.2007, Aktz. 12 B 32.07, Rn. 28 (Juris).
756 Vgl. beispielsweise §§ 6 Abs. 1 Muster Abwasserbeseitigungssatzung BY; 4 Abs. 3 Muster Abwasserbeseitigungssatzung HE; 4 Mustersatzung Abwasserbeseitigung NI; progressiv für die Verwertung von Schmutzwasser: § 10 Muster Abwasserbeseitigung NW.
757 Vgl. hierzu bereits unter 3. Kap. III. Abschn. Nr. 3 lit. b.

3. Kapitel: Abwasserentsorgung unter dem Regime des Abwasserrechts

i. LWG mit satzungsmäßiger Übertragung der Abwasserbeseitigungpflicht

In den Bundesländern, deren Wassergesetze eine satzungsmäßige Übertragung der grundsätzlich bei den öffentlichen Trägern angesiedelten Beseitigungspflicht für Schmutz- und Niederschlagswasser vorsehen, ist ein Widerspruch zwischen der Verortung der Beseitigungspflicht und des Anschluss- und Benutzungszwangs nicht möglich.[758] Denn eine Ausnahme vom Anschluss- und Benutzungszwang ist regelmäßig eine Ausnahme von der Abwasserbeseitigungspflicht. Dies hat zur Folge, dass Pflicht und Zwang nicht auseinanderfallen können.

ii. LWG mit gesetzlicher Übertragung der Abwasserbeseitigungspflicht

In den Bundesländern, in denen die Verortung der Abwasserbeseitigungspflicht gesetzlich erfolgt, ist ein Widerspruch zwischen der Verortung der Abwasserbeseitigungspflicht und der Befreiung vom Anschluss- und Benutzungszwang hingegen möglich. Die Entscheidung zur Befreiung von der öffentlichen Einrichtung der Abwasserbeseitigung widerspricht der Abwasserbeseitigungspflicht, sofern sie für das Schmutz- oder Niederschlagswasser bei dem öffentlichen Träger liegt und nicht ohne Weiteres auf den Grundstückseigentümer übertragen werden kann. Dies ist z.B. der Fall, wenn eine Gemeinde die Beseitigungspflicht für Schmutzwasser innehat und hierzu eine Kanalisation bereitstellt und ein Abwassererzeuger die Befreiung vom Anschluss- und Benutzungszwang für Schmutzwasser begehrt, das auf einem Grundstück im Innenbereich anfällt und daher keinen gesetzlichen Übertragungstatbestand erfüllt.[759]

Der Widerspruch zwischen Abwasserbeseitigungspflicht und Befreiung vom Anschluss- und Benutzungszwang wird in den Bundesländern unterschiedlich aufgelöst. Nach der Rechtsprechung in *Brandenburg* sei es zulässig, dass die Verortung der Schmutz- oder Niederschlagswasserbeseitigungspflicht und die Befreiung vom Anschluss- und Benutzungszwang auseinanderfallen. Die Gemeinde bliebe trotz der Befreiung und der tatsächlichen Beseitigung des Abwassers durch den Abwassererzeuger zur

---

758 Vgl. insbesondere die Regelungen in §§ 30 f. WG SH und 96 WG NI.
759 Vgl. Fall nach VG Kassel, Urteil vom 20.2.2001, Aktz. 6 E 1701/98, Rn. 15 ff. (Juris).

III. Aufgabendurchführung - Erfüllung der Abwasserbeseitigungspflicht

Beseitigung des Abwassers gesetzlich verpflichtet. Folglich habe die Gemeinde die Erfüllung der obliegenden Aufgabe weiterhin sicherzustellen.[760] Nach der Rechtsprechung in *Hessen, Niedersachsen und Nordrhein-Westfalen* ist eine Befreiung vom Anschluss- und Benutzungszwang nicht möglich, wenn nicht gleichzeitig die Voraussetzungen einer Übertragung der Beseitigungspflicht von Schmutzwasser auf den Abwassererzeuger vorliegen oder die Niederschlagswasserbeseitigungspflicht nicht bei dem Grundstückseigentümer, auf dessen Grundstück das Niederschlagswasser anfällt, angesiedelt ist oder werden kann.[761] Dieser Ansicht ist darin zuzustimmen, dass sich die öffentlichen Träger grundsätzlich nicht völlig losgelöst von den Voraussetzungen für eine Übertragung der Abwasserbeseitigungspflicht per Befreiung vom Anschluss- und Benutzungszwang von der Erfüllung ihrer Pflicht entledigen können sollen.[762] Jedoch ist auch die Befreiung genauso wie deren Anordnung unter die „anderweitigen Regelungen in Satzungen" zu fassen. Denn die Öffnungsklauseln normieren nach Wortlaut, Systematik, Sinn und Zweck nur die Rückausnahme von jeglicher anderweitiger Verortung der Abwasserbeseitigungspflicht durch Satzung der öffentlichen Träger.[763]

(3) Befreiung privater Abwasserentsorgungsanlagen

Für Abwasserentsorgungsanlagen in privater Trägerschaft ist grundsätzlich eine Befreiung von der öffentlichen Einrichtung der Abwasserbeseitigung auf Grundlage der satzungsmäßigen Befreiungsregelung erforderlich. Im Einzelfall kann sich das Recht zur Befreiung auch zu einem Anspruch verdichten. Dies ist anzunehmen, wenn nach den individuell vorgebrachten Umständen des jeweiligen (privaten) Abwassererzeugers eine Ausnahme vom Anschluss- und Benutzungszwang zur Wahrung des Verhältnismäßigkeitsprinzips notwendig ist.

---

760 Vgl. OVG BB, Urteil vom 20.11.2007, Aktz. 12 B 32.07, Rn. 25 (Juris); OVG BB, Urteil vom 31.7.2003, NuR 2004, 602/604 f.
761 Vgl. für NW: OVG NW, Beschluss vom 1.9.2010, Aktz. 15 A 1635/ 08, Rn. 15 (Juris); für NI: OVG NI, Urteil vom 11.12.1990, Aktz. 9 L 237/89, Rn. 10 (Juris); für HE: VG Kassel, Urteil vom 20.2.2001, Aktz. 6 E 1701/98, Rn. 15 (Juris).
762 Siehe OVG NW, Beschluss vom 21.4.2009, Aktz.15 B 416/09, Leitsatz und Rn. 5 f (Juris).
763 Vgl. beispielsweise § 37 Abs. 5 WG HE.

3. Kapitel: Abwasserentsorgung unter dem Regime des Abwasserrechts

i. Dezentrale Anlagen der Schmutzwasserbeseitigung

Die Rechtsprechung in den Bundesländern hat sich gegenüber Befreiungen vom Anschluss- und Benutzungszwang für die dezentrale Schmutzwasserbeseitigung in privater Trägerschaft sehr restriktiv gezeigt. Danach liegt grundsätzlich selbst dann keine unzumutbare Härte im Sinne der Satzungsregelungen vor, wenn mit der Anordnung eines Anschluss- und Benutzungszwangs an eine zentrale Kanalisation auf einem Grundstück eine Kleinkläranlage funktionslos wird. Denn weder die allgemeine Handlungsfreiheit gem. Art. 2 GG noch die Eigentumsfreiheit gem. Art. 14 GG noch die Staatszielbestimmung Umweltschutz gem. Art. 20a GG noch Bestimmungen des WHG gebieten es den Gemeinden, Grundstückseigentümer, die eine private Kläranlage betreiben, vom Anschluss- und Benutzungszwang an eine öffentliche Anlage zu befreien.[764] Die allgemeine Handlungsfreiheit der Grundeigentümer zum Betrieb einer privaten Kläranlage auf deren Grundstück ist von vornherein dahingehend eingeschränkt, dass die Anlage nur solange benutzt werden darf, bis die Gemeinde von der ihr gesetzlich zustehenden Befugnis Gebrauch macht, die Abwasserbeseitigung im öffentlichen Interesse in ihre Verantwortung zu übernehmen und hierfür den Anschluss- und Benutzungszwang anzuordnen. Dies gilt auch dann, wenn der Grundstückseigentümer auf seinem Grundstück eine private Kläranlage errichtet und bisher betrieben hat, die einwandfrei arbeitet.[765] Das Eigentumsgrundrecht ist nicht verletzt, da mit dem Anschluss- und Benutzungszwang die funktionslos gewordene Entwässerungsanlage als tatsächliche Investition nicht geschützt ist und die für den Anschluss des Wohnhauses an die Kanalisation erforderlichen Aufwendungen regelmäßig keinen ungerechtfertigten Eingriff begründen. Freilich ist bei der Befreiungsentscheidung der Gleichheitssatz nach Art. 3 Abs. 1 GG zu wahren. Nur in besonderen Ausnahmefällen kann die Ausübung des Anschluss- und Benutzungszwangs mit Blick auf Art. 2 und

---

764 Vgl. BVerwG, Beschluss vom 19.12.1997, Aktz. BVerwG 8 B 234.97, NVwZ-RR 1998, 1080/1081 f.; OVG SN, Urteil vom 16.10.2007, Aktz. 4 B 507/5, Rn. 27 (Juris).
765 Vgl. BVerwG, Beschluss vom 19.12.1997, Aktz. BVerwG 8 B 234.97, NVwZ-RR 1998, 1080/1081; OVG BB, Urteil vom 31.7.2003, Aktz. 2 A 316/02, Rn. 36 (Juris); VGH BY, Urteil vom 24.7.1997, Aktz. 23 B 94.1935, BayVbl. 1998, 721/721 f.; OVG SN, Beschluss vom 16.3.2010, Aktz. 4 A 250/08, Leitsatz, Rn. 3 (Juris); OVG SN, Beschluss vom 29.6.2009, Aktz. 4 A 501/08, Rn. 6 (Juris).

III. Aufgabendurchführung - Erfüllung der Abwasserbeseitigungspflicht

Art. 14 GG und das Verhältnismäßigkeitsprinzip zu unbilligen Härten führen und damit ein Anspruch auf Befreiung vorliegen. Anhaltspunkte dafür, dass die geforderten Maßnahmen des Anschluss- und Benutzungszwangs den privaten Grundstückseigentümer unzumutbar belasten, sind anzunehmen, wenn die Anschlusskosten einen Betrag von 25.000 Euro überschreiten.[766]

ii. Dezentrale Anlagen der Niederschlagswasserbeseitigung

Die Befreiung dezentraler Niederschlagswasserbeseitigungsanlagen in privater Trägerschaft vom Anschluss- und Benutzungszwang wird in der Rechtsprechung insbesondere in Nordrhein-Westfalen noch restriktiv gehandhabt, während andere Bundesländer großzügiger verfahren.[767] Die gesetzlichen und satzungsmäßigen Klauseln, nach denen die Befreiungen nicht das „Wohl der Allgemeinheit" beeinträchtigen und „soweit wasserwirtschaftliche Belange nicht entgegenstehen", können zur Aufrechterhaltung der Funktionsfähigkeit eines zentralen Systems die Versagung einer Befreiung rechtfertigen. Insofern ist insbesondere nach der Rechtsprechung und Literatur in Nordrhein-Westfalen eine Versagung der Befreiung mit Verweis auf die Entwertung der Mischwasserkanalisationen anerkannt. Grundsätzlich sei bei der Verhältnismäßigkeitsprüfung nicht auf das einzelne Grundstück, sondern das gesamte Entwässerungsgebiet mit seiner abwassertechnischen Entwässerungssituation abzustellen. Ansonsten könnte mit weiteren Befreiungsanträgen und deren Genehmigung unter Beachtung des Art. 3 Abs. 1 GG die zentrale Abwasserbeseitigungsanlage, samt ihrer auf eine bestimmte Anzahl Nutzer und damit Beitrags- und Gebührenzahler ausgelegte Finanzierung, nachträglich Stück für Stück entwertet werden.[768]

---

766 Siehe OVG NW, Beschluss vom 21.4.2009, Aktz. 15 B, 416/09, Rn. 11 (Juris); VG Gießen, Beschluss vom 8.12.2010, Aktz. 8 L 2124/10.GI, Rn. 22 (Juris); VG Minden, Beschluss vom 22.5.2005, Aktz. 11 K 3677/ 04, Rn. 16 (Juris).
767 Vgl. beispielsweise OVG NW, Beschluss vom 8.10.2013, Aktz. 15 A 1319/13, Leitsatz und Rn. 9 ff.; OVG NW, Beschluss vom 1.9.2010, Aktz. 15 A 1636/08, Leitsatz und Rn. 23 (Juris); demgegenüber: OVG NI, Beschluss vom 5.2.2007, Aktz. 9 LA 11/06, Rn. 9 (Juris).
768 Vgl. auch OVG NW, Beschluss vom 1.9.2010, Aktz. 15 A 1635/08, Rn. 31 (Juris).

3. Kapitel: Abwasserentsorgung unter dem Regime des Abwasserrechts

iii. Dezentrale Anlagen der Niederschlagswasserverwertung

Sofern die Niederschlagswasserverwertung in der Abwasserbeseitigungssatzung nicht allgemein zugelassen oder sogar aufgrund der Ermächtigung in einigen Bundesländern in Satzung oder Bebauungsplan angeordnet ist,[769] begegnet die Befreiung vom Anschluss- und Benutzungszwang an die öffentliche Einrichtung der Abwasserbeseitigung für die Niederschlagswasserverwertung regelmäßig keinen Bedenken. Denn die Verwertung von Niederschlagswasser führt unter Annahme eines gleichbleibenden Wasserverbrauchs und Substitution von Trinkwasser mit Brauchwasser zu keiner Abnahme der Schmutzwassermenge. So wurde in der Rechtsprechung die Befreiung dezentraler Hausinstallationen zur Verwertung von Niederschlagswasser in privater Trägerschaft vom Anschluss- und Benutzungszwang regelmäßig nicht geprüft, obwohl streng genommen zum Zeitpunkt der Sammlung überlassungspflichtiges Niederschlagswasser vorliegt.[770] Neben der Befreiung vom Anschluss- und Benutzungszwang ist in zahlreichen Ländern auch ein Entfall der Überlassungspflicht für das angefallene Niederschlagswasser vorgesehen.[771] In den Ländern, in denen die Überlassungspflicht per Satzung übertragen wird, ist die Einfügung einer Regelung zur Niederschlagswasserverwertung in der Abwasserbeseitigungssatzung möglich.[772]

Die Verwertung von Niederschlagswasser führt allerdings bei gleichbleibendem Wasserverbrauch zu einer Abnahme des bezogenen Trinkwassers in dem Maße, in dem Niederschlagswasser Trinkwasser substituiert. Insofern ist nach der Rechtsprechung bei der Substitution von Trinkwasser mit Brauchwasser, z.B. zur Toilettenspülung oder zum Wäschewaschen,

---

769 Vgl. §§ 11 Mustersatzung SH; 10 Muster Abwasserbeseitigungssatzung NW sowie zu den Ermächtigungen unter 3. Kap. II. Abschn. Nr. 5 lit. e. (3).
770 Vgl. BVerwG, Urteil vom 24.1.2011, Aktz. 8 C 44/09, Rn. 14 ff. (Juris); VGH BY, Beschluss vom 2.9.2009, Aktz. 4 B 08.1586, Rn. 14 ff. (Juris); VG Weimar, Urteil vom 13.7.2005, Aktz. 6 K 938/02.We, Rn. 24 ff. (Juris).
771 Vgl. hierzu beispielsweise §§ 46 Abs. 2 WG BW; 66 Abs. 4 WG BBG; 45 Abs. 6 WG Bremen; 37 Abs. 5 WG HE; 40 Abs. 3 WG M-V; 51 Abs. 2 WG RP; 49 a Abs. 1 WG SL; 50 Abs. 3 WG SN; 58 Abs. 3 WG TH, nicht hingegen in Berlin, BY, LSA und SH.
772 Vgl. § 11 Abs. 3 Mustersatzung SH; Anmerkung Nr. 7; Muster für eine gemeindliche Entwässerungssatzung, Bekanntmachung des Bayerischen Staatsministeriums des Inneren vom 6. 3.2012, Az. LB1-1405.12-5.

eine Befreiung vom Anschluss- und Benutzungszwang der öffentlichen Trinkwasserversorgung erforderlich.

iv. Dezentrale Anlagen der Schmutz- oder Grauwasserverwertung

Die Befreiung vom Anschluss- und Benutzungszwang für eine dezentrale Anlage der Schmutz- und insbesondere Grauwasserverwertung ist in der Rechtsprechung auf weitgehende Ablehnung gestoßen. Die Verwertung von Grauwasser führt unter der Annahme eines gleichbleibenden Wasserverbrauchs zu einer Abnahme der Gesamtabwassermenge in dem Maße, in dem einmal benutztes Grauwasser erneut verwendet wird. Mit der Beendigung des Gebrauchs und der Aufbereitung von Grauwasser liegt angefallenes und damit überlassungspflichtiges Schmutzwasser vor.[773] Daher sind bislang alle Versuche von privaten Trägern von Schmutz- oder Grauwasserverwertungsanlagen, eine Befreiung vom Anschluss- und Benutzungszwang der öffentlichen Einrichtung zu erhalten, gescheitert.[774] In keinem der Fälle wurde ein Überwiegen der Belange des privaten Verwerters gegenüber den Belangen der öffentlichen Einrichtung der Abwasserbeseitigung angenommen.

Dem ist auch zuzustimmen, denn die unkoordinierte und einzelfallweise Befreiung vom Anschluss- und Benutzungszwang für die Schmutz- oder Grauwasserverwertung untergräbt trotz ihrer ökologischen Sinnhaftigkeit die solidarische Abwasserbeseitigung. Regelmäßig kann kein Verwertungsinteresse eines einzelnen oder mehrerer Privater das öffentliche Interesse an der Systemerhaltung überwiegen. Dies steht auch weitgehend im Einklang mit den Wassergesetzen der Bundesländer. Denn anders als die Verwertung von Niederschlagswasser ist der Entfall der Überlassungspflicht für die Verwertung von Grauwasser gesetzlich in keinem Bundesland geregelt. Die eindeutige gesetzliche Regelung zur Abwasserbeseitigungspflicht und das mit der Grauwasseraufbereitung und -verwendung verbundene Gefahrenpotenzial verbietet abweichende Satzungsregelungen ohne ausdrückliche Ermächtigung. Nur in einigen Bundesländern sind öf-

---

773 Vgl. OVG BB, Beschluss vom 26.6.2008, Aktz. 9 N 170/08, Rn. 5 (Juris); vgl. zum Abwasserbegriff auch: a.A. OVG NI, Urteil vom 18.9.2003, Aktz. 9 LC 540/02, NVwZ-RR 2003, 251/252.
774 Vgl. OVG BB, Beschluss vom 26.6.2008, Aktz. OVG 9 N 170/08, Rn. 5 (Juris); OVG BB, Urteil vom 31.7.2003, Aktz. 2 A 316/02, Rn. 45 ff. (Juris).

fentliche Träger einseitig zur Festsetzung der Grauwasserverwertung durch die Abwassererzeuger in ihren Abwasserbeseitigungssatzungen oder als örtliche Bauvorschrift im Bebauungsplan berechtigt.[775] So kann der öffentliche Träger die wasserwirtschaftlich sinnvolle dezentrale oder semidezentrale private Grauwasserverwertung gebietskoordiniert und dem Wohl der Allgemeinheit entsprechend anordnen. Sofern diese Anordnung besteht, ist für die Verwertung von Grauwasser auch eine Befreiung vom Benutzungszwang zu gewähren, ansonsten wäre die Regelung widersprüchlich und damit unverhältnismäßig.

Die Verwertung von Grauwasser stellt gleichzeitig auch eine zumindest teilweise Substitution von Trinkwasser mit Brauchwasser dar. Insofern ist nach der Rechtsprechung regelmäßig auch eine Ausnahme von der Versorgungspflicht und eine Befreiung vom Anschluss- und Benutzungszwang der öffentlichen Trinkwasserversorgung erforderlich.

4. Abwasserverwertung und Versorgung mit Trinkwasser

Die Verwertung von Grau- und Niederschlagswasser bedarf gem. §§ 50 ff. WHG und den Vorschriften der Wassergesetze der Bundesländer eines Entfalls der Inanspruchnahmepflicht der Wasserversorgung und einer Befreiung vom Anschluss- und Benutzungszwang der öffentlichen Wasserversorgung. Ähnlich der Abwasserbeseitigung und der Abwasserbeseitigungspflicht besteht auf der Versorgungsseite gem. § 50 Abs. 1 WHG und den Wassergesetzen der Bundesländer eine Versorgungspflicht des Versorgungspflichtigen, also die Pflicht, die Allgemeinheit mit ausreichend Trink- und Betriebswasser zu versorgen.[776] In der Verordnung über Allgemeine Bedingungen für die Versorgung mit Wasser (AVBWasserV) ist die Ausgestaltung des Versorgungsverhältnisses sowohl für privatrechtliche Versorgungsverhältnisse gem. § 3 AVBWasserV als auch für öffentlich-rechtlich ausgestaltete Versorgungsverhältnisse gem. §§ 3 und 35 Abs. 1 AVBWasserV weitgehend bundesrechtlich vorgegeben.[777] Unabhängig von der privaten oder öffentlich-rechtlichen Ausgestaltung des

---

775 Vgl. hierzu genauer unter 3. Kap. II. Abschn. Nr. 5 lit. e. (3).
776 Vgl. beispielsweise § 30 Abs. 1 WG HE.
777 Verordnung über Allgemeine Bedingungen für die Versorgung mit Wasser vom 20.6.1980 (BGBl. I S. 750, 1067), zuletzt geändert durch Gesetz vom 21. 1.2013 (BGBl. I S. 91).

III. Aufgabendurchführung - Erfüllung der Abwasserbeseitigungspflicht

Versorgungsverhältnisses wird der für die Bereitstellung der öffentlichen Wasserversorgung erforderliche Anschluss- und Benutzungszwang in einer (Rumpf-)Satzung der versorgungspflichtigen Körperschaft erlassen. Die bundesrechtlichen Vorschriften der AVBWasserV sowie die in den Landeswassergesetzen vorgesehenen Ausnahmen von der Versorgungspflicht bilden den Rahmen für den Erlass der (Rumpf-)Satzungen und für die Anordnung des Anschluss- und Benutzungszwangs an die Wasserversorgung. Bei der für die Verwertung von Grau- und Niederschlagswasser für Versorgungsnutzungen erforderlichen Befreiung von der Einrichtung der Wasserversorgung ist zwischen der vollständigen Befreiung und der Teilbefreiung zu unterscheiden. Während die Vollbefreiung keinen Vorgaben der AVBWasserV und der Rechtsprechung nach strengen Anforderungen unterliegt, ist die Teilbefreiung nach § 3 AVBWasserV in der Wasserversorgungssatzung grundsätzlich einzuräumen. Abgegrenzt wird die Teilbefreiung von der Vollbefreiung nach dem Grad der Substitution von Trinkwasser mit verwertetem Grau- oder Niederschlagswasser. Eine Teilbefreiung liegt vor, sofern ein annähernd ausgeglichenes Verhältnis zwischen der Inanspruchnahme der öffentlichen Wasserversorgung einerseits und der Eigenversorgung andererseits besteht.[778] Um als Teilbefreiung zu gelten, darf der Befreiungsantrag nicht mehr als 2/3 des durchschnittlichen Wasserverbrauchs umfassen. Umgekehrt fehlt dem Trinkwasserverbrauch ein eigenständiges Gewicht, wenn er an durchschnittlichen Verbrauchswerten gemessen weniger als 1/3 ausmacht.[779] Tatsächlich ist daher bei einer Substitution aller Nutzungen bis auf die Verwendung von Trinkwasser für Essen, Trinken und Geschirrspülen (durchschnittlich 6% des täglichen Bedarfs) von einer Vollbefreiung auszugehen. Die Substitution einzelner Nutzungen, z.B. Toilettenspülung, Gartenbewässerung, Waschmaschine, (durchschnittlich 30%) durch Grau- oder Niederschlagswasserverwertung ist hingegen regelmäßig als Teilbefreiung anzusehen.[780]

---

[778] Siehe OVG SN, Urteil vom 25.1.2011, Aktz. 4 A 598/09, Rn. 32 f.(Juris).
[779] Siehe OVG SN, Urteil vom 25.1.2011, Aktz. 4 A 598/09, Rn. 32 f. (Juris).
[780] Für die Substitution durch einen Hausbrunnen: OVG SN, Urteil vom 25.1.2011, Aktz. 4 A 598/09, Rn. 31 (Juris).

3. Kapitel: Abwasserentsorgung unter dem Regime des Abwasserrechts

a. Vollbefreiung vom Anschluss- und Benutzungszwang

Die vollständige Befreiung vom Anschluss- und Benutzungszwang der Wasserversorgung unterliegt strengen Voraussetzungen. Nach den allgemeinen Organisationsgesetzen der Bundesländer ist der Anschluss an die öffentliche Einrichtung der Regelfall und die private Eigenversorgung als Ausnahme ausgestaltet. Nach den Satzungen ist die Befreiung vom Anschluss- und Benutzungszwang an die Wasserversorgung regelmäßig nur in atypischen Ausnahmefällen zulässig. Die Satzungsregelungen dürfen sich zum Schutz der Funktionsfähigkeit der öffentlichen Versorgung auf die Befreiung einzelner Härtefälle beschränken.[781] Beim Befreiungswilligen wird auf die unzumutbare Härte oder besondere Gründe, teilweise unter Berücksichtigung der Erfordernisse des Gemeinwohls, abgestellt. Mit Verweis auf Wortlaut, Systematik sowie Sinn und Zweck des Instituts des Anschluss- und Benutzungszwangs zum Schutz der Volksgesundheit und des wirtschaftlichen und planbaren Betriebs der Einrichtungen der Wasserversorgung werden die Satzungsbestimmungen von der Rechtsprechung restriktiv ausgelegt.[782] Zwar kommt dem einzelnen Privatrechtssubjekt grundsätzlich ein durch die allgemeine Handlungsfreiheit gem. Art. 2 Abs. 1 GG, die Eigentumsfreiheit gem. Art. 14 GG und die Staatszielbestimmung Umweltschutz gem. Art. 20a GG geschütztes Interesse an der Verwertung von Grau- und Niederschlagswasser zu. Allerdings überwiegt dies nicht das Interesse der Allgemeinheit an einer funktionsfähigen Wasserversorgung, die ihrerseits durch das Recht auf Leben und körperliche Unversehrtheit gem. Art. 2 Abs. 1 GG und die Daseinsvorsorge gem. Art. 28 Abs. 1 GG geschützt ist. Der weitgehende Ausschluss von einzelfallweisen Vollbefreiungen vom Anschluss- und Benutzungszwang dient der Aufrechterhaltung der zentralen Wasserversorgung, denn die Systeme sind regelmäßig auf eine bestimmte Abnahme von Trinkwasser ausgelegt. Die Abnahme im Rahmen der Auslegung der Infrastruktur ist für die einwandfreie Qualität des Trinkwassers notwendig, da ansonsten zu lange

---

781 Siehe VGH HE, Urteil vom 27.2.1997, Aktz. 5 Ue 2017/94, Rn. 24 (Juris) unter Verweis auf BVerwG, Beschluss vom 24.1.1986, Aktz. 7 C B 51 und 52.85, NVwZ 1986, 483/483; OVG RP, Urteil vom 30.5.1995, Aktz. 7 A 128437/94, Rn. 24 f. (Juris);.
782 Vgl. OVG SN, Urteil vom 25.1.2011, Aktz. 4 A 598/09, Rn. 35, 36 (Juris); im Falle einer Deckung des Bedarfs durch Hausbrunnen: OVG SN, Urteil vom 8.4.2008, Aktz. 4 B 711/07, Rn. 12 (Juris).

III. Aufgabendurchführung - Erfüllung der Abwasserbeseitigungspflicht

Verweilzeiten in den Leitungen zur Verkeimung des Trinkwassers führen und die Trinkwasserversorgung insgesamt gefährden.

b. Anspruch auf Teilbefreiung vom Anschluss- und Benutzungszwang

Anders als bei der Ermessensvorschrift auf Vollbefreiung, ist die Teilbefreiung vom Anschluss- und Benutzungszwang der Wasserversorgung durch die Regelung des § 3 AVBWasserV, die sowohl auf privatrechtliche als auch öffentlich-rechtliche Versorgungsverhältnisse anzuwenden ist, überformt. Demnach hat das Wasserversorgungsunternehmen „dem Kunden im Rahmen des wirtschaftlich Zumutbaren die Möglichkeit einzuräumen, den Bezug auf einen von ihm gewünschten Verbrauchszweck oder auf einen Teilbedarf zu beschränken".

(1) Anpassung der Wasserversorgungssatzungen

Nach der Rechtsprechung haben die untergesetzlichen Satzungen zur Vermeidung der Nichtigkeitsfolge gem. Art. 32 GG die bundesrechtliche AVBWasserV zu beachten.[783] Die Satzungen sind daher ganz überwiegend mit einer Teilbefreiungsklausel versehen. Die Gesetzesformulierung des § 3 AVBWasserV haben die meisten Mustersatzungen wörtlich unter dem Zusatz „soweit andere gesetzliche Vorschriften nicht entgegenstehen" oder „soweit Gründe der Volksgesundheit nicht entgegenstehen" umgesetzt.[784] Aus dem Wortlaut des § 3 AVBWasserV wird von der Rechtsprechung und Literatur ganz überwiegend ein Anspruch auf die Beschrän-

---

[783] Vgl. BVerwG, Urteil vom 11.4.1986, Aktz. 7 C 50/83, Rn. 11 ff. (Juris); VGH BW, Urteil vom 28.5.2009, Aktz. 1 S 1173/08, NVwZ 2009, 1119/1119; VGH BY, Urteil vom 26.4.2007, Aktz. 4 B 5.576, Rn. 23 (Juris); VGH BY, Urteil vom 26.4.2007, Aktz. 4 BV 5.1037, Rn. 14 f. (Juris); VGH HE, Urteil vom 27.2.1997, Aktz. 5 UE 2017/94, Rn. 24 (Juris); OVG M-V, Urteil vom 3.2.2010, Aktz. 2 L 117/5, Rn. 51 (Juris); OVG RP, Urteil vom 30.5.1995, Aktz. 7 A 12843/94, NVwZ-RR 1996, 193/193 f.; OVG SN, Urteil vom 25.1.2011, Aktz. 4 A 598/09, Rn. 25 (Juris); OVG SN, Urteil vom 08.4.2008, Aktz. 4 B 711/07, Rn. 12 (Juris); OVG SH, Urteil vom 4.7.2006, Aktz. 4 A 26/06, Rn. 18 (Juris); OVG SH, Urteil vom 26.3.1992, Aktz. 2 L 15/91, Rn. 3 (Juris); OVG TH, Urteil vom 3.11.2010, Aktz. 1 KO 1045/10, Rn. 27 (Juris).
[784] Vgl. beispielsweise § 5 Abs. 2 Mustersatzung Wasserversorgung SN.

kung des Wasserbezugs hergeleitet, der folglich keinen Ermessensspielraum eröffnet.[785] Auf Grundlage dieser Teilbefreiungsregelungen haben die Gemeinden die Verwertung von Niederschlagswasser zu Zwecken wie der Toilettenspülung oder Gartenbewässerung grundsätzlich zu genehmigen, solange die Einschränkung des Wasserverbrauchs nicht insgesamt als Vollbefreiung zu werten ist.

(2) Wirtschaftliche Zumutbarkeit

Der unbestimmte Rechtsbegriff der wirtschaftlichen Zumutbarkeit wird in der Rechtsprechung unterschiedlich ausgelegt. Prinzipiell ist bei der Beurteilung auf die wirtschaftliche Zumutbarkeit für den Versorgungsträger und die verbleibenden Nutzer abzustellen.[786] Der durch die Wasserbezugsbeschränkung zu erwartenden Abnahme des Wasserverbrauchs und der Frischwassergebühren des Selbstversorgers stehen die zu erwartenden Kosten für den Wasserversorgungsträger und das Frischwasserentgelt für die verbleibenden Nutzer gegenüber. Sowohl die Ermittlung der Berechnungsgrundlage für den zu erwartenden Rückgang des Wasserverbrauchs als auch die Ermittlung der wirtschaftlichen Zumutbarkeitsgrenze der Gebührenerhöhungen für die anderen Nutzer sind nicht abschließend geklärt. Darlegungspflichtig für die wirtschaftliche Unzumutbarkeit ist der Versorgungsträger.[787] Die wirtschaftliche Zumutbarkeit muss sich auf das gesamte Versorgungsgebiet der öffentlichen oder privaten Einrichtung beziehen, die Bildung von räumlichen Teileinrichtungen ist nicht zulässig.[788]

i. Berechnungsgrundlage: Folgeanträge und Gleichheitsgrundsatz

Einig ist man sich darüber, dass zur Bildung der Berechnungsgrundlage der wirtschaftlichen Unzumutbarkeit die gleichzeitig anhängigen Anträge

---

785 H.M. vgl. *Recknagel*, in: Hermann/Recknagel/Schmidt-Salzer, Kommentar zu den Allgemeinen Versorgungsbedingungen Bd. 2, § 3 Rn. 4; a.A. OVG SH, Urteil vom 4.7.2006, Aktz. 4 A 26/06, Rn. 20 f. (Juris).
786 Vgl. BVerwG, Beschluss vom 5.4.1988, Aktz. 7 B 54/88, NVWZ 1988, 1029/1029; OVG SH, Urteil vom 4.7.2006, Aktz. 4 A 26/06, Rn. 28 (Juris).
787 Vgl. OVG RP, Urteil vom 30.5.1995, Aktz. 7 A 12843/94, NVwZ-RR 1996, 193/193 f.
788 Vgl. VGH HE, Urteil vom 10.2.1988, Aktz. 5 UE 1592/85, Rn. 27, 28 (Juris).

III. Aufgabendurchführung - Erfüllung der Abwasserbeseitigungspflicht

zur Teilbefreiung mit einzubeziehen sind.[789] Fraglich ist jedoch, inwieweit neben dem Beschränkungsantrag des Nutzers sowie der weiteren anhängigen Anträge in gewissem Maße zu erwartende Folgeanträge, denen nach Art. 3 Abs. 1 GG stattzugeben wäre, zu berücksichtigen sind.[790] Entgegen der Rechtsprechung einiger Gerichte ist der Zeitpunkt des Antragseingangs als zulässiges Differenzierungskriterium im Sinne des Art. 3 Abs. 1 GG zur Behandlung der Folgeanträge anzuerkennen.[791] Dies hat zur Folge, dass u.U. zunehmende Anträge bis zum Erreichen der Grenze der wirtschaftlichen Zumutbarkeit die „Befreiungskapazität" nach und nach erschöpfen.[792] Die Folgeanträge können im Übrigen mit den Mitteln des allgemeinen Verwaltungsrechts unter Widerrufsvorbehalt gestellt werden.[793] Auf diese Weise kann verhindert werden, dass die Berücksichtigung potenzieller Folgeanträge durch erhebliche Prognoseunsicherheiten belastet ist, da nicht ohne Weiteres geklärt werden kann, ab welchem Stadium, z.B. informale Interessenbekundung oder Antragstellung, weitere Folgeanträge überhaupt für die Berechnung der wirtschaftlichen Unzumutbarkeit zugrundezulegen sind.[794]

---

789 Vgl. VGH BW, Urteil vom 28.5.2009, Aktz. 1 S 1173/08, NVwZ 2009, 1119/1119 f.; OVG SN, Urteil vom 8.4.2008, Aktz. 4 B 403/07, Rn. 23 (Juris); VGH BY, Urteil vom 26.4.2007, Aktz. 4 BV 5.1037, Rn. 18 (Juris); OVG SH, Urteil vom 4.7.2006, Aktz. 4 A 26/06, Rn. 24 (Juris); VGH HE, Urteil vom 27.2.1997, Aktz. 5 UE 2017/94, Rn. 27 (Juris); VGH BY Urteil vom 10.8.1984, Aktz. 23 B 82 A2924, Rn. 37 (Juris).
790 Offengelassen VGH HE, Urteil vom 10.2.1988, Aktz. 5 UE 1592/85, Rn. 29 (Juris).
791 Vgl. VGH BY, Urteil vom 26.4.2007, Aktz. 4 BV 5.1037, Rn. 18 (Juris); OVG RP, Urteil vom 30.5.1995, Aktz. 7 A 12843/94, Rn. 32 (Juris); OVG SN, Urteil vom 8.4.2008, Aktz. 4 B 403/07, Rn. 23 (Juris).
792 Siehe OVG SN, Urteil vom 8.4.2008, Aktz. 4 B 403/07, Rn. 23 (Juris); VGH BY, Urteil vom 26.4.2007, Aktz. 4 BV 5.1037, Rn. 18 (Juris); OVG RP, Urteil vom 30.5.1995, Aktz. 7 A 12843/94, Rn. 32 (Juris).
793 Siehe OVG SN, Urteil vom 8.4.2008, Aktz. 4 B 403/07, Rn. 23 (Juris).
794 Vgl. VGH BY, Urteil vom 26.4.2007, Aktz. 4 BV 5.1037, Rn. 18 und Rn. 28 (Juris); OVG SH, Urteil vom 4.7.2006, Aktz. 4 A 26/06, Rn. 24 (Juris).

ii. Grenze wirtschaftlicher Zumutbarkeit

Die Grenzen für die Zumutbarkeit einer Wasserentgelterhöhung wird von der Rechtsprechung auf Grundlage der Wasserversorgungssatzungen unterschiedlich ausgelegt.

Ursprünglich sah sie eine pauschale Grenze für die wirtschaftliche Unzumutbarkeit von Gebührensteigerungen für die übrigen Nutzer von 12 bis 50 % vor.[795] Nach der neueren, differenzierteren und zustimmungswürdigeren Rechtsprechung ist neben der pauschalen Erhöhung auch die relative Erhöhung zu den in der Region geforderten Wasserpreisen maßgeblich. Gebühren, die ohnehin am unteren Ende einer Verteilung liegen, können größere Steigerungen in den Wassergebühren vertragen als Preise, die am oberen Ende der Verteilung liegen.[796] Demnach kann auch eine nur geringe prozentuale Erhöhung die wirtschaftliche Unzumutbarkeit begründen, nämlich genau dann, wenn die „Beschränkung der Benutzungspflicht zu einer Gebührenerhöhung führen würde, deren Höhe das Preisniveau in der Region deutlich übersteigt". Nicht erforderlich ist die Überschreitung des teuersten Wasserpreises im Vergleichsgebiet. Es genügt die signifikante Abweichung von der im Vergleichsgebiet durchschnittlichen Gebührenhöhe. Bei einer Überschreitung des Durchschnitts von 50 % ist die wirtschaftliche Unzumutbarkeit für die übrigen Wasserabnehmer anzunehmen,[797] bei einer Überschreitung von 24 % hingegen noch nicht.[798]

Unabhängig von der unterschiedlichen Ermittlung der wirtschaftlichen Unzumutbarkeit in der Rechtsprechung der Bundesländer ist anzumerken, dass es an einem trennscharfen Kriterium fehlt, um ein wirtschaftlich geordnetes Nebeneinander vom bestehenden zentralen System und Eigengewinnungsanlagen zu gewährleisten. Obwohl die Einsparung von Trinkwasser unter teilweiser Befreiung vom Anschluss- und Benutzungszwang an die öffentliche Versorgung grundsätzlich sinnvoll ist, hat sie das Poten-

---

[795] Vgl. VGH BY Urteil vom 23.1.1991, Aktz. 23 B 88.00655, NVwZ-RR 1991, 585/586 (12 %); OVG SH, Urteil vom 4.7.2006, Aktz. 4 A 26/06, Rn. 3 und 19. (50 %).

[796] Vgl. auch Tendenz hierzu VGH BW, Urteil vom 28.5.2009, Aktz. 1 S 1173/08, NVwZ-RR 2009, 1119/1119 f.; VGH BY, Urteil vom 26.4.2007, Aktz. 4 B 5.576, Rn. 31 (Juris); VGH HE, Urteil vom 27.2.1997, Aktz. 5 UE 2017/94, Rn. 31 (Juris); OVG M-V, Urteil vom 3.2.2010, Aktz. 2 L 117/5, Rn. 44 (Juris).

[797] Vgl. VGH BW, Urteil vom 28.5.2009, Aktz. 1 S 1173/08, NVwZ-RR 2009, 1119/1119.

[798] Siehe VG Schwerin, Urteil vom 2.12.2004, Aktz. 3 A 2562/1, Rn. 28 (Juris).

III. Aufgabendurchführung - Erfüllung der Abwasserbeseitigungspflicht

zial, die Wirtschaftlichkeit sowie die Qualität der bestehenden zentralen Wasserversorgung auszuhöhlen. Denn abnehmender Wasserverbrauch führt bei großen Leitungsquerschnitten zu einer längeren Verweildauer des Trinkwassers in den Leitungen und damit zu einer erheblichen Verschlechterung der Qualität durch Verkeimung. Die Ablehnung von Befreiungsanträgen für eine Wassereinsparung zu begründen, die haushaltsweise u.U. 2/3 des bisherigen Wasserverbrauchs ausmacht, ist angesichts der potenziellen Kleinteiligkeit der Folgeanträge nicht einfach. Denn nach dem vorstehend erörterten Verständnis des Merkmals der wirtschaftlichen Unzumutbarkeit ist im Einzelfall zu klären, ob die Teilbefreiung *eines* weiteren Haushalts gerade die wirtschaftliche Unzumutbarkeit eintreten lässt. Dies ist mit Blick auf typische Kapazitätsklagen, wie z.B. im Studienplatzbereich, ein schwieriges Unterfangen.[799] Ein derartiges Problem dürfte sich insbesondere bei besonders teuren und damit regelmäßig ohnehin finanziell eher schlecht ausgestatteten Versorgern verstärkt entwickeln, denn die nachfragenden Haushalte würden zur Trinkwassersubstitution durch Niederschlagswasserverwertung zusätzlich animiert sein. Der damit einhergehende weiter verringerte Wasserverbrauch führte zu einem weiter sich verringernden Gebührenaufkommen und hätte zur Folge, dass sich das Gesamtsystem noch schwerer refinanzieren lässt. Es droht der Kollaps vor Ablauf der Abschreibung.

Eine Lösung zeigt hier eine Entscheidung des VG Schwerin auf,[800] in der bei der Beurteilung der wirtschaftlichen Zumutbarkeit auch betriebsbezogen die wirtschaftlichen Auswirkungen auf die Infrastruktur des Versorgungsträgers berücksichtigt wurden. Zur Beurteilung könnten Erfahrungswerte für den wirtschaftlichen Betrieb des Leitungsnetzes herangezogen werden, denn ab einer bestimmten Länge und einem bestimmten Durchmesser der Leitungen pro angeschlossenem durchschnittlichem Wasserverbrauch kann ein System nicht mehr wirtschaftlich betrieben werden. Der Wortlaut der Vorschrift ist offen für ein solches Verständnis.

---

799 Allerdings besteht freilich bei der Abwasserent- und Trinkwasserversorgung eine andere Grundrechts-Gewährleistungslage als beim Zugang zu Universitäten.
800 Vgl. VG Schwerin, Urteil vom 2.12.2004, Aktz. 3 A 2562/01, Rn. 29 (Juris).

3. Kapitel: Abwasserentsorgung unter dem Regime des Abwasserrechts

IV. Finanzierung der Abwasserbeseitigung: Entgelte und Abgaben

Die öffentlichen oder privaten Träger der Beseitigungspflicht sind nach den Kommunalabgabengesetzen der Länder zur Finanzierung der öffentlichen oder privaten Einrichtung der Abwasserbeseitigung berechtigt und verpflichtet.[801] Öffentliche Träger können die öffentliche Einrichtung durch kommunale Abgaben finanzieren. Auf die Erhebung der Gebühren hat die zu leistende Abwasserabgabe nach Maßgabe des AbwAG eine indirekte Wirkung.

1. Finanzierung von Abwasserbeseitigungseinrichtungen

Die öffentlichen Träger sind berechtigt und verpflichtet, für die Bereitstellung der öffentlichen Einrichtung von den Bürgern Entgelte oder Abgaben, insbesondere Gebühren und Beiträge, zu erheben. Verfassungsrechtlich werden sie als sog. nichtsteuerliche Abgaben eingestuft, deren Gesetzgebungskompetenz sich nicht nach den Regelungen der Finanzverfassung gem. Art. 105 ff. GG, sondern nach den allgemeinen Regelungen der

---

[801] Vgl. Kommunalabgabengesetz des Landes BBG in der Fassung vom 31. 3.2004 (GVBl. I/04, 174), zuletzt geändert durch Gesetz vom 10.7.2014 (GVBl. S. 32); Kommunalabgabengesetz BW vom 17. 3.2005 (GVBl. 2005, 206), zuletzt geändert durch Gesetz vom 19.12.2013 (Gbl. S. 491, 492); Kommunalabgabengesetz BY in der Fassung der Bekanntmachung vom 4.4.1993 (GVBl. 1993, 264), zuletzt geändert durch Gesetz vom 11. 3.2014 (GVBl. S. 70); Kommunalabgabengesetz LSA in der Fassung der Bekanntmachung vom 13.12.1996 (GVBl. 1996, 405), zuletzt geändert durch Gesetz vom 17.6.2014 (GVBl. S. 288, 340); Kommunalabgabengesetz des Landes M-V in der Fassung der Bekanntmachung vom 12.4.2005 (GVOBl. 2005, 146), zuletzt geändert durch Gesetz vom 13.7.2011 (GVBl. S. 777, 883); Niedersächsisches Kommunalabgabengesetz in der Fassung vom 23. 1.2007 (GVBl. 2007, 41), zuletzt geändert durch Gesetz vom 18.7.2012 (GVBl. S. 279); Kommunalabgabengesetz für das Land NW vom 17.10.1969 (GV NW 1969, 712), zuletzt geändert durch Gesetz vom 13.12.2011 (GV. NW., S. 687); Kommunalabgabengesetz des Landes SH in der Fassung der Bekanntmachung vom 10. 1.2005 (GVBl. 2005, 27), zuletzt geändert durch Gesetz vom 15.7.2014 (GVOBl., S. 129); Sächsisches Kommunalabgabengesetz in der Fassung der Bekanntmachung vom 26.8.2006 (GVBl. 2004, 418), zuletzt geändert durch Gesetz vom 28.11.2013 (GVBl. S. 822, 840); Thüringer Kommunalabgabengesetz in der Fassung der Bekanntmachung vom 19.9.2000 (GVBl. 2000, 301), zuletzt geändert durch Gesetz vom 20. 3.2014 (GVBl. S. 82).

IV. Finanzierung der Abwasserbeseitigung: Entgelte und Abgaben

Art. 70 ff. GG richtet.[802] Jedoch muss die Auferlegung der nicht-steuerlichen Abgaben den Prinzipien der Finanzverfassung genügen. Dazu zählt zuvorderst das Erfordernis einer besonderen, über die Einnahmeerzielung hinausgehenden sachlichen Rechtfertigung der Abgabe und das Erfordernis der Ausgleichsfunktion. Eine Geldleistung ist prinzipiell nur gerechtfertigt, wenn hierfür tatsächlich ein individuell zurechenbarer Vorteil vermittelt wird.[803] In diesem Sinne definieren die Kommunalabgabengesetze der Bundesländer Beiträge als Geldleistungen, die dem Ersatz des Aufwands für bestimmte Maßnahmen an Einrichtungen oder Anlagen dienen und als Gegenleistung von den Grundstückseigentümern bzw. Erbbauberechtigten für die Möglichkeit der Inanspruchnahme der durch die Gemeinde bereitgestellten Einrichtung oder Anlage erhoben werden.[804] Gebühren sind als Gegenleistung für die Inanspruchnahme der öffentlichen Einrichtung definiert.[805]

a. Pflicht zur Finanzierung der öffentlichen Einrichtung der Abwasserbeseitigung

Nach einigen Kommunalabgabengesetzen der Länder sind die beseitigungspflichtigen öffentlichen Träger ausdrücklich zur Erhebung der Gebühren und Beiträge verpflichtet.[806] In anderen Ländern ist den öffentlichen Trägern der Beseitigungspflicht ein Sollen auferlegt oder Ermessen eingeräumt.[807] Allerdings verdichtet sich das Ermessen aufgrund der Ver-

---

802 Vgl. BVerfG, Urteil vom 19.3.2003, Aktz. 2 BvL 9/98, 2 BvL 10/98, E 108, 1/17; BVerfG, Beschluss vom 24.1.1995, Aktz. 1 BvL 18/93 und 5,6, 7/94, 1 BvR 403, 569/94, E 92, 91/113.
803 Siehe BVerfG, Beschluss vom 6.2.1979, Aktz. 2 BvL 5/76, E 50, 217/226.
804 Vgl. beispielsweise § 8 Abs. 2 KAG NW.
805 Siehe beispielsweise § 5 Abs. 1 KAG LSA.
806 Vgl. Gebührenerhebungspflicht:„(...) Gebühren sind zu erheben(...)", wenn eine Einrichtung einen spezifischen Vorteil vermittelt oder „(...) überwiegend dem Vorteil einzelner Personen oder Personengruppen dient (...)": §§ 6 Abs. 1 S. 1 KAG BBG; 6 Abs. 1 S. 1 KAG M-V; 5 Abs. 1 S. 1 KAG NI; 6 Abs. 1 KAG NW; 5 Abs. 1 S. 1 KAG LSA; 6 Abs. 1 S. 1 KAG SH; Beitragserhebungspflicht: „Beiträge (...) sind (...) zu erheben": §§ 8 Abs. 3 KAG BBG; 93 Abs. 1 GemO HE; 6 Abs. 1 KAG LSA; 8 Abs. 1 KAG SH.
807 Gebührenerhebungsermessen:„(...) können als Gegenleistung für die Inanspruchnahme (...)", „(...) können für die Benutzung (...)" vgl. Art. 8 Abs. 1 S. 1 KAG BY sowie §§ 10 Abs. 1 KAG HE; 7 Abs. 1 KAG RP; 9 Abs. 1 KAG SN; 12

3. Kapitel: Abwasserentsorgung unter dem Regime des Abwasserrechts

pflichtung zur ordnungsgemäßen Haushaltsführung regelmäßig zu einer Abgabenerhebungspflicht, da sonst kein Ausgleich des Gemeindehaushalts möglich ist.[808] Dieser Eingriff in die durch Art. 28 Abs. 2 GG gewährleistete kommunale Finanzhoheit wird generell als gerechtfertigt angesehen.[809]

b. Öffentliche Einrichtung der Abwasserbeseitigung

Voraussetzung für die öffentliche Finanzierung u.a. über Beiträge oder Gebühren ist das Vorliegen einer öffentlichen Einrichtung. Private Einrichtungen hingegen müssen von den jeweiligen privaten oder öffentlichen Trägern finanziert werden. Der Begriff der öffentlichen Einrichtung wird in den meisten Kommunalabgabengesetzen der Bundesländer verwandt.[810] In einigen Ländern wird auch der Begriff „Einrichtung und Anlagen" verwandt.[811] Synonym zum Begriffsverständnis des allgemeinen Organisationsrechts umfasst der Begriff der Einrichtung alle technischen Anlagen und Sachgegenstände sowie die wirtschaftliche und organisatorische Einheit von Sachmitteln, Personal und Rechten.[812] Für den Bereich des Anschlussbeitragsrechts werden die Begriffe der Einrichtung und der Anlage regelmäßig synonym verwendet, da die Einrichtung aus den einzelnen An-

---

Abs. 1 S. 1 KAG TH; Beitragserhebungsermessen: Art. 5 Abs. 1 KAG BY sowie §§ 11 Abs. 1 KAG HE; 9 Abs. 1 KAG M-V; 6 Abs. 1 KAG NI; 7 Abs. 2 KAG RP; 17 Abs. 1 KAG SN; 7 Abs. 1 KAG TH.

808 Vgl. VGH HE, Beschluss vom 12.1.2011, Aktz. 8 B 2106/10, Leitsatz, Rn. 9 (Juris); *Sauthoff,* in: Driehaus, Kommunalabgabenrecht, Bd. III, § 8 Rn. 1611 (50. Erg. Lfg. März 2014).

809 Siehe u.a. BVerwG, Beschluss vom 3.12.1996, Aktz. 8 B 205.96; OVG TH, Urteil vom 31.5.2005, Aktz. 4 KO 1499/4, DÖV 2006, 179/179 f.

810 Vgl. Art. 5 Abs. 1 KAG BY sowie §§ 20 Abs. 1 KAG BW; 8 Abs. 2 BBG; 11 Abs. 1 KAG HE; 6 Abs. 1 KAG NI; 9 Abs. 1 KAG M-V; 8 Abs. 2 KAG NW; 9 Abs. 1 KAG RP § 8 Abs. 2 KAG SL; 17 Abs. 1 KAG SN; 6 Abs. 1 KAG LSA („öffentliche leitungsgebundene Einrichtung"); § 8 Abs. 1 KAG SH; 7 Abs. 1 TH.

811 Siehe §§ 8 Abs. 2 BBG; 8 Abs. 2 KAG NW; 9 Abs. 1 KAG RP.

812 Vgl. *Arndt,* in: Henneke/Pünder/Waldhoff, Recht der Kommunalfinanzen, Teil B § 16 Rn. 181 ff., S. 326; *Grünewald,* in: Driehaus, Kommunalabgabenrecht, Bd. II, § 8 Rn. 516 (46. Erg. Lfg. März 2012).

IV. Finanzierung der Abwasserbeseitigung: Entgelte und Abgaben

lagen besteht.[813] Grundlage der Abgabenerhebung ist damit die öffentliche Einrichtung der Abwasserbeseitigung, wie sie nach dem Abwasserbeseitigungskonzept und der technischen Entwässerungssatzung ausgestaltet ist.[814] Die Investitionen in die Herstellung der technischen Anlagen und die laufenden Kosten der öffentlichen Einrichtung der Abwasserbeseitigung sind auf die vorteilserhaltenden Abgabenschuldner nach Maßgabe der Regelungen der Kommunalabgabengesetze umzulegen.

c. Finanzierungsermessen

Den Gemeinden und anderen öffentlichen Trägern kommt, als Ausdruck der ihnen nach Art. 28 Abs. 2 GG gewährleisteten Finanzhoheit, ein normgeberischer Ermessensspielraum zur Ausgestaltung der Finanzierung der öffentlichen Einrichtung der Abwasserbeseitigung zu. Inbesondere sind sie grundsätzlich zur Wahl von privatrechtlichen Entgelten oder Kommunalabgaben sowie dort der Gebühren- oder Beitragsfinanzierung berechtigt. Bei der Ausgestaltung der Finanzierung haben sie sich jedoch an die in den allgemeinen Organisations- und Kommunalabgabengesetzen normierten Grundsätze der Finanzmittelbeschaffung zu halten.

(1) Grundsätze der Finanzmittelbeschaffung

Nach den allgemeinen Organisationsgesetzen der Bundesländer, die teilweise ihre Entsprechung in den Kommunalabgabengesetzen der Bundesländer finden, sind die öffentlichen Träger verpflichtet, die Leistungen der öffentlichen Einrichtung vorrangig aus Entgelten für ihre Leistungen, nachrangig aus Steuern und in der Rangfolge zuletzt durch die Aufnahme

---

813 Allgemeine Meinung, vgl. *Aussprung*, in: Aussprung/Siemers/Holz, Kommunalabgabengesetz M-V, § 8 Anm 2.2.; *Grünewald,* in: Driehaus, Kommunalabgabenrecht, Bd. II, § 8 Rn. 514 (46. Erg. Lfg. März 2012); *Milder*, in: Driehaus, Kommunalabgabenrecht, Bd. III, § 8 Rn. 1363 (44. Erg. Lfg. März 2011); *Arndt*, in: Henneke/Pünder/Waldhoff, Recht der Kommunalfinanzen, Teil B § 16 Rn. 181 ff., S. 326.
814 Vgl. zur Reichweite der öffentlichen Einrichtung unter 3. Kap. III. Abschn. Nr. 3 lit. b. (1). Aber auch umgekehrt werden regelmäßig Anlagen der öffentlichen Einrichtungen nur so ausgestaltet, dass sie auch refinanzierbar sind.

von Krediten zu finanzieren.[815] Die Grundsätze der Finanzmittelbeschaffung sind verbindliches Recht. Bei der Wahl der jeweiligen Finanzierungsform kommt den Gemeinden dennoch ein weiter Beurteilungsspielraum zu. Er ist erst dann überschritten, wenn im Zeitpunkt der Beschlussfassung von falschen Tatsachen oder Annahmen oder sachfremden Erwägungen ausgegangen wird oder keinerlei Erwägungen über die Wirtschaftlichkeit angestellt wurden.[816] Nach dem Grundsatz der Subsidiarität der Steuererhebung sind die Gemeinden verpflichtet, ihre Einnahmemöglichkeiten aus speziellen Entgelten für die von ihnen erbrachten Leistungen auszuschöpfen, bevor sie Steuern erheben. So soll verhindert werden, dass die regelmäßig den Grundstückseigentümern individuell zugute kommenden Leistungen der öffentlichen Einrichtung (sog. Vorzugslasten) von der Allgemeinheit getragen werden.[817] Nach dem Grundsatz der Subsidiarität der Finanzierung durch Kreditmittel sind die öffentlichen Träger verpflichtet, Kredite nur dann aufzunehmen, sofern eine andere Finanzierung nicht möglich oder wirtschaftlich unzweckmäßig ist. Sinn und Zweck der Beschränkung der Verwendung von Kreditmitteln ist die Gewährleistung der ordnungsgemäßen Haushaltsführung durch Verhinderung einer Überschuldung.

(2) Entgelt- oder Gebühren- und Beitragsfinanzierung

Die Träger der öffentlichen Einrichtung der Abwasserbeseitigung sind im Rahmen der Grundsätze der Finanzmittelbeschaffung frei, ob sie das Benutzungsverhältnis öffentlich-rechtlich oder privatrechtlich ausgestalten wollen. Anstelle von Kommunalabgaben können sie nach Maßgabe der Kommunalabgabengesetze der Bundesländer auch privatrechtliche Benutzungsentgelte für die Benutzung der öffentlichen Einrichtung erheben.[818]

---

815 Vgl. Art. 62 Abs. 2 GemO BY sowie §§ 64 BbgKVerf; 93 Abs. 2 GemO HE; 111 Abs. 5 KomVG NI; 77 Abs. 2 GemO NW; 73 Abs. 2 SächsGO; 99 Abs. 2 KVG LSA; 54 KO TH.
816 Vgl. *Gern*, Dt. Kommunalrecht, Rn. 681, S. 434.
817 Vgl. *Driehaus*, in: Driehaus, Kommunalabgabenrecht, Bd. II, § 8, Rn. 14 (51. Erg. Lfg. Sept. 2014).
818 Vgl. VGH BW, Urteil vom 28.4.1997, Aktz. 1 S 2007/96, NuR 1999, 329/329 f.; *Rieger*, in: Driehaus, Kommunalabgabenrecht, Bd. II, § 6 Rn. 544 (45. Erg. Lfg. Sept. 2011); *Blomenkamp*, in: Driehaus, Kommunalabgabenrecht, Bd. III, § 8, Rn. 1423 (47. Erg. Lfg. Sept. 2012).

IV. Finanzierung der Abwasserbeseitigung: Entgelte und Abgaben

Die Träger sind jedoch auch im Falle der Finanzierung durch privatrechtliche Benutzungsentgelte aufgrund der Überlagerung durch die Grundrechte und der grundlegenden Prinzipien öffentlichen Finanzgebarens an die für die Erhebung der Kommunalabgaben geltenden Grundsätze gebunden.[819] Sofern sich der Träger zur Erhebung von Kommunalabgaben entschließt, besteht zwischen Gebühren- und Beitragsfinanzierung kein Verhältnis der Vor- und Nachrangigkeit. Investitionen können sowohl über Beiträge als auch als laufende Kosten in Form von Abschreibungen über Gebühren refinanziert werden. Laufende Kosten können hingegen nicht über Beiträge, sondern nur über über Gebühren refinanziert werden.[820]

d. Grenzen des Finanzierungsermessens

Das normative Finanzierungsermessen der öffentlichen Träger zur Finanzierung der öffentlichen Einrichtung durch Kommunalabgaben findet seine Grenze in den allgemeinen Grundsätzen des Abgabenrechts sowie dem Kostendeckungsprinzip nach Art. 9 WRRL.

(1) Allgemeine Grundsätze des Abgabenrechts

Bei der Erhebung von Kommunalabgaben zu beachtende allgemeine Grundsätze des Abgabenrechts sind das Äquivalenzprinzip, der Grundsatz der Typen- oder auch Abgabengerechtigkeit und das allgemeine Kostendeckungsprinzip. Das Äquivalenzprinzip ist Ausprägung des allgemein auf Art. 20 GG beruhenden bundesrechtlichen Grundsatzes der Verhältnismäßigkeit. Es fordert, dass Beiträge und Gebühren weder zugunsten des Bürgers noch zugunsten der Verwaltung in einem Missverhältnis zu der von dem Träger erbrachten Leistung stehen dürfen. Allerdings ist das Äquivalenzprinzip nur bei einer gröblichen Störung dieses Ausgleichsver-

---

819 Vgl. BGH, Urteil vom 21.9.2005, Aktz. VIII ZR 7/5, NJW-RR 2006, 133/133 f.; im Übrigen auch Gegenstand der Billigkeitskontrolle gem. § 315 Abs. 3 BGB; *Rieger*, in: Driehaus, Kommunalabgabenrecht, Bd. II, § 6 Rn. 545 (45. Erg. Lfg. Sept. 2011).
820 Vgl. VerfGH BY, Entscheidung vom 18.4.2007, Aktz. Vf. 2-VII-06, Rn. 29, 32 und 36 (Juris); *Lohmann*, in: Driehaus, Kommunalabgabenrecht, Bd. II, § 6, Rn. 669, S. 398/2 f. (50. Erg. Lfg. März 2014).

hältnisses verletzt.[821] Der aus Art. 3 Abs. 1 GG entstammende Grundsatz der Typengerechtigkeit erfordert, dass die Bemessung der kommunalen Abgaben auch annähernd den tatsächlichen Kosten der öffentlich-rechtlichen Leistung oder dem erlangten Vorteil der jeweiligen Abgabenschuldner entsprechen muss.[822] Allerdings sind die Träger nicht verpflichtet, im Einzelnen die vernünftigste, zweckmäßigste und gerechteste Bemessung zu finden. Kleinste Differenzierungen können aus einem einleuchtenden Grund zugunsten der Bildung eines „Typs" unterlassen werden. Im Allgemeinen ist eine derartige Gleichbehandlung ungleicher Sachverhalte oder Ungleichbehandlung gleicher Sachverhalte solange gerechtfertigt, wie nicht mehr als 10 % von der Regelung betroffenen Fälle dem „Typ" widersprechen.[823] Erforderlich ist jedoch, dass die durch die Typisierung der Regelung entstehende Ungerechtigkeit für den Abgabenschuldner zumutbar ist und in einem angemessenen Verhältnis zu der Verwaltungsvereinfachung steht.[824] Schließlich ist für die Erhebung von Kommunalabgaben das allgemeine Kostendeckungsprinzip nach den Kommunalabgabengesetzen der Bundesländer zu beachten.[825] Demnach muss die Gebühr tatsächlich geeignet sein, die bestehenden und künftigen Kosten für die öffentliche Einrichtung des Staates zu decken. Hierunter fallen das grundsätzliche Kostenüberschreitungsverbot und das Kostendeckungsgebot. Das Kostenüberschreitungsverbot soll verhindern, dass Einnahmen erzielt werden und der allgemeine Haushalt neben den Steuern durch die Abgabenerhebung subventioniert wird. Das Kostendeckungsgebot hingegen soll grundsätzlich dazu führen, dass die Abgabenerhebung nicht durch den allgemeinen Haushalt subventioniert wird. Allerdings bleibt es gleichwohl den beseitigungspflichtigen Gemeinden und anderen öffentlichen Trägern überlassen,

---

821 Vgl. BVerwG, Beschluss vom 28.3.1995, Aktz. 8 N 3.93, NVwZ-RR 1995, 594/594; VGH BW, Beschluss vom 3.11.2008, Aktz. 2 S 623/06, DÖV 2009, 422/422.
822 Vgl. BVerfG, Beschluss vom 11.10.1966, Aktz. 2 BvR 179, 476, 477/64, E 20, 257/270; BVerwG, Urteil vom 30.4.2003, Aktz. 6 C 5.02, NVwZ 2003, 1385/1386; *Gern,* Dt. Kommunalrecht, Rn. 1086, S. 683 f.
823 Vgl. BVerwG, Urteil vom 1.8.1986, Aktz. 8 C 112.84, NVwZ-RR 1987, 231/231 f.; VGH BW, Beschluss vom 3.11.2008, Aktz. 2 S 623/06, DÖV 2009, 422/422.
824 Vgl. BVerwG, Beschluss vom 28.3.1995, Aktz. 8 N 3.93, NVwZ-RR 1995, 594/594; *Rieger,* in: Driehaus, Kommunalabgabenrecht, Bd. II, § 6 Rn. 591, S. 351 (41. Erg.Lfg. Sept. 2009).
825 Vgl. beispielsweise § 6 Abs. 1 KAG NW.

IV. Finanzierung der Abwasserbeseitigung: Entgelte und Abgaben

die Gebühren durch einen Zuschuss aus dem Haushalt z.B. sozialverträglich zu gestalten.

(2) Kostendeckung der Wasserdienstleistungen

Die Erhebung von Abgaben auf die Abwasserbeseitigung hat zudem das Kostendeckungsprinzip nach Art. 9 Abs. 1 WRRL zu beachten. Der Grundsatz der Kostendeckung im Sinne der WRRL fordert, dass „die Wassergebührenpolitik angemessene Anreize für die Benutzer darstellt, Wasserressourcen effizient zu nutzen, und somit zu den Umweltzielen dieser Richtlinie beiträgt; dass die verschiedenen Wassernutzungen (…) auf der Grundlage der gemäß Anhang III vorgenommenen wirtschaftlichen Analyse und unter Berücksichtigung des Verursacherprinzips einen angemessenen Beitrag leisten zur Deckung der Kosten der Wasserdienstleistungen." Unter Wasserdienstleitungen gem. Art. 2 Abs. 38 lit. b) WRRL fällt auch die Abwasserbeseitigung.[826] Die Mitgliedsstaaten sind jedoch gem. Art. 9 Abs. 1 S. 3 WRRL berechtigt, den „sozialen, ökologischen und wirtschaftlichen Auswirkungen der Kostendeckung" sowie den „geographischen und klimatischen Gegebenheiten der betreffenden Region oder Regionen Rechnung zu tragen".

In Deutschland sind die Abgaben im Zusammenhang mit der Abwasserbeseitigung bundesrechtlich in den Abwasserabgabengesetzen und landesrechtlich im Kommunalabgabengesetz und den Ausführungsgesetzen zum Abwasserabgabengesetz in gewisser Hinsicht umweltbezogen. So werden die Abwasserabgaben von den Gemeinden an die Länder/Bund in Schmutzeinheiten bemessen. Auch die Abgaben der Endverbraucher an die Gemeinden sind, abhängig von dem Gebührenmodell i.d.R. an den Frischwasserverbrauch und die versiegelten Flächen gekoppelt. Ob dies den europarechtlichen Anforderungen an eine verursachergerechte und wassereffiziente Preisbildung genügt, ist fraglich. Denn der europarechtliche Maßstab knüpft an volkswirtschaftliche Kosten an, während der nationalrechtliche Maßstab eher eine betriebswirtschaftliche Betrachtungsweise vorsieht.[827]

---

826 Vgl. hierzu schon unter 2. Kap. I. Abschn.
827 Vgl. hierzu beispielsweise *Gawel*, ZögU 2012, 243, 243 ff.

e. Abgabensatzung

Nach allen Kommunalabgabengesetzen der Bundesländer sind öffentliche Träger der öffentlichen Einrichtung berechtigt, die Kommunalabgaben aufgrund einer erlassenen Satzung zu erheben.[828] Das Vorhandensein einer wirksamen Satzung ist eine Voraussetzung für das Entstehen sachlicher Beitragspflichten, ihr Fehler führt zur Rechtswidrigkeit eines gleichwohl auf ihrer Grundlage ergangenen Heranziehungsbescheids.[829] Nach vielen Kommunalabgabengesetzen der Länder, aber letztlich auch aufgrund des verfassungsrechtlich verbürgten Bestimmtheitsgebots, hat die Satzung den Kreis den Abgabengläubiger, den Abgabenschuldner, den die Abgabe begründenden Tatbestand, den Maßstab und den Satz der Abgabe sowie den Zeitpunkt ihrer Fälligkeit anzugeben.[830] Abgabengläubiger der Kommunalabgaben ist regelmäßig die Gemeinde oder der sonstige nach den Kommunalabgabengesetzen der Bundesländer zur Abgabenerhebung ermächtigte Träger (z.B. Verband) der öffentlichen Einrichtung.[831] Schuldner der Kommunalabgaben sind nach den Kommunalabgabengesetzen der Bundesländer die Nutzer der öffentlichen Einrichtung. Hinsichtlich der Beiträge sind dies die Grundstückseigentümer, Erbbauberechtigten sowie die Inhaber eines dinglichen Nutzungsrechts im Sinne des Art. 233 § 4 des Einführungsgesetzes zum Bürgerlichen Gesetzbuch (EGBGB),[832] die durch die beitragsfähige Maßnahme an der öffentlichen Einrichtung die Möglichkeit der Inanspruchnahme erhalten. Hinsichtlich der Gebühren sind dies diejenigen dinglich Berechtigten, die an die öffent-

---

828 Siehe exemplarisch: §§ 2 Abs. 1 KAG BW; 2 Abs. 1 KAG NW.
829 Vgl. schon VerfGH BY, Entscheidung vom 18.4.2007, Aktz. Vf. 2-VII-06, Rn. 29 (Juris); OVG RP, Urteil vom 8.11.1976, Aktz. 6 A 56/75, DÖV 1977, 646/646; *Driehaus*, in: Driehaus, Kommunalabgabenrecht, Bd. II, § 8 Rn. 20 (50. Erg. Lfg. März 2014).
830 Siehe ausdrücklich § 2 Abs. 1 KAG BW; so auch *Rieger*, in: Driehaus, Kommunalabgabenrecht, Bd. II, § 6, Rn. 546 (43. Erg..Lfg. Sept. 2010).
831 Vgl. beispielsweise §§ 4 Abs. 1 und 8 Abs. 1 KAG BBG; 1 Abs. 2 und 3 KAG M-V; 4 Abs. 1 und 8 Abs. 1 KAG NW; 1 Abs. 3 KAG RP; 9 Abs. 1 und 4 KAG SN; 1 Abs. 3 KAG SH; 10 Abs. 1 KAG TH; siehe allgemein *Blomenkamp*, in: Driehaus, Kommunalabgabenrecht, Bd. III, § 8 Rn. 1412 ff. (45. Erg. Lfg. Sept. 2011); *Driehaus*, in: Driehaus, Kommunalabgabenrecht, Bd. II, § 8 Rn. 51 ff. (47. Erg. Lfg. Sept. 2012).
832 Einführungsgesetz zum Bürgerlichen Gesetzbuch in der Fassung der Bekanntmachung vom 21.9. 1994 (BGBl. I S. 2494; 1997 I S. 1061), zuletzt geändert durch Gesetz vom 22.7.2014 (BGBl. I S. 1218).

IV. Finanzierung der Abwasserbeseitigung: Entgelte und Abgaben

liche Einrichtung angeschlossen sind und diese nach Maßgabe der Satzung tatsächlich nutzen.[833]

2. Finanzierung öffentlicher Abwasserbeseitigungseinrichtungen durch Beiträge

Nach allen Kommunalabgabengesetzen der Bundesländer sind die Träger der öffentlichen Einrichtung berechtigt, zur Deckung des Investitionsaufwands der beitragsfähigen Maßnahmen Beiträge von den Personen zu erheben, denen die Möglichkeit der Inanspruchnahme dieser Einrichtung besondere Vorteile bietet.

a. Erhebungsvoraussetzungen

Nach den Kommunalabgabengesetzen ist für die Erhebung der Beiträge zunächst erforderlich, dass die allgemeinen Erhebungsvoraussetzungen für die Anlagen der öffentlichen Einrichtung der Abwasserbeseitigung und für die in Anspruch zu nehmenden Grundstücke vorliegen.

(1) Keine Erforderlichkeit der Leitungsgebundenheit der Anlagen

Fraglich ist zunächst, ob die Kommunalabgabengesetze in den Bundesländern für eine Beitragsfinanzierung generell voraussetzen, dass die Anlagen der Abwasserbeseitigung leitungsgebunden, also Anlagen der zentralen Abwasserbeseitigung sind.[834] Nach den Kommunalabgabengesetzen der Länder *Sachsen-Anhalt* und *Sachsen* ist die Erhebung eines Beitrages ausdrücklich nur bei „öffentlichen leitungsgebundenen Einrichtungen" oder für „eine leitungsgebundene Anschlussmöglichkeit an ein zentrales Klärwerk" geregelt.[835] Demnach sind nichtleitungsgebundene Abwasserbesei-

---

833 Vgl. VerfGH BY, Entscheidung vom 18.4.2007, Aktz. Vf. 2-VII-06, Rn. 34 (Juris); *Mildner*, in: Driehaus, Kommunalabgabenrecht, Bd. II, § 6, Rn. 818 (42. Erg. Lfg. März 2010).
834 Vgl. *Grünewald*, in: Driehaus, Kommunalabgabenrecht, Bd. II, § 8 Rn. 515 (46. Erg. Lfg. März 2012).
835 Vgl. §§ 17 Abs. 1 KAG SN; 6 Abs. 1 KAG LSA.

3. Kapitel: Abwasserentsorgung unter dem Regime des Abwasserrechts

tigungssysteme, insbesondere dezentrale Anlagen der Schmutz- und Niederschlagswasserbeseitigung, wie z.B. Kleinkläranlagen, in diesen Bundesländern aufgrund der eindeutigen Entscheidung des Gesetzgebers von der Beitragsfinanzierung ausgeschlossen. Es bleibt für die Finanzierung dezentraler Abwasserbeseitigungsanlagen nur die Gebührenfinanzierung.[836]

Demgegenüber gehen die Kommunalabgabengesetze der anderen Bundesländer in der allgemeinen Ermächtigung zur Erhebung von Beiträgen vom Begriff der öffentlichen Einrichtung und Anlagen aus und weisen keine ausdrückliche Einschränkung auf leitungsgebundene Einrichtungen auf.[837] Allerdings sehen die Länder *Brandenburg* und *Nordrhein-Westfalen* bei der Normierung der Aufwandsermittlung den Klammerzusatz „Anschlussbeitrag" vor. In *Mecklenburg-Vorpommern* ist in der Beitragserhebungsermächtigung normiert, dass zur leitungsgebundenen Versorgung mit Wasser oder Wärme oder zur leitungsgebundenen Abwasserbeseitigung *Anschluss*beiträge erhoben werden.[838]

Entgegen einer Stimme aus der Literatur folgt für die Nennung im Klammerzusatz in den allgemeinen Beitragserhebungsermächtigungen in Nordrhein-Westfalen oder Brandenburg nicht, dass der Anschluss an eine leitungsgebundene Einrichtung oder Anlage vorausgesetzt wird.[839] Vielmehr gehen die Beitragerhebungsermächtigungen allgemein von dem Begriff der öffentlichen Einrichtung aus. Gemäß dieser weiteren Formulierung können Abwasserentsorgungsanlagen aller Art und somit auch dezentrale Schmutz- und Niederschlagswasserbeseitigungs- und Verwertungsanlagen refinanziert werden. Sie müssen nur als öffentliche Einrichtung gewidmet sein.[840] Zudem ist der Begriff des Anschlusses nicht so

---

836 Vgl. hierzu OVG SN, Urteil vom 4.9.2003, Aktz. 1 L 493/02, Rn. 21 (Juris).
837 Vgl. Art. 5 Abs. 1 KAG BY sowie §§ 20 Abs. 1 KAG BW; 8 Abs. 2 KAG BBG; 11 Abs. 1 KAG HE; 8 Abs. 2 KAG NW; 6 Abs. 1 KAG NI; 9 Abs. 1 KAG RP; 8 Abs. 2 KAG SL; 8 Abs. 1 KAG SH; 7 Abs. 1 TH.
838 Vgl. §§ 8 Abs. 4 S. 3 KAG BBG; 9 Abs. 1 KAG M-V; 8 Abs. 4 S. 3 KAG NW.
839 Vgl. *Grünewald,* in: Driehaus, Kommunalabgabenrecht, Bd. II, § 8 Rn. 515 (46. Erg. Lfg. März 2012) und 541 (42. Erg. Lfg. März 2010) unter irrtümlichem Verweis auf OVG NW, Urteil vom 18.3.1996, Aktz. 9 A 384/93, NVwZ- RR 1997, 652/653.
840 Vgl. OVG NW, Urteil vom 18.3.1996, Aktz. 9 A 384/93, NVwZ-RR 652/653; *Arndt*, in: Henneke/Pünder/Waldhoff, Recht der Kommunalfinanzen, Teil B § 16, Rn. 171 f., S. 324; *Grünewald, in:* Driehaus, Kommunalabgabenrecht, Bd. II, § 8 Rn. 515 (46. Erg. Lfg. März 2012).

IV. Finanzierung der Abwasserbeseitigung: Entgelte und Abgaben

auszulegen, dass lediglich leitungsgebundene Anlagen hiervon erfasst sind. Dies widerspricht dem ansonsten im technischen Abwasserbeseitigungsrecht herrschenden weiten Verständnis des Anschlussbegriffs. Dieser umfasst z.B. auch die Abfuhr von Hausabwässern aus geschlossenen Gruben oder die Müllsammlung.[841] Auch systematisch legt die Stellung des Klammerzusatzes in Nordrhein-Westfalen und Brandenburg bei der Normierung der Aufwandsermittlung eher nahe, dass es sich um eine Sonderregelung für leitungsgebundene, also zentrale Abwasserbeseitigungssysteme handelt und nicht auf die Beitragserhebungsermächtigung allgemein zu erstrecken ist. Der Klammerzusatz dient dann der Abgrenzung von den Beiträgen, die für den örtlichen Straßenausbau nach den Kommunalabgabengesetzen der Länder erhoben werden können. Gleiches liegt auch für die Regelung in Mecklenburg-Vorpommern nahe, bei der es sich ebenfalls um eine Sonderregelung, die sich primär auf das Beitragsermessen auswirkt, handelt. Schließlich ist auch von Sinn und Zweck her kein Grund ersichtlich, weswegen die allgemeine Beitragserhebungsermächtigung auf die Beitragsfinanzierung leitungsgebundener Systeme beschränkt werden sollte. Hiermit würde nur unnötig das technische Organisationsermessen der Gemeinde zur öffentlichen Bereitstellung von nachhaltigen, also ökologischen und wirtschaftlichen dezentralen Beseitigungs- und Entsorgungslösungen eingeschränkt, indem die Refinanzierbarkeit dieser Anlagen auf Gebühren beschränkt wird.

(2) Einheitliche öffentliche Einrichtung

Auf Grundlage des Wortlauts der Beitragserhebungsermächtigung der Kommunalabgabengesetze der Bundesländer ist umstritten, ob die Träger der öffentlichen Einrichtung der Abwasserbeseitigung berechtigt sind, leitungsgebundene mit nichtleitungsgebundenen, also zentrale und dezentrale Abwasserbeseitigungsanlagen in einer einheitlichen öffentlichen Einrichtung zusammenzufassen und durch Beiträge zu refinanzieren oder ob sie jeweils selbstständig in zwei oder mehr (öffentlichen) Einrichtungen mit eigenen Beitragssatzungen organisiert werden müssen. Während in den meisten Ländern der Begriff der öffentlichen Einrichtung der Abwasserbe-

---

841 Vgl. u.a. zur Rechtslage in BW, *Birk*, in: Driehaus, Kommunalabgabenrecht, Bd. III, § 8 Rn. 621, S. 433 (34. Erg. Lfg. März 2006); *Arndt*, in: Henneke/Pünder/Waldhoff, Recht der Kommunalfinanzen, Teil B § 16 Rn. 171 f., S. 324.

3. Kapitel: Abwasserentsorgung unter dem Regime des Abwasserrechts

seitigung vorausgesetzt wird, haben einige Bundesländer die Zusammenfassung von mehreren einzelnen technischen Anlagen zu einer öffentlich-rechtlichen Einrichtung explizit geregelt.[842] Demnach gilt grundsätzlich, dass technisch getrennte Anlagen einer Einrichtung eines Einrichtungsträgers, die der Erfüllung derselben Aufgabe dienen, als eine einheitliche Einrichtung anzusehen sind (aufgabenbezogener Begriff der öffentlichen Einrichtung). Eine Ausnahme gilt nur, soweit der Einrichtungsträger in der Satzung etwas anderes vorschreibt. Diese gesetzliche Regelung normiert für das kommunale Abgabenrecht nochmals klarstellend, was im Abwasserbeseitigungsrecht und allgemeinem Organisationsrecht der Länder aufgrund der aus Art. 28 Abs. 2 GG fließenden Organisationshoheit nach der Rechtsprechung weitgehend anerkannt ist. Die öffentlichen Träger der Beseitigungspflicht sind aufgrund ihres Organisationsermessens grundsätzlich berechtigt, mehrere technisch selbstständige Anlagen, die demselben Zweck dienen, also auch zentrale und dezentrale Abwasserbeseitigungsanlagen, durch Organisationsakt der Gemeinde als eine Einrichtung mit einer Satzung, oder als mehrere rechtlich selbstständige Einrichtungen mit mehreren Satzungen zu führen.[843] Allerdings ist dieses Organisationsermessen nicht grenzenlos gewährleistet. Einigkeit herrscht darin, dass die Gemeinden nicht willkürlich Einrichtungen zusammenfassen können, deren Arbeitsweise so unterschiedlich ist, dass eine einheitliche Kostenerfassung auf Grundlage einer Abgabensatzung von vornherein, also unabhängig von einer Ausgleichsmöglichkeit durch abgestufte Beiträge und Gebühren, gegen Art. 3 Abs. 1 GG verstößt.[844]

---

[842] Vgl. §§ 2 Abs. 2 KAG M-V; 7 Abs. 1 KAG RP; 17 Abs. 4 i.V.m. 9 Abs. 2 KAG SN.
[843] Vgl. für BY: VGH München, Urteil vom 18.11.1999, BayVbl. 2000, 208/208 f.; *Friedl*, in: Driehaus, Kommunalabgabenrecht, Bd. III, § 8, Rn. 731 (47. Erg. Lfg. Sept. 2012); für HE: *Lohmann*, ebenda, § 8 Rn. 826 (48. Erg. Lfg. März 2013); für M-V: OVG M-V, Urteil vom 15.3.1995, Aktz. 4 K 22/94, DVBl. 1995, 1146/1146 f.; *Sauthoff*, ebenda, § 8 Rn. 1633 (40. Erg. Lfg. März 2009); für NI: *Klausing*, ebenda, § 8 Rn. 960a, S. 596/4 f. (44. Erg. Lfg. März 2011); für NW: OVG NW, Urteil vom 18.3.1996, Aktz. 9 A 384/93, NVwZ-RR 1997, 652/652; für RP: *Mildner*, ebenda, § 8 Rn. 1363, S. 777 (44. Erg. Lfg. März 2011); für TH: *Blomenkamp*, ebenda, § 8 Rn. 1441 (41. Erg. Lfg. Sept. 2009); für LSA: *Haack*, ebenda, § 8 Rn. 2117, S. 1034 (46. Erg. Lfg. März 2012); *Gern*, Dt. Kommunalrecht, Rn. 530, S. 345.
[844] Allgemeine Meinung: BVerwG, Beschluss vom 3.7.1978, Aktz. 7 B 118, 124.08 Buchholz 401.84 Nr. 40; VGH HE, Beschluss vom 31.5.2011, Aktz. 5 B 1358, DÖV 2011, 853/853; OVG SN, Urteil vom 27.10.2010, Aktz. 5 A 420/10, DÖV

IV. Finanzierung der Abwasserbeseitigung: Entgelte und Abgaben

Nach Ansicht der Rechtsprechung in *Hessen, Mecklenburg-Vorpommern* und *Sachsen* sind technisch voneinander unabhängige Abwasserbeseitigungsanlagen regelmäßig als zwei öffentliche Einrichtungen zu führen (anlagenbezogener Begriff der öffentlichen Einrichtung). Demnach sei insbesondere die Zusammenfassung von zentralen und dezentralen Beseitigungsanlagen (sowie Abfuhrsystemen) und der hierfür erforderlichen Mittel und des Personals in einer öffentlichen Einrichtung der Abwasserbeseitigung,[845] teilweise auch die Zusammenfassung von Trenn- und Mischwasserkanalisationen, nicht zulässig.[846] Die Arbeitsweise der Systeme sei so unterschiedlich, dass eine einheitliche Kostenerfassung auf Grundlage einer Abgabensatzung gegen Art. 3 Abs. 1 GG (Vorteilsprinzip) verstößt und auch nicht durch abgestufte Beiträge und Gebühren ausgleichbar sei. Die fehlerhafte Zusammenfassungsentscheidung führe zur Vollnichtigkeit der gesamten Regelung über die Bestimmung der öffentlichen Einrichtung.[847] Folge dieser Rechtsprechung ist, dass in diesen Ländern dezentrale Schmutz- und Niederschlagswasserentsorgungsanlagen nicht mit zentralen Abwasserbeseitigungsanlagen zusammen geführt werden dürfen und stattdessen nur in getrennten öffentlichen Einrichtungen mit zwei unterschiedlichen Entwässerungssatzungen betrieben werden können. Dies erfordert insgesamt mehr Regelungsaufwand.

Nach der Rechtsprechung und Literatur in den anderen Ländern hingegen, bestimmt sich die Einheitlichkeit der öffentlichen Einrichtung nach dem Zweck der technisch zusammengefassten Anlagen (aufgabenbezogene Einrichtung). So können grundsätzlich auch Anlagen aller Art, solange sie nur dem Zweck der Abwasserbeseitigung dienen, zusammengefasst

---

2011, 283/283; *Friedl*, in: Driehaus, Kommunalabgabenrecht, Bd. III, § 8 Rn. 731, S. 507 (47. Erg. Lfg. Sept. 2012); *Blomenkamp*, ebenda, § 8, Rn. 1442, S. 812 (49. Erg. Lfg. Sept. 2013).
845 Vgl. für HE: VGH HE, Beschluss vom 31.5.2011, Aktz. 5 B 1358, DÖV 2011, 853/853; *Lohmann*, in: Driehaus, Kommunalabgabenrecht, Bd. III, § 8 Rn. 827 (50. Erg. Lfg. März 2014); für M-V: OVG M-V, Urteil vom 15.3.1995, Aktz. 4 K 22/94, DVBl. 1996, 1146/1146; *Sauthoff*, ebenda, § 8 Rn. 1635 (50. Erg. Lfg. März 2014); auch LT-Druck. M-V 4/1307, S. 26.
846 Vgl. OVG SN, Urteil vom 22.2.2001, Aktz. 5 D 720/98, NVwZ-RR 367/368 f.; OVG SN, Urteil vom 3.4.2001, Aktz. 5 D 665/99, DVBl. 2002, 644/644 f.; *Birk/Dossmann*, in: Driehaus, Kommunalabgabenrecht, Bd. III, § 8 Rn. 1101 b, S. 692 f. (44. Erg. Lfg. März 2011).
847 Vgl. OVG SN, Urteil vom 27.10.2010, Aktz. 5 A 420/10, DÖV 2011, 283/283 f.; VGH HE, Beschluss vom 31.5.2011, Aktz. 5 B 1358, DÖV 2858/858 f.

werden.[848] Dem Wortlaut der Vorschriften entsprechend, umfasst die öffentliche Einrichtung der Abwasserbeseitigung alle Anlagen, die der Erfüllung im Gebiet eines Aufgabenträgers dienen. Dies gilt auch, wenn die Anlagen technisch voneinander unabhängig und die Aufgabe auf unterschiedliche Weise oder gegenüber einem Teil der Benutzer nur teilweise erfüllt wird.[849] Auf Grundlage eines solchen Verständnisses ist die Refinanzierung dezentraler und zentraler Abwasserbeseitigungsanlagen in einer öffentlichen Einrichtung zulässig.[850] Etwaige Vorteilsunterschiede beim Anschluss sind bei der Beitragsbemessung durch Beitragsabstufungen zu berücksichtigen.[851]

Ein anlagenbezogenes Verständnis des Begriffs der öffentlichen Einrichtung widerspricht dem Wortlaut, der Systematik und dem Sinn und Zweck der Kommunalabgabengesetze der Länder und ist daher abzulehnen.[852] Der Wortlaut der Kommunalabgabengesetze der Bundesländer sieht regelmäßig vorrangig die Zusammenfassung der dem gleichen Zweck dienenden Anlagen in einer öffentlichen Einrichtung der Abwasserbeseitigung vor (aufgabenbezogener Begriff der öffentlichen Einrichtung) und lässt nur im Ausnahmefall die Selbstständigkeit öffentlicher Einrichtungen entsprechend der einzelnen technischen Anlagen (anlagenbezogener Begriff der öffentlichen Einrichtung) zu. Systematisch wider-

---

848 Für BW: *Birk*, in: Driehaus, Kommunalabgabenrecht, Bd. III, § 8 Rn. 621, S. 434 (34. Erg. Lfg. März 2006); für BY: VGH BY, Urteil vom 18.2.1998, Aktz. 23 B 97.2810, BayVbl. 1998, 339/340; *Friedl*, ebenda, § 8 Rn. 730 f., S. 506 (47. Erg. Lfg. Sept. 2012); für NW: OVG NW vom 18.3.1996, Aktz. 9 A 384/93, NVwZ-RR 1997, 652/652 f.; *Rieger*, in: Driehaus, Kommunalabgabenrecht, Bd. II, § 6 Rn. 538, S. 323 (45. Erg. Lfg. Sept. 2011); für LSA: *Haack*, in: Driehaus, Kommunalabgabenrecht, Bd. III, § 8 Rn. 2114 (46. Erg. Lfg. März 2012); für SH: OVG SH, Urteil vom 26.3.1992, Aktz. 2 L 167/91, KStZ 1992, 157/158; *Thiem/ Böttcher*, KAG SH, Bd. 2, § 8 Rn. 814, S. 195 (10. Lfg.); für TH: OVG TH, Urteil vom 3.9.2008, Aktz. 1 KO 559/07, Rn. 65, 66 (Juris).
849 Vgl. beispielsweise § 9 Abs. 2 KAG SN.
850 Vgl. für BW: *Birk*, in: Driehaus, Kommunalabgabenrecht, Bd. III, § 8 Rn. 624, S. 434/1 (34. Erg. Lfg. März 2006) unter Verweis auf Gesetzesbegründung III LT-Drucks. 11/6586; für LSA: *Haack*, ebenda, § 8 Rn. 2114 (46. Erg. Lfg. März 2012).
851 Vgl. für BW: VGH BW, Beschluss vom 20.9.2010, Aktz. 2 S 138/10, NVwZ-RR 2011, 121/121 f.; für BY: *Friedl*, in: Driehaus, Kommunalabgabenrecht, Bd. III, § 8 Rn. 730 und 737 (47. Erg. Lfg. Sept 2012); für NW: *Rieger*, in: Driehaus, Kommunalabgabenrecht, Bd. II, § 6 Rn. 539, S. 323 (45. Erg. Lfg. Sept. 2011).
852 So ausdrücklich auch *Birk/Dossmann*, in: Driehaus, Kommunalabgabenrecht, Bd. III, § 8 Rn. 1092h, S. 683 sowie Rn. 1101b, S. 694 (44. Erg. Lfg. März 2011).

spricht ein strikt anlagenbezogenes Verständnis des Begriffs der öffentlichen Einrichtung grundlos der Einheit der Rechtsordnung, indem sie den im allgemeinen Organisationsrecht weit zu verstehenden Begriff der öffentlichen Einrichtung kommunalabgabenrechtlich einschränkt.[853] Die nicht unerheblichen Kostenunterschiede für die einzelnen technischen Anlagen zentraler und dezentraler Systeme lassen sich im Rahmen einer öffentlichen Einrichtung durch Beitragssätze und -stufen sowie unterschiedliche Gebühren regelmäßig im Sinne des Grundsatzes der Typengerechtigkeit ausgleichen.[854] Bei zentralen Anlagen werden die Gebühren auch nicht danach bemessen, wie weit der Anschlussberechtigte von der Kläranlage entfernt angeschlossen wird, obwohl dies erhebliche Kostenunterschiede nach sich zieht. Im Sinne einer Solidargemeinschaft sind diese kostenmäßig erheblichen Unterschiede, die allerdings vorteilsmäßig für den einzelnen Anschlussinhaber u.a. vom Zufall abhängen, hinzunehmen. So werden Spitzenwerte einerseits und geringe Werte andererseits zugunsten sozioökonomischer Verträglichkeit eingeebnet.[855]

(3) Vorteil durch Inanspruchnahmemöglichkeit und -bedürfnis

Um überhaupt in den Kreis der Beitragspflichtigen zu fallen, ist nach allen Kommunalabgabengesetzen erforderlich, dass die Inanspruchnahmemöglichkeit der öffentlichen Einrichtung der Abwasserbeseitigung dem potenziellen Beitragspflichtigen einen nicht nur vorübergehenden Vorteil vermittelt.[856] In einigen Bundesländern hat dieser Vorteil besonders oder be-

---

853 So auch *Thiem/Böttcher*, in: KAG SH, Bd. 2, § 8 Rn. 814 f. (10. Lfg.); *Birk/Dossmann*, in: Driehaus, Kommunalabgabenrecht, Bd. III, § 8 Rn. 1101b, S. 693 (44. Erg. Lfg. März 2011); *Blomenkamp*, ebenda, § 8 Rn. 1441 (41. Erg. Lfg. Sept. 2009).
854 So auch *Thiem/Böttcher*, in: KAG SH, Bd. 2, § 8 Rn. 815 f. (10. Lfg.); OVG NI vom 4.8.1997, Aktz. 9 M 1392/97, NVwZ-RR 1998, 674/674 f.; *Blomenkamp*, in: Driehaus, Kommunalabgabenrecht, Bd. III, § 8 Rn. 1439 f. (41. Erg. Lfg. Sept. 2009); a.A. *Lohmann*, ebenda, § 8 Rn. 827 (50. Erg. Lfg. März 2014).
855 Vgl. VGH München, Urteil vom 18.11.1999, Aktz. 23 N 98.3160, BayVbl. 2000, 208/209 f.; OVG TH, Urteil vom 21.6.2006, Aktz. 4 N 574/98, KStZ 2006, 212/212 f.; *Blomenkamp*, in: Driehaus, Kommunalabgabenrecht, § 8 Rn. 1442 (49. Erg. Lfg. Sept. 2013); *Thiem/Böttcher*, KAG SH, Bd. 2, § 8 Rn. 814 (10. Lfg.).
856 Vgl. *Lohmann*, in: Driehaus, Kommunalabgabenrecht, Bd. III, § 8 Rn. 856 (48. Erg. Lfg. März 2013).

3. Kapitel: Abwasserentsorgung unter dem Regime des Abwasserrechts

sonders wirtschaftlich ausgeprägt zu sein.[857] Es ist nicht erforderlich, dass der potenziell Beitragspflichtige die mögliche Erschließung subjektiv als Vorteil ansieht oder sie tatsächlich in Anspruch nimmt. Es reicht die Möglichkeit der Inanspruchnahme.[858] Nach dem Verständnis der Rechtsprechung in allen Bundesländern ist der Vorteil durch die Inanspruchnahmemöglichkeit der öffentlichen Einrichtung grundstücksbezogen zu sehen. In erster Linie ist auf den dem Buchgrundstück vermittelten Vorteil abzustellen. Ausnahmsweise ist auch auf den in einer Weise wirtschaftlich zusammenhängenden Buchgrundstücken vermittelten Vorteil abzustellen. In den Bundesländern, in denen ein besonderer Vorteil gefordert ist, folgt dieser regelmäßig aus dem tatsächlichen Gebrauchsvorteil für das Grundstück. Er ergibt sich aus der hergestellten, erweiterten, erneuerten oder verbesserten Inanspruchnahmemöglichkeit der öffentlichen Einrichtung, denn die Abwasserbeseitigung als notwendiger Teil der Erschließung ist sowohl bauplan- als auch bauordnungsrechtlich für die Bebaubarkeit des Grundstücks eine notwendige Voraussetzung. Sie befreit den Grundstückseigentümer davon, selbst eine private Einrichtung der Abwasserbeseitigung zu errichten. Ein in einigen Bundesländern erforderlicher besonderer wirtschaftlicher Vorteil ist dann gegeben, wenn mit der gesicherten Bebaubarkeit und dem Gebrauchsvorteil des Grundstücks auch ein Verkehrswert- oder Bodenwertzuwachs des Grundstücks einhergeht. Dies ist regelmäßig der Fall, da die Bebaubarkeit in der überwiegenden Zahl der Fälle die entscheidende Nutzungsmöglichkeit eines Grundstücks ist. Der vermittelte Vorteil muss nach den Kommunalabgabengesetzen von *Hessen* und *Sachsen* ausdrücklich „nicht nur vorübergehend" sein.[859] In den anderen Ländern, in denen dieses Erfordernis nicht normiert ist, wird es in die allgemeine Beitragserhebungsermächtigung hineingelesen.[860] Die Vermittlung

---

857 Vgl. „Vorteil": §§ 11 Abs. 1 KAG HE; 7 Abs. 1 KAG M-V; 7 Abs. 2 KAG RP; 17 Abs. 1 KAG SN; 6 Abs. 1 KAG LSA; 8 Abs. 1 KAG SH; „besondere Vorteile": Art. 5 Abs. 1 KAG BY; § 7 Abs. 1 KAG TH; „(besonderer) wirtschaftlicher Vorteil": §§ 8 Abs. 2 KAG BBG; 6 Abs. 1 KAG NI; 8 Abs. 2 KAG NW.
858 Vgl. OVG M-V, Beschluss vom 23.7.2003, Aktz. 1 M 87/03, Rn. 14 (Juris); *Sauthoff*, in: Driehaus, Kommunalabgabenrecht, Bd. III, § 8 Rn. 1604 (46. Erg. Lfg. März 2012); *Aussprung*, in: Aussprung/Siemers/Holz, KAG M-V, § 8, Erl. 2.4.4., m.w.N.; *Haack*, ebenda, § 8 Rn. 2154 (46. Erg.Lfg. März 2012); *Birk/Dossmann*, in: Driehaus, ebenda, § 8 Rn. 1302, S. 762/30 (46. Erg.Lfg. März 2012).
859 Vgl. § 17 Abs. 1 KAG SN, § 11 Abs. 1 KAG HE.
860 Vgl. BVerwG, Urteil vom 10.6.1981, Aktz. 8 C 15.81, DVBl. 1982, 72/72 f.; für BW: *Birk*, in: Driehaus, Kommunalabgabenrecht, Bd. III, § 8 Rn. 646, S. 436 (36.

eines Vorteils setzt daher die grundstücksbezogene Inanspruchnahmemöglichkeit sowie deren Bedarf voraus.

i. Vorteil durch Inanspruchnahmemöglichkeit

Im Sinne des Vorteilsprinzips bedarf die Beitragserhebung der objektiven Inanspruchnahmemöglichkeit der öffentlichen Einrichtung der Abwasserbeseitigung für das betreffende Grundstück.[861] Die Inanspruchnahmemöglichkeit liegt vor, soweit dem Anschluss und der baulichen Nutzung des Grundstücks keine dauerhaften erheblichen tatsächlichen oder rechtlichen Hindernisse entgegenstehen.[862] Bei zentralen Anlagen ist nach der Rechtsprechung eine tatsächliche Anschlussmöglichkeit gegeben, wenn das Grundstück unter gemein-gewöhnlichen Umständen an einen betriebsfertigen öffentlichen Kanal angeschlossen werden kann.[863] Diese Anforderungen sind insbesondere bei Hinterliegergrundstücken, Überleitungen über andere Grundstücke, größeren Anschlussentfernungen und damit hohem finanziellem Aufwand des Anschlusses sowie bei Grundstücken, deren bauplanungsrechtliche Festsetzungen eine Bebaubarkeit ausschließen, z.B.

Erg. Lfg. März 2007); für BBG: *Möller*, in: Driehaus, ebenda, § 8 Rn. 1849 (47. Erg. Lfg. Sept. 2012); für NI, *Klausing*, in: Driehaus, ebenda, § 8 Rn. 1017, S. 623 (49. Erg. Lfg. Sept. 2013); für NW, *Grünewald*, in: Driehaus, ebenda, § 8 Rn. 537 (42. Erg. Lfg. März 2010); für RP, *Mildner*, in: Driehaus, ebenda, § 8 Rn. 1369 (50. Erg. Lfg. März 2014); für TH: *Blomenkamp*, in: Driehaus, ebenda, § 8 Rn. 1455, S. 820/1 (49. Erg. Lfg. Sept. 2013).

861 Vgl. exemplarisch Art. 5 Abs. 2 KAG 3 BY §§ 9 Abs. 4 KAG M-V; 17 Abs. 1 KAG SN; 6 c Abs. 3 KAG LSA.

862 Vgl. für BW: VGH BW, Urteil vom 19.10.2006, Aktz. 2 S 705/04, NVwZ-RR 2007, 346/346 f.;*Birk*, in: Driehaus, Kommunalabgabenrecht, Bd. III, § 8 Rn. 646, S. 436 (36. Erg. Lfg. 2007); für HE, *Lohmann*, in: Driehaus, ebenda, § 8 Rn. 856 (48. Erg. Lfg. März 2013); für M-V *Sauthoff*, in: Driehaus, ebenda, § 8 Rn. 1644 f. (50. Erg. Lfg. März 2014); für NI, *Klausing*, in: Driehaus, ebenda, § 8 Rn. 1017 (49. Erg. Lfg. Sept. 2013); für NW: OVG NW, Urteil vom 1.4.2003, Aktz. 15 A 2254/01, NVwZ-RR 2003, 778/778 f.; *Grünewald, in:* Driehaus, Kommunalabgabenrecht, Bd. II, § 8 Rn. 542 ff. (42. Erg. Lfg. 2010); für SN: *Birk/Dossmann*, in: Driehaus, Kommunalabgabenrecht, Bd. III, § 8 Rn. 1302, S. 762/30 (46. Erg. Lfg. März 2012); für LSA, *Haack*, in: Driehaus, ebenda, § 8 Rn. 2152 (46. Erg. Lfg. März 2012); für TH, *Blomenkamp*, in: Driehaus, ebenda, § 8 Rn. 1455, S. 820/1 (49. Erg. Lfg. Sept. 2013).

863 Siehe VGH NW, Urteil vom 1.4.2003, Aktz. 15 A 2254/01, NVwZ-RR 2003, 778/779 f.

3. Kapitel: Abwasserentsorgung unter dem Regime des Abwasserrechts

Grünflächen, fraglich.[864] Bei nichtleitungsgebundenen, also dezentralen Anlagen ist diese Problematik regelmäßig nur in geringerem Umfang ausgeprägt, da eine Leitungsverlegung regelmäßig nicht oder nur lokal erforderlich ist.

ii. Vorteil durch Inanspruchnahmebedarf

Im Sinne des Vorteilsprinzips ist für die Beitragserhebung zudem Voraussetzung, dass hinsichtlich des Grundstücks überhaupt ein tatsächlicher oder rechtlicher Inanspruchnahmebedarf der öffentlichen Einrichtung der Abwasserbeseitigung besteht. In einigen Kommunalabgabengesetzen ist der erforderliche Inanspruchnahmebedarf ausdrücklich geregelt.[865] Grundsätzlich folgt das Erfordernis jedoch auch aus dem Vorteilsprinzip.

Ein fehlender tatsächlicher Inanspruchnahmebedarf schließt die Beitragserhebung aus. Der Inanspruchnahmebedarf fehlt, sofern auf Grundstücken nach Art ihrer Nutzung kein Bedarf für den Anschluss an die gemeindliche Einrichtung der Abwasserbeseitigung besteht. Ein fehlender Inanspruchnahmebedarf lässt sich auf faktisch baulich nutzbaren Grundstücken nicht daraus herleiten, dass auf dem Grundstück tatsächlich eine private dezentrale Beseitigungsmöglichkeit für Schmutz- oder Niederschlagswasser betrieben wird.[866] Ansonsten hätte es der Grundstückseigentümer in der Hand, sich durch Errichtung einer dezentralen Anlage auf seinem Grundstück der Beitragserhebung für die öffentliche Einrichtung zu entziehen. Ein tatsächlicher Inanspruchnahmebedarf fehlt, zumindest für die Schmutzwasserbeseitigung, bei faktisch nicht baurechtlich nutzbaren Grundstücken, z.B. Trafostationen, Kirchen, reinen Grünflächen.

Ein fehlender rechtlicher Inanspruchnahmebedarf wird regelmäßig angenommen, wenn der Träger der Einrichtung nicht berechtigt ist, das Grundstück an die öffentliche Einrichtung der Abwasserbeseitigung anzu-

---

864 Vgl. *Grünewald, in:* Driehaus, Kommunalabgabenrecht, Bd. II, § 8 Rn. 542 ff. (42. Erg. Lfg. März 2010); *Klausing*, in: Driehaus, Kommunalabgabenrecht, Bd. III, § 8 Rn. 1029 ff. (49. Erg. Lfg. September 2013); *Haack*, in: Driehaus, ebenda, § 8 Rn. 2152 ff. (46. Erg. Lfg. März 2012).
865 Siehe beispielsweise Art. 5 Abs. 2 S. 4 KAG BY sowie §§ 9 Abs. 4 KAG M-V; 6 c Abs. 3 KAG LSA; 9 Abs. 1 KAG SH.
866 Vgl. OVG LSA, Beschluss vom 9.7.2007, Aktz. 4 O 172/07, Leitsatz und Rn. 10 f. (Juris); *Haack*, in: Driehaus, Kommunalabgabenrecht, Bd. III, § 8 Rn. 2154 (46. Erg. Lfg. März 2012).

IV. Finanzierung der Abwasserbeseitigung: Entgelte und Abgaben

schließen. Nach vielen Kommunalabgabengesetzen ist es ausdrücklich nicht zulässig, Grundstücke, auf denen Gebäude oder Gebäudeteile nicht angeschlossen werden dürfen, zu Abwasserbeseitigungsbeiträgen heranzuziehen.[867] In anderen Ländern folgt dies auch aus dem Vorteilsprinzip.[868] Nach dem Kommunalabgabengesetz des Landes Niedersachsen entsteht die Beitragspflicht für eine leitungsgebundene Einrichtung (Kanalisation) im Falle des privaten Betriebs einer dezentralen Abwasserbeseitigung auf dem Grundstück nach dem Wassergesetz ausdrücklich erst dann, wenn der Nutzungsberechtigte zum Anschluss des Grundstücks an die Abwasseranlage und deren Benutzung verpflichtet werden kann und der Anschluss hergestellt ist.[869] Abgesehen von dieser gesetzlich eindeutigen Entscheidung wird nicht einheitlich entschieden, inwieweit das rechtliche Inanspruchnahmebedürfnis und damit die Beitragsfähigkeit entfällt, wenn die Beseitigungspflicht bei den Abwassererzeugern verortet ist. Dies hängt auch maßgeblich von der Übertragung der Abwasserbeseitigungspflicht per Verwaltungsakt oder Satzung sowie dem Verhältnis zum Anschluss- und Benutzungszwang ab.[870]

Nach der älteren Rechtsprechung besteht der rechtliche Inanspruchnahmebedarf der öffentlichen Einrichtung auch dann, wenn dem Abwassererzeuger die Abwasserbeseitigungspflicht für sein Grundstück übertragen ist und er demgemäß selbst zur Beseitigung verpflichtet ist und eine dezentrale Abwasserbeseitigungsanlage privat betreibt. Auch eine Befreiung vom Anschluss- und Benutzungszwang genügt nicht.[871] Teilweise wird für die

---

867 Vgl. Art. 5 Abs. 2 S. 4 KAG BY sowie §§ 9 Abs. 3 bis 5 KAG M-V; 6 a KAG NI; 17 Abs. 4 KAG SN; 6c Abs. 3 KAG LSA; 9 Abs. 1 KAG SH.
868 Vgl. OVG LSA, Urteil vom 29.9.2010, Aktz. 4 L 101/10, Leitsatz und Rn. 33 ff. (Juris); *Blomenkamp*, in: Driehaus, Kommunalabgabenrecht, Bd. III, § 8 Rn. 1017 (49. Erg. Lfg. Sept. 2013); *Petermann*, in: Driehaus, ebenda, § 8 Rn. 1455 (49. Erg. Lfg. Sept. 2013).
869 Vgl. § 6 a Abs. 1 KAG NI.
870 Vgl. hierzu im Einzelnen unter 3. Kap. III. Abschn. Nr. 3 lit. d. (3).
871 Vgl. BVerwG, Beschluss vom 19.12.1997, Aktz. 8 B 234.97, NVwZ-RR 1998, 1080/1081 f. wohl auch OVG M-V, Beschluss vom 23.7.2003, Aktz. 1 M 87/03, NordÖR 2003, 520/520; Grundstück verfügt über eine wasserrechtliche Genehmigung zur Einleitung in Gewässer, VGH HE, Beschluss vom 20.1.2007, Aktz. 5 UZ 2966/06, NVwZ-RR 2007, 411/411 f.; *Haack* in Driehaus, Kommunalabgabenrecht, Bd. III, § 8 Rn. 2154 (46. Erg. Lfg. März 2012); *Birk/Dossmann* in Driehaus, ebenda, § 8 , Rn. 1304, S. 762/30 (46. Erg. Lfg. März 2012); *Lohmann* in Driehaus, ebenda, § 8 Rn. 859 (48. Erg. Lfg. März 2013); anders *Rosenzweig/Freese*, Nds. KAG, § 6 Rdnr. 188 (8.2010).

3. Kapitel: Abwasserentsorgung unter dem Regime des Abwasserrechts

private dezentrale Niederschlagswasserbeseitigung das Inanspruchnahmebedürfnis verneint, da die Übertragung der Niederschlagswasserbeseitigungspflicht, im Gegensatz zur Übertragung der Schmutzwasserbeseitigungspflicht, dauerhaft ist.[872] Dies hat zur Konsequenz, dass die Abwassererzeuger trotz der ihnen regelmäßig obliegenden Abwasserbeseitigungspflicht zur Finanzierung der öffentlichen Einrichtung durch Beiträge herangezogen werden können.

Nach der Rechtsprechung in den meisten Bundesländern hingegen, hängt das rechtliche Inanspruchnahmebedürfnis maßgeblich von der Verortung der Abwasserbeseitigungspflicht ab. Es besteht demnach solange nicht, wie der Abwassererzeuger selbst zur Beseitigung des Schmutz- oder Niederschlagswassers verpflichtet ist. Konsequenz dieser Ansicht ist, dass die Inhaber der Beseitigungspflicht, solange sie sie innehaben, nicht für die Herstellung einer öffentlichen Abwasserbeseitigungseinrichtung herangezogen werden dürfen, da die allgemeinen Erhebungsvoraussetzungen nicht vorliegen.[873]

---

872 Vgl. OVG NI, Beschluss vom 21.9.2006, Aktz. 9 LA 2/06, DVBl. 2007, 68/68; OVG NI, Urteil vom 6.11.2000, Aktz. 9 L 2566/99, NVwZ-RR 2001, 782/782 f.; OVG LSA, Urteil vom 29.9.2010, Aktz. 4 L 101/10, Leitsatz und Rn. 33 ff. (Juris); *Haack*, in: Driehaus, Kommunalabgabenrecht, Bd. III, § 8 Rn. 2155 (46. Erg. Lfg. März 2012); *Klausing*, in: Driehaus, ebenda, § 8 Rn. 1017, S. 623 (44. Erg. Lfg. März 2011); *Lohmann*, in: Driehaus, ebenda, § 8 Rn. 859 (48. Erg. Lfg. März 2013); vermeintlich offengelassen: OVG M-V, Beschluss vom 23.7.2003, Aktz. 1 M 87/03, Rn. 14 (Juris); *Sauthoff*, in: Driehaus, ebenda, § 8 Rn. 1604 (46. Erg. Lfg. März 2012); *Grünewald*, in: Driehaus, Kommunalabgabenrecht, Bd. II, § 8 Rn. 540 (44. Erg. Lfg. März 2011).

873 Vgl. OVG NW, Urteil vom 15.2.2000, Aktz. 15 A 772/97, NVwZ-RR 2000, 719/719; *Grünewald*, in: Driehaus, Kommunalabgabenrecht, Bd. II, § 8 Rn. 540, S. 380 (44. Erg. Lfg. März 2011); für Niederschlagswasser, OVG LSA, Urteil vom 29.9.2010, 4 L 101/10, Leitsatz und Rn. 33 ff. (Juris); so auch *Haack*, in: Driehaus, Kommunalabgabenrecht, Bd. III, § 8 Rn. 2154 für Schmutzwasser und Rn. 2155 für Niederschlagswasser (46. Erg. Lfg. März 2012); *Mildner*, in: Driehaus, ebenda, § 8 Rn. 1369, S. 780/6 für eine Versickerungsauflage bei der Baugenehmigung (44. Erg. Lfg. März 2011); OVG Lüneburg, Beschluss vom 21.9.2006, Aktz. 9 LA 2/06, DVBl. 2007, 68/68; *Klausing*, in: Driehaus, ebenda, § 8 Rn. 1017 Niederschlagswasserbeseitigung: kein Vorteil bei rechtlich gesicherter Selbstbeseitigung (49. Erg. Lfg. Sept. 2013); OVG Weimar, Urteil vom 21.6.2006, Aktz. 4 N 574/94, KStZ 2006, 212/212 f.; *Blomenkamp*, in: Driehaus, ebenda, § 8 Rn. 1455, S. 820/1 (45. Erg. Lfg. Sept.2011); OVG SN, Urteil vom 12.7.2007, Aktz. 5 B 565/5, NVwZ-RR 2008, 416/416.

IV. Finanzierung der Abwasserbeseitigung: Entgelte und Abgaben

Im Sinne des Wortlauts der Beitragserhebungsermächtigungen, der Systematik der Vorschriften über Erhebung von Kommunalabgaben und dem Sinn und Zweck der Beitragserhebung und des Anschlusses und der Benutzung der öffentlichen Einrichtungen ist das rechtliche Inanspruchnahmebedürfnis an der dauerhaften Verortung der Abwasserbeseitigungspflicht zu orientieren.[874] Ansonsten würde durch die „Hintertür" ein weiterer, finanzieller Anschlusszwang begründet. Denn die Grundstückseigentümer müssten, obwohl sie selbst zur Abwasserbeseitigung verpflichtet sind, die öffentliche Einrichtung der Abwasserbeseitigung finanzieren. Auch der Rechtssicherheit wäre ein solches Ergebnis abträglich. Sofern sich der Grundstückseigentümer nicht auf die Übertragung der Abwasserbeseitigungspflicht verlassen kann, dürfte sich auch dessen Neigung, dauerhaft dezentrale Abwasserbeseitigungsanlagen herzustellen, in Grenzen halten. Damit drohen Abwassermissstände.[875] Letztlich können die Gemeinden und sonstigen Träger in den Bundesländern mithilfe des Anschluss- und Benutzungszwangs weitgehend über Anschluss und Benutzung der öffentlichen Abwasserbeseitigung entscheiden.[876] Jedoch ist auch zu fordern, dass Bürger den Zwang zum Anschluss ersehen können. Hierzu könnten die Planungen der beseitigungspflichtigen Gemeinden und anderer öffentlichen Träger, wie das Abwasserbeseitigungskonzept, dienen.[877] Nur so kann gewährleistet werden, dass private und öffentliche Träger nicht gegenseitig Investitionen in Abwasserinfrastrukturen entwerten.

b. Ermessen bei der Beitragsfinanzierung

In den Kommunalabgabengesetzen der Bundesländer ist weder normiert, welche beitragsfähigen Maßnahmen die Gemeinden und anderen öffentlichen Träger wann zu ergreifen haben, noch wie die Aufwendungen für die Maßnahmen vorteilsgerecht zu verteilen sind. Daher kommt den öffentli-

---

874 So auch OVG LSA, Urteil vom 29.9.2010, Aktz. 4 L 101/10, Leitsatz und Rn. 33 ff. (Juris); *Klausing*, in: Driehaus, Kommunalabgabenrecht, Bd. III, § 8 Rn. 1017, S. 623 (44. Erg. Lfg. März 2011).
875 Vgl. in diesem Sinne auch *Grünwald*, in: Driehaus, Kommunalabgabenrecht, Bd. II, § 8 Rn. 540, S. 380 (44. Erg. Lfg März 2011).
876 Vgl. hierzu genauer unter 3. Kap. III. Abschn. Nr. 3 lit. d.
877 Vgl. *Birk/Dossmann*, in: Driehaus, Kommunalabgabenrecht, Bd. III, § 8 Rn. 1304, S. 762/30 (46. Erg. Lfg. März 2012).

chen Trägern im Rahmen der gesetzlichen Vorgaben der Kommunalabgabengesetze und des insoweit zu beachtenden höherrangigen Rechts bei der Wahl der beitragsfähigen Maßnahme sowie der Verteilung des beitragsfähigen Aufwands auf die Bevorteilten ein normgeberischer Ermessensspielraum zu.[878]

Der Träger der Beseitigungspflicht kann im Rahmen dieses Ermessens die erforderlichen beitragsfähigen Maßnahmen, wie z.B. eine Erneuerung, auswählen. Die Wahl der beitragsfähigen Maßnahmen richtet sich im Wesentlichen nach den technisch notwendigen Maßnahmen für die gesetzeskonforme Erfüllung der Aufgabe der Abwasserbeseitigung.

Zudem ist der öffentliche Träger berechtigt und verpflichtet, den für die beitragsfähigen Maßnahmen für die öffentlichen Einrichtungen der Abwasserbeseitigung anfallenden Aufwand im Rahmen des höherrangigen Rechts nach seinem Ermessen auf die Bevorteilten zu verteilen.[879] In den einzelnen Ländern hängt die Bevorteilung auch von dem jeweiligen Vorteilbegriff ab.[880] Es besteht eine Pflicht zur Differenzierung unterschiedlicher Inanspruchnahmemöglichkeiten der öffentlichen Einrichtung durch Beitragsabstufungen, soweit die Vorteile der Beitragspflichtigen unterschiedlich hoch sind, z.B. wie bei der teilweisen und vollständigen Beseitigung von Abwasser.[881] Die Beitragsabstufung kann durch die Bildung verschiedener Beitragssätze oder einen Abschlag gestaltet werden. Für die Bemessung der Beiträge ist zudem ein Beitragsmaßstab festzulegen, der die durch die Einrichtung vermittelten unterschiedlichen Vorteile berücksichtigt. Die Kommunalabgabengesetze sehen als Beitragsmaßstäbe ausdrücklich die Art und das Maß der baulichen Nutzung, die Grundstücksfläche, die Grundstücksbreite oder eine Kombination aus diesen vor.[882] Die Vorteilsbemessung nach einer Kombination von Art und Maß der

---

878 Siehe VGH HE, Urteil vom 15.2.1984, Aktz. V OE 10/82, KstZ 1984, 211/211 f.; *Friedl*, in: Driehaus, Kommunalabgabenrecht, Bd. III, § 8 Rn. 737 ff. (47. Erg. Lfg. Sept. 2012); *Klausing*, in: Driehaus, ebenda, § 8 Rn. 1021 ff. (49. Erg. Lfg. Sept. 2013).
879 VGH Kassel, Urteil vom 15.2.1984, Aktz. V OE 10/82, KstZ 1984, 211/211; *Friedl*, in: Driehaus, Kommunalabgabenrecht, Bd. III, § 8 Rn. 737 ff. (47. Erg. Lfg. Sept. 2012).
880 BVerwG, Urteil vom 1.9.1995, Aktz. 8 C 16.94, NVwZ- RR 1996, 166/166f., siehe hierzu auch unter 3. Kap. IV. Abschn. Nr. 2 lit. a (3).
881 Siehe hierzu genauer unter 3. Kap. IV. Abschn. Nr. 2 lit. e. (2).
882 Vgl. beispielsweise: Art. 5 Abs. 2 S. 2 KAG BY sowie §§ 11 Abs. 6 KAG HE; keine ausdrückliche Regelung der Maßstäbe in M-V, aber vgl. 9 Abs. 4 und 5

IV. Finanzierung der Abwasserbeseitigung: Entgelte und Abgaben

baulichen Nutzung, der Grundstücksfläche oder der gewerblichen Nutzung ist als zulässiger Wahrscheinlichkeitsmaßstab anerkannt. Mit dem Maß der baulichen und gewerblichen Nutzung steigt auch regelmäßig der Wasserbedarf und damit der Abwasseranfall und so die Inanspruchnahme der öffentlichen Einrichtung der Abwasserbeseitigung. Dies geht regelmäßig mit einer Steigerung des Gebrauchs- oder Verkehrswertes des Grundstücks einher.[883] Allerdings besteht nicht die Pflicht, unter mehreren zulässigen Wahrscheinlichkeitsmaßstäben den zweckmäßigsten, vernünftigsten oder gerechtesten Maßstab zu wählen.[884]

c. Beitragsfähige Maßnahmen an der öffentlichen Einrichtung

Nach den Kommunalabgabengesetzen können zum „Ersatz" oder zur „Deckung" des Aufwands der beitragsfähigen Maßnahmen der Herstellung, Erweiterung, Erneuerung und Verbesserung der öffentlichen Einrichtung Beiträge von den jeweils von der Maßnahme bevorteilten Grundstückseigentümern erhoben werden.[885] Die beitragsfähige Maßnahme oder eine Kombinationen von beitragsfähigen Maßnahmen bestimmen dabei den jeweiligen ansatzfähigen Aufwand, den vermittelten Vorteil sowie grundsätzlich den Kreis der potenziell Beitragspflichtigen.[886] Die beitragsfähigen Maßnahmen können sich dabei grundsätzlich auf öffentliche leitungsgebundene und nichtleitungsgebundene Anlagen erstrecken. Nach den Kommunalabgabengesetzen kann die beitragsfähige Maßnahme grundsätzlich sowohl auf die öffentliche Einrichtung insgesamt als auch auf Teile der öffentlichen Einrichtung (Kosten- oder Aufwandsspaltung) abge-

---

KAG M-V; 18 Abs. 1 und 29 Abs. 1 KAG SN; 6 Abs. 5 KAG LSA; 7 Abs. 2 und 3 KAG TH.
883 Vgl. OVG SN, Urteil vom 12.7.2007, Aktz. 5 B 565/5, NVwZ-RR 2008, 416/416 f.; OVG LSA, Urteil vom 23.8.2001, Aktz. 1 L 133/01 NVwZ-RR 2002, 373/373 f.; *Birk/Dossmann*, in: Driehaus, Kommunalabgabenrecht, Bd. III, § 8 Rn. 1120a und 1120 b, S. 716 und 717 (46. Erg. Lfg. März 2012); *Blomenkamp*, in: Driehaus, ebenda, Rn. 1017 f. (49. Erg. Lfg. Sept. 2013).
884 Siehe *Petermann*, in: Driehaus, Kommunalabgabenrecht, Bd. III, § 8 Rn. 1490 (49. Erg. Lfg. Sept. 2013).
885 Vgl. Art. 5 Abs. 1 KAG BY sowie §§ 20 Abs. 1 KAG BW; 8 Abs. 2 BBG; 11 Abs. 1 KAG HE; 9 Abs. 1 KAG M-V; 6 Abs. 1 KAG NI; 8 Abs. 2 KAG NW; 9 Abs. 1 KAG RP; 8 Abs. 2 KAG SL; 17 Abs. 2 KAG SN; 6 Abs. 1 KAG LSA; 8 Abs. 1 KAG SH; 7 Abs. 1 KAG TH.
886 Vgl. *Thieme/Böttcher*, KAG SH, Bd. 2, § 8 Rn. 813, 816 (10. Lfg.).

3. Kapitel: Abwasserentsorgung unter dem Regime des Abwasserrechts

rechnet werden.[887] Allerdings ist eine solche Abrechnung in einigen Länder auf nichtleitungsgebundene Einrichtungen oder auf selbstständig nutzbare Teile der Einrichtung beschränkt.[888]

(1) Herstellung der öffentlichen Einrichtung der Abwasserbeseitigung

Nach allen Kommunalabgabengesetzen kann die Herstellung der öffentlichen Einrichtungen der Abwasserbeseitigung über Beiträge refinanziert werden.[889] Sie bezeichnet die erstmalige Schaffung der Anlagen und umfasst alle baulichen Maßnahmen, die dem Zweck der Erstellung der Anlagen der öffentlichen Einrichtung dienen.[890] Der Vorteil für die potenziellen Nutzer liegt in der erstmaligen Schaffung einer öffentlichen Einrichtung. Der Aufwand umfasst alle Kosten, die für die Schaffensmaßnahme aufgewendet werden.

i. Herstellungsvorgang abhängig vom Herstellungsprogramm

In keinem der Kommunalabgabengesetze ist vorgegeben, in welcher Art und Ausgestaltung und welchem räumlichen Umfang und Zeitraum die öffentliche Einrichtung erstmalig fertiggestellt sein soll. Auch bedarf es hierfür keiner Regelung in der Satzung.[891] Vielmehr unterliegen Art, räumlicher Umfang und technische Ausgestaltung dem Planungsermessen des Trägers der Beseitigungspflicht. Demnach ergibt sich der Endpunkt

---

887 Vgl. Art. 5 Abs. 1 S. 6 KAG BY sowie §§ 8 Abs. 3 S. 1 KAG BBG; 11 Abs. 8 S. 1 KAG HE; 7 Abs. 1 KAG M-V; 6 Abs. 2 KAG NI; 8 Abs. 3 KAG NW; 7 Abs. 2 S. 4 KAG RP; 6 Abs. 4 KAG LSA; 8 Abs. 4 S. 2 KAG SH; 7 Abs. 1 S. 7 KAG TH.
888 Siehe „(selbstständig) nutzbare Teile": §§ 6 Abs. 2 KAG NI; 7 Abs. 2 S. 4 KAG RP; 6 Abs. 4 KAG LSA; „Teile der nichtleitungsgebundenen Einrichtung": Art. 5 Abs. 1 S. 6 KAG BY.
889 Vgl. Art. 5 Abs. 1 KAG BY sowie §§ 20 Abs. 1 KAG BW; 8 Abs. 2 BBG; 11 Abs. 1 KAG HE; 9 Abs. 1 KAG M-V; 6 Abs. 1 KAG NI; 8 Abs. 2 KAG NW; 9 Abs. 1 KAG RP; 8 Abs. 2 KAG SL; 17 Abs. 1 KAG SN; 6 Abs. 1 KAG LSA; 8 Abs. 1 KAG SH; 7 Abs. 1 KAG TH.
890 Vgl. *Dietzel*, in: Driehaus, Kommunalabgabenrecht, Bd. II, § 8 Rn. 525 (42. Erg. Lfg. März 2010).
891 Vgl. *Grünewald, in:* Driehaus, Kommunalabgabenrecht, Bd. II, § 8 Rn. 525, (42. Erg. Lfg. März 2010).

IV. Finanzierung der Abwasserbeseitigung: Entgelte und Abgaben

der Herstellung aus dem Vergleich des tatsächlichen mit dem geplanten Ausbau (Herstellungsprogramm). Das Herstellungsprogramm leitet sich aus dem technischen Abwasserbeseitigungskonzept, den sonstigen Planungen der Beseitigungspflichtigen sowie den Darstellungen und Festsetzungen der Flächennutzungs- und Bebauungspläne oder der Planfeststellungen ab.[892] Tatsächlich ist das sich aus den Konzepten und Planungen der Gemeinde ergebende Herstellungsprogramm, insbesondere bei umfassenden großen leitungsgebundenen Anlagen, regelmäßig bereits vor Abschluss der Maßnahmen überholt. Grund hierfür ist, dass sich die geltenden technischen Anforderungen an die Abwasserreinigung, die tatsächliche städtebauliche Erschließungssituation oder sonstige Randbedingungen, wie z.B. Demografie und Klimawandel, ändern. Demzufolge darf und muss das Abwasserbeseitigungskonzept und somit auch das Herstellungsprogramm um- und fortgeschrieben werden.[893] Mit der Änderung des Herstellungsprogramms und des Endausbaupunkts ändert sich zulässigerweise auch der Beitragsgegenstand der öffentlichen Einrichtung.[894] Demnach werden, solange der sich ändernde Endpunkt des Herstellungsprogramms nicht funktionell, räumlich und zeitlich erreicht ist, alle baulichen Maßnahmen als Herstellungsmaßnahmen und alle Aufwendungen für die geänderten Maßnahmen als Herstellungsaufwand angesehen.[895]

---

892 Vgl. *Birk*, in: Driehaus, Kommunalabgabenrecht, Bd. III, § 8 Rn. 628 f., S. 434/2 (34. Erg. Lfg. März 2006); *Klausing*, in: Driehaus, ebenda, § 8 Rn. 972 ff. (49. Erg. Lfg. Sept. 2013).
893 Siehe *Grünewald,* in: Driehaus, Kommunalabgabenrecht, Bd. II, § 8 Rn. 525 (42. Erg. Lfg. März 2010); *Birk*, in: Driehaus, Kommunalabgabenrecht, Bd. III, § 8 Rn. 628 f., S. 434/2 (34. Erg. Lfg. März 2006); *Klausing*, in: Driehaus, ebenda, § 8 Rn. 972 ff. (49. Erg. Lfg. Sept. 2013); *Mildner*, in: Driehaus, ebenda, § 8 Rn. 1364, S. 779 (44. Erg. Lfg. März 2011).
894 Siehe VGH BW, Urteil vom 11.12.1999, Aktz. 2 S 2162/96, Rn. 17 f.; *Birk*, in: Driehaus, Kommunalabgabenrecht, Bd. III, § 8 Rn. 628 f., S. 434/2. (34. Erg. Lfg. März 2006); für TH: VG Gera, Beschluss vom 4.3.1999, Aktz. 5 E 1256/98, DÖV 2001, 480/480 f.
895 Vgl. hierzu VGH BW, Urteil vom 11.12.1999, Aktz. 2 S 2162/96, Rn. 17 f. (Juris); VG Gera, Beschluss vom 4.3.1999, Aktz. 5 E 1256/98, DÖV 2001, 480/480; *Birk*, in: Driehaus, Kommunalabgabenrecht, Bd. III, § 8 Rn. 628 f., S. 434/2 (34. Erg. Lfg. März 2006).

3. Kapitel: Abwasserentsorgung unter dem Regime des Abwasserrechts

ii. Erstmalige Schaffung in Neubaugebieten

Sofern bislang keine Erschließung besteht, insbesondere in Neubaugebieten, ist die Schaffung der öffentlichen Einrichtung der Abwasserbeseitigung insgesamt oder in Teilen als Herstellung anzusehen. Die Gemeinden und anderen öffentlichen Träger sind im Sinne ihres Organisationsermessens frei, die öffentliche Einrichtung für die nicht erschlossenen Gebiete durch leitungsgebundene oder durch nichtleitungsgebundene, also zentrale oder dezentrale Abwasserbeseitigungsanlagen, zu erschließen. Sowohl im Falle einer aus gleichartigen Anlagen bestehenden, als auch einer aus verschiedenen, insbesondere leitungs- *und* nichtleitungsgebundenen Anlagen der Abwasserbeseitigung bestehenden öffentlichen Einrichtung sind die anzuschließenden Personen im Kreis der potenziellen Beitragspflichtigen. Denn die Erschließung des Neubaugebiets als Teil des Herstellungsvorgangs vermittelt erstmals den Vorteil einer öffentlichen Abwasserbeseitigung.[896]

iii. Erstmalige Schaffung im Bestand

Aber auch im Falle einer bestehenden Erschließung von Grundstücken ist die erstmalige Schaffung und damit die Refinanzierung durch Herstellungsbeiträge möglich.[897] Eine erstmalige Schaffung wird auch im Bestand angenommen, sofern die bestehenden Anlagen der Einrichtung privat betrieben sind oder die bestehenden Anlagen nicht den allgemeinen Regeln der Technik entsprechen oder die neue Einrichtung unter Einschluss der bestehenden Einrichtung so umfassend ist, dass von einer „nochmaligen" Herstellung auszugehen ist.

Grundsätzlich ist die Herstellung einer öffentlichen Einrichtung der Abwasserbeseitigung durch leitungsgebundene und nichtleitungsgebundene Anlagen in Baugebieten möglich, wenn die bestehenden Einrichtungen in

---

896 Vgl. *Grünewald,* in: Driehaus, Kommunalabgabenrecht, Bd. II, § 8 Rn. 524 ff. (42. Erg. Lfg. März 2010); *Rosenzweig/Freese,* Nds. KAG, § 6 Rn. 258 (12.2009). a.A. VGH HE, Beschluss vom 5.10.2000, Aktz. 5 TG 2895/00, NVwZ-RR 2001, 265/265 f.
897 Regelmäßig weisen die Grundstücke in den beseitigungspflichtigen Körperschaften bereits irgendeine Form der Abwasserbeseitigung bzw. -entsorgung auf, da ansonsten die Grundstücke in der Körperschaft nicht erschlossen/bebaubar sind.

IV. Finanzierung der Abwasserbeseitigung: Entgelte und Abgaben

privater Trägerschaft sind. Privat betrieben werden dezentrale Schmutz- und Niederschlagswasserbeseitigungsanlagen auf den Grundstücken, die nicht an die leitungsgebundene öffentliche Einrichtung angeschlossen sind. In Ostdeutschland gilt dies auch für einige Teilortskanalisationen und auch Ortsteilkläranlagen. In einem solchen Fall besteht also noch keine *öffentliche* Einrichtung der Abwasserbeseitigung. An diesen Orten ist es in den Bundesländern anerkannt, dass daher eine erstmalige Schaffung einer leitungsgebundenen öffentlichen Einrichtung und deren Refinanzierung durch Herstellungsbeiträge möglich ist.[898] Es ist mit Blick auf die technischen Voraussetzungen kein Grund ersichtlich, nichtleitungsgebundene Anlagen insoweit anders zu behandeln als leitungsgebundene. Voraussetzung ist indes auch hier, dass die vorfindliche Anlage rein privat betrieben ist und das Herstellungsprogramm, ggf. nach einer Änderung, die dauerhafte Entsorgung durch nichtleitungsgebundene Anlagen vorsieht. Denn nur dann wird die öffentliche Einrichtung erstmalig geschaffen und die Grundstückseigentümer erhalten nunmehr eine öffentlich-rechtlich gesicherte Vorteillage.[899] Auch wenn die Grundstückseigentümer oder ihre Rechtsvorgänger privat in die nichtleitungsgebundenen Anlagen investiert haben, ist dies für die Beitragserhebung für die öffentliche Einrichtung ohne Belang und verletzt regelmäßig auch nicht Art. 14 GG.[900]

Des Weiteren ist eine erstmalige Erstellung einer öffentlichen (Teil-)Einrichtung der Abwasserbeseitigung möglich, wenn die bestehende öffentliche Einrichtung nicht den allgemeinen Regeln der Technik entspricht und daher als Provisorium der Abwasserbeseitigung anzusehen ist. Denn durch die Schaffung der überarbeiteten Anlagen wird erstmalig eine gesicherte Abwasserbeseitigung nach den allgemeinen Regeln der Technik zur Inanspruchnahme geboten und so den Grundstückseigentümern ein

---

898 Vgl. OVG TH, Urteil vom 21.6.2006, Aktz. 4 N 574/98- KStZ 2006, 212/213 ff.; OVG SH, Urteil vom 26.3.1992, Aktz. 2 L 167/91, KstZ 1992, 157/157 f.; *Blomenkamp*, in: Driehaus, Kommunalabgabenrecht, Bd. III, § 8 Rn. 1448, S. 816 (36. Erg. Lfg. März 2007); *Blomenkamp*, in: Driehaus, ebenda, § 8 Rn. 973 (49. Erg. Lfg. Sept 2013); *Dietzel*, in: Driehaus, Kommunalabgabenrecht, Bd. II, § 8 Rn. 528 (36. Erg. Lfg. 2007).
899 Vgl. *Thiem/Böttcher*, KAG SH, Bd. 2, § 8 Rn. 836 (10. Lfg.).
900 Vgl. OVG LSA, Beschluss vom 9.7.2007, Aktz. 4 O 172/07, Leitsatz und Rn. 10 f. (Juris); *Haack*, in: Driehaus, Kommunalabgabenrecht, Bd. III, § 8 Rn. 2154 (46. Erg. Lfg. März 2012).

neuer Vorteil vermittelt.[901] Nicht den allgemeinen Regeln der Technik entsprechende Abwasserbeseitigungsanlagen finden sich in den westdeutschen, aber auch in den ostdeutschen Ländern insbesondere in dispers besiedelten Gebieten. Zur Ableitung des Abwassers werden dort u.a offene Gräben, die zu einem Gewässer reichen (sog. Bürgermeisterkanal), und unvollständige Teilortskanalisationen verwandt, an die veraltete, privat betriebene Kleinkläranlagen (Drei-Kammer-Klärgruben) angeschlossen sind. Abwässer von Grundstücken mit abflussloser Grube werden durch öffentlich organisierte Abfuhrdienste entsorgt. Es ist in der Rechtsprechung anerkannt, dass die Ersetzung dieser Abwasserbeseitigungsanlagen durch neue Anlagen der öffentlichen Einrichtung, die zumindest den allgemeinen Regeln der Technik entsprechen, eine beitragsfähige Herstellung darstellt.[902] Gleiches gilt für die Ersetzung dieser Anlagen durch öffentlich organisierte nichtleitungsgebundene Anlagen, die den allgemeinen Regeln der Technik entsprechen.

Eine erstmalige Schaffung im Falle einer bestehenden Einrichtung ist zudem möglich, sofern die vorhandene Einrichtung so grundlegend umgestaltet wird, dass eine völlig neue und andere Einrichtung geschaffen wird (sog. nochmalige Herstellung). Dies ist anzunehmen, wenn sich die frühere, nach dem ersten Herstellungsprogramm fertiggestellte, öffentliche Einrichtung der Abwasserbeseitigung und die neue Einrichtung sowohl in räumlicher als auch funktioneller Hinsicht grundlegend unterscheiden. Die Änderung an der fertiggestellten Einrichtung muss insgesamt und nicht nur in kleinen Teilen in qualitativer, quantitativer oder räumlicher Hinsicht derart umfangreich sein, dass eine erhebliche Wesensveränderung eintritt und damit auch der Vorteil der Nutzer erneut erhöht wird. Für eine qualitative Änderung reicht es nicht aus, wenn die bestehende Einrichtung unter Beibehaltung von Umfang und Funktion durch den Austausch von

---

901 Vgl. OVG SN, Urteil vom 4.9.2003, Aktz. 1 L 493/02, DÖV 2004, 584/584; *Thiem/Böttcher*, KAG SH, Bd. 2, § 8 Rn. 823 (17. Lfg.).
902 Vgl. OVG LSA, Beschluss vom 10.7.2002, Aktz. 1 L 335/01, LKV 2003, 187/188; zum Teil differenzierend OVG NI, Beschluss vom 4.2.1999, Aktz. 9 L 3592/97, NdsVBl. 1999, 186/186; *Klausing*, in: Driehaus, Kommunalabgabenrecht, Bd. III, § 8 Rn. 973b, S. 607 (49. Erg. Lfg. Sept. 2013), während die Niederschlagswasserableitung über einen Bürgermeisterkanal dem Stand der Technik entsprechen kann und damit eine dem Stand der Technik entsprechende Entwässerungsmöglichkeit bestand (= keine erstmalige Herstellung möglich), gilt dies für die Schmutzwasserbeseitigung grundsätzlich nicht. Sie erfordert eine fachgerecht installierte Kanalisation.

IV. Finanzierung der Abwasserbeseitigung: Entgelte und Abgaben

Anlagenteilen wieder auf den neuesten Stand der Technik gebracht wird.[903] Es ist eine Umstellung notwendig, die die Identität des Systems verändert, wie z.B. die Gewährleistung eines erheblich höheren Reinigungsgrads, die Umstellung von Mischwasserkanalisation auf Trennwasserkanalisation oder von Teilkanalisation auf Vollkanalisation.[904] Für eine erhebliche räumliche Änderung reicht die Veränderung eines kleinen Teils nicht aus.[905] Die Umgestaltung hat sich aber auch nicht notwendig auf sämtliche von der Einrichtung umfassten Entwässerungsanlagen zu erstrecken.[906] Insgesamt stellt die Gewichtung der grundlegenden Veränderung der bestehenden, im Vergleich zur neuen Einrichtung, eine Einzelfallentscheidung dar.[907] Grundsätzlich besteht demnach die Möglichkeit, Provi-

---

903 Abgrenzung zur Erneuerung (Identität): VGH HE, Urteil vom 14.4.2005, Aktz. 5 UE 1368/04, Rn. 36 f. (Juris); OVG RP, Urteil vom 23.8.2010, Aktz. 6 A 10558/10.OVG, Rn. 23 (Juris); OVG Schleswig, Urteil vom 26.3.1992, Aktz. 2 L 167/91, KstZ 1992, 157/157; *Lohmann*, in: Driehaus, Kommunalabgabenrecht, Bd. III, § 8 Rn. 839 (48. Erg. Lfg. März 2013); *Dietzel*, in: Driehaus, Kommunalabgabenrecht, Bd. II, § 8 Rn. 527 (36. Erg. Lfg. März 2007); *Blomenkamp*, in: Driehaus, ebenda, § 8 Rn. 1448, S. 816 (36. Erg. Lfg. März 2007); Bei Einrichtungseinheit vollständige Änderung erforderlich (Abgrenzung zur Erweiterung): *Friedl/Withe-Körprich*, in: Driehaus, ebenda, § 8 Rn. 752, S. 526 (48. Erg. Lfg. März 2013); *Mildner*, in: Driehaus, ebenda, § 8 Rn. 1365, S. 779 f. (46. Erg. Lfg. März 2012); a.A. OVG Weimar, Urteil vom 21.6.2006, Aktz. 4 N 574/98, KSTZ 2006, 212/214 ff.; OVG RP, Urteil vom 23.8.2010, Aktz. 6 A 10558/10.OVG, Rn. 23 (Juris).
904 Vgl. VGH HE, Urteil vom 14.4.2005, Aktz. 5 UE 1368/04, Rn. 36 f. (Juris); *Mildner*, in: Driehaus, Kommunalabgabenrecht, Bd. III, § 8 Rn. 1364, S. 779 (44. Erg. Lfg. März 2011); *Lohmann*, in: Driehaus, ebenda, § 8 Rn. 839 f. (48. Erg. Lfg. März 2013); *Dietzel*, in: Driehaus, Kommunalabgabenrecht, Bd. II, § 8 Rn. 528 (36. Erg. Lfg. März 2007); a.A. einzig Übergang von Misch- zu Trennwasserkanalisation keine Herstellung: *Klausing*, in: Driehaus, Kommunalabgabenrecht, Bd.III, § 8 Rn. 973, S. 606 (36. Erg. Lfg. März 2007).
905 Vgl. OVG RP, Urteil vom 9.2.2011, Aktz. 6 A 11029/10.OVG, Leitsatz und Rn. 35 ff. (Juris) (für das Erschließungsbeitragsrecht); OVG TH, Urteil vom 21.6.2006, Aktz. 4 N 574/98, KstZ 2006, 212/214 ff.; *Mildner*, in: Driehaus, Kommunalabgabenrecht, Bd. III, § 8 Rn. 1365, S. 780 (44. Erg. Lfg. März 2011), für Umstellung räumlich 1/3 des ursprünglich vorhandenen Mischwassersystems erstmalig in ein Trennsystem; *Blomenkamp*, in: Driehaus, ebenda, § 8 Rn. 1448, S. 818 (36. Erg. Lfg. März 2007).
906 Siehe OVG Weimar, Urteil vom 21.6.2006, Aktz. 4 N 574/98, KStZ 2006, 212/215 f.
907 Vgl. VGH BY, Urteil vom 6.4.1995, Aktz. 23 B 94.1087, NVwZ-RR 1997, 185/186 f.; *Blomenkamp*, in: Driehaus, Kommunalabgabenrecht, Bd. III, § 8 Rn. 1448, S. 816 (36. Erg. Lfg. März 2007).

sorien von zentralen und dezentralen Anlagen durch umfassende Entsorgungskonzepte von öffentlich betriebenen zentralen und dezentralen Abwasserbeseitigungsanlagen nochmals herzustellen.

(2) Erweiterung der öffentlichen Einrichtung

Nach den meisten Kommunalabgabengesetzen der Bundesländer ist auch der Beitragstatbestand der „Erweiterung" oder auch „Ausbau" der leitungsgebundenen öffentlichen Einrichtung normiert.[908] Unterschieden werden gemeinhin die räumliche oder auch quantitative und die funktionale oder auch qualitative Erweiterung der öffentlichen Einrichtung der Abwasserbeseitigung. Beide Tatbestände können auch gleichzeitig vorliegen. Die räumliche Erweiterung bezeichnet die gebietsweise Erstreckung auf bisher nicht erschlossene Gebiete. Sie ist, wie die Herstellung, nicht nur beitragsfähig, wenn sie erstmalig Bauland-Grundstücke mit einer Abwasserbeseitigung erschließt und damit den Grundstückseigentümern einen erstmaligen Vorteil bietet.[909] Auch im Falle von bisher nur privat betriebenen Anlagen, nicht dem Stand der Technik entsprechenden Anlagen und einer völligen Neuausrichtung der Anlage ist die Erweiterung beitragsfähig, denn auch in diesem Fall vermittelt sie einen neuen potenziellen Vorteil. Die Vergrößerung der Kapazität oder der Funktion muss den anzuschließenden Grundstückseigentümern jedoch einen weiteren, also neuen Vorteil im Vergleich zur bestehenden Lage vermitteln.[910] Sowohl die räumliche als auch die funktionale Erweiterung der öffentlichen Einrichtung setzt nach der Rechtsprechung und Literatur in den Bundesländern voraus, dass das Herstellungsprogramm ggf. mit seinen zwischenzeitlich durchgeführten Fortschreibungen tatsächlich abgeschlossen ist.[911] Wie im

---

908 Vgl. beispielsweise Art. 5 Abs. 1 KAG BY sowie §§ 20 Abs. 1 KAG BW; 8 Abs. 2 BBG; 11 Abs. 1 KAG HE; 9 Abs. 1 KAG M-V; 6 Abs. 1 KAG NI; 8 Abs. 2 KAG NW; 9 Abs. 1 KAG RP; 8 Abs. 2 KAG SL; 6 Abs. 1 KAG LSA; 8 Abs. 1 KAG SH; 7 Abs. 1 KAG TH.
909 Siehe *Arndt*, in: Henneke/Pünder/Waldhoff, Recht der Kommunalfinanzen, § 16 Rn. 174, S. 325.
910 Vgl. *Birk*, in: Driehaus, Kommunalabgabenrecht, Bd. III, § 8 Rn. 648, S. 437 (34. Erg. Lfg. März 2006); *Arndt*, in: Henneke/Pünder/Waldhoff, Recht der Kommunalfinanzen, § 16 Rn. 174, S. 325.
911 Vgl. OVG M-V, Urteil vom 13.11.2001, Aktz. 4 K 16/00, NVwZ-RR 2002, 687/688 f.; OVG M-V, Beschluss vom 21.4.1999, Aktz. 1 M 12/99, DVBl. 1999,

IV. Finanzierung der Abwasserbeseitigung: Entgelte und Abgaben

Falle von isoliert räumlicher, isolierter funktionaler oder gemeinsamer räumlicher und funktionaler Erweiterung Alt- und Neuanschließer zu Beiträgen herangezogen werden können, hängt maßgeblich von der vermittelten Vorteilslage ab. Grundsätzlich können Neuanschließer nur zu den Kosten der Erweiterung herangezogen werden, nicht aber zu den Herstellungskosten der bereits hergestellten Einrichtung. Altanschließer können nur zu den Kosten der Herstellung, nicht aber zu den Erweiterungskosten herangezogen werden.[912]

Die Erweiterung der öffentlichen Einrichtung der Abwasserbeseitigung nach den vorstehend erörterten Grundsätzen ist für öffentlich organisierte leitungsgebundene Anlagen anerkannt. Die Erweiterung kann sich auf alle Anlagen und Anlagenteile eines Leitungsnetzes oder der Kläranlage beziehen. Eine Erweiterung der öffentlichen Einrichtung der Abwasserbeseitigung durch öffentlich organisierte nichtleitungsgebunde Anlagen nach diesen Grundsätzen ist ebenfalls vom Wortlaut erfasst. Eine räumliche Erweiterung läge bei einer weiteren Erschließung von Grundstücken durch öffentlich organisierte dezentrale und semi-dezentrale Schmutz- und Niederschlagswasserbeseitigungsanlagen vor, die vorher nicht, nur privat oder nicht nach zumindest den allgemeinen Regeln der Technik, erschlossen waren. Eine funktionale Erweiterung ist durch die Erweiterung der Kapazität von öffentlich organisierten dezentralen und semi-dezentralen Schmutz- und Niederschlagswasserbeseitigungsanlagen, z.B. Kleinkläranlagen, denkbar.

1669/1669; VGH BY, Urteil vom 4.10.1991, Aktz. 23 B 88.742, KStZ 1993, 119/119 f.; *Sauthoff*, in: Driehaus, Kommunalabgabenrecht, Bd. III, § 8 Rn. 1637 (50. Erg. Lfg. März 2014); *Klausing*, Driehaus, ebenda, § 8 Rn. 975 ff. (49. Erg. Lfg. Sept. 2013); *Birk*, in: Driehaus, ebenda, § 8 Rn. 642 ff. (34. Erg. Lfg. März 2006); *Grünewald, in:* Driehaus, Kommunalabgabenrecht, Bd. II, § 8 Rn. 526 (42. Erg. Lfg. März 2010); *Thieme/Böttcher*, KAG SH, Bd. 2, § 8 Rn. 827 (17. Lfg.).

912 Vgl. *Birk*, in: Driehaus, Kommunalabgabenrecht, Bd. III, § 8 Rn. 648 (34. Erg. Lfg. März 2006); *Grünewald,* in: Driehaus, Kommunalabgabenrecht, Bd. II, § 8 Rn. 526 (42. Erg. Lfg. März 2010); *Thieme/Böttcher*, KAG SH, Bd. 2, § 8 Rn. 828 (10. Lfg.); a.A. wohl VGH HE, Beschluss vom 5.10.2000, Aktz. 5 TG 2895/00, NVwZ-RR 2001, 265/265 f.; *Rosenzweig/Freese,* Nds. KAG, § 6 Rn. 258 (12.2009).

3. Kapitel: Abwasserentsorgung unter dem Regime des Abwasserrechts

(3) Erneuerung der leitungsgebundenen öffentlichen Einrichtung

Nach allen Kommunalabgabengesetzen ist die Erneuerung, auch als „Ausbau" bezeichnet, ausdrücklich oder als „nachmalige Herstellung" beitragsfähig.[913] Die Erneuerung setzt notwendigerweise eine abgeschlossene Herstellung der Einrichtung voraus.[914] Die Erneuerung der öffentlichen Einrichtung der Abwasserbeseitigung bezeichnet übereinstimmend keine Hinzufügung, sondern die Ersetzung einer infolge bestimmungsgemäßer Benutzung abgenutzten Anlage durch eine neue gleicher räumlicher Ausdehnung und Qualität unter Berücksichtigung des technischen Fortschritts.[915] Im Gegensatz zu den Maßnahmen der laufenden Unterhaltung und Instandsetzung, deren Kosten oder Aufwand als Abschreibungen regelmäßig als Bestandteil der Benutzungsgebühren refinanzierungsfähig sind, muss die Erneuerung einen erheblichen Teil der Einrichtung erfassen.[916] Im Unterschied zur nochmaligen Herstellung muss sich die Ersetzung nicht notwendigerweise gleichzeitig auf alle Teilanlagen der öffentli-

---

913 Vgl. Art. 5 Abs. 1 S. 1 KAG BY sowie §§ 8 Abs. 2 KAG BBG; 11 Abs. 1 KAG HE; 7 Abs. 1 KAG M-V; 6 Abs. 1 KAG NI; 17 Abs. 2 KAG SN; 6 Abs. 1 KAG LSA; 8 Abs. 1 KAG SH; 7 Abs. 1 KAG TH; siehe für NW: *Dietzel*, in: Driehaus, Kommunalabgabenrecht, Bd. II, § 8 Rn. 529 (36. Erg. Lfg. März 2007); für RP: *Mildner*, in: Driehaus, Kommunalabgabenrecht, Bd. III, § 8 Rn. 1365, dort bezeichnet als „Ausbau" (44. Erg. Lfg. März 2011).
914 Vgl. OVG M-V, Urteil vom 13.11.2001, Aktz. 4 K 16/00, NVwZ-RR 2002, 687/688 f.; OVG M-V, Beschluss vom 21.4.1999, Aktz. 1 M 12/99, DVBl. 1999, 1669/1669; VGH BY vom 4.10.1991, Aktz. 23 B 88.742, KStZ 1993, 119/119 f.; *Blomenkamp*, in: Driehaus, Kommunalabgabenrecht, Bd. III, § 8 Rn. 1454, S. 820/1 (49. Erg. Lfg. Sept. 2013); *Dietzel*, in: Driehaus, ebenda, § 8 Rn. 529 (36. Erg. Lfg. März 2007); Sauthoff, in: Driehaus, ebenda, § 8 Rn. 1637 f. (50. Erg. Lfg. März 2014).
915 Vgl. OVG LSA, Urteil vom 29.4.2010, Aktz. 4 L 347/08, Leitsatz und Rn. 27 ff. (Juris); *Dietzel*, in: Driehaus, Kommunalabgabenrecht, Bd. II, § 8 Rn. 529 (36. Erg. Lfg. März 2007); *Birk*, in: Driehaus, Kommunalabgabenrecht, Bd. III, § 8 Rn. 644 (36. Erg. Lfg. März 2007); *Lohmann*, in: Driehaus, ebenda, § 8 Rn. 835 (50. Erg. Lfg. März 2014); *Klausing*, in: Driehaus, ebenda, § 8 Rn. 987 ff. (49. Erg. Lfg. Sept. 2013); *Mildner*, in: Driehaus, ebenda, § 8 Rn. 1365 (44. Erg. Lfg. März 2011); *Haack*, in: Driehaus, ebenda, § 8 Rn. 2132 (46. Erg. Lfg. März 2012); *Blomenkamp*, in: Driehaus, ebenda, § 8 Rn. 1454 (49. Erg. Lfg. Sept. 2013).
916 Für 50 % Anteil an der Gesamteinrichtung: OVG NW, Urteil vom 19.3.1981, Aktz. 2 A 2664/78; a.A. OVG LSA, Urteil vom 29.4.2010, Aktz. 4 L 347/08, Rn. 27 f.; VGH HE, Urteil vom 28.9.1988, Aktz. 5 UE 1228/84, KStZ 1989, 216/216; *Dietzel*, in: Driehaus, Kommunalabgabenrecht, Bd. II, § 8 Rn. 529 (36.

IV. Finanzierung der Abwasserbeseitigung: Entgelte und Abgaben

chen (Gesamt-)Einrichtung erstrecken.[917] Genauso wie bei der Herstellung ergeben sich Anfangs- und Endpunkt der Erneuerung aus dem Vergleich der tatsächlichen Erneuerungsmaßnahmen mit dem sich aus dem Abwasserbeseitigungskonzept und sonstigen Planungen ergebenden Erneuerungsprogramm.[918]

i. Erneuerung leitungsgebundener Anlagen

Die Erneuerung leitungsgebundener Anlagen der öffentlichen Einrichtung ist regelmäßig als Gesamt- und Teilerneuerung durch neue Leitungs- und Kläranlagen anerkanntermaßen beitragsfähig. Bereits etwas größere leitungsgebundene öffentliche Einrichtungen weisen Kanalisationen auf, die tatsächlich nie zum selben Zeitpunkt hergestellt und gleichmäßig unterhalten wurden und daher regelmäßig nie zum selben Zeitpunkt das Ende ihrer bestimmungsgemäßen Nutzung erreichen.[919] Zudem kann die Lebenszeit der Kanalisation durch die Unterhaltung und Instandhaltung (Ersetzung in Teilen) fast ins Unendliche verlängert werden. Dennoch ist in der Rechtsprechung anerkannt, dass über ein Erneuerungsprogramm die gesamte Einrichtung oder auch selbstständige Teileinrichtungen der leitungsgebundenen öffentlichen Einrichtung durch neue Leitungen und zentrale Kläranlagen ersetzt werden können.[920] Der Aufwand für die Erneuerung trifft grundsätzlich alle an die bisherige Anlage angeschlossenen Nutzer erneut. Der Vorteil liegt für die Anschließer darin, dass anstelle einer abgenutz-

---

Erg. Lfg. März 2007); *Lohmann*, in: Driehaus, ebenda, § 8 Rn. 842 (48. Erg. Lfg. März 2013).

917 Vgl. OVG SH, Urteil vom 26.3.1992, Aktz. 2 L 167/91, KStZ 1992, 157/157 f.; *Blomenkamp*, in: Driehaus, Kommunalabgabenrecht, Bd. III, § 8 Rn. 1448 (36. Erg. Lfg. März 2007).

918 Vgl. OVG LSA, Urteil vom 29.4.2010, Aktz. 4 L 347/08, Rn. 24 (Juris); *Klausing*, in: Driehaus, Kommunalabgabenrecht, Bd. III, Rn. 991, S. 612/5 (49. Erg. Lfg. Sept. 2013); *Lohmann*, in: Driehaus, ebenda, § 8 Rn. 843 (50. Erg. Lfg. März 2014).

919 Vgl. *Blomenkamp*, in: Driehaus, Kommunalabgabenrecht, Bd. III, § 8 Rn. 1454, S. 820/1 (49. Erg. Lfg. Sept. 2013); *Klausing*, in: Driehaus, ebenda, § 8 Rn. 987 ff. (49. Erg. Lfg. Sept. 2013).

920 Vgl. OVG LSA, Urteil vom 29.4.2010, Aktz. 4 L 347/08, Rn. 27 (Juris); *Klausing*, in: Driehaus, Kommunalabgabenrecht, Bd. III, § 8 Rn. 987 ff. (49. Erg. Lfg. Sept. 2013) a.A. *Birk*, in: Driehaus, ebenda, § 8 Rn. 644 (36. Erg. Lfg. März 2006).

ten, reparaturanfälligen Anlage eine neue, intakte und sicher funktionierende die Erschließung der Grundstücke gewährleistet.[921]

ii. Erneuerung leitungsgebundener Anlagen durch nichtleitungsgebundene

Es ist in der Rechtsprechung nicht geklärt, inwiefern leitungsgebundene Anlagen der Abwasserbeseitigung durch nichtleitungsgebundene, also dezentrale und semi-dezentrale Anlagen, erneuert, also ersetzt, werden können. Dies hängt maßgeblich von dem anlagen- oder aufgabenbezogenen Verständnis des Begriffs der Erneuerung der Einrichtung ab.

Die Rechtsprechung in einigen Bundesländern tendiert bei der Beitragsfinanzierung durch Erneuerung nach den Kommunalabgabengesetzen zu einem anlagenbezogenen Verständnis der Erneuerung.[922] Sie bezieht die Erneuerung auf die ehemals hergestellte Anlage. Handelt es sich insofern um eine leitungsgebundene Anlage kann die Einrichtung der Abwasserbeseitigung auch nur durch die Ersetzung mit einer leitungsgebundenen Anlage erneuert werden. Ein solches anlagenbezogenes Verständnis der Erneuerung ist jedoch abzulehnen. Stattdessen ist ein aufgabenbezogenes Verständnis der Erneuerung der Abwasserbeseitigung zugrunde zu legen. Demnach kann die leitungsgebundene öffentliche Einrichtung auch durch öffentlich organisierte nicht leitungsgebundene Anlagen erneuert werden, sofern sie technisch dem Zweck der Abwasserbeseitigung dienen.

Sowohl der Wortlaut als auch die Systematik und der Sinn und Zweck der Vorschriften über die Beitragsfinanzierung der öffentlichen Abwasserbeseitigung gebieten ein aufgabenbezogenes Verständnis der Erneuerung. Demzufolge ist der mit der Anlage verfolgte Zweck maßgeblich. Dem Wortlaut der Kommunalabgabengesetze ist ein anlagenbezogenes Verständnis der Erneuerung nicht zu entnehmen. Denn die Erneuerung bezieht sich gerade nicht auf die Anlage an sich, sondern ausdrücklich auf die die Aufgabe der Abwasserbeseitigung erfüllende öffentliche Einrichtung. Daher sind grundsätzlich alle Anlagen, die technisch dem Zweck der Abwasserbeseitigung dienen, umfasst. Nichtleitungsgebundene Anlagen

---

921 Vgl. *Dietzel*, in: Driehaus, Kommunalabgabenrecht, Bd. II, § 8 Rn. 529 (36. Erg. Lfg. März 2007).
922 Vgl. OVG LSA, Urteil vom 29.4.2010, Aktz. 4 L 347/08, Rn. 27 (Juris); VGH HE, Urteil vom 28.9.1988, Aktz. 5 UE 1228/84, KStZ 1989, 216/216 f.

IV. Finanzierung der Abwasserbeseitigung: Entgelte und Abgaben

erfüllen grundsätzlich im gleichen Maße die Aufgabe der Abwasserbeseitigung. Auch die Systematik des Beitragstatbestands und das Verhältnis zu den technischen Vorschriften des Abwasserbeseitigungsrechts über die Gestaltung der öffentlichen Einrichtung und Art. 28 Abs. 2 GG sprechen für ein aufgabenbezogenes anstatt eines anlagenbezogenen Verständnisses der Erneuerung der Anlagen. Es widerspricht der Einheit der Rechtsordnung, wenn der Beitragstatbestand der Erneuerung den öffentlichen Trägern der Beseitigungspflicht anlagenbezogen die Art der Erneuerung der Einrichtung vorgibt. Vielmehr ist die Entscheidung nach Art. 28 Abs. 2 GG den Gemeinden und anderen Trägern gemäß dem technischen Abwasserbeseitigungsrecht vorbehalten. Schließlich spricht auch der Sinn und Zweck der Vorschriften über die Beitragsfinanzierung entscheidend für ein aufgabenbezogenes Verständnis der Erneuerung. Sinn und Zweck der Vorschriften der Kommunalabgabengesetze ist nicht, ein einmal implementiertes System durch ein anlagenbezogenes Verständnis der Erneuerung zu „zementieren" und andere, insbesondere nichtleitungsgebundene Anlagen von der Beitragsfinanzierung auszuschließen. Im Gegenteil ist Sinn und Zweck der Vorschriften über die Beitragsfinanzierung in erster Linie, Investitionen in Anlagen der öffentlichen Einrichtung der Abwasserbeseitigung auf die Bevorteilten solidarisch umzulegen. Die Art der Anlagen und die an sie zu stellenden Anforderungen richten sich indes vornehmlich nach den Fachgesetzen, also insbesondere dem WHG, den Wassergesetzen und den allgemeinen Organisationsgesetzen der Bundesländer.[923]

(4) Verbesserung der öffentlichen Einrichtung

Nach einer Mehrzahl der Kommunalabgabengesetze ist ausdrücklich auch die Verbesserung der öffentlichen Einrichtung der Abwasserbeseitigung beitragsfähig. In den anderen Ländern fällt sie regelmäßig unter den Begriff des „Ausbaus" oder der „verbessernden Erneuerung".[924] Die Verbesserung setzt nach Rechtsprechung und Literatur in den Bundesländern vor-

---

923 Vgl. *Blomenkamp*, in: Driehaus, Kommunalabgabenrecht, Bd. III, Rn. 1454, S. 820/1 (49. Erg. Lfg. Sept. 2013).
924 Vgl. Art. 5 Abs. 1 KAG BY sowie §§ 20 Abs. 1 KAG BW; 8 Abs. 2 KAG BBG; 9 Abs. 1 KAG M-V; 6 Abs. 1 KAG NI; 7 Abs. 1 i.V.m. 9 Abs. 1 KAG RP; 8 Abs. 2 KAG SL; 6 Abs. 1 KAG LSA; 7 Abs. 1 KAG TH; siehe zu „Ausbau",

3. Kapitel: Abwasserentsorgung unter dem Regime des Abwasserrechts

aus, dass die Herstellung oder Erweiterung abgeschlossen ist.[925] Eine Verbesserung liegt vor, wenn die Anlage in Bezug auf ihre Funktion eine Steigerung ihrer Qualität und Leistungsfähigkeit erfährt. Um dies zu ermitteln, ist der Bauzustand der Anlage vor und nach der Ausbaumaßnahme zu vergleichen.[926] Beitragspflichtige der Verbesserung sind die Grundstückseigentümer, denen mit der Verbesserung ein Vorteil vermittelt wurde.[927]

Abhängig von dem Verbesserungsprogramm ist regelmäßig nicht immer die gesamte leitungsgebundene öffentliche Einrichtung Gegenstand der eigentlichen Steigerung der Qualität oder Leistungsfähigkeit.[928] Bei leitungsgebundenen Anlagen der Abwasserbeseitigung wird von Rechtsprechung und Literatur regelmäßig die Verbesserung eines Teils der Einrichtung, z.B. Verbesserung der Leitungen oder der Kläranlage, als Verbesserung der Gesamtanlage angesehen. Sie vermittelt grundsätzlich allen Grundstücken einen neuen Vorteil. Folglich sind auch die Kosten und der Aufwand einer Verbesserung der leitungsgebundenen Anlagen, die nur

---

„verbessernde Erneuerung": §§ 11 Abs. 1 KAG HE; 8 Abs. 2 KAG NW; 17 Abs. 2 KAG SN; 8 Abs. 1 KAG SH.

925 Für BY: VGH BY, Beschluss vom 09.10.2001, Aktz. 23 CS 01.985; BayVBl. 2002, 86/87; VGH München, Urteil vom 4.10.1991, Aktz. 23 B 88.742, KstZ 1993, 119/119f.; *Friedl/Withe-Körprich*, in: Driehaus, Kommunalabgabenrecht, Bd. III, § 8 Rn. 752 (48. Erg. Lfg. März 2013); für M-V: OVG M-V, Beschluss vom 21.4.1999, Aktz. 1 M 12/99, DVBl. 1999,1669/1669; OVG MV, Urteil vom 13.11.2001, Aktz. 4 K 16/00, NVwZ-RR 2002, 687/687 f.; *Sauthoff*, in: Driehaus, ebenda, § 8 Rn. 1637 (50. Erg. Lfg. März 2014); für RP: *Mildner*, in: Driehaus, ebenda, § 8 Rn. 1365 (44. Erg. Lfg. März 2011); für LSA: OVG LSA, Urteil vom 19.5.2005, Aktz. 1 L 252/04, Rn. 20 (Juris) sowie OVG LSA, Beschluss vom 28.10.2009, Aktz. 4 L 117/07, Rn. 23 (Juris); für TH: *Blomenkamp*, in: Driehaus, ebenda, § 8 Rn. 1453 (36. Erg. Lfg. März 2007).

926 Vgl. VerfGH BY, Entscheidung vom 18.4.2007, Aktz. Vf. 2-VII-06, Rn. 30 (Juris); VGH München, Urteil vom 19.5.2010, Aktz. 20 N 09.3077, BayVBl. 2011, 116/116 f.; *Klausing*, in: Driehaus, Kommunalabgabenrecht, Bd. III, § 8 Rn. 982 (49. Erg. Lfg. Sept. 2013); *Dietzel*, in: Driehaus, Kommunalabgabenrecht, Bd. II, § 8 Rn. 531, S. 373 f. (36. Erg. Lfg. März 2007).

927 Vgl. OVG MV, Urteil vom 15.3.1995, Aktz. 4 K 22/94, DVBl. 1995, 1146/1146; *Sauthoff*, in: Driehaus, Kommunalabgabenrecht, Bd. III, Rn. 1639 (50. Erg. Lfg. Sept. 2014).

928 Vgl. VerfGH BY, Entscheidung vom 18.4.2007, Aktz. Vf. 2-VII-06, Rn. 30 (Juris); OVG BB, Urteil vom 3.12.2003, Aktz. 2 A 733/03, LKV 2004, 555, 556f.; OVG LSA, Beschluss vom 9.11.2001, Aktz. 1 M 363/01, DVBl. 2002, 493/493; *Dietzel*, in: Driehaus, Kommunalabgabenrecht, Bd. II, § 8 Rn. 531 (36. Erg. Lfg. März 2007); *Klausing*, in: Driehaus, Kommunalabgabenrecht, Bd. III, § 8 Rn. 982 (49. Erg. Lfg. Sept. 2013).

IV. Finanzierung der Abwasserbeseitigung: Entgelte und Abgaben

einen Teil der an die Einrichtung angeschlossenen Grundstücke unmittelbar technisch betrifft, wie z.B. die teilweise Einführung einer Trennwasserkanalisation, grundsätzlich auf alle an der Gesamteinrichtung angeschlossenen Grundstücke, ggf. unter Differenzierung des Beitragssatzes, zu verteilen.[929]

Im Gegensatz zur anerkannten Verbesserung der leitungsgebundenen Anlagen der Abwasserbeseitigung durch neue leitungsgebundene Anlagen ist die Beitragsfähigkeit einer Verbesserung durch öffentlich betriebene nichtleitungsgebundene Anlagen fraglich. Die Rechtsprechung bemisst die Verbesserung regelmäßig anlagenbezogen nach den fachgesetzlichen technischen Umweltstandards. Maßgeblich für die verbessernde Ersetzung ist demnach der technische Standard der bestehenden und zu implementierenden Anlage. So wurde regelmäßig entschieden, dass Trennwasserkanalisation eine Verbesserung gegenüber Mischwasserkanalisation darstellt und Vollkanalisation gegenüber Teilkanalisation. Privat betriebene nichtleitungsgebundene Anlagen, wie dezentrale und semi-dezentrale Schmutz- und Niederschlagswasserbeseitigungsanlagen wurden aufgrund ihrer schlechteren Reinigungsleistung und Anfälligkeit als geringerer technischer Standard als alle diese Maßnahmen angesehen.[930] Diesem anlagenbezogenen Verständnis ist jedoch ein aufgabenbezogener Ansatz der Verbesserung entgegenzusetzen, der umfassend auf die jeweilige räumliche, soziale und wirtschaftliche Situation der öffentlichen Einrichtung abstellt. Demzufolge ist grundsätzlich auch die Verbesserung einer leitungsgebundenen öffentlichen Einrichtung durch öffentlich betriebene nichtleitungsgebundene Anlagen der Abwasserentsorgung möglich, denn sie führt re-

---

929 Vgl. für BW: *Birk*, in: Driehaus, Kommunalabgabenrecht, Bd. III, § 8 Rn. 648 (34. Erg. Lfg. März 2006); für HE: VGH HE, Beschluss vom 16.11.1999, Aktz. 5 TG 1972/99, NVwZ-RR 2000, 713/714 f.;*Lohmann*, in: Driehaus, Kommunalabgabenrecht, Bd. III, § 8 Rn. 844 f. (50. Erg. Lfg. März 2014); für BY: VGH München, Urteil vom 18.2.1998, Aktz. 23 B 97.2810, BayVBl. 1998, 339/340; für NI: *Klausing*, in: Driehaus, ebenda, § 8 Rn. 982a (49. Erg. Lfg. Sept. 2013); a.A. OVG NI, Beschluss vom 4.8.1997, Aktz. 9 M 1392/97, NVwZ-RR 1998, 674/675; hierzu kritisch: *Klausing*, in: Driehaus, ebenda, § 8 Rn. 983a, S. 612f (49. Erg. Lfg. Sept. 2013).

930 Siehe VGH BY, Beschluss vom 9.10.2001, Aktz. 23 CS 01.985, BayVBl. 2002, 86/86 f.; VGH BW, Urteil vom 27.11.1980, Aktz. 2 S 3482/78, VblBW 1981, 259/259 f.; *Birk*, in: Driehaus, Kommunalabgabenrecht, Bd. III, § 8 Rn. 648 (34. Erg. Lfg. März 2006); *Blomenkamp*, in: Driehaus, ebenda, § 8 Rn. 1453 (36. Erg. Lfg. März 2007).

gelmäßig bei gleichem oder besserem Umweltnutzen zu einer kostengünstigeren Abwasserbeseitigung für die Solidargemeinschaft.[931]

Wie bei der Erneuerung ist auch bei der Verbesserung ein aufgabenbezogenes Verständnis nach dem Wortlaut, der Systematik und dem Sinn und Zweck der Vorschriften der Kommunalabgabengesetze geboten. Auch die Verbesserung bezieht sich vom Wortlaut her nicht ausdrücklich auf die technische Anlage, sondern auf die öffentliche Einrichtung, deren Zweck die Erfüllung der Aufgabe der Abwasserbeseitigung ist. Eine Verbesserung ist im Sinne des Vorteilsprinzips daher an den Vorteilen des Beitragspflichtigen zu messen. Unerheblich ist deshalb, ob die Anlage für sich genommen technisch fortschrittlicher ist. Im Sinne des Vorteilsprinzips ist die verbesserte Aufgabenerfüllung der Einrichtung und damit der Vorteil für den potenziellen Beitragspflichtigen maßgeblich. Hierfür spricht auch der Sinn und Zweck der Vorschriften über den Beitragstatbestand und dessen Verhältnis zu den fachgesetzlichen Vorschriften. Denn Sinn und Zweck der Beitragstatbestände ist es, wertungsfrei die Refinanzierung der Maßnahmen an der öffentlichen Einrichtung, die für die nach dem Fachgesetz geregelte Aufgabenerfüllung erforderlich sind, zu gewährleisten. Die Verbesserung der Aufgabenerfüllung und damit die Vorteilhaftigkeit ist am fachgesetzlichen Rechtsrahmen und dort nach § 55 Abs. 1 WHG am Wohl der Allgemeinheit und dem Leitbild der nachhaltigen Abwasserentsorgung zu messen. Daher können leitungsgebundene Anlagen auch durch nichtleitungsgebundene Anlagen verbessert werden, sofern diese eher dem Wohl der Allgemeinheit und dem gesetzlichen Leitbild der nachhaltigen Abwasserentsorgung entsprechen. So kann beispielsweise die Ersetzung zentraler Systeme in dispers besiedelten Räumen als aufgabenbezogene Verbesserung anzusehen sein, da bei ähnlichem Umweltnutzen die Kosten der Abwasserbeseitigung und damit die Gebühren sinken.[932]

d. Aufwandskalkulation beitragsfähiger Maßnahmen

Nach allen Kommunalabgabengesetzen ist der Aufwand grundsätzlich nach den „tatsächlich entstandenen Kosten", den „tatsächlichen Kosten"

---

931 Vgl. hierzu genauer unter 1. Kap. V. Abschn. Nr. 3 lit. a. und b.
932 Vgl. hierzu auch *Birk*, in: Driehaus, Kommunalabgabenrecht, Bd. III, § 8 Rn. 648 (34. Erg. Lfg. März 2006).

IV. Finanzierung der Abwasserbeseitigung: Entgelte und Abgaben

oder dem „tatsächlichem Aufwand" der jeweiligen beitragsfähigen Maßnahmen zu ermitteln.[933]

Der Aufwand wird also in einer Gesamtkalkulation oder Globalberechnung der für die beitragsfähigen Maßnahmen entstandenen tatsächlichen Kosten umfassend ermittelt.[934] Dabei sind die bereits entstandenen und die künftig mit dem Programm der beitragsfähigen Maßnahme entstehenden Kosten an den Einzelanlagen der öffentlichen Einrichtung und dem Anschluss der Grundstücke einzubeziehen.[935] Hinsichtlich der Ermittlung der anschließbaren Flächen sowie der tatsächlichen und künftigen Kosten für den Anschluss besteht ein Schätzungs- und Prognosespielraum, der gerichtlich nur eingeschränkt überprüfbar ist.[936] Alternativ können der Aufwand und die Kosten auch regelmäßig nach Durchschnitts- oder Einheitssätzen nach der Rechnungsperiodenkalkulation oder der Baugebietskalkulation berechnet werden.[937] Sowohl nach der Gesamtkalkulation als auch

---

933 Vgl. exemplarisch §§ 8 Abs. 4 S. 2 KAG BBG; 8 Abs. 4 S. 2 KAG NW; 9 Abs. 2 KAG RP; 8 Abs. 3 S. 1 KAG SH.
934 Vgl. OVG Weimar, Urteil vom 21.6.2006, Aktz. 4 N 574/98, KstZ 2006, 212/214 f.; OVG NI, Urteil vom 11.6.1991, Aktz. 9 L 186/89, NVwZ-RR 1992, 503/503 f.; *Lohmann*, in: Driehaus, Kommunalabgabenrecht, Bd. III, Rn. 847 (48. Erg. Lfg. März 2013); *Friedl*, in: Driehaus, ebenda, § 8 Rn. 734, 736 m.w.N. (47. Erg. Lfg. Sept. 2012); *Klausing*, in: Driehaus, ebenda, § 8 Rn. 993, 995 (49. Erg. Lfg. Sept. 2013); *Sauthoff*, in: Driehaus, ebenda, § 8 Rn. 1673 (42. Erg. Lgf. März 2010) sowie Rn. 1680 (33. Erg. Lfg. März 2005); *Möller*, in: Driehaus, ebenda, § 8 Rn. 1822 (37. Erg. Lfg. Sept. 2007); *Gern*, Dt. Kommunalrecht, Rn. 1124 ff., S. 703 ff.
935 Vgl. *Klausing*, in: Driehaus, Kommunalabgabenrecht, Bd. III, § 8 Rn. 982a und 993 (49. Erg. Lfg. Sept. 2013); *Mildner*, in: Driehaus, ebenda, § 8 Rn. 1359 (38. Erg. Lfg. März 2008); *Sauthoff*, in: Driehaus, ebenda, § 8 Rn. 1673 (42. Erg. Lfg. März 2010).
936 Vgl. BVerwG, Beschluss vom 30.4.1997, Aktz. 8 B 105.97, Rn. 6 (Juris); *Birk*, in: Driehaus, Kommunalabgabenrecht, Bd. III, § 8 Rn. 669 und 669a (34. Erg. Lfg. März 2006); *Klausing*, in: Driehaus, ebenda, § 8 Rn. 993a, S. 612/8; *Sauthoff*, in: Driehaus, ebenda, § 8 Rn. 1694 ff. (46. Erg. Lfg. März 2012); *Gern*, Dt. Kommunalrecht, Rn. 1124, 1127, 1128, S. 704 ff.
937 Vgl. Art. 5 Abs. 1 S. 4 KAG BY sowie §§ 8 Abs. 3 S. 1 KAG BBG; 9 Abs. 2 KAG M-V; 6 Abs. 3 KAG NI; 8 Abs. 4 ab S. 2 KAG NW; 9 Abs. 3 KAG RP; 8 Abs. 3 S. 1 KAG SH; siehe hierzu genauer in den Bundesländern: *Lohmann*, in: Driehaus, Kommunalabgabenrecht, Bd. III, § 8 Rn. 863 f. (48. Erg. Lfg. März 2013); *Friedl*, in: Driehaus, ebenda, § 8 Rn. 735 (47. Erg. Lfg. Sept. 2012); *Klausing*, in: Driehaus, ebenda § 8 Rn. 998 (49. Erg. Lfg. Sept. 2013); *Mildner*, in: Driehaus, ebenda, § 8 Rn. 1360 (50. Erg. Lfg. März 2014); *Sauthoff*, in: Driehaus, ebenda, § 8 Rn. 1686 (50. Erg. Lfg. März 2014); *Möller*, in: Driehaus, ebenda,

nach Durchschnitts- oder Einheitswerten fallen die Kosten für die Herstellung des gesamten Leitungsnetzes einschließlich aller Klär- und Hilfsanlagen unter den berücksichtigungsfähigen Aufwand für leitungsgebundene Einrichtungen.[938] Für nichtleitungsgebundene Anlagen fallen unter den Aufwand die notwendigen Anlagen sowie die für Betrieb und Wartung anzuschaffenden Investitionsgüter, wie z.B. ein Fuhrpark für den Wartungsdienst.

Der gesamte für die jeweilige beitragsfähige Maßnahme erforderliche Aufwand wird als beitragsfähiger Aufwand bezeichnet. Aus dem Wortlaut „tatsächliche Kosten" oder „tatsächlicher Aufwand" der Kommunalabgabengesetze[939] wird grundsätzlich hergeleitet, dass es sich bei den zu veranschlagenden Kosten um die nominellen, also reinen Kosten handeln muss. Daher darf z.B. für die Abschreibungen nicht der Wiederbeschaffungswert oder gar der Wiederbeschaffungszeitwert angesetzt werden.[940] Vielmehr sind angemessene Werte für die von der Gemeinde bereitgestellten Sachen und Rechte und eine angemessene Verzinsung des Anlagekapitals anzusetzen. Der beitragsfähige Aufwand wird zu umlagefähigem Aufwand, indem die Zuweisungen und Zuschüsse Dritter, z.B. Bundes- oder Landesförderungsbeträge, und auch der Anteil des öffentlichen Interesses, z.B. der Anteil der Straßenentwässerung, abgezogen werden.[941] Auch der durch Gebühren finanzierte Anteil ist unbedingt abzuziehen (Verbot der Doppelfinanzierung).

Der für die beitragsfähigen Maßnahmen an den Anlagen der Abwasserbeseitigung ermittelte Aufwand muss erforderlich sein.[942] Im Sinne des Wirtschaftlichkeitsprinzips und des Kostendeckungsgrundsatzes sowie des

---

§ 8 Rn. 1826 (37. Erg. Lfg. Sept. 2007); *Haack*, in: Driehaus, ebenda, § 8 Rn. 2137 (46. Erg. Lfg. März 2012).

938 Vgl. *Arndt*, in: Henneke/Pünder/Waldhoff, Recht der Kommunalfinanzen, Teil B, § 16 Rn. 190, S. 328.

939 Vgl. Art. 5 Abs. 1 S. 2 KAG BY sowie §§ 11 Abs. 2 KAG HE; 9 Abs. 2 KAG M-V; 6 Abs. 3 KAG NI; 8 Abs. 4 S. 1 KAG NW; 9 Abs. 1 S. 2 KAG RP; 6 Abs. 3 KAG LSA; 8 Abs. 3 S. 3 KAG SH; 7 Abs. 1 KAG TH.

940 Vgl. exemplarisch *Birk*, in: Driehaus, Kommunalabgabenrecht, Bd. III, § 8 Rn. 652, 652a (34. Erg. Lfg. März 2006).

941 Vgl. beispielsweise Art. 5 Abs. 3 KAG BY sowie §§ 8 Abs. 4 KAG BBG; 11 Abs. 4 KAG HE; 6 Abs. 5 KAG NI; 8 Abs. 4 KAG NW; 11 Abs. 3 KAG RP; 6 Abs. 5 KAG LSA; 8 Abs. 1 KAG SH; 7 Abs. 4 KAG TH.

942 Vgl. exemplarisch „notwendige öffentlichen Einrichtungen ..." § 9 Abs. 1 S. 1 KAG M-V; „zukünftig erforderliche Anlagen" nach § 17 Abs. 3 KAG SN.

IV. Finanzierung der Abwasserbeseitigung: Entgelte und Abgaben

Verhältnismäßigkeitsprinzips haben die Träger der Beseitigungspflicht die erforderlichen Anlagen und den hierzu erforderlichen Aufwand zu prognostizieren. Bei der Prognose der erforderlichen Anlagen steht ihnen anerkanntermaßen ein Beurteilungsspielraum zu.[943] Auch für die davon zu trennende Errechnung der maximal notwendigen eigentlichen Investitionen im Sinne von Kosten oder Aufwand besteht ein Beurteilungsspielraum. Die Angemessenheit der veranschlagten Aufwendungen ist dann nicht anzunehmen, wenn sich der Einrichtungsträger offensichtlich nicht an das Gebot der Wirtschaftlichkeit gehalten hat und dadurch augenfällig Mehraufwendungen entstanden sind.[944]

e. Verteilung des beitragsfähigen Aufwands

Der nach vorstehenden Grundsätzen ermittelte erforderliche umlagefähige Gesamtaufwand für die beitragsfähige Maßnahme an den Anlagen der Abwasserbeseitigung ist nach allen Kommunalabgabengesetzen der Bundesländer nach den Vorteilen zu bemessen und auf die potenziellen Beitragspflichtigen umzulegen. Gruppen von Beitragspflichtigen mit annähernd gleichen Vorteilen können zusammengefasst werden.[945] In der Satzung sind demnach die Beitragsmaßstäbe und Beitragsabstufungen für die bevorteilten Grundstücke so auszugestalten, dass dem Vorteilsprinzip genügt ist.

(1) Beitragsmaßstäbe für Schmutz- und Niederschlagswasser

Anhand des Beitragsmaßstabes werden die Vorteile der Beitragspflichtigen und damit die Höhe des Beitrages bemessen. Es wird in den Bundesländern unterschiedlich gehandhabt, ob für eine vorteilsgerechte Beitrags-

---

943 Vgl. *Birk*, in: Driehaus, Kommunalabgabenrecht, Bd. III, § 8 Rn. 633 (34. Erg. Lfg. März 2006); *Birk/Dossmann*, in: Driehaus, ebenda, § 8 Rn. 1105, S. 703 (47. Erg. Lfg. Sept. 2012).
944 Vgl. OVG RP, Urteil vom 4.2.1999, Aktz. 12 C 13291/96 OVG, NVwZ-RR 1999, 673/674 f.; *Mildner*, in: Driehaus, Kommunalabgabenrecht, Bd. III, § 8 Rn. 1359, S. 772/1 (50. Erg. Lfg. März 2014).
945 Vgl. Art. 5 Abs. 2 S. 1 KAG BY sowie §§ 8 Abs. 6 S. 1 KAG BBG; 11 Abs. 5 S. 1 KAG HE; 7 Abs. 1 KAG M-V; 6 Abs. 5 KAG NI; 8 Abs. 6 KAG NW; 18 Abs. 1 KAG SN; 6 Abs. 5 S. 1 KAG LSA; 8 Abs. 1 S. 2 KAG SH.

3. Kapitel: Abwasserentsorgung unter dem Regime des Abwasserrechts

bemessung die Ausweisung verschiedener Beitragsmaßstäbe für die Inanspruchnahmemöglichkeit der Anlagen zur Beseitigung von Schmutzwasser einerseits und der von Niederschlagswasser andererseits der öffentlichen Einrichtung der Abwasserbeseitigung erforderlich sind. Ausschlaggebend ist nach der Rechtsprechung und Literatur in den Bundesländern, ob die Bereitstellung der Anlagen der Schmutz- und Niederschlagswasserbeseitigung für die Grundstückseigentümer einen unterschiedlichen Vorteil in der aufgabenbezogenen Inanspruchnahmemöglichkeit vermittelt. Maßgeblich ist der jeweilige landesrechtliche Vorteilsbegriff.[946]

Nach der Rechtsprechung in *Baden-Württemberg*, *Hessen* und *Sachsen-Anhalt* ist es vom Grundsatz her mit dem Vorteilsprinzip vereinbar, wenn für die Inanspruchnahmemöglichkeit der Schmutz- und Niederschlagswasseranlagen ein einheitlicher Maßstab, orientiert an der baulichen Nutzung des jeweiligen Grundstücks, gebildet wird. Bei Teilinanspruchnahmemöglichkeiten ist entsprechend prozentual zu mindern.[947] Nach der Rechtsprechung in *Bayern*, *Mecklenburg-Vorpommern*, *Niedersachsen*, *Schleswig-Holstein*, *Rheinland-Pfalz* und *Thüringen* hingegen genügt ein einheitlicher Maßstab prinzipiell nicht dem Vorteilsprinzip. Es ist regelmäßig zwischen der baulichen Nutzung als Maßstab für die Schmutzwasserbeseitigung und den überbauten und befestigten Grundstücksflächen als Maßstab für die Niederschlagswasserbeseitigung zu differenzieren.[948]

---

[946] Vgl. OVG TH, Beschluss vom 8.10.2010, Aktz. 4 EO 798/07, DÖV 2011, 325/325; OVG NW, Urteil vom 19.1.1998, Aktz. 15 A 6219/95, KStZ 1998, 153/153 f.; OVG NI, Urteil vom 24.5.1989, Aktz. 9 L 3/89, NVwZ-RR 1990, 507/507 f.; *Lohmann*, in: Driehaus, Kommunalabgabenrecht, Bd. III, § 8 Rn. 873 (48. Erg. Lfg. März 2013); *Blomenkamp*, in: Driehaus, ebenda, § 8 Rn. 1486 (49. Erg. Lfg. Sept. 2013).

[947] Siehe exemplarisch für BW: *Birk*, in: Driehaus, Kommunalabgabenrecht, Bd. III, § 8 Rn. 668 a.E. (36. Erg. Lfg. März 2007); für HE *Lohmann*, in: Driehaus, ebenda, § 8, Rn. 881 (48. Erg. Lfg. März 2013); für LSA: OVG LSA, Urteil vom 5.5.2011, Aktz. 4 L 175/09, NVwZ-RR 2011, 706/706.

[948] Vgl. für BY: VGH BY, Urteil vom 18.11.1999, BayVbl. 2000, 208/ 208 f.; VGH BY, Urteil vom 26.10.2000, Aktz. 23 B 00.1146, BayVbl. 2001, 498/498; *Friedl*, in: Driehaus, Kommunalabgabenrecht, Bd. III, Rn. 737 (47. Erg. Lfg. Sept. 2012); für M-V: OVG Greifswald, Urteil vom 2.6.2004, Aktz. 4 K 38/02, DVBl. 2005, 64/64 f.; *Sauthoff*, in: Driehaus, ebenda, § 8 Rn. 1690 (50. Erg. Lfg. März 2014); für NI: *Klausing*, in: Driehaus, ebenda, § 8 Rn. 1027 (49. Erg. Lfg. Sept. 2013); für SH: *Thiem/Böttcher*, KAG SH, Bd. 2, § 8 Rn. 1055 (10. Lfg.); für TH: OVG TH, Urteil vom 21.6.2006, Aktz. 4 N 574/98, KstZ 2006, 212/214 f.; *Blomenkamp*, in: Driehaus, ebenda, § 8 Rn. 1493 a.E. (45. Erg. Lfg. Sept. 2011).

IV. Finanzierung der Abwasserbeseitigung: Entgelte und Abgaben

Letztlich kommen jedoch beide Ansichten tatsächlich zu dem gleichen Ergebnis. Es ist allgemein anerkannt, dass die Erhebung eines einheitlichen Beitrages, orientiert an der baulichen Nutzung nur dann dem Grundsatz der Typengerechtigkeit entspricht, wenn die Kosten der Niederschlagswasserbeseitigung im Verhältnis zu den Gesamtkosten geringfügig sind oder das Verhältnis zwischen bebauten und unbebauten Flächen in dem bemessenen Gebiet gleich ist (einheitliche Bebauung).[949] Tatsächlich treten aufgrund unterschiedlicher Bebauung von Grundstücken regelmäßig erhebliche Vorteilsunterschiede in der Inanspruchnahmemöglichkeit der Schmutz- und Niederschlagswasserbeseitigungsanlagen auf. Dies verbietet daher eine einheitliche Beitragserhebung und erfordert eine Beitragssatzdifferenzierung. So wird regelmäßig verhindert, dass beispielsweise die Beiträge für die Abwasserbeseitigung eines Supermarktgrundstücks und eines Wohngrundstücks pauschal nach einem einheitlichen Maßstab veranlagt werden, obwohl der Vorteil jeweils weit auseinander geht.

i. Beitragsmaßstäbe der Schmutzwasserbeseitigung

Als Beitragsmaßstäbe für die Schmutzwasserbeseitigung durchgesetzt haben sich die kombinierten Beitragsmaßstäbe des Vollgeschossmaßstabs[950] und des Geschossflächenmaßstabs.[951] Maßstäbe, wie etwa von der Bebau-

---

949 Vgl. OVG LSA, Urteil vom 5.5.2011, Aktz. 4 L 175/09; NVwZ-RR 2011, 706/706; hierzu kritisch vgl. *Haack*, in: Driehaus, Kommunalabgabenrecht, Bd. III, § 8 Rn. 2163 (46. Erg. Lfg. März 2012). VGH HE, Beschluss vom 18.3.1993, Aktz. 5 TH 1914/87, Rn. 5 (Juris); *Sauthoff*, in: Driehaus, ebenda, § 8 Rn. 1699 (42. Erg. Lfg. März 2012).
950 Siehe exemplarisch für BBG: *Möller*, in: Driehaus, Kommunalabgabenrecht, Bd. III, § 8 Rn. 1911, (47. Erg. Lfg. Sept. 2012); Für HE: *Lohmann*, in: Driehaus, ebenda, § 8 Rn. 879 (48. Erg. Lfg. März 2013); für NI: OVG NI, Urteil vom 24.5.1989, Aktz. 9 L 1/89, NVwZ-RR 1990, 590/590; für NW, OVG NW, Urteil vom 15.3.2005, Aktz. 15 A 636/03, NWVBl. 2005, 317/318 f.; *Grünewald*, in: Driehaus, ebenda, § 8 Rn. 619 (40. Erg. Lfg. März 2009); für LSA: OVG LSA, Urteil vom 6.12.2001, Aktz. 1 L 321/1, DÖV 2002, 626/626; *Haack*, in: Driehaus, ebenda, § 8 Rn. 2166 (46. Erg. Lfg. März 2012); für RP: *Mildner*, in: Driehaus, ebenda, § 8 Rn. 1372 (26. Erg. Lfg. März 2002); für M-V: OVG M-V, Urteil vom 15.3.1995, Aktz. 4 K 22/94, DVBl. 1995, 1146/1146; *Sauthoff*, in: Driehaus, Kommunalabgabenrecht, Bd. III, § 8 Rn. 1699 (42. Erg. Lfg. März 2010).
951 Siehe exemplarisch für BBG: *Möller*, in: Driehaus, Kommunalabgabenrecht, Bd. III, § 8 Rn. 1936 (47. Erg. Lfg. Sept. 2012); für HE: *Lohmann*, in: Driehaus,eben-

3. Kapitel: Abwasserentsorgung unter dem Regime des Abwasserrechts

ung unabhängige Grundflächenmaßstäbe, wie der Frontmetermaßstabs, oder Wertmaßstäbe, wie der Gebäudeversicherungswert oder die Baukosten der errichteten Gebäude, wurden als ungeeignet angesehen.[952] Der Beitragsmaßstab der zulässigen Geschossfläche ergibt sich durch Multiplikation der Grundstückfläche (Buchgrundstück) mit der Geschossflächenzahl.[953] Im überplanten Innenbereich ergibt sich die Grundstücksfläche und die Geschossflächenzahl oder Geschossfläche gem. § 16 Abs. 2 Nr. 2 Baunutzungsverordnung (BauNVO) regelmäßig aus dem Bebauungsplan.[954] Fehlt die Regelung der höchstzulässigen Geschossflächenzahl (GFZ) oder der höchstzulässigen Geschossfläche (GF) und ist daher nur die Gebäudehöhe festgesetzt, wird regelmäßig die Umrechnungsregelung des § 17 BauNVO 1977 in die Satzung aufgenommen.[955] Im unbeplanten Innenbereich nach § 34 BauGB hingegen ist für die Ermittlung auf die Zahl der tatsächlich vorhandenen Geschosse oder Geschossfläche oder auf die der vorhandenen Bebauung in der näheren Umgebung höchstzulässige Anzahl der Geschosse oder Geschossflächen abzustellen.[956] Im Außenbe-

---

da, § 8 Rn. 880 (48. Erg. Lfg. März 2013); für NI: OVG Lüneburg, Urteil vom 14.3.1989, Aktz. 9 L 64/89, DÖV 1990, 298/298; für NW: *Grünewald*, in: Driehaus, ebenda, § 8 Rn. 618 m.w.N. (40. Erg. Lfg. März 2009); für RP: OVG RP, Urteil vom 7.3.1991, Aktz. 12 A 12194/90.OVG, NVwZ- RR 1992, 160/160 f.; für LSA: OVG LSA, Urteil vom 10.3.2011, Aktz. 4 L 67/09, Leitsatz (Juris); *Haack*, in: Driehaus, ebenda, § 8 Rn. 2165 (46. Erg. Lfg. März 2012); für TH: *Petermann*, in: Driehaus, ebenda, § 8 Rn. 1492 (51. Erg. Lfg. Sept. 2014).

952 Vgl. hierzu exemplarisch für BW: *Birk*, in: Driehaus, Kommunalabgabenrecht, Bd. III, § 8 Rn. 665c m.w.N. (34. Erg. Lfg. März 2006); für BY: VGH München, Urteil vom 22.10.1998, Aktz. 23 B 97.3505, BayVbl 1999, 272/272 f.; *Friedl/ Wiethe-Körprich*, in: Driehaus, ebenda, § 8 Rn. 737, S. 509 und 510; für HE: *Lohmann*, in: Driehaus, ebenda, § 8 Rn. 878 m.w.N. (48. Erg. Lfg. März 2013)

953 Vgl. §§ 16 ff. BauNVO sowie *Birk*, in: Driehaus, Kommunalabgabenrecht, Bd. III, § 8 Rn. 665 (34. Erg. Lfg. März 2006); *Friedl/Wiethe-Körprich*, in: Driehaus, ebenda, § 8 Rn. 737 (47. Erg. Lfg. Sept. 2012); *Gern*, Dt. Kommunalrecht, Rn. 1137, S. 708.

954 Baunutzungsverordnung in der Fassung der Bekanntmachung vom 23. Januar 1990 (BGBl. I S. 132), zuletzt geändert durch Gesetz vom 11. 6.2013 (BGBl. I S. 1548).

955 Baunutzungsverordnung (BauNVO) vom 15.9.1977, BGBl I, S. 1763.

956 Siehe hierzu exemplarisch für BW: *Birk*, in: Driehaus, Kommunalabgabenrecht, Bd. III, § 8 Rn. 665A (34. Erg. Lfg. März 2006); für BY: Beschluss vom 22.8.2006, Aktz. 23 ZB 06.1544, BayVbl. 2007, 601/605; *Friedl/Wiethe-Körprich*, in: Driehaus, ebenda, § 8 Rn. 740a; für BBG: OVG BBG, Urteil vom 8.6.2000, Aktz. 2 D 29/98, DÖV 2001, 137/138; *Möller*, in: Driehaus, ebenda, § 8 Rn. 1916 (47 Erg. Lfg. Sept. 2012); für HE: VGH HE, Urteil vom

IV. Finanzierung der Abwasserbeseitigung: Entgelte und Abgaben

reich gem. § 35 BauGB ist schließlich auf die tatsächlich vorhandene oder die genehmigte Nutzung abzustellen.[957] Dabei ist es zulässig, die Zahl der zulässigen Geschosse mit unterschiedlichen Nutzungsfaktoren, die mit der Zahl der zulässigen Vollgeschosse ansteigen, zu berücksichtigen.[958]

ii. Beitragsmaßstab der Niederschlagswasserbeseitigung

Der Beitrag für die Niederschlagswasserbeseitigung wird in den Bundesländern ganz überwiegend nach der zu entwässernden Fläche bemessen. Insbesondere mit der versiegelten Fläche steigt erfahrungsgemäß der Anfall von nicht versickerndem und damit beseitigungsbedürftigem Niederschlagswasser. Als Beitragsmaßstab hat sich daher ganz überwiegend die bebaubare oder überbaute Grundstücksfläche herausgebildet. Sie wird aus dem Produkt von Grundstücksfläche und Grundflächenzahl berechnet. Die

---

15.12.2004, Aktz. 5 UE 1297/03, NVwZ- RR 2005, 848/848 f.; *Lohmann*, in: Driehaus, ebenda, § 8 Rn. 880b, S. 573; für M-V: OVG M-V, Urteil vom 2.6.2004, Aktz. 4 K 38/02 DVBl. 2005, 64/64; *Sauthoff*, in: Driehaus, ebenda, § 8 Rn. 1705 (42. Erg. Lfg. März 2010); für NI: *Klausing*, in: Driehaus, ebenda, § 8 Rn. 1023, S. 626; für NW: OVG NW, Beschluss vom 25.2.2000, Aktz. 15 A 3495/96, NVwZ-RR 2000, 825/825 f.; für LSA: *Haack*, in: Driehaus, ebenda, § 8 Rn. 2165 (46. Erg. Lfg. März 2012).

957 Vgl. hierzu exemplarisch für BW: *Birk*, in: Driehaus, Kommunalabgabenrecht, Bd. III, § 8 Rn. 665 c (34. Erg. Lfg. März 2006); für BY: VGH BY, Beschluss vom 22.8.2006, Aktz. 23 ZB 06.1544, BayVbl. 2007, 601/605; *Friedl/Wiethe-Körprich*, in: Driehaus, ebenda, § 8 Rn. 739 f. (47. Erg. Lfg. Sept. 2012); für HE: *Lohmann*, in: Driehaus, ebenda, § 8 Rn. 882 (48. Erg. Lfg. März 2013); für NI: *Klausing*, in: Driehaus, ebenda, § 8 Rn. 1023 (49. Erg. Lfg. Sept. 2013); für RP: *Mildner*, in: Driehaus, ebenda, § 8 Rn. 1372, S. 784/7 (30. Erg. Lfg. März 2004).

958 Vgl. hierzu beispielsweise für HE: *Lohmann*, in: Driehaus, Kommunalabgabenrecht, Bd. III, § 8 Rn. 879 (48. Erg. Lfg. März 2013); für M-V: OVG M-V, Urteil vom 15.4.1995, Aktz. 4 K 22/94, DVBl. 1995, 1146/1146; OVG M-V, Urteil vom 13.11.2001, Aktz. 4 K 16/00, NVwZ-RR 2002, 687/688 f.; *Sauthoff*, in: Driehaus, ebenda, § 8 Rn. 1700 (42. Erg. Lfg. März 2010); für NI: *Klausing*, in: Driehaus, ebenda, § 8 Rn. 1024a (49. Erg. Lfg. Sept. 2013); für LSA: OVG LSA Urteil vom 6.12.2001, Aktz. 1 L 321/01, DÖV 2002, 626/626; OVG LSA, Urteil vom 7.9.2000, Aktz. 1 K 14/00, NVwZ-RR 2001, 471/473 f.; *Haack*, in: Driehaus, ebenda, § 8 Rn. 2166 (46. Erg. Lfg. März 2012); für NW: OVG NW, Urteil vom 15.3.2005, Aktz. 15 A 636/03, NWVBl. 2005, 317, 317 f.; *Grünewald*, in: Driehaus, Kommunalabgabenrecht, Bd. II, § 8 Rn. 619 (40. Erg. Lfg. März 2009); für TH: *Petermann*, in: Driehaus, Kommunalabgabenrecht, Bd. III, § 8 Rn. 1492 (51. Erg. Lfg. Sept. 2014).

überbaubare Grundstücksfläche und die Grundflächenzahl ergeben sich nach vorstehend erörterten Grundsätzen aus dem Bebauungsplan, der Umgebungsbebauung oder der Baugenehmigung.[959]

(2) Beitragsabstufung für die unterschiedliche Bereitstellung

Insbesondere bei aus unterschiedlichen Anlagen zusammengefassten öffentlichen Einrichtungen der Abwasserbeseitigung können für die potenziellen Nutzer Vorteilsunterschiede auftreten, die eine Beitragsabstufung durch unterschiedliche Beitragssätze, Beitragsabschläge oder Artzuschläge erfordern. Ausgangspunkt für eine solch erhebliche unterschiedliche Vorteilsvermittlung ist der jeweilige landesrechtliche Vorteilsbegriff, also die Inanspruchnahmemöglichkeit der bereitgestellten Abwasserbeseitigungsanlage. Ohne Bedeutung ist insofern, ob eine teilweise verwandte Technik für sich genommen moderner oder der Aufwand für einen Teil der Anlagen höher (anlagenbezogenes Verständnis) ist. Maßgeblich ist vielmehr, ob die technisch unterschiedliche Entwässerungssituation auch für die Grundstückseigentümer einen unterschiedlichen Vorteil vermittelt (aufgabenbezogenes Verständnis).[960] Beitragsabstufungen in Form von verschiedenen Beitragssätzen und -abschlägen sind demnach insbesondere für Vorteilsunterschiede erforderlich, die sich aus der teilweisen Beseitigung von Abwasser z.B. nur Schmutz- oder nur Niederschlagswasser, einer bestimmten Art und Weise der Abwasserbeseitigung sowie einer geringeren qualitativen Inanspruchnahmemöglichkeit der Anlage ergeben.

---

959 Vgl. OVG LSA, Beschluss vom 28.5.2003, Aktz. 1 M 519/02, DÖV 2002, 626/626; OVG SH, Urteil vom 16.11.1992, Aktz. 2 L 236/91, KstZ 1993, 52/52 ff.; *Thiem/Böttcher*, KAG SH, Bd. 2, § 8 Rn. 1055 (10. Lfg.); *Mildner*, in: Driehaus, Kommunalabgabenrecht, Bd. III, § 8 Rn. 1372, S. 785 (44. Erg. Lfg. März 2011); *Haack*, in: Driehaus, Kommunalabgabenrecht, Bd. III, § 8 Rn. 2163 und 2172 (46. Erg. Lfg. März 2012).
960 Vgl. OVG TH, Beschluss vom 8.10.2010, Aktz. 4 EO 798/07, DVBl. 2011, 251/251; OVG NW, Urteil vom 19.1.1998, Aktz. 15 A 6219/95, KstZ 1998, 153/153; OVG NI, Urteil vom 24.5.1989, Aktz. 9 L 3/89, NVwZ-RR 1990, 507/507; *Lohmann*, in: Driehaus, Kommunalabgabenrecht, Bd. III, § 8 Rn. 872 (48. Erg. Lfg. März 2013); *Petermann*, in: Driehaus, ebenda, § 8 Rn. 1486 (49. Erg. Lfg. Sept. 2013).

IV. Finanzierung der Abwasserbeseitigung: Entgelte und Abgaben

i. Vollständige und teilweise Abwasserbeseitigung

Sofern beitragsfähige Maßnahmen an Anlagen der öffentlichen Einrichtung einem Teil der Nutzer eine vollständige und einem anderen Teil nur eine teilweise Abwasserbeseitigung bereitstellen, bestehen erhebliche Vorteilsunterschiede. Daher ist eine Beitragsabstufung erforderlich. Unterschiede in vollständiger und teilweiser Abwasserbeseitigung ergeben sich insbesondere bei der Kombination von öffentlichen leitungsgebundenen mit privat organisierten nichtleitungsgebundenen Anlagen, wie Kleinkläranlagen und abflusslosen Gruben. Während die Nutzer der leitungsgebundenen Anlagen regelmäßig Schmutz- und Niederschlagswasser über die öffentliche Einrichtung beseitigen können, beseitigen die öffentlichen Träger bei nichtleitungsgebundenen Anlagen regelmäßig nur den in den Kleinkläranlagen anfallenden Schlamm und das in den abflusslosen Gruben befindliche Schmutzwasser über Abholfahrzeuge. Das auf den Grundstücken anfallende Niederschlagswasser beseitigen die Nutzer hingegen selbst. Für diese unterschiedlichen Vorteile einer Voll- und Teilabnahme von Abwasser ist anerkannt, dass sie grundsätzlich jeweils in einem eigenen Beitragssatz bemessen oder Abschläge gewährt werden müssen.[961]

ii. Art und Weise der Abwasserbeseitigung

Erhebliche Vorteilsunterschiede können auch auftreten, wenn die Art und Weise der Abwasserbeseitigung sich für die Nutzer unterscheidet. Erhebliche Vorteilsunterschiede sind indes nicht schon anzunehmen, wenn sich die Anlagen der Abwasserbeseitigung technisch unterscheiden, aber den Nutzern die gleiche Leistung bieten. Denn für den Nutzer ist hiermit hinsichtlich der Aufgabenerfüllung regelmäßig kein Vorsteilunterschied ver-

---

961 Vgl. hierzu exemplarisch für BY: VGH BY, Urteil vom 18.11.1999, Aktz. BayVbl. 2000, 208/208; VGH BY, Urteil vom 26.10.2000, Aktz. 23 B 00.1146, BayVbl. 2001, 498/498 f.; *Friedl*, in: Driehaus, Kommunalabgabenrecht, Bd. III, § 8 Rn. 740c (50. Erg. Lf. März 2014); für M-V: OVG M-V, Urteil vom 2.6.2004, Aktz. 4 K 38/02, DVBl. 2005, 64/64; *Sauthoff*, in: Driehaus, ebenda, § 8 Rn. 1690 (50. Erg. Lfg. März 2014); für TH: OVG TH, Urteil vom 21.6.2006, Aktz. 4 N 574/98, KstZ 2006, 212/212; *Petermann*, in: Driehaus, ebenda, § 8 Rn. 1486, S. 844 (49. Erg. Lfg. Sept. 2013) sowie Rn. 1493, S. 849 (45. Erg. Lfg. Sept. 2011).

bunden.⁹⁶² Ein erheblicher Vorteilsunterschied wurde von Rechtsprechung und der Literatur in den Bundesländern jedoch für die Aufgabenerfüllung durch leitungsgebundene Anlagen einerseits und für privat betriebene nichtleitungsgebundene Anlagen, also Abfuhr von Schlamm aus Kleinkläranlagen und Abfuhr von Schmutzwasser aus abflusslosen Gruben, andererseits angenommen. Denn während leitungsgebundene Anlagen den Angeschlossenen eine unaufwändige, gewissermaßen sorglose Inanspruchnahmemöglichkeit bieten, ist der Betreiber nichtleitungsgebundener Anlagen zu einem selbstständigen Betrieb einschließlich der Wartung der privaten Einrichtung verpflichtet. Diese Vorteilsunterschiede sind durch eine Beitragssatzdifferenzierung oder einen Abschlag auszugleichen.⁹⁶³ Ein weiterer erheblicher Vorteilsunterschied bei der Inanspruchnahmemöglichkeit der öffentlichen Einrichtung liegt vor, sofern die Anlagen nur unterschiedlich durch bestimmte Art Schmutz- oder Niederschlagswasser in Anspruch genommen werden dürfen, wie z.B. bei der Verfügung einer Vorklärung.⁹⁶⁴ Hingegen begründet die Notwendigkeit einer Hebeanlage zur Inanspruchnahme der öffentlichen Einrichtung der Abwasserbeseitigung keinen erheblichen Vorteilsunterschied.⁹⁶⁵

iii. Häusliche oder gewerbliche oder industrielle Nutzung

Ob im Gegensatz zu häuslichem Abwasser auf Abwasser von gewerblich oder industriell genutzten Grundstücken Artzuschläge erhoben werden können, ist in den Bundesländern unterschiedlich zu beurteilen. Dies hängt

---

962 So auch OVG Weimar, Beschluss vom 8.10.2010, Aktz. 4 EO 798/07, KstZ 2006, 212/214 ff.; *Petermann*, in: Driehaus, Kommunalabgabenrecht, Bd. III, § 8 Rn. 1455, S. 820/2 und 3 (49. Erg. Lfg. Sept. 2013) sowie Rn. 1486, S. 846/12 (49. Erg. Lfg. Sept. 2013).
963 Vgl. OVG Weimar, Urteil vom 21.6.2006, Aktz. 4 N 574/98, KstZ 2006, 212/211; VGH BY, Urteil vom 26.10.2000, Aktz. 23 B 00.1146, BayVbl. 2001, 498/498 f.; *Petermann*, in: Driehaus, Kommunalabgabenrecht, Bd. III, Rn. 1493 (51. Erg. Lfg. Sept. 2014).
964 Vgl. OVG TH, Urteil vom 21.6.2006, Aktz. 4 N 574/98, KstZ 2006, 212/212 f.; VGH BY, Urteil vom 18.11.1999, BayVbl. 2000, 208/208; *Friedl*, in: Driehaus, Kommunalabgabenrecht, Bd. III, § 8 Rn. 740c (50. Erg. Lfg. März 2014); *Petermann*, in: Driehaus, ebenda, § 8 Rn. 1493 (51. Erg. Lfg. Sept. 2014).
965 Vgl. OVG TH, Beschluss vom 8.10.2010, Aktz. 4 EO 798/07, DÖV 2011, 325/325; *Petermann*, in: Driehaus, Kommunalabgabenrecht, Bd. III, § 8 Rn. 1455, S. 820/2 und 3 (49. Erg. Lfg. Sept. 2013).

IV. Finanzierung der Abwasserbeseitigung: Entgelte und Abgaben

maßgeblich vom jeweiligen Vorteilbegriff ab. In den Ländern, in denen der vermittelte Vorteil in dem durch die Inanspruchnahmemöglichkeit gesteigerten Gebrauchs- und Nutzwert besteht, sind Beitragsabstufungen in Form von Artzuschlägen nicht mit dem Vorteilsprinzip vereinbar. Denn der durch die öffentliche Einrichtung vermittelte Vorteil ist für häusliche wie für gewerbliche oder industriell genutzte Grundstücke grundsätzlich gleich. Dass die öffentliche Einrichtung der Abwasserbeseitigung generell durch Gewerbegrundstücke stärker in Anspruch genommen werde als durch Wohngrundstücke und daher ein erhöhter Gebrauchsvorteil bestehe, könne nicht pauschal angenommen werden. Denn Gewerbebetriebe mit hohem Abwasseranfall oder hohem Schmutzfrachtanteil im Abwasser (z.B. Molkereien, Brauereien, Großschlachtereien) stehen Gewerbe- und Dienstleistungsbetrieben (z.B. Lager- und Ausstellungshallen, Speditionen, Reparaturwerkstätten) gegenüber, in denen nur Abwasser in geringen Mengen oder nur gewöhnlich verschmutztes Abwasser anfällt.[966] In den Ländern, in denen ein wirtschaftlicher Vorteil erforderlich ist, ist die Einführung von Artzuschlägen zulässig. Die Verkehrswertsteigerung des gewerblich genutzten Grundstücks ist gegenüber der Steigerung des Wohngrundstücks überpropotional. Demnach kann für die gewerbliche Nutzung regelmäßig ein Artzuschlag erhoben werden.[967]

iv. Abstufung für öffentliche nichtleitungsgebundene Anlagen

Ausgehend von den anerkannten Beitragsabstufungen im Sinne des Vorteilsprinzips ist fraglich, ob Beitragsabstufungen im Rahmen einer öffentlichen Einrichtung der Abwasserbeseitigung mit öffentlich betriebenen leitungsgebundenen und öffentlich betriebenen *nicht*leitungsgebundenen Anlagen erforderlich sind. Auch bei dieser Frage ist maßgeblich, ob durch die unterschiedlichen technischen Anlagen nach dem in den jeweiligen Bundesländern geltenden Vorteilsbegriff erhebliche Unterschiede bestehen. Erforderlich ist, dass die beitragsfähige Maßnahme an den öffentlichen leitungsgebundenen und nichtleitungsgebundenen Anlagen in den Bundes-

---

966 Vgl. OVG LSA, Beschluss vom 1.7.2003, Aktz. 1 M 492/01, LKV 2003, 566/566; OVG NI, Urteil vom 24.5.1989, Aktz. 9 L 2/89, NVwZ-RR 1990, 507/507 f.
967 Vgl. *Möller*, in: Driehaus, Kommunalabgabenrecht, Bd. III, § 8 Rn. 1859 (39. Erg. Lfg. Sept. 2008).

3. Kapitel: Abwasserentsorgung unter dem Regime des Abwasserrechts

ländern entweder zu einem Gebrauchswertvorteil im Sinne einer gesteigerten baulichen Nutzbarkeit führt oder zu einem besonderen wirtschaftlichen Vorteil im Sinne einer aus der höheren Nutzbarkeit folgenden Verkehrswertsteigerung.

Im Sinne der vorstehend erörterten Grundsätze besteht ein durch eine Beitragsabstufung auszugleichender Vorteilsunterschied nach überwiegendem Verständnis nicht deswegen, weil sich öffentliche leitungsgebundene von öffentlichen nichtleitungsgebundenen Anlagen technisch oder kostenmäßig unterscheiden. Ein solches rein anlagenbezogenes Verständnis des Vorteilbegriffs wird weit überwiegend abgelehnt, da es nicht die Vorteile aus Perspektive der Nutzer abbildet. Stattdessen ist auch hier ein aufgabenbezogener Vorteilbegriff zugrundezulegen.^{968} In diesem Sinn besteht zwischen leitungsgebundenen und nichtleitungsgebundenen Anlagen solange kein Unterschied, wie die Abwasserbeseitigung in annähernd gleichem Maße vollständig (keine Teilabnahme), in gleicher Art und Weise erfolgt und einen häuslichen Anschluss betrifft.^{969} Demnach besteht ein die Beitragsabstufung erfordernder Vorteilsunterschied zwischen der Inanspruchnahmemöglichkeit leitungsgebundener und nichtleitungsgebundener Anlagen der Abwasserbeseitigung nur, sofern eine teilweise Inanspruchnahmemöglichkeit geboten wird. Dies ist der Fall, sofern das Niederschlagswasser selbst beseitigt wird oder sich sonstige Einschränkungen bei der Benutzung ergeben. Abgesehen hiervon bestehen zwischen den Anlagenarten im Hinblick auf die Gebrauchs- und Verkehrswertvorteile grundsätzlich keine Vorteilsunterschiede, die eine Beitragsabstufung erfordern.

---

968 Vgl. für ein Freispiegel- und ein Druckentwässerungssystem OVG NW, Urteil vom 19.1.1998, Aktz. 15 A 6219/95, KstZ 1998, 153/153 f.; für Misch- und Trennwassersystem: OVG NI, Urteil vom 24.5.1989, Aktz. 9 L 3/89, NVwZ-RR 1990, 507/507; *Lohmann*, in: Driehaus, Kommunalabgabenrecht, Bd. III, § 8 Rn. 872 (48. Erg. Lfg. März 2013).
969 Siehe auch VGH BY, Urteil vom 18.11.1999, BayVbl. 2000, 208/208 f.; *Friedl*, in: Driehaus, Kommunalabgabenrecht, Bd. III, § 8 Rn. 740c S. 520/3 (47. Erg. Lfg. Sept. 2012); *Petermann*, in: Driehaus, ebenda, § 8 Rn. 1486 (49. Erg. Lfg. Sept. 2013); *Grünwald, in:* Driehaus, ebenda, § 8 Rn. 559 (36. Erg. Lfg. Sept. 2007), Rn. 567 (42. Erg. Lfg. März 2010), Rn. 605a (36. Erg. Lfg. Sept. 2007).

IV. Finanzierung der Abwasserbeseitigung: Entgelte und Abgaben

3. Finanzierung laufender Kosten durch Verbrauchsentgelte

Nach allen Kommunalabgabengesetzen sind die öffentlichen Träger berechtigt, für die Benutzung ihrer öffentlichen Einrichtung Benutzungsgebühren zu erheben, um die laufenden Kosten der Einrichtung zu finanzieren.[970]

a. Erhebungsvoraussetzung: tatsächliche Inanspruchnahme

Nach den Kommunalabgabengesetzen können Gebühren für die Finanzierung der laufenden Kosten der öffentlichen Einrichtung der Abwasserbeseitigung nur für die Benutzung verlangt werden.[971] Die Benutzung ist die tatsächliche Inanspruchnahme. Die tatsächliche Inanspruchnahme leitungsgebundener Anlagen der öffentlichen Einrichtungen setzt notwendig den Anschluss an eine entsprechende Leitung (Anlage) voraus.[972] Für die tatsächliche Inanspruchnahme nichtleitungsgebunder Anlagen der Abwasserbeseitigung kann der Anschluss in ganz unterschiedlichen Handlungen liegen, z.B. in der Bereitstellung von Abwasser zur Abholung bei abflusslosen Gruben oder der Duldung der Schlammentnahme bei dezentralen Anlagen.[973] Welche Handlungen des Nutzers im Einzelnen die tatsächliche Inanspruchnahme und damit das Benutzungsverhältnis begründen, z.B. Ableitung von Schmutz- und Niederschlagswasser oder Bereitstellung von Schlamm zur Abholung, richtet sich nach dem jeweiligen, in der Satzung geregelten Anschluss an die Einrichtung der Abwasserbeseitigung.[974] Anders als bei der Erhebung von Beiträgen genügt die „Möglich-

---

[970] Siehe beispielsweise § 9 KAG SN.
[971] Vgl. exemplarisch §§ 13 Abs. 1 KAG BW; 5 Abs. 1 KAG NI; 7 Abs. 1 KAG RP; 6 Abs. 1 KAG SH.
[972] Vgl. *Rieger*, in: Driehaus, Kommunalabgabenrecht, Bd. II, § 6 Rn. 542 (45. Erg. Lfg. Sept. 2011); *Brüning*, in: Driehaus, ebenda, § 6 Rn. 828 (46. Erg. Lfg. März 2012).
[973] Vgl. hierzu genauer unter 3. Kap. III. Abschn. Nr. 3 c. (1) und (2).
[974] Siehe VGH BW, Urteil vom 2.3.2004, Aktz. 10 S 15/03, ZUR 2004, 358/358 f.; bei der Abfallbeseitigung reicht es ggf., wenn der Grundstückseigentümer den von der beseitigungspflichtigen Körperschaft bereitgestellten Mülleimer entgegengenommen hat und das Grundstück daraufhin regelmäßig von einem Müllfahrzeug angefahren wird, ohne dass es dabei darauf ankommt, ob und in welchem Umfang tatsächlich Abfall in dem Mülleimer zur Abfuhr bereit gestellt wird, vgl. VGH BW, Urteil vom 24.11.1988, Aktz. 2 S 1168/88, Leitsatz (Juris);

keit der Inanspruchnahme" nicht.[975] Es ist unerheblich, ob die tatsächliche Inanspruchnahme im Sinne der Abwasserbeseitigungspflicht berechtigt oder unberechtigt, freiwillig oder auf Grundlage des Anschluss- und Benutzungszwangs erfolgt.[976] Es ist zudem zulässig, für die Bereitstellung einer Vorhalteleistung des Entsorgungsträge Grundgebühren zu erheben.[977]

b. Ermessen bei der Gebührenerhebung

In den Kommunalabgabengesetzen ist nicht abschließend normiert, wie die Gemeinden und anderen öffentlichen Träger die Gebühren für die tatsächliche Inanspruchnahme der öffentlichen Einrichtung der Abwasserbeseitigung zu bemessen haben. Daher ist allgemein anerkannt, dass den Trägern im Rahmen des höherrangigen Rechts ein Ermessen zur Gestaltung der Gebührenregelungen in den Satzungen zukommt. Nach allen Kommunalabgabengesetzen sind die Gebühren grundsätzlich nach Art und Umfang der Inanspruchnahme zu bemessen (Wirklichkeitsmaßstab).[978] Sofern dies besonders schwierig, nicht möglich, nicht zumutbar oder wirt-

---

Rieger, in: Driehaus, Kommunalabgabenrecht, Bd. II, § 6 Rn. 542 (45. Erg. Lfg. Sept. 2011); *Lichtenfeld, in:* Driehaus, ebenda, § 6 Rn. 715, S. 448/1 f. (40. Erg. Lfg. März 2009); *Brüning*, in: Driehaus, ebenda, § 6 Rn. 827 (46. Erg. Lfg. März 2012).

975 Vgl. OVG SH, Urteil vom 19.11.1991, Aktz. 2 L 149/91, NVwZ-RR 1992, 577/577 ff.; *Rieger*, in: Driehaus, Kommunalabgabenrecht, Bd. II, § 6 Rn. 541 (45. Erg. Lfg. Sept. 2011); *Lichtenfeld,* in: Driehaus, ebenda, § 6 Rn. 714 (40. Erg. Lfg. März 2009); *Brüning*, in: Driehaus, ebenda, § 6 Rn. 828 (46. Erg. Lfg. März 2012).

976 Siehe VGH BW, Urteil vom 2.3.2004, Aktz. 10 S 15/03, ZUR 2004, 358/358; *Brüning*, in: Driehaus, Kommunalabgabenrecht, Bd. I, § 6 Rn. 349 (48. Erg. Lfg. März 2013); *Rieger*, in: Driehaus, Kommunalabgabenrecht, Bd. II, § 6 Rn. 541 (45. Erg. Lfg. Sept. 2011); *Lichtenfeld,* in: Driehaus, ebenda, § 6 Rn. 714 (40. Erg. Lfg. März 2009) sowie Rn. 759a (45. Erg. Lfg. Sept.2011); *Brüning*, in: Driehaus, ebenda, § 6 Rn. 828, (46. Erg. Lfg. März 2012).

977 Siehe VGH BW, Urteil vom 2.1.2011, Aktz. 2 S 550/09, DÖV 2011, 573/573 f.; OVG SH, Urteil vom 16.6.2004, Aktz. 2 LB 2/04, NordÖR 2005, 40/40; *Rieger*, in: Driehaus, Kommunalabgabenrecht, Bd. II, § 6 Rn. 541 (45. Erg. Lfg. Sept. 2011); *Lichtenfeld, in:* Driehaus, ebenda, § 6 Rn. 714 (40. Erg. Lfg. März 2009); *Brüning*, in: Driehaus, ebenda, § 6 Rn. 828 (46. Erg. Lfg. März 2012).

978 Vgl. Art. 8 Abs. 4 S. 1 KAG BY sowie §§ 6 Abs. 4 KAG BBG; 10 Abs. 3 S. 1 KAG HE; 6 Abs. 3 S. 1 KAG M-V; 5 Abs. 3 S. 1 KAG NI; 6 Abs. 3 S. 1 KAG

IV. Finanzierung der Abwasserbeseitigung: Entgelte und Abgaben

schaftlich nicht vertretbar ist, kann jedoch auch ein Wahrscheinlichkeitsmaßstab gewählt werden.[979] Voraussetzung ist jedoch, dass dieser nicht in einem offensichtlichen Missverhältnis zu der Inanspruchnahme der Einrichtung steht.[980] Das Ermessen erstreckt sich auch darauf, durch die Wahl von Gebührenabstufungen die Inanspruchnahme der öffentlichen Einrichtung vorteilsgerecht zu bemessen.[981] Es können auch Grund- oder Mindestgebühren erhoben werden.[982] Für die Bemessung der Gebühren ist der Kostendeckungsgrundsatz nach den Kommunalabgabengesetzen zu beachten.[983] Danach dürfen die Gebühren höchstens so bemessen werden, dass die nach den betriebswirtschaftlichen Grundsätzen insgesamt ansatzfähigen Kosten (Gesamtkosten) gedeckt werden. Für die Verletzung dieses Grundsatzes bestehen in den Ländern unterschiedliche Fehlerfolgen und ggf. Ausgleichsmöglichkeiten.[984] Zu beachtendes oder zu berücksichtigendes höherrangiges Recht bei der Gebührenbemessung ist insbesondere der Grundsatz der Typengerechtigkeit, der Kostendeckungsgrundsatz und der Grundsatz der Kostendeckung der Wasserdienstleistungen gem. Art. 9 WRRL.

NW; 7 Abs. 1 S. 2 KAG RP; 14 Abs. 1 S. 1 KAG SN; 5 Abs. 3 S. 1 KAG LSA; 6 Abs. 4 S. 2 KAG SH; 12 Abs. 4 S. 1 KAG TH.
979 Siehe Art. 8 Abs. 4 KAG BY sowie §§ 6 Abs. 4 S. 2 KAG BBG; § 10 Abs. 3 KAG HE; 5 Abs. 3 S. 2 KAG NI; 6 Abs. 3 S. 2 KAG NW; 7 Abs. 1 S. 2 KAG SN; 5 Abs. 3 S. 2 KAG LSA; 6 Abs. 4 S. 2 KAG SH; 12 Abs. 4 S. 2 KAG TH.
980 So ausdrücklich §§ 6 Abs. 3 S. 2 KAG M-V und 5 Abs. 3 S. 2 KAG LSA.
981 Vgl. VGH BW, Beschluss vom 20.9.2010, Aktz. 2 S 138/10, NVwZ-RR 2011, 121/121; VGH BW, Urteil vom 4.7.1996, Aktz. 2 S 1478/94, Rn. 17 (Juris).
982 *Lichtenfeld*, in: Driehaus, Kommunalabgabenrecht, Bd. II, § 6 Rn. 755b (46. Erg. Lfg. März 2012).
983 Vgl. so ausdrücklich: § 14 Abs. 1 KAG BW sowie unter 3. Kap. IV. Abschn. Nr. 1 d. (1).
984 Siehe beispielsweise für BW: *Rieger*, in: Driehaus, Kommunalabgabenrecht, Bd. II, § 6 Rn. 562 (45. Erg. Lfg. Sept. 2011); für SN: OVG SN, Urteil vom 17.1.2005, Aktz. 5 D 30/01, KstZ 2005, 195/195 ff.

3. Kapitel: Abwasserentsorgung unter dem Regime des Abwasserrechts

c. Laufende Kosten der Abwasserbeseitigung

Die laufenden Kosten der Einrichtungen der Abwasserbeseitigung sind nach betriebswirtschaftlichen Grundsätzen zu ermitteln.[985] Es ist allgemein anerkannt, dass die betriebswirtschaftlichen Kosten auf Grundlage des wertmäßigen Kostenbegriffs zu ermitteln sind. Erfasst ist daher jeder durch die Leistungserbringung bedingte, in einer bestimmten Leistungsperiode anfallende, tatsächliche oder kalkulatorische Wertverzehr an Gütern und Dienstleistungen.[986] Der enger gefasste pagatorische Kostenbegriff, der lediglich auf Zahlungsvorgänge abstellt, ist mit den Kommunalabgabengesetzen der Länder nicht vereinbar. Denn sie alle normieren auch Abschreibungen und Zinsen als Kostenbestandteile, die jedoch kalkulatorisch sind und daher keine Zahlungsvorgänge auslösen.[987] Die Ermittlung der Kosten erfolgt nach betriebswirtschaftlichen Grundsätzen, also im Wege der Kostenrechnung nach anerkannten Methoden der Kostenarten-, Kostenstellen- und Kostenträgerrechnung.[988] Bei der Zusammensetzung der Kosten wird im Sinne der Kostenartenrechnung zwischen Kosten für Betrieb und Unterhaltung und Fremdleistungen sowie kalkulatorischen Kosten, wie Abschreibungen und Zinsen, unterschieden.[989] Zu den Betriebskosten zählen u.a. die Personal-, Energie- und Sachkosten für den laufenden Betrieb. Schließlich sind auch die Ausgaben für die an den Bund zu leistende Abwasserabgabe nach dem Abwasserabgabengesetz Teil der (laufenden) Kosten.[990]

---

985 Vgl. Art. 8 Abs. 2 S. 1 KAG BY sowie §§ 6 Abs. 2 S. 1 KAG BBG; 5 Abs. 2 S. 1 KAG NI; 6 Abs. 2 S. 1 KAG NW; 8 Abs. 1 S. 1 KAG RP; 11 Abs. 1 KAG SN; 5 Abs. 2 KAG LSA; 6 Abs. 2 S. 2 KAG SH; 12 Abs. 2 S. 1 KAG TH.
986 Vgl. OVG NI, Beschluss vom 16.8.2002, Aktz. 9 LA 152/02, ZKF 2003, 84/84 f.
987 Vgl. OVG Münster, Urteil vom 5.8.1994, Aktz. 9 A 1248/92, NVwZ 1995, 1233/1235 ff.; *Schulte/Wiesemann*, in: Driehaus, Kommunalabgabenrecht, Bd. I, § 6 Rn. 46 (27. Erg. Lfg. Sept. 2002).
988 Vgl. hierzu *Dahmen*, in: Driehaus, Kommunalabgabenrecht, Bd. I, § 6 Rn. 61 (30. Erg. Lfg. März 2004).
989 Siehe §§ 10 Abs. 2 S. 3 KAG HE; 6 Abs. 2 S. 2 KAG M-V; 5 Abs. 2 S. 4 KAG NI; 6 Abs. 2 KAG NW; 5 Abs. 2a KAG LSA.
990 Vgl. beispielsweise: §§ 11 Abs. 2 Nr. 2 KAG SN; 8 Abs. 1 S. 2 KAG RP.

IV. Finanzierung der Abwasserbeseitigung: Entgelte und Abgaben

d. Gebührenbemessung

Ausgehend von dem Ermessen der öffentlichen Träger der Beseitigungspflicht haben sich in der Rechtsprechung und Literatur Leitlinien für die Gebührenbemessung herausgebildet. Für eine vorteilsgerechte Gebührenbemessung ist insbesondere die Gebührendifferenzierung zwischen der Beseitigung von Schmutz- und Niederschlagswasser und zwischen der Voll- und Teilabnahme des Abwassers erforderlich.

(1) Gesplittete Abwassergebühr für Schmutz- und Niederschlagswasser

Um dem Grundsatz der Typengerechtigkeit zu genügen,[991] ist eine Unterscheidung zwischen den Gebührenanteilen der Schmutzwasserbeseitigung und denen der Niederschlagswasserbeseitigung notwendig (gesplittete Abwassergebühr). Der Grundsatz der Typengerechtigkeit fordert, dass die Bemessung von Gebühren speziell für Niederschlagswasser unterbleiben kann, sofern die Kosten für dessen Beseitigung an den Gesamtkosten geringfügig sind. Die Grenze zur Geringfügigkeit wird von der Rechtsprechung des Bundesverwaltungsgerichts bei 12 %, von anderen Gerichten bei 10 % angesetzt.[992] Demnach ist die Unterscheidung zwischen den Gebühren für Schmutz- und Niederschlagswasser regelmäßig erforderlich, da der Frischwassermaßstab nur in Ausnahmefällen homogener Bebauung die Einhaltung des vom Grundsatz der Typengerechtigkeit geforderten 88 bis 90 % des Regeltyps gewährleistet. Regelmäßig beträgt das Verhältnis der Kosten der Niederschlags- zur Schmutzwasserbeseitigung 25 % zu

---

991 Vgl. zum Grundsatz der Typengerechtigkeit im Allgemeinen unter 3. Kap. IV. Abschn. Nr. 1 d. (1).
992 Vgl. hierzu BVerwG, Beschluss vom 13.5.2008, Aktz. 9 B 19.08, Rn. 6 ff. (Juris); für BW: VGH BW, Urteil vom 11.3.2010, Aktz. 2 S 2938/08, NVwZ 2010, 657/657; für BY: VGH BY, Urteil vom 31.3.2003, Aktz. 23 B 02, 1937, BayVbl. 2004, 20/21 f.; für HE: VGH HE, Urteil vom 2.9.2009, Aktz. 5 A 631/08, DÖV 2010, 190/190; für NW: OVG NW, Urteil vom 18.12.2007, Aktz. 9 A 3648/04, DÖV 2008, 294/294 ff.; OVG NW, Beschluss vom 28.6.2004, Aktz. A 1276/02, NVwZ-RR 2005, 279/279 f.; für SH: OVG SH, Urteil vom 17.1.2001, Aktz. 2 L 9/00, NordÖR 2001, 307/307 f.; *Brüning*, in: Driehaus, Kommunalabgabenrecht, Bd. II, § 6 Rn. 884 ff, S. 600 f. (42. Erg. Lfg. März 2010).

337

75 %.⁹⁹³ Nach dem einheitlichen Frischwassermaßstab würden also 25 % der Kosten für die Niederschlagswasserbeseitigung rein nach dem Wasserverbrauch bemessen. Der Regeltyp versagt insbesondere bei Grundstücken mit hoher Verdichtung, wie gewerblichen und industriellen Grundstücken. Sie haben einen hohen Niederschlagswasseranfall, beziehen aber wenig Frischwasser. Selbst bei homogener Bebauung durch Ein- und Zweifamilienhäuser ist die Haushaltsgröße teilweise so unterschiedlich, dass dem Regeltyp nicht genügt wird.⁹⁹⁴ Insofern sind nur die Gebühren der Schmutzwasserbeseitigung grundsätzlich an der Einleitungsmenge zu orientieren, die z.B durch den Frischwassermaßstab abgebildet wird. Die Gebühren für die Niederschlagswasserbeseitigung hingegen sind nach der Anfallsmenge, die im Wesentlichen von der verdichteten, insbesondere überbauten Grundstücksfläche abhängt, zu bemessen.

(2) Abstufungen und Maßstäbe der Schmutzwasserbeseitigung

Auch bei der Leistungserbringung und tatsächlichen Inanspruchnahme der Abwasserbeseitigung sind Vorteilsunterschiede durch Gebührenabstufungen notwendig, um dem Vorteilsprinzip und dem sonstigen höherrangigen Recht, insbesondere dem Grundsatz der Typengerechtigkeit, Rechnung zu tragen. Gebührenabstufungen können in Form von Gebührensatzdifferenzierungen oder Gebührenabschlägen ergehen. Diese Unterschiede in der Leistung und Inanspruchnahme treten insbesondere auf, wenn sich die einheitliche öffentliche Einrichtung der Abwasserbeseitigung aus mehreren technisch unterschiedlichen Anlagen, die jedoch derselben Aufgabe dienen, zusammensetzt.⁹⁹⁵ In den Bundesländern, in denen dies nicht zulässig ist, werden für die getrennte öffentliche Einrichtung der zentralen und dezentralen Abwasserbeseitigung ohnehin getrennte Gebührensatzungen mit unterschiedlichen Sätzen erlassen.⁹⁹⁶ Insbesondere die Voll- oder Teilab-

---

993 Vgl. *Rieger*, in: Driehaus, Kommunalabgabenrecht, Bd. II, § 6 Rn. 598 (51. Erg. Lfg. Sept. 2014); *Hennebrüder*, Die bundesweite Einführung der gesplitteten Abwassergebühr ist zwingend notwendig, KstZ 2007, 184/184 ff.
994 Vgl. *Rieger*, in: Driehaus, Kommunalabgabenrecht, Bd. II, § 6 Rn. 598 (51. Erg. Lfg. Sept. 2014).
995 Siehe hierzu genauer unter 3. Kap. III. Abschn. Nr. 3 b. (2) sowie IV. Abschn. Nr. 2 a. (2).
996 Vgl. hierzu genauer unter 3. Kap. III. Abschn. Nr. 3 b. (2) sowie IV. Abschn. Nr. 2 a. (2).

IV. Finanzierung der Abwasserbeseitigung: Entgelte und Abgaben

nahme des Schmutzwassers, die Schlammabfuhr aus privat betriebenen nichtleitungsgebundenen Anlagen sowie die Abwasserabfuhr durch Fahrdienste begründet erhebliche Vorteilsunterschiede. Die erbrachten Leistungen sind derart unterschiedlich, dass sie in gesonderten Gebührensätzen zu berechnen sind.[997]

i. Leitungsgebundene öffentliche Schmutzwasserbeseitigung

Die Bemessung der Gebühren für die Inanspruchnahme der öffentlichen Einrichtung der Abwasserbeseitigung richtet sich für Schmutzwasser nach der erbrachten (Reinigungs- und Vorhalte-)Leistung für den einzelnen Nutzer und damit grundsätzlich nach der Art, Quantität und Qualität des von diesem eingeleiteten oder übergebenen Abwassers. Da eine Messung sowohl der Menge als auch der Schadstofffracht des Abwassers in leitungsgebundenen Anlagen praktisch unmöglich ist, ist für die Gebührenbemessung ein Wahrscheinlichkeitsmaßstab zulässig.[998] Als tauglicher Wahrscheinlichkeitsmaßstab zur tatsächlichen Inanspruchnahme der Be-

---

[997] Vgl. für BW: getrennte Gebührensätze für Entsorgung von KKA und geschlossenen Gruben erforderlich, VGH BW, Urteil vom 24.7.2003, Aktz. 2 S 2700/01, DÖV 2004, 584/548; *Rieger*, in: Driehaus, Kommunalabgabenrecht, Bd. II, § 6 Rn. 539 (45. Erg. Lfg. Sept. 2011); für BY: VGH BY, Urteil vom 31.3.2003, Aktz. 23 B 02.1937, BayVbl. 2004, 20/20 ff.; *Friedl*, in: Driehaus, ebenda, § 6 Rn. 640 f. (51. Erg. Lfg. Sept. 2014); für HE: *Lohmann*, in: Driehaus, ebenda, § 6 Rn. 686 (48. Erg. Lfg. März 2013); für NI: *Lichtenfeld*, in: Driehaus, ebenda, § 6 Rn. 758a (45. Erg. Lfg. Sept. 2011) sowie § 6 Rn. 761a und b (27. Erg. Lfg. Sept. 2002); Fäkalschlammentsorgung von KKA und Abwasserentsorgung von abflusslosen Gruben sind zu trennen: *Rosenzweig/Freese*, Nds. KAG, § 6 Rn. 244 (11.2006); für RP: OVG RP, Urteil vom 28.11.1997, Aktz. 12 C 12746/96.OVG; genauere Begründung bei *Mildner*, in: Driehaus, ebenda, § 6 Rn. 813 (50. Erg. Lfg. März 2014); OVG RP Urteil vom 18.1.2011, Aktz. 6 A 11090/10.OVG, NVwZ-RR 2011, 337/337; für Unterschied zwischen Voll- und Teilanschluss (KKA in Bürgermeisterkanal) keine Gebührendifferenzierung erforderlich: OVG RP, Urteil vom 23.10.2003, Aktz. 12 A 10679/03.OVG, KstZ 2004, 77/77 f.; für SH: OVG Schleswig, Urteil vom 17.1.2001, Aktz. 2 L 9/00, NordÖR 2001, 307/308 ff.; *Brüning*, in: Driehaus, ebenda, § 6 Rn. 858, S. 590/1 (46. Erg. Lfg. März 2012).

[998] Allgemeine Meinung, vgl. OVG NI, Urteil vom 16.2.1990, Aktz. 9 L 61/89, NVwZ-RR 1990, 646/646 f.; OVG NW, Urteil vom 28.3.2003, Aktz. 9 A 615/01, Rn. 35 ff. (Juris); *Friedl*, in: Driehaus, Kommunalabgabenrecht, Bd. II, § 6 Rn. 642 (50. Erg. Lfg. März 2014).

seitigung von Schmutzwasser hat sich das bezogene Frischwasser (Frischwassermaßstab) oder das bezogene Frischwasser abzüglich der nachweislich auf dem Grundstück verbrauchten oder zurückgehaltenen Wassermengen (modifizierteter Frischwassermaßstab) durchgesetzt.[999] Unerheblich ist dabei, ob die Beseitigung im Misch- oder Trennwassersystem erfolgt, da im Sinne eines aufgabenbezogenen und nicht anlagenbezogenen Verständnisses der Abwasserbeseitigung die einzelne technische Art der Beseitigung gleichgültig ist, sofern sie nicht zu Vorteilsunterschieden führt.[1000]

ii. Nichtleitungsgebundene Schmutzwasserbeseitigung

Die nichtleitungsgebundene Schmutzwasserbeseitigung findet insbesondere in privat betriebenen abflusslosen Gruben und Kleinkläranlagen statt. Sie ist aber auch in öffentlich organisierten Kleinkläranlagen möglich.

Die Gebühren für die Inanspruchnahme der öffentlichen Einrichtung der Abwasserbeseitigung werden bei privat betriebenen abflusslosen Gruben und Kleinkläranlagen regelmäßig nach der Menge des jeweiligen mit einem Räumfahrzeug abgeholten Abwassers oder Fäkalschlamms bemessen.[1001] Überwiegend wurde bei einer einheitlichen öffentlichen Einrichtung mit privat betriebenen abflusslosen Gruben und Kleinkläranlagen die einheitliche Bemessung nach dem Frischwassermaßstab abgelehnt, da die

---

999 Vgl. VGH BY, Beschluss vom 22.11.2012, Aktz. 20 CS 12.2237, Rn. 14 f. (Juris); OVG BB, Urteil vom 21.11.2012, Aktz. OVG 9 B 13.12, Rn. 19 (Juris); OVG SH, Urteil vom 10.12.2010, Aktz. 2 LB 24/10, Rn. 19 f. (Juris); *Friedl*, in: Driehaus, Kommunalabgabenrecht, Bd. II, § 6 Rn. 642a, (50. Erg. Lfg. März 2014); *Lichtenfeld,* in: Driehaus, ebenda, § 6 Rn. 757 (27. Erg. Lfg. Sept. 2002).

1000 Vgl. VGH BW, Beschluss vom 20.9.2010, Aktz. 2 S 138/10, NVwZ-RR 2011, 121/121, VGH BW, Urteil vom 4.7.1996, Aktz. 2 S 1478/94, Rn. 20 ff. (Juris); *Rieger*, in: Driehaus, Kommunalabgabenrecht, Bd. II, § 6 Rn. 539 (45. Erg. Lfg. Sept 2011).

1001 Siehe OVG RP, Urteil vom 18.1.2011, Aktz. 6 A 11090/10.OVG, NVwZ-RR 2011, 337/337; OVG NI, Urteil vom 12.11.1991, Aktz. 9 L 20/90, NVwZ-RR 1992, 375/376 f.; VGH HE, Urteil vom 17.5.1991, Aktz. 5 TH 2437/89, KstZ 1991, 235/236; *Wagner*, in: Driehaus, Kommunalabgabenrecht, Bd. II, § 6 Rn. 681a, S. 410/1 (48. Erg. Lfg. März 2013); *Lichtenfeld*, Driehaus, ebenda, § 6 Rn. 761a (27. Erg. Lfg. Sept. 2002); *Mildner*, in: Driehaus, ebenda, § 6 Rn. 813 (50. Erg. Lfg. März 2014); *Rosenzweig/Freese*, Nds. KAG, § 5 Rn. 244 (11.2006).

IV. Finanzierung der Abwasserbeseitigung: Entgelte und Abgaben

Menge als praktikabler Wahrscheinlichkeitsmaßstab (Ablesung des Füllstandes am Räumfahrzeug) wirklichkeitsnäher ist als das bezogene Frischwasser.[1002] Während die Bemessung des Fassungsvermögens der dezentralen Beseitigungsanlage oder der abflusslosen Grube noch in Betracht kommt, sofern die Bemessung nach der Menge nicht möglich ist, wird die Bemessung nach dem Einwohnergleichwert abgelehnt.[1003] Grundsätzlich ist auch die Erhebung einer Grundgebühr für die Vorhaltung der Schlammabfuhr und anteilig der für die Beseitigung notwendigen zentralen Kläranlage zulässig.[1004]

Die Gebühren für die Inanspruchnahme öffentlich organisierter Kleinkläranlagen können vorteilsgerechter, wirklichkeitsnäher und verwaltungspraktikabler hingegen nur nach dem Frischwassermaßstab berechnet werden. Anders als bei der privat organisierten dezentralen Schmutzwasserbeseitigung über Kleinkläranlagen liegt die von der öffentlichen Einrichtung erbrachte Leistung in der Schmutzwasserbeseitigung *und* Schlammabfuhr. Im Sinne eines aufgabenbezogenen Verständnisses der Abwasserbeseitigung unterscheidet sich daher für den potenziellen Gebührenpflichtigen der erlangte Vorteil der öffentlich organisierten nichtleitungsgebundenen Schmutzwasserbeseitigung nicht von dem der leitungsgebundenen. Hier wie dort wird das Schmutzwasser und der dabei anfallende Schlamm abgenommen und die Anlage öffentlich betrieben.

1002 Siehe OVG RP, Urteil vom 18.1.2011, Aktz. 6 A 11090/10.OVG, NVwZ-RR 2011, 375/375; OVG RP, Urteil vom 17.6.2004, Aktz. 12 A 10507/04.OVG, NVwZ-RR 2005, 503/504 f.; OVG NI, Urteil vom 12.11.1991, Aktz. 9 L 20/90, NVwZ-RR 1992, 375/376 f.; VGH HE, Beschluss vom 17.5.1991, Aktz. 5 TH 2437/89, KStZ 1991, 235/236; *Lichtenfeld, in:* Driehaus, Kommunalabgabenrecht, Bd. II, § 6 Rn. 761a (27. Erg. Lfg. Sept. 2002); *Wagner*, in: Driehaus, ebenda, § 6 Rn. 681a, S. 410/1 (48. Erg. Lfg. März 2013); *Mildner*, in: Driehaus, ebenda, § 6 Rn. 813 (50. Erg. Lfg. März 2014); *Rosenzweig/Freese*, Nds. KAG, § 5 Rn. 244 f. (11.2013).
1003 Siehe *Lichtenfeld*, in: Driehaus, Kommunalabgabenrecht, Bd. II, § 6 Rn. 761c m.W.n. (50. Erg. Lfg. März 2014).
1004 Vgl. OVG RP, Urteil vom 22.4.2004, Aktz. 12 C 11961/03.OVG, NVwZ-RR 2005, 503/504; *Rosenzweig/Freese*, Nds. KAG, § 5 Rn. 245 a (11.2013).

iii. Abstufung bei privater Abwasserverwertung und -weiterverwendung

Die Berücksichtigung der Regenwassernutzung eines Haushaltes bei der Gebührenbemessung ist im Bundesland Nordrhein-Westfalen in § 53 c S. 3 WG NW auch gesetzlich normiert. Ansonsten ist die Berücksichtigung der Wiederverwendung oder des Recyclings von Grau- und Niederschlagswasser bei der Schmutz- und Niederschlagswassergebühr in Rechtsprechung und Literatur nicht abschließend geklärt. Der private Betrieb dezentraler Grau- und Niederschlagswasserverwertungsanlagen im Haushalt führt zu einem geringeren Frischwasserbezug sowie zu einem geringerem Anfall von Abwasser. Auf der Wasserbezugsseite wird durch die Substitution von Trinkwassernutzungen mit Grau- oder Niederschlagswasser der Wasserbezug gemindert. Auf der Abwasserseite der Verwertung reduziert sich durch die Grauwasserwiederverwendung oder -verwertung der Schmutz- und durch die Niederschlagswasserwiederverwendung oder -verwertung der Niederschlagswasseranfall. Sofern die Gebührenbemessung für die Schmutzwasserbeseitigung nach dem Frischwassermaßstab erfolgt, wird der Nutzer sowohl für die Wassereinsparung mit einer geringeren Gebühr für den Wasserbezug als auch mit einer geringeren Gebühr für die Schmutz- oder Niederschlagswasserbeseitigung begünstigt. Unter Anlegung des herrschenden Frischwassermaßstabs also bewirkt die Wiederverwendung oder das Recycling unter der Annahme eines ansonsten gleichbleibenden Wasserverbrauchs grundsätzlich eine Gebührensenkung im Wasserbezugs- und im Schmutzwasserbeseitigungsbereich. Der Satzungsgeber ist regelmäßig verpflichtet, den ansonsten nach dem Frischwassermaßstab nicht berücksichtigten zusätzlichen Wasserverbrauch durch Wiederverwendung oder Verwertung von Grau- und Niederschlagswasser bei der Schmutzwassergebühr mithilfe eines Wasserzählers zu berücksichtigen, sofern durch die Verwertung ansonsten eine Verletzung des Grundsatzes der Typengerechtigkeit eintritt.[1005] Im Falle der Niederschlagswasserverwertung ist die Abnahme des Niederschlagswasseranfalls

---

1005 Vgl. BVerwG, Beschluss vom 27.10.1998, Aktz. 8 B 137/98, Leitsatz und Rn. 6 (Juris); VG Minden, Urteil vom 17.11.2005, Aktz. 9 K 4160/4, NVwZ- RR 2006, 590/590 f.; *Lichtenfeld,* in: Driehaus, Kommunalabgabenrecht, Bd. II, § 6 Rn. 757f (31. Erg. Lfg. Sept. 2004); *Schulte/Wiesemann,* in: Driehaus, ebenda, § 6 Rn. 369 (37. Erg. Lfg. Sept. 2007); *Rosenzweig/Freese,* Nds. KAG, § 5 Rn. 231 (11.2013).

IV. Finanzierung der Abwasserbeseitigung: Entgelte und Abgaben

bei der Bemessung der Niederschlagswassergebühr zu berücksichtigen, sofern der Umfang nennenswert ist (Bagatellgrenze).[1006]

Dem ist grundsätzlich zuzustimmen. Festzuhalten ist, dass gesetzlich die Einsparung von Frischwasser (Trinkwasser) durch Anlagen zur Grau- und Niederschlagswasserwiederverwendung oder zum -recycling grundsätzlich gewollt ist. Dies ergibt sich aus dem Rechtsrahmen und den Leitbildvorschriften der Abwasserbeseitigung.[1007] Es entspricht also grundsätzlich der Intention des Unions-, Verfassungs- und Bundesgesetzgebers, die Wiederverwendung oder Verwertung von Grau- und Niederschlagswasser zur Einsparung von Frischwasser (Trinkwasser) finanziell zu unterstützen. Insofern ist die Berücksichtigung des eingesparten Frischwassers und des verringerten Anfalls von Abwasser durch die Satzungsbestimmungen auch aus diesem Grund geradezu gefordert.

(3) Maßstäbe der Niederschlagswasserbeseitigung

Da der Anfall von Niederschlagswasser auf einem Grundstücks praktisch nicht genau messbar ist, scheidet ein Wirklichkeitsmaßstab zur Bemessung der Gebühren für die Beseitigung aus. Daher richtet sich die Gebühr für die Niederschlagswasserbeseitigung unabhängig von der Art der Anlage grundsätzlich nach dem Wahrscheinlichkeitsmaßstab der versiegelten Grundstücksfläche. Zur Bemessung der Gebühren konnten sich Gebührenmaßstäbe, die rein auf die Grundstücksgröße abstellen, nicht durchsetzen. Insbesondere bei inhomogener Bebauung drohen Probleme mit dem Grundsatz der Typengerechtigkeit.[1008] Stattdessen wird als Gebührenmaßstab für die Niederschlagswasserbeseitigung regelmäßig die versiegelte, also befestigte oder die überbaute Grundstücksfläche herangezogen. Die Versiegelung des Bodens ist ein tauglicher Wahrscheinlichkeitsmaßstab für den Anfall von beseitigungsbedürftigem Niederschlagswasser, da mit zunehmender Versiegelung und damit abnehmender Resorptionsfähigkeit

---

1006 *Siehe Schulte/Wiesemann*, in: Driehaus, Kommunalabgabenrecht, Bd. I, § 6 Rn. 369 (37. Erg. Lfg. Sept. 2007).
1007 Vgl. hierzu genauer unter 2. Kap. IV. Abschn. Nr. 2 und 4.
1008 Vgl. genauer zum Grundsatz der Typengerechtigkeit unter 3. Kap. IV. Abschn. Nr. 1 d. (1).

des Bodens der Anfall auf dem Grundstück steigt.[1009] Fraglich ist, ob bei der Bemessung der Gebühren für die Niederschlagswasserbeseitigung auch der Grad der Versiegelung zu berücksichtigen ist. So bestehen unterschiedlich durchlässige Befestigungsarten von Hofeinfahrten oder Gründächern, auf denen weniger bis kein Niederschlagswasser zur Beseitigung anfällt. Es wird vertreten, dass der Satzungsgeber das Recht hat, zwischen den verschiedenen eingesetzten Materialien zu differenzieren, verpflichtet hierzu sei er indes nicht.[1010] Dem ist jedoch nicht zuzustimmen. Die Entsiegelungsmaßnahmen haben positive Wirkung auf den örtlichen Umweltschutz. Durch sie wird der Abfluss weniger verändert und so insbesondere Grundwasser gespeist und Boden geschützt. Durch die Berücksichtigung von Entsiegelungsmaßnahmen besteht für Private der Anreiz, in diese Maßnahmen zu investieren. Allenfalls Entsiegelungsmaßnahmen von geringstem Umfang sollten unter Berücksichtigung des Grundsatzes der Typengerechtigkeit unberücksichtigt bleiben.

4. Indirekte Verhaltenssteuerung durch Abwasserabgaben

Für das Einleiten von Abwasser in Gewässer aller Art ist nach § 1 AbwAG die Abwasserabgabe zu entrichten. Sie ist zum einen dazu be-

---

1009 Allgemeine Meinung: vgl. exemplarisch für BY: VGH BY, Urteil vom 8.9.2005, Aktz. 23 B 4.2671, Rn. 27 (Juris); der Gebietsabflussbeiwert gebe den statistisch zu erwartenden Anteil der bebauten und befestigten Flächen an der Gesamtgrundstücksfläche an. Er stelle einen Mittelwert aus der umliegenden Bebauung dar und beruht im Wesentlichen auf der Grundflächenzahl der Grundstücke – VGH BY, Urteil vom 29.4.1999, Aktz. 23 B 97.1628, Rn. 38 (Juris); für NI: OVG NI, Urteil vom 15.2.1999, Aktz. 9 1269/97, NIVbl. 2000, 91/92; *Lichtenfeld*, in: Driehaus, Kommunalabgabenrecht, Bd. II, § 6 Rn. 759a (45. Erg. Lfg. Sept.2011); für SH: OVG SH, Urteil vom 14.4.2011, Aktz. 2 LB 23/10, NVwZ-RR 2011, 705/750; *Brüning*, in: Driehaus, ebenda, § 6 Rn. 878a (46. Erg. Lfg. März 2012); für NW: OVG NW, Beschluss vom 8.7.2009, Aktz. 9 A 2016/08, Rn. 3 ff. (Juris); *Rieger*, in: Driehaus, ebenda, § 6 Rn. 598a (51. Erg. Lfg. Sept. 2014).
1010 Vgl. OVG SH, Urteil vom 14.4.2011, Aktz. 2 LB 23/10, NVwZ-RR 2011, 705/705 f.; OVG NW, Beschluss vom 18.9.2009, Aktz. A 2016/08, Leitsatz und Rn. 3 ff. (Juris); OVG NI, Urteil vom 24.9.1999, Aktz. 9 L 1269/97, NIVbl. 2000, 91/91 f.; *Rieger*, in: Driehaus, Kommunalabgabenrecht, Bd. II, § 6 Rn. 598a, S. 356 (51. Erg. Lfg. Sept. 2014); *Brüning*, in: Driehaus, ebenda, § 6 Rn. 878a (46. Erg. Lfg. März 2012).

IV. Finanzierung der Abwasserbeseitigung: Entgelte und Abgaben

stimmt, Umwelt- und Ressourcenkosten in das Kostengerüst der Einleiter einzubeziehen (Umweltnutzungsabgabe). Durch diese Internalisierung der Kosten für die Nutzung der Gewässer soll der Nutzer zum sorgsamen Umgang mit dem Umweltgut angehalten werden. Zum anderen ist das Aufkommen der Abwasserabgabe gem. § 13 AbwAG zweckgebunden zu verwenden, so soll ein proaktiver Beitrag zur Erhaltung und Verbesserung der Gewässergüte geleistet werden. Die Zuständigkeit für die Festsetzung, Erhebung und Vollstreckung der Abwasserabgabe in den Bundesländern ergibt sich aus dem jeweiligen Landesrecht, insbesondere den Ausführungsgesetzen zum Abwasserabgabengesetz oder dem Landeswassergesetz.[1011] Sie liegt regelmäßig bei den Wasserbehörden.[1012]

1011   Gesetz zur Ausführung des Abwasserabgabengesetzes in BY in der Fassung und Bekanntmachung vom 9.9.2003 (GVBl. S. 730), zuletzt geändert am 8.4.2013 durch Gesetz vom 12.4.2013 (GVBl. 2013, S. 174); Gesetz zur Ausführung des Abwasserabgabengesetzes im Land BBG vom 8. 2.1996 (GVBl. I S. 14), zuletzt geändert durch Gesetz vom am 16.5.2013 (GVBl. I Nr. 18, S. 1); Ausführungsgesetz HE zum Abwasserabgabengesetz vom 29.9.2005 (GVBl. I S. 664), zuletzt durch Gesetz vom 22.6.2011 (GVBl. I Nr. 12, S. 292); Ausführungsgesetz zum Abwasserabgabengesetz des Landes M-V vom 19.12.2005 (GVOBl., S. 637), zuletzt geändert durch Gesetz vom 23. 2.2010 (GVOBl., S. 101); Niedersächsisches Ausführungsgesetz zum Abwasserabgabengesetz in der Fassung vom 24.3.1989 (GVBl. S. 69), zuletzt geändert durch Gesetz vom 20.112001 (GVBl. S. 701); Gesetz des Landes RP zur Ausführung des Abwasserabgabengesetzes (Landesabwasserabgabegesetz – LAbwAG) vom 22.12.1980 (GVBl. S. 258), zuletzt geändert am 28.92010 durch Gesetz vom 5.10.2010 (GVBl. S. 299) Sächsisches Ausführungsgesetz zum Abwasserabgabengesetz vom 5.5.2004 (GVBl. S. 148, 167), geändert durch Gesetz vom 18.7.2006 (GVBl. S. 387); Ausführungsgesetz in LSA zum Abwasserabgabengesetz vom 25.6.1992 (GVBl. LSA S. 580), zuletzt geändert durch Gesetz vom 21.3.2013 (GVBl. S. 116; Gesetz zur Ausführung des Abwasserabgabengesetzes in SH in der Fassung vom 13.11.1990 (GVBl. S. 545), zuletzt geändert Gesetz vom 13.12.2007 (GVOBl., S. 499); Thüringer Abwasserabgabengesetz vom 28.5.1993 (GVBl. S. 301), zuletzt geändert durch Gesetz vom 20.12.2007 (GVBl. S. 267).
1012   Siehe beispielsweise §§ Art. 11 Abs. 1 BayAbwAG; 10 BbgAbwAG; 9 S. 1 i.V.m. 65 WG HE; 13 Abs. 1 AbwAG M-V; 1 Nds. AG AbwAG; 11 SächsAbwAG, 1 AG AbwAG LSA; 13 Abs. 1 ThürAbwAG.

3. Kapitel: Abwasserentsorgung unter dem Regime des Abwasserrechts

a. Anwendungsbereich des Abwasserabgabengesetzes

Der Anwendungsbereich des AbwAG ist gem. § 1 für das Einleiten von Abwasser in ein Gewässer im Sinne des § 2 WHG eröffnet. Damit ist es regelmäßig auf alle einleitenden Abwasseranlagen, nicht jedoch auf nichteinleitende Wasserrecyclingsysteme anwendbar.

Das Abwasser im Sinne des § 1 AbwAG ist in § 2 Abs. 1 AbwAG legaldefiniert. Die Legaldefinition des 2 Abs. 1 AbwAG gleicht dem Abwasserbegriff des § 54 Abs. 1 WHG.[1013] Allerdings stellt der § 2 Abs. 1 AbwAG durch die Wendung: „(...) in Sinne dieses Gesetzes (...)" klar, dass der Begriff nur für das Abwasserabgabenrecht Verwendung findet.[1014] Die Wertungen des Abwasserbegriffs des WHG sind auch für das AbwAG zu berücksichtigen.[1015] Entgegen einiger Stimmen in der Literatur, die den Abwasserbegriff des AbwAG enger als den des WHG fassen, ist der Abwasserbegriff des AbwAG an dem weiten Abwasserbegriff des WHG zu orientieren. Ansonsten würde das dem Sinn und Zweck der Regelungen des AbwAG widersprechen. Denn dann unterlägen Einleitungen von Abwasser der Erlaubnispflicht (repressives Verbot mit Erlaubnisvorbehalt) nach dem WHG, aber das AbwAG wäre von vornherein nicht auf sie anwendbar.[1016] Dieses Verständnis ergibt sich auch systematisch aus § 1 Abs. 1 AbwAG, nach dem „für das Einleiten von Abwasser in ein Gewässer gem. § 3 Nr. 1 - 3 Wasserhaushaltsgesetz (...) eine Abgabe zu entrichten" ist, sowie aus § 9 Abs. 5 AbwAG, nach dem sich die eingeleitete Menge an der nach dem WHG erlassenen Erlaubnis richtet.[1017] Das Verständnis der Komponenten vom Schmutz- und Niederschlagswasserbegriff nach dem AbwAG ist daher von den gleichen Streitfragen geprägt wie das des WHG.[1018] Den Komponenten des Schmutz- und Niederschlagswasserbegriffs sowohl des WHG als auch des AbwAG unterfallen daher grundsätzlich dieselben Stoffe und Stoffgemische.

1013 Vgl. hierzu unter 3. Kap. I. Abschn. Nr. 1 a.
1014 Vgl. *Köhler/Meyer*, AbwAG, § 2 Rn. 1 und 3, S. 136 f.
1015 Vgl. hierzu *Breuer*, Öffentliches und privates Wasserrecht, 2004, Rn. 495; a.A. *Köhler/Meyer*, AbwAG § 2 Rn. 9, S. 138 f.; *Czychowski/Reinhardt*, WHG, § 54 Rn. 6.
1016 Vgl. *Breuer*, Öffentliches und privates Wasserrecht, 2004, Rn. 495.
1017 Vgl. auch *Köhler/Meyer*, AbwAG, § 2 Rn. 3.
1018 Vgl. hierzu exemplarisch die Kommentierungen von *Zöllner*, in: Sieder/Zeitler/Dahme/Knopp, WHG und AbwAG, Bd. 1, § 2 AbwAG Rn. 2-13 (EL 33 Juli 2007); *Köhler/Meyer*, AbwAG, § 2 Rn. 2-51.

IV. Finanzierung der Abwasserbeseitigung: Entgelte und Abgaben

Die Abwasserabgabe knüpft an die Einleitung gem. § 1 AbwAG an, welche in § 2 Abs. 2 AbwAG legaldefiniert ist. Trotz des identischen Wortlauts des Einleitens im Sinne des § 2 Abs. 2 AbwAG und dem Einleitungsbegriff des WHG aus § 9 Abs. 1 Nr. 4 Alt. 2 WHG sind die Begriffe nicht inhaltsgleich. Nach § 2 Abs. 2 AbwAG ist ein Einleiten im Sinne des AbwAG das unmittelbare Verbringen des Abwassers in ein Gewässer. Auch das Verbringen in den Untergrund gilt gem. § 2 Abs. 2 a.E. AbwAG als Einleiten in ein Gewässer. Das „Verbringen" ist ähnlich dem Begriff des Zuführens als Oberbegriff zu sehen. Es erfasst neben dem Einleiten und Einbringen im Sinne des WHG auch das Versenken, Verrieseln und Versickern.[1019] Die Versickerung und Verrieselung könnte strenggenommen das unmittelbare Verbringen in Zweifel ziehen, da zur Einleitung in ein Gewässer die Bodenpassage zum Grundwasser erforderlich ist. Um auch diese Konstellation zweifelsfrei zu erfassen, wurde die Fiktion des § 2 Abs. 2 a.E. AbwAG eingefügt. Mit der Fingierung ist weder der Nachweis einer unmittelbaren Einleitung noch der Nachweis des Gelangens in das Grundwasser erforderlich.[1020] Der Tatbestand des „Einleitens" im Sinne des AbwAG oder des „Verbringens" erfasst damit jede Handlung (Tun oder Unterlassen), die darauf abzielt, Abwasser in ein Gewässer gelangen zu lassen.[1021] Ein Unterlassen ist u.a. anzunehmen, wenn nach einem objektiven Maßstab ein Austritt von Abwasser bekannt ist und dem nicht entgegengewirkt wird.[1022] Bei Systemen der zentralen Abwasserbeseitigung wird von Mischwassersystemen das geklärte Schmutz- und Niederschlagswasser gemeinsam und von Trennwassersystemen das geklärte Schmutzwasser und das Niederschlagswasser getrennt in die Flüsse eingeleitet. Bei Systemen der dezentralen Abwasserbeseitigung wird das von dezentralen Schmutzwasserbeseitigungsanlagen geklärte Wasser direkt in Oberflächengewässer oder den Boden und damit in das Grundwasser unmittelbar eingeleitet. Bei der dezentralen Niederschlagswasserbeseitigung

---

1019 Siehe *Dahme*, in: Sieder/Zeitler/Dahme/Knopp, WHG und AbwAG, Bd. 1, § 2 AbwAG Rn. 15 (EL 23, Nov. 2001).
1020 Dies ist insbesondere für die Untergrundverrieselung von Kleinkläranlagen relevant, vgl. *Zöllner*, in: Sieder/Zeitler/Dahme/Knopp, WHG und AbwAG, Bd. 1, § 2 AbwAG Rn. 17 (EL 36, August 2008).
1021 *Dahme*, in: Sieder/Zeitler/Dahme/Knopp, WHG und AbwAG, Bd. 1, § 2 AbwAG Rn. 15 (EL 23, Nov. 2001).
1022 Vgl. OVG M-V, Urteil vom 23.5.2007, Aktz. 1 L 100/5, Leitsatz und Rn. 25 ff. (Juris); *Dahme*, in: Sieder/Zeitler/Dahme/Knopp, WHG und AbwAG, Bd. 1, § 2 AbwAG Rn. 15 (EL 23, Nov. 2001).

3. Kapitel: Abwasserentsorgung unter dem Regime des Abwasserrechts

wird das Niederschlagswasser in ein Oberflächengewässer oder durch Versickerung oder Verrieselung in den Boden direkt eingeleitet. Aus Anlagen des privaten Grau- und Niederschlagswasserrecyclings, z.B. dem dezentralen hausinternernen (Teil-) Kreislauf oder semi-dezentraler Ableitung für die Brauchwasserversorgung, findet hingegen keine direkte Einleitung in Gewässer statt.

b. Abgabepflicht und Abgabenpflichtiger

Die Abgabepflicht knüpft grundsätzlich an die Einleitung des Abwassers an. Abgabenpflichtig ist nach § 9 Abs. 1 sowie § 2 Abs. 2 AbwAG, wer Abwasser unmittelbar einleitet. Damit richtet sich die Abgabepflicht grundsätzlich sowohl an die öffentlichen Träger der Beseitigungspflicht als auch an private und öffentliche Rechtssubjekte, die Träger einer Abwasseranlage sind, die Abwasser einleitet. Allerdings bestehen nach dem AbwAG und den Ausführungsgesetzen der Bundesländer regelmäßig Ausnahmeregelungen für die Einleitung von (nicht mit Schmutzwasser vermischtem) Niederschlagswasser aus Kanalisationen gem. § 7 Abs. 2 AbwAG sowie für sog. Kleineinleitungen gem. § 8 Abs. 2 AbwAG.

(1) Abgabepflicht der direkten Einleiter

Nach § 9 Abs. 1 AbwAG ist grundsätzlich abgabenpflichtig, wer das Abwasser einleitet (Einleiter). Einleiter ist gem. §§ 9 Abs. 1 und 2 Abs. 2 AbwAG derjenige, der Abwasser unmittelbar in ein Gewässer verbringt. Das ist die Person, die die tatsächliche Sachherrschaft über die Anlage oder Einrichtung, aus der das Abwasser unmittelbar in Gewässer verbracht wird, besitzt und ausübt sowie in der Lage ist, auf das Verbringen nach Menge und Beschaffenheit Einfluss zu nehmen.[1023] Unmittelbar bedeutet in diesem Zusammenhang, dass das Abwasser direkt dem Gewässer zugeführt wird. Die Stelle, an der der Einleiter sich des Abwassers entledigt, und die Stelle, an der das Abwasser in das Gewässer gelangt, müssen an-

---

1023 Vgl. BVerwG, Beschluss vom 24.9.2008, Aktz. 7 B 39/08, Rn. 4 (Juris); OVG SN, Urteil vom 30.5.2012, Aktz. 4 L 224/11, Rn. 29 (Juris); OVG LSA; Beschluss vom 27.4.2006, Aktz. 4 K 89/6, LKV 2007, 285/285; *Köhler/Meyer*, AbwAG, § 9 Rn. 11.

IV. Finanzierung der Abwasserbeseitigung: Entgelte und Abgaben

einander grenzen.[1024] Keine Einleiter sind Indirekteinleiter, also Abwassererzeuger oder -besitzer, die ihr Abwasser in die Abwasseranlage eines Dritten leiten. Bei einer Kette von Abwasserbesitzern ist der Letzte in der Kette, der die Einleitung vornimmt, Abgabenpflichtiger.[1025] Im Allgemeinen ist demzufolge der jeweilige öffentliche oder private Träger der einleitenden Abwasserentsorgungsanlage Abgabenpflichtiger, wie z.B. der Abwassererzeuger, der die privat organisierte Kleinkläranlage betreibt.

(2) Besonderheiten für Niederschlagswasser

Auch für Einleitungen von Niederschlagswasser aus zentralen und dezentralen Anlagen sind nach § 7 Abs. 1 AbwAG Abwasserabgaben zu entrichten. Die Berechnung der Abgabe richtet sich gem. § 7 Abs. 1 AbwAG regelmäßig nach der Größe der entwässerten Fläche.

Vom Grunde her abgabepflichtig sind jedoch nur erlaubnisbedürftige Einleitungen von Niederschlagswasser. Von vorneherein abgabenfrei sind daher zum einen Sachverhalte, in denen gar kein Niederschlagswasser anfällt, also Niederschlagswasser auf unversiegelte Flächen auftritt und dort ohne Zutun ungehindert im Boden versickert. Zum anderen unterliegen die Niederschlagswassereinleitungen keiner Erlaubnispflicht, die im Rahmen von Gemeingebrauch oder Erlaubnisfreiheit keiner Gestattung bedürfen.[1026]

Zudem sind die Bundesländer gem. § 7 Abs. 2 AbwAG berechtigt, auch die abgabenpflichtige Einleitung von Niederschlagswasser unter bestimmten Voraussetzungen ganz oder zum Teil abgabenfrei zu stellen.[1027] Eine voraussetzungslose Befreiung ohne qualitative oder quantitative oder zeitliche Beschränkung ist von der Ermächtigung jedoch nicht gedeckt und verstößt gegen Art. 31 GG. Denn Sinn und Zweck des AbwAG ist es, Anreize zu erzeugen, um Schadstoffeinleitungen durch Abwasser zu vermei-

---

1024 Siehe BVerwG, Beschluss vom 24.9.2008, Aktz. 7 B 39/08, Rn. 5 (Juris).
1025 Siehe BVerwG, Beschluss vom 24.9.2008, Aktz. 7 B 39/08, Rn. 5 (Juris).
1026 In den Bundesländern ist die ortsnahe Einleitung von unbelastetem Niederschlagswasser in Oberflächen, Küsten und Grundwasser individuell geregelt, vgl. hierzu genauer unter 3. Kap. VI. Abschn. Nr. 1 d. (2).
1027 Vgl. OVG NW, Urteil vom 18.12.2003, Aktz. 9 A 2229/01, NVwZ-RR 2004, 410/411 f.; OVG NW, Beschluss vom 16.5.2003, Aktz. 9 A 626/00, NVwZ-RR 2003, 777/778; *Zöllner*, in: Sieder/Zeitler/Dahme/Knopp, WHG und AbwAG, Bd. 1, § 7 AbwAG Rn. 23, S. 7 a (EL 37, Juni 2009).

349

den oder zu vermindern. Dies ist bei einer pauschalen Ausnahme für Niederschlagswasser nicht gewährleistet.[1028] Da indes die Ausgestaltung der Beschränkung von der bundesrechtlichen Norm nicht vorgegeben ist, können im Rahmen einer materiellen Beschränkung qualitative, quantitative oder zeitliche Aspekte gewählt werden. Von dieser Ermächtigung haben die Länder weitgehend Gebrauch gemacht. So werden in vielen Ländern die Einleitungen von Niederschlagswasser aus Misch- und Trennwasserkanalisationen abgabenfrei gestellt, wenn diese, in einigen Ländern alternativ, in anderen auch kumulativ, den allgemeinen Regeln der Technik entsprechen und die Anforderungen des die Einleitung zulassenden Bescheides einhalten.[1029] Im Falle von Einleitungen aus Mischwasserkanalisationen, insbesondere aus sog. Mischüberläufen,[1030] hat die Kanalisation ein flächenbezogenes Mindestrückhaltevolumen aufzuweisen.[1031] Alternativ zu diesen Anforderungen hat der Ausbaugrad der Behandlung für das Gemeindegebiet mindestens 70 % zu betragen.[1032] Einleitungen von Niederschlagswasser aus Trennwasserkanalisationen sind abgabenfrei, sofern es nicht durch Fehlanschlüsse verunreinigt ist und die Rückhaltung und Behandlung von Niederschlagswasser den allgemeinen Regeln der Technik entspricht.[1033]

(3) Besonderheiten bei Kleineinleitungen aus Kleinkläranlagen

Nach § 9 Abs. 2 S. 2 AbwAG gilt bundesunmittelbar, dass statt der Einleiter von kleinen Mengen Schmutzwassers (Kleineinleitungen) die von den Ländern zu bestimmende Körperschaft des öffentlichen Rechts für diese

---

1028 OVG RP, Beschluss vom 18.12.2009, Aktz. 7 A 11006/08, Rn. 10 (Juris); *Zöllner*, in: Sieder/Zeitler/Dahme/Knopp, WHG und AbwAG, Bd. 1, § 7 AbwAG Rn. 23, S. 7 a (EL 37, Juni 2009); *Köhler/Meyer*, AbwAG, § 7 Rn. 51 f.
1029 Siehe Art. 6 Abs. 2 AbwAG BY sowie §§ 117 Abs. 1 WG BW; 4 Abs. 2, 3 und 4 AbwAG BBG; 3 Abs. 2 AbwAG Bremen; 5 Abs. 1 AbwAG HE; 4 Abs. 1 und 2 AbwAG M-V; 3 Abs. 1 AbwAG NI; 73 Abs. 2 WG NW; 6 Abs. 1 AbwAG SN; 4 Abs. 1 und 2 AbwAG LSA; 8 Abs. 1 und 2 AbwAG SH.
1030 Vgl. zu Mischwasserüberläufen in tatsächlicher Hinsicht 1. Kap. I. Abschn. Nr. 2 a. und 4.
1031 So ausdrücklich: Art. 6 Abs. 2 AbwAG BY sowie §§ 4 Abs. 3 und 4 AbwAG BBG; 6 Abs. 1 AbwAG SN; 4 Abs. 2 AbwAG LSA; 8 Abs. 2 AbwAG SH.
1032 Siehe § 117 Abs. 1 WG BW.
1033 Siehe beispielsweise: § 6 Abs. 1 AbwAG SN.

IV. Finanzierung der Abwasserbeseitigung: Entgelte und Abgaben

Einleitungen abgabenpflichtig ist. Kleineinleitungen in diesem Sinn sind Einleitungen von weniger als acht Kubikmeter pro Tag Schmutzwasser aus Haushaltungen und ähnliches Schmutzwasser. Die Regelung betrifft hauptsächlich Einleitungen aus Kleinkläranlagen. Abgabenpflichtig ist nach den Ausführungsgesetzen der Länder regelmäßig die Körperschaft, der die Abwasserbeseitigung für das Gebiet, in dem die Kleineinleitung stattfindet, übertragen ist.[1034] Die Körperschaften des öffentlichen Rechts sind gem. § 9 Abs. 2 S. 2 a.E. AbwAG jedoch zur Abwälzung der Abgabe (Ob und Höhe richtet sich nach § 8 AbwAG) nach den Kommunalabgabengesetzen berechtigt. Sinn und Zweck dieser etwas verworrenen Regelung ist die Verwaltungsvereinfachung. Anstatt zahlreiche Kleineinleiter als Abgabenpflichtige zu haben, sollen an deren Stelle die Körperschaften des öffentlichen Rechts treten, unabhängig von der Abwasserbeseitigungspflicht.[1035]

Darüber hinaus sind jedoch auch die abgabenpflichtigen Körperschaften des öffentlichen Rechts gem. § 8 Abs. 2 S. 2 AbwAG für die Kleineinleitungen nicht abgabenpflichtig, sofern der Bau der Abwasserbehandlungsanlagen mindestens den allgemein anerkannten Regeln der Technik entspricht und die ordnungsgemäße Schlammbeseitigung sichergestellt ist. Außerdem sind die Länder gem. § 8 Abs. 2 S. 1 AbwAG berechtigt, Voraussetzungen für eine dem Bau der Abwasserbehandlungsanlage nachfolgende fortgesetzte Abgabenfreiheit der Abwasserbehandlungsanlagen für die Kleineinleitungen zu regeln. Hiervon haben die Länder umfassend Gebrauch gemacht. Demnach bleiben die Kleineinleitungen abgabenfrei, wenn Schmutzwasser aus Haushaltungen behandelt wird und eine ordnungsgemäße Schlammbeseitigung gewährleistet ist.[1036]

1034 Vgl. Art. 8 BayAbwAG sowie §§ 117 WG BW; 8 AbwAG BLN; 7 Abs. 1 AbwAG BBG; 4 Abs. 1 AbwAG Bremen; 5 AbwAG Hamburg; 1 Abs. 1 AbwAG HE; 5 Abs. 1 AbwAG NI; 64 Abs. 1 WG NW; 1 Abs. 1 AbwAG RP; 132 Abs. 2 WG SL; 1 Abs. 1 AG-AbwAG SH; 6 Abs. 2 AbwAG M-V; 8 Abs. 1 AbwAG SN; 6 Abs. 1 AbwAG LSA; 7 AbwAG TH.
1035 Vgl. *Köhler/Meyer*, AbwAG § 9 Rn. 22.
1036 Vgl. Art. 7 Abs. 1 AbwAG BY sowie §§ 117 Abs. 2 WG BW; 6 AbwAG BBG; 8 Abs. 1 AbwAG HE; 4 Abs. 1 AbwAG NI; 73 Abs. 1 WG NW; 7 Abs. 1 AbwAG SN; 5 Abs. 1 AbwAG LSA; 8 a Abs. 1 AbwAG SH; 6 Abs. 1 AbwAG TH.

c. Abgabentatbestand: Schädlichkeit des Abwassers

Die Höhe der Abwasserabgabe richtet sich grundsätzlich gem. § 3 Abs. 1 AbwAG nach der Schädlichkeit des Abwassers. Da tatsächlich eine vollständige Untersuchung des Abwassers zur Bildung eines Wirklichkeitsmaßstabes zur Ermittlung der Steuerhöhe praktisch nicht möglich ist, wird der Grad der Verschmutzung und Schädlichkeit des Abwassers durch einen Wahrscheinlichkeitsmaßstab abgebildet. Bemessen wird nach Schadeinheiten gem. § 3 Abs. 1 S. 1 und der Anlage zum AbwAG, die durch Summenparameter und eine Reihe von Einzelstoffen, u.a. Phosphor und Stickstoff, bestimmt sind.[1037] Die für Einleitungen von Niederschlagswasser und Kleineinleitungen von den Körperschaften zu entrichtenden Abwasserabgaben hingegen werden gem. § 7 und § 8 des AbwAG sowie ggf. ergänzend geltendem Landesrecht pauschaliert berechnet. Die Gesamtschadstofffracht ergibt sich aus dem Produkt der Menge, gemessen mit der Jahresschmutzwassermenge, und der Schädlichkeit des Abwassers pro Liter, gemessen mit den vorstehend genannten Schadeinheiten.

(1) Ermittlung für Schmutzwasser

Soweit der Einleiter für das von ihm eingeleitete Abwasser dem Grunde nach abgabenpflichtig ist, richtet sich die Abgabenhöhe (Jahresschmutzwassermenge und Schadeinheiten) nach § 4 Abs. 1 AbwAG. Danach wird die Jahresschmutzwassermenge und die Schadstofffracht (Schadeinheiten) formal nach den Werten des nach den §§ 8 bis 12 WHG erteilten Erlaubnisbescheids für die Einleitung bestimmt. Die Überwachung der Einhaltung des Bescheides obliegt nach § 4 Abs. 4 S. 1 AbwAG der Gewässeraufsicht. Höhere Werte können gem. § 4 Abs. 4 S. 2 bis 8 AbwAG nachveranlagt, geringere Einleitungen können gem. § 4 Abs. 5 AbwAG zur Reduzierung der Abgabenhöhe geltend gemacht werden. Zweck der „Bescheidregelung" ist die Verwaltungsvereinfachung. Durch die Verlinkung von wasserrechtlichem Vollzug und Abgabenerhebung wird die parallele Führung kosten- und personalintensiver administrativer Überwachungs-

---

[1037] Vgl. *Köhler/Meyer*, AbwAG § 4 Rn. 1 ff., vgl. zu Bedenken hinsichtlich des Äquivalenzprinzips, Rn. 9.

IV. Finanzierung der Abwasserbeseitigung: Entgelte und Abgaben

systeme für Vollzug und Abgabe vermieden.[1038] Steuerungswirkungen und Anreize entfalten sich trotzdem. Mittelfristig besteht ein Anreiz, durch Reduktion der Jahresschmutzwassermenge oder der Schadstofffracht eine Erlaubnis mit geringeren Werten zu erlangen.[1039] In der kurzen Frist besteht aufgrund der Verminderungsregelung des § 4 Abs. 5 AbwAG ein Anreiz auf Verringerung der genehmigten Einleitung. Voraussetzung für die Anwendung der Bescheidregelung ist, dass der Einleitungsbescheid zumindest die Jahresschmutzwassermenge sowie auf einen bestimmten Zeitraum bezogene Schadstoffkonzentrationen angibt.

Liegt entweder kein Bescheid vor, wie z.B. bei illegalen Einleitungen, oder weist er nicht die erforderlichen Inhalte auf, werden die Überwachungswerte zunächst gem. § 6 Abs. 1 S. 1 AbwAG durch Erklärung des Einleiters ersetzt. Sofern eine solche Erklärung unterbleibt, legt die Behörde gem. § 6 Abs. 1 S. 2 AbwAG für die Berechnung der Schadeinheiten das höchste Messergebnis aus der behördlichen Überwachung zugrunde. Liegt ein solches Ergebnis nicht vor, z.B. weil die Einleitung illegal war, schätzt die zuständige Behörde gem. § 6 Abs. 1 S. 3 die Überwachungswerte. Anhand der so gewonnenen Überwachungswerte berechnet man gem. § 6 Abs. 2 i.V.m. § 4 Abs. 2 bis 5 AbwAG die Abgabenhöhe.

(2) Ermittlung und Pauschalisierung für Niederschlagswasser

Soweit die Einleitungen von Niederschlagswasser dem Grunde nach abgabenpflichtig sind, wird die Höhe der Abwasserabgabe für die Einleitung nach § 7 Abs. 1 AbwAG pauschaliert berechnet. Die Zahl der Schadeinheiten für Niederschlagswasser, das über eine öffentliche Kanalisation eingeleitet wird, beträgt zwölf von Hundert der an die öffentliche Kanalisation angeschlossenen Einwohner (Einwohnermaßstab). Für Niederschlagswasser, das von befestigten gewerblichen Flächen über eine nichtöffentliche Kanalisation eingeleitet wird, werden regelmäßig 18 Schadeinheiten je Hektar zugrunde gelegt (Flächenmaßstab). Die Behörde ist gem. § 7 Abs. 1 S. 3 AbwAG berechtigt, die Einwohner und die Flächen zu schätzen.

1038 Vgl. *Kotulla*, Rechtliche Instrumente des Grundwasserschutzes, § 17 B I 3, S. 737; *Breuer*, Öffentliche und privates Wasserrecht, 2004, Rn. 566.
1039 Vgl. auch *Kotulla*, Rechtliche Instrumente des Grundwasserschutzes, § 17 B I 3, S. 737.

3. Kapitel: Abwasserentsorgung unter dem Regime des Abwasserrechts

(3) Ermittlung und Pauschalierung für Kleineinleitungen

Soweit die Kleineinleitungen abgabenpflichtig sind, wird die Abwasserabgabe nach § 8 Abs. 1 AbwAG oder abweichendem Landesrecht pauschaliert berechnet. Die Zahl der Schadeinheiten von Kleineinleitungen von Schmutzwasser aus Haushaltungen und ähnlichem Schmutzwasser beträgt demnach die Hälfte der Zahl der nicht an die Kanalisation angeschlossenen Einwohner. Allerdings sind die Bundesländer gem. § 8 Abs. 1 S. 1 AbwAG berechtigt, eine eigene Berechnung der Schadeinheiten zu normieren. Hiervon Gebrauch gemacht hat nur *Baden-Württemberg,* demnach sind 70 % der Zahl der nicht an die Kanalisation angeschlossenen Einwohner für die Berechnung der Schadeinheiten maßgeblich.[1040] Nach § 8 Abs. 1 S. 3 AbwAG ist die Schätzung der nicht angeschlossenen Einwohner zulässig, sofern die Zahl nur mit unverhältnismäßigem Aufwand zu ermitteln ist.[1041]

d. Verrechnung mit Investitionen

Nach § 10 Abs. 3–5 AbwAG besteht für die Abgabenpflichtigen die Möglichkeit, die geschuldete Abwasserabgabe mit dem für die Errichtung oder Erweiterung von Abwasserbehandlungsanlagen oder Zuführungsanlagen entstehenden Aufwand zu verrechnen und so die Abgabenlast zu mildern. Der Sinn und Zweck der Verrechnungsregelung liegt zum einen in der Lenkungswirkung: Die Abgabe soll notwendigen Investitionen nicht entgegenstehen und finanzielle Anreize zur Schaffung oder Verbesserung von zentralen Abwasserbehandlungsanlagen und Kanalisationen entfalten.[1042] Zum anderen bezweckt die Verrechnungsmöglichkeit Verwaltungsvereinfachung. Denn durch die Verrechnung wird die zweckgebundene Abwasserabgabe dort gemindert, wo Investitionen ohnehin zur Verbesserung der Abwasserinfrastruktur oder allgemein zur Steigerung der

---

1040 Vgl. § 117 Abs. 1 WG BW.
1041 Vgl. hierzu Art. 6 Abs. 3 AbwAG BY sowie §§ 5 AbwAG BBG; 5 Abs. 2 AbwAG M-V; 4 Abs. 2 AbwAG NI; 7 Abs. 3 AbwAG SN; 5 Abs. 2 AbwAG LSA; 8 Abs. 2 AbwAG SH; 6 Abs. 3 AbwAG TH.
1042 Vgl. BVerwG, Urteil vom 17.10.1997, Aktz. 8 C 26/96, NVwZ 1998, 641/641 f.; *Zöllner,* in: Sieder/Zeitler/Dahme/Knopp, WHG und AbwAG, Bd. 1, § 10 AbwAG Rn. 50 (AbwAG, EL 41, Mai 2011).

IV. Finanzierung der Abwasserbeseitigung: Entgelte und Abgaben

Gewässerqualität verwendet werden. Formal erfolgt die Verrechnung auf Antrag des Verrechnungsberechtigten und wird von der erhebenden Behörde per Verwaltungsakt festgesetzt.

(1) Aufwendungen für Abwasserbehandlungsanlagen

Nach § 10 Abs. 3 AbwAG besteht die Verrechnungsmöglichkeit von Aufwendungen für die Errichtung oder Erweiterung von Abwasserbehandlungsanlagen für die Dauer von drei Jahren vor der vorgesehenen Inbetriebnahme. Voraussetzung ist gem. § 10 Abs. 3 S. 1 AbwAG, dass durch den Betrieb der errichteten oder erweiterten Abwasserbehandlungsanlage eine Minderung eines der bewerteten Schadstoffe oder Schadstoffgruppen in dem zu behandelnden Abwasserstrom sowie eine Minderung der Gesamtschadstofffracht beim Einleiten in das Gewässer erwarten lässt.

i. Errichtung oder Erweiterung der Abwasserbehandlungsanlage

Der Begriff der Abwasserbehandlungsanlage gem. § 10 Abs. 3 S. 1 AbwAG ist in § 2 Abs. 3 AbwAG als Einrichtung legaldefiniert, die dazu dient, die Schädlichkeit des Abwassers zu vermindern oder zu beseitigen; ihr steht gem. § 2 Abs. 3 a.E. eine Einrichtung gleich, die dazu dient, die Entstehung von Abwasser ganz oder teilweise zu verhindern. Auch die Errichtung oder Erweiterung von einzelnen Teilen einer im bauordnungsrechtlichen Sinne Anlage, wie z.B. der Sandfang oder die mechanische Reinigung, unterfallen dem Begriff der Abwasserbehandlungsanlage gem. § 10 Abs. 3 AbwAG.[1043] Verhinderungsanlagen im Sinne des § 2 Abs. 3 a.E. AbwAG stellen Anlagen dar, die in einem Prozess, in dem Abwasser anfällt, zur Minderung oder Wegfall des Abwasseranfalls führen.[1044] Als Errichtung oder Erweiterung von Abwasserbehandlungsanlagen gem. §§ 10 Abs. 3 und 2 Abs. 3 AbwAG gilt funktional jede investive, bauliche, einrichtungs- oder verfahrensmäßige Änderung, die die oben beschriebenen Auswirkungen hat. Maßnahmen, die weder auf eine verbesserte Abwasserbehandlung oder -Verhinderung abzielen, wie Wartungs-, Instand-

---

1043 Vgl. *Köhler/Meyer*, AbwAG § 10 Rn. 62.
1044 Vgl. *Zöllner*, in: Sieder/Zeitler/Dahme/Knopp, WHG und AbwAG, Bd. 1, § 2 AbwAG Rn. 22 (EL 36, Aug. 2008); *Köhler/Meyer*, AbwAG, § 2 Rn. 99 f.

setzungs- oder Modernisierungsmaßnahmen ohne Funktionsverbesserung, sind nicht erfasst.[1045]

ii. Minderung der Fracht

Materiell ist für die Verrechnungsmöglichkeit gem. § 10 Abs. 3 S. 1 AbwAG kumulativ zweierlei notwendig: Zum einen muss eine 20 %ige Minderung in einem „(...) zu behandelnden Abwasserstrom (...)", also einem Teilstrom oder dem Gesamtstrom an einem der in § 3 Abs. 1 AbwAG genannten und in der Anlage zu § 3 AbwAG konkretisierten Parameter zu erwarten sein. Zum anderen ist notwendig, dass bei der Einleitung eine Minderung eines Schadstoffes oder einer Schadstoffgruppe in der Gesamtfracht zu erwarten ist.[1046] Durch die Erfordernisse wird gewährleistet, dass die 20 %ige Minderung im Abwasserstrom nicht lediglich durch eine Verdünnung herbeigeführt wird. Allgemein anerkannt ist, dass die Mindestrate unabhängig von dem bestehenden abwassertechnischen Standard der Behandlung und Einleitung gilt.[1047] Nicht erforderlich ist, dass die Maßnahme mit letzter Sicherheit zu der funktionalen Verbesserung führt. Der Wortlaut „erwarten lässt" stellt vielmehr klar, dass eine mit hinreichender Wahrscheinlichkeit zu erwartende funktionale Verbesserung ausreicht.[1048]

Grundsätzlich können Investitionen in jegliche Abwasserbehandlungsanlagen von zentralen oder dezentralen Systemen zur kumulativen Minderung der Schadstofffracht eines Abwasserstroms und der Gesamtschadstofffracht führen. Die Minderungsziele können bei dezentralen Beseitigungsanlagen z.B. durch die Modernisierung der Anlage herbeigeführt werden. Eine Erfüllung der Minderungsziele durch die Einführung der dezentralen Niederschlagswasserbeseitigung ist hingegen nicht zu erwarten. Im Wesentlichen ist nur eine reine Mengenreduktion des Abwasseranfalls um das Niederschlagswasser, aber keine Minderung von Schadstoffen oder Schadstoffgruppen zu erwarten.

1045 Vgl. *Köhler/Meyer*, AbwAG, § 10 Rn. 64.
1046 Vgl. BVerwG Urteil vom 8.9.2003, Aktz. 9 C 1.03, NVwZ 2004, 64/65 f.; *Dahme*, in: Sieder/Zeitler/Dahme/Knopp, WHG und AbwAG, Bd. 1, § 10 AbwAG, Rn. 49 (EL 22, Juli 2000).
1047 Vgl. *Köhler/Meyer*, AbwAG § 10 Rn. 81.
1048 Vgl. *Köhler/Meyer*, AbwAG § 10 Rn. 81.

IV. Finanzierung der Abwasserbeseitigung: Entgelte und Abgaben

Nach einer Ansicht in der Literatur erfüllen auch Abwasserverwertungsanlagen, die beispielsweise gebrauchtes Grau- oder Niederschlagswasser erneut einer Verwendung zuführen, in der Regel nicht die kumulativen Minderungskriterien.[1049] Dieser Ansicht nach erfülle die mehrfache Verwendung von Abwasser in Kreisläufen, also die Verwertung von bereits gebrauchtem Wasser und der darauf folgenden Einsparung von Trinkwasser grundsätzlich nicht die Minderungsvoraussetzungen. Die Gesamtschadstofffracht vermindere sich dabei nicht.[1050] Im Falle der Niederschlagswasserverwertung steige bei gleichem Wasserverbrauch zu gleichen Nutzungen die Schadstofffracht durch die im Niederschlagswasser befindlichen Luft- und anderen Schadstoffe eher noch an. Im Falle der Grauwasserverwertung sinke zwar die Menge des einzelnen und des gesamten Abwasserstroms, aber durch die Mehrfachnutzung für die ersetzten Zwecke erhöhe sich die Schadstoffkonzentration des mehrfach genutzten Grauwassers.

Dieser Ansicht kann nicht zugestimmt werden. Der Wortlaut der Vorschrift ist weiter zu verstehen. Nicht umsonst lautet die Vorschrift, dass Verhinderungsanlagen den Abwasserbehandlungsanlagen gleichgestellt werden, sofern sie der „Verhinderung der Entstehung von Abwasser" dient. Aus dem Wortlaut folgt zweierlei: Zum einen bedeutet Verhinderung, anders als Vermeidung, dass Abwasser bereits entstanden sein kann und nicht dessen Entstehung per se durch die Investition in die Anlage ausgeschlossen werden muss. Verhinderung bedeutet, dass auch sonst entstehendes Abwasser durch die Investition in eine Anlage künftig nicht mehr anfällt. Daher ist die Kreislaufführung von Abwasser grundsätzlich erfasst.[1051] Zum anderen folgt aus dem Wortlaut „entsprechend", dass eben gerade nicht die strengen Minderungskriterien an Abwasserverhinderungsanlagen anzulegen sind. Ansonsten hätte systematisch auch auf die Regelung verzichtet werden können. Unabhängig von den vorstehend aufgeführten Gründen ist jedoch entscheidend, dass die Verrechnungsmöglichkeit nach dem allgemeinen Sinn und Zweck des AbwAG gerade den

---

1049 Siehe *Köhler/Meyer*, AbwAG, § 2 Rn. 99, 100 und § 10 Rn. 75; *Zöllner*, in: Sieder/Zeitler/Dahme/Knopp, WHG und AbwAG, Bd. 1, § 10 AbwAG Rn. 49, S. 19 (EL 41, Mai 2011).
1050 Vgl. *Dahme*, in: Sieder/Zeitler/Dahme/Knopp, WHG und AbwAG, Bd. 1, § 10 AbwAG Rn. 48 (EL 22, Juli 2000).
1051 Hierin stimmt auch *Köhler/Meyer*, AbwAG, § 2 Rn. 99 und 100 grundsätzlich zu.

Anlagen zugutekommen soll, die Abwasser verhindern. Dies ist auch von dem Rechtsrahmen der nachhaltigen Abwasserentsorgung grundsätzlich so gefordert. Es würde daher geradezu absurd anmuten, die Abwasserverwertungsanlagen als Prototyp der Abwasserverhinderungsanlagen gem. § 2 Abs. 3 S. 1 a. E. AbwAG von der Verrechnungsmöglichkeit auszuschließen.

iii. Verrechnung der entstandenen Aufwendungen

Liegen die Voraussetzungen der Minderung vor, können gem. § 10 Abs. 3 S. 1 AbwAG die für die Errichtung oder Erweiterung der Anlage entstandenen Aufwendungen mit der geschuldeten Abgabe verrechnet werden. Bei der für die Errichtung oder Erweiterung der Anlage entstandenen Aufwendungen handelt es sich um freiwillige Vermögensopfer, die in unmittelbarem zeitlichen und funktionellen Zusammenhang mit der Errichtung oder Erweiterung stehen, z.B. Kosten für Planung und Bau.[1052] Die Abgabenpflichtigen müssen grundsätzlich die Aufwendungen selbst erbracht haben. Es ist also zwischen der investierenden und der abgabenpflichtigen Person Personenidentität erforderlich.[1053]

(2) Aufwendungen für Kanalbauten

Nach § 10 Abs. 4 AbwAG gilt die Verrechnungsmöglichkeit für die Errichtung und Erweiterung der Abwasserbehandlungsanlagen gem. § 10 Abs. 3 AbwAG auch für die Errichtung und Erweiterung von „Anlagen, die das Abwasser vorhandener Einleitungen einer Abwasserbehandlungsanlage zuführen". Somit sind insbesondere Kanalbauten und sonstige Zuführungsanlagen erfasst. Voraussetzung für die Verrechnungsmöglichkeit für diese Anlagen ist, dass sie den Anforderungen des § 60 Abs. 1 WHG

1052 Vgl. *Köhler/Meyer*, AbwAG, § 10 Rn. 83 f.; *Zöllner*, in: Sieder/Zeitler/Dahme/Knopp, WHG und AbwAG, Bd. 1, § 10 AbwAG, Rn. 50 (EL 41, Mai 2011).
1053 Vgl. ausdrücklich Art. 9 AbwAG BY sowie h.M.: VGH BY, Beschluss vom 27.1.2009, ZfW 2009, 163/164 ff.; OVG M-V, Beschluss vom 25.7.2003, Aktz. 3 L 7/00, Leitsatz und Rn. 6 ff. (Juris); VGH HE, Beschluss vom 25.3.1998, NVwZ-RR 1999, 144/144; *Köhler/Meyer*, AbwAG, § 10 Rn. 90; *Zöllner*, in: Sieder/Zeitler/Dahme/Knopp, WHG und AbwAG, Bd. 1, § 10 AbwAG, Rn. 52, S. 21 (EL 41, Mai 2011).

(allgemeine Regeln der Technik) bereits entsprechen oder angepasst werden und dass bei den Einleitungen insgesamt eine Minderung der Gesamt-Schadstofffracht zu erwarten ist. Erforderlich für die Verrechnung ist ferner, dass kumulativ eine Einleitung (auch Klein- oder Niederschlagswassereinleitungen) aufgegeben wird und deren Abwasser durch eine zu errichtende oder zu erweiternde Kanalisation zu einer dem Stand der Technik entsprechenden oder zukünftig entsprechenden Abwasserbehandlungsanlage gem. § 2 Abs. 3 AbwAG geführt wird. Möglich ist dies insbesondere durch eine Umbindung einer dezentralen Abwasserbeseitigung auf eine zentrale. Im Ergebnis muss eine, wenn auch geringe, Reduzierung der Gesamtschadstofffracht zu erwarten sein.[1054] Auch wenn der Wortlaut es nicht eindeutig hergibt, wenn er sich auf „Abwasser vorhandener Einleitungen" bezieht, so ist in der Rechtsprechung und Literatur weitgehend anerkannt, dass auch die Aufgabe oder Umbindung von Teilströmen einer Einleitung für die Verrechnung genügt.[1055] Auch bei den Zuführungsanlagen muss es sich um eine Errichtung oder Erweiterung handeln, also um eine über den alters- oder verschleißbedingten Austausch hinausgehende konstruktive Änderung und qualitative Verbesserung der bisherigen Anlage.[1056] Die Regelung schafft damit generell einen Anreiz, in Zuführungsanlagen zu investieren, durch die dezentrale Einleitungen umgebunden werden.[1057] Um dezentrale Abwasserbeseitigungsanlagen insofern nicht zu benachteiligen und den insoweit drohenden Widerspruch zu den Zielen der nachhaltigen und an den Klimawandel angepassten Abwasserentsorgung aufzulösen, ist hier der Gesetzgeber gefordert.

1054 Vgl. *Köhler/Meyer*, AbwAG, § 10 Rn. 129; *Zöllner*, in: Sieder/Zeitler/Dahme/Knopp, WHG und AbwAG, Bd. I, § 10 AbwAG Rn. 56 a, S. 24 f. (EL 40, August 2010).

1055 Vgl. BVerwG, Urteil vom 26.6.2008, Aktz. 7 C 2/08, NVwZ 2008, 1124/1124; OVG RP, Urteil vom 8.12.2005, Aktz. 12 A 11009/5, Leitsatz und Rn. 16 (Juris); *Zöllner*, in: Sieder/Zeitler/Dahme/Knopp, WHG und AbwAG, Bd. 1, § 10 AbwAG Rn. 56 a, S. 24 f. (EL 40, August 2010).

1056 Vgl. VGH BY, Beschluss vom 26.10.2007, NVwZ-RR 2008, 418/418 ff.; *Zöllner*, in: Sieder/Zeitler/Dahme/Knopp, WHG und AbwAG, Bd. 1, § 10 AbwAG Rn. 56 a, S. 23 f. (EL 40, August 2010).

1057 *Dahme*, in: Sieder/Zeitler/Dahme/Knopp, WHG und AbwAG, Bd. 1 § 10 AbwAG Rn. 22 (EL 22, Juli 2000) und Rn. 51 (EL 41, Juli 2011); *Gawel*, Die künftige Abwasserabgabe, ZfW 2011, 185/211.

V. Planung und Abwasserentsorgung

Standorte sowohl von zentralen als auch dezentralen Abwasserentsorgungsanlagen bedürfen mit Blick auf die erforderlichen Flächen und ausgeübten Bodennutzungen regelmäßig einer vorausschauenden Planung. Die Planung der Standorte von Abwasserentsorgungsanlagen ergibt sich aus den horizontal und vertikal verschränkten Ebenen der wasserrechtlichen Fach-planung, der allgemeinen Raumordnung und Bauleitplanung. Die Planung der Abwasserbeseitigung und -verwertung durch die Gemeinden und andere öffentlichen Träger durch Abwasserbeseitigungskonzepte und Bauleitplanung hat sowohl die Vorgaben der Fachplanung als auch der Raumordnung zu beachten.

	Allgemeine Planung	Fachrechtliche Planung
Bundesrecht	RaumOG BauGB	WHG: - Bewirtschaftungsplan - Maßnahmenprogramm
Landesrecht	Landesentwicklungsgesetz Landesentwicklungsprogramm oder auch -plan Regionalentwicklungsprogramm oder auch -plan	Landesrechtliche Planungsinstrumente (u.a. Abwasserbeseitigungsplan etc.)
Kommunalrecht	Flächennutzungsplan Bebauungsplan	Abwasserbeseitigungskonzept

Abbildung 4: Abwasserbeseitigungsrelevante Planungen

1. Fach- oder wasserrechtliche Planung

Für die Abwasserentsorgung relevante fach- oder wasserrechtlichen Planungen sind das umfassende Planungsinstrumentarium des integrierten Gewässermanagements der WRRL und der in einigen Ländern geregelte Abwasserbeseitigungsplan.

a. Bewirtschaftungsplanung nach der WRRL

Die WRRL normiert zur Förderung einer nachhaltigen Wassernutzung im Sinne des Art. 1 lit. b WRRL einen umfassenden Bewirtschaftungsrahmen für die Gewässer in der EU. Er erfasst alle Gewässernutzungen und gilt somit auch für alle Direkteinleitungen von Abwasseranlagen (sog. integriertes Gewässermanagement). Dieser im WHG umgesetzte Bewirtschaftungsrahmen stellt auch Anforderungen an die Landesplanung und wirkt mittelbar auf die von den Gemeinden und anderen öffentlichen Trägern zu erstellenden Abwasserbeseitigungskonzepte und ggf. Bauleitplanungen.

(1) Bewirtschaftungsrahmen

Der Bewirtschaftungsrahmen besteht aus einer Bestandsaufnahme des Zustands der Gewässer, der Setzung von Bewirtschaftungszielen und Fristen gem. §§ 27 ff., 44 und 47 WHG sowie der Aufstellung von Maßnahmenprogrammen in den Flussgebietseinheiten zur Erreichung der Ziele gem. § 82 WHG. Die Ziele und Maßnahmenprogramme werden in den sog. Bewirtschaftungsplänen gem. § 83 WHG und landesrechtlichen Vorschriften zusammengefasst. Die in den Bewirtschaftungsplänen aufgeführten Programme sind nach den Landeswassergesetzen grundsätzlich für alle Behörden verbindlich und damit insbesondere bei der Gestattung von Einleitungen zu beachten.

Umgesetzt wurden die Anforderungen an die Bestandsaufnahme durch Verordnungen auf Landesebene.[1058] Die Bestandsaufnahme der in den Ländern aufzunehmenden Gewässer findet sich in den sog. A-Berichten für die deutschen Teile der jeweiligen Flussgebietseinheiten und den sog. B-Berichten für die den Flussgebietseinheiten zugeordneten einzelnen Koordinierungsräumen. Das Monitoringprogramm ist in den Berichten zum Überwachungsprogramm nach der WRRL in den einzelnen Flussgebietseinheiten zusammengefasst und wird regelmäßig durch die sog. Rahmenkonzeption zur Gewässerüberwachung in den Teilen der Flussgebietseinheiten (Monitoringkonzept) konkretisiert.

Ausgehend von der Bestandsaufnahme der Gewässer in den Ländern sind letztendlich in den Bewirtschaftungsplänen konkrete Bewirtschaf-

---

1058 Vgl. beispielsweise: Verordnung zur Umsetzung der Wasserrahmenrichtlinie in HE VO-WRRL vom 17.5.2005; Verordnung zur Umsetzung der Anhänge II und V der Wasserrahmenrichtlinie in M-V (WasRRAnhIIuVUmsV M-V); Verordnung des Landes Sachsen-Anhalt über die Wasserrahmenrichtlinie (WRRL-VO) vom 24.8.2005; Thüringer Verordnung zur Umsetzung der Richtlinie 2000/60/EG zur Schaffung eines Ordnungsrahmens für Maßnahmen der Gemeinschaft im Bereich der Gewässerpolitik (Thüringer Wasserrahmenrichtlinienverordnung - ThürWRRLVO) vom 28.4.2004.

tungsziele für Oberflächen- und Küstengewässer und das Grundwasser festgelegt. Für die Oberflächen- und Küstengewässer ist gem. § 33 i.V.m. §§ 27 ff. WHG die Erreichung eines guten ökologischen und chemischen Zustands der Gewässer als Ziel ausgegeben. Alle oberirdischen Gewässer sind zudem gem. § 27 Abs. 1 WHG so zu bewirtschaften, dass eine Verschlechterung ihres ökologischen und chemischen Zustands vermieden wird (Verschlechterungsverbot) und ein guter ökologischer und chemischer Zustand erhalten oder erreicht wird (Verbesserungsgebot). Für künstliche oder erheblich veränderte Gewässer gem. § 27 Abs. 2 und 28 WHG gilt, dass sie so zu bewirtschaften sind, dass eine Verschlechterung ihres ökologischen Potenzials und ihres chemischen Zustands vermieden wird (Verschlechterungsverbot) und ein gutes ökologisches Potenzial und chemischer Zustand erhalten oder erreicht werden (Verbesserungsgebot). Für die Bewirtschaftung des Grundwassers ist gem. § 47 Abs. 1 WHG als Ziel ausgegeben, dass eine Verschlechterung des mengenmäßigen und chemischen Zustands vermieden wird (Verschlechterungsverbot), dass alle signifikanten und anhaltenden Trends ansteigender Schadstoffkonzentrationen aufgrund menschlicher Tätigkeiten umgekehrt werden (Gebot der Trendumkehr) und dass ein guter mengenmäßiger und chemischer Zustand erhalten oder erreicht wird (Verbesserungsgebot). Zu einem guten mengenmäßigen Zustand gehört insbesondere ein Gleichgewicht zwischen Grundwasserentnahme und Grundwasserneubildung.

(2) Aufstellung der Bewirtschaftungspläne und Maßnahmenprogramme

Der Bewirtschaftungsplan legt als übergeordneter Plan für die gesamte Flussgebietseinheit die Umweltziele und den zeitlichen Rahmen für ihre Erreichung fest. Er enthält die nach § 83 Abs. 2 S. 1 WHG geforderten Angaben, insbesondere die Festlegung der Bewirtschaftungsziele. Zudem enthält er die nach § 83 Abs. 2 S. 2 Nrn. 1 bis 4 WHG erforderlichen Angaben, insbesondere die Festlegung von künstlichen oder erheblich veränderten Gewässern gem. §§ 28, 83 Abs. 2 S. 2 Nr. 1 WHG. In den in den Bewirtschaftungsplänen enthaltenen Maßnahmenprogrammen werden die zur Erreichung der Bewirtschaftungsziele erforderlichen Maßnahmen konkretisiert, indem eine verbindliche Ziel-Frist-Maßnahmen-Kombination festlegt wird. Über das Programm entfaltet der Bewirtschaftungsplan Steuerungswirkungen, die insbesondere das Bewirtschaftungsermessen und die Zulassung von Direkteinleitungen von Abwasseranlagen beeinflussen.[1059] Das Maßnahmenprogramm gem. § 82 WHG enthält gem. § 82 Abs. 1 S. 1 i.V.m. Abs. 2 bis 6 WHG die Maßnahmen, die zur Erreichung der Bewirtschaftungsziele nach Maßgabe der §§ 27 ff. (Oberflächengewässer), 44 ff. (Küstengewässer) und 47 (Grundwasser) beitragen. Nach § 82 Abs. 2 WHG sind in dem Programm gem. § 82 Abs. 3 WHG grundlegende und u.U. nach § 82 Abs. 4 WHG ergänzende Maßnahmen zu regeln. Grundlegende Maßnahmen können u.a. Zulassungsvorbehalte zur Begrenzung von Einleitungen, Verbote direkter Schadstoffeinleitungen in das Grundwasser, Emissionsbegrenzungen sowie Bau- und Sanierungsvorhaben sein. Ergänzende Maßnahmen, wie z.B. Emissionsbegrenzungen oder Verhaltenskodizes für die gute fachliche Praxis, werden zusätzlich aufgenommen, soweit dies zur Erreichung der Bewirtschaftungsziele erforderlich ist.

(3) Bindungswirkungen der Bewirtschaftungspläne und Maßnahmenprogramme

Nur ansatzweise gesetzlich normiert und damit auch in Rechtsprechung und Literatur im Einzelnen ungeklärt ist die Bindungswirkung der Bewirtschaftungsplanung und insbesondere der Maßnahmenprogramme. Während die Bewirtschaftungspläne gemeinhin als Verwaltungsinternum keine unmittelbare Außenwirkung entfalten und hierfür aufgrund ihres zusammenfassenden und vordringlich der Information dienenden Charakters auch keine besondere Notwendigkeit besteht,[1060] ist die Lage bei den Maßnahmenprogrammen mit ihren Ziel-Frist-Maßnahme-Kombinationen schwieriger zu beurteilen.[1061] Allgemein werden die Maßnahmenprogramme in den landesgesetzlichen Regelungen weit überwiegend als hoheitliche Maßnahme ohne Außenwirkung und damit nicht als Rechtsnorm, sondern lediglich als Rechtssatz oder Verwaltungsvorschrift mit notwendiger oder auch fakultativer Behördenverbindlichkeit normiert.[1062] Adressaten

---

1059 Vgl. *Czychowski/Reinhardt*, WHG, § 83 Rn. 8.
1060 Vgl. *Kotulla*, WHG, § 83 Rn. 40; *Czychowski/Reinhardt*, WHG, § 83 Rn. 8.
1061 Vgl. m.w.N. *Czychowski/Reinhardt*, WHG, § 82 Rn. 10 ff.
1062 Vgl. Art. 51 Abs. 2 WG BY sowie §§ 3f WG BW; 24 Abs. 3 WG BBG (fakultative Behördenverbindlichkeit); 54 Abs. 2 WG HE; 130a Abs. 4 WG M-V; 117 Abs. 1 WG NI; 2f WG NW; 24 Abs. 3 WG RP; 40 Abs. 2 WG SL; 87 Abs. 3 WG SN; 102 Abs. 2 WG LSA; 131 Abs. 2 WG SH (fakultative Behördenverbindlichkeit); 32 Abs. 3 WG TH.

3. Kapitel: Abwasserentsorgung unter dem Regime des Abwasserrechts

der Behördenverbindlichkeit allgemein sind die Bundes- und Landesbehörden, die im Rahmen ihrer jeweiligen Aufgaben- und Zuständigkeitsbereiche auf die Verwirklichung des Maßnahmenprogramms hinwirken.[1063] Kein Adressat der Behördenverbindlichkeit sind hingegen die abwasserbeseitigungspflichtigen Gebietskörperschaften des öffentlichen Rechts. Ob die deutsche Umsetzung der Rechtsverbindlichkeit indes den Anforderungen der europarechtlichen Vorgaben genügt, wird in der Literatur bezweifelt.[1064]

i. Beachtung durch Wasserbehörden

Nach der in den meisten Ländern angeordneten Behördenverbindlichkeit der Maßnahmenprogramme und weiteren Regelungen in den Landeswassergesetzen haben die Wasserbehörden in den Bundesländern ihr Bewirtschaftungsermessen für alle Nutzungen der Gewässer nach den Bewirtschaftungsplänen und den darin enthaltenen Programmen auszurichten.[1065] Die Ziel-Frist-Maßnahmen-Kombinationen sind demnach insbesondere bei Erteilungen von und nachträglichen Anordnungen gegenüber wasserrechtlichen Gestattungen im Rahmen des den Wasserbehörden eingeräumten Bewirtschaftungsermessens zu berücksichtigen.[1066] Gestattungen, die nicht mit Ziel-Frist-Maßnahmen-Kombinationen vereinbar sind, können sowohl versagt als auch nur unter Auflagen erteilt werden. Auch nachträgliche Anordnungen gegenüber gewährten Gestattungen sind möglich.[1067] Hiervon sind demnach auch Einleitungen von Abwasser aus Abwasseranlagen aller Art (zentral, semi-zentral, semi-dezentral, dezentral) betroffen. So können z.B. Ziel-Frist-Maßnahme-Kombinationen in einem Koordinierungsraum einer Flussgebietseinheit nachträgliche Anordnungen zur Modernisierung von Kleinkläranlagen rechtfertigen.

1063 Vgl. *Durner*, NuR 2009, S. 77/78.
1064 Aufgrund der Weichenstellung für nachfolgende Maßnahmen wird ein Rechtssatz mit Außenwirkung und Überprüfbarkeit durch den Einzelnen gefordert, vgl. auch Art. 11 Abs. 1 S. 2 der WRRL: *Appel*, ZUR-Sonderheft 2001, S. 129/136; *Kotulla* NVwZ 2002, 1409/1415; ähnlich auch *Dieckmann* EuRUP 2008, 2/6 f.; *Kotulla*, WHG, § 82 Rn. 35.
1065 Vgl. beispielsweise § 87 Abs. 3 WG SN.
1066 Vgl. *Durner*, NuR 2009, S. 77/80 f.; *Faßbender*, ZfW 2010, S. 189/196 ff.
1067 Vgl. auch ausdrücklich §§ 65 WG BBG; 6 Abs. 4 WG SN und 32 WG SH.

ii. Berücksichtigung in Fachplanungen

Auch große Kläranlagen benötigen eine Einleitungsgenehmigung, die nach Maßgabe der Bewirtschaftungsziele und des Maßnahmenprogramms zu erteilen ist. Die Rechtsprechung tendiert dazu, die Vorgaben der Bewirtschaftungsziele im Rahmen von wasserrechtlichen Planfeststellungsverfahren als normative Vorgaben anzusehen, die nicht der Abwägung zugänglich sind.[1068] Auch wenn die bisherige Rechtsprechung bisher nicht über die Planfeststellung von Kläranlagen entschieden hat, so dürfte für diese wohl das Gleiche gelten.[1069] Daher sind insbesondere die Anforderungen des Verschlechterungsverbots und des Erhaltungs- und Verbesserungsgebots zu beachten. Jedoch wurde bei der Beurteilung, ob die Bewirtschaftungsziele erfüllt werden, der sachverständig beratenen Planfeststellungsbehörde eine naturschutzfachliche Einschätzungsprärogative zugestanden. Ihre Einschätzung hat also methodisch abgesichert und nach dem aktuellen Stand der Fachwissenschaft inhaltlich vertretbar zu sein.[1070]

iii. Berücksichtigung im Abwasserbeseitigungskonzept

Die allgemein im WHG angeordnete Behördenverbindlichkeit des Maßnahmenprogramms greift nicht direkt gegenüber den beseitigungspflichtigen Körperschaften des öffentlichen Rechts ein, da die beseitigungspflichtigen Körperschaften des öffentlichen Rechts nicht als Behörde bei der Erfüllung der pflichtigen Selbstverwaltungsaufgabe tätig werden. Jedoch finden sich in den Ländern, in denen die Abwasserbeseitigungskonzepte normiert sind, zum Teil ausdrückliche Bindungswirkungen an die Ziel-Frist-Maßnahmen-Kombinationen in Form von Berücksichtigungs- oder Ausrichtungsgeboten.[1071] Unabhängig davon jedoch wachen die von der Be-

---

1068 Vgl. zur ausstehenden Vorlage an den EuGH zur Weservertiefung BVerwG, Beschluss vom 11.7.2013, Aktz. 7 A 20.11, Rn. 27 ff. (Juris) sowie bereits OVG Bremen, Urteil vom 4.6.2009, Aktz. 1 A 9/09, Leitsatz und Rn. 112 ff. (Juris).
1069 Vgl. BVerwG, Beschluss vom 11.7.2013, Aktz. 7 A 20.11, Rn. 48 (Juris).
1070 Vgl. BVerwG, Beschluss vom 2.10.2014, Aktz. 7 A 14.12, Rn. 7 ff. (Juris) sowie OVG Bremen, Urteil vom 4.6.2009, Aktz. 1 A 9/09, Leitsatz, Rn. 121 f. (Juris) unter Verweis auf BVerwG, Urteil vom 9.6.2004, Aktz. 9 A 11/3, Rn. 118 (Juris).
1071 Vgl. §§ 53 Abs. 1 a S. 5 WG NW; 51 Abs. 1 WG SN; 58a Abs. 1 S. 2 Nr. 3 WG TH.

hördenverbindlichkeit gebundenen Wasserbehörden im Rahmen der Rechtsaufsicht über die ordnungsgemäße Erfüllung der Abwasserbeseitigungspflicht in Gestalt des Abwasserbeseitigungskonzepts. In diesem Rahmen sind sie verpflichtet, die Verwirklichung der Maßnahmenprogramme zu gewährleisten. Insofern haben die öffentlichen Träger bei den Festsetzungen des Abwasserbeseitigungskonzepts, insbesondere mit Blick auf die erforderlichen Einleitungen, das Maßnahmenprogramm zu beachten. Denn ansonsten gewährleistet das Abwasserbeseitigungskonzept nicht die ordnungsgemäße Aufgabenerfüllung. Es ist gewissermaßen „vollzugsunfähig". Die Wasserbehörden sind dann gehalten, die dem Maßnahmenprogramm widersprechenden Festsetzungen zu beanstanden oder fehlende Festsetzungen, ggf. unter Fristsetzung, anzumahnen.[1072]

iv. Berücksichtigung in der Raumordnung

Nach § 7 Abs. 3 des Raumordnungsgesetzes (ROG) und der Landesplanungsgesetze sollen die Raumordnungspläne,[1073] also das Landesentwicklungsprogramm oder auch -plan und der Regionalplan, auch die Festlegungen raumbedeutsamer öffentlicher Planungen enthalten. Voraussetzung ist, dass sie zum einen für die Aufnahme in Raumordnungspläne geeignet und zur Koordinierung von Raumansprüchen erforderlich sind und zum anderen, dass sie durch Ziele oder Grundsätze der Raumordnung gesichert werden können. Nach § 7 Abs. 3 S. 2 Alt. 2 ROG sind hierbei auch ausdrücklich die Darstellungen in Fachplänen des Wasserrechts ge-

---

1072 Vgl. auch § 53 Abs. 1a S. 5 WG NW.
1073 Raumordnungsgesetz vom 22. Dez. 2008 (BGBl. I S. 2986), zuletzt geändert durch Gesetz vom 31.7.2009 (BGBl. I, S. 2585) sowie beispielsweise Landesplanungsgesetz Baden-Württemberg in der Fassung vom 10.7.2003 Gbl., S 385, zuletzt geändert durch Gesetz vom 4.5.2009 (Gbl., S. 185) oder Hessisches Landesplanungsgesetz vom 6.9.2002, GVBl. I 2002, 548 zuletzt geändert durch Gesetz vom 8.3.2011 GVBl. I S. 153); Gesetz über die Raumordnung und Landesplanung des Landes Mecklenburg-Vorpommern in der Fassung der Bekanntmachung von 5.5.1998, (GVBl. S. 503, ber. 613) zuletzt geändert durch Gesetz vom 20.5.2011 (GVBl. S. 323, 324); Landesplanungsgesetz des Landes Sachsen-Anhalt vom 28.4.1998 (GVBl. S. 255), zuletzt geändert durch Gesetz vom 19.12.2007 (GVBl. S. 466).

meint.[1074] Mit ihrer Aufnahme unterliegen solche Festsetzungen, sofern sie Zielqualität aufweisen, den Zielbedingungspflichten des § 4 Abs. 1 ROG. Allerdings sind nach § 81 Abs. 1 S. 2 WHG auch bei der Aufstellung der Maßnahmenprogramme die Ziele der Raumordnung zu beachten und die Grundsätze und sonstigen Erfordernisse zu berücksichtigen. Wie diese wechselseitige Einflussnahme von Raumordnung und fachrechtlicher Planung in Konfliktfällen aufzulösen ist, ist nicht geklärt.[1075]

v. Berücksichtigung in der Bauleitplanung

In die Bauleitplanung werden die Ziel-Frist-Maßnahmen-Kombinationen regelmäßig im Flächennutzungs- und Bebauungsplan nachrichtlich übernommen oder vermerkt. Sie erhalten aber neben der Behördenverbindlichkeit keine weiteren Bindungswirkungen. Nach § 5 Abs. 4 BauGB sollen im Flächennutzungsplan alle Planungen und sonstigen Nutzungsregelungen, die nach anderen gesetzlichen Vorschriften festgesetzt sind, nachrichtlich übernommen werden. Ist eine Festsetzung in Aussicht genommen, soll sie zudem vermerkt werden. Für Bebauungspläne besteht in § 9 Abs. 6 BauGB eine entsprechende Regelung, nach der nach anderen gesetzlichen Vorschriften getroffene Festsetzungen in den Bebauungsplan nachrichtlich übernommen werden, soweit sie zu seinem Verständnis oder für die städtebauliche Beurteilung von Baugesuchen notwendig oder zweckmäßig sind. An den Bindungswirkungen des Flächennutzungsplans nach §§ 7, 8 Abs. 2 S. 1 und 35 Abs. 3 Nr. 1 BauGB nehmen die übernommenen Darstellungen jedoch nicht teil. Gleiches gilt für Bebauungspläne. Allerdings ist zu berücksichtigen, dass eine Planung, die Flächen für Vorhaben festsetzt, die einer oder mehreren Ziel-Frist-Maßnahmen-Kombinationen zuwiderlaufen und daher keine Aussicht auf Genehmigungs- oder Gestattungserteilung hat, insoweit nicht vollzugsfähig und damit regelmäßig auch nicht erforderlich ist.

1074 Vgl. *Spannowsky*, in: Bielenberg/Runkel/Spannowsky, Raumordnungs- und Landesplanungsrecht des Bundes und der Länder, § 7 Rn. 90 ff. (Lfg. 2/05); *Durner*, NuR 2009, 77/79.
1075 Nach *Czychowski/Reinhardt,* WHG, § 82 Rn. 13 können Maßnahmenprogramme die Raumplanungsziele für den von ihnen fachlich abgedeckten Bereich weiter konkretisieren, nicht aber durch weitere raumplanerische Abwägung modifizieren oder gar im Interesse des Gewässerschutzes überwinden, kritisch hierzu *Seidel/Rechenberg*, ZUR 2004, 213/214.

b. Abwasserbeseitigungspläne der Bundesländer

Nach Maßgabe des in einigen Bundesländern vorgesehenen Abwasserbeseitigungsplans, können die obersten Wasserbehörden die Abwasserbeseitigung nach überörtlichen Gesichtspunkten für das Gebiet des Bundeslandes oder für Teile eines Gewässers festlegen.[1076] Es können u.a. Standorte für bedeutsame Anlagen zur Behandlung von Abwasser, ihr Einzugsbereich, die Grundzüge für die Behandlung, die Gewässer, in die eingeleitet werden soll, sowie die Träger der Maßnahmen festgelegt werden.[1077] Unter Beachtung der Festsetzungen der Bewirtschaftungspläne und Maßnahmenprogramme kann der Abwasserbeseitigungsplan Steuerungswirkungen für die Entsorgung und Bauleitplanung auf Kommunalebene entfalten.[1078] Wird der Abwasserbeseitigungsplan als reines Verwaltungsinternum erlassen, entfaltet er lediglich Steuerungswirkungen innerhalb von Behörden oder für nachfolgende Behörden, z.B. bei Gestattungen.[1079] In den anderen Planungen, insbesondere der Bauleitplanung, sind die nicht verbindlichen Abwasserbeseitigungspläne gem. § 1 Abs. 6 Nr. 7 lit. g BauGB als „sonstiger Plan" in der Abwägung als Material zu berücksichtigen.[1080] Die oberste Wasserbehörde indes ist auch befugt, den Abwasserbeseitigungsplan unter Beteiligung der Abwasserbeseitigungspflichtigen und sonstigen betroffenen Behörden für rechtsverbindlich zu erklären.[1081] In diesem Fall ist er allgemein und daher auch durch die beseitigungspflichtigen Körperschaften des öffentlichen Rechts bei der Erstellung und Fortschreibung ihrer Konzepte zu beachten.[1082] Dann sind auch andere Planungen, insbesondere die Bauleitplanung, an die Festsetzungen des Abwasserbeseitigungsplans, z.B. die Standortausweisung einer überörtlich bedeutsamen Anlage, gebunden.[1083]

1076 Siehe §§ 60 Abs. 1 S. 1 WG RP; 42 Abs. 1 S. 1 WG SL; 80 Abs. 1 WG LSA.
1077 Vgl. ausdrücklich § 80 Abs. 1 WG LSA; OVG LSA, Urteil vom 12.10.2000, Aktz. 1 K 67/00, DVBl. 2001, 672/672.
1078 Vgl. BVerwG, Beschluss vom 20.12.1988, Aktz. 7 NB 2/88, NVwZ 1989, 458/459.
1079 Vgl. *Breuer*, Öffentliches und privates Wasserrecht, 2004, Rn. 526.
1080 Vgl. *Gierke*, in: Brügelmann, BauGB, Bd. 2, § 9 Rn. 268 (57. Lfg. Feb. 2005) sowie 3. Kap. V. Abschn. Nr. 3 c. (1).
1081 Vgl. §§ 60 Abs. 3 WG RP; 42 Abs. 1 und 3 WG SL; 80 Abs. 1 WG LSA.
1082 Vgl. OVG LSA, Urteil vom 12.10.2000, Aktz. 1 K 67/00, DVBl. 2001, 672/672.
1083 Vgl. *Gierke*, in: Brügelman, BauGB, Bd. 2, § 9 Rn. 268 (57. Lfg. Feb. 2005).

2. Allgemeine Raumordnung

Die Raumordnung hat gem. § 1 Abs. 1 ROG die Entwicklung, Ordnung und Sicherung des Gesamtraums der Bundesrepublik Deutschland und seiner Teilräume u.a. durch überörtliche und überfachliche Raumordnungspläne (Querschnittspläne) und durch Abstimmung raumbedeutsamer Planung und Maßnahmen zum Ziel. Die Länder sind nach § 8 Abs. 1 ROG verpflichtet, für das gesamte Landesgebiet Landesraumordnungspläne und für die Teilräume Regionalpläne als Rechtsverordnung zu erlassen.[1084] Nach § 7 Abs. 1 ROG enthalten die Pläne der Raumordnung stufenweise konkretisierte Festlegungen als Ziele gem. § 3 Abs. 1 Nr. 2 ROG und Grundsätze gem. § 3 Abs. 1 Nr. 3 ROG zur Entwicklung, Ordnung und Sicherung des Raums.[1085] Auf den verschiedenen Stufen der Raumordnung, also den Landesraumordnungsplänen und den Regionalplänen, ergeben sich unter Berücksichtigung der wasserrechtlichen Maßnahmenprogramme regelmäßig Vorgaben für die Gestaltung der Abwasserbeseitigung im Gemeindegebiet. Die kommunalen Gebietskörperschaften haben jeweils als öffentliche Stellen gem. § 3 Abs. 1 Nr. 5 ROG, bei ihrer Planung die gem. § 4 Abs. 1 Nr. 1 ROG in den Raumordnungsplänen festgesetzen Ziele der Raumordnung zu beachten und allgemein gehaltene räumliche Vorgaben (Grundsätze) zu berücksichtigen.

Ziele der Raumordnung, die auf Landes- und Regionalebene weiter übernommen und konkretisiert werden sollen, sind gem. § 7 Abs. 5 S. 1 Nr. 3 lit. b. ROG, u.a. die zu sichernden Standorte und Trassen für Infrastruktur inklusive die der Ver- und Entsorgungsinfrastruktur. Für die Abwasserbeseitigung relevante Grundsätze der Raumordnung, die in den Landesprogrammen und Regionalplänen weiter konkretisiert werden, sind vor allem in §§ 2 Abs. 2 Nr. 3 und 6 ROG zu finden. Nach § 2 Abs. 2 Nr. 3 ROG ist die Versorgung mit Dienstleistungen und Infrastrukturen der Daseinsvorsorge in angemessener Weise zu gewährleisten; dies gilt auch in

---

1084 Vgl. eingehender: *Spannowsky*, in: Bielenberg/Runkel/Spannowsky Raumordnungs- und Landesplanungsrecht, Bd. 2, Teil K, § 8 Rn. 5 ff. (Lfg. 1/08) sowie *Dallhammer*, in: Cholewa/Dyong/v.d. Heide/Arenz, Raumordnung in Bund und Ländern, Bd. 1, § 8 Rn. 5 ff. (8. Lfg. März 2013).

1085 Vgl. zu den Grundsätzen und Zielen genauer: *Runkel*, in: Bielenberg/Runkel/Spannowsky Raumordnungs- und Landesplanungsrecht, Bd. 2, Teil L, § 4 Rn. 153 ff. (Ziele) (Lfg. 3/11) und Rn. 194 ff. (Grundsätze) (Lfg. 3/11) sowie *Dyong*, in: Cholewa/Dyong/v.d. Heide/Arenz, Raumordnung in Bund und Ländern, Bd. 1, § 4 Rn. 11 ff. (Ziele) und Rn. 16 ff. (Grundsätze) (3. Lfg. Juni 2010).

dünn besiedelten Regionen. Nach § 2 Abs. 2 Nr. 6 ROG ist die Abwasserbeseitigung zudem als wirtschaftliche und soziale Nutzung des Raums unter Berücksichtigung ökologischer Funktionen zu gestalten; dabei sind Naturgüter sparsam und schonend in Anspruch zu nehmen, Grundwasservorkommen sind zu schützen. Weiterhin ist den räumlichen Erfordernissen des Klimaschutzes Rechnung zu tragen, und zwar sowohl durch Maßnahmen, die dem Klimawandel entgegenwirken, als auch durch solche, die der Anpassung dienen.

Die Raumbedeutsamkeit der Planung von Gebieten mit dezentraler Abwasserbeseitigung vorausgesetzt, kommt auch die Steuerung der dezentralen Entsorgung durch die Instrumente der Raumordnung, z.B. durch Vorranggebiete, grundsätzlich in Betracht.[1086]

3. Bauleitplanung

Kommunale Gebietskörperschaften und damit auch regelmäßig die abwasserbeseitigungspflichtigen Körperschaften sind im Rahmen der ihnen nach § 1 Abs. 3 BauGB überantworteten Bauleitplanung verpflichtet, in ihrem Gebiet eine ordnungsgemäße Abwasserbeseitigung zum Wohl der Allgemeinheit sicherzustellen. Gleichzeitig stellt die Bauleitplanung die Instrumente zur Verfügung, mithilfe derer die kommunalen Gebietskörperschaften die Abwasserbeseitigung räumlich konzeptionieren und steuern können. Durch die Bauleitplanung können die dafür notwendigen Flächen vorbereitet, gesichert und entwickelt werden. Zweck der Bauleitplanung ist gem. § 1 Abs. 1 BauGB, die bauliche und sonstige Nutzung der Grundstücke auf örtlicher Ebene vorzubereiten und zu leiten. Die kommunale Bauleitplanung sieht hierfür das Instrument des Flächennutzungsplans gem. §§ 5 ff. BauGB und des Bebauungsplans gem. §§ 8 ff. BauGB vor. Ein Planungserfordernis in den Flächennutzungs- und Bebauungsplänen besteht grundsätzlich nicht nur für die baulichen und sonstigen Nutzungen. Es erstreckt sich auch auf die Sicherstellung einer dem Wohl der Allgemeinheit entsprechenden Abwasserbeseitigung. Daher sind die Belange der Abwasserbeseitigung nach Lage der Dinge regelmäßig in die nach § 1

1086 Vgl. statt vieler zu der insoweit vergleichbaren Konstellation bei Windkraftanlagen *Hentschel*, Umweltschutz bei Errichtung und Betrieb von Windkraftanlagen, S. 179 ff.

V. Planung und Abwasserentsorgung

Abs. 7 BauGB gebotene Abwägung einzustellen.[1087] Nach § 1 Abs. 5 S. 1 BauGB sollen die Bauleitpläne nicht nur eine nachhaltige städtebauliche Entwicklung gewährleisten. Bei ihrer Aufstellung gem. § 1 Abs. 5 S. 2 Nr. 1 BauGB sind auch die allgemeinen Anforderungen an gesunde Wohn- und Arbeitsverhältnisse und die Sicherheit der Wohn- und Arbeitsbevölkerung zu berücksichtigen sowie gem. § 1 Abs. 6 Nr. 7 lit. e BauGB die Emissionen, Abfälle und Abwasser zu mindern. Darüber hinaus sind die Körperschaften des öffentlichen Rechts gem. § 123 BauGB zur Erschließung der Baugebiete verpflichtet.

a. Planende Gemeinde und beseitigungspflichtige Körperschaft

Träger der Bauleitplanung sind gem. § 2 Abs. 1 BauGB die Gemeinden, die die Aufgabe als pflichtige Selbstverwaltungsaufgabe vornehmen. Im Sinne der in Art. 28 Abs. 2 GG gewährleisteten Planungshoheit kommt ihnen grundsätzlich ein planerisches Ermessen zu. Träger der Abwasserbeseitigungspflicht sind grundsätzlich auch die Gemeinden. Sie können die Aufgabe der Abwasserbeseitigung in eigener Trägerschaft vornehmen oder auf Verbände oder andere Gemeinden übertragen.[1088] Nimmt die Gemeinde die Aufgabe der Abwasserbeseitigung nicht selbst vor (Eigenvornahme), so kann sie die für die Gewährleistung der Abwasserbeseitigung und -entsorgung erforderlichen Bauleitplanungen mit dem Privaten oder den Verbands- und Mitgliedsgemeinden oder der anderen Gemeinde gem. § 2 Abs. 2 BauGB koordinieren. Auch die Bildung von Planungsverbänden gem. § 205 BauGB kommt in Betracht.

b. Verhältnis Bauleitplanung und Abwasserbeseitigungskonzept

Bauleitplanung und Abwasserbeseitigungskonzept der Gemeinden stehen regelmäßig nebeneinander. Die Festlegungen des Abwasserbeseitigungskonzeptes bei der Bauleitplanung und die allgemeinen Festsetzungen der Bauleitplanung bei der Aufstellung des Abwasserbeseitigungskonzeptes sind wechselseitig zu beachten und zu berücksichtigen. Zum einen können

---

1087 Siehe BVerwG, Urteil vom 30.8.2001, 4 CN 9.00, NVwZ 2002, 202/202; BVerwG, Urteil vom 21.3.2002, 4 CN 14.00, NVwZ 2002, 1509/1509.
1088 Vgl. hierzu genauer unter 3. Kap. II. Abschn. Nr. 2 b. (1).

flächen- und maßnahmenbezogene Festlegungen des Abwasserbeseitigungskonzeptes durch die Festsetzungen der Bauleitplanung planerisch gesichert werden. So sind die teilweise verpflichtenden Festlegungen des Abwasserbeseitigungskonzeptes, z.B. die Leitungstrassen und Kläranlagen, im Flächennutzungsplan darzustellen und im Bebauungsplan festzusetzen und aus diesem Grund städtebaulich erforderlich. Das Vorliegen eines Abwasserbeseitigungskonzeptes ist hierfür jedoch keine notwendige Voraussetzung.[1089] Zum anderen sind bei der Erstellung und Fortschreibung des Abwasserbeseitigungskonzeptes die Vorgaben der Bauleitplanung zu berücksichtigen, soweit sich hieraus ergibt, dass das Abwasserbeseitigungskonzept ansonsten nicht vollzugsfähig ist.

c. Flächennutzungsplanung

Der Flächennutzungsplan enthält gem. § 5 Abs. 1 BauGB eine das ganze Gemeindegebiet erfassende Darstellung der sich aus der beabsichtigten städtebaulichen Entwicklung und den voraussehbaren Bedürfnissen ergebenden Art der Bodennutzung in ihren Grundzügen (gemeindegebietsbezogenes Bodennutzungskonzept). Unter diese Grundzüge fallen auch die für die Abwasserbeseitigung erforderlichen Bodennutzungen.

(1) Instrument des Flächennutzungsplans

Die Funktion des Flächennutzungsplans, der gemeinhin als hoheitliche Maßnahme eigener Art angesehen wird,[1090] ist die Umsetzung übergeordneter Planungen, die gesamträumliche Steuerung nachfolgender Planungen sowie teilweise auch die unmittelbare Standortbestimmung im Gemeindegebiet. Abhängig von der Überplanung kommt dem Flächennutzungsplan als Querschnittsplanung eine flächen- und vorhabensteuernde Wirkung zu. Sie ist auch für die Abwasserbeseitigung von Bedeutung.

Der Flächennutzungsplan dient zunächst der Umsetzung übergeordneter regionaler Planungen für das Gemeindegebiet. Wie der Bebauungsplan hat

---

1089 Vgl. für Abfallentsorgungskonzepte: VGH BW, Urteil vom 27.5.1994, Aktz. 8 S 2255/93, Rn. 16 ff.(Juris); *Gierke*, in: Brügelmann, BauGB, Bd. 2, § 9 Rn. 255 (57. Lfg. Feb. 2005).
1090 Vgl. *Löhr*, in: Battis/Krautzberger/Löhr, BauGB, § 5 Rn. 45.

er die Ziele nach § 4 Abs. 1 ROG zu beachten und ist gem. § 1 Abs. 4 BauGB daran anzupassen. Die Grundsätze der Raumordnung sind gem. § 4 Abs. 1 ROG zu berücksichtigen. Zudem sind die flächenbezogenen Planungen und Nutzungsregelungen des Fachplanungsrechts, die grundsätzlich dem Flächennutzungsplan vorgehen, wie z.b. groß dimensionierte Kläranlagen,[1091] soweit sie in Form eines Rechtssatzes festgesetzt sind, gem. § 5 Abs. 4 S. 1 bzw. Abs. 4a S. 1 BauGB nachrichtlich zu übernehmen. In Aussicht genommene Festsetzungen gem. § 5 Abs. 4 S. 2 oder Abs. 4a S. 2 BauGB werden im Flächennutzungsplan nachrichtlich vermerkt.

Neben den Vorgaben der übergeordneten Planungen können im Flächennutzungsplan nach § 5 Abs. 2 BauGB folgende abwasserbeseitigungsrelevante Flächennutzungen, Flächen, Anlagen und Maßnahmen dargestellt werden: Bauflächen (Nr. 1), Anlagen und Einrichtungen mit der Allgemeinheit dienenden baulichen Anlagen, u.a. Anlagen Einrichtungen und Maßnahmen, die dem Klimawandel entgegenwirken oder an diesen anpassen (Nr. 2), Flächen für die Ver- und Entsorgung sowie deren Hauptleitungen (Nr. 4), Wasser-, Hafen- und für die Wasserwirtschaft und Hochwasserschutz vorgesehene Flächen (Nr. 7) sowie Bergbau- und Wald- und Landwirtschaftsflächen sowie Flächen zum Naturschutz (Nr. 10) im weiteren Sinne. Zudem ist die Darstellung von sog. Belastungs-, Eignungs- und Vorrangflächen möglich.[1092]

Im überplanten oder zu überplanenden Bereich des Gemeindegebiets haben die Darstellungen der Flächen im Flächennutzungsplan gebietssteuernde Wirkung, da die zu erlassenden Bebauungspläne gem. § 8 Abs. 2 BauGB regelmäßig aus dem Flächennutzungsplan zu entwickeln sind (Entwicklungsgebot und Anpassungspflicht).[1093] Im unbeplanten Bereich hingegen, wo keine Umsetzung durch Bebauungspläne erfolgt, haben die Darstellungen des Flächennutzungsplans vorhabensteuernde Wirkung, indem die Vorhaben den Darstellungen des Plans gem. § 35 Abs. 3 BauGB nicht widersprechen dürfen. So können z.B. der Trassenverlauf von Ab-

---

1091 Vgl. BVerfG, Urteil vom 7.10.1980, Aktz. 2 BvR 584, DVBl 1981, 535/535; OVG NI, Urteil vom 28.5.2002, Aktz. 7 KN 75/01, NVwZ- RR 2002, 786/786.
1092 Vgl. *Gierke*, in: Brügelman, BauGB, Bd. 2, § 5 Rn. 200 ff., S. 96 ff.; *Gaentzsch/Philipp,* Berliner Kommentar zum BauGB, Bd. I, § 5 Rn. 42 f. (14. Lfg. Okt 2009); *Söfker*, in: Ernst/Zinkhahn/Bielenberg, BauGB, Bd. I, § 5 Rn. 62 a ff. (Lfg. 102 Nov. 2011).
1093 Vgl. *Löhr*, in: Battis/Krautzberger/Löhr, BauGB, § 5 Rn. 47.

3. Kapitel: Abwasserentsorgung unter dem Regime des Abwasserrechts

wasserleitungen oder Flächen für die Niederschlagswasserversickerung gesichert werden. Für die Eignung zur Versickerung von gereinigtem Schmutz- und Niederschlagswasser ist auch die Darstellung von Vorrang-, Belastungs- und Eignungsflächen möglich, z.b. im Falle von Ablagerungen oder Altlasten.[1094]

(2) Kennzeichnung nicht zentral entsorgter Bauflächen

Nach § 5 Abs. 2 Nr. 2 HS. 2 BauGB sind die Gemeinden verpflichtet, die Bauflächen, für die nach dem Abwasserbeseitigungskonzept eine zentrale Abwasserbeseitigung nicht vorgesehen ist, im Flächennutzungsplan zu kennzeichnen. So können sie auf der nachfolgenden Planungsebene oder im Baugenehmigungsverfahren berücksichtigt werden. Für den überplanten oder zu überplanenden Teil des Gemeindegebiets wird die Kennzeichnung der durch die zentrale Abwasserbeseitigung erschlossenen Teile des Gemeindegebiets in den Bebauungsplan übernommen. Auf Ebene des Bebauungsplans kann die Kennzeichnung dann in Art und Maß der Nutzung berücksichtigt werden, z.B. durch Festsetzung einer geringeren Geschossflächenzahl im Bebauungsplan. Aber auch im unbeplanten Bereich, insbesondere im Außenbereich, kann die Art der Abwassererschließung nach Maßgabe des § 35 Abs. 3 BauGB Bedeutung erlangen.[1095]

Materiell müssen die mit der Kennzeichnung als „nicht zentral entsorgte Bauflächen" verbundenen Einschränkungen auf Ebene der Flächennutzungsplanung berücksichtigt werden. Wo eine zentrale Abwasserbeseitigung nicht vorgesehen ist, kann eine dezentrale oder semi-dezentrale Beseitigungsanlage an ihre Stelle treten. Dies richtet sich im Einzelnen nach den bundes- und landesrechtlichen Vorschriften des Wasserrechts und des Bauordnungsrechts. Demnach muss auf der gekennzeichneten Fläche

---

1094 So könnten z.B. Vorrangflächen (flächeninterne Ausschlusswirkung, zusätzlich Normierung flächenexterner Ausschlusswirkung möglich) nach wirtschaftlichsten Abwassererschließungsmöglichkeiten für die zentrale Abwasserbeseitigung oder Belastungsflächen z.B. für altlastenverdächtige Flächen dargestellt werden, in denen eine Versickerung von Niederschlagswasser nur ausnahmsweise zulässig ist oder Eignungsflächen für (gereinigtes) Schmutz- und Niederschlagswasser (Fläche für bestimmte Vorhaben generell geeignet, aber keine innerflächige Exklusivität, aber mit flächenexterner Ausschlusswirkung).
1095 Vgl. *Söfker*, in: Ernst/Zinkhahn/Bielenberg/Krautzberger, BauGB, Bd. I, § 5 Rn. 23 (Lfg. 102 Nov. 2011).

grundsätzlich eine dezentrale Abwasserbeseitigung nach dem Wohl der Allgemeinheit möglich sein, insbesondere muss eine Einleitung in einen Vorfluter oder einen versickerungsfähigen, also u.a. altlastenfreien, Untergrund möglich sein. Ist dies flächenmäßig nicht gewährleistet, so scheidet auch eine dezentrale Entsorgung aus.

An die Kennzeichnung der Bauflächen, für die eine zentrale Abwasserbeseitigung nicht vorgesehen ist, dürfen jedoch nicht zu hohe Anforderungen gestellt werden. Auf der Ebene des Flächennutzungsplans ist es nicht erforderlich, abschließend zu klären, ob die für eine geordnete Abwasserbeseitigung erforderlichen Vorhaben auch mit Sicherheit vorhanden oder zulässig sind. Aufgabe des Flächennutzungsplans ist die Darstellung von Flächen für die künftige Nutzung im Sinne der beabsichtigten städtebaulichen Entwicklung in den *Grundzügen*. Demzufolge reicht es bei der Darstellung von Bauflächen aus, wenn nach allgemeinen Prognosegrundsätzen im Rahmen der weiteren Umsetzung der Darstellungen in Bebauungsplänen und Vorhabenzulassungsverfahren die für eine geordnete Abwasserbeseitigung erforderlichen Vorhaben zulässig sein können.[1096]

(3) Darstellungen zugunsten der Abwasserbeseitigung

Zugunsten der Abwasserbeseitigung stehen den Gemeinden insbesondere gem. § 5 Abs. 2 S. 2 Nr. 4 BauGB die Darstellungsmöglichkeit für „Flächen (...) für die Abwasserbeseitigung" zur Verfügung. Speziell für die dezentrale Niederschlagswasserbeseitigung kommt auch eine Darstellung gem. § 5 Abs. 2 S. 2 Nr. 2 lit. b) und c) BauGB als Anlage, Einrichtung und sonstige Maßnahme, die dem „Klimawandel entgegenwirkt oder der Anpassung an den Klimawandel dient", in Betracht.

i. Darstellung der Flächen zur Abwasserbeseitigung

Die Gemeinden sind gem. § 5 Abs. 2 S. 2 Nr. 4 BauGB berechtigt, die für die Abwasserbeseitigung erforderlichen Flächen im Flächennutzungsplan darzustellen. Allgemein anerkannt ist die Darstellung von Flächen, die für öffentlich betriebene zentrale Abwasserbeseitigungssysteme, z.B. Haupt-

---

1096 Vgl. *Söfker*, in: Ernst/Zinkhahn/Bielenberg/Krautzberger, BauGB, Bd. I, § 5 Rn. 23 (Lfg. 102 Nov. 2011).

3. Kapitel: Abwasserentsorgung unter dem Regime des Abwasserrechts

leitungen, Kläranlagen und sonstige Abwasseranlagen, gesichert werden sollen. Die regelmäßig kleinteiligere Darstellung von Flächen für öffentliche und private dezentrale und semi-dezentrale Schmutz- und Niederschlagswasserbeseitigungseinrichtungen im Flächennutzungsplan auf Grundlage von § 5 Abs. 2 S. 2 Nr. 4 Var. 3 BauGB ist hingegen fraglich. Höchstrichterliche Entscheidungen existieren zu dieser Frage nicht. Von einem Teil der Literatur wird die Darstellungsmöglichkeit der Gemeinde auf Flächen, die der öffentlichen Abwasserbeseitigung dienen, eingeschränkt.[1097] Öffentliche Abwasserbeseitigung in diesem Sinne sei entweder die Abwasserbeseitigung in öffentlicher Trägerschaft oder die, die dem Wohl der Allgemeinheit dient.[1098] Teilweise sind auch ausnahmsweise größere Anlagen von privaten Trägern, etwa semi-dezentrale Anlagen, darstellungsfähig.[1099] Solche Einschränkungen sind jedoch als Abgrenzungskriterium für darstellungsfähige, m.a.W. raumbedeutsame Abwasserbeseitigungsvorhaben abzulehnen, denn sie widersprechen dem Wortlaut und dem Sinn und Zweck der Vorschrift. Zunächst sind derartige Einschränkungen der Darstellungsmöglichkeiten auf die öffentliche Abwasserbeseitigung, ob im organisationsrechtlichen Sinn oder lediglich als Synonym für das Dienen des Allgemeinwohls, dem Wortlaut des § 5 Abs. 2 S. 2 Nr. 4 BauGB nicht zu entnehmen. Der Sinn und Zweck der Darstellungsmöglichkeiten besteht vielmehr darin, raumbedeutsame Vorhaben flächenmäßig zu erfassen und zuzuordnen.[1100] Insofern fallen die raumbedeutsamen Vorhaben der Abwasserbeseitigung zwar teilweise mit Anlagen öffentlicher Träger zusammen. Denn die Abwasserbeseitigung in Deutschland ist, bis auf wenige Ausnahmen, weit überwiegend im organisationsrechtlichen Sinne öffentlich-zentral ausgestaltet und findet damit in

---

1097 Vgl. *Söfker*, in: Ernst/Zinkhahn/Bielenberg/Krautzberger, BauGB, Bd. I, § 5 Rn. 31 (Lfg. 102 Nov. 2011); *Löhr*, in: Battis/Krautzberger/Löhr, BauGB, § 5 Rn. 19; *Jaeger*, in: Spannowsky/Uechtritz, BauGB, § 5 Rn. 49.
1098 Vgl. mehrdeutige Verwendung des Begriffs „öffentlich": *Löhr*, in: Battis/Krautzberger/Löhr, BauGB, § 5 Rn. 19; *Söfker*, in: Ernst/Zinkhahn/Bielenberg/Krautzberger, BauGB, Bd. I, § 5 Rn. 31 (Lfg. 102 Nov. 2011); *Jaeger*, in: Spannowsky/Uechtritz, BauGB, § 5 Rn. 49; vermittelnd *Gaentsch/Philipp*, in: Berliner Kommentar zum BauGB, Bd. I, § 5 Rn. 32 (14. Lfg. Okt. 2009).
1099 Siehe *Söfker*, in: Ernst/Zinkhahn/Bielenberg/Krautzberger, BauGB, Bd. I, § 5 Rn. 31 (Lfg. 102 Nov. 2011); *Jaeger*, in: Spannowsky/Uechtritz, BauGB, § 5 Rn. 49; vermittelnd *Gaentsch/Philipp*, in: Berliner Kommentar zum BauGB, Bd. I, § 5 Rn. 32 (14. Lfg. Okt. 2009).
1100 Vgl. hierzu unter 3. Kap. V. Abschn. Nr. 3 c. (1).

großen Anlagen statt. Aber die Raumbedeutsamkeit und damit das Darstellungs- oder auch Flächensicherungsbedürfnis beschränkt sich nicht auf diese öffentlich betriebenen zentralen Anlagen. Auch die flächenmäßige Erschließung mit dezentralen und semi-dezentralen Schmutz- und Niederschlagswasserbeseitigungsanlagen, ob öffentlich oder privat betrieben, ist regelmäßig raumbedeutsam. Denn sie sind, da sie entweder versickerungsfähiger Böden oder einer Einleitungsstelle bedürfen, ebenso standortgebunden und bedürfen daher der Planung. Das Planungsbedürfnis fehlt nur, wenn es sich um dezentrale Anlagen handelt, die nur dem Einzelnen zu dienen bestimmt sind und ohnehin nicht darstellungsfähig sind.[1101]

ii. Darstellung der Maßnahme dezentrale Niederschlagswasserbeseitigung

Nach § 5 Abs. 2 Nr. 3 lit. b. BauGB ist die Gemeinde berechtigt, „Anlagen", „Einrichtungen" oder „sonstige Maßnahmen zur Anpassung an den Klimawandel" im Flächennutzungsplan darzustellen. Die Vorschrift ermöglicht es, auf der Ebene des Flächennutzungsplans bereits in der Bauleitplanung und in unbeplanten Gebieten über § 35 Abs. 3 BauGB zu berücksichtigende spezifische Anlagen, Einrichtungen oder auch sonstige Maßnahmen, die der Anpassung an den Klimawandel dienen, darzustellen. Diese Darstellungen entfalten sogar vorhabensteuernde Wirkung. Voraussetzung ist, dass die Darstellung einer Anlage, Einrichtung oder Maßnahme, die Folgen des Klimawandels zumindest in nicht nur unerheblichem Maße mindert.[1102] Die mit dem Klimawandel einhergehende Hochwassergefahr und die Gefahr von Niedrigwasser wird anerkanntermaßen durch die dezentrale Beseitigung von Niederschlagswasser erheblich gemindert.[1103] Daher ist auf der Grundlage der Vorschrift eine Darstellung von Anlagen der dezentralen Niederschlagswasserbeseitigung zulässig.

1101 Siehe *Söfker*, in: Ernst/Zinkhahn/Bielenberg/Krautzberger, BauGB, Bd. I, § 5 Rn. 31 (Lfg. 102 Nov. 2011); *Löhr*, in: Battis/Krautzberger/Löhr, BauGB, § 5 Rn. 19; *Gaentsch/Philipp*, in: Berliner Kommentar zum BauGB, Bd. I, § 5 Rn. 32 (14. Lfg. Okt. 2009); *Jaeger*, in: Spannowsky/Uechtritz, BauGB, § 5 Rn. 49.
1102 Vgl. *Söfker*, in: Ernst/Zinkhahn/Bielenberg/Krautzberger, BauGB, Bd. I, § 5 Rn. 29 d (Lfg. 109 Juni 2013).
1103 Vgl. hierzu im Einzelnen 1. Kap. V. Abschn. Nr. 3 a (2).

(4) Darstellung zugunsten der Abwasserverwertung

Auf Grundlage des § 5 Abs. 2 Nr. 4 BauGB („Flächen zur Abwasserbeseitigung") ist eine Darstellung von Flächen zur dezentralen und semi-dezentralen Grau- und Niederschlagswasserverwertung aufgrund des eindeutigen Wortlauts nicht möglich. Die Flächenfestsetzung nach Nummer Nr. 4 lautet auf Abwasser*beseitigung*, nicht etwa auf -entsorgung.[1104] Jedoch ist auf der Grundlage der Klimawandelanpassungsregelung des § 5 Abs. 2 Nr. 3 lit. c) BauGB auch eine Darstellung von Anlagen, Einrichtungen und sonstigen Maßnahmen zur dezentralen und semi-dezentralen Abwasserverwertung, insbesondere von Grau- und Niederschlagswasser zulässig. Denn dezentrale Grau- und Niederschlagswasserverwertungseinrichtungen in Häusern und semi-dezentrale Grau- und Niederschlagswasserverwertungsanlagen stellen eine Anpassungsmaßnahme an den Klimawandel dar. Insbesondere in Gebieten und Flächen mit fortschreitendem Klimawandel und daraus resultierender sommerlicher Wasserknappheit gewährleistet die dezentrale und semi-dezentrale Verwertung von Grau- und Niederschlagswasser einen ausgeglichenen Grundwasserhaushalt, denn durch die Nutzung als Substitut für aus Grundwasser gewonnenem Trinkwasser werden die Grundwasserressourcen geschont. Aufgrund der Erstreckung des Darstellungsgegenstands auf Anlagen, Einrichtungen und sonstige Maßnahmen dürfte selbst die Darstellung von dezentralen Grau- und Niederschlagswassereinrichtungen im Haus als „Anlage" und eine flächenbezogene Darstellung als „sonstige Maßnahme" von der Vorschrift erfasst sein.

d. Bebauungsplanung

Der Bebauungsplan enthält gem. § 8 Abs. 1 BauGB gebietsweise die rechtsverbindlichen Festsetzungen für die städtebauliche Ordnung und bildet die Grundlage für weitere, zum Vollzug des BauGB erforderliche Maßnahmen, u.a. die Erschließung mit Abwasserbeseitigungsanlagen. Er wird auf Grundlage der Vorgaben der Raumordnung und wasserrechtlichen Planungen gem. § 8 Abs. 2 S. 1 BauGB aus dem Flächennutzungsplan entwickelt (Entwicklungsgebot).

1104 Vgl. hierzu grundlegend unter 2. Kap. I. Abschn..

V. Planung und Abwasserentsorgung

(1) Instrument des Bebauungsplans

Der gem. § 10 Abs. 1 BauGB grundsätzlich als Satzung ergehende Bebauungsplan setzt rechtsverbindlich fest, welche städtebaurelevanten Maßnahmen auf einem Grundstück zulässig sind.[1105] Der Inhalt des Bebauungsplans ist in den Festsetzungsmöglichkeiten des § 9 BauGB und der BauNVO abschließend beschrieben.[1106] Die Festsetzungen des Bebauungsplans bestimmen die bauplanungsrechtliche Zulässigkeit von Vorhaben und können auch zahlreiche Anforderungen an die bauliche Nutzung stellen. Der Bebauungsplan wird regelmäßig nur für die Gebiete erlassen, in denen es zur städtebaulichen Entwicklung und Ordnung erforderlich ist. Für die Bebauungsplanung gilt das Konfliktlösungsgebot. Demnach sind schon bei der Planung und nicht erst bei der bauordnungsrechtlichen Prüfung der Zulässigkeit eines Bauvorhabens Gefahrensituationen zu ermitteln und in die planerische Abwägung einzustellen.[1107] Im Sinne der Vollzugsfähigkeit des Bebauungsplans ist bei der Einstellung der Abwägungsbelange u.a. sicherzustellen, dass im Zeitpunkt des Inkrafttretens den eigentlichen Planungen keine dauerhaften Hindernisse tatsächlicher oder rechtlicher Art entgegenstehen. Solche Hindernisse sind anzunehmen, wenn eine Verwirklichung der Planung an genehmigungs- oder gestattungsrechtlichen Anforderungen scheitern würde oder die dem Bebauungsplan zugrundeliegende Erschließungskonzeption gegen höherrangiges Recht, z.B. die Eigentumsfreiheit gem. Art. 14 GG, verstößt.[1108]

(2) Festsetzungen zugunsten der Abwasserbeseitigung

Auf Grundlage des Festsetzungskatalogs des § 9 Abs. 1 BauGB ist sowohl die Festsetzung von Flächen für Anlagen zentraler Abwasserbeseitigung als auch von Flächen für dezentrale Abwasserbeseitigungsanlagen zuläs-

---

1105 Vgl. *Löhr*, in: Battis/Krautzberger/Löhr, BauGB, § 8 Rn. 1.
1106 Siehe *Löhr*, in: Battis/Krautzberger/Löhr, BauGB, § 9 Rn. 5.
1107 Vgl. BVerwG, Urteil vom 21.3.2002, Aktz. 4 CN 14.00, NuR 2003, 222/223 f.; BVerwG, Urteil vom 30.8.2001, Aktz. 4 CN 9/00, NVwZ 2002, 202/204.
1108 Vgl. BVerwG, Urteil vom 21.3.2002, Aktz. 4 CN 14.00, NuR 2003, 222/223; BVerwG, Urteil vom 30.8.2001, Aktz. 4 CN 9/00, NVwZ 2002, 202/204; VGH BY, Urteil vom 7.8.2006, Aktz. 1 N 03.3427, Rn. 63 ff. (Juris).

3. Kapitel: Abwasserentsorgung unter dem Regime des Abwasserrechts

sig. Für die Planung semi-dezentraler Abwasserbeseitigungsanlagen kommt zudem die Festsetzung als Gemeinschaftsanlage in Betracht.

i. Zentrale Schmutz- und Niederschlagswasserbeseitigung

Zentrale Abwasserbeseitigungseinrichtungen bestehen im Wesentlichen aus Kläranlagen und Leitungen. Flächen für Kläranlagenstandorte sind, soweit der Standort der Kläranlagen nicht Gegenstand eines Planfeststellungsverfahrens gem. § 38 BauGB ist, in der Bauleitplanung durch Bebauungspläne als sog. Fläche für die Abwasserbeseitigung nach § 9 Abs. 1 Nr. 14 Var. 2 BauGB festsetzbar.[1109] Die Kanäle und Leitungen lassen sich als sog. Führung von ober- und unterirdischen Versorgungsleitungen nach § 9 Abs. 1 Nr. 13 BauGB auf öffentlichem Grund oder gem. § 9 Abs. 1 Nr. 13 und 21 BauGB auch auf privatem Grund im Bebauungsplan festsetzen. Die Möglichkeit der Festsetzung von Leitungen gem. § 9 Abs. 1 Nr. 13 BauGB lässt nach dem Wortlaut und der systematischen Zusammenschau mit § 9 Abs. 1 Nr. 14 BauGB keine Festsetzung von ganzen Flächen zu, sondern nur die Führung von „ober- und unterirdischen Anlagen" und „Leitungen".[1110] Unter diese Festsetzungen zur Versorgung fallen auch die Entsorgungsleitungen, da diese ansonsten nicht festsetzungsfähig wären und die Regelung des § 9 Abs. 1 Nr. 13 BauGB am sachnächsten ist.[1111] Werden die Leitungen nicht über versorgungsträgereigene Straßen oder Wege geführt, sondern über Privatgrundstücke, bedarf es entweder einer vertraglichen Vereinbarung über die Führung oder einer Festsetzung der notwendigen Fläche zugunsten der Allgemeinheit nach § 9 Abs. 1 Nr. 21 BauGB mitsamt einer dinglichen Sicherung.[1112] Für die Festsetzung von Leitungen auf privatem Grund kann nach Maßgabe der §§ 40 ff. BauGB auch eine Entschädigung erlangt werden. Im Falle einer

---

1109 Vgl. *Söfker*, in: Ernst/Zinkhahn/Bielenberg/Krautzberger, BauGB, Bd. I, § 9 Rn. 119 (Lfg. 105 Juni 2012); *Löhr*, in: Battis/Krautzberger/Löhr, BauGB, § 9 Rn. 56.
1110 Vgl. *Söfker*, in: Ernst/Zinkhahn/Bielenberg/Krautzberger, BauGB, Bd. I, § 9 Rn. 114 (Lfg. 105 Juni 2012); *Löhr*, in: Battis/Krautzberger/Löhr, BauGB, § 9 Rn. 52.
1111 Siehe *Löhr*, in: Battis/Krautzberger/Löhr, BauGB, § 9 Rn. 54.
1112 Vgl. *Söfker*, in: Ernst/Zinkhahn/Bielenberg/Krautzberger, BauGB, Bd. I, § 9 Rn. 114 (Lfg. 105 Juni 2012); *Löhr*, in: Battis/Krautzberger/Löhr, BauGB, § 9 Rn. 53.

fehlenden Festsetzung von Flächen oder Leitungsführungen können die Leitungen auch nach § 14 Abs. 2 BauNVO als Nebenanlagen, die der Ableitung von Abwasser dienen, zugelassen werden.[1113] Für die semi-zentralen Anlagen zur Schmutz- und Niederschlagswasserbeseitigung, insbesondere Ortsteilkläranlagen, können nach den gleichen Regelungen Flächen für die Kläranlagen und für die Leitungsführungen festgesetzt werden.

ii. Dezentrale Schmutz- und Niederschlagswasserbeseitigung

Während für die Planung dezentraler Schmutzwasserbeseitigungsanlagen lediglich eine Flächenfestsetzung in Betracht kommt, ist für dezentrale Niederschlagswasserbeseitigungsanlagen sowohl eine Flächen- als auch eine Anlagenfestsetzung möglich.

Für rein dezentrale Anlagen der Schmutzwasserbeseitigung, z.B. Einzelkleinkläranlagen, ist die Festsetzung einer Fläche auf Grundlage des § 9 Abs. 1 Nr. 13 und 14 BauGB als sog. Fläche für die Abwasserbeseitigung möglich. Die Anlage selbst lässt sich nach der Vorschrift nicht festsetzen.[1114] Für die Flächenfestsetzung auf Grundlage des § 9 Abs. 1 Nr. 13 und 14 BauGB ist unerheblich, ob es sich um eine öffentliche oder private Einrichtung handelt. Die Kleinkläranlage ist, wie die Leitungen, ansonsten nach § 14 BauNVO als Nebenanlage zu einer genehmigten Nutzung auch ohne Festsetzung zulässig.

Der Vollzug der Flächenfestsetzung kann mit den Mitteln des Bauordnungsrechts und denen des allgemeinen kommunalen Organisationsrechts gesichert werden. Zwar führt die Festsetzung auf einem privaten Grundstück mit Ausnahme der §§ 175 ff. BauGB zu keiner Baupflicht einer privaten Kleinkläranlage, jedoch ist nach den meisten Bauordnungen der Länder eine gesicherte Abwasserbeseitigung generell Voraussetzung für die Bebaubarkeit oder Nutzbarkeit der Bebauung. Fehlt diese, da das Grundstück nicht zentral erschlossen ist und der Eigentümer keine Kleinkläranlage einbaut, kann im Falle eines Neubaus die Baugenehmigung nicht erteilt werden. Im Falle einer fortgesetzten Nutzung ist die Behörde zum Einschreiten per Bauordnungsverfügung verpflichtet. So bleibt dem Eigentümer rechtstatsächlich regelmäßig keine andere Wahl, als die Klein-

---

1113 Siehe *Löhr*, in: Battis/Krautzberger/Löhr, BauGB, § 9 Rn. 55.
1114 Vgl. *Söfker*, in: Ernst/Zinkhahn/Bielenberg, BauGB, Bd. I, § 9 Rn. 119 (Lfg. 105 Juni 2012).

kläranlage zu bauen. Nach dem allgemeinen kommunalen Organisationsrecht können zudem die Grundstückseigentümer bei einer Kleinkläranlage in öffentlich-rechtlicher Trägerschaft durch Ausübung des Anschluss- und Benutzungszwangs zum Anschluss an die Kleinkläranlage gezwungen werden.

Für Anlagen der dezentralen Niederschlagswasserbeseitigung in Form der Versickerung können sowohl die Flächen nach § 9 Abs. 1 Nr. 14 BauGB als Fläche für die Abwasserbeseitigung als auch die Anlagen selbst gem. § 9 Abs. 1 Nr. 14, 15 und 20 BauGB als Maßnahmen zum Schutz, zur Pflege und zur Entwicklung von Boden, Natur und Landschaft festgesetzt werden.[1115] Nach einigen Landeswassergesetzen und Bauordnungen sind die Gemeinden zudem ausdrücklich ermächtigt, Anlagen zur Niederschlagswasserbeseitigung in Form der Versickerung und Verrieselung in eine Satzung und damit gem. § 9 Abs. 4 als sog. örtliche Bauvorschrift in den Bebauungsplan aufzunehmen.[1116]

Die Festsetzung der Flächen für Anlagen der dezentralen Niederschlagswasserbeseitigung gem. § 9 Abs. 1 Nr. 14 Var. 2 BauGB als Fläche für die Abwasserbeseitigung sind sowohl auf öffentlichen als auch auf privaten Grundstücken nach den vorstehend erörterten Grundsätzen möglich. Die Gemeinde ist jedoch gem. § 9 Abs. 1 Nr. 14, 15 und 20 BauGB auch berechtigt, einzelne Anlagen zur dezentralen Niederschlagswasserbeseitigung, aber auch mehrere Anlagen, also eine vollständige Oberflächenentwässerungskonzeption, als Maßnahme des Bodenschutzes festzusetzen.[1117] Anlagen für die Flächen-, Mulden-, Rigolen- und Schachtversickerung sind eine Maßnahme der Bodenschutzes, sofern sie entweder positiv durch Schutz, Pflege oder Entwicklung von Boden, Natur und Landschaft die städtebauliche Entwicklung fördern oder negativ einen Eingriff in die Schutzgüter vermeiden. Hierunter fallen u.a. die Vermeidung einer

---

1115 Vgl. *Söfker*, in: Ernst/Zinkhahn/Bielenberg, BauGB, Bd. I, § 9 Rn. 119 (Lfg. 105 Juni 2012).
1116 Vgl. §§ 74 Abs. 3 BauO BW; 54 Abs. 4 WG BBG; 37 Abs. 4 WG HE; 51a Abs. 2 WG NW; 51 Abs. 4 WG RP; 49a Abs. 3 WG SL; 85 Abs. 3 BauO SL.
1117 Vgl. BVerwG, Urteil vom 30.8.2001, Aktz. 4 CN 9/00, NVwZ 2002, 202/203; zu den Bestimmtheitsanforderungen an die Festsetzung VGH BY, Urteil vom 7.8.2006, Aktz. 1 N 03.3427, Rn. 40 ff. (Juris); *Söfker*, in: Ernst/Zinkhahn/Bielenberg/Krautzberger, BauGB, Bd. I, § 9 Rn. 158 (Lfg. 105 Juni 2012).

Einleitung in belastete Oberflächengewässer oder das Grundwasser oder auch Gesichtspunkte des Stadtklimas.[1118]

Daneben ist in einigen Ländern auch die Festsetzung von Anlagen der dezentralen Niederschlagswasserbeseitigung im Bebauungsplan auf Grundlage örtlicher Bauvorschriften und § 9 Abs. 4 BauGB zulässig. Nach der Regelung des § 9 Abs. 4 BauGB werden die nach den örtlichen Bauvorschriften normierten Festsetzungen grundsätzlich zusammen mit dem Bebauungsplan nach den gleichen Verfahrensregelungen und materiell-rechtlichen Anforderungen als Satzung erlassen und entfalten die gleichen Rechtswirkungen.[1119] Voraussetzung der Festsetzung in einem Bebauungsplan ist, dass die landesrechtliche Festsetzungsmöglichkeit in einem sachlichen Zusammenhang mit den Aufgaben des Bebauungsplans steht, nach Landesrecht ausdrücklich vorgesehen ist, Rechtssatzcharakter aufweist und dass die Gemeinden zur Festsetzung ermächtigt werden.[1120] Diese Voraussetzungen erfüllen die genannten Vorschriften zur Anordnung der dezentralen Niederschlagswasserbeseitigung. Sie weisen insbesondere die zu den Aufgaben des Bebauungsplans erforderliche Sachnähe auf, da die Anpassung an die Klimawandelfolgen gem. § 1 BauGB auch Aufgabe der Bebauungsplanung ist.

Der Vollzug der Festsetzung von Flächen, Anlagen und Maßnahmen der Niederschlagswasserversickerung auf Grundlage der vorstehend erörterten Möglichkeiten hängt auch von dem von der Festsetzung Betroffenen ab. Die Festsetzung führt für sich genommen regelmäßig zu keiner Baupflicht der Anlage.[1121] Allerdings ist die Sicherstellung der ordnungsgemäßen Abwasser- und damit auch der Niederschlagswasserbeseitigung nach den meisten Bauordnungen Voraussetzung für die Bebaubarkeit des Grundstücks.[1122] Die Festsetzung von Anlagen zur Versickerung ist u.a.

1118 Vgl. BVerwG, Urteil vom 30.8.2001, Aktz. 4 CN 9/00, NVwZ 2002, 202/203; *Gierke*, in: Brügelmann, BauGB, Bd. 2, § 9 Rn. 269 (57. Lfg. Feb 2005).
1119 Vgl. BVerwG, Beschluss vom 18.5.2005, ZFBR 2005, 562/562 f.; *Gaentzsch*, in: Berliner Kommentar zum BauGB, Bd. I, § 9 Rn. 80 (10. Lfg. April 2008).
1120 Allgemeine Meinung, vgl. *Söfker*, in: Ernst/Zinkhahn/Bielenberg/Krautzberger, BauGB, Bd. I, § 9 Rn. 254 (Lfg. 105 Juni 2012); *Gaentzsch*, in: Berliner Kommentar zum BauGB, Bd. I, § 9 Rn. 67 (10. Lfg. April 2008); *Gierke*, in: Brügelmann, BauGB, Bd. 2, § 9 Rn. 550 (57. Lfg. Feb. 2005); *Löhr*, in: Battis/Krautzberger/Löhr, BauGB, § 9 Rn. 109.
1121 Vgl. auch *Gierke*, in: Brügelmann, BauGB, Bd. 2, § 9 Rn. 270 (57. Lfg. Feb. 2005).
1122 Vgl. beispielsweise § 79 Abs. 3 BauO SH.

nur vollzugsfähig, wenn die festgesetzten Anlagen in einem nachfolgenden Zulassungsverfahren (wasserrechtliche Gestattung, bauordnungsrechtliche Genehmigung) die Aussicht haben, die für Herstellung oder Betrieb erforderliche Zulassung zu erlangen. Sofern eine Festsetzung nicht vollzugsfähig ist, kann auch der gesamte Bebauungsplan vollzugsunfähig und damit nichtig sein.[1123]

Neben der Festsetzung von Flächen für die Schmutz- und Niederschlagswasserbeseitigung nach vorstehend erörterten Grundsätzen sind die Gemeinden in allen Bundesländern berechtigt, Flächen zur Abwasserbeseitigung für Gruppen dezentraler Anlagen als Flächen für Gemeinschaftsanlagen gem. § 9 Abs. 1 Nr. 13, 14 und 22 BauGB festzusetzen. Rechtsfolge der Festsetzung von Flächen als Gemeinschaftsanlage ist zum einen, dass die betreffende Fläche als Standort für die Gemeinschaftsanlage gesichert wird. Der Festsetzung widersprechende Vorhaben sind dort unzulässig. Zum anderen wird durch die Festsetzung die Beteiligung der anderen Grundstücke gesichert, denn Einzelanlagen werden nach den Bauordnungen der Länder auf den an der Gemeinschaftsanlage beteiligten Grundstücken damit ausgeschlossen.[1124] Die Festsetzung als Gemeinschaftsanlage regelt jedoch nicht den Vollzug oder das Innenverhältnis der an der Anlage Beteiligten. Sie richtet sich nach dem Recht, dem Organisation, Errichtung und Betrieb der Gemeinschaftsanlage jeweils unterliegen.

Voraussetzung für die Festsetzung als Gemeinschaftsanlage ist, dass die Festsetzung als Gemeinschaftsanlage erforderlich und bestimmt ist. Der Begriff der Gemeinschaftsanlage ist weder im BauGB noch in den ihn verwendenden Bauordnungen definiert. Im BauGB sind lediglich exemplarisch einige Gemeinschaftsanlagen aufgeführt. Übereinstimmend wird in Rechtsprechung und Literatur die Gemeinschaftsanlage als eine Anlage bezeichnet, die der gemeinschaftlichen Benutzung durch mehrere Personen dient.[1125] In der Literatur wird die Gemeinschaftsanlage überwiegend im Sinne des § 9 Abs. 1 Nr. 4 BauGB zusätzlich einschränkend ausgelegt, nämlich als Unterfall der „Flächen für Nebenanlagen, die auf Grund ande-

---

1123 Vgl. BVerwG 30.8.2001, Aktz. 4 CN 9/00, NVwZ 2002, 202/203 f.; *Gierke*, in: Brügelmann, BauGB, Bd. 2, § 9 Rn. 270 (57. Lfg. Feb. 2005).
1124 Vgl. beispielsweise § 40 BauO BW.
1125 Vgl. BVerwG, Urteil vom 4.10.1974, Aktz. 4 C 62- 64.72, Rn. 1 (Juris); *Söfker*, in: Ernst/Zinkhahn/Bielenberg/Krautzberger, BauGB, § 9 Rn. 174 (Lfg. 105 Juni 2012); *Gaentzsch*, in: Berliner Kommentar zum BauGB, Bd. I, § 9 Rn. 54 (10. Lfg. April 2008).

rer Vorschriften für die Nutzung von Grundstücken erforderlich sind".[1126] Als die „anderen Vorschriften" kommen die Vorschriften des Bauordnungsrechts und Spezialgesetze in Betracht. Die Aufzählung von Garagen und Spielplätzen in § 9 Abs. 1 Nr. 4 a.E. BauGB wird gemeinhin als nicht abschließend angesehen.[1127] Abwasserbeseitigungsanlagen generell erfüllen auch die Anforderungen dieser engen Auslegung. Denn sie sind in diesem Sinn in allen Bauordnungen Voraussetzung für die bauliche Nutzung von Grundstücken und damit nach „anderen Vorschriften" für die Nutzung von Grundstücken erforderlich.[1128] Zudem muss die Festsetzung auch gem. § 9 Abs. 1 HS. 1 BauGB städtebaulich erforderlich sein. Es muss also ein Bedarf für die Festsetzung einer Gemeinschaftsanlage bestehen. Ein solcher ist anzunehmen, wenn die mit der Festsetzung verbundenen Eingriffe in Freiheit und Eigentum, sowohl des Eigentümers der Standortfläche als auch der an der Gemeinschaftsanlage zwangsweise beteiligten Grundstückseigentümer, durch besondere Gründe geboten ist.[1129] Anerkannte Gründe sind u.a. die Kostenersparnis bei den Bauherren, der sparsame und schonende Umgang mit Grund und Boden, der Ausgleich von Eingriffen in Natur und Landschaft und sonstige Gründe des Umweltschutzes.[1130] Demnach stellt u.a. die Zusammenfassung von Nebenanlagen zu Gemeinschaftsanlagen für Reihen- und Teppichbebauung und ähnliche Bauformen einen besonderen Grund dar.[1131] Schließlich ist für die Bestimmtheit der Festsetzung erforderlich, dass nicht nur die Flächen, son-

---

1126 Vgl. *Gaenztsch*, in: Berliner Kommentar BauGB, Bd. I, § 9 Rn. 54 (10. Lfg. April 2008); *Söfker*, in: Ernst/Bielenberg/Zinkhahn/Krautzberger, BauGB, Bd. I, § 9 Rn. 185 (Lfg. 105 Juni 2012); a.A. Schmidt-Aßmann, Festschrift für Ernst, S. 367/370 f.
1127 Vgl. *Gierke*, in: Brügelmann, BauGB, Bd. 2, § 9 Rn. 396 (57. Lfg. Feb. 2005).
1128 So auch *Söfker*, in: Ernst/Bielenberg/Zinkhahn/Krautzberger, BauGB, Bd. I, § 9 Rn. 185 (Lfg. 105 Juni 2012); *Gierke*, in: Brügelmann, BauGB, Bd. 2, § 9 Rn. 397 (57. Lfg. Feb. 2005).
1129 VGH BY, Urteil vom 16.5.1983, Aktz. 14.B 1294/79, BayVBl. 1983 593/393 f.; *Gierke*, in: Brügelmann, BauGB, Bd. 2, § 9 Rn. 407 (57. Lfg. Feb. 2005); *Söfker*, in: Ernst/Bielenberg/Zinkhahn/Krautzberger, BauGB, Bd. I, § 9 Rn. 171 (Lfg. 105 Juni 2012).
1130 Vgl. VGH BY, Urteil vom 16.5.1983, Aktz. 14.B 1294/79, BayVBl. 1983 593/393 f.; *Gierke*, in: Brügelmann, BauGB, Bd. 2, § 9 Rn. 407 (57. Lfg. Feb. 2005).
1131 Vgl. *Gierke*, in: Brügelmann, BauGB, Bd. 2, § 9 Rn. 406 (57. Lfg. Feb. 2005); für Garagen: *Söfker*, in: Ernst/Bielenberg/Zinkhahn/Krautzberger, BauGB, Bd. I, § 9 Rn. 179 (Lfg. 105 Juni 2012).

dern auch der räumliche Einzugsbereich der Anlage, also der Kreis der weiteren Grundstücke, die an die Gemeinschaftsanlage angeschlossen werden sollen, festgesetzt wird.[1132]

Der Vollzug der Festsetzung ist abhängig von den gesicherten Flächen und der ggf. eingesetzten boden- und enteignungsrechtlichen Instrumente des BauGB. Von der Festsetzung von Flächen und Leitungen für Gemeinschaftskleinkläranlagen an sich geht für die von der Festsetzung betroffenen Eigentümer keine unmittelbare Verpflichtung einher, die Anlage herzustellen, zu unterhalten oder zu verwalten. Auch wird zwischen den Beteiligten untereinander kein Rechtsverhältnis geschaffen.[1133] Wie vorstehend erörtert, ist jedoch nach Bauordnungsrecht die Erschließung mit einer Abwasserbeseitigungsanlage Voraussetzung für die bauliche Nutzbarkeit des Grundstücks, sodass die Eigentümer rechtstatsächlich zur Verwirklichung zu der ohnehin für alle kostengünstigeren Gruppenlösung keine Alternative haben.

(3) Festsetzungen zur Abwasserverwertung und -weiterverwendung

Die Festsetzung von Flächen und Maßnahmen zur dezentralen Grau- und Niederschlagswasserverwertung kommt auf Grundlage des § 9 Abs. 1 Nr. 20 BauGB und in einigen Bundesländern auch auf Grundlage des § 9 Abs. 4 i.V.m. örtlichen Bauvorschriften der Wassergesetze und Bauordnungen der Länder in Betracht.

i. Flächen und Maßnahmen zur Abwasserverwertung und -weiterverwendung

Nach höchstrichterlicher Rechtsprechung fehlt es einer Festsetzung zur Niederschlagswasserverwertung, nach der „gesammeltes Niederschlags-

---

[1132] Vgl. BVerwG, Beschluss vom 13.2.1989, Aktz. 4 B 15.89, NVwZ 1989, 663/663; OVG Münster, Urteil vom 10.8.1988, ZfBR 1989, 37/38; VGH BW, Beschluss vom 22.10.1990, UPR 1991, 158/ 158; *Söfker*, in: Ernst/Zinkhahn/ Bielenberg/Krautzberger, BauGB, Bd. I, § 9 Rn. 176 (Lfg. 105 Juni 2012).
[1133] Vgl. *Gierke*, in: Brügelmann, BauGB, Bd. 2, § 9 Rn. 410 (57. Lfg. Feb. 2005); *Söfker*, in: Ernst/Bielenberg/Zinkhahn/Krautzberger, BauGB, § 9 Rn. 174 (Lfg. 105 Juni 2012).

wasser zur Gartenbewässerung oder im Haushalt zu verwenden (Trinkwassersubstitution)" ist, an den erforderlichen städtebaulichen Gründen gem. § 9 Abs. 1 Halbs. 1 BauGB.[1134] Denn § 9 Abs. 1 Nr. 20 BauGB sei keine „ökologische Generalklausel".[1135] Die Festsetzung bedürfe eines bodenrechtlichen Bezugs, u.a. als Bodennutzung, -bewirtschaftung oder -schutz.[1136] Diese teleologische Reduktion des Wortlauts ist jedoch aus systematischen Gründen und Erwägungen des Sinns und Zwecks abzulehnen. Demnach ist eine Festsetzung von Flächen und Maßnahmen für die Grau- und Niederschlagswasserverwertung auf Grundlage des § 9 Abs. 1 Nr. 20 zu Schutz und Pflege von Boden, Natur und Landschaft zulässig.

Systematisch ist es im Sinne der Einheit der Rechtsordnung nicht einzusehen, dass für die auf Grundlage des Organisationsrechts zulässige Implementierung semi-dezentraler Grau- und Niederschlagswasserverwertungslösungen weder eine bundesrechtliche bauleitplanerische Flächensicherung noch eine Anlagenfestsetzung bereitsteht. Entscheidend ist jedoch, dass ein Ausschluss der Grau- und Niederschlagswasserverwertung von der Festsetzung nach § 9 Abs. 1 Nr. 20 BauGB dem Sinn und Zweck, den das BauGB dem Bebauungsplan zuweist, an sich widerspricht. Zweck der Festsetzung des § 9 Abs. 1 Nr. 20 BauGB ist die Sicherung einer menschenwürdigen Umwelt und Beitrag zum Schutz und zur Entwicklung der natürlichen Lebensgrundlagen (§ 1 Abs. 5 S. 2, konkretisiert in § 1 Abs. 6 BauGB) sowie die Anpassung an die Folgen des Klimawandels (§ 1 Abs. 5 S. 2, Konkretisierung in § 1 Abs. 7 BauGB) und die Lösung der daraus in baulichen und sonstigen Nutzungen erwachsenen Konflikte durch die Planung.[1137] So orientiert sich der Wortlaut des § 9 Abs. 1 Nr. 20 BauGB ersichtlich an den Zielen des Naturschutzes und der Landschaftspflege gem. § 1 des Bundesnaturschutzgesetzes (BNatSchG)[1138] und dem Zweck des Bundesbodenschutzgesetzes (BBodSchG)[1139] gem. § 1 und 2

1134 Vgl. BVerwG, Urteil vom 30.8.2001, Aktz. 4 CN 9/00, NVwZ 2002, 202/203.
1135 Wortschöpfung nach *Spannowsky*, ZfBR 2000, S. 449/457.
1136 Vgl. BVerwG Urteil vom 30.8.2001, Aktz. 4 CN 9/00, NVwZ 2002, 202/203; *Gierke*, in: Brügelmann BauGB, Bd. 2, § 9, Rn. 269 (57. Lfg. Feb. 2005).
1137 Vgl. *Söfker*, in: Ernst/Zinkhahn/Bielenberg/Krautzberger BauGB, Bd. I, § 9 Rn. 155 (Lfg. 105 Juni 2012); *Gaentzsch*, in: Berliner Kommentar zum BauGB, Bd. I, § 9 Rn. 50 (10. Lfg. April 2008).
1138 Bundesnaturschutzgesetz vom 29.7.2009 (BGBl. I S. 2542), zuletzt geändert durch Gesetz vom 7. 8. 2013 (BGBl. I S. 3154).
1139 Bundes-Bodenschutzgesetz vom 17.3.1998 (BGBl. I S. 502), zuletzt geändert durch Gesetz vom 24.2.2012 (BGBl. I, S. 212).

3. Kapitel: Abwasserentsorgung unter dem Regime des Abwasserrechts

BBodSchG.[1140] Der Schutz, die Pflege und die Entwicklung von Natur und Landschaft bezieht sich nach § 1 Abs. 1 Nr. 1 BBodSchG u.a. auch auf die Leistungsfähigkeit des Naturhaushalts. Zur dauerhaften Sicherung seiner Leistungs- und Funktionsfähigkeit wiederum sind nach § 1 Abs. 3 BNatSchG und §§ 1 i.V.m. 2 Abs. 2 BBodSchG u.a. die Böden so zu erhalten, dass sie ihre Funktion im Naturhaushalt, insbesondere den vorsorgenden Grundwasserschutz und den Ausgleich des Niederschlags-Abflusshaushalts, erfüllen können. Vor diesem Hintergrund ist es nicht mehr zu rechtfertigen, den städtebaulichen und damit bodenrechtlichen Bezug von Festsetzungen von Flächen und Maßnahmen zur Grau- und Niederschlagswasserverwertung von vornherein aus dem § 9 Abs. 1 Nr. 20 BauGB auszuschließen. Denn Anlagen zur Grau- und Niederschlagswasserverwertung wirken insbesondere in Gegenden mit klimatisch bedingtem, sommerlichem Niedrigwasser dem Trockenfallen von Landökosystemen entgegen. Niedrigwasser aufgrund von weniger und extremerem, sommerlichem Niederschlag bei gleichzeitig regelmäßig erhöhtem Wasserbedarf der Landwirtschaft bewirkt das Trockenfallen von Böden (u.a. Erosion). Diese können dann ihre essenziellen natürlichen Funktionen nicht mehr ausfüllen. Die Schonung von Grundwasserressourcen durch die Verwertung von Grauwasser zielt genau wie die zulässige Festsetzung von Versickerungsanlagen auf die Abfederung dieser klimatischen Folgen. Daher ist die Festsetzungmöglichkeit für Anlagen zur Grau- und Niederschlagswasserverwertung auf Grundlage des § 9 Abs. 1 Nr. 20 anzunehmen.

ii. Anlagen zur Abwasserverwertung und -weiterverwendung

Nach den Landeswassergesetzen und Bauordnungen einiger Bundesländer sind die Gemeinden ausdrücklich ermächtigt, Anlagen zur Sammlung und Verwendung oder Verwertung von Grau- oder Brauchwasser und Nieder-

---

1140 Siehe *Gaentzsch*, in: Berliner Kommentar zum BauGB, Bd. I, § 9 Rn. 51 a.E. (10. Lfg. April 2008); *Söfker*, in: Ernst/Zinkhahn/Bielenberg/Krautzberger, BauGB, Bd. I, § 9 Rn. 160 (Lfg. 105 Juni 2012); *Löhr*, in: Battis/Krautzberger/ Löhr, BauGB, § 9 Rn. 70, S. 222; *Gierke*, in: Brügelmann BauGB, Bd. 2, § 9 Rn. 368 und 369 (57. Lfg. Feb. 2005).

schlagswasser per Satzung festzusetzen.[1141] Diese sog. örtlichen Bauvorschriften können gem. § 9 Abs. 4 BauGB in den betreffenden Ländern in den Bebauungsplan aufgenommen werden. Insofern haben sie die gleichen Rechtswirkungen wie die Festsetzungen von Flächen zur Niederschlagswasserversickerung auf Grundlage des Wasserrechts. Für sie gelten auch die gleichen Voraussetzungen für die Aufnahme in den Bebauungsplan. Denn die landeswasser- und bauordnungsrechtlichen Vorschriften zur Grau- und Niederschlagswasserverwertung weisen mit dem Bezug zur Anpassung an die Folgen des Klimawandels die erforderliche Sachnähe zu den Aufgaben der Bebauungsplanung gem. § 1 BauGB auf.

VI. Präventivkontrolle der Anlagen zur Abwasserbeseitigung und -entsorgung

Im Rahmen der präventiven Kontrolle werden die wasser-, bau- und immissionsschutzrechtlichen Anforderungen an Abwasseranlagen sichergestellt. Die präventive Kontrolle von dezentralen und semi-dezentralen Anlagen knüpft insbesondere an die Einleitungen an, während die präventive Kontrolle der Anlagen der Abwasserverwertung an die Versorgung mit Brauchwasser anknüpft. Die jeweiligen technischen Anlagen unterliegen zudem im Allgemeinen den wasser-, bau- und immissionsschutzrechtlichen Anforderungen.

1. Anforderungen an Abwasserbeseitigungsanlagen

Die im Rahmen der präventiven Kontrolle an die Abwasserbeseitigungsanlagen gestellten Anforderungen hängen maßgeblich davon ab, ob es sich um eine Anlage der Schmutz- oder Niederschlagswasserbeseitigung und eine zentrale oder dezentrale Anlage handelt und ob sie der Pflicht einer Umweltverträglichkeitsprüfung (UVP) nach dem UVPG unterliegt.

1141 Vgl. §§ 74 Abs. 3 BauO BW; 37 Abs. 4 WG HE; 51 Abs. 4 WG RP; 49 a Abs. 3 WG SL; 85 Abs. 3 BauO SL.

3. Kapitel: Abwasserentsorgung unter dem Regime des Abwasserrechts

a. Zentrale Abwasserbeseitigungsanlagen

Zentrale Abwasserbeseitigungsanlagen, bestehend aus Kläranlagen, Leitungen und sonstigen Bestandteilen, unterliegen regelmäßig dem wasserrechtlichen Gestattungsregime hinsichtlich der von ihnen ausgehenden Direkteinleitungen und den wasser-, bau- und immissionsschutzrechtlichen Anlagenanforderungen.

(1) Wasserrechtliche Anlagengenehmigung

Abwasseranlagen unterliegen gem. § 60 Abs. 3 WHG einer wasserrechtlichen Genehmigungspflicht, sofern sie der UVP-Pflicht unterliegen. Dies ist insbesondere für größere Abwasserbehandlungsanlagen der Fall. Ansonsten sehen nur einige Bundesländer gesonderte wasserrechtliche Anlagengenehmigungserfordernisse vor.

i. UVP-pflichtige Anlagen

Die UVP-Pflichtigkeit von Abwasserbehandlungsanlagen richtet sich nach dem UVPG. Behandlungsanlagen ab einen Abwasseranfall von 150.000, 10.0000 und 2.000 EW häuslichem (organisch belastetem) Abwasser unterliegen u.U. nach einer Einzelfallprüfung der UVP-Pflichtigkeit gem. Nr. 13.1.1. der Anlage 1 i.V.m. § 3 b UVPG, nach Nr. 13.1.2 der Anlage 1 i.V.m. § 3 c S. 1 UVPG oder nach § 3 c S. 2 UVPG.[1142] Die Genehmigung ist gem. §§ 60 Abs. 3 S. 4 i.V.m. § 16 Abs. 1 und 3 WHG als Plangenehmigungsverfahren im Sinne des § 22 UVPG ausgestaltet.[1143] Ein Anspruch auf die Genehmigung besteht nicht, da die Anforderungen des Benutzungsregimes gem. §§ 60 Abs. 3 S. 2 i.V.m. 60 Abs. 1 S. 1 i.V.m. 57 Abs. 1 WHG Gegenstand der materiellen Genehmigungsvoraussetzungen sind (repressives Verbot mit Erlaubnisvorbehalt).[1144] UVP-pflichtige Abwasserbehandlungsanlagen müssen gem. § 60 Abs. 3 WHG materiell den

---

1142 Vgl. *Kotulla*, WHG, § 60 Rn. 18 f.; *Berendes*, in: V. Lersner/Berendes, Hndb. des dt. Wasserrechts, Bd. 1, C 10 E, § 60 Rn. 6 (Erg. Lfg. 10/13).
1143 Vgl. *Nisipeanu*, in: Berendes/Frenz/Müggenborg, WHG, § 60 Rn. 43, S. 1047.
1144 Vgl. *Czychowski/Reinhard*, WHG, § 60 Rn. 65; a.A. *Nisipeanu*, in: Berendes/Frenz/Müggenborg, WHG, § 60 Rn. 41 und 44.

VI. Präventivkontrolle der Anlagen zur Abwasserbeseitigung und -entsorgung

Anforderungen des §§ 60 Abs. 3 S. 2 i.V.m. 60 Abs. 1 WHG sowie gem. § 60 Abs. 3 s. 2 a.E. WHG den sonstigen öffentlich-rechtlichen Vorschriften entsprechen.

Nach § 60 Abs. 3 i.V.m. § 60 Abs. 1 WHG sind die Abwasseranlagen u.a. „so zu errichten, (...) dass die Anforderungen an die Abwasserbeseitigung eingehalten werden. Im Übrigen dürfen sie nur nach den allgemein anerkannten Regeln der Technik errichtet (...) werden." Abwasseranlagen im Sinne des § 60 Abs. 1 WHG sind demnach insbesondere die Abwasserbehandlungsanlagen.[1145] Sie haben gem. § 60 Abs. 1 S. 1 WHG die Anforderungen an die anlagenbezogenen Direkteinleitungen gem. § 57 WHG und der AbwV und mithin den Stand der Technik einzuhalten.[1146] Die Ausfüllung des unbestimmten Rechtsbegriffs „Stand der Technik" ist keine Rechtsanwendung, sondern Tatsachenermittlung.[1147] Maßgeblich sind insbesondere die technischen Regelungen des DIN und der DWA.[1148]

Nach § 60 Abs. 3 S. 2 a.E WHG haben die Abwasserbehandlungsanlagen auch die sonstigen Erfordernisse öffentlich-rechtlicher Vorschriften zu beachten. Hiermit sind insbesondere die bau-, naturschutz- und immissionsschutzrechtlichen Vorschriften gemeint. Hinsichtlich der baurechtlichen Vorschriften ist in den Wassergesetzen der Länder regelmäßig eine Konzentrationswirkung der wasserrechtlichen Genehmigung normiert, die auch die Baugenehmigung mit einschließt.[1149] Die Wasserbehörde entscheidet insoweit im Benehmen mit der Bauaufsichtsbehörde.[1150] In diesem Verfahren sind regelmäßig die Vorschriften über die Eingriffsrege-

---

1145 Vgl. *Czychowski/Reinhardt*, WHG § 60 Rn. 10 f.; *Nisipeanu*, in: Berendes/Frenz/Müggenborg, WHG, § 60 Rn. 9 ff., S. 1036 f.
1146 Verordnung über Anforderungen an das Einleiten von Abwasser in Gewässer Abwasserverordnung – AbwV vom 17.6.2004 BGBl. I S. 1108, 2625, zuletzt geändert durch Verordnung vom 31.7.2009, (BGBl. I S. 2585), ergangen auf Grundlage § 7a WHG a.F. (nunmehr § 57 Abs. 2 S. 1 WHG). Aufgrund des Wegfalls der Verordnungsermächtigung ist die AbwV nicht unwirksam geworden, wie sich aus Art. 12 des Gesetz vom 11. 8.2010 (BGBl. I S. 1163) ergibt; siehe auch *Nisipeanu*, in: Berendes/Frenz/Müggenborg, WHG, § 60 Rn. 26.
1147 Vgl. BVerwG Beschluss vom 30.9.1996, Aktz. 4 B 175.96, Leitsatz und Rn. 5 f. (Juris); *Nisipeanu*, in: Berendes/Frenz/Müggenborg, WHG, § 60 Rn. 28.
1148 Vgl. *Nisipeanu*, in: Berendes/Frenz/Müggenborg, WHG, § 60 Rn. 46 f.
1149 Siehe beispielsweise §§ 99 Abs. 3 S. 1 WG NI; 58 Abs. 5 WG NW; 55 Abs. 8 WG SN.
1150 Siehe exemplarisch §§ 39 Abs. 1 S. 1 HessWG; 99 Abs. 3 WG NI; 81 Abs. 3 WG LSA.

3. Kapitel: Abwasserentsorgung unter dem Regime des Abwasserrechts

lung gem. §§ 22 ff. BNatSchG und die Vorschriften über nichtgenehmigungsbedürftige Anlagen gem. § 22 BImSchG zu prüfen.

ii. Nicht-UVP-pflichtige Anlagen

Sofern Abwasseranlagen nicht unter den § 60 Abs. 3 WHG fallen, wie insbesondere nicht-UVP-pflichtige Abwasserbehandlungsanlagen, Leitungen oder sonstige Abwasseranlagen, ist den Bundesländern gem. § 60 Abs. 4 WHG überlassen, inwieweit sie für die Errichtung, den Betrieb und die wesentliche Änderung dieser Anlagen wasserrechtliche Anzeige- und Genehmigungserfordernisse vorsehen.[1151] Nur die LWG von *Brandenburg, Niedersachsen, Nordrhein-Westfalen, Saarland, Sachsen* und *Schleswig-Holstein* sehen präventive Kontrollen von Errichtung, Betrieb oder wesentlichen Änderungen der Abwasserbehandlungsanlagen in Form von Genehmigungserfordernissen bis hin zur Planfeststellung (SH) für größere Behandlungsanlagen vor.[1152] Das Landeswassergesetz *Bayern* sieht als präventive Kontrolle eine Bauabnahme der einleitenden Anlage vor.[1153] Von der Genehmigungspflicht teilweise ausgenommen sind Abwasserbehandlungsanlagen, die serienmäßig hergestellt werden und eine Bauartzulassung nach DIBt oder einen Verwendungsnachweis im Einzelfall durch die Bauordnungsbehörden der Länder aufweisen.[1154] Die Genehmigungsfähigkeit richtet sich nach dem für alle Abwasseranlagen geltenden § 60 Abs. 1 WHG.

(2) Wasserrechtliches Benutzungsregime und Abwassereinleitung

Das Benutzungsregime des WHG ist als repressives Verbot mit Erlaubnisvorbehalt ausgestaltet. Demnach ist jede Benutzung der Gewässer gem. § 9 WHG, insbesondere die Einleitung von Abwasser, grundsätzlich ver-

---

[1151] Vgl. *Czychowski/Reinhardt*, WHG, § 60 Rn. 8; *Nisipeanu*, in: Berendes/Frenz/Müggenborg, WHG, § 60 Rn. 46 f.
[1152] Siehe §§ 71 WG BBG; 99 Abs. 2 WG NI; 48 Abs. 1 WG SL; 55 Abs. 2 WG SN; 35 Abs. 1 und 2 WG SH; 58 Abs. 2 WG NW.
[1153] Vgl. Art. 61 Abs. 1 WG BY.
[1154] Vgl. §§ 58 Abs. 2 WG NW; 55 Abs. 3 WG SN; 35 Abs. 2 WG SH.

VI. Präventivkontrolle der Anlagen zur Abwasserbeseitigung und -entsorgung

boten und nur im Falle der Erteilung einer anlagen- oder grundstücksbezogenen wasserrechtlichen Gestattung gem. § 8 Abs. 1 und 4 WHG zulässig.

i. Erlaubnispflichtigkeit

Die Einleitung von Abwasser in Form von Schmutzwasser oder von mit Schmutzwasser vermischtem Niederschlagswasser bedarf nach § 57 i.V.m. §§ 8 und 9 Abs. 1 Nr. 4 Alt. 2 WHG der Erlaubnis gem. § 12 Abs. 1 i.V.m. § 8 Abs. 1 WHG. Denn die Einleitung von Abwasser von Abwasserbehandlungsanlagen in öffentlicher oder privater Trägerschaft in Gewässer gem. § 2 Abs. 1 WHG ist ein Benutzungstatbestand im Sinne des § 9 Abs. 1 Nr. 4 WHG. Die Erteilung einer Bewilligung als stärkere Rechtsposition ist bei der Direkteinleitung von Abwasser prinzipiell nach § 14 Abs. 1 Nr. 3 i.V.m. § 9 Abs. 1 Nr. 4 WHG ausgeschlossen. Ausnahmsweise dürfen die Länder gem. § 43 Nr. 2 WHG bestimmen, dass eine Erlaubnis für die Einleitung von anderen Stoffen als Grund-, Quell- und Niederschlagswasser und damit auch Abwasser in Küstengewässer nicht erforderlich ist, wenn dadurch keine signifikanten nachteiligen Veränderungen seiner Eigenschaften zu erwarten sind.[1155]

ii. Erlaubnisfähigkeit

An die erlaubnispflichtige Direkteinleitung von Abwasser in Gewässer stellt der § 57 WHG spezielle, die allgemeine Vorschrift des § 12 Abs. 1 WHG teilweise konkretisierende Anforderungen. Aus dem Wortlaut des § 12 Abs. 1 und 2 WHG sowie der Ausgestaltung des § 57 Abs. 1 folgt, dass die Behörde Anträge auf Einleitung von Abwasser versagen muss, wenn eine der kumulativ zu erfüllenden Voraussetzungen des § 57 Abs. 1 Nrn. 1 bis 3 WHG nicht erfüllt ist.[1156]

Nach § 57 Abs. 1 Nr. 1 WHG muss die Menge und Schädlichkeit (sog. Schadstofffracht) des eingeleiteten Abwassers emissionsbezogen, also unabhängig von der Belastungssituation des Gewässers, nach dem Stand der Technik im Sinne des § 3 Nr. 11 WHG i.V.m. Anhang 1 AbwV minimiert

---

1155 Vgl. *Czychowski/Reinhardt*, WHG, § 43 Rn. 5; *Kotulla*, WHG, § 43 Rn. 7.
1156 Vgl. beispielsweise *Czychowski/Reinhardt*, WHG, § 57 Rn. 17.

werden.[1157] Die Erfordernisse dieser Minimierung nach dem Stand der Technik sind abstrakt-generell in der AbwV geregelt. Sie konkretisiert anlagenabhängig die einzuhaltenden Grenzwerte und damit die Verhältnismäßigkeit und bedarf daher bei Übernahme der Werte in die Erlaubnis grundsätzlich keiner Einzelfallprüfung.[1158] Die AbwV gliedert sich in einen allgemeinen Teil und eine Vielzahl von branchenspezifischen Anhängen. Im Anhang 1 finden sich die Anforderungen an die Einleitung von häuslichem und kommunalem Abwasser. Häusliches Abwasser ist dabei gem. lit. a Nr. 1 des Anhangs 1 der AbwV Abwasser, das „im Wesentlichen aus Haushaltungen oder ähnlichen Einrichtungen (wie z.B. Hotels oder Krankenhäuser) oder aus Anlagen stammt, die anderen (…) Zwecken dienen, sofern es häuslichem Abwasser entspricht". Kommunales Abwasser ist gem. lit. a Nr. 2 des Anhangs 1 der AbwV „Abwasser, das in Kanalisationen gesammelt wird und im Wesentlichen aus den vorstehend genannten Einrichtungen und Anlagen sowie aus Anlagen stammt, die gewerblichen oder landwirtschaftlichen Zwecken dienen, sofern die Schädlichkeit dieses Abwasser mittels biologischer Verfahren mit gleichem Erfolg wie bei häuslichem Abwasser verringert werden kann". Die Anwendung des § 3 Abs. 1 AbwV ist für häusliches und kommunales Abwasser ausgeschlossen. Für die qualitative Minimierung der Schadstofffracht des Abwassers sind in der AbwV gängige Parameter der Ablaufwerte von Einleitungen von Kläranlagen nach Größenklassen geordnet.

Weiter muss die Einleitung des Abwassers nach § 57 Abs. 1 Nr. 2 WHG mit den Anforderungen an die Gewässereigenschaften gem. § 3 Nr. 8 WHG und sonstigen Anforderungen vereinbar sein. Klarstellend sind damit die allgemeinen und besonderen Anforderungen an eine Erlaubnis gem. §§ 12, 48, 50 und 51 WHG gemeint und damit gem. § 12 Abs. 1 Nr. 2 i.V.m. § 3 Nr. 10 WHG auch die Gewässerqualitätsziele der Bewirtschaftungspläne und Maßnahmenprogramme.[1159] Die das Bewirtschaftungsermessen steuernden Anforderungen an die Einleitungen in die Ge-

---

1157 Vgl. *Nisipeanu*, in: Berendes/Frenz/Müggenborg, WHG, § 57 Rn. 9, S. 987.
1158 Vgl. VGH BW, Urteil vom 16.3.2011, Aktz. 3 S 2668/08, Rn. 34 (Juris); wohl auch *Czychowski/Reinhard*, WHG, § 57 Rn. 29; *Zöllner*, in: Sieder/Zeitler/Dahme/Knopp, WHG und AbwAG, Bd. 1, § 57 WHG Rn. 4 (EL 39 März 2010) unter Verweis auf *Zöllner*, in: Sieder/Zeitler/Dahme/Knopp, WHG und AbwAG, Bd. 2, § 7 a WHG a.F. Rn. 15 f. (EL 38 Sept. 2009) a.A. *Nisipeanu*, in: Berendes/Frenz/Müggenborg, WHG, § 57 Rn. 17.
1159 Vgl. *Czychowski/Reinhardt*, WHG, § 57 Rn. 24 f.; *Nisipeanu*, in: Berendes/Frenz/Müggenborg, WHG, § 57 Rn. 20 f.

VI. Präventivkontrolle der Anlagen zur Abwasserbeseitigung und -entsorgung

wässer ergeben sich höchst individuell aus den jeweiligen Bewirtschaftungsplänen und Maßnahmenprogrammen für die Flussgebietseinheit und den Koordinierungsraum. In der Tendenz ist aufgrund des Verschlechterungsverbots und Verbesserungsgebots damit zu rechnen, dass die Anforderungen an die Einleitungen in zahlreichen Gebieten mit zum Teil vorbelasteten Vorflutern oder gefährdeten Grundwasserkörpern steigen und nicht lediglich bei den Werten der emissionsbezogenen Mindestanforderungen der AbwV stehen bleiben. Gerade die Einleitung in den Untergrund bedarf auch gem. § 48 Abs. 1 WHG besonderer Vorsicht, sodass z.B. auch Kleinkläranlagen aus Klassen höherer Reinigungsstufen erforderlich sein können.

Schließlich darf nach § 57 Abs. 1 Nr. 3 WHG die Genehmigung zur Direkteinleitung auch nur erteilt werden, wenn die Anlagen, die für die Sicherstellung der Einhaltung der Anforderungen nach den Nrn. 1 und 2 WHG erforderlich sind, bereits errichtet und betrieben werden.

(3) Keine baurechtliche Anlagengenehmigung

Abwasseranlagen allgemein unterliegen grundsätzlich dem Anwendungsbereich der Bauordnungen, da es sich bei Behandlungsanlagen, Leitungen und sonstigen Abwasseranlagen regelmäßig um bauliche Anlagen handelt. Trotz dieser grundsätzlichen Eröffnung des Anwendungsbereichs sind in den Bauordnungen der Bundesländer sehr individuell weitgehende Ausnahmen vom Anwendungsbereich und der Genehmigungspflicht für Abwasseranlagen geregelt.[1160]

1160 Siehe u.a. Bauordnung BY in der Fassung der Bekanntmachung vom 14.8.2007 (GVBl. 2007, 588), zuletzt geändert durch Gesetz vom 22.7.2014 (GVBl. S. 286); Bauordnung BBG in der Fassung der Bekanntmachung vom 17.9.2008 (GVBl. I/08, 228) zuletzt geändert durch Gesetz vom 29.11. 2010 (GVBl. S. 5 ff.); Landesbauordnung für BW in der Fassung vom 5.3.2010 (GBl. 2010, 357 ber. 416), zuletzt geändert durch Gesetz vom 3.12.2013 (Gbl. 389, 440); Bauordnung HE in der Fassung vom 15.1.2011 (GVBl. I 2011, 46, 180), zuletzt geändert durch Gesetz vom 13.12.2012 (GVBl. S. 622); Landesbauordnung M-V vom 18.4.2006 (GVBl. 2006, 102), zuletzt geändert durch Gesetz vom 20.5.2011 (GVBl. S. 102); Niedersächsische Bauordnung vom 3.4.2012 (GVBl. 2012, 46), zuletzt geändert durch Gesetz vom 23.7.2014 (GVBl. S. 206); Bauordnung für das Land NW in der Fassung vom 1.3.2000 (GV NRW 2000, 256), zuletzt geändert durch Gesetz vom 20.5.2014 (GV., S. 294); Landesbauordnung RP vom 24.11.1998 (GVBl. 1998, 365), zuletzt geändert durch Gesetz vom 9.

3. Kapitel: Abwasserentsorgung unter dem Regime des Abwasserrechts

In einigen Bundesländern sind die Vorschriften der jeweiligen Bauordnung von vornherein nicht auf öffentliche Abwasseranlagen anwendbar.[1161] Damit sind regelmäßig zentrale Anlagen vom Anwendungsbereich ausgenommen, da sie meist in öffentlich-rechtlicher Trägerschaft stehen. In den anderen Bundesländern, in denen die Bauordnungen anwendbar sind oder es sich um Abwasserbehandlungsanlagen in privater Trägerschaft handelt, sind die Abwasserbehandlungsanlagen vom baurechtlichen Anlagengenehmigungserfordernis regelmäßig freigestellt. Sie fallen in diesen Bundesländern entweder unter die Freistellung für Abwasserbehandlungsanlagen für häusliches Abwasser[1162] oder unter Anlagen, die der „Abwasserbeseitigung" oder der „Wasserwirtschaft" dienen.[1163] Auf die in zentralen Abwasserbeseitigungssystemen erforderlichen Leitungen sind die Bauordnungen als „Leitungen, die der öffentlichen Abwasserentsorgung dienen" entweder nicht anwendbar[1164] oder sie sind von dem Baugenehmigungserfordernis als „Anlagen, die der Abwasserbeseitigung" oder der „Wasserwirtschaft" „dienen", freigestellt.[1165]

3.2011 (GVBl. S. 47); Sächsische Bauordnung vom 28.5.2004 (SächsGVBl. 2004, 200, 227), zuletzt geändert durch Gesetz vom 2.4.2014 (GVBl. S. 238, ber. S. 322).

1161 Siehe beispielsweise: §§ 1 Abs. 2 Nr. 4, 5 und 6 HessBauO; 1 Abs. 2 Nr. 3 BauO NW; 1 Abs. 2 Nr. 3 BauO RP; 1 Abs. 2 Nr. 3 BauO SL; 1 Abs. 2 Nr. 3 BauO SN.

1162 Siehe §§ 50 Abs. 1 und Anhang Nr. 4 lit. b) BauO BW; 65 Abs. 1 Nr. 12 BauO NW.

1163 Vgl. §§ 69 Abs. 1 Nr. 2 lit. c) Nr. 3 lit. b) E BauO LSA; 69 Abs. 1 Nr. 19 BauO SH; 63 Abs. 1 Nr. 2 lit. c) oder Nr. 3 lit. b BauO TH.

1164 Vgl. Art. 1 Abs. 2 BauO BY sowie §§ 1 Abs. 2 Nr. 2 BauO BW; 1 Abs. 2 Nr. 4 BauO BBG; 1 Abs. 2 Nr. 4 BauO HE; 1 Abs. 2 Nr. 3 BauO M-V; 1 Abs. 2 Nr. 3 BauO NW; 1 Abs. 2 Nr. 3 BauO RP; 1 Abs. 2 Nr. 3 BauO SL; 1 Abs. 2 Nr. 3 BauO SN; 1 Abs. 2 Nr. 4 BauO LSA; 1 Abs. 2 Nr. 3 BauO SH; 1 Abs. 2 Nr. 2 BauO TH.

1165 Siehe beispielsweise §§ 50 Abs. 1 i.V.m. Anhang Nr. 4 lit. a) BauO BW (verfahrensfrei); 55 Abs. 4 Nr. 2 BauO BBG; Anlage 2 I Nr. 4.2. BauO HE; 61 Abs. 1 Nr. 3 lit. b) BauO M-V; Nr. 3.2. Anhang zur BauO NI; 66 S. 1 Nr. 6 BauO NW; 60 Abs. 1 Nr. 3 lit. b) BauO LSA; 63 Abs. 1 S. 1 Nr. 3 lit. b BauO TH.

VI. Präventivkontrolle der Anlagen zur Abwasserbeseitigung und -entsorgung

(4) Immissionsschutzrechtliche Anforderungen

Neben den wasserrechtlichen Anforderungen unterliegen die Anlagen der Abwasserbeseitigung auch den immissionschutzrechtlichen Anforderungen der §§ 22 ff. BImSchG für nicht-genehmigungsbedürftige Anlagen. Bei den Abwasseranlagen generell handelt es sich um BImSchG-Anlagen in Form von ortsfesten Einrichtungen gem. § 3 Abs. 5 Nr. 1 BImSchG.[1166] Anlagen der Abwasserbeseitigung stellen jedoch sog. nicht-genehmigungsbedürftige Anlagen gem. § 4 BImSchG i.V.m. der 4. BImSchV dar, da sie nicht im Anhang zur 4. BImSchV aufgeführt sind.[1167] Für sie gelten daher die Anforderungen der §§ 22 ff. BImSchG. Demnach sind Betreiber von nicht-genehmigungsbedürftigen Anlagen u.a. gem. § 22 Abs. 1 BImSchG dazu verpflichtet, ihre Anlagen so zu errichten und zu betreiben, dass schädliche Umwelteinwirkungen verhindert werden, die nach dem Stand der Technik vermeidbar sind. In diesem Sinne schädliche Umwelteinwirkungen können gem. § 3 Abs. 1 BImSchG u.a. auch Geruchsimmissionen sein.

b. Dezentrale Schmutzwasserbeseitigungsanlagen

Dezentrale Schmutzwasserbeseitigungsanlagen unterliegen aufgrund ihres geringeren Gefährdungspotenzials gemilderten Anforderungen an die wasserrechtliche Einleitungserlaubnis und regelmäßig keinem wasser- oder baurechtlichen Anlagegenehmigungserfordernis.

(1) Wasserrechtliche Anlagenanforderungen

In den Bundesländern, in denen überhaupt ein wasserrechtliches *Anlagen*genehmigungserfordernis für Abwasseranlagen generell oder Abwasserbehandlungsanlagen im Besonderen vorgesehen ist, sind die dezentralen Beseitigungsanlagen und abflusslosen Gruben ganz überwiegend von

---

1166 Siehe auch *Jarass*, BImSchG, § 3 Rn. 69 f.
1167 Verordnung über genehmigungsbedürftige Anlagen vom 2.5.2013 (BGBl. I S. 973, 3756).

der Genehmigungspflicht ausgenommen.[1168] Nur nach dem Wassergesetz *Bayerns* ist eine wasserrechtliche Bauabnahme als eine Art qualifiziertes Anzeigeerfordernis erforderlich, in der durch Beibringung von Sachverständigennachweisen die bauliche Übereinstimmung von Direkteinleitungserlaubnis und gebauter Anlage gegenüber der Behörde nachgewiesen wird.[1169] In einigen Bundesländern ist die Ausnahme an eine Bauartzulassung des DIBt, eine Art Typengenehmigung oder Verwendungsnachweise im Einzelfall durch die Bauordnungsbehörden der Länder gekoppelt.[1170]

(2) Einleitungen aus Kleinkläranlagen

Die Einleitungen von geklärtem Abwasser aus Kleinkläranlagen in Grundwasser oder Oberflächengewässer stellen eine erlaubnispflichtige Benutzung dar, die auch den Anforderungen des § 57 Abs. 1 WHG zu genügen hat.[1171] Hinsichtlich der emissionsbezogenen Minderungsverpflichtung gem. § 57 Abs. 1 Nr. 1 WHG unterliegen technische und naturnahe Kleinkläranlagen einer bedeutsamen Vereinfachung. Nach § 57 Abs. 1 Nr. 1 WHG i.V.m. C Abs. 4 des Anhang 1 der AbwV gelten die emissions- und anlagebezogenen Anforderungen an die Einleitungen, insbesondere die Ablaufwerte, als eingehalten, wenn die der Einleitung vorgeschaltete Abwasserbehandlungsanlage eine bauaufsichtliche Zulassung, eine europäisch technische Zulassung oder eine Zulassung nach den Vorschriften des Bauproduktengesetzes oder nach dem Landesbau- und -wasserrecht aufweist und die Abwasserbehandlungsanlage nach Maßgabe dieser Zulassung eingebaut und betrieben wird (Einhaltefiktion). In der Zulassung müssen gem. C Abs. 4 S. 2 Anhang 1 der AbwV die für „eine ordnungsgemäße, an den Anforderungen nach Abs. 1 (Einhaltung der Ablaufwerte) ausgerichtete Funktionsweise erforderlichen Anforderungen an den Einbau, den Betrieb und die Wartung der Anlage festgelegt sein". Insbesondere für serienmäßig hergestellte Kleinkläranlagen besteht regelmäßig eine vom DIBt zu erteilende bauaufsichtliche Zulassung nach den Bauord-

---

1168 Genehmigungserfordernisse bestehen nicht in HE, M-V, LSA und TH, ansonsten vgl. §§ 71 Abs. 2 WG BBG; 96 Abs. 6 WG NI; 54 Abs. 1 WG RP; 48 Abs. 3 Nr. 3 WG SL; 55 Abs. 3 WG SN; 35 Abs. 2 S. 2 Nr. 1 WG SH.
1169 Vgl. Art. 61 Abs. 1 WG BY.
1170 Siehe §§ 58 Abs. 2 WG NW; 55 Abs. 3 WG SN; 35 Abs. 2 WG SH.
1171 Vgl. hierzu schon genauer unter 3. Kap. VI. Abschn. Nr. 1 lit. a. (2) ii.

VI. Präventivkontrolle der Anlagen zur Abwasserbeseitigung und -entsorgung

nungen der Bundesländer und dem § 1 Nr. 1 lit. a) der in allen Ländern erlassenen Wasserbauprüfverordnung (WasBauPVO).[1172] Das Wassergesetz des Bundeslandes *Niedersachsen* hat in § 96 Abs. 6 gar eine Genehmigungsfiktion für die wasserrechtliche Erlaubnis insgesamt geregelt. Weist die Kleinkläranlage eine Bauartzulassung auf, so gilt die Einleitungsgenehmigung als erteilt. Allerdings kann sich aus der nach § 57 Abs. 1 Nr. 2 WHG i.V.m. den Festsetzungen des Maßnahmenprogramms zu berücksichtigenden Immissionssituation des Gewässers unter Ausschöpfung des Bewirtschaftungsermessens dennoch eine Versagung ergeben.

(3) Baurechtliche Anforderungen

Grundsätzlich unterliegen auch Kleinkläranlagen und abflusslose Gruben dem Anwendungsbereich der Bauordnungen der Bundesländer, da es sich um bauliche Anlagen handelt. Auf öffentliche Anlagen, also auch Kleinkläranlagen in öffentlich-rechtlicher Trägerschaft ist die Bauordnung in einigen Bundesländern von vornherein nicht anwendbar.[1173] Doch auch sonst sind private und öffentliche Kleinkläranlagen in allen Bundesländern regelmäßig von den baurechtlichen Genehmigungserfordernissen befreit. In *Bayern, Sachsen, Sachsen-Anhalt* und *Thüringen* fallen die Anlagen zur dezentralen Abwasserbehandlung (Kleinkläranlagen) als technische hausinterne Anlagen zu den „sonstigen Anlagen der technischen Gebäudeausrüstung".[1174] In *Baden-Württemberg, Brandenburg, Hessen, Niedersachsen* und *Nordrhein-Westfalen* sind die Kleinkläranlagen in unterschiedlichen Formulierungen ausdrücklich von dem Genehmigungserfordernis

---

1172 Vgl. auch *Nolte*, in: Simon/Busse, Bayrische Bauordnung, Bd. 1, Art. 15, Rn. 15 ff. und Rn. 49 (EL 113 Juli 2013).
1173 Vgl. exemplarisch §§ 1 Abs. 2 Nr. 4, 5 und 6 HessBauO; 1 Abs. 2 Nr. 3 BauO NW; 1 Abs. 2 Nr. 3 BauO RP; 1 Abs. 2 Nr. 3 BauO SL.
1174 Siehe Art. 57 Abs. 1 S. 1 Nr. 2 lit. B BauO BY (verfahrensfrei) sowie §§ 55 Abs. 5 Nrn. 4 und 5 BauO BBG; Anl. 2 I Nr. 4.5. HessBauO; 65 Abs. 1 Nr. 17 BauO M-V; Nr. 3.5. Anhang BauO NI; 65 Abs. 1 Nr. 2 lit. B SL; 61 Abs. 1 Nr. 2 lit. B BauO SN; 69 Abs. 1 Nr. 2 lit. c) und Nr. 3 lit. b) BauO LSA; 69 Abs. 1 Nr. 19 BauO SH; 63 Abs. 1 Nr. 2 lit. c) oder Nr. 3 lit. b) BauO Thü; vgl. *Lechner/Busse*, in: Simon/Busse, Bayerische Bauordnung, Bd. 2, Art. 57 Rn. 153 ff. (Juli 2013, EL 113).

ausgenommen.[1175] Trotz der Genehmigungsfreiheit stellen die Bauordnungen Anforderungen an die bauliche Beschaffenheit der Kleinkläranlagen. Regelmäßig ist in den Bauordnungen ein Bauvorbehalt gegenüber der Abwasserbeseitigung geregelt. Demnach dürfen bauliche Anlagen nur errichtet werden, wenn die einwandfreie Beseitigung der Abwasser einschließlich Niederschlagswasser dauernd gesichert ist.[1176] Zudem sind in den Landesbauordnungen regelmäßig einige weitere Anforderungen zur Betriebssicherheit geregelt.[1177]

c. Anforderungen an Gruppenlösungen dezentraler Schmutzwasserbeseitigungsanlagen

Semi-dezentrale Schmutzwasserbeseitigungslösungen, die aus Gruppen von Kleinkläranlagen bestehen, unterliegen hinsichtlich der Einleitungen den gleichen wasserrechtlichen und baurechtlichen Anforderungen wie dezentrale Anlagen der Schmutzwasserbeseitigung. In den meisten Bundesländern ist daher lediglich die Erlangung einer wasserrechtlichen Erlaub-

---

1175 Vgl. „Abwasserbehandlungsanlagen für häusliches Abwasser": §§ 50 Abs. 1 und Anhang Nr. 4 lit. b) BauO BW; 65 Abs. 1 Nr. 12 BauO NW; „Abwasserbehandlungsanlagen": § 55 Abs. 5 Nrn. 4 und 5 BauO BBG; Anl. 2 I Nr. 4.5. HessBauO; Anh. Nr. 3.5. BauO NI; „Anlagen, die der Abwasserbeseitigung oder Wasserwirtschaft dienen": §§ 69 Abs. 1 Nr. 2 lit. c) Nr. 3 lit. b) E BauO LSA; 69 Abs. 1 Nr. 19 BauO SH; 63 Abs. 1 Nr. 2 lit. c) oder Nr. 3 lit. b) BauO Thü.
1176 Vgl. beispielsweise Art. 41 Abs. 1 BauO BY sowie §§ 33 Abs. 2 BauO BW; 39 S. 1 HessBauO; 41 S. 1 BauO M-V; 41 Abs. 2 BauO NI; 41 Abs. 2 BauO RP; 44 Abs. 1 BauO SL; 45 S. 1 BauO LSA; 47 S. 1 BauO SH; 41 S. 1 BauO TH.
1177 Überwiegend: Vorrang des Anschlusses an Sammelkanalisation: Art. 42 Abs. 2 und 3 BauO BY sowie §§ 17 Abs. 1 und 2 LBOAVO BW; 38 Abs. 1 und 2 BauO BBG; 40 Abs. 1 S. 1 HessBauO; 42 Abs. 1 BauO M-V; 44 Abs. 5 BauO SL; 48 Abs. 1 BauO SH; 42 Abs. 2 und 4 BauO TH; Sicherstellung gefährdungsfreier Betrieb und Unterhaltung: §§ 33 Abs. 3 BauO BW; 39 S. 2 HessBauO; 41 S. 2 BauO M-V; 41 Abs. 3 BauO RP; 44 Abs. 1 BauO SL; 45 S. 2 BauO LSA; 47 S. 2 BauO SH; 41 S. 2 BauO TH; Sicherstellung von Dichtheit, Bestehen von Reinigungs- und Entleerungsöffnungen im Freien: §§ 17 Abs. 3 und 4 LBOAVO BW; 38 Abs. 3 BauO BBG; 40 Abs. 2 und 4 BauO M-V; 42 Abs. 2 BauO RP; 44 Abs. 4 BauO SL und 16 Abs. 3 TVO SL; 44 BauO SN; 48 Abs. 3 BauO SH; keine Einleitung von Niederschlagswasser in Kleinkläranlagen und abflusslose Gruben: §§ 40 Abs. 1 HessBauO; 42 Abs. 2 BauO M-V; 42 Abs. 2 BauO RP; 44 Abs. 2 BauO SL; 48 Abs. 2 BauO SH; 42 Abs. 2 BauO TH.

VI. Präventivkontrolle der Anlagen zur Abwasserbeseitigung und -entsorgung

nis gem. §§ 8 und 12 WHG für die Einleitung erforderlich. Sofern eine bauplanungsrechtliche Festsetzung der dezentralen Schmutzwasserbeseitigungsanlagen als Gemeinschaftsanlage besteht, ist ihr mit den Mitteln des Bauordnungsrechts zur Geltung zu verhelfen. Die Bauordnungen der Länder sehen hierfür ein Verbot der Nutzung der von der Gemeinschaftsanlage angeschlossenen baulichen Anlagen vor, solange die Gemeinschaftsanlage nicht benutzbar ist. Individuelle Anlagen sind nicht zulässig.[1178]

d. Dezentrale Niederschlagswasserbeseitigungsanlagen

Dezentrale Niederschlagswasserbeseitigungsanlagen in Form von Einleitungen über Teilortskanalisationen in ortsnahe Gewässer oder Versickerungsanlagen in den Untergrund unterliegen regelmäßig keinem wasserrechtlichen Einleitungsgenehmigungserfordernis, sofern unbelastetes Niederschlagswasser eingeleitet wird. Ein wasser- oder baurechtliches Genehmigungserfordernis besteht regelmäßig nicht.

(1) Kein wasserrechtliches Anlagengenehmigungserfordernis

In den Bundesländern, in denen überhaupt ein wasserrechtliches Genehmigungserfordernis für Abwasseranlagen besteht,[1179] sind die Anlagen zur dezentralen Beseitigung von Niederschlagswasser regelmäßig ausdrücklich von der Genehmigung freigestellt.[1180] In den Bundesländern *Schleswig-Holstein*, *Brandenburg* und *Nordrhein-Westfalen* unterfallen die Anlagen zur Niederschlagswasserversickerung oder Anlagen der ortsnahen Einleitung in Gewässer regelmäßig nicht dem Genehmigungserfordernis, da dieses nur „Abwasserbehandlungsanlagen" erfasst.[1181] Anlagen zur Niederschlagswasserversickerung und zur ortsnahen Einleitung sind regelmäßig nicht als Abwasserbehandlungsanlagen einzustufen. Auch wenn sie beiläufig Abwasser durch die Abtrennung fester Stoffe reinigen, haben sie

---

1178 Siehe Art. 78 Abs. 2 BauO BY sowie §§ 40 Abs. 2 BauO BW; 82 Abs. 2 BauO M-V; 11 Abs. 2 BauO NW; 79 Abs. 6 BauO SL; 82 Abs. 3 BauO SN; 79 Abs. 3 BauO SH; 79 Abs. 2 BauO TH.
1179 Wie in Brandenburg, Nordrhein-Westfalen, Sachsen und Schleswig-Holstein.
1180 Siehe beispielsweise § 55 Abs. 3 WG SN.
1181 Vgl. beispielsweise § 35 Abs. 2 S. 1 WG SH.

hauptsächlich die Sammlung, kontrollierte Fortleitung und Einleitung des unbelasteten Niederschlagswassers zum Zweck.[1182]

(2) Direkteinleitung von Niederschlagswasser

Die Einleitung von Niederschlagswasser bedarf als eine Form der Abwassereinleitung grundsätzlich einer Erlaubnis gem. §§ 12 und 57 WHG. Die Einleitung von mit Schmutzwasser gesammeltem Niederschlagswasser unterliegt den Anforderungen der AbwV. Im Falle der Abtrennung von Schmutzwasser geht von reinem Niederschlagswasser jedoch nur ein geringes Gefährdungspotenzial für den Wasserhaushalt aus. Abhängig von der auftreffenden Fläche kann es weitgehend schadstofffrei dem Wasserkreislauf wieder zugeführt werden. Demnach sind die Länder in Öffnungsklauseln dazu berechtigt, die Einleitung von unbelastetem Niederschlagswasser von der Erlaubnispflicht auszunehmen. Dies ist gem. § 25 Abs. 1 WHG im Rahmen des Instituts des Gemeingebrauchs, gem. § 43 Nr. 1 WHG bei Einleitungen in Küstengewässer und gem. § 46 Abs. 1 und 2 WHG bei Versickerungen in den Untergrund möglich.

In Ausnahme vom allgemeinen Einleitungsverbot für Stoffe gehört zu dem Gemeingebrauch gem. § 25 Abs. 1 S. 2 WHG nach den meisten Wassergesetzen der Bundesländer auch die Einleitung von gering belastetem Niederschlagswasser in oberirdische Gewässer.[1183] Voraussetzung ist indes, dass das Niederschlagswasser bei der Einleitung nicht mit anderem Abwasser oder wassergefährdenden Stoffen vermischt wurde und keine schädlichen Veränderungen in Gewässern hervorrufen oder den Abfluss beeinträchtigen kann.[1184] So darf in unterschiedlichen Formulierungen das Niederschlagswasser nicht von gewerblichen Flächen oder nur von reinen Wohngrundstücken und Flächen mit vergleichbarer Niederschlagswasser-

---

1182 Vgl. *Nisipeanu*, in: Berendes/Frenz/Müggenborg, WHG, § 60 Rn. 38, S. 1045; *Breuer*, Öffentliches und privates Wasserrecht, 2004, Rn. 541; *Czychowski/ Reinhardt*, WHG, § 60 Rn. 37; zu dem Rechtsgedanken des Primär- oder Hauptzwecks zur Einstufung der Anlagen siehe auch *Czychowski/Reinhardt*, WHG, § 54 Rn. 23 a.E.

1183 Vgl. beispielsweise Art. 18 Abs. 1 S. 3 Nr. 2 WG BY sowie §§ 19 Abs. 1 S. 1 Nr. 1 WG HE; 21 Abs. 2 Nr. 3 WG M-V; 16 Abs. 1 WG SN; 14 Abs. 2 Nr. 3 WG SH; 37 Abs. 1 S. 2 WG TH.

1184 Siehe beispielsweise Art. 18 Abs. 1 S. 3 Nr. 2 WG BY sowie §§ 19 Abs. 1 S. 1 Nr. 1 WG HE; 21 Abs. 2 Nr. 3 WG M-V; 37 Abs. 1 S. 2 WG TH.

VI. Präventivkontrolle der Anlagen zur Abwasserbeseitigung und -entsorgung

belastung sowie anderen Flächen in reinen und allgemeinen Wohngebieten[1185] und nur aus Einzelanlagen eingeleitet werden.[1186]
Nach § 43 Nr. 1 WHG können die Bundesländer zudem bestimmen, dass eine Erlaubnis u.a. für das Einleiten von Grund-, Quell- und Niederschlagswasser in Küstengewässer nicht erforderlich ist, wenn dadurch keine signifikanten nachteiligen Veränderungen seiner Eigenschaften zu erwarten sind. In den den Küsten angrenzende Ländern wurden allesamt Regelungen zur Freistellung der Einleitung von Niederschlagswasser in die Küstengewässer von der Erlaubnispflichtigkeit erlassen.[1187] Teilweise wird die Freistellung nur unter Bedingungen normiert, die die Unbelastetheit des Niederschlagswassers sicherstellen sollen, wie z.B. die Beschränkung auf Niederschlagswasser, das aus Wohngebieten abfließt.
Nach §§ 43 Nr. 1 und 46 Abs. 1 und 2 WHG schließlich bedarf die Einleitung von Niederschlagswasser in das Grundwasser durch schadlose Versickerung keiner Erlaubnis, soweit dies in einer Rechtsverordnung nach § 23 Abs. 1 WHG bestimmt ist. Die Rechtsverordnung des Bundes ist bislang nicht erlassen. Daher gelten die Regelungen der Bundesländer über die Einleitung von Niederschlagswasser in das Grundwasser durch schadlose Versickerung zunächst fort.[1188] Die Benutzung des Grundwassers durch die schadlose Einleitung von Niederschlagswasser im Wege der Versickerung oder Verrieselung ist in vielen Ländern per Gesetz, per Verordnung oder per Satzung grundsätzlich erlaubnisfrei gestellt.[1189] Unter der Versickerung wird die Verbringung von Niederschlagswasser über die Bodenkrume oder über unterirdische Anlagen, wie z.B. sand- und kieshaltige Böden, Sickerschächte und Sickerrohre, in den Untergrund oder direkt in das Grundwasser verstanden.[1190] Die Versickerung ist nach den jeweiligen Landeswassergesetzen oder Erlaubnisfreistellungsverordnungen für die Versickerung von Niederschlagswasser hinsichtlich der zu entwässernden Flächen als auch der Art und Weise der Versickerung eingeschränkt. So darf regelmäßig nur das Niederschlagswasser, das von Dach-, Hof-

---

[1185] Vgl. u.a. §§ 43 Abs. 1 WG BBG; 16 Abs. 1 WG SN; 14 Abs. 2 Nr. 3 WG SH; 37 Abs. 1 S. 2 WG TH.
[1186] Siehe exemplarisch §§ 43 Abs. 1 WG BBG; 21 Abs. 2 Nr. 3 WG M-V; 16 Abs. 1 WG SN.
[1187] Siehe §§ 23 Nr. 2 WG M-V; 80 Nr. 1 WG NI; 21 Abs. 1 Nr. 2 lit. c) WG SH.
[1188] Vgl. *Berendes*, in: V. Lersner/Berendes, Hdb. des dt. Wasserrechts, Bd. 1, C 10 E, § 46 Rn. 5 (Erg. Lfg. 9/13).
[1189] Vgl. schon unter 3. Kap. II. Abschn. Nr. 5 lit. d (3) i.
[1190] Vgl. *Nisipeanu*, in: Berendes/Frenz/Müggenborg, WHG, § 54 Rn. 36.

3. Kapitel: Abwasserentsorgung unter dem Regime des Abwasserrechts

oder Wegflächen von Wohngrundstücken abfließt, erlaubnisfrei versickert werden.[1191] Nicht zulässig ist hingegen die Versickerung von Niederschlagswasser u.a. von Kupfer-, Zink- und bleigedeckten Dächern, von gewerblich, handwerklich oder industriell genutzten Grundstücksflächen oder von größeren Wohngrundstücken.[1192] Auch in Wasserschutz-, Heilquellen-, Trinkwassergebieten und Gebieten mit schädlichen Bodenveränderungen sowie altbelasteten und altlastverdächtigen Flächen ist die Versickerung nicht zulässig.[1193] Hinsichtlich der Art und Weise ist regelmäßig die Versickerung flächenhaft über die belebte Bodenzone gefordert.[1194] Nur wenn eine derartige Versickerung nicht möglich ist, kann Niederschlagswasser auch nach Vorreinigung von anderen Flächen (Landwirtschaft, Gewerbe, Industrie) über Rigolen oder horizontale Sickerrohre versickert werden.[1195]

(3) Baurechtliche Anforderungen

Auf die Anlagen der dezentralen Niederschlagswasserbeseitigung, also die Flächen-, Mulden- Rigolen- und Schachtversickerung, sowie deren Kombinationen sind die Bauordnungen der Bundesländer regelmäßig anwendbar. Rigolen- und Schachtversickerung stellen aufgrund der Bohrung, Ausschachtung und Auffüllung mit Kies o.ä. eine bauliche Anlage im Sinne der Bauordnungen dar. Aber auch auf die Flächen- und Muldenversickerung mit ihren abgegrabenen Rinnen und Bodenvertiefungen sind die Bauordnungen regelmäßig anwendbar, da mit ihnen dauerhafte künstliche Veränderungen der Geländeoberfläche verbunden sind.[1196] Ansonsten ist

---

1191 Siehe beispielsweise §§ 86 Abs. 1 WG NI; 35 Abs. 2 WG SL; § 69 Abs. 1 WG LSA.
1192 Siehe exemplarisch §§ 2 NWFreiV BY; 21 Abs. 1 Nr. 3 WG SH; 2 ThürVersVO.
1193 Siehe beispielsweise §§ 32 Abs. 4 WG M-V; 21 Abs. 1 Nr. 3 WG SH; 1 ThürVersVO.
1194 Siehe beispielsweise §§ 3 NWFreiV BY; 86 Abs. 1 WG NI; 35 Abs. 2 WG SL; 69 Abs. 1 WG LSA; 21 Abs. 1 Nr. 3 a WG SH; 3 Abs. 1 ThürVersVO.
1195 Vgl. §§ 2 Nr. 2 ThürVersVO; 3 NWFreiV BY.
1196 Vgl. exemplarisch §§ 2 Abs. 1 S. 2 Nr. 1 BauO BW; 2 Abs. 1 S. 3 Nr. 3 BauO BBG; 2 Abs. 1 S. 3 Nr. 3 BauO HE; 2 Abs. 1 S. 3 Nr. 3 BauO M-V; 2 Abs. 1 Nr. 4 BauO NI; 2 Abs. 1 S. 3 Nr. 3 BauO sowie *Reichel/Schulte,* Hndb. Bauordnungsrecht, 2004, Rn. 81, S. 160.

VI. Präventivkontrolle der Anlagen zur Abwasserbeseitigung und -entsorgung

der Anwendungsbereich der Bauordnungen auch eröffnet für „andere Anlagen und Einrichtungen", „an die Anforderungen gestellt werden".[1197] Hierunter fallen regelmäßig auch die Anlagen der dezentralen Niederschlagswasserbeseitigung durch Versickerung.

Allerdings unterstehen die Anlagen zur Versickerung regelmäßig nicht der baurechtlichen Genehmigung, sie unterfallen in allen Ländern, außer in *Schleswig-Holstein*, in unterschiedlichen Formulierungen den genehmigungsfreien Anlagen.[1198] Trotz der Genehmigungsfreiheit haben dezentrale Niederschlagswasserbeseitigungen die materiellen Anforderungen der Bauordnungen einzuhalten, u.a. darf Niederschlagswasser nicht in dieselben Behälter wie die übrigen Abwasser und nicht in Kleinkläranlagen geleitet werden.[1199]

2. Anforderungen an Abwasserverwertungsanlagen

Abwasserverwertungs-, insbesondere Abwasserrecyclinganlagen stellen geklärtes Abwasser, regelmäßig gering belastetes Grau- und Niederschlagswasser, u.a. zur Toilettenspülung oder Gartenbewässerung zur Verfügung. Die bau- und wasserrechtlichen Anforderungen an diese Anlagen sollen insbesondere die Trennung von der Trinkwasserversorgung sicherstellen, um Gefährdungen der menschlichen Gesundheit zu verhindern.

a. Anforderung nach der Trinkwasserverordnung

Die Bereitstellung von Brauchwasser aus einer Grau- oder Niederschlagswasserverwertungsanlage muss mit den Anforderungen der TrinkwasserV

1197 Vgl. *Reichel/Schulte,* Hndb. Bauordnungsrecht, 2004, Rn. 24 f., S. 132.
1198 Vgl. exemplarisch § 63 Abs. 3 S. 1 Nr. 3 lit. b. BauO SH; Anlagen zur dezentralen Versickerung von Niederschlagswasser: Anlage 2 I Nr. 4.2. zur HessBauO; „Abwasseranlagen" oder Anlagen, „die der Abwasserbeseitigung dienen": §§ 66 S. 1 Nr. 6 BauO NW; 62 Abs. 1 Nr. 3 BauO RP; 60 Abs. 1 Nr. 3 lit. b) BauO LSA; 63 Abs. 1 S. 1 Nr. 3 lit. b. BauO TH; „sonstigen Anlagen der technischen Gebäudeausrüstung": Art. 57 Abs. 1 Nr. 2 lit. c) BauO BY; §§ 61 Abs. 1 Nr. 2 lit. c) BauO M-V; 61 Abs. 1 Nr. 2 lit. c) BauO SL; 61 Abs. 1 Nr. 2 lit. b) BauO SN; ansonsten: allgemeine Freistellungen für Abgrabungen: § 55 Abs. 10 Nr. 1 BauO BBG; Anhang 1 Nr. 7.1. BauO NI.
1199 Vgl. z.B. § 40 Abs. 1 S. 2 HessBauO.

3. Kapitel: Abwasserentsorgung unter dem Regime des Abwasserrechts

vereinbar sein.[1200] Sinn und Zweck der TrinkwasserV ist insbesondere der Schutz der menschlichen Gesundheit vor den nachteiligen Einflüssen, die sich aus der Verunreinigung von Wasser ergeben, das für den menschlichen Gebrauch bestimmt ist (Trinkwasser).

(1) Anforderungen an dezentrale Abwasserrecyclinganlagen

Dezentrale Abwasserverwertungsanlagen, die Brauchwasser bereitstellen, unterliegen nicht den umfangreichen Anzeigepflichten für allgemeine Wasserversorgungsanlagen gem. § 13 Abs. 1 TrinkwasserV, nach denen zahlreiche bauliche und wasserbeschaffenheitsrelevante Änderungen vier Wochen vorher dem Gesundheitsamt anzuzeigen sind. Grau- und Niederschlagswasserverwertungsanlagen sind als Brauchwasseranlagen gem. § 2 Abs. 2 TrinkwasserV einzustufen. Es sind Anlagen, die zur Entnahme oder Abgabe von Wasser bestimmt sind, das nicht Trinkwasserqualität hat und die „im Haushalt zusätzlich zu den Wasserversorgungsanlagen installiert" werden. Sie unterliegen der abgemilderten Anzeigepflicht gem. § 13 Abs. 4 TrinkwasserV. Die Unternehmer oder sonstigen Inhaber sind demnach lediglich bei Inbetriebnahme der Anlage oder bei bereits in Betrieb genommenen Anlagen unverzüglich zur Anzeige verpflichtet.

Die Brauchwasseranlagen unterliegen nach der Rechtsprechung auch nicht den strengen qualitativen Anforderungen, Untersuchungspflichten und Anzeige- und Handlungspflichten für die Abgabe von Trinkwasser. Auf individuelle Brauchwasseranlagen gem. § 2 Abs. 2 TrinkwasserV, mit denen Grau- oder Niederschlagswasser u.a. zu Zwecken der Toilettenspülung oder Gartenbewässerung gebraucht wird, sind die Anforderungen anwendbar.[1201] Dies folgt aus dem Wortlaut und dem Sinn und Zweck der Verordnung. Zunächst folgt aus der Legaldefinition von Wasser zum menschlichen Gebrauch gem. § 3 Nr. 1 lit. a) TrinkwasserV nicht, dass für die aufgeführten Verwendungszwecke auch immer Trinkwasserqualität

---

1200 Verordnung über die Qualität von Wasser für den menschlichen Gebrauch (Trinkwasserverordnung) in der Fassung vom 2.8.2013 (BGBl. I S. 2977), letzte Änderung durch Gesetz vom 7.8.2013 (BGBl. I S. 3154), erlassen auf Grundlage der §§ 38, 39 InfektSchG.
1201 Siehe BVerwG, Urteil vom 24.1.2011, Aktz. 8 C 44/09, NVwZ 2011, 886/886 ff.; BVerwG, Urteil vom 25.10.2010, Aktz. 8 C 41/09, NVwZ 2011, 242/242 ff.; VGH BY, Beschluss vom 2.9.2009, Aktz. 4 B 08.1586, Rn. 22 (Juris).

VI. Präventivkontrolle der Anlagen zur Abwasserbeseitigung und -entsorgung

gefordert ist. Denn es handelt sich nur um eine Legaldefinition und nicht um eine Anforderungsnorm. Entscheidend ist jedoch, dass ein Eingreifen insbesondere der strikten Qualitätsanforderungen der Trinkwasserversorgung auf die Brauchwasserversorgung dem Sinn und Zweck einer Brauchwasserversorgung, der Bereitstellung von qualitativ minderwertigem Wasser für Nicht-Trinkwasserzwecke, ad absurdum führen würde. Auf dieses Ergebnis weist auch die Begründung für den Verordnungsentwurf zu §§ 3 Nr. 2 und 2 Abs. 2 TrinkwasserV hin.[1202]

(2) Anforderungen an semi-dezentrale Abwasserrecyclinganlagen

Auf semi-dezentrale Grau- und Regenwassernutzungsanlagen hingegen sind die strengen Anforderungen der TrinkwasserV grundsätzlich anwendbar. Denn semi-dezentrale Recyclinganlagen sind nur in Ausnahmefällen als Brauchwasseranlage gem. § 2 Abs. 2 TrinkwasserV einzustufen. Der Wortlaut der Vorschrift normiert, dass es sich um eine individuelle Anlage eines jeweiligen Grundstücks- oder Wohnungseigentümers oder -nutzers handeln muss. Denn gemäß § 2 Abs. 2 TrinkwasserV muss es sich bei Verwertungsanlagen um eine Anlage handeln, „die zusätzlich zu den Wasserversorgungsanlagen nach § 3 Nr. 2 *im Haushalt* verwendet wird". Es ist aber fraglich, ob eine solche strikte Ausklammerung den Vorgaben der TrinkwasserRL entspricht. Sie sieht eine solche Einschränkung nicht vor. Nach Art. 3 Abs. 2 TrinkwasserRL können die Mitgliedsstaaten Ausnahmen vom Anwendungsbereich der Richtlinie vorsehen, für „Wasser, das ausschließlich für Zwecke bestimmt ist, hinsichtlich deren die zuständigen Behörden überzeugt sind, dass die Wasserqualität keinerlei direkten oder indirekten Einfluss auf die Gesundheit der betreffenden Verbraucher hat". Semi-dezentrale oder gar zentrale Brauchwasserversorgungsanlagen sind demnach nur dann vom Anwendungsbereich der TrinkwasserV auszunehmen, wenn sie zusätzlich zur Trinkwasserversorgung bestehen und gesichert ist, dass keine Gesundheitsgefahr durch Fehlgebrauch, z.B. durch Kinder, droht. Diese notwendige Überzeugung der zuständigen Behörden von der Abstinenz jeglicher Gesundheitsgefahren dürfte regelmäßig nur bei einer Anlage in öffentlicher Trägerschaft bestehen.

1202 Vgl. zu § 3 Nr. 2 TrinkwasserV BR-Drucks. 721/00, S. 55; zu § 2 Abs. 2 TrinkwasserV, BR- Drucks. 721/00, S. 52.

3. Kapitel: Abwasserentsorgung unter dem Regime des Abwasserrechts

b. Anzeigeerfordernis

Die AVBWasserV sieht für eine Abwasserverwertungsanlage als sog. Eigengewinnungsanlage gem. § 3 Abs. 2 AVBWasserV eine Mitteilungspflicht vor Errichtung der Anlage an den öffentlichen oder privaten Träger der Wasserversorgung vor.[1203] Materiell darf gem. § 12 Abs. 2 AVBWasserV die Anlage nur unter den übrigen Vorschriften der AVBWasserV, anderer gesetzlicher Bestimmungen, wie insbesondere Satzungen der Körperschaften des öffentlichen Rechts, und nach den anerkannten Regeln der Technik errichtet, erweitert und betrieben werden. Insbesondere hat der Nutzer durch geeignete Maßnahmen sicherzustellen, dass von der Eigengewinnungsanlage z.B. durch Quer- und Fehlanschlüsse keine Rückwirkungen in das öffentliche Wasserversorgungsnetz möglich sind.

c. Wasserrechtliche Anlagenanforderungen

Nur in wenigen Bundesländern besteht überhaupt ein wasserrechtliches Anlagengenehmigungserfordernis für Wasserversorgungsanlagen. Insbesondere unterliegen nur öffentliche oder überörtlich bedeutsame, also größere Wasserversorgungsanlagen dem Genehmigungs- oder Anzeigeerfordernis.[1204] In den Ländern, in denen ein Genehmigungs- oder Anzeigeerfordernis besteht, unterfallen die Anlagen zur Grau- und Niederschlagswasserverwertung regelmäßig unterschiedlich ausgestalteten Ausnahmetatbeständen.[1205]

1203 Vgl. genauer zur Mitteilungspflicht: *Recknagel*, in: Hermann/Recknagel/Schmidt-Salzer, Kommentar zu den Allgemeinen Versorgungsbedingungen, Bd. 2, 1984, § 3 AVBWasserV, Rn. 8, S. 1128 f.
1204 Vgl. §§ 49 WG NW; 47 Abs. 1 WG RP („Anlagen die der öffentlichen Wasserversorgung dienen"); 48 Abs. 1 WG SL; 55 Abs. 2 WG SN („Bau und Betrieb von (...) überörtlich bedeutsamen Wasserversorgungsanlagen einschließlich der überörtlichen Ver- und Entsorgungsleitungen (...) bedürfen der Genehmigung").
1205 Vgl. §§ 48 Abs. 3 Nr. 1 WG SL („Wasserversorgungsanlagen, die für einen Wasserbedarf von weniger als 20 m³ täglich bemessen sind"); 47 Abs. 1 WG RP; 61 Abs. 1 Nr. 2 lit. b. WG SN: („Wasserversorgungsanlagen mit einer Kapazität von weniger als 300 m³ täglich oder Rohrleitungen mit weniger als 200 mm Nennweite").

VI. Präventivkontrolle der Anlagen zur Abwasserbeseitigung und -entsorgung

d. Baurechtliche Anlagenanforderungen

Die dezentralen Anlagen zur Grau- und Niederschlagswasserverwertung stellen bauordnungsrechtlich eine Kombination aus einer Auffanganlage, ggf. einer Zisterne oder einem Tank, einer Aufbereitungsanlage und hausinterner Mess-, Steuer- und Regelungstechnik (MSR-Technik) dar, während semi-dezentrale Anlagen zur Grau- und Niederschlagswassernutzung aus mehreren Auffanganlagen an Gebäuden und zusätzlich in- und externen Leitungen zum Ab- und Zuleiten bestehen. Die einzelnen Komponenten dezentraler Anlagen der Grau- und Niederschlagswassernutzung fallen unter die Genehmigungsfreistellungstatbestände der Bauordnungen u.a. ausdrücklich oder als Anlagen der technischen Gebäudeausrüstung.[1206] Im Gegensatz zu den dezentralen Anlagen bestehen die semi-dezentralen Anlagen zum Grau- und Niederschlagswasserrecycling neben den hausinternen Komponenten auch aus hausexternen Leitungen, einer größeren Aufbereitungsanlage und den Zuleitungen. Erfolgt die Errichtung und der Betrieb allerdings öffentlich-rechtlich organisiert, so sind regelmäßig für die Leitungen und zum Teil auch für die Aufbereitungsanlagen die Bauordnungen der Länder nicht anwendbar, sodass auch keine Baugenehmigungspflicht besteht.[1207] Ansonsten sind die Anlagen je nach individueller Dimensionierung, von der Gruppenlösung bis hin zur Versorgung eines Ortsteils mit aufbereitetem Grau- und Niederschlagswasser, baugenehmigungspflichtig, da keine Freistellung besteht.

1206 Vgl. ausdrückliche Freistellung § 55 Abs. 3 Nr. 4 BauO BBG; Anlage 2 I Nr. 4.2., HessBauO; Anhang 1 Nr. 3.4. BauO NI; §§ 66 S. 1 Nr. 5 BauO NW; 62 Abs. 1 Nr. 3 lit. b) BauO RP; sonstige technische Gebäudeausrüstung: Art. 57 Abs. 1 Nr. 2 lit. c) BauO BY sowie §§ 61 Abs. 1 Nr. 2 lit. c) BauO M-V; 61 Abs. 1 Nr. 2 lit. c) BauO SL; 61 Abs. 1 Nr. 2 lit. b) BauO SN; 60 Abs. 1 Nr. 2 lit. c) BauO LSA.
1207 Vgl. exemplarisch Art. 1 Abs. 2 Nr. 3 BauO BY sowie §§ 1 Abs. 2 Nr. 2 und 4 BauO BW; 1 Abs. 2 Nr. 4 BauO BBG; 1 Abs. 2 Nr. 4 BauO HE; 1 Abs. 2 Nr. 3 BauO M-V; 1 Abs. 1 Nr. 3 BauO NI; 1 Abs. 2 Nr. 3 BauO NW; 1 Abs. 2 Nr. 3 BauO RP; 1 Abs. 2 Nr. 3 BauO SL; 1 Abs. 2 Nr. 3 BauO SN; 1 Abs. 2 Nr. 4 BauO LSA; 1 Abs. 2 Nr. 3 BauO SH; 1 Abs. 2 Nr. 3 BauO TH.

3. Kapitel: Abwasserentsorgung unter dem Regime des Abwasserrechts

3. Anforderungen an Wieder- und Weiterverwendungsanlagen

In Wieder- und Weiterverwendungsanlagen für Grauwasser fällt Abwasser erst mit der abgeschlossenen zweiten Verwendung an, wenn das Wasser den geschlossenen Voll- oder Teilkreislauf verlassen hat. Daher unterliegen Wieder- und Weiterverwendungsanlagen nur der Mitteilungspflicht der AVBWasserV für Eigengewinnungsanlagen und den baurechtlichen Anforderungen.

Die Mitteilungspflicht gem. § 3 Abs. 2 AVBWasserV ist direkt oder entsprechend Wieder- und Weiterverwendungsanlagen anzuwenden.[1208] Denn auch bei der Wieder- und Weiterverwendung von Abwasser besteht die gleiche Zweck- und Interessenlage wie bei Eigengewinnungsanlagen. Daher ist zum einen der Versorger über die Abnahme des Verbrauchs zu informieren. Zum anderen ist gem. § 12 Abs. 2 AVBWasserV sicherzustellen, dass die Anlage nach den anerkannten Regeln der Technik errichtet, erweitert und betrieben wird. Insbesondere hat der Nutzer durch geeignete Maßnahmen sicherzustellen, dass von der Eigengewinnungsanlage z.B. durch Quer- und Fehlanschlüsse keine Rückwirkungen in das öffentliche Wasserversorgungsnetz möglich sind. Die dezentralen Anlagen zur Grau- und Niederschlagswasserwieder- und -weiterverwendung stellen bauordnungsrechtlich eine Kombination aus einer Auffanganlage, einer Zisterne oder einem Tank, einer Aufbereitungsanlage und hausinternen Leitungen dar. Die einzelnen Komponenten dezentraler Anlagen der Grau- und Niederschlagswassernutzung fallen entweder ausdrücklich oder als Anlagen der Hausinstallation unter die Genehmigungsfreistellungstatbestände der Bauordnungen.[1209]

Die Wieder- und Weiterverwendungsanlagen unterliegen hingegen nicht dem Anzeigeerfordernis gem. § 2 Abs. 2 TrinkwasserV für Anlagen, die zur Entnahme oder Abgabe von Wasser bestimmt sind, das nicht Trinkwasserqualität hat, und die „im Haushalt zusätzlich zu den Wasser-

---

1208 Vgl. genauer zur Mitteilungspflicht: *Recknagel*, in: Hermann/Recknagel/Schmidt-Salzer, Kommentar zu den Allgemeinen Versorgungsbedingungen, Bd. 2, 1984, § 3 AVBWasserV, Rn. 8, S. 1128 f.
1209 Vgl. ausdrückliche Freistellung §§ 55 Abs. 3 Nr. 4 BauO BBG; Anlage 2 I Nr. 4.2., HessBauO; Anhang 1 Nr. 3.4. BauO NI; 66 S. 1 Nr. 5 BauO NW; 62 Abs. 1 Nr. 3 lit. b) BauO RP; sonstige technische Gebäudeausrüstung: Art. 57 Abs. 1 Nr. 2 lit. c) BauO BY sowie §§ 61 Abs. 1 Nr. 2 lit. c) BauO M-V; 61 Abs. 1 Nr. 2 lit. b) BauO SN; 60 Abs. 1 Nr. 2 lit. c) BauO LSA; 61 Abs. 1 Nr. 2 lit. c) BauO SL.

versorgungsanlagen installiert" werden. Denn Merkmal der Wieder- und Weiterverwendungsanlagen mit geschlossenem Voll- oder Teilkreislauf ist gerade, dass kein Abwasser entnommen oder abgegeben wird. Auch unter die wasserrechtlichen Anlagenanforderungen fallen die Anlagen der Wieder- und Weiterverwendung von Abwasser nicht, denn sie stellen weder eine Wasserversorgungsanlage noch eine Abwasseranlage dar.

VII. Überwachung von Abwasserentsorgungsanlagen

Die Präventivkontrolle öffentlich-rechtlich als auch privat betriebener Abwasserbeseitigungs- und Verwertungsanlagen ist nutzlos, soweit die geprüften Anforderungen nicht auch nach der Erteilung der Gestattung auf ihre weitergehende Einhaltung überwacht werden.[1210]

1. Überwachung der Abwasserentsorgung durch die Gewässeraufsicht

Grundsätzlich unterliegen sowohl zentrale als auch dezentrale Abwasserentsorgungsanlagen der Gewässeraufsicht. Gegenstand der Gewässeraufsicht sind gem. § 100 Abs. 1 S. 1 WHG und den entsprechenden Regelungen der Wassergesetze der Bundesländer die Gewässer (technische Gewässeraufsicht) sowie die Einhaltung der öffentlich-rechtlichen Verpflichtungen (regulatorische Gewässeraufsicht). Mithin überwacht die Gewässeraufsicht die Abwasserentsorgungsanlagen, aber auch die Gewässer, in die die Entsorgungsanlagen einleiten.[1211] Die sachliche, örtliche, instanzielle und funktionale Zuständigkeit für die Gewässeraufsicht ergibt sich höchst individuell aus den Zuständigkeits- und Zuweisungsregelungen der LWG, den auf deren Grundlage erlassenen Zuständigkeitsverordnungen und dem jeweiligen Behördenaufbau.[1212]

1210 Vgl. auch *Breuer*, Öffentliches und privates Wasserrecht, 2004, Rn. 791, S. 576.
1211 Vgl. OVG SH, Urteil vom 24.2.1999, Aktz. 2 L 68/97, Rn. 33 (Juris).
1212 Vgl. beispielsweise Art. 63 WG BY sowie §§ 80 ff. WG BW; 65 ff. WG HE sowie Verordnung über die Zuständigkeit der Wasserbehörden; 129 WG NI sowie Verordnung über Zuständigkeiten auf dem Gebiet des Wasserrechts (ZustVO-Wasser); 136 ff. WG NW sowie Zuständigkeitsverordnung Umweltschutz (Zust-VU); 105 ff. WG RP; 118 ff. SN sowie Gemeinsame Verordnung des Sächsischen Staatsministeriums für Umwelt und Landwirtschaft und des Sächsischen Staatsministeriums für Soziales und Verbraucherschutz über Zuständigkeiten

3. Kapitel: Abwasserentsorgung unter dem Regime des Abwasserrechts

a. Technische Gewässeraufsicht: Gewässer und Anlagenüberwachung

Die nach § 100 Abs. 1 S. 1 Alt. 1 WHG und den Wassergesetzen vorgesehene technische Gewässeraufsicht ermittelt die für die Wasserwirtschaft notwendigen Daten und Grundlagen (gewässerkundliches Messwesen), überwacht stichprobenartig und nach pflichtgemäßem Ermessen die Gewässer und die sie beeinflussenden Anlagen und Nutzungen (Gewässer- und Anlagenüberwachung) und errichtet und betreibt die dazu erforderlichen Mess- und Untersuchungseinrichtungen.[1213] Die Aufgaben der technischen Gewässeraufsicht werden in einigen Ländern von den oberen Wasserbehörden, zum Teil auch daran angegliederten Institutionen, z.B. vom gewässerkundlichen Landesdienst, oder von Landesämtern für Umwelt, Landwirtschaft und Geologie wahrgenommen.[1214]

(1) Behördliche Überwachung

Im Sinne des § 100 Abs. 1 WHG ist es Aufgabe der Gewässeraufsicht, im Wege pflichtgemäßer Ausübung des Ermessens die Gewässer, Einleitungen und Anlagen zu überwachen. Bestandteil der Überwachung ist auch die nach Landeswasserrecht vorgesehene sog. Gewässerschau und die gem. §§ 44 und 45 WVG vorgesehene Verbandsschau der Wasserverbände.[1215] Unterstützend bei der technischen Gewässeraufsicht wirkt die Verpflichtung auch von privaten Einleitern und Anlagenbetreibern, gem. § 61 WHG die Einleitungen und wasserrelevanten Anlagen selbst zu überwa-

---

auf dem Gebiet des Wasserrechts und der Wasserwirtschaft (Sächsische Wasserzuständigkeitsverordnung); 12 WG LSA sowie Verordnung über abweichende Zuständigkeiten auf dem Gebiet des Wasserrechts (Wasser-ZustVO); 105 ff. WG SH; 103 ff. WG TH; zum Aufbau der Umweltverwaltung allgemein, siehe *Ramsauer,* in: Koch, Umweltrecht, § 3 Rn. 135 ff., S. 136 f.; *Peilert,* in: Wolff/Bachof/Stober/Kluth, Verwaltungsrecht II, § 84, Rn. 21 ff., S. 445 ff.

1213 Vgl. *Gößl*, in: Sieder/Zeitler/Dahme/Knopp, WHG und AbwAG, § 100 WHG Rn. 14, S. 8 (Erg. Lfg. 41, Mai 2011).

1214 Vgl. hierzu z.B. §§ 29 WG NI; 109 WG SN; im Allgemeinen: *Ramsauer,* in: Koch, Umweltrecht, § 3 Rn. 135 ff., S. 136 f.

1215 Vgl. beispielsweise §§ 82 WG BW; 111 WG BBG; 69 WG HE; 93 WG M-V; 78 WG NI; 121 WG NW; 96 WG RP; 88 WG SL; 93 WG SN; 67 WG LSA; 83 WG SH; 88 WG TH; vgl. hierzu m.w.N. genauer: *Czychowski/Reinhardt,* WHG, § 100 Rn. 21.

VII. Überwachung von Abwasserentsorgungsanlagen

chen, die Ergebnisse zu dokumentieren und der Gewässeraufsicht zu übermitteln.[1216]

Die Befugnisse der Gewässeraufsicht korrespondieren mit Duldungspflichten der Einleiter und Grundstückseigentümer. Bundesrechtlich sind die Bediensteten und Beauftragten der zuständigen Behörden nach § 101 WHG im Rahmen der technischen Gewässeraufsicht zu enumerativ aufgezählten Handlungen befugt, wie u.a Gewässer zu befahren, technische Ermittlungen und Prüfungen vorzunehmen, zu verlangen, dass Auskünfte erteilt und Unterlagen vorgelegt werden. Die in § 101 WHG gesetzlich festgelegten Zutritts- und Betretungsrechte halten sich in vom BVerwG festgelegten verfassungsrechtlichen Rahmen, nachdem die Betretens- und Besichtigungsrechte der Umweltverwaltung entgegen der hergebrachten Grundrechtsdogmatik unter bestimmten Voraussetzungen keinen Eingriff in das Grundrecht des Art. 13 GG darstellen.[1217] Ähnlich wie bei der Bauaufsicht dürfte nach überwiegender Meinung eine Duldungsanordnung zur Konkretisierung des Betretungsrechts erforderlich sein.[1218] Während Betriebsgrundstücke von Abwasseranlagen demnach effektiv während der Betriebszeit betreten werden können, ist das Betreten von privaten Häusern und befriedetem Besitztum zur Besichtigung von dezentralen Abwasseranlagen grundsätzlich nur zur Verhütung einer dringenden Gefahr für die öffentliche Sicherheit und Ordnung zulässig. Neben den bundesrechtlichen Befugnissen bestehen auch weitere Befugnisse der technischen Gewässeraufsicht nach den Landeswassergesetzen. Die Betreiber von Anlagen und die Eigentümer von Grundstücken sind u.a. verpflichtet, die Aufstellung von Messgeräten, Probebohrungen, Entnahmen von Boden- und Wasserproben und zum Teil weitere Untersuchungshandlungen auf den Grundstücken und Anlagen durch die technische Gewässeraufsicht zu dulden.[1219]

Die Kosten der Gewässeraufsicht werden nach den Wassergesetzen der Länder weit überwiegend den der Gewässeraufsicht unterliegenden öffentlichen und privaten Trägern auferlegt, die Gewässer benutzen oder Anlagen betreiben. Ihnen werden die Kosten für Untersuchungen, Ermittlungen

---

1216 Vgl. hierzu genauer unter 3. Kap. VII. Abschn. Nr. 1 a. (2).
1217 Vgl. zu diesen Voraussetzungen im Einzelnen BVerwG, Urteil vom 25.8.2004, Aktz. 6 C 26.03, BVerwGE 121, 345/351.
1218 Vgl. zum Streitstand bei der Bauaufsicht unter 3. Kap. VII. Abschn. Nr. 3.
1219 Vgl. exemplarisch Art. 62 WG BY sowie §§ 115 WG BBG; 71 WG HE; 30 WG NI; 117 WG NW; 107 WG SN; 112 WG LSA; 101 WG SH; 86, 87 WG TH.

3. Kapitel: Abwasserentsorgung unter dem Regime des Abwasserrechts

und sonstige Handlungen im Rahmen der technischen Gewässeraufsicht berechnet.[1220] Die Auferlegung der Kostentragungspflicht ist auch in dem die Anlage genehmigenden oder die Gestattung bewilligenden Verwaltungsakt möglich.

(2) Selbstüberwachung von Einleitungen und Anlagen

Zur Unterstützung der behördlichen technischen Gewässeraufsicht ist in § 61 WHG und entsprechenden Regelungen der LWG und Landesverordnungen die Selbstüberwachung durch die jeweiligen Träger der Abwasseranlagen und deren Einleitungen in Gewässer geregelt.[1221] Die Verpflich-

---

1220 Vgl. beispielsweise Art. 59 WG BY sowie §§ 75 Abs. 2 WG BW; 107 WG BBG; 70 WG HE; 92 WG M-V; 126 WG NI; 118 WG NW; 94 Abs. 1 WG RP; 87 WG SL; 108 WG SN; 110 WG LSA; 85 WG SH; 86 WG TH.

1221 Vgl. Verordnung in BW über die Eigenkontrolle von Abwasseranlagen (Eigenkontrollverordnung – EigenkontrollVO) vom 20. 2.2001 (GBl. S. 309), zuletzt geändert durch Verordnung vom 25.4.2007 (GBl. S. 252); Verordnung BY zur Eigenüberwachung von Wasserversorgungs- und Abwasseranlagen (Eigenüberwachungsverordnung – EÜV) vom 20.9.1995 (GVBl. S. 769), zuletzt geändert durch Gesetz vom 25. 2.2010 (GVBl. S. 66); §§ 73-75 WG BBG; 40 Abs. 2 WG HE sowie Abwassereigenkontrollverordnung – EKVO HE vom 23. 7.2010 (GVBl. I, S. 85), zuletzt geändert durch Verordnung vom 18. 6.2012 (GVBl. I, S. 172); 41 WG M-V und Verordnung über die Selbstüberwachung von Abwasseranlagen und Abwassereinleitungen (Selbstüberwachungsverordnung – SÜVO M-V) vom 20.122006 (GVOBl., S. 5); 100 Abs. 1 WG NI; Verordnung des Landes NW zur Selbstüberwachung von Abwasseranlagen (Selbstüberwachungsverordnung Abwasser - SüwVO Abw) vom 17.102013 (GV.NRW. S. 601 bis 612); 57 Abs. 1 WG RP und Landesverordnung über die Eigenüberwachung von Abwasseranlagen in RP (EÜVOA) vom 27.8.1999 (GVBl. S. 211), zuletzt geändert am 25.102006 (GVBl. S. 363); 82 Abs. 1 WG LSA und Eigenüberwachungsverordnung (EigÜVO) im LSA vom 25.10. 2010 (GVBl. S. 526) sowie Verordnung zur Überwachung der Selbstüberwachung und der Wartung von Kleinkläranlagen (Kleinkläranlagenüberwachungsverordnung – KKAÜVO) vom 19.102012 (GVBl. S. 520); 54 WG SN und sächsische Verordnung über Art und Häufigkeit der Eigenkontrolle von Abwasseranlagen und Abwassereinleitungen (Eigenkontrollverordnung – EKVO) vom 7.10.1994 (SächsGVBl. S. 1592), zuletzt geändert durch Verordnung vom 24.11.2009 (SächsGVBl. S. 670) sowie Verordnung zu den Anforderungen an Kleinkläranlagen und abflusslose Gruben, über deren Eigenkontrolle und Wartung sowie deren Überwachung (Kleinkläranlagenverordnung) vom 19. 6.2007 (SächsGVBl. S. 281); Verordnung des Landes SH über die Selbstüberwachung von Abwasseranlagen und von Abwassereinleitungen (Selbstüberwachungsverordnung –

tung zur Selbstüberwachung gem. § 61 Abs. 1 und 2 WHG fordert von dem Einleiter die Kontrolle und Überprüfung des eingeleiteten Abwassers und vom Abwasseranlagenbetreiber die technische Funktions- und Zustandskontrolle der Anlage sowie die Dokumentation der Überwachung und Übermittlung der Unterlagen (Betriebstagebuch) an die technische Gewässeraufsicht auf eigene Kosten.[1222] Die Selbstüberwachung entlastet die Gewässeraufsicht von den Aufgaben und überträgt sie zu einem gewissen Grad auf öffentliche oder private Anlagenbetreiber. Sie stellt damit zum einen Ausdruck des Kooperationsprinzips zwischen Staat und Privaten, zum anderen aber auch die Privatisierung von Überwachungsaufgaben und den Rückzug des Staates dar.[1223] Der § 61 WHG ist als unmittelbar geltendes Vollrecht im Wege der konkurrierenden Gesetzgebung erlassen und stellt die Grundregelung für die Selbstüberwachung von Abwasseranlagen dar. Ein Abweichungsrecht der Länder gem. Art. 72 Abs. 3 Nr. 5 GG bei der stoff- und anlagenbezogenen Regelung der Selbstüberwachung besteht nicht. Die genauere Konkretisierung der Selbstüberwachung in der nach § 61 Abs. 3 WHG zu erlassenden Rechtsverordnung des Bundes ist bislang ausgeblieben, sodass für diese Übergangszeit die in den Ländern bestehenden uneinheitlichen Konkretisierungen weiter gelten.[1224] Demnach richtet sich der Umfang der Selbstüberwachung grundsätzlich nach § 61 Abs. 1 und 2 WHG und den Konkretisierungen des Landeswasserrechts. Die ergänzenden und konkretisierenden Selbstüberwachungs-, Eigenüberwachungs- oder Eigenkontrollverordnungen regeln den Umfang der Pflichten, je nach der Art der Abwasseranlage und deren Größe. Sofern die Abwasseranlage einer Zulassung unterliegt, wie dies regelmäßig

---

SüVO) vom 19.12.2011 (GVOBl., S. 105), zuletzt geändert durch Verordnung vom 4.4.2013 (GVOBl., S. 143); 60 Abs. 1 WG TH und Thüringer Verordnung über die Eigenkontrolle von Abwasseranlagen (Thüringer Abwassereigenkontrollverordnung – ThürAbwEKVO) vom 23.8.2004 (GVBl. S. 721), zuletzt geändert durch Verordnung vom 10.9.2009 (GVBl. S. 751) sowie Thüringer Verordnung über Anforderungen an Wartung und Kontrolle von Kleinkläranlagen (Thüringer Kleinkläranlagenverordnung – ThürKKAVO) vom 26.3.2010 (GVBl. S. 126).

1222 Vgl. *Czychowski/Reinhardt*, WHG, § 61 Rn. 2; *Kotulla*, WHG, § 61 Rn. 2, S. 724 f.

1223 Bedenkentragend: *Czychowski/Reinhardt*, WHG, § 61 Rn. 3; *Kotulla*, WHG, § 61 Rn. 2, S. 724 f.

1224 Vgl. BT-Drucks. 16/12275, S. 70; *Nisipeanu*, in: Berendes/Frenz/Müggenborg, WHG, § 61 Rn. 1, 3 („Flickenteppich").

3. Kapitel: Abwasserentsorgung unter dem Regime des Abwasserrechts

der Fall ist, kann sich das Pflichtenprogramm der Selbstüberwachung auch konkret-individuell aus der die Einleitung gestattende Erlaubnis oder dem den Bau der Anlage gestattenden Bescheid ergeben.

i. Selbstüberwachung zentraler Abwasserbeseitigungsanlagen

Nach den Regelungen des § 61 Abs. 1 und 2 WHG und den entsprechenden Regelungen der Wassergesetze unterliegen zentrale Abwasserbeseitigungsanlagen, bestehend aus Abwasserbehandlungsanlagen und Kanalisationen, grundsätzlich der Selbstüberwachung durch den (öffentlichen) Träger der Anlage.[1225] Die Selbstüberwachung der Abwasserbehandlungsanlagen umfasst nach den Selbstüberwachungsverordnungen der Länder im Wesentlichen in unterschiedlichen Formulierungen die Betriebs- und Funktionskontrollen, Probennahme, Analytik und Auswertung sowie die Aufzeichnung der Ergebnisse der Kontrollen in einem Betriebstagebuch und die Verfassung eines Selbstüberwachungsberichts.[1226] Die Intensität der Selbstüberwachung unterscheidet sich insbesondere nach Größe der Anlage, gemessen an den Einwohnerwerten. Je nach Betriebsteil sind in unterschiedlicher Frequenz Prüfungen der Zustands- und der Funktionsfähigkeit sowie Probennahmen notwendig. Bei größeren Anlagen sind je nach Betriebsteil tägliche Kontrollen erforderlich.

Die spezifischen Anforderungen der Selbstüberwachungsverordnungen richten sich in nicht wenigen Ländern nur an „öffentliche Kanalisationen", „Kanalisationsnetze für die öffentliche Abwasserbeseitigung", „Sammel-

---

1225 Vgl. exemplarisch für Abwasserbehandlungsanlagen: §§ 1 EÜV BY; 1 EKVO HE; 1 SÜVO M-V; 1 EÜVOA RP; 1 Abs. 1 EKVO SN; Nr. 1 Anlage 1 SüVO SH; 1 Abs. 1 i.V.m. Anlage 3 EKVO TH; für Kanalisationen und Zuleitungen: §§ 1 Nr. 2 EKVO BW; Nr. 1 Anhang 2 Dritter Teil EÜV BY; 1 Nr. 2 EKVO HE; 1 sowie Nr. 1 Anlage 3 zur SÜVO M-V; 1 Abs. 1 Nr. 1 SüwVO Abw NW; 1 Nr. 1 EÜVOA RP; Nr. 1 Anhang 1 EKVO SN; Anlage 1 EigÜVO LSA; Nr. 1.1 Anlage 2 SüVO SH; Nr. 1 Anlage 1 AbwEKVO TH.

1226 Vgl. hierzu genauer: §§ 2 Abs. 1 EKVO BW i.V.m. Anhang 1 und 2; 2 Abs. 1 EÜV BY i.V.m. 1. Teil Anhang 2; 75 WG BBG; 2 Abs. 1 EKVO HE i.V.m. Anhang 3; 2 SÜVO M-V i.V.m. Anlage 1; 100 WG NI; 60 ff. WG NW i.V.m. 2 ff. SüwV-kom i.V.m. Anhang 1; 57 WG RP sowie 2 ff. EÜVOA RP i.V.m. Anlage 1; 3 EigenkontrollVO SN i.V.m. Anhang 2; 2 EigÜVO LSA; 85 a WG SH sowie 2 ff. SüVO SH i.V.m. Anlage 1; 2 ff. AbwEKVO TH i.V.m. Anlage 3.

VII. Überwachung von Abwasserentsorgungsanlagen

kanalisationen" oder „Kanalisationen zum allgemeinen Gebrauch".[1227] Zuleitungen zu den Sammelkanalisationen (Hausanschlüsse) unterliegen nur in einigen Ländern den speziellen Anforderungen der Selbstüberwachungsverordnungen.[1228] Die Selbstüberwachung durch die Träger von Kanalisationen umfasst die Selbstüberwachung des Zustands, der Funktionsfähigkeit, der Unterhaltung und des Betriebs sowie die Art und Menge des Abwassers und der Inhaltsstoffe. Demgemäß sind die Kanalisationen nach den Selbstüberwachungsverordnungen, abhängig von der Art des Kanals (Schmutz- oder Regenwasserkanal, teilweise auch Rohrweite), der Lage (Wasserschutzgebiet) und dem Zustand (saniert oder unsaniert) der Kanäle, in zeitlich regelmäßigen Abständen zu untersuchen. Die hierzu eingesetzten Verfahren haben den allgemeinen Regeln der Technik zu entsprechen, wie u.a. optische, Fern- oder Druckuntersuchungen.[1229]

ii. Selbstüberwachung dezentraler Anlagen zur Schmutzwasserbeseitigung

Als Abwasserbehandlungsanlagen unterfallen dezentrale Abwasserbeseitigungsanlagen und insbesondere Kleinkläranlagen wie größere Kläranlagen der Regelung des § 61 Abs. 1 und 2 WHG. Aufgrund der geringeren Dimensionierung und des kleineren Gefährdungspotenzials sowie des regelmäßigen Betriebs durch Privatrechtssubjekte gelten für sie jedoch in den Selbstüberwachungsverordnungen im Sinne des Verhältnismäßig-

---

1227 Vgl. Nr. 1 Anhang 2 Dritter Teil EÜV BY („öffentliche und private Sammelkanalisationen"); § 1 Abs. 1 Nr. 1 SüwV Kan NW („Kanalisationsnetzen für die öffentliche Abwasserbeseitigung oder die private Abwasserbeseitigung von befestigten gewerblichen Flächen, die größer als drei Hektar sind"); Anlage 4 EigÜVO LSA; Nr. 1.1 Anlage 2 SüVO SH („öffentliche Kanalisationsanlagen"); Nr. 1 Anlage 1 AbwEKVO TH.
1228 Siehe §§ 1 Nr. 2 EKVO BW; 1 Nr. 5 EÜV BY; 1 Nr. 3 EKVO HE; 1 Abs. 1 Nr. 1 Alt. 2 SÜVO M-V; 7 SüwVO Abw NW; 1 Abs. 1 Nr. 1 EKVO SN; Anlage 4 EigÜVO LSA; Anlage 2 SüVO SH; 1 i.V.m. Anlage 1 der AbwEKVO TH.
1229 Siehe beispielsweise Nr. 2 Dritter Teil Anhang 2 EÜV BY; Nr. 1 Anhang 1 EKVO BW; Nr. 2 Anhang 1 EKVO HE; Anlage 3 Nr. 2 SüVO M-V; §§ 2 der SüwV Kan NW; 4 EKVO RP und Nr. 1 Anlage 3 EKVO RP; 3 Abs. 1 EKVO SN; Nr. 1.2. Anlage 2 SÜVO SH; Nr. 2 Anlage 1 EKVO TH.

3. Kapitel: Abwasserentsorgung unter dem Regime des Abwasserrechts

keitsprinzips gemeinhin abgemilderte oder keine Selbstüberwachungspflichten.[1230]

Sofern die Kleinkläranlagen nach den Wassergesetzen, Selbstüberwachungsverordnungen oder Kleinkläranlagen-Verordnungen der Bundesländer erfasst sind,[1231] sehen sie regelmäßig eine fach- und sachgerechte Überwachung, insbesondere die regelmäßige Wartung nach dem Stand der Technik oder der jeweiligen bauaufsichtlichen Zulassung, durch Fachkundige oder einen Sachverständigen vor.[1232] Demnach ergeben sich die notwendigen Maßnahmen (Wartungsrhythmen, Zustands- und Funktionskontrolle, Betriebstagebuch, sonstige Wartungshandlungen) bei Kleinkläranlagen aus der Bauartzulassung, sonstigen Anwendungshinweisen für die Kleinkläranlagen (Herstellerhinweisen) oder den anderen für sie geltenden technischen Regelungen der DWA- und DIN-Normen.[1233] Es sind, je nach Modell, zumeist zwei Wartungen pro Jahr durch eine fachkundige Person auszuführen. Derartige abgemilderte Selbstüberwachungs- oder auch Eigenkontrollpflichten werden ansonsten auch als Nebenbestimmung zur Einleitungserlaubnis vorgesehen.[1234]

iii. Selbstüberwachung dezentraler Anlagen zur Niederschlagswasserbeseitigung

Im Allgemeinen unterfallen dezentrale oder semi-dezentrale Anlagen zur Niederschlagswasserbeseitigung grundsätzlich als einleitende Anlagen dem § 61 Abs. 1 und 2 WHG sowie den korrespondierenden Vorschriften der LWG. Grundsätzlich unterliegen damit auch sie den allgemeinen gesetzlichen Anforderungen der Selbstüberwachung. In den Verordnungen

---

1230 Ausnahme von der Selbstüberwachung nach §§ 1 EKVO BW; 1 SÜVO M-V; 1 und 7 SüwVO Abw NW; 1 S. 2 EÜVOA RP; 1 Abs. 1 EKVO SN; Anlage 3 EigÜVO LSA; 1 Abs. 1 i.V.m. Anlage 3 EKVO TH; abgemilderte Pflichten: Anlage 3 EigÜVO LSA; 4. Teil Anhang 2 EÜV BY.
1231 Siehe 4. Teil EÜV BY; §§ 73 Abs. 1, 2 und 75 Abs. 1 WG BBG; 61 WG NW; 40 Abs. 2 WG HE und 4. Anhang EKVO HE; 4 EigÜVO LSA und KKAÜVO LSA; KKA-VO SN; 85 a WG SH; ThürKKAVO.
1232 Siehe beispielsweise Art. 60 Abs. 1 WG BY und 4. Teil Anhang 1 EÜV BY sowie §§ 3 Abs. 2 EKVO HE; 60 Abs. 2a WG TH sowie ThürKKAVO; KKAÜVO SN.
1233 So ausdrücklich 4. Teil Anhang 1 EÜV BY oder Nr. 3 Anlage 3 EigÜVO LSA.
1234 Siehe beispielsweise Nr. 2.1 und 2.2 der VwV Kleinkläranlagen M-V.

VII. Überwachung von Abwasserentsorgungsanlagen

zur Konkretisierung der Selbstüberwachung durch spezielle Anforderungen sind sie jedoch selten erfasst.[1235] Die Länder *Bayern, Brandenburg, Mecklenburg-Vorpommern* und *Rheinland-Pfalz* nehmen Anlagen zur Niederschlagswasserbeseitigung oder Abwasseranlagen, aus denen Abwasser erlaubnisfrei in ein Gewässer eingeleitet wird, in ihren Landeswassergesetzen oder Selbstüberwachungsverordnungen ausdrücklich von dem Anwendungsbereich aus.[1236] Hiervon ist insbesondere die Versickerung von Niederschlagswasser erfasst, denn dessen Versickerung unterliegt in den Bundesländern regelmäßig keinem Gestattungserfordernis.[1237] Demnach unterliegen die dezentralen und semi-dezentralen Anlagen zur Niederschlagswasserbeseitigung allenfalls den allgemein gehaltenen Selbstüberwachungspflichten nach § 61 Abs. 1 und 2 WHG.

iv. Eigenkontrollpflichtiger und Übertragungsmöglichkeit

Nach § 61 Abs. 1 WHG ist grundsätzlich der Träger der Anlage oder Einleitung verpflichtet, das Abwasser durch eigenes fachkundiges Personal zu untersuchen oder durch eine geeignete Stelle untersuchen zu lassen.[1238] Ausnahmsweise sind im Sinne eines einheitlichen Verständnisses gem. § 61 Abs. 1 und 2 WHG und den gesetzlichen und verordnungsrechtlichen Regelungen der Länder die Träger der Abwasseranlage berechtigt, „sich zur Erfüllung ihrer Pflichten Dritter" zu bedienen oder auch die „Wahrnehmung der Aufgaben ganz oder teilweise einem Dritten zu übertragen".[1239] Die Verantwortlichkeit für die Erfüllung der Überwachungspflichten bleibt hierdurch freilich unberührt, sodass eine geeignete Stelle auszuwählen ist. In den größeren Abwassersystemen ist ohnehin für den Betrieb allgemein die Vorhaltung von eigenem fachkundigem Personal regelmäßig notwendig. Private Betreiber in nicht institutionalisierter Form

---

1235 Siehe Nr. 1.2. Anhang 1 EKVO BW; Nr. 2.1. Anlage 2: EKVO SH, § 1 Nr. 2 EKVO HE; Nr. 1 Anhang 1 EKVO SN; § 1 SüVO SH; Nr. 1 der Anlage 2 der EKVO TH.
1236 Siehe §§ 1 EÜV BY; 110 S. 1 WG BBG; 1 Abs. 1 SÜVO M-V; 1 EKVO RP.
1237 Vgl. hierzu genauer unter 3. Kap. VI. Abschn. Nr. 1 d. (2).
1238 Vgl. beispielsweise § 60 WG NW.
1239 Siehe exemplarisch §§ 2 Abs. 1 EKVO BW; 2 Abs. 2 EÜV BY; 73 Abs. 1 WG BBG; 3 EKVO HE; 2 Abs. 1 SÜVO M-V; 60 Abs. 1 WG NW; 57 Abs. 1 und 2 Abs. 3 WG RP; 2 Abs. 2 EKVO SN; 2 Abs. 5 EigÜV LSA; 2 Abs. 2 SüVO SH; 2 Abs. 2 EKVO TH.

3. Kapitel: Abwasserentsorgung unter dem Regime des Abwasserrechts

jedoch weisen nur in den seltensten Fällen ausreichend Sach- und Fachkunde auf, um die Überprüfung, Wartung und Sanierung durchführen zu können. Daher sind die privaten Träger von Kleinkläranlagen regelmäßig gesetzlich, verordnungsrechtlich oder nach der Erlaubnis ausdrücklich verpflichtet, die für einen Betrieb nach den allgemeinen Regeln der Technik notwendigen Überprüfungen, Wartungen und Sanierungen durch einen fachkundigen Dritten durchführen zu lassen.[1240] Regelmäßig ist der Abschluss eines Wartungsvertrages mit einer fachkundigen Stelle, in der Regel einem Entsorgungsfachbetrieb, erforderlich. Die fachkundigen Stellen für die Selbstüberwachung, die Wartung und die Beprobung von Abwasser werden regelmäßig auf Grundlage einer Verordnungsermächtigung in den Landeswassergesetzen,[1241] in den Selbstüberwachungsverordnungen der Länder oder gesonderten Verordnungen über die Zulassung von privaten sachverständigen Untersuchungsstellen normiert.[1242]

b. Regulatorische Gewässeraufsicht

Für die regulatorische Gewässeraufsicht, also den Vollzug wasserrechtlicher Vorschriften, sind die Wasserbehörden zuständig, soweit nicht eine

---

1240 Vgl. beispielsweise Art. 60 WG BY sowie §§ 3 Abs. 2 EKVO HE; 4 und 5 KleinkläranlagenVO SN; Nr. 2 Anlage 3 zur SüVO LSA; 60 Abs. 2 a WG TH.
1241 Siehe exemplarisch §§ 110 WG BBG; 40 Abs. 2 WG HE; 41 WG M-V; 125 WG NI; 60 Abs. 2 WG NW; 57 Abs. 2 WG RP; 109 WG LSA; 85 b WG SH; 60 Abs. 3 WG TH.
1242 Siehe beispielsweise Verordnung des Umweltministeriums BW über sachverständige Stellen in der Wasserwirtschaft vom 2.5.2001 (Gbl. S. 39), zuletzt geändert durch Verordnung vom 5.102011, Gbl. S. 468); Verordnung über private Sachverständige in der Wasserwirtschaft (SachverständigenVerordnungen Wasser – VPSW) vom 22.11.2010 (GVBl. S. 772); Verordnung über die Zulassung von Untersuchungsstellen für bestimmte Abwasser- und Gewässeruntersuchungen sowie Probenahmen im Land Brandenburg (Untersuchungsstellen- Zulassungsverordnungen – UstZulV) vom 17.12.1997 (GVBl. II, S. 182), zuletzt geändert durch Gesetz vom 19.12.2011 (GVBl. S. 1 ff); § 10 Abs. 1 EKVO HE; Verordnung über die Anerkennung als sachverständige Stelle für Abwasseruntersuchungen (AsSAVO M-V) vom 14.12.2005 (GOVBl. S. 667) zuletzt geändert durch Verordnung vom 3.6.2011 (GOVBl. S. 359); Verordnung über staatlich anerkannte Untersuchungsstellen der wasser- und abfallrechtlichen Überwachung vom 24.2.1995 (GVBl. S. 43), zuletzt geändert durch Verordnung vom 21.12.2009 (Nds. GVBl. S. 513); § 8 EKVO TH.

VII. Überwachung von Abwasserentsorgungsanlagen

andere Zuständigkeit begründet ist.[1243] Auf Grundlage der Erkenntnisse der technischen Gewässeraufsicht sind die Wasserbehörden gem. § 100 Abs. 1 S. 1 Alt. 2 WHG zur Überwachung der Einhaltung der rechtlichen Regelungen des Wasserrechts und gem. § 100 Abs. 1 S. 2 WHG zu dem Erlass von Maßnahmen nach pflichtgemäßem Ermessen verpflichtet. Dies umfasst zunächst die Feststellung und Prüfung, ob ein Verhalten oder Zustand sich im Rahmen der wasserrechtlichen Vorschriften (im weitesten Sinn) und der aufgrund dieser Vorschriften ergangenen Verwaltungsakte und getroffenen öffentlich-rechtlichen Vereinbarungen hält. Im Falle eines Verstoßes gegen wasserrechtliche Regelungen ist es gem. § 100 Abs. 1 S. 2 WHG Aufgabe der Gewässeraufsicht, behördlich einzuschreiten, ggf. Strafanzeige zu erstatten und ein Ordnungswidrigkeitsverfahren einzuleiten. Aus § 100 Abs. 2 WHG und § 82 Abs. 5 WHG folgt zudem die Pflicht, die aufgrund des WHG oder des Landeswasserrechts erteilten Zulassungen regelmäßig (Regelüberwachung), aber auch bei besonderem Anlass (Anlassüberwachung) zu überprüfen und, soweit erforderlich, anzupassen.[1244]

c. Überwachung der Entrichtung der Abwasserabgabe

Neben der technischen und allgemeinen regulatorischen Überwachung ist der Gewässeraufsicht gem. § 4 Abs. 4 AbwAG auch die Kontrolle der ordnungsgemäßen Entrichtung der Abwasserabgaben übertragen.[1245] Aufgrund des grundsätzlich formalen Bescheidsystems ist die Gewässeraufsicht und die Wasserbehörde ohnehin am besten zur Festsetzung der Abwasserabgabe in der Lage. So wird verhindert, dass neben der Gewässeraufsicht noch eine zweite Verwaltungsstruktur für die Erhebung der Abgabe erforderlich ist.[1246]

1243 Vgl. exemplarisch Art. 63 Abs. 1 WG BY sowie §§ 75 Abs. 1 WG BW; 126 Abs. 1 WG BBG; 55 Abs. 1 WG HE; 107 WG M-V; 128 Abs. 1 WG NI; 140 Abs. 1 WG NW; 106 Abs. 1 WG RP; 103 Abs. 1 WG SL; 106 Abs. 1 WG SN; 83 WG SH; 84 und 105 Abs. 1 WG TH.
1244 Vgl. *Kotulla*, WHG, § 100 Rn. 26, S. 1124.
1245 Vgl. hierzu genauer unter 3. Kap. IV. Abschn. Nr. 4 b. und c.
1246 Vgl. BVerwG, Beschluss vom 28.10.2004, Aktz. 9 B 6/04, NVwZ-RR 2005, 203/203 f.; *Köhler/Meyer*, AbwAG, § 4 Rn. 169 ff.

3. Kapitel: Abwasserentsorgung unter dem Regime des Abwasserrechts

2. Überwachung der Abwasserverwertung durch das Gesundheitsamt

Im Gegensatz zu Abwasserbeseitigungsanlagen stellen Abwasserverwertungsanlagen neben der Eigenschaft als Abwasseranlage auch gleichzeitig eine Versorgungsanlage dar, aus der Brauchwasser als Toilettenspülung, Gartenbewässerung oder zum Waschen bereitgestellt wird. Daher unterliegen Abwasserverwertungsanlagen als Abwasseranlagen nicht nur der Gewässeraufsicht gem. §§ 100 und 101 WHG, sondern hinsichtlich der Bereitstellung von Wasser zusätzlich der Überwachung durch den öffentlichen Gesundheitsdienst und dort grundsätzlich durch die Gesundheitsämter. Nach § 37 Abs. 1 Infektionsschutzgesetz (InfektSchG),[1247] dem § 3 Nr. 2 lit. b) TrinkwasserV und den Gesundheitsdienstgesetzen der Länder sind die Gesundheitsämter als Teil der öffentlichen Gesundheitsdienste für die repressive Überwachung von Wasserversorgungsanlagen zuständig.[1248] Hierunter fallen die dezentralen und semi-dezentralen Abwasserverwertungsanlagen. Die Gesundheitsämter sind dabei für die Beobachtung, Beurteilung und Bewertung der Einflüsse aus der Umwelt auf die menschliche Gesundheit zuständig. Ihre Kompetenz ist jedoch grundsätzlich auf die Beratung anderer Behörden in allen humanmedizinischen, pharmazeutischen und chemischen Fachfragen beschränkt, soweit nicht besondere Dienste zuständig sind.[1249]

Der Umfang der Überwachung richtet sich nach der Art der Abwasserverwertungsanlage und deren Betrieb. Nach § 37 Abs. 3 InfektSchG unterliegen Wassergewinnungs- und Wasserversorgungsanlagen grundsätzlich lediglich der Anlassüberwachung gem. § 16 Abs. 2 InfektSchG. Der jährlichen Routineüberwachung (Regelüberwachung) durch die Gesundheitsämter gem. § 18 Abs. 1 und 19 TrinkwasserV unterliegen Abwasserverwertungs- und Brauchwasserbereitstellungsanlagen nur, wenn sie nach § 18 Abs. 1 S. 1 TrinkwasserV Brauchwasser für die Öffentlichkeit, z.B. Schulen oder Gaststätten, bereitstellen oder gem. § 18 Abs. 1 S. 2 TrinkwasserV Beanstandungen bestehen.

Die zuständigen Gesundheitsämter können zur Überwachung der Abwasserverwertungsanlagen regelmäßig sowohl auf die Befugnisse der all-

---

1247 Gesetz zur Verhütung und Bekämpfung von Infektionskrankheiten beim Menschen (Infektionsschutzgesetz vom 20. 7.2000 BGBl. I, S. 1045), zuletzt geändert durch Gesetz vom 7.8.2013 (BGBl. I, S. 3154).
1248 Vgl. beispielsweise § 8 Abs. 1 GDG SN.
1249 Siehe die sog. Gesundheitsdienstgesetze der Länder.

VII. Überwachung von Abwasserentsorgungsanlagen

gemeinen Gesundheitsdienstgesetze der Länder als auch auf die Befugnisse nach § 16 Abs. 2 InfektSchG zurückgreifen. Demnach sind die Bediensteten der Behörden der öffentlichen Gesundheitsdienste berechtigt, u.a. Auskünfte zu verlangen, Grundstücke, Räume, Anlagen und Einrichtungen zu betreten, Gegenstände zu untersuchen, Proben zu entnehmen und Bücher oder sonstige Unterlagen einzusehen.[1250] Sofern die Bereitstellung von Wasser an die Öffentlichkeit erfolgt, bestehen zusätzlich auch die Befugnisse nach §§ 18 ff. der TrinkwasserV, die jedoch den gleichen Umfang aufweisen. Die Gesundheitsämter sind grundsätzlich nicht zu Vollzugsaufgaben befugt. Nur in dringlichen Ausnahmefällen, z.B. zur Abwendung von Gefahren für die Volksgesundheit, sind sie nach den Landesgesetzen zum öffentlichen Gesundheitsdienst, nach dem InfektSchG und der TrinkwasserV berechtigt, Maßnahmen zur Einhaltung der Vorschriften zu treffen.[1251]

3. Überwachung von Abwasseranlagen durch die Bauaufsicht

Sowohl die Abwasserbeseitigungs- als auch die -verwertungsanlagen unterliegen neben der technischen Gewässeraufsicht im Hinblick auf ihre baurechtlichen Anforderungen der Bauaufsicht. Nach den Bauordnungen der Länder sind die Bauaufsichtsbehörden sachlich zuständig für den Vollzug der bauordnungsrechtlichen Regelungen sowie anderer öffentlich-rechtlicher Vorschriften, die für die Errichtung, Änderung, Nutzung, Instandhaltung oder die Beseitigung von Anlagen gelten.[1252] Anlagen sind dabei im weiteren Sinne gemäß den Begriffen der Bauordnungen der Länder zu verstehen. Hierunter fallen neben größeren Kläranlagen auch dezentrale Kleinkläranlagen, dezentrale Niederschlagswasserbeseitigungsanlagen sowie Hausinstallationen zur Abwasserverwertung sowie -wieder- und -weiterverwendung.[1253] Vom Anwendungsbereich der Bauordnungen

---

1250 Vgl. beispielsweise § 9 GDG SN.
1251 Vgl. exemplarisch §§ 20 TrinkwasserV, 39 Abs. 2 InfektSchG.
1252 Vgl. beispielsweise Art. 54 Abs. 2 BauO BY sowie §§ 47 Abs. 1 BauO BW; 58 Abs. 1 BauO Berlin; 52 Abs. 2 BauO BBG; 53 Abs. 2 BauO HE; 58 Abs. 1 BauO M-V; 61 Abs. 1 BauO NW; 59 Abs. 1 BauO RP; 57 Abs. 2 BauO SL; 58 Abs. 2 BauO SN; 57 Abs. 2 BauO LSA; 66 Abs. 1 BauO SH; 60 Abs. 2 BauO TH.
1253 Vgl. hierzu genauer *Hornmann* in: Hoppe/Achterberg, Hndb. des öffentlichen Baurechts, Bd. 1, A VI, Rn. 10 f., S. 4 f. (EL 32).

regelmäßig nicht erfasst sind hingegen Kanäle und Leitungen in öffentlicher Trägerschaft.[1254] Nach den Bauordnungen der Bundesländer bleibt die „Zuständigkeit anderer Behörden (...) regelmäßig unberührt".[1255] Insbesondere im Bereich der dezentralen Abwasserbeseitigungsanlagen kann es zu einer Doppelzuständigkeit der Bau- mit der Gewässeraufsicht kommen, wie z.B. bei einer Gewässerverunreinigung durch eine undichte Kleinkläranlage.[1256] Maßgeblich für die Zuständigkeit entweder der Bau- oder der Gewässeraufsicht ist in einem solchen Falle die Zielrichtung, die mit dem behördlichen Handeln verfolgt wird.[1257]

Die Bauaufsicht in Gestalt der Baubehörden ist nach den Bauordnungen berechtigt, Grundstücke und Anlagen einschließlich der Wohnungen zu betreten.[1258] Im Rahmen der Bauaufsicht ist für den Wortlaut einiger Bauordnungen der Länder umstritten, ob sich die Befugnis zum Betreten und die damit korrespondierende Duldungspflicht unmittelbar aus dem Gesetz ergibt oder durch eine Duldungsanordnung zu konkretisieren ist. Einige Landesbauordnungen sehen ausdrücklich vor, dass Grundstücke auch gegen den Willen des Betroffenen betreten werden können.[1259] In den anderen Bundesländern dürfte zumindest bei einer Zutrittsverweigerung durch den Berechtigten eine Duldungsanordnung auf Grundlage des eigentlichen Betretensrechts erforderlich sein.[1260] Nach den Bauordnungen der Länder kann sich die Bauaufsicht darüber hinaus (Prüf-)Sachverständiger bedienen, sie kann Proben von Bauprodukten nehmen und ihr ist jederzeit Einblick in die Genehmigungen, Zulassungen, Prüfzeugnisse, Übereinstimmungszertifikate, Zeugnisse und Aufzeichnungen über die Prüfung von Bauprodukten sowie in die Bautagebücher und andere vorgeschriebene Aufzeichnungen zu gewähren.[1261]

1254 Vgl. hierzu vorstehend unter 3. Kap. VI. Abschn. Nr. 1 a. (3).
1255 Siehe *Reichel/Schulte*, Hndb. des Bauordnungsrechts, 2003, 15. Kap., Rn. 10.
1256 Vgl. *Hornmann*, in: Hoppe/Achterberg, Hndb. des öffentlichen Baurechts, Bd. 1, A VI, Rn. 16 f. (EL 32).
1257 Vgl. *Hornmann*, in: Hoppe/Achterberg, Hndb. des öffentlichen Baurechts, Bd. 1, A VI, Rn. 16 f. (EL 32).
1258 Vgl. hierzu Vorschriften in den Ländern.
1259 Vgl. z.B. Art. 54 Abs. 2 BauO BY; § 58 Abs. 9 BauO NI.
1260 Siehe OVG NW, Urteil vom 21.3.2007, Aktz. 10 A 2699/06, DVBl. 2008, 795/799; *Reichelt/Schulte*, Hndb. des Bauordnungsrechts, 2003, Kap. 15, Rn. 124.
1261 Vgl. exemplarisch Art. 77 BauO BY sowie §§ 66 BauO BW; 80 BauO BBG; 49 BauO BBG; 73 BauO HE; 81 BauO M-V; 79 BauO NI; 81 BauO NW; 78 BauO

VII. Überwachung von Abwasserentsorgungsanlagen

Auf Grundlage ihrer spezialgesetzlich normierten Befugnisse, wie der Nutzungsuntersagung, Baueinstellung und der Beseitigungsanordnung, aber auch auf Grundlage der Generalklausel verfügt die Bauaufsicht über ein umfangreiches Instrumentarium zur Gefahrenforschung und zur Herstellung baurechtskonformer Zustände.[1262]

4. Überwachung durch die Träger der Abwasserbeseitigung

Des Weiteren sind die Gemeinden und anderen öffentlichen Träger der Beseitigungspflicht, zum Teil ausdrücklich nach den Wassergesetzen oder allgemeinen Organisationsgesetzen der Bundesländer, zur Überwachung der Einhaltung der Satzungsregelungen oder Regelungen der Allgemeinen Geschäftsbedingungen für die Benutzung der öffentlichen Einrichtung der Abwasserbeseitigung befugt.[1263] Im Unterschied zur umfassenden staatlichen Überwachung der Einleitungen und Anlagen durch die Wasserbehörden beschränkt sich die Überwachung der öffentlichen Träger auf die Einhaltung der per Satzung oder Allgemeine Geschäftsbedingungen ergangenen Benutzungsordnung für die öffentliche Einrichtung.[1264] Die Überwachung erstreckt sich insbesondere auf die Einhaltung der Benutzungsregeln und Mitwirkungspflichten der Einwohner, wie z.B. die Vorhaltung von Grundstücksentwässerungsanlagen.[1265]

Die Befugnisse für die Überwachung der Anlagen, die sich auf öffentlichem Grund befinden, ist ohne Weiteres durch die Anstaltsgewalt gedeckt. Problematisch ist es, sobald Eingriffsbefugnisse, wie u.a. die Betretung

---

RP; 81 BauO SN; 80 BauO LSA; 78 BauO SH; 78 BauO TH; *Reichelt/Schulte*, Hndb. des Bauordnungsrechts, 2003, Kap. 15, Rn. 78, S. 1051.

1262 Vgl. hierzu im Einzelnen *Hornmann*, in: Hoppe/Achterberg, Hndb. des öffentlichen Baurechts, Bd. 1, A VI, Rn. 20 ff. (EL 32).

1263 Vgl. BVerwG Beschluss vom 23.7.2010, Aktz. 7 B 42/10, Rn. 9 (Juris); VGH BY, Urteil vom 23.3.2010, Aktz. 4 B 06.1885, Rn. 23 (Juris); OVG NW, Urteil vom 26.3.1996, Aktz. 5 A 3812/96, Rn. 41 (Juris); *Schneider*, ZfW 2005, 69/75; *Lübbe-Wolff*, Umweltschutz durch Kommunales Satzungsrecht, 2002, Kap. 3, Rn. 421, 429, 442.

1264 Vgl. beispielsweise § 46 Abs. 6 WG BW.

1265 Vgl. BVerwG Beschluss vom 23.7.2010, Aktz. 7 B 42/10, Rn. 9 (Juris); VGH BY, Urteil vom 23.3.2010, Aktz. 4 B 06.1885, Rn. 23 (Juris); OVG NW, Urteil vom 26.3.1996, Aktz. 5 A 3812/96, Rn. 41 (Juris); *Schneider*, ZfW 2005, 69/74 f.; *Lübbe-Wolff*, Umweltschutz durch Kommunales Satzungsrecht, 2002, Kap. 3 Rn. 421, 429, 442.

von privaten Grundstücken, für die Überwachung erforderlich sind. In den Wassergesetzen und allgemeinen Organisationsgesetzen der Länder sind regelmäßig Maßnahmenbefugnisse zur Überwachung der Einhaltung der Satzungsvorschriften mitsamt der Zutritts- und Betretungsrechte der privaten Grundstücke geregelt oder die Befugnisvorschrift des § 101 WHG wird für die Bediensteten der Gemeinden oder anderen öffentlichen Träger für entsprechend anwendbar erklärt.[1266] Diese ausdrückliche gesetzliche Festlegung der Zutritts- oder Betretungsrechte für die Bediensteten der Gemeinde sind für eine Vereinbarkeit mit Art. 13 GG und dessen Schrankenregelungen notwendig. Denn die Begründung von Zutritts- und Betretungsrechten durch Satzungsregelungen auf Grundlage der allgemeinen Satzungsermächtigungen für öffentliche Einrichtungen genügen nicht den Maßstäben des BVerwG für die Verneinung eines Eingriffs in Art. 13 GG und sind daher am Maßstab des Art. 13 Abs. 7 GG zu messen.[1267] Sofern die Anforderungen an das Betreten von Wohn- und Geschäftsräumen in der jeweiligen Satzung nicht dem § 101 WHG ähnlich ausdifferenziert geregelt sind, ist eine verfassungskonforme Auslegung erforderlich. Probennahme- und Unterlageneinsichtsrechte sind in den Landeswassergesetzen, in denen ausdrücklich auf § 101 WHG Bezug genommen wird,[1268] in der „Vornahme technischer Ermittlungen und Prüfungen" gem. § 101 Abs. 1 Nr. 2 WHG zu sehen. Ansonsten sind die Probennahmerechte in den anderen Landeswassergesetzen entweder ausdrücklich als Probennahmerechte oder als „zur Überwachung erforderliche Anordnungen" vorgesehen.[1269]

Die Kosten der Überwachung der öffentlichen Einrichtung gehen regelmäßig in die Betriebskosten der Abwasserbeseitigung ein. Sie werden dann mit der Abwassergebühr entsprechend umgelegt.[1270]

1266 Vgl. exemplarisch Art. 24 Abs. 3 GemO BY sowie §§ 46 Abs. 6 WG BW (Anm. § 21 WHG a.F. nunmehr § 101 n.F.); 71 Abs. 1 WG HE; 92 a WG M-V; 96 Abs. 2 S. 2 WG NI; 53 Abs. 4 a WG NW; 50 Abs. 2 WG SN; 78 Abs. 1 S. 2 WG LSA; 103 WG RP; 85 Abs. 1 WG TH.
1267 Vgl. hierzu bereits unter 3. Kap. VII. Abschn. Nr. 1 a. (1); für vergleichbaren Fall aus dem Abfallrecht VGH BW, Beschluss vom 15.12.1992, Aktz. 10 S 305/92, NVwZ 1993, 388/389.
1268 Siehe §§ 46 Abs. 6 WG BW (Anm. § 21 WHG a.F. = § 101 WHG n.F.); 71 WG HE; 92 a WG M-V; 96 Abs. 2 WG NI; 53 Abs. 4 a, 117 WG NW; 78 Abs. 1 WG LSA.
1269 Siehe §§ 71 WG HE; 22 Abs. 1 WG RP.
1270 Vgl. hierzu genauer unter 3. Kap. IV. Abschn. Nr. 3 c.

VII. Überwachung von Abwasserentsorgungsanlagen

5. Überwachung durch die Träger der Wasserversorgung

Da die Abwasserverwertungseinrichtungen regelmäßig auch Versorgungseinrichtungen darstellen, sind die privaten oder öffentlichen Träger der Wasserversorgung zur Überwachung der Einhaltung der Benutzungsbedingungen, insbesondere der AVBWasserV, berechtigt. Unabhängig von der Organisation der Wasserversorgung haben sich die Träger bei der Ausgestaltung der Benutzung gem. §§ 2 und 35 Abs. 1 AVBWasserV an den Regelungen der AVBWasserV zu orientieren. Nach § 14 Abs. 1 AVBWasserV sind die Träger der Wasserversorgung allgemein berechtigt, die Kundenanlage, also die Installationen im Haus hinter dem Hausanschluss, anlassbezogen vor und nach ihrer Inbetriebsetzung zu überprüfen.[1271] Zudem ist das private oder öffentliche Wasserversorgungsunternehmen gem. § 12 Abs. 2 S. 2 AVBWasserV berechtigt, die Ausführung von Arbeiten sowie die Errichtung oder die wesentliche Änderung einer Kundenanlage zu überwachen. Hierzu zählt auch die Hinzufügung einer Eigengewinnungsanlage.[1272] Eine Regelüberwachung der Eigengewinnungsanlagen in Form der Abwasserverwertungsanlagen und Wieder- und Weiterverwendungsanlagen für Abwasser ist nicht vorgegeben. Zu dieser Überprüfung hat der Benutzer der Einrichtung nach § 16 der AVBWasserV den Beauftragen des Wasserversorgungsunternehmens den Zutritt zu seinen Räumen und zu den Messeinrichtungen gem. § 11 AVBWasserV zu gestatten, soweit dies für die Prüfung der technischen Einrichtungen und zur Wahrnehmung sonstiger Rechte und Pflichten der AVBWasserV erforderlich ist.[1273] Die Regelung ist im Sinne des Art. 13 GG und seiner Schrankenregelungen verfassungskonform auszulegen.[1274] Die Kosten der Überwa-

---

1271 Vgl. *Schmidt-Salzer*, in: Hermann/Recknagel/Schmidt-Salzer, Kommentar zu den Allgemeinen Versorgungsbedingungen, Bd. 2, 1984, § 14 AVBWasserV mit Verweis auf die Kommentierung zum gleichlautenden § 14 AVBEltV/GasV/FernwärmeV, dort Rn. 2 ff., S. 786 f.
1272 Vgl. *Schmidt-Salzer*, in: Hermann/Recknagel/Schmidt-Salzer, Kommentar zu den Allgemeinen Versorgungsbedingungen, Bd. 2, 1984, § 12 AVBWasserV mit Verweis auf die Kommentierung zum gleichlautenden § 12 AVBEltV/GasV/FernwärmeV, dort Rn. 94 ff., S. 775 f.
1273 Vgl. *Schmidt-Salzer*, in: Hermann/Recknagel/Schmidt-Salzer, Kommentar zu den Allgemeinen Versorgungsbedingungen, Bd. 2, 1984, § 16 AVBWasserV mit Verweis auf die Kommentierung zum gleichlautenden § 16 AVBEltV/GasV/FernwärmeV, dort Rn. 5 ff., S. 808 ff.
1274 Vgl. hierzu bereits unter 3. Kap. VII. Abschn. Nr. 1 a. (1).

3. Kapitel: Abwasserentsorgung unter dem Regime des Abwasserrechts

chung der öffentlichen Einrichtung gehen ohne Weiteres in die Betriebskosten der Abwasserbeseitigung ein. Sie werden dann entsprechend der Abwasserbeseitigungsgebühr in den Wasserversorgungsentgelten umgelegt.[1275]

1275 Vgl. hierzu genauer 3. Kap. IV. Abschn. Nr. 3 c.

4. Kapitel: Reformperspektiven für eine nachhaltige und klimaangepasste Abwasserentsorgung

Das Abwasserrecht des Bundes und der Bundesländer ist mit Ausnahme einiger weniger Landesregelungen zur Grau- und Niederschlagswasserverwertung weitgehend auf die reine Beseitigung von Abwasser ausgerichtet. Es regelt weitgehend die öffentliche zentrale und private dezentrale Beseitigung von Abwasser. Sowohl die geringe Ausrichtung an der Abwasserverwertung als auch die Dichotomie von öffentlicher zentraler und privater dezentraler Abwasserbeseitigung entspricht nicht dem Rechtsrahmen der nachhaltigen Abwasserentsorgung, wie er aus europa-, verfassungs-, bundes- und landesrechtlichen Vorschriften hervorgeht.[1276]

Um dem Rechtsrahmen zunehmend zu entsprechen, wird in der Fach- und Rechtswissenschaft insbesondere die Flexibilisierung der Siedlungswasserwirtschaft und Förderung der Wassereffizienz hin zu mehr Nachhaltigkeit und Anpassungswirkungen an den Klimawandel vorgeschlagen. Unter Flexibilisierung der Abwasserbeseitigung ist insbesondere zu verstehen, dass die zur Abwasserbeseitigung verpflichteten Träger in der Lage sind, zu den jeweiligen räumlichen, klimatischen, demografischen und finanziellen Gegebenheiten passende Abwasseranlagen implementieren zu können. Flexibel änderbare dezentrale Anlagen sind insbesondere für Gebiete, in denen die Implementierung eines zentralen Abwasserbeseitigungssystems, z.B. mit Blick auf die klimatischen und demografischen Randbedingungen, nicht zweckmäßig ist, wichtig. Dezentrale Abwasserbeseitigungsanlagen sind gegenüber der zentralen Abwasserbeseitigung als grundsätzlich gleichberechtigtes System zu etablieren. Hierfür sind die hierzu erforderlichen rechtlichen Voraussetzungen zu schaffen.

Auch die Implementierung von Regelungen zu mehr Wassereffizienz sollte zur Anpassung an den Klimawandel und zur Einsparung der Ressource Wasser allgemein mittel- und langfristiges Ziel einer die Nachhaltigkeit fördernden Siedlungswasserwirtschaft sein. Auf mittel- bis langfristige Sicht ist eine Infrastruktur der Abwasserentsorgung anzustreben, die im Sinne des Prinzips starker Nachhaltigkeit wesentlich ressourcen-

---

1276 Vgl. hierzu das 2. Kap. dieser Arbeit.

4. Kapitel: Reformperspektiven für eine nachhaltige Abwasserentsorgung

schonender ist als die bestehende. Durch die Nutzung von Grau- und Niederschlagswasser für untergeordnete Zwecke, wie z.B. für die Toilettenspülung, kann die Abwassermenge insgesamt signifikant reduziert werden. Gleichzeitig kann damit die Menge der Verwendung an aufbereitetem Trinkwasser und so auch die Grundwasserentnahme gesenkt werden. Hierin liegt auch eine Anpassung an die mit dem Klimawandel zunehmend erratische Verfügbarkeit von Wasser.

Um diese Ziele zu erreichen, sollen – ausgehend von den im vorherigen Teil erörterten Implementationsbedingungen – dort, wo Handlungsbedarf besteht, Reformperspektiven für den Bundes- oder Landesgesetzgeber aufgezeigt werden. Handlungsbedarf besteht bei den Regelungen, die zur Implementierung der nachhaltigen Abwasserentsorgungslösungen fehlen (Rechtslücken), die der Implementierung der Entsorgungslösungen entgegenstehen (Rechtshindernisse) und denjenigen Regelungen, die unter den Gesichtspunkten der Klimaanpassung und Nachhaltigkeit unter Berücksichtigung der allgemeinen Grundsätze des Verwaltungsrechts optimierbar sind (optimierbare Regelungen). Kein Reformbedarf besteht jedoch dann, wenn sich die hemmenden Wirkungen durch anerkannte Rechtsoperationen (Auslegung, Analogie, teleologische Reduktion) unter Beibehaltung des geltenden Rechts beseitigen lassen. Die Regelungsvorschläge sollen die Vorgaben des Unionsrechts berücksichtigen und sich in die bestehenden bundes-, landes- und kommunalrechtlichen Regelungskomplexe mit ihren normativen Wechselwirkungen und Abhängigkeiten einpassen.

I. Flexibilisierung des Abwasserbeseitigungsrechts

Zur Flexibilisierung sind einzelne Anpassungen des geltenden Rechts zu befürworten.

1. Organisation dezentraler Abwasserbeseitigungsanlagen

Die Organisation zentraler Abwasserbeseitigungsanlagen in öffentlicher Trägerschaft ist in der deutschen Siedlungswasserwirtschaft das dominierende Infrastruktursystem und vom Gesetzgeber erkennbar in § 54 Abs. 2 WHG vorausgesetzt. In öffentlichen zentralen Anlagen werden 97 % des anfallenden Schmutz- und Niederschlagswassers beseitigt. Die zentralen Abwasserbeseitigungssysteme sind jedoch insbesondere in zunehmend

I. Flexibilisierung des Abwasserbeseitigungsrechts

dispers besiedelten Räumen aufgrund ihrer Langlebigkeit insbesondere des Kanalisationsnetzes inflexibel gegenüber sich ändernden Randbedingungen. Sie verursachen dann hohe Kosten und sind nicht mehr so vorteilhaft für die Umwelt. Demgegenüber ist die dezentrale Beseitigung von Schmutz- und Niederschlagswasser als Ausnahme von der zentralen Abwasserbeseitigung weitgehend in die Hände privater Abwassererzeuger gelegt, denen der Gesetzgeber zu Recht generell weniger Vertrauen zur ordnungsgemäßen Abwasserbeseitigung entgegenbringt.[1277]

Die Schmutzwasserbeseitigung ist, ob zentral oder dezentral, grundsätzlich in öffentlicher Trägerschaft zu belassen und nur in Ausnahmefällen den Abwassererzeugern zu übertragen. Es besteht kein Anlass, diese Verortung gesetzestechnisch zu ändern. Denn die Schmutzwasserbeseitigung ist aufgrund ihres Gefährdungspotenzials und der dem Allgemeininteresse zuwiderlaufenden Interessen vom öffentlichen Träger vorzunehmen. Grundsätzlich ist aufgrund der bestehenden Regelungen auch die öffentliche Organisation dezentraler Abwasserbeseitigungsanlagen genauso wie bei zentralen Anlagen zulässig. Sie ist über eine Eigenvornahme der öffentlichen Träger in Form des zentralen Betriebs dezentraler Anlagen oder des Contractingmodells möglich. Mithilfe der funktionalen Privatisierung kann mehr oder weniger private Effizienz und Sachverstand nutzbar gemacht werden.[1278] Für die zwangsweise Implementierung ist u.U. die Enteignung von dinglichen Grundstücksrechten erforderlich. Während leitungsbezogene Enteignungstatbestände die notfalls zwangsweise Durchsetzung von Standorten von zentralen Abwasserbeseitigungsanlagen gewährleisten, ist die Enteignung von Grundstücksrechten für dezentrale Abwasserbeseitigungsanlagen nicht immer erfasst. Hier könnte Handlungsbedarf für den Gesetzgeber im Bund oder in den Bundesländern angenommen werden.

Niederschlagswasser sollte grundsätzlich auf dem Grundstück, auf dem es anfällt, versickert oder verrieselt werden, denn dies hat positive Auswirkungen auf Nachhaltigkeit und Klimawandel. Auch dem Abwassererzeuger selbst kann diese Aufgabe regelmäßig bedenkenlos übertragen werden, da die Beseitigung von Niederschlagswasser nur geringes Gefährdungspotenzial hat.

1277 Vgl. hierzu genauer 3. Kap. II. Abschn. Nr. 1.
1278 Vgl. hierzu 3. Kap. II. Abschn. Nr. 4 d.

4. Kapitel: Reformperspektiven für eine nachhaltige Abwasserentsorgung

In den Bundesländern, in denen die Niederschlagswasserbeseitigungspflicht gesetzlich übertragen wird, ist sie grundsätzlich bei den Grundstückseigentümern, auf deren jeweiligem Grundstück das Niederschlagswasser anfällt, angesiedelt.[1279] Die Rückübertragung der Pflicht durch Anschluss- und Benutzungszwang ist unter dem Wohl der Allgemeinheit sowie § 55 Abs. 2 WHG besonders zu rechtfertigen. Die Rechtsprechung in den Bundesländern ist bereits auf diese Linie eingeschwenkt. Sie fordert eine besondere Rechtfertigung für die Übertragung der Niederschlagswasserbeseitigungspflicht zurück in die öffentliche Hand und damit regelmäßig zurück zu einer zentralen Beseitigung. Eine Änderung der gesetzlichen Regelungen ist daher grundsätzlich nicht erforderlich.

In den Bundesländern, in denen die Niederschlagswasserbeseitigungspflicht per Satzung der Gemeinde übertragen wird, ist sie grundsätzlich bei der Gemeinde angesiedelt. Die Übertragung hängt von dem Willen der Gemeinde ab. Es besteht – abgesehen von der Regelung des § 55 Abs. 2 WHG und dem Leitbild der nachhaltigen Abwasserbeseitigung – kein rechtlicher Anreiz, die Niederschlagswasserbeseitigungspflicht auf die Grundstückseigentümer, auf deren Grundstück das Niederschlagswasser anfällt, zu übertragen.[1280] Theoretisch kann durch ständige Erneuerung der Einrichtung der zentralen Abwasserbeseitigung immer sichergestellt werden, dass auch auf langfristige Sicht keine neue Einrichtung geschaffen wird. Dann kann aber § 55 Abs. 2 WHG nicht eingreifen.[1281] In diesen Bundesländern stellt sich die Frage, ob eine Regelung nach dem Vorbild des Wassergesetzes des Bundeslandes *Sachsen-Anhalt* a.F. in der Gültigkeit vom 1.4.2011 bis zum 1.4.2013 in die Wassergesetze der Bundesländer eingefügt werden sollte. Durch die Regelung

> „Zur Beseitigung des Niederschlagswassers ist anstelle der Gemeinde der Grundstückseigentümer verpflichtet, soweit nicht die Gemeinde den Anschluss an eine öffentliche Abwasseranlage und deren Benutzung vorschreibt, weil ein gesammeltes Fortleiten erforderlich ist, um eine Beeinträchtigung des Wohls der Allgemeinheit zu verhüten."

könnte analog zu den anderen Wassergesetzen der Bundesländer sichergestellt werden, dass Niederschlagswasser nur dann vom öffentlichen Träger

---

1279 Siehe hierzu 3. Kap. II. Abschn. Nr. 5 d. (3) dieser Arbeit.
1280 Siehe hierzu genauer 3. Kap. III. Abschn. Nr. 2 c (2) ii.
1281 Siehe hierzu genauer 3. Kap. III. Abschn. Nr. 2 c (1) i.

I. Flexibilisierung des Abwasserbeseitigungsrechts

zentral beseitigt wird, wenn das Wohl der Allgemeinheit ein *gesammeltes* Fortleiten erfordert.

2. Aufgabendurchführung und dezentrale Abwasserbeseitigung

Die Aufgabendurchführung bezeichnet den Regelungskomplex, der sich mit dem Pflichtenprogramm der öffentlichen Träger der Abwasserbeseitigungspflicht sowie dem Verhältnis der öffentlichen Abwasserbeseitigung zur privaten Abwasserbeseitigung öffentlicher und privater Träger befasst. Maßgeblich sind hier die Regelungen des Pflichtenprogramms des WHG, die maßgeblich die Anforderungen an die Aufgabendurchführung, die kommunalen Vorschriften über die Organisation der öffentlichen Einrichtung und die Regelungen über den Anschluss- und Benutzungszwang beeinflussen.

a. Änderung der Kommunal-Abwasserverordnungen der Bundesländer

Die Implementierung dezentraler Abwasserbeseitigungsanlagen wird fachrechtlich durch die Konkretisierungen der Kommunalabwasserverordnungen behindert. Die bestehenden Umsetzungen der Richtlinie Kommunales Abwasser in den Bundesländern in den Kommunalabwasserverordnungen sind insbesondere aufgrund der wortwörtlichen Umsetzung der Richtlinie Kommunales Abwasser unbestimmt und bergen daher für Gemeinden bei Entscheidungen über dezentrale Elemente in ihren Abwasserbeseitigungskonzepten Rechtsunsicherheit. Insbesondere ist der für das Eingreifen der Ausstattungspflicht relevante Begriff der „Gemeinde" nicht konkretisiert und in den Umsetzungen nicht auf die tatsächlichen räumlichen Gegebenheiten bezogen. Ohne eine Rückbindung auf die tatsächlichen Gegebenheiten ist jedoch der Bezugsraum für die Schwellenwerte der Ausstattungspflicht nicht genau zu bestimmen, wie sich auch an der Rechtsprechung zeigt.[1282] Insbesondere im Bereich der Schwellenwertgrenzen von 2000 EW besteht so für Gemeinden Rechtsunsicherheit, ob eine Implementierung dezentraler Abwasserbeseitigungsanlagen zulässig ist. Als ein Beispiel für eine gelungene und rechtssichere Umsetzung lässt sich die

---

1282 Vgl. 3. Kap. III. Abschn. Nr. 2 b. (3) iii.

4. Kapitel: Reformperspektiven für eine nachhaltige Abwasserentsorgung

Regelung im Bundesland *Sachsen* anführen. Hier ist der Bezugsraum an den tatsächlichen Bebauungszusammenhang gekoppelt. Daher wäre die Übernahme der Regelung des § 1 Nr. 1 sächsische KomAbwVO, die den Richtlinienbegriff des gemeindlichen Gebiets durch den Begriff des „Verdichtungsgebiet" konkretisiert hat, zu empfehlen. Ein Verdichtungsgebiet ist

> „ein im Zusammenhang bebauter Teil einer Gemeinde in entsprechender Anwendung des § 34 Baugesetzbuch (BauGB) (...), in dem Bebauung oder wirtschaftliche Aktivitäten ausreichend konzentriert sind für eine gemeinsame Entsorgung des anfallenden Abwassers. Unmittelbar aneinander grenzende Teile verschiedener Gemeinden im Sinne von Satz 1 gelten als ein Verdichtungsgebiet".

Neben der Konkretisierung des Begriffs der „Gemeinde" ist auch die Konkretisierung der Maßstäbe für die Ausnahmeregelungen von der Ausstattungspflicht wünschenswert. Denn auch bei Überschreiten der Schwellenwerte könnte eine Ausnahme von der Ausstattungspflicht sinnvoll sein. Auch wenn sich unter Anwendung der hergebrachten Methoden der Rechtswissenschaft gewisse Konkretisierungen aus dem bestehenden Wortlaut ableiten lassen, so bleiben doch die genauen Anforderungen an den Vergleichsmaßstab und den Grad des Maßstabes „keinen Nutzen für die Umwelt" oder des Maßstabes „mit übermäßigen Kosten verbunden" unklar. Zur genaueren Konkretisierung wäre die Einfügung zumindest der Abwägungsmaßstäbe sinnvoll.

b. Anschluss und Benutzung dezentraler Abwasserbeseitigungsanlagen

Die Rechtsstrukturen zur Verfügung eines Anschluss- und Benutzungszwangs an dezentrale Anlagen zur Schmutz- und Niederschlagswasserbeseitigung in öffentlicher Trägerschaft bestehen weitgehend in allen Bundesländern.

Dezentrale Anlagen der Schmutzwasserbeseitigung können wie zentrale Anlagen im Rahmen einer öffentlichen Einrichtung Gegenstand eines Anschluss- und Benutzungszwangs sein. Ein Handlungsbedarf des Gesetzgebers ist daher nicht anzunehmen. Dezentrale Abwasserbeseitigungsanlagen werden als „Anlagen der Abwasserbeseitigung", „Einrichtungen der Abwasserbeseitigung" oder in den Bundesländern, in denen der Wortlaut auf „Kanalisationen" lautet, als „ähnliche der Gesundheit dienende Ein-

I. Flexibilisierung des Abwasserbeseitigungsrechts

richtungen" erfasst.[1283] Auch lässt sich bei der Schmutzwasserbeseitigung, unabhängig von der dezentralen oder zentralen Beseitigung, ein öffentliches Bedürfnis für den Anschluss- und Benutzungszwang begründen.

Bei öffentlichen Anlagen zur Niederschlagswasserbeseitigung ist die geltende Rechtslage hingegen optimierungsfähig. Öffentliche Anlagen der Niederschlagswasserbeseitigung dienen regelmäßig nicht dem Schutz der Volksgesundheit. Daher ist ein Anschluss- und Benutzungszwang für sie nicht ohne Weiteres anordnungsfähig. Während zentrale Anlagen der Niederschlagswasserbeseitigung mit Blick auf § 55 Abs. 2 WHG als Auslaufmodell gelten, kann sich für öffentliche dezentrale Anlagen der Niederschlagswasserbeseitigung ein öffentliches Bedürfnis aus dem örtlichen Schutz der natürlichen Grundlagen des Lebens ergeben. Bereits aus der Entscheidung des Bundesverwaltungsgerichts zur Fernwärmeversorgung ist herauszulesen, dass ein öffentliches Bedürfnis auch anzunehmen ist, soweit die öffentliche Einrichtung der Niederschlagswasserbeseitigung auch dem örtlichen Schutz der natürlichen Grundlagen des Lebens dient.[1284] Dennoch könnte der Gesetzgeber durch eine Hinzufügung zur Ermächtigung zum Anschluss- und Benutzungszwang, wie in *Baden-Württemberg*, *Brandenburg*, *Sachsen* und *Schleswig-Holstein*, klarstellen, dass ein öffentliches Bedürfnis auch zum Schutz der natürlichen Grundlagen des Lebens begründet ist. So könnte die Rechtsunsicherheit, die mit einem ungeschriebenen Tatbestandsmerkmal einhergeht, reduziert werden.

3. Finanzierung dezentraler Abwasserbeseitigungsanlagen

Der Finanzierung dezentraler Abwasserbeseitigungsanlagen in öffentlicher Trägerschaft stehen die geltenden Regelungen der Kommunalabgabengesetze der Bundesländer nicht grundsätzlich entgegen, mit Ausnahme der Bundesländer *Sachsen* und *Sachsen-Anhalt*.

a. Schaffung der Erhebungsvoraussetzungen für Beiträge

Für die Beitragsfinanzierung der dezentralen Abwasserbeseitigungsanlagen der öffentlichen Einrichtung der Abwasserbeseitigung ist erforderlich,

---

1283 Vgl. hierzu genauer unter 3. Kap. III. Abschn. Nr. 3 d. (4).
1284 Vgl. hierzu 3. Kap. III. Abschn. Nr. 3 d. (4) iv.

4. Kapitel: Reformperspektiven für eine nachhaltige Abwasserentsorgung

dass auch für nichtleitungsgebundene Abwasserbeseitigungsanlagen nach den Kommunalabgabengesetzen die Erhebungsvoraussetzungen dem Grunde nach vorliegen. Es ist also erforderlich, dass sie unter die allgemeine Ermächtigung zur Beitragsfinanzierung fallen. Grundsätzlich knüpfen die Kommunalabgabengesetze der Länder hierzu allgemein an den Begriff der öffentlichen Einrichtung an, zum Teil unter Hinzufügung von Sonderregelungen für die Beitragsfinanzierung von leitungsgebundenen Einrichtungen. Dies hat zur Folge, dass sowohl zentrale als auch dezentrale Abwasserbeseitigungsanlagen, sofern sie in einer öffentlichen Einrichtung organisiert sind, die Beitragsvoraussetzungen erfüllen. In den Bundesländern *Sachsen* und *Sachsen-Anhalt* jedoch ist die Beitragserhebungsermächtigung auf leitungsgebundene, also zentrale öffentliche Einrichtungen beschränkt.[1285] Dies ist eine Regelung, die eindeutig die Refinanzierung dezentraler Anlagen der Abwasserbeseitigung durch Beiträge behindert. Die Einschränkung ist daher aufzuheben.

b. Veränderung der Beitragstatbestände und Beitragsverteilung

Die beitragsfähigen Maßnahmen können sich grundsätzlich auf öffentliche leitungsgebundene und nichtleitungsgebundene Anlagen erstrecken. Somit kann auf eine Änderung der Beitragstatbestände der Herstellung, Erweiterung, Erneuerung und Verbesserung verzichtet werden. Denn diese gewährleisten bei entsprechender Auslegung, dass sowohl zentrale als auch dezentrale Abwasserbeseitigungsanlagen über Beiträge refinanziert werden können.[1286] Gleiches gilt grundsätzlich für die Beitragsverteilungsregelungen. Denn die Beitragsverteilung auf Grundlage der Satzungsregelungen richtet sich im Wesentlichen nach dem höherrangigen Recht und den Grundsätzen der Kommunalabgabengesetze der Bundesländer. Es handelt sich weitgehend um von der Rechtsprechung entwickelte Leitlinien auf Grundlage der bestehenden Regelungen. Ein Handlungsbedarf besteht nicht.

[1285] Siehe hierzu genauer unter 3. Kap. IV. Abschn. Nr. 2 a. (1).
[1286] Vgl. hierzu genauer unter 3. Kap. IV. Abschn. Nr. 2 c.

I. Flexibilisierung des Abwasserbeseitigungsrechts

c. Anreizwirkungen der Abwasserabgaben

Die von den unmittelbaren Einleitern von Abwasser an die Bundesländer zu entrichtende Abwasserabgabe verteuert die Abwasserentsorgung und fließt über die Kosten der Abwasserbeseitigung in die von den Verbrauchern zu entrichtenden Gebühren mit ein. Nach dem Abwasserabgabengesetz und den Ausführungsgesetzen der Bundesländer besteht die Möglichkeit, die zu entrichtende Abwasserabgabe mit Investitionen in die Infrastruktur zu verrechnen. Dies dient der Verwaltungsvereinfachung und des individuellen Strebens nach fortlaufender Verbesserung der Infrastruktur.[1287]

Eine Verrechnungsmöglichkeit besteht grundsätzlich nach § 10 Abs. 3 AbwAG für Abwasserbehandlungsanlagen. Damit sind Abwasserbeseitigungsanlagen von der Verrechnungsmöglichkeit weitgehend erfasst, unabhängig davon, ob sie zentraler oder dezentraler Art sind.[1288] Insofern können auch Träger dezentraler Anlagen, soweit sie zur Zahlung verpflichtet sind, die Verrechnungsmöglichkeit wahrnehmen. Dies bedeutet, die Anreizwirkungen für die Verbesserung der Anlage oder die Schulung des Personals werden ausgelöst. Insoweit sind dezentrale Abwasserbeseitigungsanlagen zentralen Anlagen gleichgestellt.

Allerdings besteht auch eine Verrechnungsmöglichkeit für Kanalisationen gem. § 10 Abs. 5 AbwG und entsprechenden Regelungen der Ausführungsgesetze der Bundesländer. Die Verrechnungsmöglichkeit besteht dann, wenn Direkteinleitungen, u.a. von dezentralen Abwasserbeseitigungsanlagen, an eine Kanalisation angebunden werden, die zu einer zentralen Kläranlage führt. Damit schafft die Vorschrift einen finanziellen Anreiz für die Zentralisierung der Abwasserbeseitigung und damit für das Gegenteil von Flexibilisierung. Angesichts der geänderten Randbedingungen der Demografie und des Klimawandels besteht hier Änderungsbedarf. Die Regelung steht der Dezentralisierung und Flexibilisierung der Abwasserbeseitigung im Wege.

1287 Vgl. hierzu genauer unter 3. Kap. IV. Abschn. Nr. 4 d.
1288 Vgl. hierzu genauer unter 3. Kap. IV. Abschn. Nr. 4 d. (1).

4. Kapitel: Reformperspektiven für eine nachhaltige Abwasserentsorgung

4. Planung dezentraler Abwasserbeseitigungsanlagen

Die Instrumente der Raumordnung und Bauleitplanung ermöglichen im Zusammenspiel mit den Fachplänen eine Steuerung sowohl der Flächen- als auch der Wasserkörperinanspruchnahme für Abwasserbeseitigungsanlagen. So können auch die Flächeninanspruchnahme und Standortfragen von dezentralen Abwasserbeseitigungsanlagen gesteuert werden. Es besteht also kein grundsätzlicher Handlungsbedarf des Gesetzgebers. Für die überregionale Planung in der Raumordnung besteht aufgrund der europarechtlichen Bindungen der Richtlinie Kommunales Abwasser, die eine dezentrale Abwasserbeseitigung für Verdichtungsgebiete von über 2000 EW nicht zulässt, eher ein geringer Bedarf. Jedoch lassen sich die Instrumente der Vorbehalts-, Vorrang- und Eignungsflächen nutzbar machen. Es ist davon auszugehen, dass diese Instrumente die regionale Koordinierung von Abwasserbeseitigungsmaßnahmen unterstützen können. Im Einzelnen wäre allerdings genauer zu untersuchen, inwiefern sie diese Unterstützung ausreichend gewährleisten.

Auf regionaler und lokaler Ebene bestehen die wichtigsten Instrumente für eine gebiets- und bodenkoordinierte Steuerung der Standorte für Anlagen zur dezentralen Abwasserbeseitigung auf Ebene der kommunalen Bauleitplanung. Für eine regional koordinierte Planung und Konzeptionierung dezentraler Abwasserbeseitigungsanlagen können mithilfe des Flächennutzungsplans geeignete Flächen für dezentrale Abwasserbeseitigungsanlagen dargestellt werden. Im weiter überplanten Bereich können mit dem Bebauungsplan die Flächen für dezentrale Abwasserbeseitigungsanlagen und damit rechtstatsächlich die Standorte von Einzel- und Gruppenlösungen genau gesteuert werden.[1289] Zudem kann auf Ebene des Bebauungsplans durch ein geändertes Verständnis einer Kombination der Festsetzungsmöglichkeiten die dezentrale Schmutzwasser- und die Niederschlagswasserverwertung im Bebauungsplan festgesetzt werden.

5. Präventive Kontrolle dezentraler Abwasserbeseitigungsanlagen

Die präventive Kontrolle der Abwasserbeseitigungsanlagen dient der Sicherstellung der Einhaltung der gesetzlichen Vorschriften in Bezug auf

---

1289 Vgl. hierzu genauer unter 3. Kap. V. Abschn. Nr. 3 d. (2) und (3).

I. Flexibilisierung des Abwasserbeseitigungsrechts

den Standort und die Anlagenvoraussetzungen. Durch die präventive Überwachung wird bei der Errichtung der Anlage die gesetzesmäßige Anlagenart und Standortwahl sichergestellt. Die Anforderungen präventiver Überwachung stehen dabei in engem Zusammenhang mit der repressiven Überwachung, die die Einhaltung der gesetzlichen Vorschriften im fortgesetzten Betrieb sicherstellt. Abhängig von dem Kontroll- und Überwachungsbedürfnis der einzelnen privat und öffentlich organisierten dezentralen Schmutz- und Niederschlagswasserbeseitigungslösungen ist für die präventive Kontrolle ein Gleichgewicht zwischen der Verwaltungspraktikabilität und der Sicherstellung der Einhaltung der Regelungen zur Anlagenart und zum Standort zu finden. Grundsätzlich ist dabei zwischen dem angestrebten öffentlichen und dem privaten Betrieb dezentraler Abwasserbeseitigungsanlagen sowie der Beseitigung von Schmutz- oder Niederschlagswasser zu unterscheiden. Denn während das Kontrollbedürfnis öffentlich errichteter und betriebener Abwasserbeseitigungsanlagen eher gering ist, bringt der Gesetzgeber zu Recht den Privaten weniger Vertrauen entgegen. Hier ist von einem erhöhten Kontroll- und Überwachungsbedürfnis auszugehen. Gleichsam ist die Beseitigung von Schmutzwasser mit erheblich mehr Gefahrenpotenzial verbunden als die Beseitigung von zum Teil unbelastetem Niederschlagswasser.

Grundsätzlich begegnet es keinen Bedenken, dass privat und öffentlich betriebene Kleinkläranlagen mit Bauartzulassung keiner wasser- und bauordnungsrechtlichen Anlagengenehmigung unterliegen. Die anlagenbezogene Einleitungsgenehmigung reicht zur präventiven Kontrolle aus. In ihrem Rahmen werden die maßgeblichen emissionsbezogenen Einleitungswerte und die Immissionssituation des Gewässers berücksichtigt. Zudem wird die Eignung des Standortes sichergestellt. Insgesamt ist der Einleiter bei der Beantragung der Erlaubnis nicht unverhältnismäßig belastet.

Gleiches gilt auch für die Anlagen der dezentralen Niederschlagswasserbeseitigung. Die typischen Gefährdungslagen dieser Anlagen und Standorte können durch das Erfordernis einer Einleitungserlaubnis vor Inbetriebnahme kontrolliert werden. Erstmalig, aber auch nur einmalig, können durch die präventive Kontrolle auch die voraussichtlichen Betriebsbedingungen sichergestellt werden. In einigen Ländern wird sogar auf das Erfordernis einer Einleitungserlaubnis ganz verzichtet. Dann ist jedoch die Einleitung des Niederschlagswassers streng normiert.

4. Kapitel: Reformperspektiven für eine nachhaltige Abwasserentsorgung

6. Repressive Überwachung

Die mehrdimensionale, medien- und anlagenbezogene Überwachung von Abwasseranlagen durch die Gewässer- und Bauaufsicht dient der Kontrolle der fortgesetzten Einhaltung der gesetzlichen Vorschriften in Bezug auf den Betrieb. Sie schließt sich an die präventive Kontrolle der Abwasserbeseitigungsanlagen an. Der wartungsintensive Betrieb kleinteiliger dezentraler Abwasserbeseitigungsanlagen stellt die repressive Überwachung, insbesondere privat betriebener dezentraler Abwasserbeseitigungsanlagen, vor besondere Herausforderungen. Realistischerweise ist eine Überwachung zahlreicher öffentlicher oder privat organisierter dezentraler Abwasserbeseitigungsanlagen durch die rein staatliche Behördenüberwachung aufgrund der regelmäßig geringen staatlichen Ausstattung der Überwachungsbehörden schwer denkbar. Bereits die Überwachung öffentlicher zentraler Systeme, insbesondere von Leckagen in den Kanalisationen, ist nicht immer gesichert. Daher sind die Regelungen der Behördenüberwachung weitgehend durch Regelungen der Selbstüberwachung durch die Abwasseranlagenbetreiber und Abwassereinleiter ergänzt, die auch die hierfür anfallenden Kosten zu tragen haben.[1290] Grundsätzlich ist dieses Instrument bis zu einen gewissen Grade der Entledigung von hoheitlichen Überwachungsaufgaben angesichts der Verwaltungspraktikabilität und knapper staatlicher Ressourcen notwendig und auch sinnvoll. Die geltenden Regelungen legen die Selbstüberwachung von dezentralen Abwasserbeseitigungsanlagen indes nicht immer fest. So sind die Wasserbehörden bisher auf den Erlass von Nebenbestimmungen zur Einleitungserlaubnis verwiesen.

Gemessen an ihrem Überwachungsbedürfnis ist daher insbesondere die dezentrale Schmutzwasserbeseitigung in die zu erlassende Selbstüberwachungsverordnung des Bundes aufzunehmen. Hierbei ist eine fachmännische Wartung der Kleinkläranlagen nach den allgemeinen Regeln der Technik zu gewährleisten. Dabei könnte zudem zwischen öffentlich und privat organisierten dezentralen Schmutzwasserbeseitigungsanlagen unterschieden werden. Denn das Überwachungsbedürfnis sinkt, sofern öffentlich organisierte Anlagen gebündelt überwacht werden können. Im Gegensatz dazu ist die Überwachung versprengter dezentraler Abwasserbeseitigungsanlagen in privater Trägerschaft besonders anspruchsvoll. Daher

---

1290 Siehe hierzu genauer unter 3. Kap. VII. Abschn. Nr. 1 a.

könnte es u.U. sinnvoll sein, in den Regelungen der Selbstüberwachung nach der Trägerschaft differenzieren. Insgesamt ist allerdings bei einer zunehmenden Zahl von dezentralen Abwasserbeseitigungsanlagen und damit mindestens jährlich abzugebender und damit zu prüfender Selbstüberwachungsberichte zu berücksichtigen, dass ein erheblicher Verwaltungsaufwand entstehen kann, der die Grenze der Verwaltungspraktikabilität nach einigen Jahren erreichen dürfte. Eine Lösung dieses Problems könnte auch in der bundesrechtlichen Festlegung gem. § 100 WHG liegen. Nach dieser Vorschrift kommt den staatlichen Behörden die Befugnis zu, Messeinrichtungen auf dem Grundstück aufzustellen. Insbesondere ist an eine Fernüberwachung der Funktionsfähigkeit der Abwasserbeseitigungsanlagen zu denken. Inwiefern dies allerdings nunmehr mit datenschutzrechtlichen Aspekten vereinbar ist, bedürfte einer weiteren Klärung.[1291]

II. Abwasserverwertung und Recht der Abwasserbeseitigung

Anders als die Regelungen zur dezentralen Abwasserbeseitigung sind Regelungen zur dezentralen Abwasserverwertung bis auf einige Übertragungs- und Anordnungstatbestände in den Wassergesetzen und allgemeinen Organisationsgesetzen der Bundesländer wenig vorgesehen. Die Regelungen zur Abwasserverwertung sind nach dem geltenden Fachrecht sowohl der privaten Abwasserbeseitigung zuzuzählen als auch der Wasserversorgung mit Brauchwasser. Aufgrund der weitgehenden fachrechtlichen Trennung der Regelungen der öffentlichen Abwasserbeseitigung und Wasserversorgung ist auch die öffentliche und private Abwasserverwertung unzusammenhängend geregelt. So können z.B. nach geltendem Recht schwerlich Abwasserbeseitigung und Wasserversorgung zusammen in einer öffentlichen Einrichtung betrieben werden. Langfristig ist zu überlegen, ob das Recht der Abwasserbeseitigung, wie es zurzeit in den §§ 54 ff. WHG geregelt ist, begrifflich auf ein Recht der Abwasserentsorgung unter Einschluss der Abwasserverwertung erweitert wird. Dies ist insbesondere dann erforderlich, wenn nach dem Stand der Technik die Notwendigkeit entsteht, Abwasserverwertungsanlagen öffentlich zu organisieren und zu betreiben. Es ist, abhängig von der zukünftigen technischen Entwicklung,

---

1291 Vgl. hierzu allgemein *Jüntgen,* Die Fernüberwachung im Umweltrecht, 1999.

nicht auszuschließen, dass in Zukunft eine dem Abwasserrecht unterfallende Verwertung von Grau- und Niederschlagswasser eine öffentliche Organisation zentraler Abwasserverwertungsanlagen erfordert, in denen Abwasser lokal gesammelt, zu einer zentralen Aufbereitung geführt und das gereinigte Abwasser wieder zurückgeleitet wird.[1292] Kurz- bis mittelfristig steht die Trennung der Rechtsbereiche bei bestehender Technologie einer nachhaltigen und an den Klimawandel angepassten Entsorgung von häuslichem Abwasser jedoch nicht entgegen. Bereits mit der verstärkten, rein privaten Implementierung der Verwertung von Grau- und Niederschlagswasser ließen sich eine Verringerung der Abwassermenge und Frischwassereinsparungen in Haushalten von bis zu 60 % erzielen.[1293] Eine öffentliche Organisation der dezentralen Anlagen zur Abwasserverwertung ist aufgrund des Selbstverwertungsinteresses der Abwassererzeuger nicht erforderlich.

1. Langfristige Reformperspektiven

Als Ausblick dürfte eine langfristige anzustrebende fachrechtliche Verbindung der Regelung der Abwasserbeseitigung und Wasserversorgung in einem Recht der Wasserver- und Abwasserentsorgung oder einem umfassenden Recht der *Abwasserentsorgung* einer integrativen Bewirtschaftungsweise der Ressource Wasser durch diese Infrastrukturen sinnvoll sein. Es steht außer Frage, dass eine solche Zusammenlegung tiefgreifende rechtsstrukturelle Veränderungen erforderte. Insbesondere wäre eine tiefgreifende Änderung des Wasserrechts auf Bundes- und Landesebene erforderlich. Denn das Fachrecht gibt mit seinen Zwecken und Regelungen die Organisation, die Aufgabendurchführung und die Finanzierung der Kommunen weitgehend vor.[1294] Im Einzelnen wäre die Aufnahme der Abwasserverwertung in das Pflichtenprogramm des Fachrechts erforderlich, z.B. als Pflicht zur Abwasserentsorgung oder als Wasserversorgungspflicht. Dies würde z.B. die öffentliche (kommunale) Organisation der Abwasserverwertung ermöglichen. So könnte die Aufgabe der Abwasserverwertung öffentlich-rechtlich durchgeführt und die Anlagen durch Kommunalabgaben finanziert werden. Mit der Aufnahme in das Pflichtenpro-

---

1292 Vgl. hierzu auch 1. Kap. V. Abschn. Nr. 3 c.
1293 Vgl. hierzu genauer unter 1. Kap. V. Abschn. Nr. 3 c.
1294 Siehe hierzu genauer 3. Kap. II.–IV. Abschn. dieser Arbeit.

II. Abwasserverwertung und Recht der Abwasserbeseitigung

gramm sollten die Grundsätze der Abwasserbeseitigung in die Grundsätze der Abwasserentsorgung umgefasst oder die Grundsätze der Wasserversorgung und Abwasserentsorgung überschneidungsfrei zusammengefasst werden. Auch wären umfassendere Regelungen zur Planung, präventiven Kontrolle und repressiven Überwachung notwendig, die sich grundsätzlich an die bestehenden Regelungen anlehnen müssten.

Angesichts der Interessenlage bei der häuslichen Abwasserverwertung ist die Aufnahme der Abwasserverwertung in das öffentliche Pflichtenprogramm der Abwasserbeseitigung oder eines anderen sachnahen Rechtsbereichs wie der Wasserversorgung jedoch kurz- bis mittelfristig abzulehnen. Eine Aufnahme in das öffentlich-rechtliche Pflichtenprogramm des Abwasserrechts gem. § 54 Abs. 1 und 2 WHG ist für die Grau- und Niederschlagswasserverwertung ein nicht erforderlicher, radikaler Eingriff, für den mittelfristig kein Bedarf besteht. Grundsätzlich setzt die Verwertung von häuslichem Abwasser eine Stoffstromtrennung im Haushalt voraus. Die Aufbereitung von gering belastetem Grau- oder Niederschlagswasser ist ohne Weiteres dezentral möglich. Daher besteht zumindest für diese Stoffströme zunächst kein Bedarf, getrenntes Grau- und Niederschlagswasser aus Haushalten abzuleiten und es dann wieder für untergeordnete Nutzungen zuzuleiten.[1295] Dies bedeutet, dass große semi-zentrale oder gar zentrale Systeme zur Verwertung von häuslichem Abwasser, z.B. als Toilettenspülung, nicht erforderlich sind. Denn ein ohne Weiteres mögliches dezentrales Recycling bedürfte keines Leitungssystems. Die Ableitung und Nutzung für öffentliche Zwecke kann auch von öffentlichen Gebäuden geschehen. Auf der anderen Seite hat bei einer privaten Verwertung der Nutzer des Hauses, sofern er sein eigenes Abwasser verwertet, ein Interesse an der ordnungsgemäßen Aufbereitung und Wiederverwendung und damit an der Vermeidung von Missständen. Daher besteht weder ein besonderes Interesse daran, die Abwasserverwertung in die Hand öffentlich-rechtlicher Träger zu legen, noch ein besonderes Interesse, den öffentlichen und privaten Abwassererzeugern die Abwasserverwertung abzunehmen. Somit ist eine private Organisation der Abwasserverwertung einer öffentlichen hier sogar vorzuziehen. Die öffentliche Organisation ist hier umständlicher und aufgrund der Interessenlage bei der Selbstverwertung von Abwasser nicht erforderlich. Sie würde auch zu

---

1295 Für die nur semi-dezentral oder semi-zentral durchzuführende Braun-, Schwarz- und Gelbwasserverwertung dürfte ein öffentlicher Betrieb hingegen erforderlich sein.

4. Kapitel: Reformperspektiven für eine nachhaltige Abwasserentsorgung

weit in den privaten Lebensbereich der potenziellen Nutzer hineinreichen. Im Rahmen einer privaten Organisation ist davon auszugehen, dass die jeweiligen Privaten den ordnungsgemäßen Betrieb der Brauchwasseranlagen selbst sicherstellen und nicht durch die Wasserbehörden überwacht werden müssen, da sie selber Verbraucher des bereitgestellten Brauchwassers sind.

2. Kurz- bis mittelfristige Reformperspektiven

Kurz- bis mittelfristig sind die bestehenden Regelungen zur weitgehend privaten Abwasserverwertung von häuslichem Abwasser in Ausnahme von der öffentlichen Einrichtung der Abwasserbeseitigung und Wasserversorgung grundsätzlich ausreichend. Ein Handlungsbedarf des Gesetzgebers besteht lediglich darin, die private Grau- und Niederschlagswasserverwertung zu verstärken.

a. Rechtliche Weiterentwicklung des Abwasserbegriffs

Der Begriff des Abwassers gewährleistet eine sinnvolle Zuordnung der verschiedenen das Abwasser ausmachenden Stoffströme zu den Entsorgungsregimen im Bereich, zumindest bei häuslichem Abwasser. Zudem kann durch Auslegung des Abwasserbegriffs in Anlehnung an das subsidiär eingreifende Kreislaufwirtschaftsgesetz im Hinblick auf die Verwertung von Abwasser ein sinnvoller Zeitpunkt für den Eingriff des Abwasserbeseitigungs- und -verwertungsregimes bestimmt werden. Handlungsbedarf des Gesetzgebers ist demnach nicht zu erkennen.

Durch den geltenden Stoffbegriff des Abwassers werden das Abwasserregime und das Kreislaufwirtschaftsgesetz sinnvoll gegeneinander abgegrenzt, wie sich dies im Fall von Fäzes und Urin zeigt. Die funktionale Zuordnung der Stoffe ist prinzipiell durch die Auslegung des Begriffs gewährleistet. Zudem bestehen in §§ 55 Abs. 2 WHG und 2 Nr. 6 KrWG Öffnungsklauseln, mit denen im Einzelfall eine andere Stoffzuordnung erreicht werden kann.[1296]

1296 Siehe hierzu genauer unter 3. Kap. I. Abschn. Nr. 1, 2 und 3.

II. Abwasserverwertung und Recht der Abwasserbeseitigung

Auch lässt sich aus dem bestehenden Abwasserbegriff der Zeitpunkt der Entstehung von Abwasser ableiten und so insbesondere die sinnvolle Unterstellung unter das Abwasserregime und der Eingriff der privaten Überlassungspflichten und der öffentlichen Beseitigungs- oder Verwertungspflichten bestimmen.[1297] Die Differenzierung zwischen dem Zeitpunkt der Entstehung von Abwasser und vorgelagerten Abwasser(wieder)verwendungshandlungen ist für die landeswasserrechtlichen Übertragungstatbestände und die Vorschriften zur präventiven sowie zur repressiven Kontrolle maßgeblich. Die erforderliche Abgrenzung insbesondere im Bereich der Wiederverwendung und Verwertung von Abwasser lässt sich im Wege der Auslegung in Anlehnung an den Begriff des Gebrauchs und der Entledigung des Kreislaufwirtschaftsgesetzes gewinnen.

b. Organisation von Abwasserverwertungsanlagen

Die private dezentrale und semi-dezentrale Abwasserverwertung ist im Recht der Abwasserbeseitigung auf Landesebene als Ausnahme von der öffentlichen Abwasserbeseitigung vorgesehen.[1298] Handlungsbedarf des Gesetzgebers besteht insofern, als dass durch geeignete Regelungen zweierlei sicherzustellen ist: Zum einen ist sicherzustellen, dass Abwassererzeuger Abwasserverwertungsanlagen privat organisieren (können). Zum anderen ist dabei aber gleichzeitig zu gewährleisten, dass die beseitigungspflichtige Kommune den Umfang der Abwasserverwertung gebiets-, boden- und anlagenkoordiniert steuern kann. Hierzu erscheint nicht die verstärkte Normierung der Abwasserverwertung in Übertragungstatbeständen, sondern die in einigen Wassergesetzen der Bundesländer vorgesehene einseitige Anordnung der Implementierung von Abwasserverwertungs- und -wiederverwendungsanlagen besonders geeignet.

(1) Private Organisation durch Übertragungstatbestände

Für die Verlagerung der Abwasserverwertung in den privaten Bereich durch Übertragungstatbestände ist maßgeblich zwischen Schmutz-, also

---

1297 Siehe hierzu genauer unter 3. Kap. I. Abschn. Nr. 1 b. (3).
1298 Siehe hierzu genauer unter 3. Kap. II. Abschn. Nr. 5 e.

4. Kapitel: Reformperspektiven für eine nachhaltige Abwasserentsorgung

insbesondere Grauwasser einerseits und Niederschlagswasser andererseits zu unterscheiden.

Die Verwertung von Schmutz- und insbesondere Grauwasser ist berechtigterweise nicht als Übertragungstatbestand von der allgemeinen Abwasserbeseitigungspflicht der öffentlichen Träger vorgesehen. Bei der Verwertung von Grauwasser fällt, anders als bei der Wiederverwendung von gering belastetem Grauwasser Abwasser an. Die Verwertung von Grauwasser im privaten Bereich ist aufgrund ihres Gefährdungspotenzials grundsätzlich abzulehnen. Denn bei einem Entfall der Überlassungspflicht und Verortung der Verwertungspflicht bei privaten Trägern drohen Abwassermissstände.

Die Übertragung der Verwertung von gering belastetem Niederschlagswasser auf öffentliche und private Abwassererzeuger ist hingegen grundsätzlich sinnvoll und in zahlreichen Bundesländern auch vorgesehen. Aufgrund des regelmäßig geringen Gefährdungspotenzials der Verwertung von Niederschlagswasser und dem Eigeninteresse des verwertenden Abwassererzeugers an der Verwertung ist eine materielle Privatisierung im Wege der Übertragungstatbestände sinnvoll. In den Bundesländern, in denen die Niederschlagswasserbeseitigungspflicht per Gesetz übertragen wird, besteht regelmäßig auch ein Übertragungstatbestand für die Niederschlagswasserverwertung. In den anderen Bundesländern ist dies nicht der Fall. Dieser Missstand ist jedoch nicht über einen Übertragungstatbestand zu lösen, sondern im Rahmen der Aufgabendurchführung der beseitigungspflichtigen Gemeinde durch Satzungsregelungen.

(2) Anordnung der Grau- und Niederschlagswasserverwertung per Satzung

Nicht ohne Weiteres als Übertragungstatbestand zu betrachten sind die in einigen Bundesländern vorfindlichen Ermächtigungen, die den Gemeinden erlauben, die Implementierung von Anlagen der Grau- und Niederschlagswasserverwertung *anzuordnen*. Dies ist sowohl in der Abwasserbeseitigungssatzung als auch im Bebauungsplan als örtliche Bauvorschrift möglich.[1299] Anders als bei der Einfügung eines Übertragungstatbestands korrespondiert mit der Anordnung in Satzung oder Bebauungsplan grundsätz-

---

1299 Siehe hierzu genauer unter 3. Kap. II. Abschn. Nr. 5 e (3).

II. Abwasserverwertung und Recht der Abwasserbeseitigung

lich kein Recht des Bürgers auf die private Verwertung oder Beseitigung. Die Bürger werden einseitig zur privaten Grau- und Niederschlagswasserverwertung verpflichtet. Der Erlass als Satzung unterliegt freilich dem demokratischen Prozess in der Gemeinde. Dem Einzelnen wird zugunsten der Allgemeinheit ein Mindestmaß an wassereinsparenden Maßnahmen aufgegeben. Dies ist nach dem Rechtsrahmen der nachhaltigen Abwasserbeseitigung gerechtfertigt. Die Regelung ist zum einen sinnvoll, um zur Grundwasserschonung, insbesondere in einem Mangelgebiet oder aus sonstigen Gründen, die Grau- und Niederschlagswasserverwertung einseitig zum Wohle aller zu verfügen und diese damit sicherzustellen. Zum anderen sichert die zwangsweise Anordnung, dass die Gemeinde den Umfang der Verwertung präziser steuern kann als bei der Normierung von Übertragungstatbeständen. Dies ist für die mit der Grundwasserschonung abzuwägende Auslastung des bestehenden Abwasserbeseitigungs- und Wasserversorgungssystems und dessen Weiterentwicklung von erheblicher Bedeutung.[1300]

c. Aufgabendurchführung und dezentrale Abwasserverwertung

Im Rahmen der Aufgabendurchführung erfasst das öffentliche Pflichtenprogramm des Wasserhaushaltsgesetzes zurzeit die Beseitigung von Abwasser. Die Abwasserverwertung ist hingegen im privaten Bereich als Ausnahme von der öffentlichen Beseitigung vorgesehen. Handlungsbedarf des Gesetzgebers besteht, sofern wie hier von einer zunächst dezentralen Abwasserverwertungsanlage in privater Trägerschaft ausgegangen wird, in geringem, aber bedeutsamem Umfang.

(1) Grundsätze der Abwasserbeseitigung und -verwertung

Mit einer Ausrichtung des Abwasserrechts an dem Rechtsrahmen der nachhaltigen Abwasserentsorgung zur Förderung der Nachhaltigkeit und Anpassung an den Klimawandel ist über eine Erweiterung der Grundsätze der Abwasserbeseitigung durch einen Grundsatz der Niederschlagswasserverwertung und einen Grundsatz der Abwasserwiederverwendung nachzu-

---

1300 Siehe hierzu genauer unter 1. Kap. V. Abschn. Nr. 3 c.

denken. Hiermit könnte die private dezentrale Abwasserverwertung gefördert werden, ohne das Pflichtenprogramm grundlegend zu ändern. Die Grundsätze der Abwasserbeseitigung konkretisieren, wie überhaupt die Vorschriften über die Abwasserbeseitigung, das Wohl der Allgemeinheit gem. § 55 Abs. 1 WHG. Ähnlich der Abfallhierarchie des § 6 KrWG käme eine Entsorgungshierarchie für Abwasser in Betracht. Derartige Rangvorgaben bestehen bereits in der Sollregelung der ortsnahen Niederschlagswasserbeseitigung gem. § 55 Abs. 2 WHG und der Klarstellung zur dezentralen Abwasserbeseitigung.

Im Bereich des Abwasserrechts käme ein grundsätzlicher bereichsbegrenzter Vorrang der Wiederverwendung vor der Verwertung vor der Beseitigung von häuslichem Grau- und Niederschlagswasser in Betracht. Von den bestehenden Stoffströmen im Bereich des Abwasserrechts ist die Weiterverwendung und Verwertung von Grau- und Niederschlagswasser die aussichtsreichste. Die Verwertung von Fäzes und Urin ist hingegen dem Rechtsbereich des KrWG überantwortet. Genauso wie die Abfallhierarchie wäre die Abwasserhierarchie nicht als zwingendes Recht ausgestaltet, sondern in Grundsätzen.

Anhand der Rangvorgaben sollte gewährleistet werden, dass im Sinne einer Wassereffizienz häusliches Grau- und Niederschlagswasser vorrangig im Rahmen von geschlossenen Teilkreisläufen unmittelbare Weiterverwendung findet, wie z.B. die unmittelbare Umleitung von Grauwasser aus der Dusche zur Toilettenspülung oder die unmittelbare Verwendung von Niederschlagswasser zur Toilettenspülung. Die Führung in geschlossenen Kreisläufen stellt rechtlich eine Abwasserwiederverwendung dar, wie sie in der Industrie gang und gäbe ist. Auch im häuslichen Bereich, wie bei der Benutzung von Grau- und Niederschlagswasser zur Toilettenspülung, ist sie prinzipiell sinnvoll.[1301] An zweiter Stelle sollte die Verwertung in Form des Recyclings von häuslichem Grau- und Niederschlagswasser durch Aufbereitung und Neuverwendung folgen. Hierunter fiele die Aufbereitung von Grau- und Niederschlagswasser und Verwendung für weitere Zwecke, wie z.B. die Aufbereitung von gering belastetem Grau- und Niederschlagswasser zum Maschinenwaschen, zur Toilettenspülung oder zur Gartenbewässerung.

Diese Rangvorgaben könnten den bereits normierten Grundsätzen des § 55 Abs. 2 WHG als weiterere Grundsätze zur Seite gestellt werden. Dies

---

1301 Siehe hierzu genauer unter 3. Kap. I. Abschn. Nr. 1 b. (3).

II. Abwasserverwertung und Recht der Abwasserbeseitigung

würde letztlich den Trägern der öffentlichen Einrichtungen einen erheblichen Rechtfertigungsgrund für ihre Abwasserbeseitigungskonzepte zur Seite stellen, um zahlreiche Elemente dezentraler Abwasserrecyclinganlagen zu implementieren. Eine solche Regelung würde auch nicht mit der Versorgungspflicht der Träger zur Wasserversorgung konfligieren. Denn während zur Trinkwasserversorgung eine Versorgungspflicht besteht, besteht zur Bereitstellung von Brauchwasser keine Pflicht.

(2) Gestaltung des Anschluss- und Benutzungszwangs

Der in den allgemeinen Organisationsgesetzen der Bundesländer geregelte Anschluss- und Benutzungszwang ermächtigt die öffentlichen Träger der Beseitigungspflicht, die Benutzung der öffentlichen Einrichtung der Abwasserbeseitigung durch die Einwohner grundstücksbezogen zu erzwingen und einen Anschluss an und die Benutzung anderer Einrichtungen als der öffentlich-rechtlichen zu untersagen. Ein Handlungsbedarf des Gesetzgebers zur Änderung der Anordnungsfähigkeit von neuen öffentlichen Einrichtungen oder zur Normierung von Ausnahmen vom Anschluss- und Benutzungszwang besteht allenfalls zur Klarstellung.

Die öffentliche Erzwingung von Anschluss und Benutzung greift nicht gegenüber Wiederverwendungsanlagen für Grau- und Niederschlagswasser. In diesen Anlagen fällt kein Abwasser an, bevor die Wiederverwendung abgeschlossen ist. Die Regelungen des Anschluss- und Benutzungszwangs stehen daher diesen Anlagen nicht entgegen, sodass eine Öffnungs- oder Ausnahmeklausel nicht erforderlich ist.[1302]

Die Regelung einer Ausnahme vom Anschluss- und Benutzungszwang für privat organisierte Schmutz-, insbesondere Grauwasserverwertungsanlagen, ist in den Bundesländern ebenfalls grundsätzlich nicht erforderlich. In einem großen Teil der Bundesländer sind die privat organisierten Schmutz- und Grauwasserverwertungsanlagen ohnehin in den Übertragungstatbeständen nicht vorgesehen. Dies bedeutet, dass den jeweiligen Gemeinden auch kein Ermessen zur Ausnahmeerteilung für die Verwertung des Schmutz- oder Grauwassers zukommt. Sie sind in diesen Bundesländern hierzu grundsätzlich nicht berechtigt. In einigen Bundesländern besteht jedoch nach den Wassergesetzen oder Bauordnungen die

---

1302 Siehe hierzu genauer unter 3. Kap. I. Abschn. Nr. 1 b (3) iv.

Möglichkeit, die Wiederverwendung und Verwertung von Grau- und Niederschlagswasser im Gemeindegebiet einseitig zu verfügen. Es ist nicht zu erwarten, dass die Kommune auf der einen Seite die Grauwasserverwertung anordnet und auf der anderen Seite keine Befreiung vom Anschluss- und Benutzungszwang erteilt. Denn dies wäre widersprüchlich.[1303]

Die Regelung einer Ausnahme vom Anschluss- und Benutzungszwang für Niederschlagswasserverwertungsanlagen zum einen von der Abwasserbeseitigung und zum anderen von der Wasserversorgung ist nicht prinzipiell erforderlich, sofern mit der Regelung eines Grundsatzes der Vorrang der Niederschlagswasserverwertung vor der -beseitigung gesichert wird.[1304] Denn in einer solchen Regelungskonstellation ist die Kommune grundsätzlich je nach Ausgestaltung der Grundsätze zur Förderung der Niederschlagswasserverwertung verpflichtet. Darüber hinaus könnte im Wassergesetz des jeweiligen Bundeslandes der Vorrang mithilfe eines Grundsatzes der Niederschlagswasserverwertung gesichert werden.

d. Finanzierung dezentraler Abwasserverwertungsanlagen

Zur Finanzierung einer privaten Einrichtung organisierter dezentraler Abwasserrecyclinganlagen sind die Träger verpflichtet. Denn eine solidarische Finanzierung der für die Abwasserverwertungsanlagen notwendigen Investitionen durch Beiträge ist nicht möglich. Allerdings sollten zumindest über die Gebührenerhebung finanzielle Anreize für private und öffentliche Träger geschaffen werden, bei der Implementierung von dezentralen Anlagen mitzuwirken.

Diejenigen Einwohner, die entweder satzungsmäßig zur Errichtung von dezentralen Abwasserrecyclinganlagen gezwungen werden oder die sich eigenverantwortlich zu der Errichtung entscheiden, sollten für ihre Abwasser- und Wassereinsparung Gebührenvorteile erhalten. So könnten die Belastungen, die mit den Kosten der Errichtung und des Betriebs sowie den Einschränkungen der Bedienbarkeit einhergehen, gemindert werden. Auf Grundlage der bestehenden Regelungen hat die Rechtsprechung, orientiert am Grundsatz der Typengerechtigkeit, nicht pauschal die Berücksichtigung des Minderverbrauchs bei Wasserver- und Abwasserentsorgungsge-

---

1303 Siehe hierzu auch unter 3. Kap. III. Abschn. Nr. 3 e (2).
1304 Wie vorstehend unter 5. Kap. II. Abschn. Nr. 2 c. (1) vorgeschlagen.

II. Abwasserverwertung und Recht der Abwasserbeseitigung

bühren angenommen. Dies ist als sonderbar zu bezeichnen, da die Toilettenspülung ca. 30 % des verbrauchten Wassers eines Haushalts ausmacht. Auch in diesem Bereich muss der Grundsatz der Typengerechtigkeit zur Anwendung kommen.[1305] Für den Gesetzgeber besteht insofern potenziell Handlungsbedarf, als dass die Berücksichtigung der Abwasserverwertung bei der Gebührenbemessung für die beseitigungspflichtigen Kommunen gesetzlich angeordnet werden könnte. Daher ist die Einfügung einer um die Abwasserverwertung ergänzten Regelung, wie sie § 53c S. 3 WG NW vorsieht, grundsätzlich sinnvoll. Eine um das Grauwasserrecycling ergänzte Regelung könnte exemplarisch lauten:

„Ein schonender und sparsamer Umgang mit Wasser sowie die Nutzung von Grau- und Regenwasser sollen in die Gestaltung der Benutzungsgebühren einfließen."

e. Planung

Die Instrumente der Raumordnung, des Flächennutzungsplans und Bebauungsplans reichen für die erforderliche regionale und lokale Steuerung dezentraler Abwasserverwertungsanlagen aus. Es besteht kurz- bis mittelfristig kein gesetzgeberischer Handlungsbedarf. Die Instrumente der Raumordnung und Bauleitplanung ermöglichen im Zusammenspiel mit den Fachplänen, wie dem Abwasserbeseitigungskonzept und dem Abwasserbeseitigungsplan sowie den Bewirtschaftungsplänen, eine Steuerung sowohl der Flächen- als auch der Wasserkörperinanspruchnahme durch Abwasserverwertungsanlagen und Anlagenstandorte. Für die überregionale Flächensteuerung in der Raumordnung besteht für privat organisierte Anlagen zur Wiederverwendung von Grau- und Niederschlagswasser sowie einer Verwertung von Grau- und Niederschlagswasser nur geringer Bedarf. Soweit z.B. zur Vermeidung von Klimawandelfolgen Niederschlagswasser überregional flächenhaft versickert werden soll, können Vorbehalts-, Vorrang- und Eignungsflächen auch auf Ebene der Raumordnung ausgewiesen werden. So können bestimmte Abwasserbeseitigungs- und -verwertungsarten gesteuert werden. Auf regionaler und lokaler Ebene bestehen die wichtigsten Instrumente für eine gebiets- und bodenkoordinierte Steuerung der Flächen und Standorte für Anlagen zur dezentralen Ab-

---

1305 Siehe hierzu genauer 3. Kap. IV. Abschn. Nr. 3 d. (2) iii.

wasserverwertung. Zur regional koordinierten Planung und Konzeptionierung dezentraler Abwasserrecyclinganlagen können durch den Flächennutzungsplan sowohl einzelne Anlagen als auch geeignete Flächen für dezentrale Abwasserverwertungsanlagen festgesetzt werden. Im überplanten Bereich können auch auf Ebene des Bebauungsplans sowohl die Anlagenstandorte als auch die Flächen für dezentrale Abwasserverwertungsanlagen gesteuert werden.[1306]

f. Präventive Kontrolle und repressive Überwachung

Sowohl das präventive als auch repressive Überwachungsbedürfnis von dezentralen Abwasserverwendungs- und -verwertungsanlagen in privater Trägerschaft ist gering, da nach der Interessenlage die Abwassererzeuger ein Eigeninteresse an der ordnungsgemäßen Abwasseraufbereitung und -verwertung haben. Es ist nur geringer Handlungsbedarf des Gesetzgebers zu konstatieren.

(1) Abwasserverwendungsanlagen

Die dezentralen Abwasserverwendungsanlagen unterliegen rechtlich keiner präventiven Kontrolle außer dem Anzeigeerfordernis an den Träger der Wasserversorgung, da es sich um keine Anlagen handelt, in denen Abwasser anfällt.[1307] Sie unterliegen auch keiner besonderen Selbstüberwachungsverpflichtung, sondern lediglich der staatlichen Überwachung und der Überwachung durch den Träger der Wasserversorgung. Ein Handlungsbedarf des Bundes- oder Landesgesetzgebers, etwa durch Zulassungstatbestände oder Selbstüberwachungsverpflichtungen die Abwasserverwertung zu kontrollieren, besteht nicht. Denn das präventive Kontroll- und repressive Überwachungsbedürfnis ist für dezentrale Abwasserverwendungsanlagen auch in privater Trägerschaft als gering anzusehen, da die Führung in einem geschlossenen Voll- oder Teilkreislauf mit einer anschließenden Weiterleitung an eine Abwasserbeseitigungsanlage, wenn überhaupt, nur das Potenzial hat, geringe Mengen Abwasser frei zu setzen. Die Verwertung des Abwassers vollzieht sich weitgehend ohne äußere

---

1306 Vgl. hierzu genauer unter 3. Kap. V. Abschn. Nr. 3 d. (3).
1307 Siehe hierzu genauer unter 3. Kap. I. Abschn. Nr. 1 b. (3) iv.

II. Abwasserverwertung und Recht der Abwasserbeseitigung

Einwirkungsmöglichkeiten, sodass eine Freisetzung, an der der Betreiber ohnehin kein Interesse hat, unwahrscheinlich ist.

(2) Abwasserverwertungsanlagen

Auch Abwasserverwertungsanlagen unterliegen im Wesentlichen keiner präventiven Kontrolle, außer dem Anzeigeerfordernis an die Träger der Wasserversorgung und der allgemeinen behördlichen Überwachung durch Gesundheitsamt und ggf. Gewässeraufsicht. Zwar wird in Abwasserverwertungsanlagen nur gering belastetes Abwasser verwertet und der Abwassererzeuger hat grundsätzlich ein Eigeninteresse an der ordnungsgemäßen Aufbereitung. Dennoch droht bei der Aufbereitung von Grau- und Niederschlagswasser und der anschließenden Verwendung bei unsachgemäßer Durchführung der Verwertung die Schadstoffanreicherung und die Freisetzung von Abwasser. Daher ist eine gewisse Überwachung der Anlagen erforderlich, denn sie unterliegen grundsätzlich keinem wasserrechtlichen Anlagengenehmigungserfordernis. Da es sich um eine Abwasseranlage im weiteren Sinne handelt, sollten Abwasserverwertungsanlagen gerade in privater Trägerschaft einer Selbstüberwachung unterliegen. Sie sollte dem Stand der Technik entsprechen. Es ist also zu empfehlen, dass die Abwasserverwertungsanlagen für kommunales Abwasser genauso wie die dezentralen Abwasserbeseitigungsanlagen in die Selbstüberwachungsverordnungen der Bundesländer und später in die zu erlassende einheitliche Selbstüberwachungsverordnung des Bundes aufzunehmen ist.

5. Kapitel: Zusammenfassung in Thesen

I. Grundlagen der kommunalen Abwasserbeseitigung

1. Die Beseitigung von häuslichem Abwasser in Deutschland hat sich zu einer weitgehend zentralen Abwasserbeseitigung entwickelt. In Systemen der zentralen Abwasserbeseitigung wird anfallendes kommunales Schmutz- und regelmäßig auch Niederschlagswasser abtransportiert, einer Kläranlage zugeführt, behandelt und anschließend in ein Gewässer abgeleitet. In schwer oder gar nicht erschließbaren Gebieten wird Schmutzwasser auch durch dezentrale Systeme der Abwasserbeseitigung, insbesondere in Kleinkläranlagen gereinigt und ortsnah in Gewässer eingeleitet. Das Niederschlagswasser wird separat gespeichert und genutzt oder versickert. Die Reinigungsleistung der dezentralen Anlagen entspricht weitgehend denen zentraler Anlagen.
2. Sowohl die gesammelten Einleitungen aus zentralen Systemen als auch die Einleitungen aus veralteten und schlecht gewarteten dezentralen Anlagen stellen eine erhebliche Belastung der Gewässer und Böden dar. In beiden Systemen fällt wasserreicher Klärschlamm an, in dem zahlreiche Nährstoffe, aber auch Schadstoffe zurückbleiben. Die Aufbereitung des Schlamms zur Verwertung der im Schlamm befindlichen Nährstoffe ist aufgrund der Verbindung mit den Schadstoffen aufwendig.
3. Die Investitions- und Betriebskosten eines zentralen Abwassersystems bestehen aus den Kosten für das Leitungsnetz und die Behandlungsanlage. Die Kosten des Leitungsnetzes stehen zu den Kosten der Kläranlagen regelmäßig im Verhältnis von ca. 75 zu 25 %. Die Abschreibungsdauer der Leitungsnetze beträgt bis zu 80, die der Kläranlagen bis zu 40 Jahre. Die Kosten dezentraler Systeme setzen sich aus den Investitionskosten für die Kleinkläranlagen und den Kosten für die Wartungen zusammen. Die Abschreibungsdauer beträgt 25 Jahre. Zentrale Systeme weisen in dicht besiedelten Gebieten durch hohe Anschlussgrade und relativ kurze Rohrleitungslängen eine hohe Wirtschaftlichkeit auf. In dispers besiedelten ländlichen und verstädterten Räumen steigt die Leitungslänge jedoch mit größeren regionalen und

lokalen Distanzen zwischen den Siedlungen und Siedlungsteilen stark an. In diesem Fall kehren sich die Skaleneffekte ins Negative um.

4. Das meritorische Gut der Abwasserbeseitigung wird öffentlich bereitgestellt, um sicherzustellen, dass neben den unmittelbaren individuellen Bedürfnissen der Menschen nach Hygiene und (schneller) fachgerechter Entsorgung auch das Gemeininteresse nach umweltgerechter Entsorgung befriedigt wird. Durch die sog. Tarifeinheit im Raum wird solidarisch das flächendeckende Angebot der Abwasserbeseitigung auch in schwer erschließbaren Räumen mit unwirtschaftlichen Leitungsnetzteilen aufrechterhalten. Die Abwasserbeseitigung zeitigt negative externe Effekte gegenüber der Allgemeinheit und unbeteiligten Dritten, insbesondere in Form der Nutzung der Umwelt.

5. Die Folgen des Klimawandels wirken sich auf den Anfall des Abwassers und die Beschaffenheit der Gewässer und damit auf den Betrieb zentraler Abwasserbeseitigungssysteme aus. Die zu erwartenden Temperaturanstiege und die Zunahme extremer Wetterereignisse (Starkregen, Trockenzeiten) führen in Deutschland zu Änderungen in der Quantität und Qualität des Wassers in den Oberflächengewässern und Grundwasservorkommen, die insbesondere die Abwasseraufnahmekapazität verringern. Mit dem im Sommer zu erwartenden Rückgang der Niederschlagshöhe und den höheren Temperaturen drohen Unterauslastungen zentraler Systeme. Im Winter drohen durch zunehmende Starkniederschläge in den zentralen Systemen hydraulische Überlastungen.

6. Der erratische, aber hauptsächlich auf ländliche Räume und den Osten konzentrierte Rückgang der Bevölkerungszahlen sowie die Veränderung der Bevölkerungsstruktur haben generell die Abnahme des Wasserverbrauchs von Haushalten und Gewerbe zur Folge. Den zentralen Abwasserbeseitigungssystemen drohen daher Unterauslastungsprobleme.

7. Die Auswirkungen des demografischen Wandels und des Klimawandels führen in zentralen Systemen zu höheren Betriebs- und Kapitalkosten und damit zu höheren spezifischen Kosten der Abwasserbeseitigung. Durch die Unterlasten erhöhen sich die erforderlichen Betriebskosten. Durch den demografischen Wandel nehmen gleichzeitig die Nutzer, auf die die Kosten umzulegen sind, ab. Zentrale Systeme in dispers besiedelten Räumen haben nur eingeschränkt die Möglichkeit, sich technisch gleichzeitig auf die durch den Klimawandel erfor-

5. Kapitel: Zusammenfassung in Thesen

derlichen Spitzenlasten und den mit dem demografischen Wandel einhergehenden abnehmenden Trockenwetterabfluss einzustellen (sog. Fixkostenfalle).

8. Zur Anpassung an den Klimawandel und den demografischen Wandel werden in der Fachwissenschaft Anpassungsmaßnahmen an die Klimaveränderungen, die den Grundsätzen nachhaltiger Entwicklung genügen, vorgeschlagen.

9. Die flächendeckende Ausweitung dezentraler Niederschlagswasserbeseitigung kann einen großen Beitrag zu einer die Nachhaltigkeit fördernden Infrastruktur und Anpassung an die Klimawandelfolgen leisten. Die Ausweitung dezentraler Niederschlagswasserbeseitigungslösungen stellt eine flexible, naturnahe Anpassung an die mit dem Klimawandel zu erwartenden Starkregenereignisse sowie die mit den längeren Trockenperioden einhergehende verringerte Grundwasserbildung und Bodenerosion dar.

10. Die dezentrale Schmutzwasserbeseitigung kann durch Flexibilisierung des Bewirtschaftungsmanagements und der Infrastruktur zur nachhaltigen Anpassung an den Klimawandel und den demografischen Wandel beitragen. Die mit der Implementierung dezentraler und semi-dezentraler Schmutzwasserbeseitigungsanlagen einhergehende Flexibilisierung des Bewirtschaftungsmanagements und der Infrastruktur vereinfacht die Anpassung an die nicht genau vorhersehbaren Folgen des Klimawandels und demografischen Wandels.

11. Auch die Verwendung von Grau- und Niederschlagswasser wird als Maßnahme zur zukünftigen Anpassung an Trocken- und Dürreperioden und zur Ressourcenschonung als zielführend angesehen. Eine Verwertung von Grau- und Niederschlagswasser trägt zur effizienten Wassernutzung bei und kann so zur Anpassung an die Folgen des Klimawandels, insbesondere zur Schonung der Wasserressourcen in Trockenperioden beitragen.

12. Die Verwertung der Stoffströme aus den Sanitäranlagen im Haushalt (NASS) wird in der Fachwissenschaft als Maßnahme zur zukünftigen Anpassung an Trocken- und Dürreperioden und zur Ressourcenschonung als zielführend angesehen. Das Recycling von Gelb-, Braun- und Schwarzwasser und deren weitgehende Verwertung gewährleistet eine effiziente Wassernutzung und stellt damit insbesondere in ländlich besiedelten Räumen eine Maßnahme der Anpassung an die mit dem Kli-

5. Kapitel: Zusammenfassung in Thesen

mawandel zu erwartenden Trockenzeiten und dem damit drohenden Wassermangel und der Bodenerosion dar.

II. Rechtsrahmen nachhaltiger Abwasserentsorgung

13. Die Entsorgung von Abwasser wird von einem umfassenden Rechtsrahmen des Mehrebenensystems geregelt. Er setzt sich insbesondere aus den zwingenden und grundsätzlichen Vorgaben für die Abwasserentsorgung des Europa-, Verfassungs-, Bundes- und Landesrechts zusammen. Sie bilden ein vieldimensionales Anforderungsprofil, das die Implementierung einer an den Klimawandel angepassten und die Nachhaltigkeit fördernden Abwasserbeseitigung und Verwertung fordert.

III. Abwasserentsorgung unter dem Regime des Abwasserrechts

14. Das nationale Recht der Abwasserbeseitigung nach dem Wasserhaushaltsgesetz, den Landeswassergesetzen und den Organisationsgesetzen der Länder ermöglicht, den Trägern der Abwasserbeseitigung, öffentliche Abwasserbeseitigungs- und -verwertungslösungen zu implementieren, die die Nachhaltigkeit fördern und Anpassungen an den Klimawandel bewirken.

15. Das auf die Vorgänge der Beseitigung und Verwertung von häuslichem Abwasser anwendbare Rechtsregime richtet sich in erster Linie nach der Stoffqualifikation. Die Teilströme Schmutz- und Niederschlagswasser sind als Abwasser, die Teilströme Fäzes und Urin als Abfall einzustufen. In zweiter Linie bestimmt sich das anwendbare Rechtsregime nach den Zweckmäßigkeitserwägungen des Abwasserbeseitigungspflichtigen sowie der tatsächlichen Zuführung an Abwasseranlagen. Während des Entsorgungsprozesses kann die Stoffeigenschaft als Abfall oder Abwasser auch wechseln. Abwasser, das dem Abwasserbeseitigungsregime zu unterstellen ist, ist von „durch Gebrauch in seinen Eigenschaften verändertem Wasser" abzugrenzen, das noch weiter- oder wiederverwendet wird.

16. Der Bundesgesetzgeber hat die Aufgabe der Abwasserbeseitigung grundsätzlich den juristischen Personen des öffentlichen Rechts über-

5. Kapitel: Zusammenfassung in Thesen

tragen. Die Gesetzgeber der Bundesländer haben die Abwasserbeseitigung nach Landeswassergesetz grundsätzlich der kommunalen Selbstverwaltung überantwortet. Die Gemeinden haben die Aufgabe der Abwasserbeseitigung selbst vorzunehmen oder sie an Gemeindeverbände oder ausnahmsweise auch auf einzelne Abwassererzeuger zu übertragen.

17. Die Träger der Beseitigungspflicht sind berechtigt, dezentrale Anlagen genauso wie zentrale Anlagen in Eigenvornahme als „zentraler Betrieb dezentraler Anlagen" zu betreiben. Die Aufgabendurchführungshandlungen des Betriebs dezentraler Anlagen, wie z.B. die Wartung oder Instandhaltung, können im Wege der funktionalen Privatisierung auch Privatrechtssubjekten übertragen werden. Ebenso kann der Abwassererzeuger selbst „Dritter" im Sinne der Vorschriften über die funktionale Privatisierung sein.

18. Die Träger der Beseitigungspflicht sind berechtigt, die Abwasserbeseitigungspflicht auf öffentliche oder private Abwassererzeuger zu übertragen. Die Abwasserbeseitigungspflicht kann auf den Abwassererzeuger übertragen werden, wenn der Aufwand für die zentrale Erschließung unverhältnismäßig hoch oder die Erschließung technisch unmöglich ist. Darüber hinaus ist eine Übertragung auf den Abwassererzeuger möglich, wenn die Wasserbehörde eine Erlaubnis für die Einleitung des Abwassers erteilt hat. Die Beseitigungspflicht für Niederschlagswasser ist in einigen Bundesländern bei den Grundstückseigentümern, auf deren Grundstücken das Niederschlagswasser anfällt, verortet. In den anderen Bundesländern ist die Verwertung von Schmutzwasser als Übertragungstatbestand nicht vorgesehen, die Verwertung von Niederschlagswasser hingegen schon.

19. Die kommunale Abwasserbeseitigung ist an dem geltenden höherrangigen Recht und dem Wohl der Allgemeinheit auszurichten. Das Aufgabenprogramm der Abwasserbeseitigung umfasst die Teilaufgaben der Sammlung, Fortleiten, Behandeln, Einleiten, Versickern, Verregnen und Verrieseln von Abwasser sowie die Beseitigung des in Kleinkläranlagen anfallenden Schlamms. Nicht vom Aufgabenprogramm umfasst ist die Abwasserverwertung.

20. Die Träger der Beseitigungspflicht haben ein Abwasserbeseitigungskonzept zu erstellen. In diesem können sie grundsätzlich alle Arten von Anlagen zur Abwasserbeseitigung, ob zentral oder dezentral, zur Beseitigung von Schmutz- und Niederschlagswasser in der jeweils er-

forderlichen Dimensionierung veranschlagen. An die öffentliche Einrichtung der Abwasserbeseitigung kann der Anschluss und die Benutzung satzungsmäßig angeordnet werden. Die Übertragung der Verwertung von Schmutz- oder Grauwasser auf Abwassererzeuger ist in keinem Bundesland vorgesehen und kann daher nicht in das Abwasserbeseitigungskonzept aufgenommen werden. Die Übertragung der Verwertung von Niederschlagswasser auf die Abwassererzeuger ist in zahlreichen Bundesländern hingegen vorgesehen und kann daher Eingang in das Abwasserbeseitigungskonzept finden. Die öffentlichen Träger der Beseitigungspflicht können in einigen Bundesländern die Verwertung von Grau- als auch Niederschlagswasser flächenbezogen in der Abwasserbeseitigungssatzung oder als örtliche Bauvorschrift im Bebauungsplan anordnen. Die Bewertung der Zweckmäßigkeit der Abwasserbeseitigungslösungen im Abwasserbeseitigungskonzept bleibt den Trägern überlassen. Im Rahmen der Rechtsaufsicht werden die Konzepte und Satzungen auf die Einhaltung des höherrangigen Rechts überprüft.

21. Die Träger der Beseitigungspflicht haben bei ihrer Konzeptionierung die Regelungen der Kommunalabwasserverordnungen der Bundesländer zu beachten, die die EG-Richtlinie Kommunales Abwasser umsetzen. Gemeindliche Gebiete mit mehr als 2000 EW sind mit einer Kanalisation auszustatten. Der Eingriff der Ausstattungspflicht ist nicht rechtssicher definiert, da das Bezugsgebiet nicht eindeutig ist. Die Ausnahmetatbestände von der Ausstattungspflicht sind ebenfalls undefiniert.

22. In privater Trägerschaft betriebene dezentrale Abwasserbeseitigungs- und -verwertungsanlagen bedürfen einer Befreiung vom Anschluss- und Benutzungszwang der öffentlichen Einrichtung der Abwasserbeseitigung und der Wasserversorgung. Die öffentlichen Träger der Beseitigungspflicht beschränken die Befreiung regelmäßig auf Ausnahmefälle, da die unkoordinierte und einzelfallweise Befreiung vom Anschluss- und Benutzungszwang für die Schmutz- oder Grauwasserverwertung die solidarische Abwasserbeseitigung durch die öffentliche Einrichtung untergräbt. Es besteht grundsätzlich kein Recht des Grundstückseigentümers auf eine Befreiung für dezentrale Anlagen der Schmutz- und Niederschlagswasserbeseitigung und -verwertung.

23. Öffentliche Träger können die in der öffentlichen Einrichtung zusammengefassten Abwasserbeseitigungs- und -verwertungsanlagen durch

5. Kapitel: Zusammenfassung in Thesen

kommunale Abgaben finanzieren. Nur in den Bundesländern *Sachsen* und *Sachsen-Anhalt* liegen die Erhebungsvoraussetzungen nicht vor. Private Träger können die privaten Einrichtungen oder Anlagen nur privat finanzieren.

24. Taugliche Maßstäbe zur Beitragsbemessung für die Anlagen der Schmutzwasserbeseitigung sind der Vollgeschossmaßstab und der Geschossflächenmaßstab. Taugliche Maßstäbe für die Inanspruchnahme der Anlagen der Niederschlagswasserbeseitigung ist die bebaubare oder überbaute Grundstücksfläche. Eine differenzierte Beitragsbemessung ist bei erheblichen Vorteilsunterschieden der Nutzer erforderlich. Vorteilsunterschiede hinsichtlich der Aufgabenerfüllung liegen nicht vor, wenn sich die Anlagen der Abwasserbeseitigung der öffentlichen Einrichtung technisch unterscheiden, aber den Nutzern die gleiche Leistung bieten. Dies ist bei öffentlich betriebenen zentralen und dezentralen Abwasserbeseitigungsanlagen der Fall. Anlagen der öffentlichen Einrichtung, die einem Teil der Nutzer eine vollständige und einem anderen Teil nur eine teilweise Abwasserbeseitigung bereitstellen, begründen erhebliche Vorteilsunterschiede.

25. Die öffentlichen Träger sind berechtigt, für die Benutzung ihrer öffentlichen Einrichtung zur Finanzierung der laufenden Kosten Gebühren zu erheben. Um dem Grundsatz der Typengerechtigkeit zu genügen, ist in den Bundesländern eine Unterscheidung zwischen den Gebührenanteilen der Schmutzwasserbeseitigung einerseits und denen der Niederschlagswasserbeseitigung andererseits notwendig (gesplittete Abwassergebühr). Um Unterschiede in der tatsächlichen Inanspruchnahme der öffentlichen Einrichtung der Abwasserbeseitigung vorteilsgerecht zu bemessen, sind regelmäßig Gebührenabstufungen erforderlich. Insbesondere die Voll- oder Teilabnahme von Schmutzwasser, die Schlammabfuhr aus privat betriebenen nichtleitungsgebundenen Anlagen sowie die Abwasserabfuhr durch Fahrdienste stellen regelmäßig erhebliche Vorteilsunterschiede dar.

26. Zur Bemessung der tatsächlichen Inanspruchnahme der Beseitigung von Schmutzwasser wird das bezogene Frischwasser (Frischwassermaßstab) oder das bezogene Frischwasser abzüglich der nachweislich auf dem Grundstück verbrauchten oder zurückgehaltenen Wassermengen (modifizierter Frischwassermaßstab) berechnet. Unerheblich ist es, in welcher Anlage die Beseitigung erfolgt, da ein aufgabenbezogenes Verständnis des vermittelten Vorteils zugrunde zu legen ist.

5. Kapitel: Zusammenfassung in Thesen

27. Die Gebühren für nichtleitungsgebundene Schmutzwasserbeseitigung in privat betriebenen abflusslosen Gruben und Kleinkläranlagen sind nach der Menge des jeweiligen mit einem Räumfahrzeug abgeholten Abwassers oder Fäkalschlamms zu bemessen. Die Gebühren nichtleitungsgebundener Schmutzwasserbeseitigung in öffentlich organisierten Kleinkläranlagen sind nach dem Frischwassermaßstab zu bemessen. Gebührenmaßstab für die Niederschlagswasserbeseitigung ist die versiegelte Grundstücksfläche. Der Satzungsgeber ist verpflichtet, bei der Bemessung der Gebühren für die Niederschlagswasserbeseitigung den Grad der Versiegelung, wie z.B. bei Gründächern oder wasserdurchlässigen Einfahrten, zu berücksichtigen.

28. Bei der Verwertung von Schmutz-, Grau- oder Niederschlagswasser hat der Satzungsgeber unter Beachtung des Grundsatzes der Typengerechtigkeit den Minderverbrauch an Wasser und geringeren Schmutz- oder Niederschlagswasseranfall mithilfe eines Wasserzählers zu berücksichtigen, sofern der Umfang nennenswert ist.

29. Nach dem Abwasserabgabengesetz ist grundsätzlich derjenige abgabenpflichtig, der das Abwasser einleitet (Einleiter), also der jeweilige öffentliche oder private Träger der einleitenden Abwasserentsorgungsanlage. Vom Grunde her abgabenpflichtig sind nur erlaubnisbedürftige Einleitungen von Niederschlagswasser. In den Bundesländern sind die Einleitungen von Niederschlagswasser aus Misch- und Trennwasserkanalisationen abgabefrei gestellt, wenn diese den allgemeinen Regeln der Technik entsprechen und die Anforderungen des die Einleitung zulassenden Bescheides einhalten. Statt dem Einleiter von kleinen Mengen Schmutzwasser ist regelmäßig die Körperschaft des öffentlichen Rechts abgabepflichtig, in der die Einleitung stattfindet.

30. Nach dem Abwasserabgabengesetz besteht für die Abgabenpflichtigen die Möglichkeit, die geschuldete Abwasserabgabe mit dem für die Errichtung oder Erweiterung von Abwasserbehandlungsanlagen oder Kanalisationen entstehenden Aufwand zu verrechnen und so die Abgabenlast zu mildern. Verrechnet werden können Investitionen in jegliche Abwasserbehandlungsanlagen von zentralen oder dezentralen Systemen, die zur kumulativen Minderung der Schadstofffracht eines Abwasserstroms und der Gesamtschadstofffracht führen. Abwasserverwendungs- und verwertungsanlagen sind als Abwasserverhinderungsanlagen den verrechnungsfähigen Abwasserbehandlungsanlagen gleichgestellt. Eine Verrechnungsmöglichkeit besteht für die Errich-

5. Kapitel: Zusammenfassung in Thesen

tung und Erweiterung von Kanalisationen, die dezentrale Klein- oder Niederschlagswassereinleitungen auflösen und zu einer dem Stand der Technik entsprechenden Abwasserbehandlungsanlage geführt werden.

31. Standorte und Flächen für Abwasserentsorgungsanlagen können mithilfe der wasserrechtlichen Fachplanung, der allgemeinen Raumordnung und Bauleitplanung geplant werden. Die Planung der Abwasserbeseitigung und -verwertung durch die Gemeinden und andere öffentlichen Träger, durch Abwasserbeseitigungskonzepte und Bauleitplanung, hat die Vorgaben sowohl der Fachplanung als auch der Raumordnung zu beachten.

32. Im Rahmen der präventiven Kontrolle wird die Einhaltung der technischen wasser-, bau- und immissionsschutzrechtlichen Anforderungen durch den Erlaubnisvorbehalt gesichert. Abwasserwiederverwendungs- und -verwertungsanlagen unterliegen dem Anzeigebedürfnis an die Träger der Wasserversorgungspflicht und ggf. der Aufsicht durch die Gesundheitsbehörden.

33. Im Rahmen der repressiven Kontrolle werden die technischen wasser-, bau- und immissionsschutzrechtlichen Anforderungen durch die Gewässeraufsicht, die Bauaufsicht, die Selbstüberwachung und die Träger der Beseitigungspflicht sichergestellt. Die repressive Kontrolle von Abwasserwiederverwendungs- und -verwertungsanlagen unterliegt ebenfalls der Gewässer- und Bauaufsicht sowie der Aufsicht des Gesundheitsamts und der Träger der Wasserversorgungspflicht.

IV. Reformperspektiven einer nachhaltige Abwasserentsorgung

37. Das Abwasserrecht ist mit Ausnahme einiger weniger Landesregelungen zur Grau- und Niederschlagswasserverwertung weitgehend auf die Beseitigung von Abwasser ausgerichtet. Es stellt weitgehend ein Recht der öffentlichen zentralen und privaten dezentralen Beseitigung von Abwasser dar. Sowohl die geringe Ausrichtung an der Abwasserverwertung als auch die Dichotomie von öffentlicher zentraler und privater dezentraler Abwasserbeseitigung entspricht nicht dem Rechtsrahmen der nachhaltigen Abwasserentsorgung.

38. Um dem Rechtsrahmen zunehmend zu entsprechen, wird in der Fach- und Rechtswissenschaft insbesondere die Flexibilisierung der Siedlungswasserwirtschaft und die Förderung der Wassereffizienz hin zu

5. Kapitel: Zusammenfassung in Thesen

mehr Nachhaltigkeit und Anpassungswirkungen an den Klimawandel vorgeschlagen. Eine Flexibilisierung der Abwasserbeseitigung ist anzunehmen, sofern die Gemeinden oder andere zur Abwasserbeseitigung verpflichtete Träger zu den jeweiligen räumlichen, klimatischen, demografischen und finanziellen Gegebenheiten eine diese berücksichtigende Abwasseranlage, wie z.B. dezentrale Anlagen in dispers besiedelten Gebieten, implementieren können.

39. Die zur Flexibilisierung der Abwasserbeseitigung erforderlichen Regelungen zur Implementierung dezentraler Schmutzbeseitigungsanlagen in öffentlich-rechtlicher Trägerschaft sind weitgehend gegeben. Zu empfehlen ist jedoch, in den Bundesländern die Anforderungen der Richtlinie Kommunales Abwasser in Deutschland rechtssicher zu konkretisieren sowie in einigen Bundesländern die Regelungen zur Finanzierung der Anlagen anzupassen. Die dezentrale Niederschlagswasserbeseitigung kann auch weitgehend auf Abwassererzeuger übertragen werden.

40. Die Implementierung von Regelungen zu mehr Wassereffizienz zur Anpassung an den Klimawandel und zur Einsparung der Ressource Wasser sollte mittel- und langfristiges Ziel einer die (starke) Nachhaltigkeit fördernden Siedlungswasserwirtschaft sein. Kurz- bis mittelfristig ist die gesetzliche Förderung einer von dem Träger der Beseitigungspflicht gesteuerten privaten Nutzung von Grau- und Niederschlagswasser für untergeordnete Zwecke, wie z.B. Toilettenspülung, sinnvoll. So kann die Abwassermenge und die Menge des zu Trinkwasser aufbereiteten Grundwassers reduziert werden.

Literaturverzeichnis

Abegg, Christof (2005): Liberalisierung von Netzsektoren, Zürich.

Alexy, Robert (2011): Theorie der Grundrechte, Frankfurt am Main.

Arbeitsgemeinschaft der kommunalen Spitzenverbände in Niedersachsen, Niedersächsisches Ministerium für Umwelt, Energie und Klimaschutz: Muster einer Abwasserbeseitigungssatzung. AbwS, (2012).

Bähr, Jürgen (2010): Bevölkerungsgeographie, 5. Aufl. Stuttgart.

Barjenbruch, Matthias; Al Jiroudi, Dania (2005): Erfahrungen aus dem Vergleich von Kleinkläranlagen auf dem Demonstrationsfeld in Dorf Mecklenburg, in: *Gas- und Wasserfach (GWF)* 146 (5), S. 400–407.

Barjenbruch, Matthias; Cauchi, Anne; Exner, Eva; Müller, Roland (2010): Betriebsverhalten von Kleinkläranlagen. Unter besonderen Betriebsbedingungen: Vergleichende Studie auf dem Demonstrationsfeld des BDZ in Leipzig, in: *Wasserwirtschaft-Wassertechnik (WWt)*, (11, 12), S. 34–38.

Barjenbruch, Matthias; Dohse, Catrin (2004): Bewertung von Maßnahmen zur Verringerung von Geruchs- und Korrosionserscheinungen im Kanalnetz des ländlichen Raumes, LAWA Abschlussbericht, Rostock.

Battis, Ulrich; Krautzberger, Michael; Löhr, Rolf-Peter; Battis-Krautzberger-Löhr (2014): Baugesetzbuch. BauGB, 12. Aufl. München.

Bauer, Hartmut (1998): Verwaltungsrechtliche und verwaltungswissenschaftliche Aspekte der Gestaltung von Kooperationsverträgen bei Public Private Partnership, in: *Die öffentliche Verwaltung (DÖV)*, 51 (3), S. 89–97.

Bauriedl, Sybille; Görg, Christoph; Baasch, Stephanie (2013): Anpassung politischer Strukturen an die Herausforderungen des regionalen Klimawandels, in: Roßnagel, Regionale Klimaanpassung, Herausforderungen – Lösungen – Hemmnisse, S. 525–568, Kassel.

Bayrische Staatsregierung: Bayerische Klima-Anpassungsstrategie (BayKLAS).

Bayrisches Staatsministerium des Inneren (6.3.2012): Muster für eine gemeindliche Entwässerungssatzung, AllMBl 2012, S. 182 ff..

Beckmann, Klaus; Wickström, Bengt-Arne (2011): Öffentliche Finanzen, Fiskalwettbewerb, Nachhaltigkeit und soziale Wohlfahrt, Schriften des Vereins für Socialpolitik, 330, Berlin.

Bellefontaine, Klemens (2005): Wirtschaftsdaten der Abwasserentsorgung 2005. Ergebnisse einer gemeinsamen Umfrage der DWA und des BGW, in: *KA – Korrespondenz Abwasser Abfall* 54 (5), S. 493–497.

Berendes, Konrad (2010): Wasserhaushaltsgesetz. Kurzkommentar, Berlin.

Berendes, Konrad; Frenz, Walter; Müggenborg, Hans-Jürgen; Appel, Markus (2011): WHG - Wasserhaushaltsgesetz, Berlin.

Literaturverzeichnis

Bergmann, Marin; Fichtner, Nicole; Ilian, Jens (2006): WSB-Verfahren mit weitgehender Nitrifikation - Feldversuche mit WSB-Kleinkläranlagen nach Klasse N bestätigen stabile Ablaufwerte in der Praxis, in: *Wasserwirtschaft-Wassertechnik (WWt)* (6), S. 15–18.

Bickel, Christian (1987): Kommentar zum Hessischen Wassergesetz, Baden-Baden.

Bieker, Susanne (2009): Semizentrale Ver- und Entsorgungssysteme, Darmstadt.

Bieker, Susanne; Frommer Birte (2010): Potenziale flexibler integrierter semi-zentraler Infrastruktursysteme in der Siedlungswasserwirtschaft. Neue Handlungsräume für die Infrastrukturentwicklung in der BRD?, in: *Raumforschung und Raumordnung* Bd. 68 (4), S. 311–326.

Bielenberg, Walter; Runkel, Peter; Spannowsky, Willy; Erbguth, Wilfried (1979): Raumordnungs- und Landesplanungsrecht des Bundes und der Länder. Ergänzbarer Kommentar und systematische Sammlung der Rechts- und Verwaltungsvorschriften, Berlin.

Birk, Hans-Jörg; Spannowsky, Willy (2014): Baugesetzbuch, Kommentar, 2. Aufl. München.

Bischof, Wolfgang; Hosang, Wilhelm (1998): Abwassertechnik, 11. Aufl. Stuttgart.

Blum, Andreas (2010): Typologien der gebauten Umwelt. Modellierung und Analyse der Siedlungsentwicklung mit dem Strukturtypenansatz. Leibniz-Institut für Ökologische Raumentwicklung, Aachen.

Böckenförde, Ernst-Wolfgang; Isensee, Josef; Kirchhof, Paul (2005): Demokratie – Bundesorgane, Handbuch des Staatsrechts der Bundesrepublik Deutschland, Bd. 3, 3. Aufl. Heidelberg.

Bodanowitz, Jan (1993): Organisationsformen für die kommunale Abwasserbeseitigung, Köln.

Bode, Harro (2000): Design, operation and economics of large wastewater treatment plants. Selected proceedings of the 8th IAWQ International Conference on Design, Operation and Economics of Large Wastewater Treatment Plants, held in Budapest, Hungary, 6–9 September, 1999, Water science and technology, 41,9 , London.

Bode, Harro; Grünebaum, Thomas; Klopp, Ralf (2010): Anthropogene Spurenstoffe aus Kläranlagen. Teil 1: Herausforderungen für die Wasserwirtschaft in Zusammenarbeit mit anderen Disziplinen, in: *KA - Korrespondenz Abwasser Abfall* 57 (2), S. 138–144.

*Bode, Harro; Grünebaum, Thomas; Klopp, Ralf (*2010): Anthropogene Spurenstoffe aus Kläranlagen. Teil 2: Maßnahmen bei der Abwasserbehandlung – Möglichkeiten, Notwendigkeiten und Voraussetzungen, in: *KA - Korrespondenz Abwasser Abfall* 57 (3), S. 240–244.

Bohne, Jochen; Heinbuch, Holger (2006): Die Dienstleistungskonzession als Privatisierungsmodell in der kommunalen Abwasserbeseitigung, in: *Neue Zeitschrift für Verwaltungsrecht (NVwZ)* 25 (4), S. 489–497.

Boller, Reinhard (2004): Kostenvergleich – Zentral oder dezentral?, in: *Wasserwirtschaft-Wassertechnik (WWt)* (7-8), S. 23–26.

Boller, Reinhard (2006): Leistung und Wirtschaftlichkeit. Vergleich: Zentrale und dezentrale Anlagen, in: *Wasserwirtschaft-Wassertechnik (WWt)* (6), S. 25–28.

Borsdorf, Axel; Bender, Oliver (2010): Allgemeine Siedlungsgeographie, Wien.

Boustedt, Olaf (1975): Grundriß der empirischen Regionalforschung, Teil III: Siedlungsstrukturen, Hannover.

Bracker, Reimer; Dehn, Klaus-Dieter (2014): Gemeindeordnung Schleswig-Holstein, Kommentar, 11. Aufl. Wiesbaden.

Brauer, Heinz (1996): Handbuch des Umweltschutzes und der Umweltschutztechnik, Berlin.

Brehme, Julia (2010): Privatisierung und Regulierung der öffentlichen Wasserversorgung, Bayreuth.

Breuer, Rüdiger (2004): Öffentliches und privates Wasserrecht, 3. Aufl. München.

Briscoe, John (1995): Netzgebundene Infrastrukturen unter Veränderungsdruck – Sektoranalyse Wasser, in: *Das Gas- und Wasserfach (GWF)* 136 (8), S. 422–431.

Britz, Gabriele (2004): „Kommunale Gewährleistungsverantwortung" – Ein allgemeines Element des Regulierungsrechts in Europa?, in: *Die Verwaltung* 37, S. 145–163.

Brosius-Gersdorf, Frauke (2007): Demografischer Wandel und Daseinsvorsorge, in: *Verwaltungsarchiv (VerwArch)* 98 (3), S. 317–355.

Brümmerhoff, Dieter (2011): Finanzwissenschaft, 10. Aufl. München.

Brüning, Christoph (1997): Der Private bei der Erledigung kommunaler Aufgaben, insbesondere der Abwasserbeseitigung und der Wasserversorgung, Bochum.

Bucher, Hansjörg; Schlömer, Claus; Wilke, Nina (2009): Raumordnungsprognose 2025/2050. Bevölkerung, private Haushalte, Erwerbspersonen, Berichte des Bundesamt für Bauwesen und Raumordnung, 29 (BBR), Bonn.

Buchert, Matthias; Fritsche, Uwe; Jenseit, Wolfgang; Rausch, Lothar; Deilmann, Clemens; Schiller, Georg u.a. (2004): Nachhaltiges Bauen und Wohnen in Deutschland, Stoffflussbezogene Bausteine für ein nationales Konzept der nachhaltigen Entwicklung - Verknüpfung des Bereiches Bauen und Wohnen mit dem komplementären Bereich Öffentliche Infrastruktur, UBA Texte, 1/2004, Berlin.

Bundesamt für Bauwesen und Raumordnung (BBR) (2005): Raumordnungsbericht, Bonn.

Bundesamt für Bauwesen und Raumordnung (BBR) (2010): Raumordnungsbericht, Bonn.

Bundesumweltministerium (BMU): Aktionsplan Anpassung der Deutschen Anpassungsstrategie an den Klimawandel vom Bundeskabinett am 31. August 2011 beschlossen.

Burgi, Martin (1999): Funktionale Privatisierung und Verwaltungshilfe - Staatsaufgabendogmatik, Phänomenologie, Verfassungsrecht, Tübingen.

Burgi, Martin (2001): Kommunales Privatisierungsfolgenrecht: Vergabe, Regulierung und Finanzierung, in: *Neue Zeitschrift für Verwaltungsrecht (NVwZ)* 20 (5), S. 601–607.

Burgi, Martin (2008): Privatisierung öffentlicher Aufgaben – Gestaltungsmöglichkeiten, Grenzen, Regelungsbedarf, in: Ständige Deputation des DJT (Hg.): Verhandlungen des 67. DJT, Bd. 1 Gutachten, München.

Literaturverzeichnis

Burgi, Martin (2012): Kommunalrecht, 4. Aufl. München.

Busse, Jürgen; Simon, Alfons (2008): Bayerische Bauordnung, Bd. 1, München.

Busse, Jürgen; Simon, Alfons (2008): Bayerische Bauordnung, Bd. 2, München.

Calliess, Christian, Ruffert, Matthias (2007): EUV/EGV – Das Verfassungsrecht der Europäischen Union mit Europäischer Grundrechtecharta, 3. Aufl. München.

Cornel, Peter (2005): Anforderungen an die Abwassertechnik in anderen Ländern, Abwasserbehandlung und Wasserwiederverwendung, Bd. 1, Bochum.

Cosack, Tilman (2003): Kommunale Abwasserbeseitigung und Abgabenerhebung - Risikomanagement aus rechtlicher Sicht, Wasserrecht und Wasserwirtschaft, Bd. 39, Berlin.

Cvijanovic, Sasa (2008): Wasserwirtschaftssysteme, Bochum.

Denninger, Erhard; Hoffmann-Riem, Wolfgang; Schneider, Hand-Peter; Stein, Ekkehart (2001): Kommentar zum Grundgesetz für die Bundesrepublik Deutschland, 3. Aufl. Neuwied, zitiert: Denninger/Hoffmann-Riem/Schneider/Stein, GG.

Deutsche Vereinigung für Wasserwirtschaft, Abwasser und Abfall (2006): Kostenstrukturen in der Abwassertechnik, Merkblatt 803, Aufl. 2006 Hennef.

Deutsche Vereinigung für Wasserwirtschaft, Abwasser und Abfall (2008): Anthropogene Spurenstoffe im Wasserkreislauf - Arzneistoffe, Aufl. 2008 Hennef.

Deutsche Vereinigung für Wasserwirtschaft, Abwasser und Abfall (2008): Demografischer Wandel: Herausforderungen und Chancen für die Deutsche Wasserwirtschaft, DWA, Hennef.

Deutsche Vereinigung für Wasserwirtschaft, Abwasser und Abfall (2008): Neuartige Sanitärsysteme, DWA, Hennef.

Deutsches Institut für Bautechnik (DIBt) (2007): Zulassungsgrundsätze für allgemeine bauaufsichtliche Zulassungen für Kleinkläranlagen, Berlin.

Deutsches Institut für Normung (2009): Kläranlagen, 7. Aufl. (Stand der abgedr. Normen: August 2009), DIN-Taschenbuch, 13,3 , Berlin.

Dierkes, Mathias (1996): Materielle Privatisierung der Abwasserentsorgung nach sächsischem Wasserrecht, in: *Sächsische Verwaltungsblätter (SächsVbl.)* 4 (11), S. 269–292.

Dohmann, Matthias (1998): Geschichte der Abwasserentsorgung - Weitergehende Abwasserreinigung, in: *KA - Korrespondenz Abwasser Abfall* 45 (7), S. 1240–1251.

Dolzer, Rudolf; Vogel, Klaus (Hg.) (Stand: 1999, Erg.Lfg. 90): Bonner Kommentar zum Grundgesetz, Heidelberg.

Dorgeloh, Elmar.; Finke, Gerrit; Heise, Bodo; Hilmer, Ralf u.a. (2005): Qualitätskriterien für den Einsatz von Kleinkläranlagen, in: *KA - Korrespondenz Abwasser Abfall* (8), S. 170–179.

Doubek, Claudia; Zanetti, Gerhard (1999): Siedlungsstruktur und öffentliche Haushalte. Gutachten des Österreichischen Instituts für Raumplanung (ÖIR), Schriftenreihe Österreichische Raumordnungskonferenz (ÖROK), 143, Wien.

Dreier, Horst; Bauer, Hartmut (2013): Grundgesetz, Kommentar Bd. 1, Art. 1 – 19 GG, 3. Aufl., Tübingen, zitiert: Dreier, Bd. 1.

Dreier, Horst; Bauer, Hartmut (2006): Grundgesetz, Kommentar Bd. 2, Art. 20 – 82 GG, 2. Aufl., Tübingen, zitiert: Dreier, Bd. 2.

Driehaus, Hans-Joachim; Bauernfeind, Elisabeth (1989): Kommunalabgabenrecht, Kommentar Bd. 1 bis 3, Herne.

Driewer, Gerd (1999): Geschichte der Abwasserentsorgung. Rechtliche Aspekte der Abwasserentsorgung, in: *KA - Korrespondenz Abwasser Abfall* 46 (2), S. 170–182.

Durner, Wolfgang (2009): Die Durchsetzbarkeit des wasserwirtschaftlichen Maßnahmenprogramms, in: *Natur und Recht (NuR)* 31, S. 77–85.

Düwel, Martin (2007): Zur Notwendigkeit der Durchsetzung des Anschluss- und Benutzungszwangs für die Abwasserbeseitigung im Land Brandenburg bei der Erhebung von Benutzungsgebühren, in: *Landes- und Kommunalverwaltung, LKV* 2007, S. 109–115.

DWA (2008): Abwasserentsorgung im ländlichen Raum, Oktober 2008, Kassel.

DWA (2011): Bedarf für Forschung und Entwicklung im Bereich Neuartiger Sanitärsysteme (NASS). Arbeitsbericht der DWA-Arbeitsgruppe KA-1.8 "F+E-Bedarf" im Fachausschuss "Neuartige Sanitärsysteme", in: *KA - Korrespondenz Abwasser Abfall* 58 (7), S. 646–655.

DWA (2011): Branchenbild der deutschen Wasserwirtschaft 2011.

Edgar, Küstler (1993): Rechtsfragen bei der Nutzung von Niederschlagswasser als Brauchwasser, in: *Baden- Württembergische Verwaltungspraxis (BWVP)* 1993 (5), S. 104–107.

Ehlers, Ulrich (2011): Grundlagen der Volkswirtschaftslehre, Wirtschaftspolitik und Staatsökonomie - für Wirtschafts-, Sozial- und Verwaltungswissenschaftler, 2. Aufl. Aachen.

Einig, Klaus (2006): Analytische Grundlage der Leitbilder, in: *Informationen zur Raumentwicklung (IzR)* (11-12), S. 621–636, zuletzt geprüft am 16.10.2011.

Faßbender, Kurt (2001): Die Umsetzung von Umweltstandards der Europäischen Gemeinschaft, Bonn.

Faßbender, Kurt (2010): Die neuen wasserwirtschaftlichen Maßnahmenprogramme und Bewirtschaftungspläne - Bindungswirkung und Rechtsschutz, in: *Zeitschrift für Wasserrecht (ZfW)* 49 (4), S. 189–207.

Fehr, Günter (2007): Siedlungswasserwirtschaft im ländlichen Raum - Teil 1: Abwasserentsorgung, Weimar.

Fettig, Wolfgang; Späth, Lothar (Hg.) (1997): Privatisierung kommunaler Aufgaben, Baden-Baden.

Feustel, Martin (1995): Das Thüringer Wassergesetz, in: *Landes- und Kommunalverwaltung (LKV)* 5 (8), S. 282–287.

Flacke, Johannes (2003): Mehr Stadt - Weniger Fläche, Informationssystem nachhaltige Flächennutzung, Ein Instrument zur Förderung einer nachhaltigen Siedlungsentwicklung, Forschungen zur Deutschen Landeskunde Nr. 251, Flensburg.

Fluck, Jürgen (Hg.): Kreislaufwirtschafts- und Abfallrecht – KrW-/AbfG, AbfVerbrG, EG- AbfVerbrVO, Kommentar, Heidelberg.

Literaturverzeichnis

Fluck, Jürgen; Frenz, Walter; Fischer, Kristian; Franßen, Gregor (1995): Kreislaufwirtschaftsrecht, Abfallrecht und Bodenschutzrecht mit EU-Abfallrecht, Kommentar, Heidelberg.

Fluck, Jürgen (1996): Zum Begriff des Abwassers, in: *Zeitschrift für Wasserrrecht (ZfW)* 35 (4), S. 489–501.

Föller, Peter (2010): Dienstleistung kommunale Abwasserentsorgung, in: *KA – Korrespondenz Abwasser Abfall* 2010 (10), S. 1043–1047.

Frechen, Franz-Bernd; Exler, Harald (2008): Technische Entscheidungskriterien für dezentrale und zentrale Abwasserreinigungsanlagen, in: DWA (Hrsg.): Abwasserentsorgung im ländlichen Raum, Kassel.

Freigang, Jan (2009): Verträge als Instrumente der Privatisierung, Liberalisierung und Regulierung in der Wasserwirtschaft, Berlin.

Frenz, Walter (2006): Abwasserverwertung zwischen Abfall- und Wasserrecht, in: *Umwelt- und Planungsrecht (UPR)* (10), S. 383–386.

Maier, Gabriele (2009): Die öffentliche Einrichtung der Abwasserbeseitigung, in: *Sächsische Verwaltungsblätter (SächsVbl.)* 2009 (7), S. 177–181.

Gawel, Erik (1999): Rationale Umweltpolitik - Rationales Umweltrecht. Konzepte, Kriterien und Grenzen rationaler Steuerung im Umweltschutz, Schriftenreihe Recht, Ökonomie und Umwelt, Bd. 8, Baden-Baden.

Gawel, Erik (2001): Effizienz im Umweltrecht - Grundsatzfragen einer wirtschaftlichen Umweltnutzung aus rechts-, wirtschafts- und sozialwissenschaftlicher Sicht, Schriftenreihe Recht, Ökonomie und Umwelt, Bd. 13, Baden-Baden.

Gawel, Erik (2011): Die künftige Abwasserabgabe - Reformbedarf und Perspektiven, in: *Zeitschrift für Wasserrecht (ZfW)* 50 (4), S. 185–215.

Gawel, Erik, (2012): Sind die Preis für Wasserdienstleistungen der Ver- und Entsorgungtatsächlich kostendeckend?, Zeitschrift für öffentliche und gemeinwirtschaftliche Unternehmen (ZögU) 2012 (3), S. 243 - 266

Gawel, Erik; van Mark, Michael (1995): Ökologisch orientierte Entsorgungsgebühren - Ökonomische Analyse von Abfall- und Abwassergebühren als Mittel kommunaler Umweltpolitik, Berlin.

Gehne, Katja (2011): Nachhaltige Entwicklung als Rechtsprinzip - Normativer Aussagegehalt, rechtstheoretische Einordnung, Funktionen im Recht, Tübingen.

Geis, Max-Emanuel (2014): Kommunalrecht - Ein Studienbuch, 3. Aufl. München.

Gellert, Michael (1997): Die Argumente und Positionen privater Betreiber, in: Privatisierung kommunaler Aufgaben, in: Wolfgang Fettig und Lothar Späth (Hrsg.): Privatisierung kommunaler Aufgaben, Baden-Baden.

Gemeinde- und Städtebund Rheinland-Pfalz: Satzungsmuster Allgemeine Entwässerungssatzung - AbwS, vom 18.3.2010.

Gern, Alfons (2003): Deutsches Kommunalrecht, 3. Aufl. Baden-Baden.

Girsch, Heribert (2008): Dezentralität des Abwassernetzes - ein Lösungsansatz im Spektrum der Demografieprobleme des Saarlandes, in: Demografischer Wandel. Herausforderungen und Chancen für die Deutsche Wasserwirtschaft, S. 197–211, Hennef.

Literaturverzeichnis

Glöckner, Arne (2009): Kommunale Infrastrukturverantwortung und Konzessionsmodelle, Hamburg.

Goldberg, Bernd (2006): Kleinkläranlagen heute, 2. Aufl. Essen.

Goldberg, Bernd (2007): Kleinkläranlagen von Heute - Technische Neuheiten, in: *Wasserwirtschaft-Wassertechnik (WWt)* (5-6), S. 28–32.

Görner, Klaus; Hübner, Kurt (2002): Gewässerschutz und Abwasserbehandlung, Berlin.

Gruneberg, Ralf (2007): Abwasserbeseitigung durch kommunale Unternehmen, Bonn.

Guderian, Robert (Hg.) (2000): Aquatische Systeme - Grundlagen, physikalische Belastungsfaktoren, anorganische Stoffeinträge, Handbuch der Umweltveränderungen und Ökotoxikologie, Bd. 3, Berlin, Heidelberg.

Guderian, Robert; Gunkel, Günter (2000): Aquatische Systeme - Biogene Belastungsfaktoren, Organische Stoffeinträge, Verhalten von Xenobiotika, Handbuch der Umweltveränderungen und Ökotoxikologie, Bd. 3b, Heidelberg.

Gujer, Willi (2007): Siedlungswasserwirtschaft, 3. Aufl. Berlin/Heidelberg.

Günthert, Frank Wolfgang (2009): Kommunale Kläranlagen - Bemessung, Erweiterung, Optimierung, Betrieb und Kosten, 3. Aufl. Renningen.

Günthert, Frank Wolfgang; Reicherter, Eckart (2001): Investitionskosten der Abwasserentsorgung, München.

Haaren, Christina von; Galler, Carolin (2011): Zukunftsfähiger Umgang mit Wasser im Raum, Forschungs- und Sitzungsberichte der ARL Nr. 234, Hannover.

Halbach Uwe (2003): Handbuch kommunale Abwasserbeseitigung : normative Kosten und Risikoabbau, 3. Aufl. Werdau.

Hangebruch, Nina (Hg.) (2006): Agglomerationen - Situation und Perspektiven, Arbeitsmaterial der ARL Nr. 325, Hannover.

Haug, Hans-Peter; Deiniger, Rolf u.a (1995): Lehrbuch für Abwassertechnik und Gewässerschutz - begründet von Franz Pöpel, 9. Ergänzungslieferung, Heidelberg.

Haug, Peter (2004): Sinkende Einwohnerzahlen und steigende Kosten für kommunale Leistungen, in: *Wirtschaft im Wandel* 10 (11), S. 306 – 312.

Haug, Peter (2010): Wirtschaftliche Effekte der Förderung der Wasser- und Abwasserinfrastruktur am Beispiel Sachsens, in: *Wirtschaft im Wandel* 16 (11), S. 520 – 528.

Haug, Peter; Illy, Annette (2011): Größe ist nicht alles - Die Effizienz der kommunalen Leistungserstellung am Beispiel Sachsen-Anhalts, in: *Wirtschaft im Wandel* 17 (10), S. 347 – 355.

Hegemann, Wilhelm (1996): Aufbau und Wirkungsweise kommunaler und industrieller Kläranlagen, in: Heinz Brauer (Hrsg.): Handbuch des Umweltschutzes und der Umweltschutztechnik, S. 92–172, Berlin.

Heinisch, Timo (2010): Entwicklung eines Entscheidungsunterstützungssystems zur Anpassung an den Klimawandel am Beispiel der Wasserwirtschaft, München.

Heinrich, Ralph; Brüggemann, Rainer; Ertl, Christoph u.a (2001): Leitfaden Nachhaltige Wasserwirtschaft - ein Weg zur Entscheidungsfindung, Deutsche Bundesstiftung Umwelt, Berlin.

Literaturverzeichnis

Hennebrüder, Willi (2007): Die bundesweite Einführung der gesplitteten Abwassergebühr ist zwingend notwendig, in: *Kommunale Steuerzeitschrift (KStZ)*, S. 184–186.

Henneke, Hans-Günter; Pünder, Hermann; Waldhoff, Christian; Albers, Heinrich (2006): Recht der Kommunalfinanzen - Abgaben, Haushalt, Finanzausgleich, München.

Henschke, Christian; Roßnagel, Alexander (2013): Herausforderung der Klimaanpassung in Roßnagel, Regionale Klimaanpassung, Herausforderung – Lösungen – Hemmnisse, S. 623–658, Kassel.

Henseler, Paul (1983): Das Recht der Abwasserbeseitigung, Recht - Technik – Wirtschaft, Bd. 28, Köln, Berlin, Bonn, München.

Hentschel, Anja (2010) Umweltschutz bei Errichtung und Betrieb von Windkraftanlagen, Baden-Baden.

Herbst, Heinrich David Montag Katrin Gethke; Johannes Pinnekamp: Potenziale, Techniken und Kosten der Phosphorrückgewinnung aus kommunalem Abwasser, in: *KA - Korrespondenz Abwasser Abfall*, (54), 2007 (10), S. 1013-1024.

Herbst, Heinrich Bernhard (2008): Bewertung zentraler und dezentraler Abwasserinfrastruktursysteme, Aachen.

Hermann, Hans Peter; Recknagel, Henning; Schmidt-Salzer, Joachim (1984): Kommentar zu den Allgemeinen Versorgungsbedingungen für Elektrizität, Gas, Fernwärme und Wasser, Heidelberg.

Herz, Raimund; Marschke, Lukas.; Schmidt, Thorsten (2005): Infrastruktur anpassen. Stadtumbau und Stadttechnik. Teil 1: Die Städte schrumpfen, Ver- und Entsorger stehen vor großen Herausforderungen - Ursachen und Folgen für die Stadttechnik, in: *Wasserwirtschaft-Wassertechnik (WWt)* (10), S. 8–12.

Hiessl, Harald; Dominik Toussaint, Michael Becker Silke Geisler u.a (2010): AKWA Dahler Feld - Contracting im Bereich der Wasserwirtschaft, Fraunhofer-Institut für System- und Innovationsforschung (ISI) (Hrsg.), ISI-Schriftenreihe: Innovationspotentiale, zuletzt geprüft am 12.4.2012.

Hillenbrand, Thomas; Hiessl, Harald (2010): Dezentrale Wasserinfrastruktursysteme - Konzepte und praktische Beispiele, in: Deutsche Bundesstiftung Umwelt (Hg.): Zukunft Wasser - 15. Internationale Sommerakademie St. Marienthal, Berlin.

Hillenbrand, Thomas; Niederste-Hollenberg, Jutta; Klug, Eve Menger; Klug, Stefan; Holländer, Robert; Lautenschläger, Sabine u.a. (2010): Demografischer Wandel als Herausforderung für die Sicherung und Entwicklung einer kosten- und ressourceneffizienten Abwasserinfrastruktur, Dessau.

Hochstadt, Stefan (2006): Auswirkungen des demographischen Wandels auf Stadtentwicklung und Bauwirtschaft, in: *Informationen zur Raumentwicklung* (10), S. 553–565.

Hoheisel, Klaus (2000): Erfahrungen einer Behörde bei der Überwachung von Kleinkläranlagen mit biologischer Stufe, in: *KA - Korrespondenz Abwasser Abfall* 47 (10), S. 1506–1513.

Honert, Siegfried; Rüttgers, Jürgen (1993): Landeswassergesetz Nordrhein-Westfalen, Kommentar, 3. Aufl. Köln.

Hoppe, Werner; Uechtritz, Michael; Reck, Hans-Joachim; Beinert, Stefanie (2012): Handbuch kommunale Unternehmen, 3. Aufl. Köln.

Hünnekens, Georg; Kröcher, Jens (2004): Kein genereller Anschluss- und Benutzungszwang bei öffentlichen Anlagen zur Niederschlagswasserbeseitigung, in: *Nordrhein- Westfälische Verwaltungsblätter NWVBl.* 2004 (3), S. 88–92.

IBA Hamburg GmbH (Hg.) (2009): Ressource Wasser: Klimaanpassung und Effizienz - Ökonomische Bewertung von Abwasserinfrastruktursystemen, Internationale Bauausstellung (IBA) (Hrsg.), Hamburg.

Ihringer, Jürgen; Hennegriff, Wolfgang (2009): Auswirkungen des Klimawandels auf Niedrigwasserverhältnisse in Baden-Württemberg, Bayern und Rheinland-Pfalz - Untersuchungen an ausgewählten Pegeln und Gewässerstellen, KLIWA Berichte, Heft 14, Stuttgart.

Ilian, Jens; Vahrson, Thomas; Fichtner, Nicole; Triller, Wolfgang; Bergmann, Martin sen (2010): Fernwirktechnik für Kleinkläranlagen - die Fernwirktechnik und automatisierte Überwachungssysteme erleichtern die Wartung von Kleinkläranlagen, in: *Wasserwirtschaft-Wassertechnik (WWt)* (7-8), S. 35–37.

Illi, Martin (1987): Von der Schissgruob zur modernen Stadtentwässerung, Zürich.

Imhoff, Klaus (1998): Geschichte der Abwasserentsorgung - Vorgeschichte, in: *KA - Korrespondenz Abwasser Abfall* 45 (1), S. 32–38.

Imhoff Klaus; Gruhler Joachim (1998): Geschichte der Abwasserentsorgung. Landbehandlung, Füllkörper, Tauchkörper und Tropfkörper, in: *KA - Korrespondenz Abwasser Abfall* (5), S. 835–848.

Imhoff Klaus R.; Jardin, Norbert (2009): Taschenbuch der Stadtentwässerung, 31. Aufl. München.

Isensee, Josef; Kirchhof, Paul (Hg.) (2006): Handbuch des Staatsrechts, Bd. IV: Aufgaben des Staates, 3. Aufl. Heidelberg.

Jacob, Daniela; Göttel, Holger; Kotlarski, Sven; Lorenz, Philip; Sieck, Kevin (2011): Klimaauswirkungen und Anpassung in Deutschland - Phase 1: Erstellung regionaler Klimaszenarien für Deutschland, Hamburg.

Jarass, Hans-Dieter. (2013): Bundes-Immissionsschutzgesetz, Kommentar - unter Berücksichtigung der Bundes-Immissionsschutzverordnungen, der TA Luft sowie der TA Lärm, 10. Aufl. München.

Jardin, Norbert (2005): Bilanzierung der Emissionen aus der Niederschlagswasserbehandlung – Maßnahmen zur Verbesserung der Immissionssituation, in: *KA – Korrespondenz Abwasser Abfall* 52 (9), S. 987–996.

Jenssen, Till; Karakoyun, Ercan (2005): Einfluss von Siedlungsstruktur und Siedlungsentwicklung auf Infrastrukturkosten - dargestellt am Beispiel der Abwasserentsorgung, Dortmund.

Jessen, Stephanie (2001): Die Privatisierung der Abwasserbeseitigung aus gebührenrechtlicher Sicht, Hamburg.

Johannes Koch (2002): Schadlose Beseitigung von Abwässern nur durch öffentliche Einrichtungen, in: *Bayrische Verwaltungsblätter (BayVBl.)* 2002 (1), S. 9–10.

Literaturverzeichnis

Felmeden, Jörg; Kluge, Thomas; Koziol, Matthias; Libbe, Jens; Michel, Bernhard; Scheele, Ulrich (2011): Öko-Effizienz kommunaler Wasser-Infrastrukturen, netWORKS Paper Nr. 26, zuletzt geprüft am 9.6.2011.

Jung, Rolf (2010): Hoher Standard, große Herausforderung - Abwasserbehandlung in Deutschland, in: *Wasserwirtschaft-Wassertechnik (WWt)* (1-2), S. 39–42.

Jüntgen, Christiane Elisabeth (1999): Die Fernüberwachung im Umweltrecht, Trier.

Kahlenborn, Walter; Kraemer, Rudolf Andreas (1999): Nachhaltige Wasserwirtschaft in Deutschland (Beiträge zur Internationalen und Europäischen Umweltpolitik), Berlin.

Kämmerer, Jörn Axel (2001): Privatisierung – Typologie, Determinanten, Rechtspraxis, Folgen, Tübingen.

Kersten, Jens (2008): Mindestgewährleistungen im Infrastrukturrecht, in: *Informationen zur Raumentwicklung* (1/2), S. 1–15, zuletzt geprüft am 15.11.2011.

Rosenzweig, Klaus (1999): Die Ausgestaltung der Abwasserbeseitigungspflicht in den Ländern, in: *Zeitschrift für Wasserrrecht (ZfW)* 1999 (4), S. 516–523.

Kleeberg, Hans-Bernd (2008): Klimawandel - was kann die Wasserwirtschaft tun? Beiträge zum Symposium Klimawandel - Was Kann die Wasserwirtschaft Tun? 24./25. Juni 2008 in Nürnberg, Hennef.

Kloepfer, Michael (1978): Zum Grundrecht auf Umweltschutz, Vortrag gehalten vor der Berliner Juristischen Gesellschaft am 18. Januar 1978, Schriftenreihe der Juristischen Gesellschaft e.V. Berlin, Bd. 56, Berlin.

Kloepfer, Michael; Franzius, Claudio; Reinert, Sigrid (1994): Zur Geschichte des deutschen Umweltrechts, Schriften zum Umweltrecht Bd. 50, Berlin.

Kluth, Katharina (2008): Chancen und Risiken einer wettbewerblichen Öffnung der Abwasserentsorgung, Kaiserslautern.

Koch, Hans-Joachim (Hg.) (2010): Umweltrecht, 3. Aufl. München.

Köhler, Helmut; Meyer, Cedric (2006): Abwasserabgabengesetz, Kommentar, 2. Aufl. München, zitiert: Köhler/Meyer.

Kollmann, Manfred (1987): Wassergesetz des Landes Schleswig-Holstein, Kommentar, Wiesbaden.

Kotulla, Michael (1999): Rechtliche Instrumente des Grundwasserschutzes - Eine systematische Analyse des EG-, Bundes- und Landesrechts, Wasserrecht und Wasserwirtschaft Bd. 37, Stuttgart.

Kotulla, Michael (2004): Kommentar zum BImSchG, Stuttgart.

Kotulla, Michael (2011): Wasserhaushaltsgesetz, Kommentar, 2. Aufl. Stuttgart.

Koziol, Matthias; Veit, Antje; Walther, Jörg (2006): Stehen wir vor einem Systemwechsel in der Wasserver- und Abwasserentsorgung? Sektorale Randbedingungen und Optionen im stadttechnischen Transformationsprozess, Gesamtbericht des Analysemoduls "Stadttechnik" im Forschungsverbund netWORKS, netWORKS Papers Heft 22, Berlin.

Koziol, Matthias; Walther, Jörg (2006): Ökonomische Schwellenwerte bei der Rücknahme von technischer Infrastruktur in der Stadt, in: *Informationen zur Raumentwicklung* (5), S. 259 – 269.

Kunze, Richard; Bronner, Otto; Katz Alfred: Gemeindeordnung für Baden-Württemberg, Bd. 1 §§ 1–76.

Küstler, Edgar (1993): Rechtsfragen bei der Nutzung von Niederschlagswasser und Grundwasser als Brauchwasser, in *Baden- Württembergische Verwaltungspraxis (BWVP)* (5), S. 104 – 107.

Lämmerzahl, Torsten (2010): Die Beteiligung Privater an der Erledigung öffentlicher Aufgaben - Eine Untersuchung ihrer verfassungs- und verwaltungsrechtlichen Möglichkeiten und Grenzen, Schriften zum Öffentlichen Recht Bd. 1080, Berlin.

Länderarbeitsgemeinschaft Wasser (LAWA) (2010): Strategiepapier „Auswirkungen des Klimawandels auf die Wasserwirtschaft". Bestandsaufnahme und Handlungsempfehlungen. Hg. v. Länderarbeitsgemeinschaft Wasser (LAWA), Dresden.

Landesregierung Brandenburg (2010): Maßnahmenkatalog zum Klimaschutz und zur Anpassung an die Folgen des Klimawandels, Frankfurt-Oder.

Landesregierung Mecklenburg- Vorpommern (2010): Studie: "Klimaschutz und Folgen des Klimawandels in Mecklenburg-Vorpommern", Rostock.

Landesregierung Sachsen-Anhalt (2010): Strategie des Landes Sachsen-Anhalt zur Anpassung an den Klimawandel - Teil 1 Strategie, Magdeburg.

Landesregierung Schleswig-Holstein (2011) Anpassung an den Klimawandel, Kiel.

Landesregierung Thüringen (2011): Gemeinsam KLIMAbewusst handeln … Thüringer Klima- und Anpassungsprogramm, Gera.

Robert von Landmann, Gustav Rohmer, Martin Beckmann (1991): Umweltrecht, Kommentar, München, zitiert: Landmann/Rohmer.

Lange, Jörg; Otterpohl, Ralf (2000): Abwasser - Handbuch zu einer zukunftsfähigen Wasserwirtschaft, 2. Aufl. Donaueschingen-Pfohren.

Letzel, Marion; Rameseder, Johanna; Seyler, Friederich (2010): Einfluss von Medikamenteneinnahmen auf die Reinigungsleistung und Zusammensetzung von belebtem Schlamm in Kleinkläranlagen, in: *KA - Korrespondenz Abwasser Abfall* 57 (11), S. 1127–1133.

Libbe, Jens (2010): Transformationsmanagement für eine nachhaltige Wasserwirtschaft - Handreichung zur Realisierung neuartiger Infrastrukturlösungen im Bereich Wasser und Abwasser, in: Thomas Kluge/Difu (Hrsg), SÖF - sozial-ökologische Forschung, Berlin.

Libbe, Jens; Köhler, Hadia; Beckmann (2010): Infrastruktur und Stadtentwicklung - Technische und soziale Infrastrukturen - Herausforderungen und Handlungsoptionen für Infrastruktur- und Stadtplanung, Dt. Inst. für Urbanistik, Berlin.

Libbe, Jens; Scheele, Ulrich (2008): Räumliche Aspekte von Qualitäts- und Versorgungsstandards in der deutschen Wasserwirtschaft, in: *Informationen zur Raumentwicklung* 2008 (1/2), S. 101–112, zuletzt geprüft am 15.11.2011.

Lienau, Cay (2000): Die Siedlungen des ländlichen Raumes, 4. Aufl. Braunschweig.

Londong, Jörg; Hillenbrand, Thomas; Niederste-Hollenberg, Jutta (2011): Demografischer Wandel: Anlass und Chance für Innovationen in der Wasserwirtschaft, in: *KA - Korrespondenz Abwasser Abfall* 58 (2), S. 152–158.

Literaturverzeichnis

Lübbe-Wolff, Gertrude; Bunge, Thomas; Lübbe-Wolff-Wegener (2002): Umweltschutz durch kommunales Satzungsrecht - Bauleitplanung, Abfall, Abwasser, Abgaben, Baumschutz, 3. Aufl. Berlin.

Majer, Peter (2001): Liberalisierung des Wassermarktes - Mögliche Auswirkungen auf die Organisations- und Produktstrukturen von Wasserversorgern und Abwasserentsorgern, Koblenz.

v. Mangoldt, Hermann; Klein, Friederich; Starck, Christian (2010): Grundgesetz, Kommentar, Bd. 2: Art. 20-82, 6. Aufl. München.

Maniak, Ulrich (2001): Wasserwirtschaft - Einführung in die Bewertung wasserwirtschaftlicher Vorhaben, Berlin.

Matovelle, Alejandra; Simon, Karl-Heinz (2013): Regionalisierung von Klimaszenarien, in: Roßnagel, Regionale Klimaanpassung – Herausforderungen, Lösungen, Hemmnisse, S. 73–112, Kassel.

Mann, Thomas; Püttner, Günter (2011): Handbuch der kommunalen Wissenschaft und Praxis, Bd. 2: Kommunale Wirtschaft, 3. Aufl. Berlin, Heidelberg.

Maus, Heinz (2008): Planungsgrundsätze für die Abwasserbehandlung ländlich strukturierter Siedlungsgebiete, in: DWA (Hg.): Abwasserentsorgung im ländlichen Raum, S. 85–112.

Meinzinger, Franziska (2010): Resource Efficiency of Urban Sanitation Systems: A Comparative Assessment usind Material and Energy Flow Analysis, Hamburg-Harburg.

Menger, Christian-Friedrich (1973): Fortschritte des Verwaltungsrechts - Festschrift für Hans J. Wolff zum 75. Geburtstag, München.

Mennerich, Artur (1997): Indirekteinlitererfassung und -überwachung - Grundlagen und Praxisbeispiele, ATV-Schriftenreihe 5, Hennef.

Mennerich, Artur; Bischof, Wolfgang; Weusthoff, Hans O. (2008): Abwassertechnik, 12. Aufl. Wiesbaden.

Mertsch, Viktor; Geiger, Wilhelm (2005): Anforderungen an die Niederschlagswasserbehandlung unter Berücksichtigung des Schutzes von Boden und Grundwasser, in: Pinnekamp (Hrsg.), Gewässerschutz, Wasser, Abwasser Bd. 198, Aachen.

Moss, Timothy (2008): Infrastrukturnetze und Raumentwicklung. Zwischen Universalisierung und Differenzierung, Ergebnisse sozial-ökologischer Forschung Nr. 10, München.

Mückter, Harald (2010): Spurenstoffe im Wasser aus Sicht der Humanmedizin, in: *KA - Korrespondenz Abwasser Abfall* 57 (2), S. 145–154.

Müller, Maren; Straub, Andrea; Heine, Arnd (2007): Leistungsfähig und wirtschaftlich - Die Kleinkläranlage als Dauerlösung, in: *Wasserwirtschaft-Wassertechnik* (6), S. 10–18.

V. Münch, Ingo; Kunig, Philip (2012): Grundgesetz Kommentar, Präambel bis Art. 69, 6. Aufl. München.

Niederste-Hollenberg, Jutta (2003): Nährstoffrückgewinnung aus kommunalem Abwasser durch Teilstromerfassung und -behandlung in urbanen Gebieten, Hamburg-Harburg.

Nisipeanu, Peter (2010): Abwasser - Ein wasserrechtliche Begriff im Spannungsfeld zwischen kommunalem Entwässerungsrecht und innovativer Technik, in: *Zeitschrift für Wasserrrecht (ZfW)* 49 (2), S. 69–95.

Nisipeanu, Peter; Adels, Lutz (1999): Kosten der Abwasserbeseitigung - Wege zur kostengünstigen Abwasserbeseitigung durch unternehmerisches Denken und Kostenmanagement, Berlin.

Nisipeanu, Peter; Bongert, Dieter (1998): Privatisierung der Abwasserbeseitigung - Optimierung der kommunalen Abwasserbeseitigung durch Umorganisation und Neukonzeptionierung, Berlin.

Nowak, Jens (2007): Ablauf des Zertifizierungsverfahren - Wartung von Kleinkläranlagen, in: *Wasserwirtschaft-Wassertechnik (WWt)* (6), S. 19–21.

Nusser, Jens (2007): Zweckbestimmungen in Umweltschutzgesetzen, Berlin.

Oelmann, Mark (2004): Zur Neuausrichtung der Preis- und Qualitätsregulierung in der deutschen Wasserwirtschaft, Köln.

Oldiges, Martin (Hg.) (2001): Daseinsvorsorge durch Privatisierung - Wettbewerb oder staatliche Gewährleistung, Leipziger Schriften zum Umwelt- und Planungsrecht 1, Baden-Baden.

Oliver Christ, Ralf Mitsdoerfer; Armando, Otto (2010): Wärme aus Abwasser - Potenzial aus dem Kanal, Duschen ist wie Heizen bei offenem Fenster - die Abwasserwärmenutzung beendet diese Verschwendung, in: *Wasserwirtschaft-Wassertechnik (WWt)* 2010 (9), S. 8–15.

Oppermann, Thomas; Classen, Claus Dieter; Nettesheim, Martin (2014): Europarecht - Ein Studienbuch, 6. Aufl. München.

Otterpohl Ralf, Martin Oldenburg (2002): Innovative Technologien zur Abwasserbehandlung in urbanen Gebieten, in: *KA - Korrespondenz Abwasser Abfall* 54 (6), S. 1013-1024.

Otto, Ulrich (2000): Optimierung des Einsatzes von Kleinkläranlagen, in: *KA – Korrespondenz Abwasser Abfall* 47 (10), S. 1514–1524.

Papier, Hans-Jürgen (1998): Recht der öffentlichen Sachen, 3. Aufl. Berlin.

Paris, Stefania (2009): Bedeutung der Membrantechnik für das Grauwasser-Recycling, in: Fachvereinigung Betriebs- und Regenwassernutzung (Hrsg.): Grauwasserrecycling- wasser zweimal nutzen, Schriftenreihe Fachbereich 12, S. 13–30, Darmstadt.

Paul, Anne-Christine (2008): Die Gewährleistung der öffentlichen Trinkwasserversorgung durch Gewässerschutz- und Gesundheitsschutzrecht, Bielefeld.

Pauleit, Stephan (1998): Das Umweltwirkgefüge städtischer Siedlungsstrukturen, München.

Pauleit, Stephan; Duhme, Friedrich (1999): Stadtstrukturtypen - Bestimmung der Umweltleistungen von Stadtstrukturtypen für die Stadtplanung, in: *RaumPlanung* 84, S. 33–44.

Pfriemer, Udo Herbert; Bedürftig, Friedemann (2001): Aus erster Quelle… Eine Sanitärchronik vom Ursprung bis zum Beginn des 20. Jahrhunderts, Schiltach.

Literaturverzeichnis

Pielow, Johann-Christian (2001): Grundstrukturen öffentlicher Versorgung - Vorgaben des Europäischen Gemeinschaftsrechts sowie des französischen und des deutschen Rechts unter besonderer Berücksichtigung der Elektrizitätswirtschaft, Tübingen.

Pieroth, Bodo; Jarass, Hans (2014): Grundgesetz für die Bundesrepublik Deutschland, Kommentar, 13. Aufl. München.

Pinnekamp, Johannes (Hrsg.) (Hg.) (2008): Phosphorrückgewinnung bei der Abwasserreinigung – Entwicklung eines Verfahrens zur Integration in kommunale Kläranlagen, Aachen.

Prager, Jens (2002): Nachhaltige Umgestaltung der kommunalen Abwasserentsorgung - eine ökonomische Analyse innovativer Entsorgungskonzepte, Hagen.

Queitsch, Peter (2000): Organisationsformen in der kommunalen Abwasserbeseitigung, in: *Umwelt- und Planungsrecht (UPR)* (7), S. 247 – 254.

Queitsch, Peter (2006): Die Abwasserüberlassungspflicht und weitere Neuregelungen im Landeswassergesetz NW, in: *Nordrhein- Westfälische Verwaltungsblätter (NWVBl.)* (9), S. 321–327.

Queitsch, Peter (2010): Das neue Wasserhaushaltsgesetz aus kommunaler Sicht, in: *Umwelt- und Planungsrecht (UPR)* (3), S. 85–92.

Rehberg, Jörg (2005): Wasserrahmenrichtlinie und Privatisierungsfolgenrecht, Würzburg.

Reichel, Gerhard Hans; Schulte, Bernd (2004): Handbuch Bauordnungsrecht, München.

Reichel, Thorsten (1997): Privatisierung der kommunalen Abwasserbeseitigung - ein Vorteil?, Gießen.

Reinhardt, Michael; Gieseke, Paul; Wiedemann, Werner; Czychowski, Manfred; (2014): Wasserhaushaltsgesetz - Unter Berücksichtigung der Landeswassergesetze, Kommentar, 11. Aufl. München, zitiert: Czychowski/Reinhardt.

Schlesinger, Rene (2003): Dezentrale Abwasserentsorgung - Neue Erkenntnisse, hygienische Aspekte, Cottbus.

Rosenzweig, Klaus (1999): Die Ausgestaltung der Abwasserbeseitigungspflicht in den Ländern, in: *Zeitschrift für Wasserrrecht (ZfW)* 38 (4), S. 516–523.

Roth, Verena (1998): Rechtliche Anforderungen an die Versickerung von Niederschlagswasser vor Ort, in: *Sächsische Verwaltungsblätter (SächsVbl.)* 6 (4), S. 73–76.

Rüfner, Wolfgang (2006): Daseinsvorsorge und soziale Sicherheit, in: Josef Isensee und Paul Kirchhof (Hg.): Handbuch des Staatsrechts, Bd. IV: Aufgaben des Staates, 3. Aufl. Heidelberg, S. 1049–1108.

Rumm, Peter; Blondzik, Katrin; Rumm-von Keitz-Schmalholz (2006): Handbuch der EU-Wasserrahmenrichtlinie - Inhalte, Neuerungen und Anregungen für die nationale Umsetzung, 2. Aufl. Berlin.

Sächsischer Städte- und Gemeindetag: Satzungsmuster des sächsischen Städte- und Gemeindetages für eine Satzung über die öffentliche Abwasserbeseitigung - AbwS, vom 12/2008, Sachsenlandkurier 12/2008.

Sander, Gerald (2009): Privatisierung in der Wasserversorgung und europarechtliche Vorgaben - mit besonderem Blick auf die Situation der Stadt Stuttgart, in: *Verwaltungsblätter für Baden-Württemberg (VBlBW)* 30 (4), S. 161–168.

Sander, Thomas (2003): Ökonomie der Abwasserbeseitigung - Wirtschaftlicher Betrieb von kommunalen Abwasseranlagen, Berlin.

Schatz, Klaus Werner (1996): Schatz, zur Entwicklung des Begriffs Infrastruktur, in: Wettbewerb und Infrastruktur in Post- und Telekommunikationsmärkten, *Zeitschrift für öffentliche und gemeinwirtschaftliche Unternehmen* (ZögU) Beiheft, 19, S. 122–136, Baden-Baden.

Scherf, Wolfgang (2011): Öffentliche Finanzen - Einführung in die Finanzwissenschaft, 2. Aufl. Konstanz.

Schiller, Georg (2010): Kostenbewertung der Anpassung zentraler Abwasserentsorgungssysteme bei Bevölkerungsrückgang, IÖR-Schriften Bd. 51, Cottbus.

Schiller, Georg; Gutsche, Jens-Martin; Siedentop, Stefan; Deilmann, Clemens (2009): Von der Außen- zur Innenentwicklung in Städten und Gemeinden - Das Kostenparadoxon der Baulandentwicklung, UBA (Hrsg.), Dessau.

Schiller, Georg; Siedentop, Stefan (2005): Infrastrukturfolgekosten der Siedlungsentwicklung unter Schrumpfungsbedingungen, in: *disP - the planning Revue* (160), S. 83–93.

Schleswig-Holsteinischer Gemeindetag (2003): Muster einer Allgemeinen Abwasserbeseitigungssatzung vom 6.7.2003.

Schlichter, Otto (Hg.) (2002): Berliner Kommentar zum Baugesetzbuch, 3. Aufl. Köln.

Schmager, Carsten (2011): Wegweiser Kleinkläranlagen und Sammelgruben - Land Brandenburg: Kleinkläranlagen sind im ländlichen Raum ökologisch und ökonomisch eine sinnvolle Alternative, in: *Wasserwirtschaft-Wassertechnik (WWt)* (3), S. 8–12.

Schmitt, Theo G.; Hansen, Joachim; Valerius, Birgit (2010): Handlungsempfehlungen für eine moderne Abwasserwirtschaft - Studie im Auftrag des Ministeriums für Umwelt, Forsten und Verbraucherschutz Rheinland-Pfalz, Kaiserslautern.

Schmitt, Theo G. (2006): Klimawandel - Konsequenzen für die Siedlungsentwässerung, in: *KA - Korrespondenz Abwasser Abfall* (8), S. 756-762.

Schmitt, Theo G.; Dierschke, Martina; Welker, Antje (2010): Prüfverfahren für Anlagen zur dezentralen Behandlung von Niederschlagswasser, in: Deutsche Bundesstiftung Umwelt (Hrsg.): Zukunft Wasser. 15. Internationale Sommerakademie St. Marienthal, Berlin.

Schoch, Friederich (2008): Gewährleistungsverwaltung: Stärkung der Privatrechtsgesellschaft? In: *NVwZ* 27 (2), S. 241–247.

Scholl, Rainer (1998): Verhaltensanreize der Abwasserabgabe, Berlin.

Schramm, Engelbert (2009): Klimatische Herausforderungen für städtische Wasserinfrastrukturen in Deutschland, in: IBA Hamburg GmbH (Hg.): Ressource Wasser: Klimaanpassung und Effizienz - Ökonomische Bewertung von Abwasserinfrastruktursystemen, Internationale Bauausstellung Hamburg, 5. und 6. November 2009, S. 18–22.

Schulte, Thomas (1995): EG-Richtlinie Kommunales Abwasser, Berlin.

Literaturverzeichnis

Schulz, Paul (1994): Anmerkung zu VG Köln, Urteil vom 9.2.1993, Aktz. 14 K 3595/91, in: *ZfW (Zeitschrift für Wasserrrecht)* 33 (1), S. 317–318.

Schulze, Christian (2006): Neuer Rechtsrahmen für einen offenen Abwassermarkt nach materieller Privatisierung und Liberalisierung der Abwasserentsorgung, Chemnitz.

Schulze, Werner (2008): Abwasserbehandlung mit Gruppenkläranlagen - Pilotprojekt im Salzlandkreis Bernburg, in: *Wasserwirtschaft-Wassertechnik (WWt)* (6), S. 23–25.

Schulze-Menningmann, Judith (2008): Kleinkläranlagen mit getauchtem Festbett - Auswertung mehrjähriger Wartungsdaten, in: *Wasserwirtschaft-Wassertechnik (WWt)* (4), S. 17–22.

Schur, Marina (2009): Der Wasserversorgungsvertrag, Rostock.

Seidel, Wolfgang (2000): Gewässerschutz durch europäisches Gemeinschaftsrecht, Würzburg.

Seiler, Kainan (2004): Planung der Abwasserentsorgung im ländlichen Raum anhand von räumlichen Einflussfaktoren, Darmstadt.

Sickert, Erwin (1998): Kanalisationen im Wandel der Zeit, in: *KA - Korrespondenz Abwasser Abfall* 45 (2), S. 220–246.

Siedentop, Stefan (2005): Urban Sprawl – verstehen, messen, steuern der urbanen Siedlungsentwicklung - Ansatzpunkte für ein empirisches Mess- und Evaluationskonzept, in: *disP - the planning Revue* (160), S. 23–25.

Siedentop, Stefan; Koziol Matthias; Gutsche, Jens-Martin; Schiller, Georg; Walter, Jörg; Einig, Klaus (2010): Siedlungsentsicklung und Infrastrukturfolgekosten. Bilanzierung und Strategieentwicklung, Bundesamt für Bauwesen und Raumordnung (BBR) (Hrsg.), Bonn.

Sieder, Frank; Knopp, Günther-Michael (2006): Wasserhaushaltsgesetz, Abwasserabgabengesetz, München.

Siegl, Ankea; Löffler, Helmut (2008): Nutzen-Kostenbewertung dezentraler Abwasserbehandlung - Orientierung für Eigentümer und Planer, in: *Wasserwirtschaft-Wassertechnik (WWt)* (6), S. 35–42.

Sieker, Friedhelm (2003): Naturnahe Regenwasserbewirtschaftung in Siedlungsgebieten. Grundlagen und Anwendungsbeispiele - neue Entwicklungen, 3. Aufl. Renningen.

Sieker, Friedhelm; Kaiser, Mathias; Sieker, Heiko (2006): Dezentrale Regenwasserbewirtschaftung im privaten, gewerblichen und kommunalen Bereich - Grundlagen und Ausführungsbeispiele, Stuttgart.

Sieker, Friedhelm; Schlottmann, Perry; Zweynert Ulrike (2007): Ökologische und ökonomische Vergleichsbetrachtung zwischen dem Konzept der konventionellen Regenwasserentsorgung und dem Konzept der dezentralen Regenwasserbewirtschaftung, UBA Texte 12/2007, Dessau-Roßlau.

Sieker, Friedhelm; Zweynert, Ulrike; Schlottmann, Perry (2009): Konzept für bundeseinheitliche Anforderungen an die Regenwasserbewirtschaftung, UBA Texte 19/2009, Dessau-Roßlau.

Literaturverzeichnis

Sieker, Heiko (2010): Dezentrale Regenwasserbewirtschaftung - eine Anpassungsstrategie an zunehmende Starkregenabflüsse, in: Peter Krebs (Hrsg.): Anpassung der Abwassersysteme an veränderte Randbedingungen, S. 135–145.

Spekat, Arne; Enke, Wolfgang; Kreienkamp, Frank (2007): Neuentwicklung von regional hochaufgelösten Wetterlagen für Deutschland und Bereitstellung regionaler Klimaszenarien auf der Basis von globalen Klimasimulationen mit dem Regionalisierungsmodell WETTREG auf der Basis von globalen Klimasimulationen mit ECHAM5/MPI-OM T 63L31 2010 bis 2100 für die SRES-Szenarios B1, A1B und A2, UBA (Hrsg), Potsdam.

Spitzer, Hartwig (1991): Raumnutzungslehre, Stuttgart.

Staben, Nadine (2008): netWORKS-Papers 24: Technische Möglichkeiten der alternativen Gestaltung städtischer Wasser- und Abwasserinfrastrukturen, Berlin.

Städte- und Gemeindebund Nordrhein-Westfahlen (2013): Muster einer Abwasserbeseitigungssatzung vom 29.11.2013.

Stelkens, Paul; Bonk, Heinz Joachim (2014): Verwaltungsverfahrensgesetz, Kommentar, 7. Aufl. München.

Stober, Rolf; Kluth, Winfried; Müller, Martin; Wolff, Hans Julius; Bachof, Otto (2010): Verwaltungsrecht, Bd. 1, 12. Aufl. München, zitiert: Wolff/Bachof/Stober, Verwaltungsrecht I.

Stober, Rolf; Kluth, Winfried; Müller, Martin; Wolff, Hans Julius; Bachof, Otto (2010): Verwaltungsrecht, Bd. 2, 7. Aufl. München, zitiert: Wolff/Bachof/Stober, Verwaltungsrecht II.

Stocker, Ferry (2009): Moderne Volkswirtschaftslehre - Logik der Marktwirtschaft, 6. Aufl. München.

Straub, Andrea; Bulle, Helmut; Röske, Isolde (2011): Verfahrenstechnisch-biologische Aspeke bei der Auswahl und beim Betrieb von Kleinkläranlagen, in: *KA - Korrespondenz Abwasser Abfall* 58 (1), S. 50–55.

Tauchmann, Harald; Bäumer, Arno; Brauer, Ansgar; Clausen, Hartmut; Drouet, Dominique; Engel, Dirk u.a. (2006): Innovationen für eine nachhaltige Wasserwirtschaft - Einflussfaktoren und Handlungsbedarf, Heidelberg.

Tettinger, Peter (2005): Public Private Partnership, Möglichkeiten und Grenzen - ein Sachstandsbericht, in: *Nordrhein- Westfälische Verwaltungsblätter (NWVBl.)* 19 (1), S. 1–10.

Theobald, Stephan; Siglow, Anne; Rötz, Alexander; Roland, Frank; Träbing, Klaus; Bouillon, Christian (2013): Anpassungsstrategien in der Wasserwirtschaft in Roßnagel, Regionale Klimaanpassung, Herausforderungen – Lösungen - Hemmnisse, S. 169–202, Kassel.

Thiem, Hans; Böttcher, Günter (1971): Kommunalabgabengesetz Schleswig-Holstein, Kommentar, Kiel.

Thomas Kluge, Matthias Koziol Alexandra Lux Engelbert Schramm Antje Veit (Hg.) (2003): Netzgebundene Infrastruktur unter Veränderungsdruck - Sektoranalyse Wasser, *netWORKS- Papers* (Heft 2), Berlin.

Tietz, Hans-Peter (2007): Systeme der Ver- und Entsorgung - Funktionen und räumliche Strukturen, Wiesbaden.

Literaturverzeichnis

Tietz, Hans-Peter; Hühner, Tanja (2011): Zukunftsfähige Infrastruktur und Raumentwicklung - Handlungserfordernisse für Ver- und Entsorgungssysteme, Forschungs- und Sitzungsberichte der ARL Nr. 235, Hannover.

Tirole, Jean (1999): Industrieökonomik, 2. Aufl. München.

Harald Tauchmann (2006): Innovationen für eine nachhaltige Wasserwirtschaft, München.

Ulrich Winkler (2010): Das Ende der Mischentwässerung - Große Tragweite für Städte und Gemeinden: Mit Einführung des neuen WHG steht die Mischkanalisation in Frage, in: *Wasserwirtschaft-Wassertechnik (WWt)* (1, 2), S. 13–14.

Umweltbundesamt (2010): WASKlim: Entwicklung eines übertragbaren Konzeptes zur Bestimmung der Anpassungsfähigkeit sensibler Sektoren an den Klimawandel am Beispiel der Wasserwirtschaft, Dessau-Roßlau.

Versteyl, Ludger-Anselm; Mann, Thomas; Schomerus, Thomas; Kunig, Philip; Paetow, Stefan (2012): Kreislaufwirtschaftsgesetz, Kommentar, 3. Aufl. München, zitiert: Versteyl/Mann/Schomerus, KrwG.

Von Lersner; Heinrich; Wendenburg, Helge (1972): Recht der Abfallbeseitigung des Bundes, der Länder und der Europäischen Union, Kommentar zum Kreislaufwirtschafts- und Abfallgesetz, Berlin, zitiert: V. Lersner/Wendenburg.

Waechter, Kay (2008): Verwaltungsrecht im Gewährleistungsstaat, Tübingen.

Walkenhorst, Oliver; Stock, Manfred (2009): Regionale Klimaszenarien für Deutschland - Eine Leseanleitung, E-Paper der ARL Nr. 6, Hannover.

Wein, Ingrid (2006): Grenzwerte in kommunalen Entwässerungssatzungen, Regensburg.

Welfens, Paul J. J. (2008): Grundlagen der Wirtschaftspolitik – Institutionen, Makroökonomik, Politikkonzepte, Berlin/Heidelberg.

Westermann, Georg; Cronauge, Ulrich (2006): Kommunale Unternehmen – Eigenbetriebe, Kapitalgesellschaften, Zweckverbände, 5. Aufl. Berlin.

Westphal, Christine (2008): Dichte und Schrumpfung. Kriterien zur Bestimmung angemessener Dichten in Wohnquartieren schrumpfender Städte aus Sicht der stadttechnischen Infrastruktur, IÖR Schriften Nr. 49, zuletzt geprüft am 16.10.2011.

Wickop, Evelyn; Böhm, Peter; Eitner, Katrin; Breuste, Jürgen (1998): Qualitätszielkonzept für Stadtstrukturtypen am Beispiel der Stadt Leipzig - Entwicklung einer Methodik zur Operationalisierung einer nachhaltigen Stadtentwicklung auf der Ebene von Stadtstrukturen, Leipzig.

Wilderer, Peter A. (2000): Small wastewater treatment plants IV, Selected proceedings of the 4th IAWQ International Specialist Conference on Small Wastewater Treatment Plants, held in Stratford upon Avon, UK, 19 - 21 April 1999, IWA Publishing, Water science and technology, 41,1 , London.

Zajonz, Stefan (2000): Kommunale Regelungskompetenzen für Indirekteinleitungen, Trier.

Zebisch, Marc; Grothmann, Torsten; Schröter, Dagmar; Hasse, Clemens; Fritsch, Uta; Cramer, Wolfgang (2005): Klimawandel in Deutschland - Vulnerabilität und Anpassungsstrategien klimasensitiver Systeme, UBA (Hrsg), Dessau-Roßlau.

Helmut Ziegler (2009): Heizwärme aus dem Kanal - Wärme des Abwassers nutzen, Mietwohnkomples in Straubing Pilotprojekt zur Wärmeversorgung mit neuen technologischen Konzept 2009 (7,8), S. 42–45.

Zimmermann, Horst; Henke, Klaus-Dirk; Broer, Michael (2009): Finanzwissenschaft - Eine Einführung in die Lehre von der öffentlichen Finanzwirtschaft, 10. Aufl. München.